科技部社会公益研究专项
“十一五”国家科技支撑计划
2009 年卫生标准制（修）订项目计划

汽车行业职业危害分析与控制

张敏 著

中国科学技术出版社
·北京·

图书在版编目（CIP）数据

汽车行业职业危害分析与控制 / 张敏著. —北京：中国科学技术出版社，2011. 7

ISBN 978 -7 -5046 -5894 -4

Ⅰ. ①汽… Ⅱ. ①张… Ⅲ. ①汽车行业 - 职业危害 - 研究 Ⅳ. ①X91

中国版本图书馆 CIP 数据核字（2011）第 133243 号

策划编辑 肖 叶
责任编辑 郭 璟
封面设计 阳 光
责任校对 孟华英等
责任印制 马宇晨

中国科学技术出版社出版
北京市海淀区中关村南大街 16 号 邮政编码：100081
电话：010 -62173865 传真：010 -62179148
http://www.cspbooks.com.cn
科学普及出版社发行部发行
北京国防印刷厂印刷
*
开本：850 毫米 ×1168 毫米 1/16 印张：29 字数：900 千字
2011 年 7 月第 1 版 2011 年 7 月第 1 次印刷
印数：1—3400 定价：79.00 元
ISBN 978 -7 -5046 -5894 -4/X · 109

作 者 简 介

张敏，女，研究员，同济医科大学预防医学学士、环境与职业医学专业医学硕士，北京协和医学院卫生统计与流行病学专业医学博士。从事职业病企业现场防治、职业流行病学研究、国家职业卫生政策和标准研究工作 20 余年。现任中国疾病预防控制中心职业卫生与中毒控制所信息与政策研究室主任，北京师范大学兼职教授，兼任卫生部职业卫生标准专业委员会委员兼秘书长，第二届国家职业病诊断与鉴定技术指导委员会委员，卫生部基本职业卫生服务项目办公室副主任，全国纳米技术标准化技术委员会健康、安全和环境标准化工作组副组长，中国职业安全健康协会职业卫生专业委员会常务副主任委员兼秘书长，中华全国总工会劳动保护顾问组顾问，全国卫生专业技术资格考试委员会委员，全国安全生产标准化技术委员会防尘防毒分技术委员会委员，卫生部全国职业卫生专家库专家、中国职业安全健康协会理事，中国卫生监督协会理事，《中华劳动卫生职业病杂志》编委，《中国职业医学》编委，《工业卫生与职业病》常务编委。

主要研究方向是职业卫生政策、职业卫生标准、职业病监测预警和职业流行病学研究。主持和负责了多项科技部、卫生部、中华全国总工会、世界卫生组织、中英艾滋病合作等重大（重点）科研课题和国际合作项目，如：汽车行业职业危害预防控制研究，医护人员职业危害预防控制研究，密闭空间职业危害预防控制研究，大型企业职业病防治自律模式研究，中小企业职业危害干预试点，工会主动参与职业病防治模式研究，国家职业卫生标准体系研究，高危职业危害监测预警关键技术研究等。承担了国家职业病规划及其实施方案、国家重点职业病哨点监测技术方案和质量控制技术指南、20 多项国家职业卫生标准等方面的研究起草工作。作为国际经合组织纳米制成材料与人类健康和环境安全工作组成员，多次参加工作组国际会议及其相关技术文件的评审工作。作为国际核心专家组成员，参加国际劳工组织 2010 版国际职业病名单及其职业病诊断标准的制定工作，并担任国际劳工组织职业病报告国家体系国际指导原则报告草稿撰写人以及作为该组织聘请的国际专家组成员参与国际职业病诊断和接触标准指导原则的制定。作为世界卫生组织临时顾问参加世界卫生组织国际疾病分类目录第 11 版（ICD－11）全球职业病工作组工作。

在国内外核心学术期刊发表论文 100 多篇，主编、主译学术专著 10 余部。5 项科研成果分别获得中国职业安全健康协会、中华预防医学会、湖北省人民政府科技成果一等奖、二等奖和三等奖。其中，2010 年获中国职业安全健康协会科技成果一等奖的“大型企业职业病防治理论体系的创建和自律防治模式（Corporative Initiatives on Systematic Prevention and Control of Occupational Diseases model，CISCOD model）”已在国家六部委支持下在全国一千多家大中型企业推广。两次获得卫生部授予的先进个人称号。

作者及合作者名单

作　者

姓名	职称	单位
张　敏	研究员	中国疾病预防控制中心职业卫生与中毒控制所

合作者

姓名	职称	单位
祁　成	副主任医师	十堰市东风职业病防治中心
杜燮祎	副研究员	中国疾病预防控制中心职业卫生与中毒控制所
陈卫红	教授	华中科技大学
鲁　洋	硕士研究生	中国疾病预防控制中心职业卫生与中毒控制所
李文捷	研究实习员	中国疾病预防控制中心职业卫生与中毒控制所
王　丹	研究实习员	中国疾病预防控制中心职业卫生与中毒控制所
吴　琨	副主任医师	十堰市东风职业病防治中心
赵同强	副主任医师	十堰市东风职业病防治中心
李维东	副主任技师	十堰市东风职业病防治中心
凌瑞杰	硕士研究生	中国疾病预防控制中心职业卫生与中毒控制所
吕　琳	研究员	北京市疾病预防控制中心
朱彩菊	主任医师	上海市疾病预防控制中心

前　言

我国汽车工业从无到有、从小到大，历经了半个多世纪的发展历程。改革开放以来，汽车工业发展迅速，汽车工业已逐步发展成为我国国民经济的支柱产业，国际大汽车公司纷纷登陆我国。特别是近几年，我国一举跃居世界汽车产销大国行列，汽车已进入寻常百姓家。汽车行业直接从业人员达到180万人，产业链的相关从业人员达到1800万人。2010年我国汽车产销量双双突破1800万辆，居世界第一。

在我国汽车工业飞速发展的过程中，汽车生产的职业性有害因素及其对生产工人健康的损害已引起国内外学者的高度重视。汽车工业涉及到机械、电子、化工等行业，存在粉尘、化学毒物、噪声、振动、高温等职业有害性因素，职业性有害因素种类多、涉及面广。汽车行业的铸工尘肺病例在我国尘肺总病例数中列第三位。在我国汽车企业不断引进国外先进生产技术的同时，国外汽车企业也出现把生产工艺相对落后、环境污染相对严重、劳动强度相对大的零部件生产向国内转移的趋势。同时，大量新技术、新材料、新工艺广泛应用于汽车生产，其产生的新职业危害也需不断进行研究并加以控制。另外，在职业性有害因素识别、健康危害评价、危害关键点评价、综合预防控制措施以及实施效果评价等技术方面，我国与国际先进水平尚存在一定差距。

本书按岗位提出了职业病预防控制的指南，是解决汽车行业工人健康和安全问题的一个非常有用的工具。推广和应用这些指南有助于提高生产一线工人工作效率并降低汽车行业生产成本，对我国汽车工业树立重视工人生产劳动条件和职业安全卫生的良好企业形象、提升国际市场竞争力都有积极的促进作用。

本书分为十二部分。

第一部分为用人单位职业病防治指南，主要包括五个部分，分别是职业卫生法律框架、用人单位如何履行社会责任、用人单位职业病防治指南、职业卫生管理档案指南、用人单位职业病防治工作评估指南，旨在帮助用人单位将国家的法规、标准要求融入到企业职业病防治体系建设中，并提供职业病防治评估和持续改进的技术工具。

第二部分至第十一部分按铸造、锻造、热处理、冲压、电镀、焊接、涂装、无损探伤、发动机试验、装配作业等汽车生产行业主要工艺划分章节。每部分内容按工艺特点进行详细阐述，包括：职业性有害因素的识别、评价，关键控制点及关键控制技术，主要工艺的重点岗位职业危害识别与预防控制指南。

第十二部分介绍了汽车制造业常见的有毒有害原材料及其对健康的影响。

本书的编写得益于笔者主持完成的多项课题支持，是经过多学科研究队伍数年的艰苦努力的结果。支持课题包括：科技部社会公益研究专项“重要职业病和职业危害调查与防治技术研究”（课题编号：2002DIA40021）汽车行业分题、“十一五”国家科技支撑计划“高危职业危害监测预警与防治关键技术研究”（课题编号：2006BAK05B02）、2009年卫生标准制（修）订项目计划“汽车铸造行业职业病危害预防控制指南（项目编号：2009 -

03－01）”等。

本书基础数据来源于笔者领导的课题组所开展的大量现场调研工作，我们查阅和收集了汽车生产厂的职业安全和卫生档案（现场工业卫生学检测、工人健康体检、职业病发病等历史资料）。为弥补数据的不足，我们还开展了现场职业卫生调查（工艺、材料、防护措施等）、现场职业卫生检测（粉尘、噪声、高温、有毒物质等）及职业性健康体检和问卷调查，分析了汽车工业的主要工艺技术、设备和材料，按主要作业岗位、工种描述和职业性有害因素的分布调查了职业卫生防护措施配置及其效果评价，评价了个人防护用品的配置和适用性，职业性有害因素危害程度以及劳动者接触职业性有害因素状况等现场实际状况。在此基础上，笔者提出了汽车工业主要工艺的重点职业危害及其关键点控制技术、主要岗位职业危害识别和预防控制指南并将其汇编成书。

本书的编写借鉴了国内外一些先进的理念和成果，如“危害分析与关键控制点”（Hazard Analysis and Critical Control Point，HACCP）和化学品分类控制技术（Control Banding）。HACCP的核心是应用质量控制和危险度评价的原理和方法，对生产全过程的危害进行危险性评价，找出危害的关键点并提出相应的预防措施，在源头将危害控制于发生之前。Control Banding的核心在于将化合物根据其毒性、使用量以及控制接触的严格程度进行分类管理。每一类化合物对应一种控制方法工具包，工具包详细列举包括全面通风、工程控制、密闭控制、和中和该化合物有害健康效应的特殊方法等具体措施。英国学者进一步发展了这些最新国际理念，把通风，工程控制和密闭这三类控制方法按照主要工种进行细化，每个工种对应一个更为详细的预防控制指南。笔者在本书中成功运用了HACCP和Control Banding的思想和原理，在借鉴了英国的经验和经过了大量生产现场的验证的基础上提出了代表当前国际发展水平和适合中国情况的防治技术措施和手段。

本书应用了笔者2010年获得国家职业安全健康协会科技成果一等奖的研究成果，即“大型企业职业病防治理论体系的创建和自律防治模式（Corporative Initiatives on Systematic Prevention and Control of Occupational Diseases model，CISCOD model）”。按照该理论体系和模式的构想，职业病预防控制指南应从主要生产工序入手，按照岗位进行分解，描述岗位的主要任务，按工艺和工作任务识别出岗位所存在的职业危害，以及这些危害与工艺、技术、材料、设备和环境等方面的关系。为此，指南从职业卫生、职业安全和工作环境三个方面阐述职业危害的识别，在职业卫生方面不但包含常规的职业性有害因素，而且含盖了人类工效学内容。在详细识别职业性有害因素的基础上，指南按照不同岗位提出了全方位、多层次职业病综合性预防控制的要点，包括作业方式和体位、职业危害与危险源点的识别、职业危害控制策略、主要有害因素的职业接触限值、工作场所出入管理、工艺和设备要求、岗位操作规程、设备日常维护、设备检查和测试、作业场所清洁和整理、个人防护用品、职业卫生培训、职业卫生检查、劳动者职业安全卫生检查表以及应急救援等内容。

本书吸纳了笔者对企业社会责任的研究成果，简要介绍了国际劳工组织编制和推行的中小企业职业安全卫生检查表、化学品分类控制技术工具包和世界卫生组织的基本职业服务工具包等，给读者提供更多可实际应用的工具和方法。

本书应用现代职业卫生理论、针对汽车生产行业职业安全和卫生危害严重的具体岗位和工种提出汽车行业职业病预防控制简单易行的指南，集科学性、操作性、综合性和实用性于一体，这是本书的特色之一。目前国内外尚未见到按岗位提出的综合性职业病预防控制指南。在职业性有害因素的识别、评价单元中，尤其铸造作业等工艺单元，详细描述了职业性有害因素分布特点及其对健康影响的因果关系，不仅可供企业管理和职业卫生评价参考，还为修改国家相关的标准提供了科学的基础数据。在职业危害的关键点控制技术中，不仅参考了现行的一些成熟工程控制工艺技术，还根据当今世界上最先进的职业安全卫生管理体系理论提出了职业病防治的特殊要求。

本指南针对汽车生产企业各级安全健康管理人员，从事职业性有害因素监测、评价和控制、职业健康监护、现场职业卫生服务等方面工作的职业安全卫生专业人员，工程设计人员、工艺技术人员，大学和科研单位的教学和研究人员编写；生产一线的劳动者，负责职工安全和健康的工会代表和基层工会工作者，也能从中找到所需要的知识和控制职业健康危害的实用方法。读者如果想了解汽车行业某个具体工艺的职业危害识别、评价和控制措施，只要翻开相关部分就可直接找到答案。

本书既是一份翔实的科学文献汇编，又是一本内容全面的工具书，还适合作为各类人员的培训教材。本书的出版发行，将在企业职业卫生工作者和工程技术人员之间、在职业病防治和工程控制防护技术之间架起桥梁。

笔者深知，由于汽车工业所涉及的工艺很广，所涉及的职业性有害因素很多，许多工作场所是多种职业性有害因素共存，还有很多科学问题亟待解决，要做的工作还很多。特别有待进一步深入研究的工作包括：一是应涵盖粉末冶金、精密铸造、有色铸造等工艺更深入的研究；二是针对具体岗位和工艺需要设计更为明确的与工人健康相适应的生产条件和环境布局；三是在锻造、热处理、冲压等工艺开展因果关联强度的分析流行病学研究工作；四是有必要进一步修改、完善、提炼本书相关内容，在分析实际应用反馈意见和广泛征求社会意见的基础上，提升本指南为汽车行业的国家职业卫生标准或者指导性文件，以便进一步规范、推广和应用按岗位按工艺职业安全卫生危害控制措施。

劳动者的身心健康在殷切呼唤，工作场所的安全与卫生在红灯闪烁。期待您的批评指正，期待您的积极参与！

张　敏

2011 年 7 月

目　　录

第 1 部分　用人单位职业病防治指南 ………………………… (1)

一、职业卫生法律框架 ………………………… (1)

（一）职业卫生法律制度的组成 ………………………… (2)

（二）《中华人民共和国宪法》的有关规定 ………………………… (3)

（三）主要的职业卫生法律、法规及规章 ………………………… (3)

（四）地方性职业卫生法规 ………………………… (7)

（五）其他相关的文件 ………………………… (8)

（六）经我国批准生效的国际条约、公约 ………………………… (8)

二、用人单位如何履行企业社会责任 ………………………… (8)

（一）企业社会责任产生的背景及其争议 ………………………… (9)

（二）企业社会责任（SA8000）的内涵与我国相关规定的比较 ………………………… (10)

（三）正视我国企业忽视企业社会责任的问题 ………………………… (14)

（四）严格遵守我国法律相关规定 ………………………… (14)

三、大型企业职业病防治理论体系和防治模式 ………………………… (16)

（一）大型企业职业病防治理论体系和防治模式 ………………………… (17)

（二）用人单位职业病防治指南研究 ………………………… (22)

（三）职业卫生管理档案 ………………………… (37)

（四）职业病防治工作的评估 ………………………… (41)

四、国际基本职业卫生服务工具包 ………………………… (62)

（一）工作场所风险评估 ………………………… (62)

（二）工作环境监测 ………………………… (66)

（三）职业健康监护 ………………………… (73)

（四）事故预防和管理 ………………………… (81)

（五）急救准备 ………………………… (90)

（六）化学品分类控制技术 ………………………… (94)

（七）中小企业职业危害预防控制 ………………………… (104)

第 2 部分　铸造作业职业危害识别、分析与控制 ………………………… (112)

一、铸造作业职业危害识别与分析 ………………………… (112)

（一）工艺技术、材料和设备 ………………………… (112)

（二）主要职业性有害因素检测结果与分析 ………………………… (115)

（三）职业健康损害的队列研究 ………………………… (132)

（四）职业病防护设施与个人防护用品评价 ………………………… (158)

（五）职业危害关键控制点的确定 ………………………… (161)

小结 …… (161)
二、铸造作业职业危害关键点控制技术 …… (162)
（一）铸造作业工作场所职业接触限值 …… (162)
（二）生产工艺和装备的革新 …… (162)
（三）防尘防毒措施 …… (163)
（四）噪声控制 …… (164)
（五）振动的控制 …… (165)
（六）职业健康监护 …… (165)
（七）个人防护用品 …… (168)
三、铸造作业主要岗位职业危害识别与预防控制指南 …… (170)
第3部分　锻造作业职业危害识别、分析与控制 …… (228)
一、锻造作业职业危害识别与分析 …… (228)
（一）工艺技术、材料和设备 …… (228)
（二）主要职业性有害因素检测结果与分析 …… (231)
（三）职业健康监护结果与分析 …… (234)
（四）职业危害关键控制点的确定 …… (235)
小结 …… (235)
二、锻造作业职业危害关键点控制技术 …… (236)
（一）振动控制 …… (236)
（二）噪声控制 …… (237)
（三）高温及热辐射控制 …… (238)
（四）防尘防毒 …… (238)
（五）职业健康监护 …… (238)
（六）个人防护用品 …… (240)
三、锻造作业主要岗位职业危害识别与预防控制指南 …… (242)
第4部分　热处理作业职业危害识别、分析与控制 …… (264)
一、热处理作业职业危害识别与分析 …… (264)
（一）工艺技术、材料和设备 …… (264)
（二）主要职业性有害因素检测结果与分析 …… (267)
（三）职业健康监护结果与分析 …… (269)
（四）职业危害关键控制点的确定 …… (270)
小结 …… (270)
二、热处理作业职业危害关键点控制技术 …… (270)
（一）生产工艺和装备的革新 …… (270)
（二）工程控制措施 …… (271)
（三）职业健康监护 …… (272)
（四）个人防护用品 …… (274)
三、热处理作业主要岗位职业危害识别与预防控制指南 …… (275)
第5部分　冲压作业职业危害识别、分析与控制 …… (300)
一、冲压作业职业危害识别与分析 …… (300)

（一）工艺技术、材料和设备 ……（300）
（二）主要职业性有害因素检测结果与分析 ……（302）
（三）职业健康监护结果与分析 ……（303）
（四）职业危害关键控制点的确定 ……（304）
小结 ……（304）
二、冲压作业职业危害关键点控制技术 ……（304）
（一）冲压作业职业卫生标准 ……（304）
（二）消减噪声源 ……（305）
（三）控制噪声的传播 ……（306）
（四）职业健康监护 ……（307）
（五）个人防护用品 ……（307）
三、冲压作业主要岗位职业危害识别与预防控制指南 ……（308）
第 6 部分　电镀作业职业危害识别、分析与控制 ……（316）
一、电镀作业职业危害识别与分析 ……（316）
（一）工艺技术、材料和设备 ……（316）
（二）主要职业性有害因素检测结果与分析 ……（319）
（三）职业健康监护结果与分析 ……（320）
（四）职业危害关键控制点的确定 ……（321）
小结 ……（321）
二、电镀作业职业危害关键点控制技术 ……（321）
（一）生产工艺和装备的革新 ……（321）
（二）防尘防毒 ……（322）
（三）职业健康监护 ……（322）
（四）个人防护用品 ……（323）
三、电镀作业主要岗位职业危害识别与预防控制指南 ……（325）
第 7 部分　焊接作业职业危害识别、分析与控制 ……（348）
一、焊接作业职业危害识别与分析 ……（348）
（一）工艺技术、材料与设备 ……（348）
（二）主要职业性有害因素检测结果与分析 ……（350）
（三）职业健康监护结果与分析 ……（353）
（四）职业危害关键控制点的确定 ……（353）
小结 ……（353）
二、焊接作业职业危害关键点控制技术 ……（353）
（一）生产工艺、材料革新 ……（353）
（二）防尘防毒 ……（354）
（三）职业健康监护 ……（355）
（四）个人防护用品 ……（356）
三、焊接作业主要岗位职业危害识别与预防控制指南 ……（358）
第 8 部分　涂装作业职业危害识别、分析与控制 ……（370）
一、涂装作业职业危害识别与分析 ……（370）

（一）工艺技术、材料和设备 ……………………………………………………………………（370）
（二）主要职业性有害因素检测结果与分析 ……………………………………………………（371）
（三）职业健康监护结果与分析 …………………………………………………………………（373）
（四）不同类型涂装车间的适用性评价 …………………………………………………………（373）
（五）职业危害关键控制点的确定 ………………………………………………………………（374）
小结……………………………………………………………………………………………………（374）
二、涂装作业职业危害关键点控制技术……………………………………………………………（374）
（一）改善工艺和原材料 …………………………………………………………………………（374）
（二）遵循喷漆室的卫生要求和设计要求 ………………………………………………………（375）
（三）遵循涂料供给装置的卫生要求和设计要求 ………………………………………………（375）
（四）遵循烘干室的卫生要求和设计要求 ………………………………………………………（376）
（五）遵循自动涂装机的卫生要求和设计要求 …………………………………………………（376）
（六）遵循自动擦净机的卫生要求和设计要求 …………………………………………………（376）
（七）采用先进的涂装方法 ………………………………………………………………………（376）
（八）职业健康监护 ………………………………………………………………………………（377）
（九）个人防护用品 ………………………………………………………………………………（379）
三、涂装作业主要岗位职业危害识别与预防控制指南……………………………………………（380）
第 9 部分　无损检测作业职业危害识别、分析与控制……………………………………………（402）
一、无损检测作业职业危害识别与分析……………………………………………………………（402）
（一）工艺技术、材料和设备 ……………………………………………………………………（402）
（二）主要职业性有害因素检测结果与分析 ……………………………………………………（404）
（三）职业健康监护结果与分析 …………………………………………………………………（405）
（四）职业危害关键控制点的确定 ………………………………………………………………（405）
小结……………………………………………………………………………………………………（405）
二、无损检测作业职业危害关键点控制技术………………………………………………………（405）
（一）电离辐射防护 ………………………………………………………………………………（405）
（二）超声波的防护 ………………………………………………………………………………（405）
（三）职业健康监护 ………………………………………………………………………………（406）
（四）个人防护用品 ………………………………………………………………………………（406）
三、荧光磁粉探伤作业职业危害识别与预防控制指南……………………………………………（407）
第 10 部分　发动机试验作业职业危害识别、分析与控制 ………………………………………（409）
一、发动机试验作业职业危害识别与分析…………………………………………………………（409）
（一）工艺技术、材料和设备 ……………………………………………………………………（409）
（二）主要职业性有害因素检测结果与分析 ……………………………………………………（410）
（三）职业健康监护结果与分析 …………………………………………………………………（411）
（四）职业危害关键控制点的确定 ………………………………………………………………（411）
小结……………………………………………………………………………………………………（412）
二、发动机试验作业职业危害关键点控制技术……………………………………………………（412）
（一）噪声控制 ……………………………………………………………………………………（412）
（二）发动机尾气控制 ……………………………………………………………………………（412）

（三）喷漆室有害气体 …………………………………………………………………………（412）
（四）职业健康监护 ……………………………………………………………………………（412）
（五）个人防护用品 ……………………………………………………………………………（413）
三、发动机试验作业主要岗位职业危害识别与预防控制指南 ……………………………………（414）
第 11 部分　装配作业职业危害识别、分析与控制 ………………………………………………（423）
第 12 部分　汽车制造业有毒有害原材料 ……………………………………………………………（433）
一、橡胶 ……………………………………………………………………………………………（433）
二、塑料 ……………………………………………………………………………………………（434）
三、涂料 ……………………………………………………………………………………………（435）
四、纤维 ……………………………………………………………………………………………（435）
五、粘接密封材料 …………………………………………………………………………………（436）
六、型砂 ……………………………………………………………………………………………（437）
附录　有关职业卫生安全法律法规目录 ………………………………………………………（439）
参考文献 ……………………………………………………………………………………………（441）
致谢 …………………………………………………………………………………………………（451）

第 1 部分

用人单位职业病防治指南

一、职业卫生法律框架

职业卫生法律制度，是调整劳动关系中规范劳动者卫生安全的法律规范的总称。我国职业病防治工作坚持“预防为主、防治结合，分类管理、综合治理”的方针，其根本思想就是：坚持以人为本，在职业活动中把预防和控制职业病工作放在首位，以保证劳动者的健康及其相关权益。我国已初步建立起以《中华人民共和国职业病防治法》为主体，相关法规、规章和标准为辅助的，相对独立但还不够完善的社会主义初级阶段的职业卫生与职业病防治法律体系。

政府重视保护劳动者的健康。新中国成立后，中国人民政治协商会议通过的共同纲领中宣布：“公私企业目前一般应实行 8 小时至 10 小时的工作制”，“保护青工、女工的特殊利益，实行工矿检查制度，以改进工矿的安全和卫生设备”。1952 年，针对搬运工人发生的集体中毒事件，中央人民政府政务院批准了《关于防止沥青中毒的办法》。

1954 年通过的《中华人民共和国宪法》中，明确规定了劳动者有受到国家保护的权利，如逐步“改善劳动条件”，“逐步扩充劳动者休息和休养的物质条件”，“劳动者在年老、疾病或者丧失劳动能力的时候，有获得物质帮助的权利”等。这些规定确立了职业病防治工作在我国政治和经济生活中的重要地位。1956 年国务院颁布了《工厂安全卫生规程》、《建筑安装工程安全技术规程》及《工人、职员伤亡事故报告规程》（简称“三大规程”）。1958 年卫生部、劳动部、中华全国总工会公布了防止矽尘危害的四个“办法”，即《矿山防止矽尘危害措施暂行办法》、《工厂防止矽尘危害技术措施暂行办法》、《矽尘作业工人医疗预防措施暂行办法》、《产生矽尘的厂矿企业防痨工作暂行办法》。1962 年卫生部、劳动部、中华全国总工会和冶金、煤炭等产业部门联合召开了第二届全国防止矽尘危害工作会议。1963 年国务院批转了此次会议的报告，并拨出专款用于改善劳动条件和防止矽尘危害。此后，相继发布了《中共中央关于认真做好劳动保护工作的通知》（1978）、《国务院关于加强防尘防毒工作的决定》（1984）等文件，形成了职业卫生工作的基本方针政策。卫生部等有关部门也发布了一系列文件，对职业卫生工作的具体内容提出了要求。通过多年来的工作，已经基本上形成了职业卫生工作的监督管理制度，并总结出了“革、水、密、风、护、管、教、查”的作业场所粉尘职业危害控制“八字方针”，有力地促进了职业病防治工作。各大工业系统如冶金、煤炭、石油化工、铁路、电力等，多年来逐步形成了一整套行之有效的行业职业卫生管理制度。

改革开放以来，国家进一步加快了法制化进程，如《尘肺病防治条例》（1987）、《放射性同位素与射线装置放射防护条例》（1989）、《中华人民共和国矿山安全法》（1993）、《中华人民共和国劳动法》（1995）

等法律、法规相继出台。

20 世纪 90 年代初，职业病防治立法问题得到了全国人大的高度重视。卫生部开展了全国乡镇工业职业危害及对策研究，调查显示，随着乡镇企业的快速发展和引进外资，我国职业危害问题日益突出。卫生部及时向国务院、全国人大汇报了我国严峻的职业病发病形势。1992 年，七届全国人大在京委员和代表听取了卫生部职业病防治情况的汇报。会后，全国人大常委会组织考察职业病防治情况，1993 年卫生部正式向国务院上报了《职业病防治法草案》建议稿，1998 年国务院机构改革理顺了职业卫生监督管理体制，明确由卫生部主管全国职业卫生监察工作。全国人大常委会和国务院做出决定，将《职业病防治法》列入国家立法计划。卫生部于 1999 年第二次向国务院提交了《职业病防治法（草案）》建议稿。

2001 年 10 月 27 日第九届全国人民代表大会常务委员会第二十四次会议通过《中华人民共和国职业病防治法》，自 2002 年 5 月 1 日起施行。此后，《使用有毒物品作业场所劳动保护条例》、《中华人民共和国工伤保险条例》、《放射性同位素与射线装置安全和防护条例》、《中华人民共和国劳动保障监察条例》、《中华人民共和国劳动合同法实施条例》等多部国务院行政法规，《国家职业卫生标准管理办法》、《职业病危害项目申报管理办法》、《职业健康监护管理办法》、《职业病诊断与鉴定管理办法》、《职业病危害事故调查处理办法》、《职业卫生技术服务机构管理办法》、《放射诊疗管理规定》、《建设项目职业病危害分类管理办法》、《放射工作人员职业健康管理办法》等多部卫生部职业病防治配套规章，600 余项国家职业卫生标准也相继出台，标志着我国已初步建立了职业病防治相关法律、法规体系。

（一）职业卫生法律制度的组成

我国的职业卫生法律制度表现形式按其立法主体、法律效力不同，可分为宪法、职业卫生法律、职业卫生行政法规、地方性职业卫生法规、职业卫生规章，其框架详见图 1.1。经我国批准生效的有关职业卫生方面的国际条约、公约也是职业卫生法的一种形式。

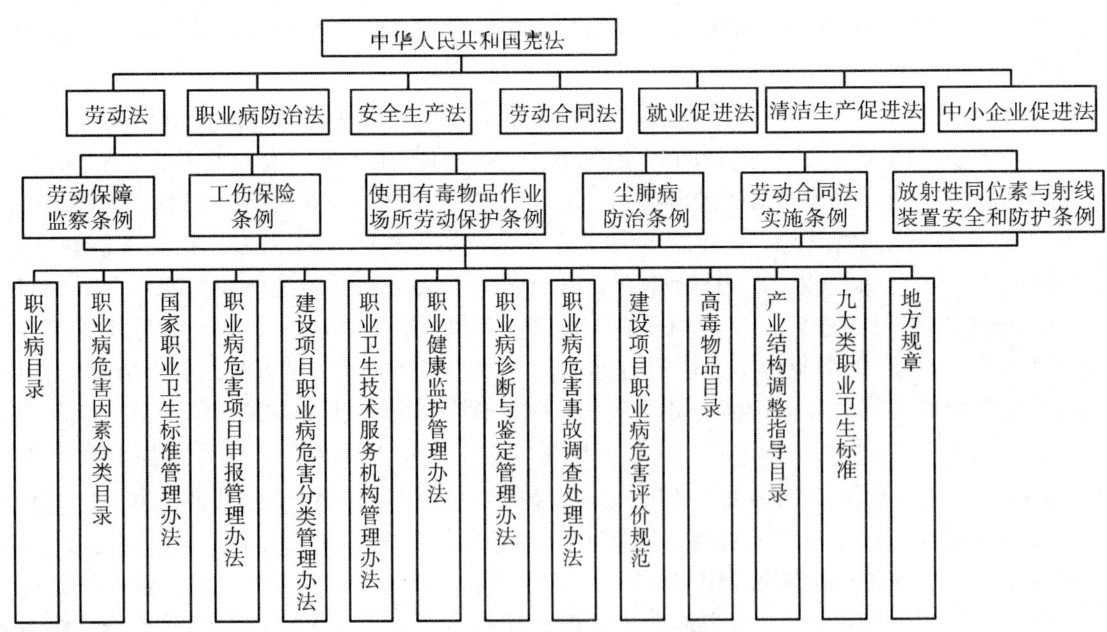

图 1.1　职业病防治法律制度框架

（二）《中华人民共和国宪法》的有关规定

《中华人民共和国宪法》是我国的根本大法，在所有法律形式中居于最高地位，具有最高的法律效力。所有其他职业卫生法律都要依据宪法确定的基本原则来制定，不可与之相抵触。

《中华人民共和国宪法》第 42 条规定："中华人民共和国公民有劳动的权利和义务。国家通过各种途径，创造劳动就业条件，加强劳动保护，改善劳动条件，并在发展生产的基础上，提高劳动报酬和福利待遇。劳动是一切有劳动能力的公民的光荣职责。国有企业和城乡集体经济组织的劳动者都应当以国家主人翁的态度对待自己的劳动。国家提倡社会主义劳动竞赛，奖励劳动模范和先进工作者。国家提倡公民从事义务劳动。国家对就业前的公民进行必要的劳动就业训练。"第 43 条规定："中华人民共和国劳动者有休息的权利。国家发展劳动者休息和休养的设施，规定职工的工作时间和休假制度。"第 48 条规定："中华人民共和国妇女在政治的、经济的、文化的、社会的和家庭的生活等各方面享有同男子平等的权利。国家保护妇女的权利和利益，实行男女同工同酬，培养和选拔妇女干部。"

（三）主要的职业卫生法律、法规及规章

1. 主要的职业卫生法律

职业卫生法律是指由全国人大及其常务委员会制定的有关职业卫生方面法律规范性文件的统称。其法律地位和法律效力仅次于宪法，在职业卫生法律形式中处于第二位。

我国的职业卫生法律主要有：《中华人民共和国职业病防治法》、《中华人民共和国劳动法》、《中华人民共和国劳动合同法》、《中华人民共和国就业促进法》、《中华人民共和国中小企业促进法》、《中华人民共和国清洁生产促进法》等。

（1）《中华人民共和国职业病防治法》

2001 年 10 月 27 日，国家主席签署了中华人民共和国第 60 号主席令，公布《中华人民共和国职业病防治法》，该法自 2002 年 5 月 1 日起施行。《中华人民共和国职业病防治法》的目的是预防、控制和消除职业病危害，防治职业病，保护劳动者健康及其相关权益，促进经济发展，根据宪法制定。该法适用于中华人民共和国领域内的职业病防治活动。该法主要内容包括总则、前期预防、劳动过程中的防护与管理、职业病诊断与职业病病人保障、监督检查、法律责任和附则。

《中华人民共和国职业病防治法》是我国第一部调整职业病防治法律关系的专门法律，保护劳动者健康及相关权益是其根本目的，明确规定了劳动者的权利、用人单位的责任和义务，也规定了各级政府和有关行政部门的职责，同时，还对从事与职业病防治活动有关的机构和个人的职责做出了规定。

《中华人民共和国职业病防治法》规定了一系列职业病防治法律制度，主要包括职业卫生监督制度、职业卫生标准的发布制度、职业病名单的发布制度、建设项目职业病危害分类管理制度、职业健康监护制度、职业病诊断鉴定制度、职业卫生技术服务机构管理制度、工作场所职业病危害因素监测评价制度、职业病危害告知制度、职业病危害项目申报制度、职业病病人保障制度、化学品毒性鉴定管理制度等。

（2）《中华人民共和国劳动法》

1994 年 7 月 5 日，国家主席签署了中华人民共和国第 28 号主席令，公布《中华人民共和国劳动法》，该法自 1995 年 1 月 1 日起施行。《中华人民共和国劳动法》的目的是为了保护劳动者的合法权益，调整劳动关系，建立和维护适应社会主义市场经济的劳动制度，促进经济发展和社会进步，根据宪法制定。该法适用在中华人民共和国境内的企业、个体经济组织（统称用人单位）和与之形成劳动关系的劳动者。该法主要内容包括总则、促进就业、劳动合同和集体合同、工作时间和休息休假、工资、劳动卫生、女职工和未成年工特

殊保护、职业培训、社会保险和福利、劳动争议、监督检查、法律责任和附则。

(3)《中华人民共和国劳动合同法》

2007 年 6 月 29 日，国家主席签署了中华人民共和国第 65 号主席令，公布《中华人民共和国劳动合同法》，该法自 2008 年 1 月 1 日起施行。《中华人民共和国劳动合同法》的目的是为了完善劳动合同制度，明确劳动合同双方当事人的权利和义务，保护劳动者的合法权益，构建和发展和谐稳定的劳动关系。中华人民共和国境内的企业、个体经济组织、民办非企业单位等组织（统称用人单位）与劳动者建立劳动关系，订立、履行、变更、解除或者终止劳动合同，适用于该法。国家机关、事业单位、社会团体和与其建立劳动关系的劳动者，订立、履行、变更、解除或者终止劳动合同，依照该法执行。该法主要内容包括总则、劳动合同的订立、劳动合同的履行和变更、劳动合同的解除和终止、特别规定、监督检查、法律责任和附则。

(4)《中华人民共和国清洁生产促进法》

2002 年 6 月 29 日，国家主席签署了中华人民共和国第 72 号主席令，公布《中华人民共和国清洁生产促进法》，该法自 2003 年 1 月 1 日起实施。《中华人民共和国清洁生产促进法》的目的是为了促进清洁生产，提高资源利用效率，减少和避免污染物的产生，保护和改善环境，保障人体健康，促进经济与社会可持续发展。在中华人民共和国领域内，从事生产和服务活动的单位以及从事相关管理活动的部门依照该法规定，组织和实施清洁生产。该法主要内容包括总则、清洁生产的推行、清洁生产的实施、鼓励措施、法律责任和附则。

(5)《中华人民共和国中小企业促进法》

2002 年 6 月 29 日，国家主席签署了中华人民共和国第 69 号主席令，公布《中华人民共和国中小企业促进法》，该法自 2003 年 1 月 1 日起施行。《中华人民共和国中小企业促进法》的目的是为了改善中小企业经营环境，促进中小企业健康发展，扩大城乡就业，发挥中小企业在国民经济和社会发展中的重要作用。该法所称中小企业，是指在中华人民共和国境内依法设立的有利于满足社会需要，增加就业，符合国家产业政策，生产经营规模属于中小型的各种所有制和各种形式的企业。该法主要内容包括总则、资金支持、创业扶持、技术创新、市场开拓、社会服务和附则。

(6)《中华人民共和国就业促进法》

2007 年 8 月 31 日，国家主席签署了中华人民共和国第 70 号主席令，公布《中华人民共和国就业促进法》，该法自 2008 年 1 月 1 日起实施。《中华人民共和国就业促进法》的目的是为了促进就业，促进经济发展与扩大就业相协调，促进社会和谐稳定。该法主要内容包括总则、政策支持、公平就业、就业服务和管理、职业教育和培训、就业援助、监督检查以及法律责任。

2. 主要的职业卫生行政法规

职业卫生行政法规是指由国务院制定的有关的各类条例、办法、规定、实施细则和决定等，如《中华人民共和国尘肺病防治条例》、《使用有毒物品作业场所劳动保护条例》、《中华人民共和国工伤保险条例》、《放射性同位素与射线装置安全和防护条例》、《中华人民共和国劳动保障监察条例》以及《中华人民共和国劳动合同法实施条例》等。

(1)《中华人民共和国尘肺病防治条例》

1987 年 12 月 3 日，国务院总理签署第 105 号国务院令，公布《中华人民共和国尘肺病防治条例》，该条例自 1987 年 12 月 3 日起施行。该条例的目的是为保护职工健康，消除粉尘危害，防止发生尘肺病，促进生产发展。该条例适用于所有有粉尘作业的企业、事业单位。该条例主要内容包括总则、防尘、监督和监测、健康管理、奖励和处罚以及附则。

（2）《使用有毒物品作业场所劳动保护条例》

2002 年 5 月 12 日，国务院总理签署第 352 号国务院令，公布《使用有毒物品作业场所劳动保护条例》，该条例自 2002 年 5 月 12 日施行。该条例是为了保证作业场所安全使用有毒物品，预防、控制和消除职业中毒危害，保护劳动者的生命安全、身体健康及其相关权益，根据职业病防治法和其他有关法律、行政法规的规定而制定。作业场所使用有毒物品可能产生职业中毒危害的劳动保护，适用于该条例。该条例主要内容包括总则、作业场所的预防措施、劳动过程的防护、职业健康监护、劳动者的权利与义务、监督管理、罚则和附则。该条例作为职业病防治法配套的行政法规，在使用有毒物品作业场所的卫生许可证制度、工伤保险、高毒特殊作业管理规定、职业卫生医师和护士制度、卫生行政部门责任、职业健康监护制度和责任追究等方面都有明显突破，对于规范使用有毒物品作业场所劳动保护具有重要意义。

（3）《中华人民共和国工伤保险条例》

2003 年 4 月 27 日，国务院总理签署第 375 号国务院令，公布《中华人民共和国工伤保险条例》，该条例自 2004 年 1 月 1 日起施行。该条例的目的是为了保障因工作遭受事故伤害或者患职业病的职工获得医疗救治和经济补偿，促进工伤预防和职业康复，分散用人单位的工伤风险。中华人民共和国境内的各类企业、有雇工的个体工商户（统称用人单位）应当依照该条例规定参加工伤保险，为本单位全部职工或者雇工（统称职工）缴纳工伤保险费。中华人民共和国境内的各类企业的职工和个体工商户的雇工，均有依照该条例的规定享受工伤保险待遇的权利。有雇工的个体工商户参加工伤保险的具体步骤和实施办法，由省、自治区、直辖市人民政府规定。该条例主要内容包括总则、工伤保险基金、工伤认定、劳动能力鉴定、工伤保险待遇、监督管理、法律责任和附则。

（4）《放射性同位素与射线装置安全和防护条例》

2005 年 8 月 31 日，国务院总理签署第 449 号国务院令，公布《放射性同位素与射线装置安全和防护条例》，该条例自 2005 年 12 月 1 日起施行。1989 年 10 月 24 日国务院发布的《放射性同位素与射线装置放射防护条例》同时废止。该条例的目的是为了加强对放射性同位素、射线装置安全和防护的监督管理，促进放射性同位素、射线装置的安全应用，保障人体健康，保护环境。在中华人民共和国境内生产、销售、使用放射性同位素和射线装置，以及转让、进出口放射性同位素的，应当遵守该条例。该条例共 7 章 69 条，分别为总则、许可和备案、安全和防护、辐射事故应急处理、监督检查、法律责任和附则。

（5）《中华人民共和国劳动保障监察条例》

2004 年 11 月 1 日，国务院总理签署第 423 号国务院令，公布《中华人民共和国劳动保障监察条例》，该条例自 2004 年 12 月 1 日起实施。《中华人民共和国劳动保障监察条例》的目的是为了贯彻实施劳动和社会保障法律、法规和规章，规范劳动保障监察工作，维护劳动者的合法权益。对企业和个体工商户进行劳动保障监察，适用于该条例。对职业介绍机构、职业技能培训机构和职业技能考核鉴定机构进行劳动保障监察，依照该条例执行。该条例主要内容包括总则、劳动保障监察职责、劳动保障监察的实施、法律责任和附则。

（6）《中华人民共和国劳动合同法实施条例》

2008 年 9 月 18 日，国务院总理签署第 535 号国务院令，公布《中华人民共和国劳动合同法实施条例》，该条例自 2008 年 9 月 18 日起实施。为了贯彻实施《中华人民共和国劳动合同法》制定该条例。该条例主要内容包括总则、劳动合同的订立、劳动合同的解除和终止、劳务派遣特别规定、法律责任和附则。

3. 主要的职业卫生规章

职业卫生规章是指由国务院所属部委以及有权的地方人民政府在法律规定的范围内，依职责制定、颁布的有关职业卫生行政管理的规范性文件。

职业卫生行政法规、地方性职业卫生法规、职业卫生规章均是职业卫生法律的必要补充或具体化。

我国目前现行的职业卫生规章主要有：《国家职业卫生标准管理办法》、《职业病危害项目申报管理办法》、《职业健康监护管理办法》、《职业病诊断与鉴定管理办法》、《职业病危害事故调查处理办法》、《职业卫生技术服务机构管理办法》、《放射诊疗管理规定》、《建设项目职业病危害分类管理办法》和《放射工作人员职业健康管理办法》等。

（1）《国家职业卫生标准管理办法》

2002 年 3 月 28 日，卫生部部长签署卫生部 20 号令，公布《国家职业卫生标准管理办法》，该办法自 2002 年 5 月 1 日起实施。为加强国家职业卫生标准的管理，根据《中华人民共和国职业病防治法》，制定该办法。该办法适用于国家职业卫生标准的立项、起草、审查、公布、复审和解释。国家职业卫生标准由卫生部职业卫生标准专业委员会按照《全国卫生标准技术委员会章程》及有关规定，经职业卫生标准专业委员会委员审查通过并经卫生部相关司局会签后，由卫生部批准，并以卫生部通告形式公布。

（2）《职业病危害项目申报管理办法》

2002 年 3 月 28 日，卫生部部长签署卫生部 21 号令，公布《职业病危害项目申报管理办法》，该办法自 2002 年 5 月 1 日起实施。为了规范职业病危害项目申报工作，加强职业病危害项目的监督管理，根据《中华人民共和国职业病防治法》，制定该办法。存在或者产生职业病危害项目的用人单位，应当按照《中华人民共和国职业病防治法》及该办法规定申报职业病危害项目。该办法所称职业病危害项目是指存在或者产生职业病危害因素的项目。职业病危害因素按照卫生部发布的《职业病危害因素分类目录》确定。管理办法对用人单位向县级卫生行政部门进行职业病危害项目申报的主要内容、申报程序、申报资料管理、变更申报和应当承担的法律责任作了具体规定。

自 2009 年 11 月 1 日，职业病危害项目的申报应按照国家安全生产监督管理总局第 27 号令《作业场所职业危害申报管理办法》执行。

（3）《职业健康监护管理办法》

2002 年 3 月 28 日，卫生部部长签署卫生部 23 号令，公布《职业健康监护管理办法》，该办法自 2002 年 5 月 1 日起实施。为了规范职业健康监护工作，加强职业健康监护管理，保护劳动者健康，根据《中华人民共和国职业病防治法》，制定该办法。该办法所称职业健康监护主要内容包括职业健康检查、职业健康监护档案管理等内容。职业健康检查包括上岗前、在岗期间、离岗时和应急的健康检查。该办法规定了职业健康监护的具体内容、职业健康检查分类与工作规范、职业健康监护档案的主要内容与管理要求，对按职业病危害因素类别所确定的职业健康检查项目、周期和职业禁忌证也作了详细列举。2007 年 3 月 16 日卫生部发布《职业健康监护技术规范》（GBZ 188）。自 2007 年 10 月 1 日，职业健康检查目标疾病、检查内容和检查周期应按照《职业健康监护技术规范》执行。

（4）《职业病诊断与鉴定管理办法》

2002 年 3 月 28 日，卫生部部长签署卫生部 24 号令，公布《职业病诊断与鉴定管理办法》，该办法自 2002 年 5 月 1 日起实施。为了规范职业病诊断鉴定工作，加强职业病诊断、鉴定管理，根据《中华人民共和国职业病防治法》，制定该办法。该办法对职业病诊断机构和从事职业病诊断工作人员的条件和职责、职业病诊断原则、诊断和《职业病诊断证明书》、职业病诊断档案管理、职业病鉴定程序、鉴定专家库的设立和管理以及鉴定委员会的组织原则等作了详细的规定。

（5）《职业病危害事故调查处理办法》

2002 年 3 月 28 日，卫生部部长签署卫生部 25 号令，公布《职业病危害事故调查处理办法》，该办法自 2002 年 5 月 1 日起实施。为了规范职业病危害事故的调查处理，及时有效地控制职业病危害事故，减轻职业病危害事故造成的损害，根据《中华人民共和国职业病防治法》，制定该办法。该办法主要内容包括总则、事故报告、事故处理。该办法按急性职业病事故发病人数、死亡人数等危害后果和程度，把职业病危害事故划分为一般、重大、特大事故三类，具体规定了职业病危害事故调查的主要内容，用人单位、卫生行政部门、医疗机构、工会等组织的职责，职业病危害事故报告规定，职业病事故调查处理程序，职业病危害事故结案和法律责任。2003 年职业危害调查处理划归安全生产部门，相关的规定按国家安全生产监督管理总局的要求执行。

（6）《职业卫生技术服务机构管理办法》

2002 年 7 月 31 日，卫生部部长签署卫生部 31 号令，公布《职业卫生技术服务机构管理办法》，该办法自 2002 年 9 月 1 日起实施。为了规范职业卫生技术服务行为，加强对职业卫生技术服务机构的管理，根据《中华人民共和国职业病防治法》，制定该办法。该办法所称职业卫生技术服务机构是指为实施职业病防治法服务的职业卫生技术机构。该办法主要内容包括总则、资质审定、资质管理、罚则和附则。该办法规定了卫生部和省级卫生行政部门职业卫生技术服务机构的资质审定的职责划分、甲级和乙级职业卫生技术服务机构的职责、资质的审定程序及资质管理等内容。2010 年卫生部与国家安全生产监督管理总局进行了职能调整，相关的规定也应随之更新。

（7）《放射诊疗管理规定》

2006 年 1 月 24 日，卫生部部长签署卫生部 46 号令，公布《放射诊疗管理规定》，该规定自 2006 年 3 月 1 日起施行。为加强放射诊疗工作的管理，保证医疗质量和医疗安全，保障放射诊疗工作人员、患者和公众的健康权益，依据《中华人民共和国职业病防治法》、《放射性同位素与射线装置安全和防护条例》和《医疗机构管理条例》等法律、行政法规的规定，制定该规定。该规定所称放射诊疗工作，是指使用放射性同位素、射线装置进行临床医学诊断、治疗和健康检查的活动，适用于开展放射诊疗工作的医疗机构。该规定主要内容包括总则、执业条件、放射诊疗的设置与批准、安全防护与质量保证以及监督管理等。

（8）《建设项目职业病危害分类管理办法》

2006 年 7 月 27 日，卫生部部长签署卫生部 49 号令，公布《建设项目职业病危害分类管理办法》，该办法自 2006 年 7 月 27 日起实施。2002 年 3 月 28 日卫生部发布的《建设项目职业病危害分类管理办法》同时废止。为了预防、控制和消除建设项目可能产生的职业病危害，根据《中华人民共和国职业病防治法》，制定该办法。该办法所称建设项目，是指可能产生职业病危害的新建、扩建、改建建设项目和技术改造、技术引进项目。可能产生职业病危害项目是指存在或产生《职业病危害因素分类目录》所列职业病危害因素的项目。《建设项目职业病危害分类管理办法》规定了建设项目职业病危害分类方法，分级、分类管理原则，建设项目在可行性论证阶段的预评价要求和卫生审核程序，以及设计阶段的卫生审查程序、竣工验收阶段的职业病危害控制效果评价的要求和竣工验收程序。新修订的管理办法进一步明确了建设项目职业病危害的分类，对可能产生严重职业病危害的化学因素也根据《高毒物品目录》规定作了调整。此外，还明确了评价机构对存在或可能产生严重职业病危害的因素的建设项目的职业病危害预评价报告执行专家审查制度。2010 年卫生部与国家安全生产监督管理总局进行了职能调整，相关的管理办法也应随之调整。

（9）《放射工作人员职业健康管理办法》

2007 年 6 月 3 日，卫生部部长签署卫生部 55 号令，公布《放射工作人员职业健康管理办法》，该办法自 2007 年 11 月 1 日起实施。为了保障放射工作人员的职业健康，根据《中华人民共和国职业病防治法》和《放射性同位素与射线装置安全和防护条例》，制定该办法。中华人民共和国境内的放射工作单位及其放射工作人员，应当遵守该办法。该办法主要内容包括总则、从业条件与培训、个人剂量监测管理、职业健康管理、监督检查、法律责任和附则。

（四）地方性职业卫生法规

地方性职业卫生法规是指省、自治区、直辖市的人民代表大会及其常务委员会，为执行和实施宪法、职业卫生法律、职业卫生行政法规，根据本行政区域的具体情况和实际需要，在法定权限内制定、发布的规范性文件。经常以“条例”、“办法”等形式出现。同时，各地卫生厅（局）根据国家相关法规，结合地方实际情况，制定并发布规章制度和规范性文件，如职业卫生技术服务管理办法、职业卫生监督管理办法、职业病报告管理办法、建设项目职业病危害管理办法、职业卫生档案管理办法、职业健康检查机构管理办法等，规范本辖区范围内职业卫生技术服务和卫生监督行为。

《中华人民共和国职业病防治法》颁布前，全国各地纷纷制定和发布了地方职业病防治条例。2001 年《中华人民共和国职业病防治法》颁布后，上海市、江苏省、山东省等相应修改了地方职业病防治条例。2008 年 6 月，云南省人民政府制定了《云南省职业病防治条例》，并经全社会公开征求意见后，同年 8 月 21 日由省人大常委会审议通过。

（五）其他相关的文件

为了推动职业病防治工作，国务院以及卫生部等相关部委还下发了一系列相关文件，主要有《职业病目录》、《职业病危害因素分类目录》、《高毒物品目录》（2003 年版）、《促进产业结构调整暂行规定》和《工业企业职工听力保护规范》（卫法监［1990］第620号）等。

（六）经我国批准生效的国际条约、公约

经我国批准生效的有关职业卫生的国际条约、公约，是作为制定我国职业卫生法律依据之一，并应采取必要的措施履约。经过人大常委会批准的作为我国法律执行的国际公约主要有：《职业安全和卫生及工作环境公约》（155 号）和 1995 年批准的 ILO《作业场所安全使用化学品公约》等，详见表 1. 1。

表 1. 1　我国批准的公约及建议书

序号	公约号	名称	我国批准时间（年）
1	C014	工业企业中实行每周休息公约	1934
2	C100	男女工人同工同酬公约	1990
3	C111	1958 年消除就业和职业歧视公约	2006
4	C122	就业政策公约	1997
5	C138	准许受雇最低年龄公约	1999
6	C144	三方协商促进贯彻国际劳工标准公约	1990
7	C150	劳动行政管理公约	2002
8	C155	职业安全和卫生及工作环境公约	2006
9	C159	（残疾人）职业康复和就业公约	1988
10	C167	建筑安全和卫生公约	2002
11	C170	作业场所安全使用化学品公约	1995
12	C182	禁止和立即行动消除最恶劣形式的童工劳动公约	2002
13	—	经济、社会及文化权利国际公约	2001

二、用人单位如何履行企业社会责任

2007 年，中国疾病预防控制中心职业卫生与中毒控制所在全国广泛征求意见的基础上，起草了 2007 年职业病防治法宣传周方案，卫生部、劳动保障部、铁道部、国资委、国家安全生产监督管理总局和全国总工

会采纳了此方案并联合发文，确定了 2007 年职业病防治法宣传周的主题是“劳动者健康与企业社会责任”，同年 6 月，多部门又联合组织举办了“劳动者健康与企业社会责任”论坛。“企业社会责任”问题近年来已引起党和国家领导人的高度重视和社会的广泛关注。党的十六届六中全会明确提出“广泛开展和谐创建活动，形成人人促进和谐的局面。着眼于增强公民、企业、各种组织的社会责任”。胡锦涛总书记在 2006 年底中央经济工作会议上也指出“既要继续健全企业激励机制，也要注重强化企业外部约束，引导企业树立现代经营理念，切实承担起社会责任”。2005 年至今中国已经召开了几次企业社会责任论坛，各界知名人士、社会精英和政府要员聚集一堂，共商企业社会责任，引起社会强烈反响。在 2007 年中央经济工作会议上，有关 2008 年经济工作八大主要任务中又提出“强化企业社会责任”。这引起了全社会对企业社会责任的思考，企业社会责任其内涵究竟是什么？与国家的法律关系怎样？应当怎样看待跨国公司所宣称的企业社会责任？企业如何履行社会责任？

（一）企业社会责任产生的背景及其争议

ILO 主席 Juan Somavia 在 2006 年世界劳工大会上做了题为“Changing Patterns in the World of Work”的报告，报告中对企业社会责任产生的背景、企业社会责任的内容、国际社会对企业社会责任的释义以及企业社会责任的潜力和局限性进行了阐述，这些阐述有助于帮助读者理解企业社会责任。

1. 产生的背景

全球生产系统的增长，特别是组装工作地点的转移，已经引起了关于它们究竟推动还是阻碍发展的激烈争论。同时还提出这样的问题：是否需要新的管理形式来同时保护发达国家和发展中国家的工人？一方面，许多发展中国家的出口工厂条件要比那些农业工作或城市非正规企业工作的条件好，许多工人就来自这些部门，此外，妇女承担着许多装配线上的工作，她们除此之外可能很少有机会获得有报酬的其他工作；另一方面，人们担忧工业化国家低技术工人的工作机会将会消失，随着一些服务业开始以一种相似的方式进行组织，这种现象将会越来越多地开始对中产阶级的办公室职员产生影响。

这些关于对全球生产系统的担忧已经促进跨国公司以多种形式应对。企业社会责任就是其中之一，既通过他们企业内部的管理方法和运行方式，也通过与社会其他方面的相互影响，跨国公司在企业社会责任中考虑它们对社会的影响，郑重陈述它们的原则和价值。企业社会责任是一项自愿地由企业自发推动成立的，它旨在超越法律上的遵从，这样，在广阔的管理范围内，企业社会责任成为企业内部寻求建立影响工作组织和执行的行为准则。

2. 企业社会责任包括多项行动计划

企业社会责任包括很多行动计划，包括旨在指导管理者在就业问题和对社区影响问题的行为准则的企业管理法规，其他还涉及国内和国际商业联盟，通常覆盖特殊部门。一些行动计划起初是非政府性质的，但是邀请企业遵守。许多是纯粹的宣言，但也有一些行动计划包含了报告和监测方法等广泛的内容，还有一些行动计划由外部社会三方进行审核。与社会责任密切相关的投资，需要由投资小组（经常是雇员养老基金或单位信托）按社会责任标准对它们所投资的公司进行评估。美国专业管理几乎每 10 美元中的 1 美元或者是 24.4 万亿美元中的 2.3 万亿美元投资在社会责任方面。在许多情况下，社会和环境责任问题是由相同的行动计划加以应对。国际金融公司以及世界银行的私人债券机构，近来已经强化了其借贷者的环境和社会责任的标准，这些标准按国际劳工组织关于工作中基本的原则和权利的规定对有关劳动权利作出了相关规定。中国也建立了企业社会责任基金。

3. 国际社会对企业社会责任的争议

目前关于企业社会责任和企业在社会中所起作用的争论很多。一些人担忧对企业社会责任行动计划的期望将超出企业在社会中被认可的法定职责，企业社会责任不可能代替政府的作用。而另外一些人可能赞同首先将企业社会责任写入法律并实施，他们指出企业社会责任是一个涉及企业管理者单方认可的责任的自愿性概念。也有一些批评指出，企业社会责任做的远比他们宣称的要少。同时也有对购买者进行社会责任审核的数量和质量的担心。一些争论说，企业社会责任在供应链中造成多重要求和不必要的成本，对于供给商的市场扩张或工人工作条件的明显改善，几乎没有回报。

4. 企业社会责任的潜力和局限性

有些企业社会责任文书包括行为审核和修正行动的内在机制，而有些企业要么没有审核文件和修正文件，要么其系统不能提供可靠的行为评估方法。尽管如此，关于“加强”自愿守则的讨论突出了企业社会责任与法律责任的差别。企业社会责任的主要原则是企业努力所达到的良好实践活动在大多数环境中是符合企业利益的，它们不能取代可预防和处罚不良实践活动的法律，它们潜在的价值是鼓励企业家开展超出法律最低要求的最好实践活动，以及降低国家、工人、企业在遵守法律时的守法成本，他们也可以为企业和国家及其他社会组织之间的社会对话提供议程，从而有利于解决争端和确定合作领域和行动。随之产生的新问题是：如何处理占主导地位的公共劳动监察体系（135 个国家批准的、《劳动监察公约》1947 年第 81 号中所涵盖的）与新的自愿遵守的规范这一新的私人机制之间的关系。

5. 有关学者对跨国公司在我国的表现提出了自己的看法

澳大利亚国立大学当代中国研究员陈佩华女士认为：企业责任所谓的行为守则，没有法律依据，这是资本自发的东西，他不会很认真地执行的，对供应商的一些违规行为通常也是睁一只眼闭一只眼。中国的法律在工资工时方面的规定比企业社会责任行为守则的相关规定要来得更充分、更好。

中山大学艾伦·弗里得曼的论点是：我谴责企业社会责任模式。我认为它是跨国公司以自我管制做幌子，来逃避政府管制的一种尝试。在从广东省获得的第一手观察中，我看到这种模式并没有改善工人们的生活。而且，这种模式假设跨国公司们一边要求他们的供应商实施这样的标准，一边又压榨供应商以获得更低的产品价格。这显然是不可能的。其结果就是跨国公司：①花费数以亿计的资金公关，宣传企业社会责任，以平息消费者的指责，从而重新占据道德高地；②继续强化对供应商的压榨；③为供应商们忽视现有劳动法监管提供动机；④逃避所在国对它们的任何处罚。更重要的是，当企业社会责任把焦点放在工人的经济、健康/安全需要（例如，遵循最低工资法、健康和安全标准、工作时间和休息时间等等）上时，它逃避了产业劳动关系的核心问题。这就是工人有自我组织、通过工会表达他们的合理需求、有尊严地参与经济活动并获得法律保护的权利。

（二）企业社会责任（SA8000）的内涵与我国相关规定的比较

1. 国际社会企业社会责任的基本内容

（1）童工

企业必须按照法律控制最低年龄、少年工，学校实习，工作时间和安全工作范围。

（2）强迫性劳动

企业不得进行或支持使用强制劳工或在雇佣中使用诱饵或要求抵押金，企业必须允许雇员轮班后离开并允许雇员辞职。

（3）健康和安全

企业须提供安全健康的工作环境，对事故伤害的防护，健康安全教育，卫生清洁维持设备和常备饮用水。

（4）组织工会的自由与集体谈判的权利

企业尊重全体人员组成和参加所选工会并集体谈判的权利。

（5）歧视

企业不得因种族、社会地位、国籍、伤残、性别、生育倾向、会员资格或政治派系等原因存在歧视。

（6）惩戒性措施

不允许物质惩罚、精神和肉体上的压制和言词辱骂。

（7）工作时间

企业必须遵守相应法规，雇员一周工作时间不得超过 60h，加班必须是自愿的，雇员一周至少有一天的假期。

（8）薪酬

工资必须达到法定和行业规定的最低限额，并在满足基本要求外有任意收入。雇主须提供津贴等，不得以虚假的培训计划规避《劳动法》。

（9）管理系统

企业须制定一个对外公开的政策，承诺遵守相关法律和其他规定；保证进行管理的总结回顾，选定企业代表监督实行计划和实施控制，选择同样满足 SA8000 的供应商，确定表达意见的途径并采取纠正措施，公开与审查员的联系，提供应用的检验方法，并出示支持的证明文件和记录。

2. 国务院国资委对“企业社会责任”的相关要求

国务院国资委日前发布了《关于中央企业履行社会责任的指导意见》，其中对中央企业履行社会责任提出了以下八条要求：坚持依法经营诚实守信；不断提高持续盈利能力；切实提高产品质量和服务水平；加强资源节约和环境保护；推进自主创新和技术进步；保障生产安全；维护职工合法权益；参与社会公益事业。由此可见，国资委提出的企业所应履行社会责任的要求比 SA8000 更加宽泛，但也较为原则。

3. 我国法律的有关规定与国际社会企业社会责任的比较

在我国，《中华人民共和国宪法》、《中华人民共和国劳动法》、《中华人民共和国职业病防治法》、《中华人民共和国安全生产法》、《中华人民共和国工会法》、《中华人民共和国劳动合同法》、《中华人民共和国就业促进法》和《中华人民共和国清洁生产促进法》等法律的相关规定涵盖了“企业社会责任”的相关条款，尤其是在《中华人民共和国劳动法》中最为集中，劳动法第三条规定“劳动者享有平等就业和选择职业的权利、取得劳动报酬的权利、休息休假的权利、获得劳动安全卫生保护的权利、接受职业技能培训的权利、享受社会保险和福利的权利、提请劳动争议处理的权利以及法律规定的其他劳动权利。劳动者应当完成劳动任务，提高职业技能，执行劳动安全卫生规程，遵守劳动纪律和职业道德。”

（1）有关“童工”的规定

《中华人民共和国劳动法》第十五条规定，“禁止用人单位招用未满十六周岁的未成年人。”

（2）有关“强迫性劳动”的规定

《中华人民共和国工会法》第二十四条规定，“工会发现企业违章指挥、强令工人冒险作业，或者生产过程中发现明显重大事故隐患和职业危害，有权提出解决的建议，企业应当及时研究答复；发现危及职工生命安全的情况时，工会有权向企业建议组织职工撤离危险现场，企业必须及时作出处理决定。”第二十五条规定“工会有权对企业、事业单位侵犯职工合法权益的问题进行调查，有关单位应当予以协助。”

《中华人民共和国劳动合同法》第三十八条（六）规定，“用人单位以暴力、威胁或者非法限制人身自由的手段强迫劳动者劳动的，或者用人单位违章指挥、强令冒险作业危及劳动者人身安全的，劳动者可以立即解除劳动合同，不需事先告知用人单位。”第八十八条（二）规定，“用人单位有违章指挥或者强令冒险作业危及劳动者人身安全的，依法给予行政处罚；构成犯罪的，依法追究刑事责任；给劳动者造成损害的，应当承担赔偿责任。”

（3）有关“健康和安全”的规定

《中华人民共和国宪法》第四十二条第二款规定，“劳动是一切有劳动能力的公民的光荣职责。国有企业和城乡集体经济组织的劳动者都应当以国家主人翁的态度对待自己的劳动。国家提倡社会主义劳动竞赛，奖励劳动模范和先进工作者。国家提倡公民从事义务劳动。国家对就业前的公民进行必要的劳动就业训练。”第四十五条规定，“中华人民共和国公民在年老、疾病或者丧失劳动能力的情况下，有从国家和社会获得物质帮助的权利。国家发展为公民享受这些权利所需要的社会保险、社会救济和医疗卫生事业。”

《中华人民共和国劳动法》第六章“劳动安全卫生”对工作中的健康和安全做出了明确规定。

《中华人民共和国职业病防治法》第三十二条规定，“对从事接触职业病危害的作业的劳动者，用人单位应当按照国务院卫生行政部门的规定组织上岗前、在岗期间和离岗时的职业健康检查，并将检查结果如实告知劳动者。职业健康检查费用由用人单位承担。用人单位不得安排未经上岗前职业健康检查的劳动者从事接触职业病危害的作业；不得安排有职业禁忌的劳动者从事其所禁忌的作业；对在职业健康检查中发现有与所从事的职业相关的健康损害的劳动者，应当调离原工作岗位，并妥善安置；对未进行离岗前职业健康检查的劳动者不得解除或者终止与其订立的劳动合同。职业健康检查应当由省级以上人民政府卫生行政部门批准的医疗卫生机构承担。”第三十五条规定，“用人单位不得安排未成年工从事接触职业病危害的作业；不得安排孕期、哺乳期的女职工从事对本人和胎儿、婴儿有危害的作业。”

《中华人民共和国清洁生产促进法》第二条规定，“本法所称清洁生产，是指不断采取改进设计、使用清洁的能源和原料、采用先进的工艺技术与设备、改善管理、综合利用等措施，从源头削减污染，提高资源利用效率，减少或者避免生产、服务和产品使用过程中污染物的产生和排放，以减轻或者消除对人类健康和环境的危害。”第十八条规定，“新建、改建和扩建项目应当进行环境影响评价，对原料使用、资源消耗、资源综合利用以及污染物产生与处置等进行分析论证，优先采用资源利用率高以及污染物产生量少的清洁生产技术、工艺和设备。”第十九条规定，“企业在进行技术改造过程中，应当采取以下清洁生产措施：（一）采用无毒、无害或者低毒、低害的原料，替代毒性大、危害严重的原料；（二）采用资源利用率高、污染物产生量少的工艺和设备，替代资源利用率低、污染物产生量多的工艺和设备；（三）对生产过程中产生的废物、废水和余热等进行综合利用或者循环使用；（四）采用能够达到国家或者地方规定的污染物排放标准和污染物排放总量控制指标的污染防治技术。”第三十二条规定，“国家建立清洁生产表彰奖励制度。对在清洁生产工作中做出显著成绩的单位和个人，由人民政府给予表彰和奖励。”

（4）有关“组织工会的自由与集体谈判的权利”的规定

《中华人民共和国工会法》第二条规定，“工会是职工自愿结合的工人阶级的群众组织。中华全国总工会及其各工会组织代表职工的利益，依法维护职工的合法权益。”第十一条规定，“基层工会、地方各级总工会、全国或者地方产业工会组织的建立，必须报上一级工会批准。上级工会可以派员帮助和指导企业职工组建工会，任何单位和个人不得阻挠。”第二十条规定，“工会帮助、指导职工与企业以及实行企业化管理的事业单位签订劳动合同。工会代表职工与企业以及实行企业化管理的事业单位进行平等协商，签订集体合同。集体合同草案应当提交职工代表大会或者全体职工讨论通过。工会签订集体合同，上级工会应当给予支持和帮助。企业违反集体合同，侵犯职工劳动权益的，工会可以依法要求企业承担责任；因履行集体合同发生争议，经协商解决不成的，工会可以向劳动争议仲裁机构提请仲裁，仲裁机构不予受理或者对仲裁裁决不服的，可以向人民法院提起诉讼。”第二十二条规定，“企业、事业单位违反劳动法律、法规规定，有下列侵犯职工劳动权益情形，工会应当代表职工与企业、事业单位交涉，要求企业、事业单位采取措施予以改正；企业、事业单位应当予以研究处理，并向工会作出答复；企业、事业单位拒不改正的，工会可以请求当地人民政府依法作出处理：(一）克扣职工工资的；（二）不提供劳动安全卫生条件的；（三）随意延长劳动时间的；(四）侵犯女职工和未成年工特殊权益的；（五）其他严重侵犯职工劳动权益的。”

《中华人民共和国劳动法》第三十三条规定，“企业职工一方与企业可以就劳动报酬、工作时间、休息休假、劳动安全卫生、保险福利等事项，签订集体合同。集体合同草案应当提交职工代表大会或者全体职工讨论通过。”

《中华人民共和国劳动合同法》第四条规定，“用人单位在制定、修改或者决定有关劳动报酬、工作时间、休息休假、劳动安全卫生、保险福利、职工培训、劳动纪律以及劳动定额管理等直接涉及劳动者切身利益的规章制度或者重大事项时，应当经职工代表大会或者全体职工讨论，提出方案和意见，与工会或者职工代表平等协商确定。在规章制度和重大事项决定实施过程中，工会或者职工认为不适当的，有权向用人单位提出，通过协商予以修改完善。用人单位应当将直接涉及劳动者切身利益的规章制度和重大事项决定公示，或者告知劳动者。”第五十一条规定，“企业职工一方与用人单位通过平等协商，可以就劳动报酬、工作时间、休息休假、劳动安全卫生、保险福利等事项订立集体合同。集体合同草案应当提交职工代表大会或者全体职工讨论通过。集体合同由工会代表企业职工一方与用人单位订立；尚未建立工会的用人单位，由上级工会指导劳动者推举的代表与用人单位订立。”第五十二条规定，“企业职工一方与用人单位可以订立劳动安全卫生、女职工权益保护、工资调整机制等专项集体合同。”

(5）有关“歧视”的规定

《中华人民共和国宪法》第三十八条规定，“中华人民共和国公民的人格尊严不受侵犯。禁止用任何方法对公民进行侮辱、诽谤和诬告陷害。”第四十八条规定，“中华人民共和国妇女在政治的、经济的、文化的、社会的和家庭的生活等各方面享有同男子平等的权利。国家保护妇女的权利和利益，实行男女同工同酬，培养和选拔妇女干部。”

《中华人民共和国劳动法》第十三条规定，“妇女享有与男子平等的就业权利。在录用职工时，除国家规定的不适合妇女的工种或者岗位外，不得以性别为由拒绝录用妇女或者提高对妇女的录用标准。”

《中华人民共和国就业促进法》第三章“公平就业”中，对消除就业过程中的歧视作出了详细的规定，包括性别、生育倾向、种族、残疾、传染病、城乡等方面。

(6）有关“惩戒性措施”的规定

《中华人民共和国劳动合同法》第八十八条（三）规定，“用人单位侮辱、体罚、殴打、非法搜查或者拘禁劳动者的，依法给予行政处罚；构成犯罪的，依法追究刑事责任；给劳动者造成损害的，应当承担赔偿责任。”

(7）有关“工作时间”的规定

《中华人民共和国宪法》第四十三条规定，“中华人民共和国劳动者有休息的权利。国家发展劳动者休息和休养的设施，规定职工的工作时间和休假制度。”第四十四条规定，“国家依照法律规定实行企业事业组织的职工和国家机关工作人员的退休制度。退休人员的生活受到国家和社会的保障。”

《中华人民共和国劳动法》第四章“工作时间和休息休假”对工作时间做出了明确规定。

(8）有关“薪酬”的规定

《中华人民共和国劳动法》第五章“工资”对薪酬（工资）做出了明确规定。

《中华人民共和国劳动合同法》第三十一条规定，“用人单位应当严格执行劳动定额标准，不得强迫或者变相强迫劳动者加班。用人单位安排加班的，应当按照国家有关规定向劳动者支付加班费。”

(9）有关“管理系统”的规定

《中华人民共和国劳动合同法》第四条规定，“用人单位应当依法建立和完善劳动规章制度，保障劳动者享有劳动权利、履行劳动义务。”

《中华人民共和国安全生产法》第四条规定，“生产经营单位必须遵守本法和其他有关安全生产的法律、法规，加强安全生产管理，建立、健全安全生产责任制度，完善安全生产条件，确保安全生产。”第十七条规定，“生产经营单位的主要负责人对本单位安全生产工作负有下列职责：（一）建立、健全本单位安全生产责任制；（二）组织制定本单位安全生产规章制度和操作规程；（三）保证本单位安全生产投入的有效实施；（四）督促、检查本单位的安全生产工作，及时消除生产安全事故隐患；（五）组织制定并实施本单位的生产安全事故应急救援预案；（六）及时、如实报告生产安全事故。”

《中华人民共和国职业病防治法》第四条规定，“劳动者依法享有职业卫生保护的权利。用人单位应当为劳动者创造符合国家职业卫生标准和卫生要求的工作环境和条件，并采取措施保障劳动者获得职业卫生保护。”第三十六条规定，“劳动者享有下列职业卫生保护权利：（一）获得职业卫生教育、培训；（二）获得职业健康检查、职业病诊疗、康复等职业病防治服务；（三）了解工作场所产生或者可能产生的职业病危害因素、危害后果和应当采取的职业病防护措施；（四）要求用人单位提供符合防治职业病要求的职业病防护设施和个人使用的职业病防护用品，改善工作条件；（五）对违反职业病防治法律、法规以及危及生命健康的行为提出批评、检举和控告；（六）拒绝违章指挥和强令进行没有职业病防护措施的作业；（七）参与用人单位职业卫生工作的民主管理，对职业病防治工作提出意见和建议。”

综上所述，遵守我国的法律是履行企业社会责任的最低要求，履行企业社会责任首先要履行企业的法定责任。

（三）正视我国企业忽视企业社会责任的问题

正视中国企业可能存在的忽视企业社会责任问题。包括：非法雇佣童工；违法使用未成年工；收取职工押金、扣押身份证和限制人身自由；侮辱体罚工人，侵犯工人人身权利；超时加班加点；工资低于最低工资标准，不依法支付加班费；社会保险覆盖率太低；扣押拖欠职工工资，尤其是拖欠民工工资；没有提供法定的福利待遇；工人住宿拥挤，宿舍条件太差；厂房安全出口不够，矿难频发；消防器材不够；工人消防训练不够，有毒有害化学品的保管使用不当；工作条件太差，个人防护用品缺乏；特种人员和特种设备安全管理差；没有工会组织或者形同虚设；就业的性别、户籍、城乡、学历、年龄等歧视突出；女职工的“三期（月经期、哺乳期、怀孕期）”保护落实差；对员工冷漠，缺乏人文关怀。

（四）严格遵守我国法律相关规定

1. 建立健全职业病防治组织机构和规章制度

包括：用人单位法定代表人应遵守国家有关职业病防治的法规政策标准；设立职业病防治领导机构；设置职业卫生管理机构；配备专（兼）职的职业卫生专业人员；职业病防治工作纳入法定代表人目标管理责任制；制定职业病防治计划和实施方案；建立、健全职业卫生管理制度；设置岗位操作规程；建立健全职业卫生档案；建立、健全劳动者职业健康监护档案；建立、健全工作场所职业性有害因素检测及评价制度；确保职业病防治管理必要的经费投入；依法参加工伤保险。

2. 加强建设项目职业病危害前期预防

包括：申报职业病危害项目；建设项目职业病危害预评价；职业病危害严重的建设项目的防护设施设计和卫生审查；建设项目职业病危害控制效果评价和卫生验收。

3. 加强材料和设备管理

包括：优先采用有利于职业病防治和保护劳动者健康的新技术、新工艺和新材料；不生产、经营、进口和使用国家明令禁止使用的可能产生职业病危害的设备和材料；企业使用的主导原材料供应商应当符合《中华人民共和国职业病防治法》要求；对所采用的有危害的技术、工艺和材料不隐瞒其危害；可能产生职业病危害的设备应有中文说明书；在可能产生职业病危害的设备的醒目位置设置警示标识和中文警示说明；使用、生产、经营可能产生职业病危害的化学品，应有中文说明书；使用放射性同位素和含有放射性物质材料的，应有中文说明书；不得将存在或可能产生职业病危害的作业转嫁给不具备职业病防护条件的单位和个人；不得接受不具备防护条件的职业病危害的作业；有毒物品的包装应有明显的警示标识和中文警示说明。

4. 加强作业场所管理

包括：职业性有害因素的强度或者浓度符合国家职业卫生标准；生产布局合理；有害和无害作业分开；可能发生急性职业损伤的有毒、有害工作场所，设置报警装置；可能发生急性职业损伤的有毒、有害工作场所，配置现场急救用品；可能发生急性职业损伤的有毒、有害工作场所，配置冲洗设备；可能发生急性职业损伤的有毒、有害工作场所，配置应急撤离通道；可能发生急性职业损伤的有毒、有害工作场所，配置必要的泄险区；放射工作场所和放射源储存场所设置警示标识；核设施、辐照装置、放射治疗、工业探伤等使用强辐射源的工作场所设置安全联锁和超剂量报警装置；有毒、有害工作场所、职业病危害事故现场警示标识的设置；高毒作业应设置车间淋浴间；高毒作业应设置更衣室；高毒作业设置物品存放专用间。

5. 加强作业场所职业性有害因素监测

包括：专人负责职业性有害因素日常监测；按规定定期对工作场所职业性有害因素识别、检测、评价，提出整改措施；检测、评价结果存入用人单位职业卫生档案；检测、评价结果定期向所在地卫生行政部门报告。

6. 对劳动者积极履行告知义务

包括：作业场所职业病危害告知和劳动合同中的职业病危害告知；在醒目位置公布有关职业病防治的规章制度；签订劳动合同，并在合同中载明可能产生的职业病危害及其后果；签订劳动合同，并在合同中载明职业病防护措施和待遇；在醒目位置公布操作规程；在醒目位置公布急性职业病危害事故应急救援措施；作业场所职业性有害因素监测、评价结果告知；告知劳动者职业健康检查结果；对于患职业病或职业禁忌证的劳动者企业应告知本人。

7. 加强防护设施和个人职业病防护用品

包括：职业病防护设施配备齐全；职业病防护设施有效；建立职业病防护设施台账；有个人职业病防护用品计划，并组织实施；按标准配备符合防治职业病要求的个人防护用品；有个人职业病防护用品发放登记记录；及时维护、定期检测职业病防护设施；及时维护、定期检测应急救援设施；及时维护、定期检测职业病个人防护用品。

8. 对劳动者开展职业健康监护

包括就业前、就业中、离岗、应急职业健康检查；建立职业健康监护档案；妥善安排有职业禁忌证和健康受到损害的劳动者；按规定组织上岗前的职业健康检查；按规定组织在岗期间的职业健康检查；按规定组织离岗时的职业健康检查；禁止有职业禁忌证的劳动者从事其所禁忌的作业；调离并妥善安置有职业健康损害的劳动者；未进行离岗职业健康检查，不得解除或者终止劳动合同；职业健康监护档案符合要求，并妥善保管；如实、无偿为劳动者提供职业健康监护档案复印件；对遭受或可能遭受急性职业病危害的劳动者进行健康检查和医学观察；禁止安排未成年工从事接触职业病危害的作业；不安排孕期、哺乳期的女职工从事对本人和胎儿、婴儿有危害的作业；禁止使用童工；对从事接触职业病危害的作业劳动者，给予适当岗位津贴。

9. 加强职业病危害事故的应急救援

包括：建立健全职业病危害事故应急救援预案；应急救援设施完好；定期演练职业病危害事故应急救援预案。

10. 加强职业卫生培训

包括就业前、就业中的职业卫生培训；用人单位的法定代表人、管理者代表、管理人员应接受职业卫生培训；对上岗前的劳动者应进行职业卫生培训；定期对在岗期间的劳动者进行职业卫生培训。

11. 加强职业病诊断与病人保障

包括：及时向卫生行政部门报告职业病人；及时向卫生行政部门报告疑似职业病人；向所在地劳动保障部门报告职业病人；积极安排劳动者进行职业病诊断、鉴定；安排疑似职业病人进行职业病诊断；安排职业病人进行治疗、定期检查、康复；调离和妥善安置职业病人；如实提供职业病诊断、鉴定所需要的资料。

12. 加强群众监督

包括：建立工会组织；设立工会劳动保护监督检查网络；开展群众性劳动保护监督检查活动；民主管理、民主监督；平等协商，签订集体合同。

三、大型企业职业病防治理论体系和防治模式

我国职业病防治形势一直严峻，突出表现在职业病病人数量大，尘肺病、职业中毒等职业病发病率居高不下，职业病危害范围广，劳动者健康损害严重等问题。

2002 年，随着《中华人民共和国职业病防治法》的颁布实施，各地区、各有关部门加大工作力度，开展职业病危害源头治理和重点职业病专项整治，规范用人单位职业健康管理和劳动用工管理，严肃查处危害劳动者健康和生命安全的违法行为。但是从 2002 年国家九部委组织开展的全国有毒有害化学品专项整治数据看，普遍存在企业职业病防治组织不健全，用人单位职业病防治工作缺乏自律，相应职业病防治制度和防护措施落实不到位等问题，有 27. 5% 的企业工作场所职业性有害因素检测不合格，53. 8% 的企业没有进行职业病危害项目申报，52. 8% 的企业职业卫生管理制度不健全，41. 1% 的企业没有开展职业健康监护，30. 2% 的企业未按规定配备个人防护用品，43. 4% 的企业违反职业病危害告知规定，5. 3% 的接触有毒有害化学品劳动者体检发现异常。

据国家职业病报告统计数据，截至 2009 年，我国已累计报告职业病人 72 万例，按照职业健康监护率仅 10% 的水平进行估算，我国每年新发职业病人可能会超过 10 万人以上。据国家统计局数据及工业企业职业卫生现状调查数据，估计我国接触职业病危害的人群可能达到 2 亿人以上。职业危害广泛分布在煤炭、冶金、化工、建筑、矿山开采、机械制造、化工、农业、林业、木业加工、皮革制造、箱包加工和制鞋等传统工业，以及汽车制造、宝石加工、废品收购、集装箱制造、计算机、医药、生物工程等新兴行业和第三产业。

产生上述问题的原因首先是用人单位责任不落实。用人单位作为职业病防治工作责任主体，对职业病危害的认识不足，对劳动者健康重视不够，职业病防治主体责任不落实，缺乏行之有效的综合性治理措施，存在大量违法行为。其次，职业病防治法配套法规标准急需完善，急需为用人单位提供具实用性、可操作性的一系列标准、指南。因此国家急需建立用人单位职业病防治工作的评价指标体系、评价标准和技术工具，帮助用人单位落实职业病防治的主体责任。

鉴于此，中国疾病预防控制中心职业卫生与中毒控制所在承担多个部委多项任务和多项国家职业卫生标准的基础上，自 2002 年开始，历时六年多完成了“大型企业职业病防治理论体系的创建和防治模式研究”，

旨在探讨大型企业职业病防治的内在规律和运行机制，为改善和加强大中型企业职业病防治工作及政府监督、监管和评价大型企业职业病防治工作提供有效手段和工具。

该模式采用系统论、控制论、关键点控制技术和职业安全卫生文化理论，在充分借鉴了国际职业安全卫生管理体系先进和核心理念，结合我国职业病防治法规标准的具体要求和我国大型企业职业病防治工作特点，围绕保护劳动者健康和工作场所职业安全卫生的价值体系和核心目标，针对方针政策目标、人力资源、制度机制、组织计划实施、工艺技术材料场所岗位职业病防治管理体系等五个方面的职业卫生活动，提出相关技术要求和关键控制点，以企业自主服务为主、委托为辅，坚持持续评估与改进，遵循职业病防治工作社会对话和三方机制，实现职业卫生管理全程的档案文件化，并辅以支持模式有效运转的配套系统技术工具。经过 20 多个行业和 56 家企业实践检验和验证，本模式具有科学性、创新性、前瞻性、系统性和可操作性。本模式的特点为系统性、层次性、关键点控制、自律性和开放性等。

2009 年，国务院发布《国家职业病防治规划（2009－2015 年）》，明确了国家职业病防治工作的指导思想、基本原则、规划目标、主要任务、保障措施，是今后一段时期职业病防治工作的纲领性文件。规划突出强调了用人单位在职业病防治中的主体责任和自律作用。

而本模式正是在研究法律法规对用人单位职业病防治要求、用人单位职业病防治自身需求基础上，摸索大型企业职业病防治的内在规律和运行机制，探讨用人单位职业病防治工作机制与外部支持系统关系的基础上提出的。它既符合企业职业病防治工作的内在需求，也是国家实现职业病防治规划总体目标的有效工具之一，给各大中型企业贯彻实施职业病防治法提供了一个适合我国实际情况、操作性和应用性较强的理论模式，为改善和加强大中型企业职业病防治工作及政府监督、监管和评价大型企业职业病防治工作提供了有效手段和工具。

（一）大型企业职业病防治理论体系和防治模式

1. 模式图

大型企业职业病防治理论体系和防治模式图见彩插图 1。

2. 模式结构

用人单位职业病防治理论体系包括以下四个层次：

第一层：核心目标。

即通过企业职业安全卫生文化的创建及实施，达到实现工作场所卫生安全，保护劳动者健康的核心目标。

第二层：实现核心目标的五大核心领域。

包括“方针政策目标”、“人力资源”、“制度机制”、“组织计划实施投入”、“工艺技术材料场所岗位”。每个领域分三个层次，分别为要求、内容、实现的手段和条件。

第三层：运行模式。

包括职业卫生技术服务、定期评估与持续改进、社会对话与三方协调、职业卫生管理档案文件化四个方面。

第四层：外部支持。

包括职业病防治工作所需要的各种技术工具。

3. 模式的核心内涵

本模式的核心目标，也是企业职业安全卫生文化的核心内涵。即开展职业病防治工作，实现工作场所卫生安全，保护劳动者健康。企业文化概念旨在阐述相关企业所建立的根本价值体系，反映在企业所建立的管理体系、人事政策、参与原则、培训政策和质量管理中。企业职业安全卫生文化是指将企业的职业安全卫生作为企业可持续发展的最高目标和追求，通过职业病防治的体系、体制、制度、科技、措施和全员参与及其行为的改善和规范等方面加以实现。

（1）“方针政策目标”

要求企业最高领导者对职业病防治工作做出书面承诺，将职业病防治工作目标纳入企业生产经营计划总体目标、将职业病防治方针政策纳入企业质量方针政策、将职业病防治管理体系纳入企业全面质量管理体系、预防性职业卫生安全文化纳入企业文化全面建设中。企业结合自身特点，将职业病防治方针政策目标以书面文件形式发布，并层层分解目标，组织全员参与方针政策目标的制定，定期开展评估与干预。企业方针政策目标的制定要紧密围绕国家职业病防治相关的法规标准、产业政策、经济政策、健康政策和环保政策，根据定期评审的结果适时修订更新。

（2）“人力资源”

涵盖职业病防治工作所涉及的决策者、管理者、职业卫生专业人员、工会与劳动者四类重要人力资源，通过组织全员参与创建职业病防治企业文化、宣传、教育、培训、告知和行为干预等手段，提高职业病防治理念、技术、知识、能力，改善行为，从而提高整个企业职业病防治水平。

（3）“制度机制”

指建立事前、事中、事后的职业病防治制度机制，内容涵盖职业病防治目标责任制、工伤保险制度、应急救援制度、职业病报告登记、职业病事故调查与处理制度、职业病事故责任追究制。这些制度通过职工代表大会、职业安全卫生委员会、集体合同与协商等方式建立、修订及实施，充分体现劳资双方的利益与权利，在实施过程中企业主动接受政府的职业卫生监督和工会组织的民主管理与民主监督。

（4）“组织计划实施投入”

指企业职业病防治工作的组织计划实施由职业病防治工作领导小组、职业病防治机构、相关职能部门负责落实。各个机构明确各自在职业病防治工作中的职责、目标和任务，制定相关工作计划，开展健康监护、工作场所环境监测、职业病防治知识培训、应急救援与其他卫生服务、工作场所健康促进、职业危害的识别、评估与控制等工作。

（5）“工艺技术材料场所岗位”

要求企业在经济技术可行的条件下采用国家鼓励的先进的工艺、技术和材料，在满足劳动者生理、心理、工效学要求的基础上，提高劳动生产效率。通过自主研发为主、委托服务为辅的方式进行工艺技术攻关，或者进行局部的工程技术改造，合理安排劳动组织，通过采取远端操作、自动化、管道化、密闭化等技术措施，采取通风、除尘、防毒、减振、降噪、屏蔽、隔离，设置安全保护装置等防护和人体工效学措施，制定安全操作规程等管理措施，改善工作条件和工作环境。

4. 模式的运行机制

模式运行包括职业卫生技术服务、定期评估与持续改进、社会对话与三方协调、职业卫生管理档案文件化四个方面。

CISCOD 模型所述“职业卫生技术服务”是全新的理念和模式，基本职能应是预防。不仅仅是指传统意义上的职业健康监护、工作场所监测、建设项目职业病危害预评价、控制效果评价等职业卫生技术服务，而是指以保护劳动者健康，实现工作场所卫生安全为目标，围绕“方针政策目标、人力资源、制度机制、组织计划实施投入、工艺技术材料场所岗位”五个领域所产生的所有职业卫生活动所需要的技术支持。其服务模式以企业自主服务为主，委托职业卫生技术机构服务为辅。

CISCOD 模型所提出的“职业卫生技术服务机构”可由企业单独或几个企业联合组建，负责落实企业所涉及的所有职业卫生工作。机构队伍应由多学科组成，并强调专业人员具有专业独立性。外部委托的职业卫生技术服务机构可由有关企业或企业集团、公共当局或官方服务机构、社会保障机构、主管当局授权的任何其他机构，以上任何机构的结合体组建。

“定期评估”是指在职业病防治工作过程中，围绕“方针政策目标”、“人力资源”、“制度机制”、“组织计划实施投入”、“工艺技术材料场所岗位”五方面进行定期评估，查找问题，确定优先领域，采取措施，实施干预以达到目标，然后对干预效果再进行评估，确定新的优先领域，并实施新的干预措施，以实现螺旋式上升循环持续改进。定期评估以内部组织为主，外部为辅。

“社会对话与三方协调机制”是指在政府、企业和劳动者之间建立对话和协调机制，兼顾国家、企业和劳动者三方利益，用人单位和劳动者要积极参与到各级政府职业病防治相关法律法规政策标准的制定工作中，保证职业病防治相关法规标准政策公平、公正，企业和劳动者享有的职业卫生服务公平、公正、可及、无歧视，达到职业病防治工作的战略、组织、资源、程序、信息流动和共享协调等目标，形成用人单位自律、劳动者体面劳动、劳资双方共同为社会创造财富的良好局面。

“职业卫生管理档案文件化”是指在职业病防治过程中产生的所有相关文件、检测数据、健康监护资料等全部存档。对这些档案的整理和分析、交流又可以进一步指导和改进职业病防治工作，也为科研工作和国家方针、政策、标准的制定提供基础数据。

5. 模式的外部支持系统

CISCOD 模型的“外部支持系统”包括职业病防治工作所需要的各种技术工具。除了本课题提供的用人单位职业病防治指南、职业卫生管理档案体系表与技术要求、工作场所职业病危害警示标识使用指南、用人单位对劳动者的培训指南、高毒物品作业岗位职业病危害告知规范、高毒物品作业岗位职业病危害信息指南、国家职业卫生示范企业评估指标体系、常见标准预评估工具等技术工具外，还包括现行的法规、标准、科研文献等技术资料，未来还可以就企业自律模式研究过程中发现的问题和需求，制定新的技术工具，以推进职业病防治工作的发展。

6. 模式的创新性与特点

（1）创新性

大型企业职业病防治理论体系和防治模式（CISCOD Model）采用系统论、控制论、关键点控制技术和职业安全卫生文化理论，在充分借鉴国际劳工组织职业安全卫生管理体系（2001）和职业安全卫生管理体系（OHSAS 18000）先进和核心理念的基础上，结合我国职业病防治法规标准的具体要求和我国大型企业职业病防治工作特点，围绕着保护劳动者健康和工作场所职业安全卫生这一核心价值体系和核心目标，从方针政策目标、人力资源、制度机制、组织计划实施投入、工艺技术材料场所岗位职业病防治管理体系这五个方面所开展的职业卫生活动提出相关技术要求和关键控制点，以企业自主服务为主，委托为辅，坚持持续评估与改进，并遵循职业病防治工作社会对话和三方机制，实现全程职业卫生管理档案文件化，并辅以配套的系统技术工具，经过 20 多个行业和 56 家企业实践的检验和验证，具有科学性、创新性、前瞻性、系统性和可操作性，不仅充分反映了国际职业安全卫生管理体系的最新理念和思想，也充分反映了大型企业职业病防治工作自身发展规律和内在需求，为中国乃至世界大中型企业职业卫生工作提供了极为有效的综合性自律模式，进一步推动了国际职业安全卫生管理体系所倡导的企业模式创建和开发。

CISCOD 模型是为了配合推动国家职业病防治规划实施的一个科学理论和模式，可作为国家职业病防治规划的配套理论和工具；在大中型企业推广，可改善和加强企业职业病防治；为政府监督、监管和评价大型企业职业病防治提供有效手段和工具；进一步推动国际职业安全卫生管理体系所倡导的企业模式创建和开发。

（2）特点

本模式的特点为系统性、层次性、关键点控制、自律性和开放性。

1）系统性

职业病防治工作是一项系统工程。本模式提示企业应当围绕着职业病防治的核心目标和职业安全卫生组织和管理核心价值体系，以国家职业卫生法规标准、产业政策、健康政策、环保政策和经济政策为基础，制定正确的职业病防治方针政策和目标，加强组织制度、体制机制建设，采用先进的工艺技术和材料，不断克服“方针政策目标、人力资源、制度机制、组织计划实施投入、工艺技术材料场所岗位”五大领域方面的缺陷和问题，着力提高企业内部职业病防治和技术服务能力，积极寻求和动员各种内外资源和采用各种技术工具，才能达到企业职业病防治的持续改进和提高。

2）层次性

本模式提示企业职业病防治工作涉及四个层次。首先应当围绕着企业职业病防治的核心目标创建企业职业安全卫生核心价值体系，着力于企业职业病“方针政策目标、人力资源、制度机制、组织计划实施投入、工艺技术材料场所岗位”五大领域的内涵建设，以提高企业内部职业病防治水平和技术服务能力为主，寻求和动员外部支持为辅，实现企业职业病防治工作的良性运转。

3）关键点控制论

本模式提示企业职业病防治工作涉及“方针政策目标、人力资源、制度机制、组织计划实施投入、工艺技术材料场所岗位”五大领域的方方面面，应当使用量化的评估工具，对这些领域所涉及的职业卫生缺陷和问题进行识别和评价，找出最需要解决的职业卫生问题和关键控制点，达到持续改进的目标。

4）自律性

本模式提示企业职业病防治工作具有提高企业生产效率，促进企业良性运行和发展的生产力特点，表现在企业可通过降低因病缺勤率、工伤事故、减少工人因病因伤流动所需培训费用、降低材料损失、降低工伤保险费用支出、提高工人士气等提高企业劳动生产率。因此，只有把职业病控制和提高生产率有机结合起来，才能真正提高企业职业病防治的内在积极性。企业职业病防治工作是企业发展的内在需求，也是企业生产经营的重要组成部分，因此，企业职业病防治工作的投入不仅应当列入生产成本中，其工作目标也应当纳入企业生产经营的总体计划目标，职业病防治方针政策纳入企业质量方针政策，职业病防治管理体系纳入企业全面质量管理体系。

5）开放性

本模式提示企业职业病防治工作不仅依赖于企业自身职业病防治的能力和水平，也依赖于国家整体职业病防治水平和社会经济发展水平，因此，企业在职业病防治过程中不仅要积极寻求各种内外资源和有效利用各种技术工具，也应积极参与各级政府职业病方针、政策、规划、计划的制订，以保证各级政府职业病方针政策的公平、公正、无歧视，企业应将其职业卫生实践用于国家职业病防治法规标准的制定，企业的职业卫生服务资源也可应用于社区的职业卫生服务中。

7. 模式的应用的条件和前景

CISCOD 模型所提出的技术工具已在 22 个省 20 个行业 56 家企业得到验证和应用，在全国数千个企业得到推广，并广泛应用于职业卫生量化分级管理。这些企业成功的特点是建立并落实职业病防治责任制；为劳动者创造符合国家职业卫生标准和卫生要求的工作环境和条件；依法参加工伤社会保险；建立工会组织对职业病防治工作的监督机制；把职业病防治工作纳入企业管理的总体目标。薄弱环节是作业场所的管理、履行告知义务和作业场所职业性有害因素监测，表现在失分率超过 20% 的小项，分别是职业性有害因素的强度或浓度超标问题、放射工作场所报警设备问题、高毒作业场所警示标识或警示线问题、未签订劳动合同或劳动合同未载明职业危害相关事项问题以及离岗人员职业健康检查问题，提示这些问题是企业急需加以重视和解决的关键控制点。这些成功企业的经验表明，大型企业职业病防治理论体系的创建和防治模式研究、技术要求和技术工具可用于指导企业职业病防治工作，所创建的职业病防治工作评估标准和评估工具，能够量化大企业所存在的职业卫生问题和薄弱环节，所提出的用人单位职业病防治指南和其他的技术工具可帮助指导企业采取措施解决其职业卫生问题。目前，国务院刚颁布的国家职业病防治规划突出强调了企业在职业病防治中的主体责任和自律作用，因此，本模式的进一步推广应用将有助于加快实现我国职业病防治规划的目标，加速提升我国职业病防治的整体水平。本模式的加速推广应用既是企业职业病防治工作的内在需求，也是国家实现职业病防治规划总体目标的有效工具之一。其社会效益和有关实施需要国家有关部门的支持，需要全国总工会和企业积极参与和协助。

8. 模式可能产生的深远影响

“大型企业职业病防治理论体系的创建和防治模式”的提出是基于作者及其合作者在实施有关部门任务的过程中所观察到的在职业病防治实践中存在的问题和取得的经验的基础上结晶提炼上升到理论高度而产生的理论模型。这个模式给各大中型企业贯彻实施职业病防治法提供一个适合我国实际情况的、操作性和应用性很强的一个理论模式，为政府监督、监管和评价职业病防治法在大中型企业的实施提供客观和科学的手段与工具。

（1）企业创建国家示范企业的过程经历了学习标准、对照标准开展基线评估、查找职业卫生存在的薄弱环节和问题，提出有针对性的措施进行改进，达到国家示范企业的标准，所创立的 56 家示范企业分布于 22 省 20 个行业，具有很强的地域和行业代表性，在地区和行业内起到了职业病防治示范作用。本模式的推广应用将鼓励和引导更多的企业加强职业病防治工作的内涵建设，提高其职业病防治能力，必然会带动地区、行业和企业的职业病防治工作。

（2）职业病防治法明确规定，用人单位应当为劳动者创建符合标准的工作条件和环境，对企业的职业病防治工作负有行政责任、刑事责任和民事责任，企业要维护劳动者的健康及其相关权利，但又明确规定，企业的职业卫生技术服务工作应该委托有资质的职业卫生技术服务机构承担，这就必然导致企业的职业病防治工作的水平受制于外部职业卫生技术服务水平。事实上，我国日益增加的职业卫生需求与职业卫生技术服务能力严重不足已形成了尖锐的矛盾，职业卫生技术服务能力严重不足已经成为制约企业职业病防治综合能力的瓶颈问题。本模式所倡导的大型企业的职业卫生技术服务模式以自主服务为主、委托服务为辅，这就要求尽快修订修改职业病防治法有关职业卫生技术服务相关法律条款，使企业真正实现职业病防治的自律作用，切实履行职业病防治的主体责任。

（3）企业作为社会财富的创造者，拥有丰富的财政、人力和技术资源，本模式的实施将动员企业力量，开发其职业卫生资源，这不仅有利于节约国家公共职业卫生资源，也有利于推动国家动员多种资源建立多种有效的职业卫生技术服务模式，从而促进国家公共职业卫生资源向中小企业、流动工人、建筑工人和非正规企业组织的工人倾斜，解决我国目前所面临的职业卫生技术服务严重不足的瓶颈问题。依靠大型企业力量自主开展职业卫生技术服务，这不仅是我国大型企业职业病防治的经验总结，也是国际先进发达国家的经验，更是国际职业服务卫生设施公约所倡导的主要职业卫生技术服务模式。

（4）模式不仅着眼于传统的职业卫生风险评估、风险控制和风险管理，更着眼于影响劳动者健康和工作场所职业安全的更为广泛的领域，包括“方针政策目标、人力资源、制度机制、组织计划实施投入、工艺技术材料场所岗位”五大领域，这必然推动社会学、组织学、人力资源学、企业管理学、行为学、工程学、法学、经济学、心理学、传播学等多学科队伍向职业卫生领域渗透和发展，进而推动企业和国家综合职业病防治能力和水平的提高。

（5）模式所倡导的开放性要求企业和劳动者积极参与各级政府职业病防治方针政策的制定，这不仅会推动国家职业病防治社会对话和三方机制的建立和发展，也必将推动我国职业防治法规政策标准的公平、公正、无歧视。

9. 成果推广应用和下一步工作设想

CISCOD 在大中型企业推广，改善和加强企业职业病防治，包括开发相关软件包，完善相关技术工具，推动有关企业有关职业病体制和机制的建立和完善，完善 CISCOD 模型和大型企业职业病防治理论体系。为政府监督、监管和评价大型企业职业病防治提供有效手段和工具，包括开发相关软件和职能监管部门选择使用，给政府和监管部门撰写有关修改法律条款的技术报告，完善相关技术工作，推动国家有关体系和体制的完善，进一步完善国家职业病防治工作的理论体系。

（二）用人单位职业病防治指南研究

1. 建立用人单位职业病防治体系

建立用人单位职业病防治体系，如图 1. 2。

2. 防治原则

用人单位职业病防治工作应遵循如下原则：依法防治，预防为主，防治结合，分类管理，综合治理；单位自律，全员参与，持续改进；维护劳动者健康及相关权益，关注职业病高危人群，尤其是流动劳动者。

3. 通用要求

（1）组织机构和规章制度建设

包括以下 15 个方面：制定本单位职业卫生方针；设置职业病防治领导机构；设置职业卫生管理机构；明确相关组织的职能；配备专（兼）职的职业卫生专业人员；职业病防治工作纳入目标管理责任制；制定职业病防治计划和实施方案；建立、健全职业卫生管理制度；设置岗位操作规程，建立、健全职业卫生档案；建立、健全劳动者职业健康监护档案；建立、健全工作场所职业性有害因素监测及评价制度；确保职业病防治管理必要的经费投入；建立、健全职业病危害应急救援等；依法参加工伤保险。

1）用人单位应承诺遵守国家有关职业病防治的法规、政策、标准

用人单位应依据国家有关职业病防治的法规、政策、标准的要求，根据本单位的规模和活动类型，在征询劳动者及其代表意见的基础上，制定书面的职业卫生方针。

职业卫生方针应按以下要求制定：遵守国家有关职业病防治法律、法规、标准和规范；预防和控制职业病及工作相关疾病，保护劳动者健康；应符合本单位实际，适合本单位的规模和活动性质；保证全员参与。

职业卫生方针应达到以下要求：内容明确，注明制定日期，并经法定代表人签字生效，或签发实施；及时公布，保证全体劳动者及所有相关方及时得知；定期评估，确保职业卫生方针持续的适用性。

2）设立职业病防治领导机构

法定代表人是用人单位职业卫生管理体系的最高责任人，全面负责用人单位的职业病防治工作。用人单位法定代表人可在最高决策层任命一名或几名人员作为分管职业卫生工作的负责人，其职责是：建立、实施、定期评审职业卫生管理体系；定期向最高管理层报告职业卫生管理体系的绩效；组织并推动全体劳动者参加职业卫生管理活动。

职业病防治领导机构由：法定代表人、管理者代表、相关职能部门以及工会代表组成，其主要职责是审议职业卫生工作计划和方案，布置、督察和推动职业病防治工作。

3）设置职业卫生管理机构

用人单位应设置或者指定职业卫生管理机构及其相关组织，负责本单位职业卫生管理体系的建立和运行。

职业卫生管理机构及其相关组织的责任是：组织执行职业卫生管理体系的方针政策；制定职业卫生管理工作计划，确定明确的目标及量化指标，并组织实施；组织对劳动者的职业卫生培训以及劳动者之间（包括劳动者及其代表）的合作与交流，以全面实施其职业卫生管理体系要素；负责确定职业危害识别、评价及其控制人员的职责、义务和权利，并告知劳动者；制定有效的职业病防治方案，以识别、控制和消除职业病危害及工作有关疾病；监督管理和评估本单位的职业病防治工作；负责工作场所职业卫生监测和职工职业健康监护。

4）用人单位应明确相关组织的职能

用人单位应明确工会、人事及劳资、企业管理、财务、生产调度、工程技术、职业卫生管理等相关部门在职业卫生管理方面的职责和要求。

5）配备专（兼）职的职业卫生专业人员

用人单位应配备专（兼）职的职业卫生专业人员，对本单位职业卫生工作提供技术指导和管理。用人单位按职工总数的2‰～5‰配备职业卫生专（兼）职人员，职工人数少于300人的用人单位至少应配备1名职业卫生专（兼）职人员。应检查职业卫生专（兼）职人员的书面聘用文件、个人资质（职业卫生专业知识背景、工作经历和执业医师资格）文件和专业档案。

6）职业病防治工作纳入目标管理责任制

用人单位在制定生产经营整体规划时，应将职业病防治工作纳入法定代表人的目标管理责任制中，并通过层层分解的目标使下属机构都有相应的职责、任务、目标、进度和考核指标。

7）制定职业病防治计划和实施方案

用人单位制定的年度职业病防治计划应包括目的、目标、措施、考核指标、保障条件等内容。实施方案应包括时间、进度、实施步骤、技术要求、考核内容、验收方法等内容。

用人单位每年应对职业病防治计划和实施方案的落实情况进行必要的评估，并撰写年度评估报告。评估报告应包括存在的问题和下一步的工作重点。书面评估报告应送达决策层阅知，并作为下一年度制订计划和实施方案的参考。

8）建立、健全职业卫生管理制度

用人单位应根据国家、地方的职业病防治法律法规的要求，结合本单位实际制定相应的规章制度。职业卫生管理制度应涵盖职业病危害项目申报、建设项目职业病危害评价、作业场所管理、作业场所职业病有害因素监测、职业病防护设施管理、个人职业病防护用品管理、职业健康监护管理、职业卫生培训、职业危害告知等方面。

职业卫生管理制度应包括管理部门、职责、目标、内容、保障措施、评估方法等要素。

9）设置岗位操作规程

岗位操作规程应经科学论证，并与岗位职责相对应，其内容还应包括职业卫生防护的内容，可张贴或以其他方式，方便劳动者了解，提示劳动者遵守。

10）建立、健全职业卫生档案

职业卫生档案是职业病防治过程的真实记录和反映，也是卫生行政执法的重要参考依据。用人单位应建立职业卫生档案，指定专（兼）职人员负责，并应对档案的借阅做出规定。

职业卫生档案应包括：用人单位职业卫生基本情况，生产工艺流程，所使用的原辅材料名称及用量，产品、副产品、中间产品产量，职业性有害因素动态监测结果及其汇总，职业健康监护结果，职业病病人档案、职业病防护设施运转及维护档案等内容。

用人单位职业
组织机构和规章制度建设
组织机构和规章制度建设
设立职业病防治领导机构
设置职业卫生管理机构
配备专（兼）职的职业卫生专业人员
职业病防治工作纳入目标管理责任制
制定职业病防治计划和实施方案
建立、健全职业卫生管理制度
设置岗位操作规程
建立、健全职业卫生档案
建立、健全劳动者职业健康监护档案
建立、健全工作场所职业性有害因素检测及评价制度
确保职业病防治管理必要的经费投入
依法参加工伤保险
前期预防
申报职业病危害项目
建设项目职业病危害预评价
职业病危害严重的建设项目的防护设施设计和卫生审查
建设项目职业病危害控制效果评价和卫生验收
材料和设备管理
优先采用有利于职业病防治和保护劳动者健康的新技术、新工艺和新材料
不生产、经营、进口和使用国家明令禁止使用的可能产生职业病危害的设备和材料
企业使用的主导原材料供应商应符合《职业病防治法》要求
对所采用的有危害的技术、工艺和材料不隐瞒其危害
可能产生职业病危害的设备应有中文说明书
在可能产生职业病危害的设备的醒目位置设置警示标识和中文警示说明
使用、生产、经营可能产生职业病危害的化学品，应有中文说明书
使用放射性同位素和含有放射性物质材料的，应有中文说明书
不应将存在或可能产生职业病危害的作业转嫁给不具备职业病防护条件的单位和个人
不得接受不具备防护条件的职业病危害的作业
有毒物品的包装应有明显的警示标识和中文警示说明
工作场所管理
职业性有害因素的强度或者浓度符合国家职业卫生标准
生产布局合理
有害和无害作业分开
可能发生急性职业损伤的有毒、有害工作场所，设置报警装置
可能发生急性职业损伤的有毒、有害工作场所，配置现场急救用品
可能发生急性职业损伤的有毒、有害工作场所，配置冲洗设备
可能发生急性职业损伤的有毒、有害工作场所，配置应急撤离通道
可能发生急性职业损伤的有毒、有害工作场所，配置必要的泄险区
放射工作场所和放射源储存场所设置警示标识
核设施、辐照装置、放射治疗、工业探伤等使用强辐射源的工作场所设置安全连锁和超剂量报警装置
有毒、有害工作场所、职业病危害事故现场警示标识的设置
高毒作业应设置车间淋浴间
高毒作业应设置更衣室
高毒作业设置物品存放专用间
工作场所职业性有害因素监测
专人负责职业性有害因素日常监测
按规定定期对工作场所职业性有害因素进行识别、检测、评价，提出整改措施
检测、评价结果存入用人单位职业卫生档案
检测、评价结果定期向所在地卫生行政部门报告

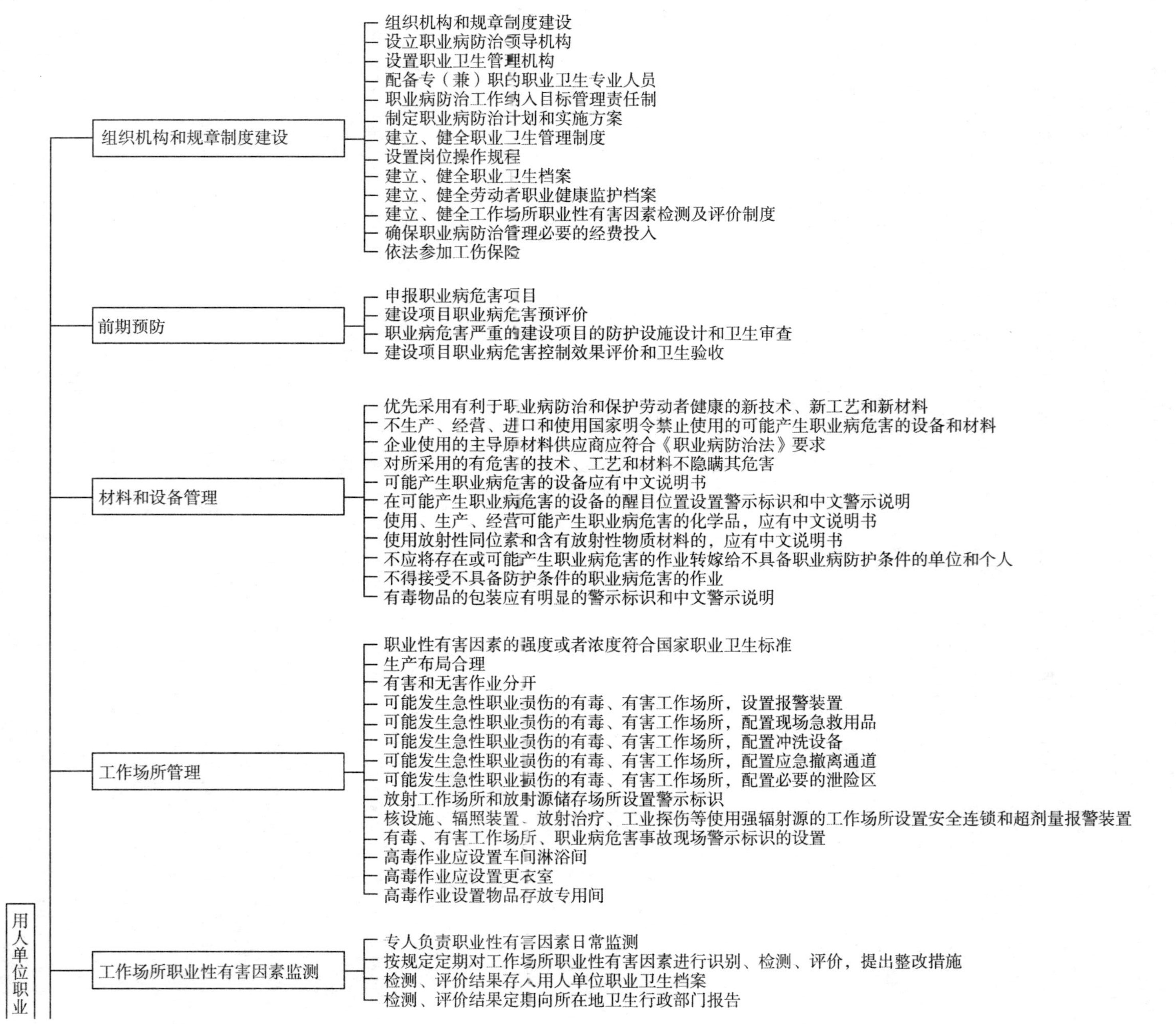

图 1.2　用人单位

病防治体系
履行告知义务
在醒目位置公布有关职业病防治的规章制度
签订劳动合同，并在合同中载明可能产生的职业病危害及其后果
签订劳动合同，并在合同中载明职业病防护措施和待遇
在醒目位置公布操作规程
在醒目位置公布急性职业病危害事故应急救援措施
工作场所职业性有害因素监测、评价结果告知
告知劳动者职业健康检查结果
企业对患职业病或职业禁忌证的劳动者应告知本人
防护设施和个人职业病防护用品
职业病防护设施配备齐全
职业病防护设施有效
职业病防护设施及其台账
制定个人职业病防护用品计划，并组织实施
按标准配备符合防治职业病要求的个人职业病防护用品
建立个人职业病防护用品发放登记记录
及时维护、定期检测职业病防护设备
及时维护、定期检测应急救援设施
及时维护、定期检测职业病个人职业病防护用品
职业健康监护
按规定组织上岗前的职业健康检查
按规定组织在岗期间的职业健康检查
按规定组织离岗前的职业健康检查
禁止有职业禁忌证的劳动者从事其所禁忌的作业
调离并妥善安置有职业健康损害的劳动者
未进行离岗前职业健康检查，不得解除或者终止劳动合同
建立符合要求的职业健康监护档案，并妥善保管
如实、无偿为劳动者提供职业健康监护档案复印件
对遭受或可能遭受急性职业病危害的劳动者进行健康检查和医学观察
禁止安排未成年工从事接触职业病危害的作业
不安排孕期、哺乳期的女职工从事对本人和胎儿、婴儿有危害的作业
禁止使用童工
对从事接触职业病危害作的业劳动者，给予适当岗位津贴
职业病危害事故的应急救援
建立、健全职业病危害事故应急救援预案
应急救援设施完好
定期演练职业病危害事故应急救援预案
职业卫生培训
用人单位的法定代表人、管理者代表、管理人员应接受职业卫生培训
对上岗前的劳动者应进行职业卫生培训
定期对在岗期间的劳动者进行职业卫生培训
职业病诊断与病人保障
及时向卫生行政部门报告职业病病人
及时向卫生行政部门报告疑似职业病病人
向所在地劳动保障部门报告职业病病人
积极安排劳动者进行职业病诊断、鉴定
安排疑似职业病病人进行职业病诊断
安排职业病病人进行治疗、定期检查、康复
调离和妥善安置职业病病人
如实提供职业病诊断、鉴定所需要的资料
群众监督
建立工会组织
设立工会劳动保护监督检查网络
开展群众性劳动保护监督检查活动
民主管理、民主监督
平等协商，签订集体合同

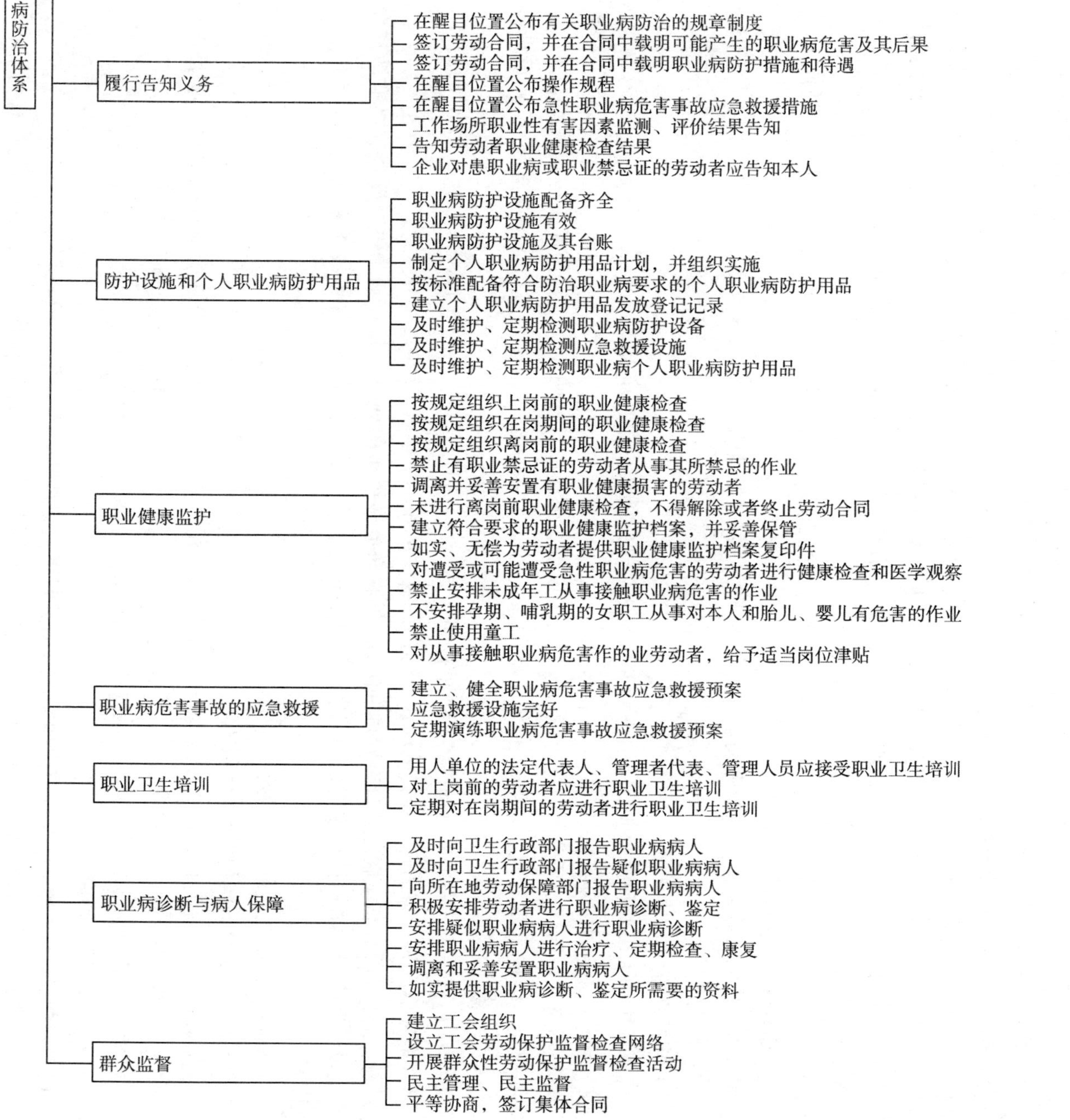

职业病防治体系

11）建立、健全劳动者职业健康监护档案

根据规定，用人单位应为存在劳动关系的劳动者（含临时工）建立职业健康监护档案。劳动者名册应按照上岗前、在岗期间和离岗分别建立存档。

职业健康监护档案应包括以下内容：劳动者姓名、性别、年龄、籍贯、婚姻、文化程度、嗜好等一般概况；劳动者职业史、既往史和职业病危害接触史；相应工作场所职业性有害因素监测结果；职业健康检查结果及处理情况；职业病诊疗等劳动者健康资料。

12）建立、健全工作场所职业性有害因素监测及评价制度

用人单位应建立、健全工作场所职业性有害因素监测及评价制度。监测及评价制度应包括应检测的车间（分厂）、岗位、职业性有害因素、经职业卫生现场调查确定的检测岗位点分布图及应测点、应测样品数、检测周期、委托的检测机构（有相应资质）和经费保障等内容。

13）确保职业病防治管理必要的经费投入

职业病防治、管理经费包括人员配备，机构设置，职业病危害预防和治理，建设项目职业病危害预评价和控制效果评价，职业病防护设施配置与维护，个人职业病防护用品配置与维护，职业性有害因素检测与评价，职业健康监护，职业卫生培训，职业病病人诊断、治疗、赔偿与康复，工伤保险等方面。

职业病防治经费在生产成本中列支。

用人单位应定期评估职业病防治、管理经费投入是否与生产经营规模、职业危害的控制需求相适应。

14）依法参加工伤保险

用人单位应为存在劳动关系的劳动者（含临时工）缴纳工伤保险费。

（2）前期预防

1）申报职业病危害项目

根据《中华人民共和国职业病防治法》等法律法规规定的要求进行申报。

2）建设项目职业病危害预评价

建设项目在可行性论证阶段应进行职业病危害预评价。建设项目的职业病危害预评价应由依法取得相应资质的职业卫生技术服务机构承担，并作为下阶段工程设计编制职业卫生专篇和职业病防护设施设计的依据。

建设项目职业病危害预评价的内容和要求按照《建设项目职业病危害分类管理办法》及有关要求执行。

3）职业病危害严重的建设项目的职业病防护设施设计和卫生审查

根据《建设项目职业病危害分类管理办法》，职业病危害严重的建设项目在初步设计阶段，其职业病防护设施设计还应经对本项目有管辖权的卫生行政部门审查，职业病防护设施设计未经审查或审查不合格的不得施工。

4）建设项目职业病危害控制效果评价和卫生验收

建设项目的职业病防护设施应与主体工程同时设计，同时施工，同时投入生产和使用。

建设项目竣工后，建设单位应在试运行 12 个月内委托有资质的职业卫生技术服务机构对建设项目进行职业病危害控制效果评价。建设项目竣工验收时，应向对本项目有管辖权的卫生行政部门申请职业病防护设施卫生验收。建设项目未经卫生验收或验收不合格的，不得投入生产或使用。

（3）材料和设备管理

1）应优先采用有利于职业病防治和保护劳动者健康的新技术、新工艺和新材料

按《促进产业结构调整暂行规定》和《产业结构调整指导目录（2005 年本）》的规定，选择有利于职业病防治和保护劳动者健康的新技术、新工艺和新材料，包括选择清洁无害的原材料，生产工艺密闭化、自动化，劳动者远距离操作、机械操作，体力劳动强度和紧张度较小，在整个生产工艺过程中产生的职业危害较

小而且容易通过工程技术加以控制。

2）不生产、经营、进口和使用国家明令禁止使用的可能产生职业病危害的设备和材料

用人单位应了解国家明令禁止产生职业病危害的设备和材料，并不生产、经营、进口和使用这些设备和材料。

3）企业使用的主导原材料供应商应符合《中华人民共和国职业病防治法》要求

用人单位在选择主导原材料供应商时，应要求主导原材料供应商承诺遵守《中华人民共和国职业病防治法》，并出具与用人单位同等的职业卫生方针的承诺文件。主导原材料供应商应建立相关的职业卫生管理制度，采取相关的职业病防治措施，并为用人单位提供符合《中华人民共和国职业病防治法》的有关原材料的完整、真实、可靠的中文物质安全数据清单（MSDS）。

4）对所采用的技术、工艺和材料不隐瞒其危害

用人单位应在醒目位置对有职业危害的技术、工艺和材料用中文公示，并采取各种措施告知劳动者，包括以职业卫生培训的方式告知。

5）可能产生职业病危害的设备应有中文说明书

设备在使用过程中，可能产生物理、化学、生物和放射性等职业性有害因素，因此，用人单位购进或售出可能产生职业病危害的设备时，应索取或提供中文说明书。中文说明书应符合国家有关规定。用人单位应建立设备台账，包括型号、厂家、厂家联系方式、责任人、维修记录、中文说明书、是否设置警示标识和中文警示说明、中文警示说明是否规范。

用人单位应使相关的劳动者了解中文说明书的相关内容。

6）在可能产生职业病危害的设备的醒目位置设置警示标识和中文警示说明

用人单位购进或售出可能产生职业病危害的设备时，应在设备醒目位置设置警示标识和中文警示说明。警示说明中应载明设备性能、可能产生的职业病危害、安全操作和维修注意事项、职业病防护以及应急救援措施等内容。用人单位还应建立相应的管理制度，设置或指定专（兼）职人员负责做好可能产生职业病危害的设备的管理工作。

7）使用、生产、经营可能产生职业病危害的化学品，应有中文说明书

用人单位购进或售出有职业病危害的化学品时，应索取或提供中文说明书。用人单位应建立化学品的台账，包含化学品化学式、商品名、产地、使用地、使用量、保管人，储存地的管理是否安全、规范，包装是否具有规范的标识，是否具有中文说明书，中文说明书是否规范。

规范的中文说明书应载明产品特性、存在的有害因素、可能产生危害的后果、安全使用注意事项、职业病防护以及应急救治措施等内容。

使用、生产、经营可能产生职业病危害的化学品，应在工作地点醒目位置设置职业病危害警示标识。

用人单位还应建立相应的制度，责任到人，做好化学品管理的工作。

8）使用放射性同位素和含有放射性物质材料的，应有中文说明书

用人单位购进或售出放射性同位素和含有放射性物质的材料时，应索取或提供中文说明书。用人单位应建立放射性同位素和含有放射性物质的材料的台账，包含放射性同位素和含有放射性物质材料的化学式、商品名、产地、使用地、使用量、保管人，储存地的管理是否安全、规范，包装是否具有规范的标识，是否具有中文说明书，中文说明书是否规范。

规范的中文说明书应载明产品特性、存在的有害因素、可能产生危害的后果、安全使用注意事项、职业病防护以及应急救治措施等内容。

用人单位还应建立相应的制度，责任到人，做好放射性同位素和含有放射性物质材料的管理工作。

9）不应将存在或可能产生职业病危害的作业转嫁给不具备职业病防护条件的单位和个人

用人单位若将具有职业病危害的作业外包时，应告知接收者将要外包的作业所存在的职业病危害以及相关的防护条件，并要求接收者采取措施达到这些防护条件，如配置通风、除尘、消声、防暑、隔离等防护设施，或配备个人职业病防护用品。如接收者没有条件或不愿采取措施达到上述防护条件，用人单位不能将具有职业病危害的作业外包。

10）不得接受不具备防护条件的职业病危害的作业

用人单位若承包具有职业病危害的作业时，应要求发包商书面告知工作场所存在的职业病危害以及相关的防护要求，并采取措施达到防护条件，如配置通风、除尘、消声、防暑、隔离等防护设施，或配备个人职业病防护用品。若达不到相应条件，用人单位不能承包该作业。

11）有毒物品的包装应有明显的警示标识和中文警示说明

有毒物品包装上应具有警示标识和中文警示说明。规范的中文说明书应载明产品特性、存在的有害因素、可能产生危害的后果、安全使用注意事项、职业病防护以及应急救治措施等内容。

（4）工作场所管理

1）职业性有害因素的强度或者浓度应符合国家职业卫生标准

职业接触限值是职业性有害因素的接触限制量值，指劳动者在职业活动过程中长期反复接触，对绝大多数接触者的健康不引起有害作用的容许接触水平。职业性有害因素的强度或者浓度应符合 GBZ 2. 1、GBZ 2. 2 的要求。

2）生产布局合理

生产布局应按照 GBZ 1 的规定，尽量考虑机械化、自动化和远端操作，加强密闭，避免直接操作，并应结合生产工艺采取相应的防护措施。生产布局应包括总体布局和车间内生产工艺设备的布局。

总体布局又包括平面布置和竖向布置。平面布置厂房或车间时，应重点考虑在满足主体工程需要的前提下，将污染危害严重的设施远离非污染设施，噪声声级高的车间与低的车间分开，热加工车间与冷加工车间分开，产生粉尘的车间与产生毒物的车间分开，并在产生职业病危害的车间与其他车间及生活区之间设置一定的卫生防护绿化带。厂房为多层建筑物竖向布置时，放散热和有害气体的生产作业应布置在建筑物的高层；噪声与振动较强的设备应放置在底层；含有挥发性气体、蒸气的废水排放管道不能通过仪表控制室和休息室等生活用室的地面下。

车间内生产工艺设备布局应重点考虑达到防尘、防毒、防暑、防寒、防噪声与振动、防电离辐射、防非电离辐射等的要求。

3）有害和无害作业分开

产生粉尘、毒物的工作场所，其发生源的布置，应符合下列要求：逸散不同有毒物质的生产过程布置在同一建筑物内时，毒性大的作业与毒性小的作业应隔开，无毒的作业和有毒的作业应隔开；粉尘、毒物的发生源，应布置在工作地点的自然通风的下风侧；如布置在多层建筑物内时，逸散有害气体的生产过程应布置在建筑物的上层。如必须布置在下层时，应采取有效措施防止污染上层的空气。

无毒和有毒作业的分开方式可以采取有毒作业密闭化、管道化，或者将有毒作业局限在某个独立的操作间，并采取通风净化的方式将有毒气体排出。

4）可能发生急性职业损伤的有毒、有害工作场所设置报警装置

可能发生急性职业损伤的有毒、有害工作场所，是指可能发生毒物、强腐蚀物质、刺激性物质泄漏等对劳动者生命健康造成急性危害的工作场所。

可能发生急性职业损伤的有毒、有害物质是指那些急性毒性大、刺激作用强和（或）危害大的，或者短时间接触可能产生刺激作用、慢性或不可逆的组织损伤、麻醉作用足以增加可能的意外伤害，影响自救能力并降低工作效率的物质。具体有毒有害物质的确定参考《高毒物品目录》及 GBZ 2. 1。

上述报警装置必须经相关部门检定通过，并应建立相应的制度，责任到位，有人负责，班前及定期检查，及时维修，保证报警装置能够正常运转。

5）可能发生急性职业损伤的有毒、有害工作场所配置现场急救用品

现场急救用品包括发生事故时急救人员所用的个人职业病防护用品，如携气式呼吸器、全封闭式化学防护服、防护手套、防护鞋靴等；以及对被救者施救所需的急救用品，如做人工呼吸所需单向阀防护口罩、现场止血用品、防暑降温用品、给氧器，有特殊需求的可配备急救车、防护小药箱等。

急救用品的配置应根据现场防护的需要，在专业人员的指导下考虑生产条件、化学物质的理化性质和用量。急救用品应存放在车间内或临近车间的地方，一旦发生事故，应保证在 10s 内能够获取。急救用品存放地的醒目位置应有警示标识，确保劳动者知晓。应使劳动者掌握如何使用急救用品。

上述现场急救用品应安全有效，并应建立相应管理制度，责任到位，有人负责，每日巡检，及时维修或更新，保证现场急救用品的安全有效性。

6）可能发生急性职业损伤的有毒、有害工作场所配置冲洗设备

冲洗设备主要指冲眼器、流动水龙头以及冲淋设备。在可能发生皮肤黏膜或眼睛烧灼伤、有腐蚀性、刺激性化学物质的工作场所应配备上述冲洗设备，特别强调冲洗设备应用取方便，且不妨碍工作，保证在发生事故时，劳动者能在 10s 内得到冲洗。冲洗用水应安全并保证是流动水。设置冲洗设备的地方应有明显的标识，醒目易找。

上述冲洗设备应保证能正常使用，并应建立相应的管理制度，责任到位，有人负责，每日巡检，及时维修。

7）可能发生急性职业损伤的有毒、有害工作场所配置应急撤离通道

应急通道须保持通畅，设置应急照明设施，并在醒目位置设置明显的警示标识。撤离通道的宽窄应根据需要设置，如需用车辆、担架的，宽度应能保证车辆、担架顺利通过。

应建立相应的管理制度，责任到位，有人负责，定期检查，保证应急通道畅通。

8）可能发生急性职业损伤的有毒、有害工作场所配置必要的泄险区

根据生产条件、所使用化学品的理化特性和用量考虑泄险区设置的位置、大小和选材。泄险区周围不能存在可能与排放到泄险区的有毒有害物质发生易燃、易爆等化学反应的物质。泄险区四周的选材不应与泄险物发生反应，泄漏物质和冲洗水应纳入工业废水处理系统。

应在泄险区周围的醒目位置设置明显的警示标识以及中文警示说明。定期泄险要在中文警示说明中说明定期泄险的时间、泄险的物质和注意事项；事故性泄险应制定泄险预案，明确泄险的条件、泄险命令的发布人、泄险时如何进行人群疏散、泄险物质的无害化处理、消除发生次生事故的危险、泄险后的善后处理工作。还应建立相应的管理制度，明确相关人员负责泄险的日常管理，并保证无关人员不能进入泄险区。

9）放射工作场所和放射源储存场所设置警示标识

存在放射线的工作场所都应设置射线警示标识。警示标识的设置按照 GBZ 158 使用指南设定。

警示标识包括图形标识（禁止、警告、指令和提示标识）、警示线（红、黄、绿）、警示语句和放射工作场所和放射源储存场所职业病危害告知卡。

10）核设施、辐照装置、放射治疗、工业探伤等使用强辐射源的工作场所设置安全连锁和超剂量报警装置

所设的安全连锁和超剂量报警装置应保证有效，并应建立相应的管理制度，责任到位，有人负责，定期检查，及时维修，保证能够正常运转。

11）有毒、有害工作场所、职业病危害事故现场警示标识的设置

有毒、有害工作场所、职业病危害事故现场警示标识的设置按照 GBZ 158 使用指南和 GBZ/T 203 设定。

生产、储藏和使用一般有毒物品的工作场所应用黄色区域警示线将其与其他区域分隔开。高毒工作场所和事故现场都设定红色警示线。

12）高毒作业场所应设置车间淋浴间

高毒作业应设置车间淋浴间，男女分别设置，淋浴间由更衣间、浴室和管理间组成。淋浴间内部构造应易于使用清扫卫生设备，并采取防水、防潮、排水和排气措施。应设置不断水的供水设备并保证用水卫生。淋浴器的数量应根据高毒作业的人数确定，一般4～8人设1个淋浴器。高毒作业女用浴室不能设浴池。

13）高毒作业场所应设置更衣室

高毒作业场所应按规定设置更衣室。更衣室应配置闭锁式衣柜。更衣室中便服、工作服应分柜存放，以避免工作服污染便服。离开高毒作业场所时，应更换衣服，不可将工作服带出车间。

14）高毒作业场所应设置有毒物品存放专用间

有毒物品应实行分类存放。对于高毒物品，应根据生产条件、所使用化学品的理化特性和用量来考虑有毒物品存放专用间设置的位置、大小和选材。有毒物品存放专用间应在醒目的位置设置明显的警示标识，其内部存放的物品不能相互发生燃烧、爆炸等化学反应。

应建立相应的制度，明确相关人员负责有毒物品存放专用间的日常管理，并保证无关人员不能进入物品存放专用间。

（5）工作场所职业性有害因素监测

1）专人负责职业性有害因素日常监测

用人单位应配备专职人员负责职业性有害因素日常监测，并确保监测系统处于正常运转状态。

2）定期对工作场所职业性有害因素进行识别、检测、评价并提出整改措施

用人单位应定期对工作场所职业性有害因素进行检测、评价。监测点的布置、监测项目、监测方法、监测频率、监测结果的处理等应按国家规定的有关标准执行。

定期检测、评价机构应是取得省级以上人民政府卫生行政部门资质认证的职业卫生技术服务机构，其检测、评价结论应保证客观、公正、科学、准确。

用人单位还应建立相应的制度，责任到位，有人负责，定期检查。

3）检测、评价结果存入用人单位职业卫生档案

工作场所职业性有害因素检测与评价资料，包括职业性有害因素检测与评价委托书、职业性有害因素检测记录与评价报告，均应按年度存档，妥善保存。

4）检测、评价结果定期向所在地职业卫生行政管理部门报告

（6）履行告知

1）在醒目位置公布有关职业病防治的规章制度

用人单位应建立、健全职业病防治的规章制度，并在厂区的醒目位置以书面形式公布，包括职业卫生方针、目标、职业卫生管理制度等。

2）签订的劳动合同中应载明可能产生的职业危害及其后果

用人单位应与所有形式的用工者签订劳动合同。在劳动合同中，用人单位应将工作过程中可能产生的职业病危害的种类、危害程度及其后果告知劳动者，将职业病危害告知作为劳动合同的必备条款。劳动合同签订后，用人单位变更劳动者工作岗位或工作内容，使劳动者接触原订立的劳动合同中没有告知的职业性有害因素时，应如实向劳动者告知并作说明。

3）签订的劳动合同应载明职业病防护措施和待遇

在用人单位和劳动者签订的劳动合同中应载明职业病防护措施和待遇。劳动合同签订后，用人单位变更劳动者工作岗位或工作内容，使劳动者接触原订立的劳动合同中没有告知的职业性有害因素时，应如实向劳

动者告知新增职业病防护措施和待遇，并作说明。

4）在醒目位置公布操作规程

用人单位应制定操作规程（用中文），并在工作场所的醒目位置公告。操作规程应简明易懂、条款清楚、用词规范，还应保证劳动者理解掌握。操作规程应保证劳动者的职业卫生安全。

5）在醒目位置公布急性职业病危害事故应急救援措施

用人单位应建立、健全岗位职业病危害事故应急救援措施并在工作场所/岗位的醒目位置公告。应急救援措施公告应简明易懂，条款清楚，用词规范，还应保证劳动者理解掌握。应急救援措施应针对作业岗位的特点，包括事故发生后的报告程序和时限、自救、他救方法和临时应急处理原则等。

6）工作场所职业性有害因素监测、评价结果告知

用人单位应通过公告栏、合同、书面通知或其他有效方式告知劳动者工作场所职业性有害因素监测及评价结果。

7）劳动者职业健康检查结果告知

对从事接触职业病危害作业的劳动者，用人单位应按照国务院卫生行政部门的规定组织上岗前、在岗期间、离岗前和应急时的职业健康检查，并将检查结果如实告知劳动者。

8）职业病或职业禁忌证告知

用人单位对职业健康检查中发现的职业病或职业禁忌证应以适当方式及时告知劳动者本人。

9）为劳动者缴纳工伤保险费，进行工伤、工伤申报和工伤保险待遇告知

用人单位应为存在劳动关系的劳动者（含临时工）缴纳工伤保险费。用人单位还应通过公告栏、合同、书面通知或其他有效方式告知劳动者工伤范畴、工伤申报程序及工伤保险待遇等相关内容。

（7）防护设施和个人职业病防护用品

1）职业病防护设施配备齐全

职业病危害防护设施是以预防、消除或者降低工作场所的职业病危害，减少职业性有害因素对劳动者健康的损害或影响，达到保护劳动者健康目的的装置。应根据工艺特点、生产条件和工作场所存在的职业性有害因素性质选择相应的职业病防护设施。

2）职业病防护设施有效

职业病防护设施有效是指设施符合产品自身的质量标准，应该是经过国家质量监督检验合格的正规产品；设施符合特定使用场所职业病防护要求，能消除或降低职业性有害因素对劳动者健康的影响。职业病防护设施应保证确实有效，并应建立相应的保管制度，保证责任到位，有人负责，定期检查，及时维修，每天上班之前应有人检查防护设施是否能正常运转，并有日常运转记录，还应建立制度保障这些设备维修时的安全。

3）职业病防护设施及其台账

用人单位应配备符合要求的职业病危害防护设施，并建立职业病防护设施台账。台账包括设备名称、型号、生产厂家名称、主要技术参数、安装部位、安装日期、使用目的、防护效果评价、使用和维修记录、使用人、保管责任人等内容。职业病防护设施台账应有人负责保管，定期更新，并应制定借阅登记制度。

4）制定个人职业病防护用品计划并组织实施

用人单位应建立个人职业病防护用品管理制度，并制定个人职业病防护用品配备计划，明确经费来源、防护用品的技术指标、更换周期等；根据工种台账，按工种存在的职业性有害因素及水平配备相应的个人职业病防护用品；个人职业病防护用品应保证安全有效，符合职业病危害个人职业病防护用品的标准，并应建立相应的制度，责任到位，有人负责，定期检查、维修，及时更换超过有效期的用品，确保劳动者持有并会使用及维护。

5）按标准配备符合职业病防治要求的个人职业病防护用品

个人职业病防护用品是指劳动者在职业活动中个人随身穿（佩）戴的特殊用品。如果职业病危害隐患没有消除，职业病防护设施达不到防护效果，作为最后一道防线，就应佩戴个人职业病防护用品，以消除或减轻职业性有害因素对劳动者健康的影响，如防护帽、防护服、防护手套、防护眼镜、防护口（面）罩、防护耳罩（塞）、呼吸防护器和皮肤防护用品等。

用人单位应根据工作场所的职业性有害因素的种类、对人体的影响途径以及现场生产条件、职业性有害因素的水平以及个人的生理和健康状况等特点，为劳动者配备适宜的个人职业病防护用品。

所使用的个人职业病防护用品应是由具有生产个人职业病防护用品资质的厂家生产的符合国家或行业标准的产品。有关个人职业病防护用品的配备、选用标准参见有关国家标准，技术参数和防护效率应达到要求。

6）建立个人职业病防护用品发放登记制度

用人单位在发放个人职业病防护用品时应做相应的记录，包括发放时间，工种，个人职业病防护用品名称、数量，领用人或代领人签字等内容。

7）及时维护并定期检测职业病防护设施

职业病防护设施对于保护劳动者的健康意义重大，如果不能正常运转，势必影响防护效果，所以用人单位应进行经常性的维护、检修，定期检测其性能和效果，确保其处于正常状态，不得擅自拆除或者停止使用。同时应建立相应的制度，明确维修的响应时间、责任人、维护周期，保证防护设施能正常运转。

8）及时维护并定期检测应急救援设施

应急救援设施在发生突发事故时，对于保障劳动者生命安全有很大的作用，所以用人单位应进行经常性的维护、检修，定期检测其性能和效果，以及在发生事故使用应急救援设施后，也应及时维修，并检测其性能和效果，确保其处于正常状态。同时应建立相应的管理制度，责任到位，有人负责，定期维护、检修，保证应急救援设施能正常运转。

9）及时维护并定期检测个人职业病防护用品

个人职业病防护用品对于保护劳动者的健康具有重大意义。用人单位应对个人职业病防护用品进行经常性的维护、检修，定期检测其性能和效果，确保其安全有效，并不得擅自让劳动者停止使用。在发生事故使用个人职业病防护用品后，也应及时维修。如果发生损坏时，应及时更换，防止发生意外事故。个人职业病防护用品的回收处理按有关要求执行。用人单位应建立相应的管理制度，责任到位，有人负责，定期维护、检修，保证个人职业病防护用品能正常使用。

（8）职业健康监护

1）按规定组织上岗前的职业健康检查

新录用、变更工作岗位或工作内容的劳动者在上岗前，用人单位应委托依法取得相应资质的职业卫生技术服务机构根据劳动者拟从事的工种和工作岗位，分析该工种和岗位存在的职业性有害因素以及对人体健康的影响（如靶器官、靶组织和生物效应指标），按照国家的有关规定及 GBZ 188 的规定，确定特定的健康检查项目，安排劳动者到省级以上卫生行政部门批准的、有职业健康检查资格的医疗卫生机构进行职业健康检查。体检费用由用人单位承担。同时应建立相应的管理制度，责任到位，有人负责职业健康检查的相关工作。

2）按规定组织在岗期间的职业健康检查

为了及时发现健康损害和健康影响，用人单位应根据劳动者所从事的工种和工作岗位存在的职业性有害因素及其对人体健康的影响规律，对劳动者进行动态健康观察，按 GBZ 188 确定特定的健康检查项目，按照国家规定安排劳动者到省级以上卫生行政部门批准的、有职业健康检查资格的医疗卫生机构进行职业健康检查，并做相应的记录。同时应建立相应的管理制度，责任到位，有人负责劳动者定期进行职业健康检查的相关工作。

3）按规定组织离岗前的职业健康检查

用人单位应根据国家有关规定及 GBZ 188，安排离岗前的劳动者到省级以上卫生行政部门批准的、有职业健康检查资格的医疗卫生机构进行职业健康检查，并将检查结果存入职业健康监护档案。同时应建立相应的管理制度，责任到位，有人负责劳动者离岗前的职业健康检查相关工作。

4）禁止有职业禁忌证的劳动者从事其所禁忌的作业

职业健康监护应涵盖对职业禁忌证的处理。用人单位应该根据工作场所职业性有害因素的特点，按工种确定其相应的职业禁忌证，并根据职业健康监护结果，按照国家的有关规定，对患有职业禁忌证的劳动者进行妥善处理。如果是在上岗前体检发现的，不能安排患有职业禁忌证的劳动者从事其所禁忌的作业；如果是在岗期间发现的，应从劳动者禁忌的作业岗位调离。

5）调离并妥善安置有职业健康损害的劳动者

妥善处理已发生职业健康损害的劳动者是职业健康监护的重要内容。用人单位在在岗期间定期体检中，一旦发现劳动者出现与从事的职业相关的健康损害，应将其调离原岗位，做好再就业的技术培训，同时还应进行妥善安置，包括调换工种和岗位、医学观察、诊断、治疗和疗养等一系列措施。

6）未进行离岗前职业健康检查，不得解除或者终止劳动合同

劳动者在离岗前，用人单位应无偿为劳动者进行离岗前职业健康检查，没有进行检查的不得解除或者终止劳动合同。

7）建立符合要求的职业健康监护档案并妥善保管

用人单位应为劳动者建立职业健康监护档案，并按照 GBZ 188 规定的期限妥善保存。

职业健康监护档案应包括的内容见“3. 通用要求（1）组织机构和规章制度建设 10）建立、健全职业卫生档案”。

用人单位同时应建立相应的管理制度，责任到位，有人负责职业健康监护档案保存工作，并根据有关病案的保密原则，保护劳动者的隐私权。应对借阅做出规定，规定职业健康监护档案的借阅和复印权限，用人单位不允许未授权人员借阅，并做好借阅登记和复印记录。

8）如实、无偿为劳动者提供职业健康监护档案复印件

用人单位有义务在劳动者离岗时提供职业健康监护档案复印件，并在所提供的复印件上签章，不得弄虚作假，不得向劳动者收取任何费用。

9）对遭受或可能遭受急性职业病危害的劳动者进行健康检查和医学观察

发生急性职业病危害事故后，用人单位应及时组织救治遭受急性职业病危害的劳动者，同时应对可能遭受急性职业病危害的劳动者进行健康检查和医学观察。可能遭受急性职业病危害的劳动者是指在发生急性职业病危害事故现场工作的、直接或间接接触了职业性有害因素的劳动者，或者是参与急性职业病危害事故应急救援而接触了职业性有害因素但未出现危害后果或危害后果不明显的劳动者。所需费用由用人单位承担。

应急检查的结果应存入职业健康监护档案。

10）禁止安排未成年工从事接触职业病危害的作业

未成年工[①]的身体、组织、器官尚未完全成熟，对职业性有害因素更为敏感，后果更严重，因此，用人单位不得安排未成年工从事接触职业病危害的作业。

11）不安排孕期、哺乳期的女职工从事对其本人和胎儿、婴儿有危害的作业

---

① 未成年工指年满 16 周岁、未满 18 周岁的劳动者。

孕期和哺乳期女职工接触职业性有害因素，不仅可能对劳动者本人产生职业病危害，也可能通过胎盘或哺乳影响胎儿或婴儿的健康，因此，用人单位不得安排孕期、哺乳期的女职工从事对其本人和胎儿、婴儿有危害的作业。应制定相应的规定，建立女职工档案，包括育龄女职工、孕期女职工或者哺乳期女职工。

孕期女职工不得从事的劳动范围包括：工作场所空气中铅及其化合物、汞及其化合物、苯、镉、铍、砷、氰化物、氮氧化物、一氧化碳、二硫化碳、氯、己内酰胺、氯丁二烯、氯乙烯、环氧乙烷、苯胺、甲醛有毒物质浓度超过国家卫生标准的行业；制药行业中从事抗癌药物及己烯雌酚的作业；工作场所放射性物质超过 GB 18871 中规定剂量的作业；人力进行的土方和石方作业；GBZ 2. 2 中第Ⅲ级体力劳动强度的作业；伴有全身强烈振动的作业，如风钻、捣固机、锻造等作业以及拖拉机驾驶等；工作中需要频繁弯腰、攀高、下蹲的作业，如焊接作业；GB/T 3608 所规定的高处作业。

哺乳期女职工不得从事的劳动范围包括：工作场所空气中铅及其化合物、汞及其化合物、苯、镉、铍、砷、氰化物、氮氧化物、一氧化碳、二硫化碳、氯、己内酰胺、氯丁二烯、氯乙烯、环氧乙烷、苯胺、甲醛有毒物质浓度超过国家卫生标准的行业；GBZ 2. 1 所规定的体力劳动强度分级第Ⅲ级体力劳动强度的作业；工作场所空气中锰、氟、溴、甲醇、有机磷化合物、有机氯化合物的浓度超过国家卫生标准的作业。

12）禁止使用童工

未满 16 周岁的童工其身体、组织、器官尚未完全发育成熟，对职业性有害因素更为敏感，后果更严重，因此用人单位不得使用童工。

13）给予从事接触职业病危害作业的劳动者适当岗位津贴

岗位津贴应参照国家现有岗位津贴标准发放。建设项目设计应按国家标准将岗位津贴纳入职业卫生项目设计，进入概算，增加岗位职工生理健康保健投入，保障职工健康权益。生产和施工企业应按照国家标准足额发放岗位津贴。岗位津贴（保健费）的发放标准应在劳动合同中予以明确。

14）对接触有慢性毒性化学品的劳动者开展医学随访

用人单位发现本单位生产所使用的化学品有慢性毒性，尤其是有致畸性、致癌性、致突变性等时应积极对劳动者开展医学随访。

15）离退休人员定期健康监护

用人单位应负责离退休人员的定期健康监护（医学随访）。

（9）职业病危害事故的应急救援

1）建立、健全职业病危害事故应急救援预案

用人单位应建立、健全职业病危害事故应急救援预案并形成书面文件予以公布。职业病危害事故应急救援预案应明确责任人、组织机构、事故发生后的疏通线路、紧急集合点、技术方案、救援设施的维护和启动、医疗救护方案等内容。

2）应急救援设施完好

应急救援设施应存放在车间内或邻近车间处，一旦发生事故，应保证在 10s 内能够获取。应急救援设施存放处应有醒目的警示标识，应确保劳动者知晓。应使劳动者掌握急救用品的使用方法。

上述现场应急救援设施应是经过国家质量监督检验合格的产品，应安全有效，并建立相应的管理制度，责任到位，有人负责，定期检查，及时维修或更新，保证现场应急救援设施的安全有效性。

3）定期演练职业病危害事故应急救援预案

用人单位应对职业病危害事故应急救援预案的演练做出相关规定，对演练的周期、内容、项目、时间、地点、目标、效果评价、组织实施以及负责人等予以明确。应急救援演练的周期应按照相关标准和作业场所职业病危害的严重程度分别管理，制定最低演练周期、演练要求及监督部门的监督职责。应如实记录实际演练的全程并存档。

（10）职业卫生培训

1）用人单位的法定代表人、管理者代表、管理人员及职业卫生管理人员应接受职业卫生培训

用人单位的法定代表人、管理者代表、管理人员及职业卫生管理人员应自觉遵守职业病防治法律、法规，并应接受职业卫生培训，同时还应按规定组织本单位的职业卫生培训工作。

2）对上岗前的劳动者进行职业卫生培训

用人单位应对上岗前或变更工作岗位或工作内容的劳动者进行职业卫生培训做出明确规定。未经上岗前职业卫生知识培训的劳动者一律不得安排上岗。培训的内容应包括职业卫生法律、法规、规章、操作规程、所在岗位的职业病危害及其防护设施、个人职业病防护用品的使用和维护、劳动者所享有的职业卫生权利等内容。应做好记录及存档工作，存档内容包括培训通知、教材、试卷、考核成绩等，档案资料应有专人负责保管。

3）定期对在岗期间的劳动者进行职业卫生培训

用人单位应定期对在岗期间的劳动者进行职业卫生培训做出明确规定。培训的内容应包括职业卫生法律、法规、规章、操作规程、所在岗位的职业病危害及其防护设施、个人职业病防护用品的使用和维护、应急救援知识、劳动者所享有的职业卫生权利等内容。根据用人单位实际情况制订培训计划，确定培训周期。应做好记录及存档工作，存档内容包括培训通知、教材、试卷、考核成绩等，档案资料应有专人负责保管。

（11）职业病诊断与病人保障

1）及时向卫生行政部门报告职业病病人

用人单位应建立职业病报告制度，责任到位，有人负责，当发现有职业病病人时，按照规定的时限和程序向卫生行政部门报告，不得虚报、漏报、拒报、迟报、伪造和篡改。

2）及时向卫生行政部门报告疑似职业病病人

用人单位应建立职业病报告制度，责任到位，有人负责，发现疑似职业病病人时，按照规定的时限和程序向卫生行政部门报告，不得虚报、漏报、拒报、迟报、伪造和篡改。

3）向所在地劳动保障部门报告

用人单位出现职业病病人时，除按照规定的时限和程序向卫生行政部门报告外，同时还应向所在地劳动保障部门报告。

4）积极安排劳动者进行职业病诊断和鉴定

如果劳动者在工作过程中感到不适，又排除其他疾病的，经劳动者申请，用人单位应安排劳动者的职业病诊断，对职业病诊断结果有异议的，可申请职业病诊断鉴定。为了保证受到职业病危害的劳动者享有充分的权利，职业病诊断、鉴定费用由用人单位承担。

5）安排疑似职业病病人的职业病诊断

在同一工作环境中，同时或短期内发生两例或两例以上健康损害表现相同或相似病例，病因不明确，又不能以常见病、传染病、地方病等群体性疾病解释的，或者职业健康检查机构、职业病诊断机构依据职业病诊断标准，认为需要做进一步的检查、医学观察或诊断性治疗以明确诊断的疑似职业病病人，用人单位应安排进一步的职业病诊断。

6）安排职业病病人的治疗、定期检查和康复

劳动者被确诊患有职业病后，用人单位应根据职业病诊断医疗机构的意见，安排其医治或康复疗养。用人单位同时应建立相应的制度，对职业病病人治疗、定期检查、康复等内容进行明确规定，责任到位，有人负责相关工作。

7）调离和妥善安置职业病病人

劳动者被确诊患有职业病后，其用人单位在劳动者经医治或康复疗养后被确认为不宜继续从事原有害作

业或工作的，应将其调离原工作岗位，另行安排。用人单位应为确诊患有职业病的劳动者按照《工伤保险条例》的规定申报工伤，对留有残疾、影响劳动能力的，应进行劳动能力鉴定，并根据其鉴定结果安排适合其本人职业技能的工作。用人单位同时应建立相应的制度，责任到位，有人负责妥善安置职业病病人的相关工作。

8）如实提供职业病诊断、鉴定所需要的资料

当劳动者需要进行职业病诊断时，用人单位应如实提供与职业病诊断、鉴定有关的职业卫生和职业健康监护方面的资料。职业卫生资料包括工作场所职业性有害因素定期检测资料及职业卫生防护设备及个人职业病防护用品配置情况。职业健康监护资料包括职业接触史、上岗前健康检查结果，以及在岗期间定期健康检查结果的资料，退休、离岗人员以及换岗（调离原单位）人员还需提供离岗后医学追踪观察资料。因工作场所突发意外急性职业病危害事故或职业安全事故导致大范围环境污染的，其接触者还应提供应急健康检查结果的资料。

（12）群众监督

1）工会组织职业卫生职责

工会是职工自愿结合的工人阶级的群众组织，按照民主集中制的原则，建立企业工会应报上一级工会批准。建立工会的企业有会员25人以上的，应建立基层工会委员会；会员不足25人的，可以单独建立基层工会委员会，也可以由两个以上单位的会员联合建立基层工会委员会，也可以选举组织员1人，组织会员开展活动。企业工会委员会由会员大会或者会员代表大会民主选举产生，向同级会员大会或者会员代表大会负责并报告工作，接受其监督。

2）设立工会劳动保护监督检查网络

按照《工会劳动保护监督检查员工作条例》、《基层工会劳动保护监督检查委员会工作条例》、《工会小组劳动保护检查员工作条例》要求建立工会劳动保护监督检查网络，并开展群众性劳动保护监督检查工作。

3）开展群众性劳动保护监督检查活动

工会和职工代表监督本单位贯彻执行国家职业安全卫生法律法规，监督落实安全生产责任制和规章制度。对违反国家法律法规、不符合职业安全卫生标准规定的问题，提出整改意见；问题严重的，送达《限期解决问题通知书》或《隐患整改建议书》；对拒不整改的，要求政府有关部门采取强制性措施。

工会应监督检查本单位新建、改建、扩建和技术改造工程项目的职业安全卫生设施与主体工程是否同时设计，同时施工，同时投产使用。

工会应组织职业安全卫生检查，组织职工代表对职业安全卫生工作进行督查。对事故隐患和职业病危害作业点建立档案，监督整改和治理，并督促本单位防范事故和职业病危害。

工会应坚决制止违章指挥、违章操作和强令冒险作业。在危及职工生命安全的紧急情况下，要求用人单位立即从危险区内撤出作业人员，同时支持或组织职工采取必要的避险措施并立即报告。

工会应宣传国家职业安全卫生法律法规、政策及企事业的规章制度，提高劳动者的安全维权意识和技能。

工会应设置专门机构，负责接受劳动者投诉，并同有关各方协调，维护劳动者合法权益。

用人单位自觉接受工会和职工代表的监督检查，改善职业安全卫生工作。

用人单位的新建、改建、扩建和技术改造工程项目的职业安全卫生设施与主体工程同时设计，同时施工，同时投产使用，应按照工程管理权限，依法通知本单位工会和报请上级工会组织进行“三同时”审查验收。

4）民主管理、民主监督

用人单位应建立职工代表大会制度。工会和职工代表大会应认真维护劳动者生命安全和身体健康权利。

职业安全卫生工作应列入职工代表大会议事日程，并作为“民主评议、厂务公开”的内容。

用人单位法定代表人定期向职工代表大会所作的工作报告应有职业安全卫生内容，职工代表大会就批准与否进行表决。

用人单位的有关职业安全卫生的方针、规划、计划、重大技术改造措施、劳动者培训、预决算等重大方案应提交职工代表大会审议，并由职工代表大会做出是否批准的决议。

用人单位的劳动保护措施和相关的重要规章制度应经职工代表大会审议通过。

工会组织职工代表视察、督查企业职业安全卫生工作情况，认真履行民主监督职能。

职工代表就职业安全卫生的问题提出质询，用人单位应予以郑重的答复。

用人单位应认真听取劳动者对职业安全卫生工作的意见、建议和要求，积极解决职业安全卫生方面存在的问题，改善劳动条件和作业环境。

5）平等协商和签订集体合同

用人单位与工会建立职业安全卫生平等协商机制，按照“平等协商、协调一致”的原则，建立规范的工作秩序；按照平等协商例会制度和议事规则，商讨职业安全卫生的重大问题，合作改善劳动条件和作业环境。

用人单位和工会或劳动者代表应依法经过平等协商，签订集体合同。所签订的综合性集体合同应有职业安全卫生条款，或双方签订职业安全卫生专项集体合同，合同文本应有控制指标和技术、防护措施的具体规定。签订的集体合同文本应履行法定批准程序后生效。

用人单位和劳动者应遵守集体合同，履行合同条款规定责任、义务和事项。双方应就合同履约情况进行检查，及时发现和纠正违约现象。

工会依据《中华人民共和国劳动法》“依法签订的集体合同对企业和企业全体职工具有约束力。职工个人与企业订立的劳动合同中劳动条件和劳动报酬等标准不得低于集体合同”的规定。工会应指导劳动者根据《中华人民共和国职业病防治法》签订劳动合同，帮助劳动者维护合法权益。

（三）职业卫生管理档案

1. 职业卫生管理档案体系

职业卫生管理档案体系如图 1. 3。

2. 职业卫生管理档案

（1）组织机构和规章制度建设档案

1）企业法定代表人承诺遵守国家有关职业病防治法规、政策、标准的承诺文件；

2）国家有关职业病防治工作的法律、法规、规范、标准目录，有关文本及适应性分析报告；

3）职业卫生管理方针、目标，职业卫生管理制度；

4）职业卫生年度评估报告；

5）设立职业病防治领导机构的相关文件包括机构设立的书面文件、有关会议纪要和工作记录；

6）设置或指定职业卫生管理机构及相关组织的书面文件；

7）专（兼）职职业卫生人员档案，包括书面聘用（任命）文件、个人资质文件和个人专业档案；

8）年度生产经营整体规划和目标分解、考核文件；

9）年度职业病防治计划、实施方案以及评估报告书面资料；

10）职业性有害因素检测及评价制度书面文件；

11）生产经营财务报表；

职业卫生管
制度建设组织机构和档案规章
企业法定代表人承诺遵守国家有关职业病防治法规、政策、标准的承诺文件
国家有关职业病防治工作的法律、法规、规范、标准目录，有关文本及适应性分析报告
职业卫生管理方针、目标，职业卫生管理制度
职业卫生年度评估报告
设立职业病防治领导机构的相关文件包括机构设立的书面文件、有关会议纪要和工作记录
设置或指定职业卫生管理机构及相关组织的书面文件
专（兼）职职业卫生人员档案，包括书面聘用（任命）文件、个人资质文件和个人专业档案
年度生产经营整体规划和目标分解、考核文件
年度职业病防治计划、实施方案以及评估报告书面资料
职业性有害因素检测及评价制度书面文件
生产经营财务报表
工伤保险缴纳凭证（工伤保险号）
职业卫生档案
书面的岗位操作规程（或岗位的作业指导书）
工种台账
职业卫生基本情况一览表
生产工艺流程图
职业性有害因素分布图
原辅材料名称及用量清单
技术、工艺清单
有毒有害物质清单
作业岗位清单劳动者名册
历年有毒有害因素动态监测结果汇总表
职业健康检查结果汇总表
职业病病人名单
疑似职业病病人名单
职业禁忌证患者名单
职业禁忌患者调离人员情况清单
职业病防护设施清单、运转及维护记录
其他有关资料
前期预防的档案
职业病危害项目申报档案
职业病危害项目申报表（留档）
职业病危害项目申报回执
建设项目职业病危害预评价档案
建设项目清单（按年度列）
建设项目立项批文
建设项目可行性研究报告
建设项目职业病危害评价委托书
建设项目职业病危害预评价报告书
建设项目职业病危害防护设施卫生审查申请资料
建设项目职业病危害防护设施设计整改情况资料
建设项目卫生审查档案
卫生审核意见书
设计资料卫生审查文件
卫生行政部门批复文件
建设项目竣工验收档案
建设项目职业病危害控制效果评价委托书
建设项目职业病危害控制效果评价报告书
分期建设的建设项目，应同步进行建设项目职业病危害控制效果评价
建设项目职业病危害防护设施竣工验收申请资料
建设项目职业病危害防护设施整改情况资料
对本项目具有管辖权的卫生行政部门职业病危害防护设施竣工验收批文
材料和设备管理档案
国家明令禁止或淘汰使用的工艺、技术和材料的文件以及适应性报告
设备管理档案
设备管理制度书面文件
一般设备台账
设备中文说明书
职业病危害防护设施台账
职业病危害防护设施日常运转记录
职业病危害防护设施定期检查记录
职业病危害防护设施维修记录
应急救援设施配备档案
应急救援设施定期检查记录
应急救援设施维修记录
危险化学品管理档案
危险化学品台账
危险化学品中文说明书
主导原材料供应商的承诺文件
主导原材料供应商的名单
主导原材料供应商的资质证明
主导原材料供应商提交的主导原材料清单
主导原材料供应商与用人单位合同书
危险化学品合格证明文件
危险化学品的中文物质安全数据清单（MSDS）
危险化学品的有关毒性成分检测报告
放射性同位素、射线装置和含有放射性物质管理档案
放射性同位素、射线装置和含有放射性物质台账
放射性同位素和含有放射性物质中文说明书

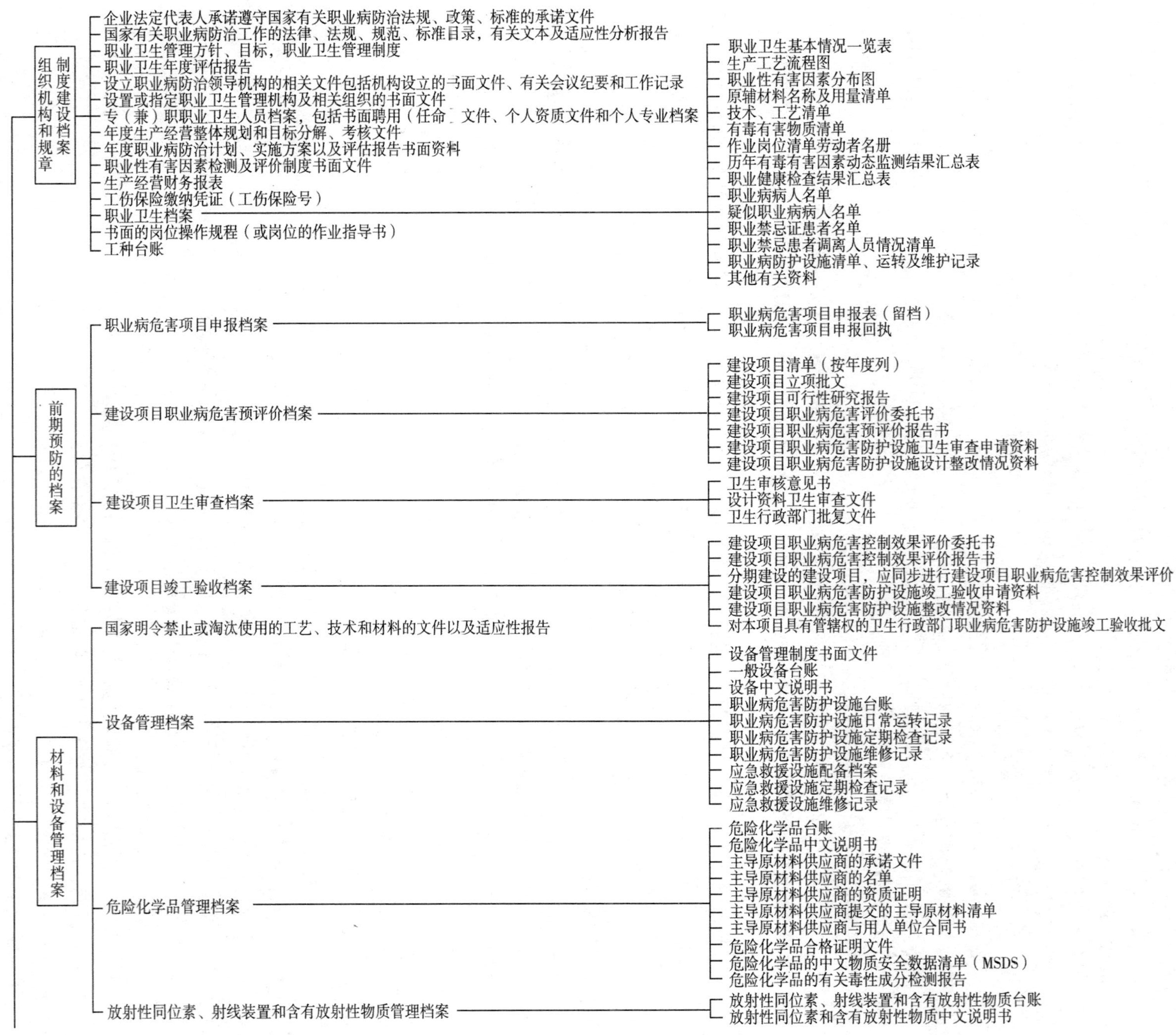

图 1.3　职业卫生

理档案体系
工作场所管理档案
生产布局平面布置、竖向布置图
合同档案
劳动合同文本
外包合同文本
承包合同文本
集体合同文本
集体合同签订程序文件
承包单位资质、管理体系文件证明
报警装置管理档案
可能发生急性损伤的有毒、有害场所报警装置配备档案、班前检查记录、定期检查记录、维修记录
放射工作场所报警装置配备档案、定期检查记录、维修记录
放射性同位素的运输、储存报警装置配备档案、定期检查记录、维修记录
工作场所职业性有害因素监测、评价档案
工作场所管理制度或作业环境监测制度书面文件
职业性有害因素检测、评价管理制度书面文件
职业性有害因素的监测点分布图
职业性有害因素检测与评价委托书
职业性有害因素检测方案
职业性有害因素检测结果、评价报告书
职业性有害因素检测、评价结果上报材料复印件
个人职业病防护用品档案
个人职业病防护用品管理制度
个人防护用品采购计划
个人防护用品发放登记记录，包括发放周期、使用方法、维修方法、保养方法等告知内容
个人职业病防护用品督促使用检查记录
个人职业病防护用品发放标准、适用性评价报告
职业健康监护档案
职业健康监护管理档案
职业健康监护制度书面文件
进行职业健康检查的职业卫生技术服务机构资质证明
职业健康检查结果及评价报告
职业健康监护档案借阅登记和复印记录
投诉记录
个人职业健康监护档案
上岗前职业健康监护档案
在岗职业健康监护档案
离岗前职业健康监护档案
应急职业健康监护档案
职业病危害事故档案
岗位津贴（保健费）发放记录
职业禁忌证劳动者管理档案
职业禁忌证人员名单
职业禁忌证处理记录档案
职业病危害事故应急救援档案
应急救援预案档案包括职业病危害事故应急救援预案、演练计划、演练记录、演练评估报告或总结
现场急救用品管理档案包括现场急救用品配备档案、定期检查记录、维护或更新记录、适用性评价报告
冲洗设备管理档案包括冲洗设备定期检查记录、维修记录及适用性评价报告
泄险区管理文件
辅助设施档案包括淋浴间、更衣室配备档案及物品存放专用间管理档案
职业卫生培训档案
职业卫生培训计划
上岗前职业卫生培训档案（通知、教材、试卷、考核成绩等）
在岗期间职业卫生培训档案（通知、教材、试卷、考核成绩等）
上级单位培训通知、培训合格证
职业病诊断管理档案
职业病病人诊断病例档案
职业病病人治疗、复查、康复疗养记录
职业病诊断、诊断鉴定证明书
职业病病人调离通知书　工会组织机构设置和人员编制文件
职业病病人调离记录　上级工会批准工会基层委员会选举结果的文件
职业病病人劳动能力鉴定结果　会员大会或会员代表大会相关文件
职业病病人安置记录　工会会议记录和工作文件
群众监督档案
建立工会组织
工会组织机构设置和人员编制文件
上级工会批准工会基层委员会选举结果的文件
会员大会或会员代表大会相关文件
工会会议记录和工作文件
女职工档案
设立工会劳动保护监督检查网络
工会劳动保护监督检查网络组织机构图
工会劳动保护监督检查委员会活动记录
工会小组劳动保护检查员工作记录
工会劳动保护工作文件、记录和上级工会组织《三同时》审查验收记录
用人单位劳动安全卫生文件和主管部门工作记录
开展群众性劳动保护监督检查活动
群众性劳动保护监督检查活动计划
工会宣教工作文件、记录
工会开展群众性职业卫生监督检查活动的档案或记录
建设项目清单和工会《三同时》审查验收申报表
开展群众性劳动保护监督检查活动
用人单位职工代表大会工作规定、会议文件
《民主评议、厂务公开》有关规定
用人单位法定代表人的工作报告和职代会审议决议
用人单位与工会平等协商会议纪要
平等协商和签订集体合同

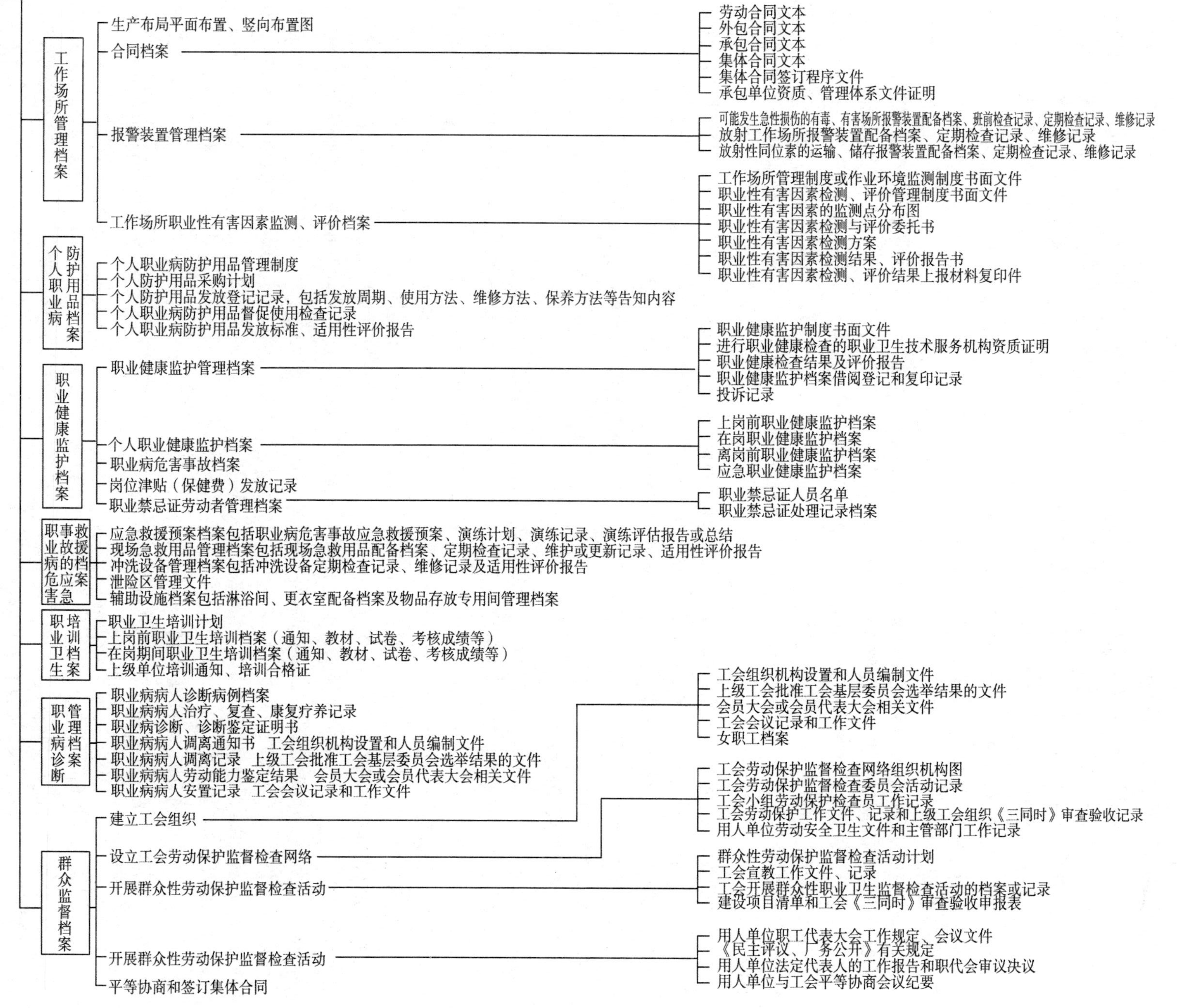

管理档案体系

12）工伤保险缴纳凭证（工伤保险号）；

13）职业卫生档案包括：职业卫生基本情况一览表；生产工艺流程图；职业性有害因素分布图；原辅材料名称及用量清单；技术、工艺清单；有毒有害物质清单；作业岗位清单；劳动者名册；历年有毒有害因素动态监测结果汇总表；职业健康检查结果汇总表；职业病病人名单；疑似职业病病人名单；职业禁忌证患者名单；职业禁忌证患者调离人员情况清单；职业病防护设施清单、运转及维护记录；其他有关资料；

14）书面的岗位操作规程（或岗位的作业指导书）；

15）工种台账。

（2）前期预防的档案

1）职业病危害项目申报档案包括：职业病危害项目申报表（留档）；职业病危害项目申报回执。

2）建设项目职业病危害预评价档案包括：建设项目清单（按年度列）；建设项目立项批文；建设项目可行性研究报告；建设项目职业病危害评价委托书；建设项目职业病危害预评价报告书；建设项目职业病危害防护设施卫生审查申请资料（职业病危害严重的建设项目，在初步设计阶段，对职业病危害防护设施设计进行卫生审查）；建设项目职业病危害防护设施设计整改情况资料（如卫生行政部门要求对防护设施设计进行修改时）。

3）建设项目卫生审查档案包括：卫生审核意见书；设计资料卫生审查文件；卫生行政部门批复文件。

4）建设项目竣工验收档案包括：建设项目职业病危害控制效果评价委托书；建设项目职业病危害控制效果评价报告书；分期建设的建设项目，应同步进行建设项目职业病危害控制效果评价；建设项目职业病危害防护设施竣工验收申请资料；建设项目职业病危害防护设施整改情况资料；对本项目具有管辖权的卫生行政部门职业病危害防护设施竣工验收批文。

（3）材料和设备管理档案

1）国家明令禁止或淘汰使用的工艺、技术和材料的文件以及适应性报告。

2）设备管理档案包括：设备管理制度书面文件；一般设备台账；设备中文说明书；职业病危害防护设施台账；职业病危害防护设施日常运转记录；职业病危害防护设施定期检查记录；职业病危害防护设施维修记录；应急救援设施配备档案；应急救援设施定期检查记录；应急救援设施维修记录。

3）危险化学品管理档案包括：危险化学品台账；危险化学品中文说明书；主导原材料供应商的承诺文件；主导原材料供应商的名单；主导原材料供应商的资质证明；主导原材料供应商提交的主导原材料清单；主导原材料供应商与用人单位合同书；危险化学品合格证明文件；危险化学品的中文物质安全数据清单（MSDS）；危险化学品的有关毒性成分检测报告。

4）放射性同位素、射线装置和含有放射性物质管理档案包括：放射性同位素、射线装置和含有放射性物质台账；放射性同位素和含有放射性物质中文说明书。

（4）工作场所管理档案

1）生产布局平面布置、竖向布置图。

2）合同档案包括：劳动合同文本；外包合同文本；承包合同文本；集体合同文本；集体合同签订程序文件；承包单位资质、管理体系文件证明。

3）报警装置管理档案包括：可能发生急性损伤的有毒、有害场所报警装置配备档案，班前检查记录，定期检查记录，维修记录；放射工作场所报警装置配备档案、定期检查记录、维修记录；放射性同位素的运输、储存报警装置配备档案、定期检查记录、维修记录。

（5）工作场所职业性有害因素监测、评价档案包括：工作场所管理制度或作业环境监测制度书面文件；职业性有害因素检测、评价管理制度书面文件；职业性有害因素的监测点分布图；职业性有害因素检测与评价委托书；职业性有害因素检测方案；职业性有害因素检测结果、评价报告书；职业性有害因素检测、评价结果上报材料复印件。

（6）个人职业病防护用品档案包括：个人职业病防护用品管理制度；个人防护用品采购计划；个人防护用品发放登记记录，包括发放周期、使用方法、维修方法、保养方法等告知内容；个人职业病防护用品督促使用检查记录；个人职业病防护用品发放标准、适用性评价报告。

（7）职业健康监护档案

1）职业健康监护管理档案包括：职业健康监护制度书面文件；进行职业健康检查的医疗卫生机构资质证明；职业健康检查结果及评价报告；职业健康监护档案借阅登记和复印记录；投诉记录。

2）个人职业健康监护档案包括：上岗前职业健康监护档案；在岗期间职业健康监护档案；离岗时职业健康监护档案；应急职业健康监护档案。

3）职业病危害事故档案。

4）岗位津贴（保健费）发放记录。

5）职业禁忌证劳动者管理档案包括：职业禁忌证人员名单；职业禁忌证处理记录档案。

（8）职业病危害事故的应急救援档案

1）应急救援预案档案包括职业病危害事故应急救援预案、演练计划、演练记录、演练评估报告或总结。

2）现场急救用品管理档案包括现场急救用品配备档案，定期检查记录、维护或更新记录，适用性评价报告。

3）冲洗设备管理档案包括冲洗设备定期检查记录、维修记录及适用性评价报告。

4）泄险区管理文件。

5）辅助设施档案包括淋浴间、更衣室配备档案及物品存放专用间管理档案。

（9）职业卫生培训档案包括：职业卫生培训计划；上岗前职业卫生培训档案（通知、教材、试卷、考核成绩等）；在岗期间职业卫生培训档案（通知、教材、试卷、考核成绩等）；上级单位培训通知、培训合格证。

（10）职业病诊断管理档案包括：职业病病人诊断病例档案；职业病病人治疗、复查、康复疗养记录；职业病诊断、诊断鉴定证明书；职业病病人调离通知书；职业病病人调离记录；职业病病人劳动能力鉴定结果；职业病病人安置记录。

（11）群众监督档案

1）建立工会组织。工会组织机构设置和人员编制文件；上级工会批准工会基层委员会选举结果的文件；会员大会或会员代表大会相关文件；工会会议记录和工作文件；女职工档案。

2）设立工会劳动保护监督检查网络。工会劳动保护监督检查网络组织机构图；工会劳动保护监督检查委员会活动记录；工会小组劳动保护检查员工作记录；工会劳动保护工作文件、记录和上级工会组织“三同时”审查验收记录；用人单位劳动安全卫生文件和主管部门工作记录。

3）开展群众性劳动保护监督检查活动。群众性劳动保护监督检查活动计划；工会宣教工作文件、记录；工会开展群众性职业卫生监督检查活动的档案或记录；建设项目清单和工会“三同时”审查验收申报表。

4）民主管理、民主监督。用人单位职工代表大会工作规定、会议文件；“民主评议、厂务公开”有关规定；用人单位法定代表人的工作报告和职代会审议决议。

5）平等协商和签订集体合同。用人单位与工会平等协商会议纪要。

（四）职业病防治工作的评估

1. 用人单位职业病防治评估指标体系

建立用人单位职业病防治评估指标体系，如图 1.4。

用人单位职业病防治
组织机构和规章制度建设（190分）
组织机构和规章制度建设（20分）
设立职业病防治领导机构（20分）
设置职业卫生管理机构（20分）
配备专（兼）职的职业卫生专业人员（10分）
职业病防治工作纳入目标管理责任制（20分）
制定职业病防治计划和实施方案（20分）
建立、健全职业卫生管理制度（10分）
设置岗位操作规程（10分）
建立、健全职业卫生档案（10分）
建立、健全劳动者职业健康监护档案（10分）
建立、健全工作场所职业性有害因素检测及评价制度（10分）
确保职业病防治管理必要的经费投入（20分）
依法参加工伤保险（10分）
前期预防（90分）
申报职业病危害项目（30分）
建设项目职业病危害预评价（25分）
职业病危害严重的建设项目的防护设施设计和卫生审查（20分）
建设项目职业病危害控制效果评价和卫生验收（15分）
材料和设备管理（95分）
优先采用有利于职业病防治和保护劳动者健康的新技术、新工艺和新材料（20分）
不生产、经营、进口和使用国家明令禁止使用的可能产生职业病危害的设备和材料（10分）
企业使用的主导原材料供应商应符合《职业病防治法》要求（5分）
对所采用的有危害的技术、工艺和材料不隐瞒其危害（10分）
可能产生职业病危害的设备应有中文说明书（10分）
在可能产生职业病危害的设备的醒目位置设置警示标识和中文警示说明（10分）
使用、生产、经营可能产生职业病危害的化学品，应有中文说明书（10分）
使用放射性同位素和含有放射性物质材料的，应有中文说明书（5分）
不应将存在或可能产生职业病危害的作业转嫁给不具备职业病防护条件的单位和个人（5分）
不得接受不具备防护条件的职业病危害的作业（5分）
有毒物品的包装应有明显的警示标识和中文警示说明（5分）
工作场所管理（100分）
职业性有害因素的强度或者浓度符合国家职业卫生标准（20分）
生产布局合理（10分）
有害和无害作业分开（10分）
可能发生急性职业损伤的有毒、有害工作场所，设置报警装置（5分）
可能发生急性职业损伤的有毒、有害工作场所，配置现场急救用品（5分）
可能发生急性职业损伤的有毒、有害工作场所，配置冲洗设备（5分）
可能发生急性职业损伤的有毒、有害工作场所，配置应急撤离通道（5分）
可能发生急性职业损伤的有毒、有害工作场所，配置必要的泄险区（5分）
放射工作场所和放射源储存场所设置警示标识（5分）
核设施、辐照装置、放射治疗、工业探伤等使用强辐射源的工作场所设置安全连锁和超剂量报警装置（5分）
有毒、有害工作场所、职业病危害事故现场警示标识的设置（10分）
高毒作业应设置车间淋浴间（5分）
高毒作业应设置更衣室（5分）
高毒作业设置物品存放专用间（5分）
工作场所职业性有害因素监测（40分）
专人负责职业性有害因素日常监测（10分）
按规定定期对工作场所职业性有害因素进行识别、检测、评价，提出整改措施（15分）
检测、评价结果存入用人单位职业卫生档案（10分）
检测、评价结果定期向所在地卫生行政部门报告（5分）

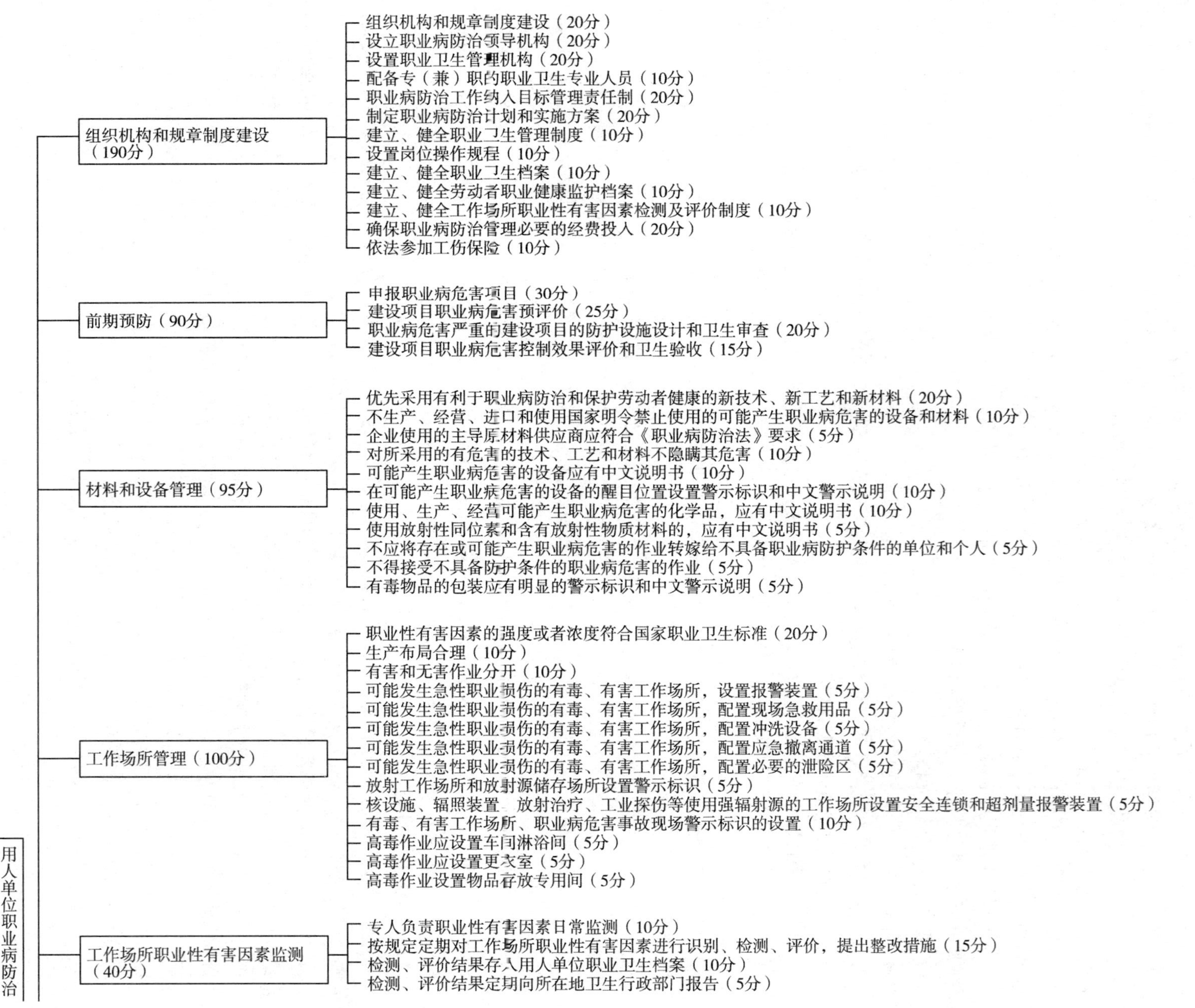

图 1.4 用人单位职业病

防治评估指标体系

评估指标体系表 1000分
履行告知义务（90分）
在醒目位置公布有关职业病防治的规章制度（10分）
签订劳动合同，并在合同中载明可能产生的职业病危害及其后果（10分）
签订劳动合同，并在合同中载明职业病防护措施和待遇（10分）
在醒目位置公布操作规程（10分）
在醒目位置公布急性职业病危害事故应急救援措施（10分）
工作场所职业性有害因素监测、评价结果告知（5分）
告知劳动者职业健康检查结果（15分）
企业对患职业病或职业禁忌证的劳动者应告知本人（20分）
防护设施和个人职业病防护用品（100分）
职业病防护设施配备齐全（10分）
职业病防护设施有效（15分）
职业病防护设施及其台账（5分）
制定个人职业病防护用品计划，并组织实施（5分）
按标准配备符合防治职业病要求的个人职业病防护用品（30分）
建立个人职业病防护用品发放登记记录（5分）
及时维护、定期检测职业病防护设备（10分）
及时维护、定期检测应急救援设施（10分）
及时维护、定期检测职业病个人职业病防护用品（10分）
职业健康监护（85分）
按规定组织上岗前的职业健康检查（5分）
按规定组织在岗期间的职业健康检查（10分）
按规定组织离岗前的职业健康检查（5分）
禁止有职业禁忌证的劳动者从事其所禁忌的作业（5分）
调离并妥善安置有职业健康损害的劳动者（10分）
未进行离岗前职业健康检查，不得解除或者终止劳动合同（10分）
建立符合要求的职业健康监护档案，并妥善保管（5分）
如实、无偿为劳动者提供职业健康监护档案复印件（5分）
对遭受或可能遭受急性职业病危害的劳动者进行健康检查和医学观察（10分）
禁止安排未成年工从事接触职业病危害的作业（5分）
不安排孕期、哺乳期的女职工从事对本人和胎儿、婴儿有危害的作业（5分）
禁止使用童工（5分）
对从事接触职业病危害作的业劳动者，给予适当岗位津贴（5分）
职业病危害事故的应急救援（40分）
建立、健全职业病危害事故应急救援预案（10分）
应急救援设施完好（20分）
定期演练职业病危害事故应急救援预案（10分）
职业卫生培训（50分）
用人单位的法定代表人、管理者代表、管理人员应接受职业卫生培训（10分）
对上岗前的劳动者应进行职业卫生培训（20分）
定期对在岗期间的劳动者进行职业卫生培训（20分）
职业病诊断与病人保障（50分）
及时向卫生行政部门报告职业病病人（5分）
及时向卫生行政部门报告疑似职业病病人（5分）
向所在地劳动保障部门报告职业病病人（5分）
积极安排劳动者进行职业病诊断、鉴定（10分）
安排疑似职业病病人进行职业病诊断（5分）
安排职业病病人进行治疗、定期检查、康复（5分）
调离和妥善安置职业病病人（10分）
如实提供职业病诊断、鉴定所需要的资料（5分）
群众监督（70分）
建立工会组织（20分）
设立工会劳动保护监督检查网络（10分）
开展群众性劳动保护监督检查活动（15分）
民主管理、民主监督（10分）
平等协商，签订集体合同（15分）

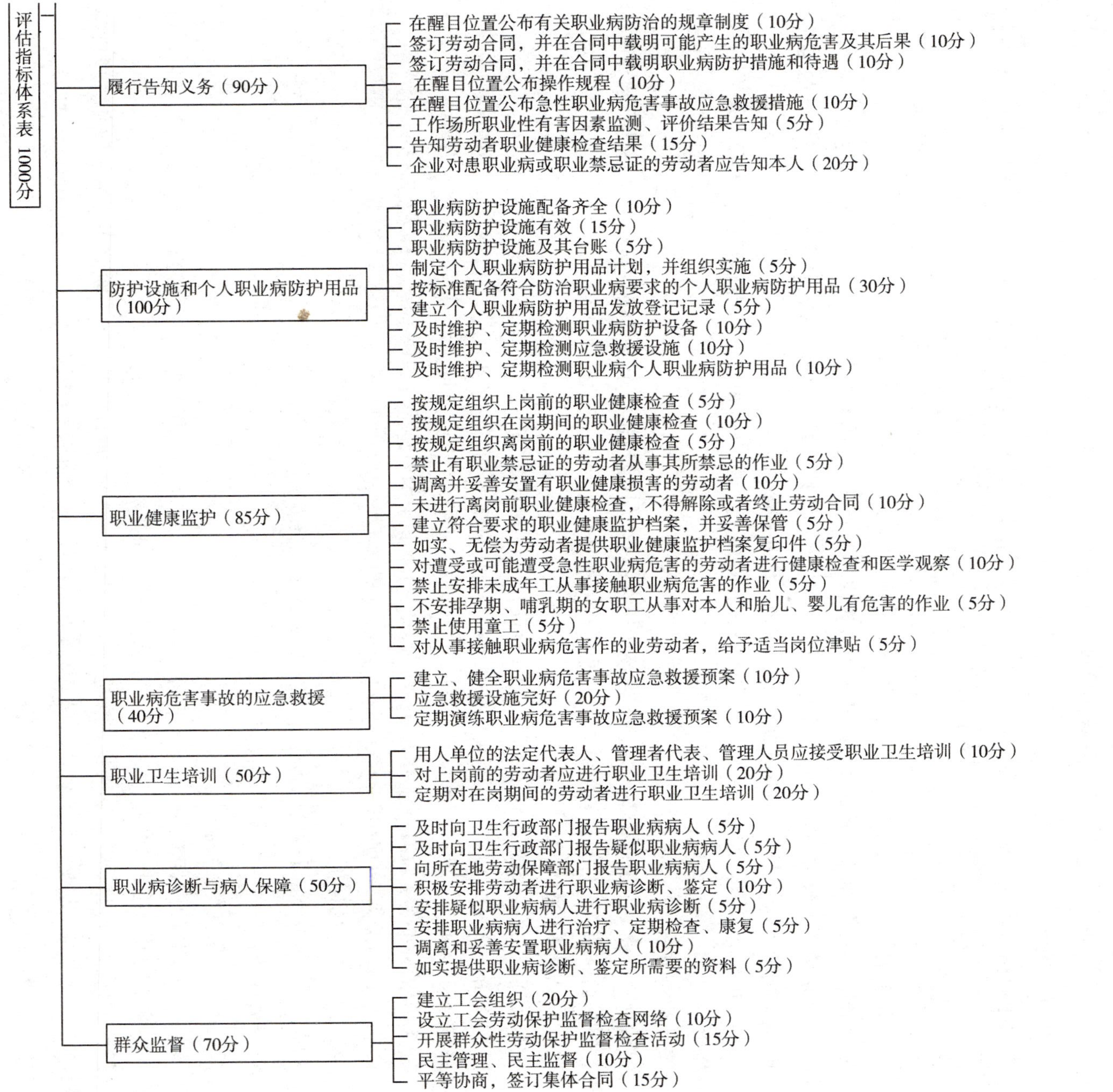

2. 评估组织

用人单位职业卫生管理机构应按年度对职业病防治工作进行全面评估，也可委托职业卫生专业技术机构进行外部评估。车间班组、职能部门可根据相关职能对本部门的职业病防治工作进行日常评估。

用人单位职业卫生管理机构开展职业病防治工作的年度自我评估时，应邀请法定代表人或管理者代表、工会或劳动者代表参加。受委托的职业卫生专业技术机构对用人单位职业病防治工作进行评估时，应邀请法定代表人或管理者代表、工会或劳动者代表参加。车间班组、职能部门的日常评估工作由本部门负责人、职业卫生专（兼）职人员、工会或劳动者代表负责。

3. 评估内容

根据职业病防治通用要求，结合本单位的生产特点和职业病防治工作实际，参照表 1.2“用人单位职业病防治工作评估表”，合理确定评估的内容和重点。

4. 评估方法

（1）检查表

检查表以表格化详细列出项目、内容、一票否决项、评分标准要点及依据等栏目。内容栏目包括 12 个大项，95 个小项，总分为 1000 分。在 95 个小项中，一票否决项为 11 项，在职业病防治工作评估过程中，首先检查是否有一票否决项，如果存在一票否决项，应立即整改。

用人单位按照表 1.2“用人单位职业病防治工作评估表”的内容和评分标准确定适合本单位的检查表，进行检查。

（2）检查方法

包括查阅职业卫生工作档案记录；工作场所巡查；专题小组讨论；个人访谈；典型经验总结；典型事故分析；问卷抽样测试；行为抽样测试；职业病防治效果评价。

（3）评估结果的判定

根据检查表的检查结果，将用人单位职业病防治工作分为 A、B、C、D 4 个等级。

1）A 级的标准为：没有一票否决项；每大项得分不低于本项总分的 80%；总得分不低于 900 分。

2）B 级的标准为：没有一票否决项；每大项得分不低于本项总分的 65%；总得分不低于 650 分。

3）C 级的标准为：没有一票否决项；每大项得分不低于本项总分的 50%；总得分不低于 600 分。

4）D 级的标准为：总分低于 600 分或出现否决项。

（4）评定结果的评价

A 级：优秀；B 级：良好；C 级：合格；D 级：不合格。

5. 评估报告

根据评估结果撰写评估报告。

（1）评估报告的内容包括：对现行管理体系的各要素和上一轮措施的描述，提出综合性的评估意见；指出存在的主要问题；提出详细的改进意见，包括管理的和技术的意见。

（2）评估报告应报送职业病防治领导机构及相关管理部门并向劳动者公布，职业病防治领导和管理机构应根据评估报告加强职业病防治管理，制定职业病防治计划、整改措施和实施方案。

表 1.2　用人单位职业病防治工作评估表

项目	内容	一票否决项	评分标准、要点及依据	得分
1 组织机构和规章制度建设 （190分）	1.1 用人单位法定代表人应遵守国家有关职业病防治的法规、政策、标准	是	20 分 发现没有制定书面的职业卫生方针的，终止评审。 书面文件包括：对遵守国家有关职业病防治法律、法规、标准和规范的承诺，方针内容明确、注明制定日期，并通过法定代表人签字或签发生效。劳动者未参与或未告知劳动者的，扣 5 分；未进行职业卫生年度管理评审的，扣 5 分。 检查书面的职业卫生方针文件，职业卫生年度评审报告。	
	1.2 设立职业病防治领导机构	否	20 分 未设立职业病防治领导机构的，不得分；职责不明确的，扣 3 分；机构组成人员不符合规定的，扣 3 分；虽设立职业病防治机构，但是机构没有正常开展工作的，扣 3 分。 查阅成立的书面文件、会议纪要和工作记录。	
	1.3 设置职业卫生管理机构	是	20 分 未设置或者未指定的，终止评审。 职业卫生管理机构职责不明确的，扣 5 分；没有相应的工作人员、工作地点或工作条件的，扣 5 分；工会（区域工会）、人事及劳动工资、企业管理、财务、生产调度、工程技术、职业卫生管理等相关部门在职业卫生管理方面的职责和要求不明确的，扣 5 分。 查阅书面文件。现场查看工作场所。	
	1.4 配备专（兼）职的职业卫生专业人员	否	10 分 没有配备专（兼）职职业卫生专业人员的，扣 10 分；配备专（兼）职职业卫生专业人员但是职责不明确的，扣 5 分。 检查书面聘用文件、个人资质（职业卫生专业知识背景、工作经历和执业医师资格）文件和专业档案。	
	1.5 职业病防治工作纳入目标管理责任制	是	20 分 总体目标中没有涉及职业病防治工作内容的，终止评审。 没有层层分解目标或阶段目标的，扣 5 分。 检查年度生产经营整体规划和目标分解、考核文件。	
	1.6 制定职业病防治计划和实施方案	否	20 分 书面的计划应该包括目的、目标、措施、保障条件等内容。实施方案应包括时间进度、实施步骤、技术要求、验收方法等内容。 没有职业病防治计划的，扣 8 分；相关要素不全的，每缺 1 项扣 1 分。 没有职业病防治实施方案的，扣 8 分；相关要素不全的，每缺 1 项扣 1 分。 没有计划和实施方案评估报告的，扣 4 分；要素不全的，酌情扣分。 检查近三年企业年度职业病防治计划、实施方案、评估报告书面资料。	

续表

项目	内容	一票否决项	评分标准、要点及依据	得分
1 组织机构和规章制度建设 （190分）	1.7 建立、健全职业卫生管理制度	否	10分 职业病管理制度应涵盖职业病危害申报、建设项目职业病危害的评价、作业管理、防护设施管理、作业环境监测、个人职业病防护用品管理、职业健康监护管理、职业卫生培训、职业危害告知等方面。 每个职业卫生管理制度都应包括职责、机构、目标、内容、保障措施、评价方法等要素。 没有职业卫生管理制度的，扣10分；缺1项制度的，扣2分；每1项制度中缺1项要素的，扣1分。 检查职业卫生管理制度书面文件。	
	1.8 设置岗位操作规程	否	10分 无书面岗位操作规程或内容不包括职业卫生防护内容的，扣10分；涵盖面不全的，缺1个岗位扣1分。 检查职业性有害因素相关的作业岗位清单和书面的岗位操作规程。现场抽查10个职业危害严重的岗位加以验证。	
	1.9 建立、健全职业卫生档案	否	10分 职业卫生档案，应包括基本情况，工艺流程，所使用的材料清单，生产的产品、副产品、中间产品、有毒有害因素动态监测结果，职业健康监护结果，职业病病人清单，防护设施清单等内容。 查阅档案，缺一项内容扣1分。	
	1.10 建立、健全劳动者职业健康监护档案	否	10分 建立上岗前、在岗期间、离岗职业健康监护档案，分别为3分、4分、3分，不建不得分。 不规范的，扣1分；缺1人，扣1分。 职业健康监护档案情况按照劳动者名册进行核查。	
	1.11 建立、健全工作场所职业性有害因素监测及评价制度	否	10分 检测及评价制度应包括所检测的因素、检测点的分布以及应测点、实测点、点合格率和应测样品数、实测样品数、样品合格率、检测周期、委托的机构、经费保障等内容。 没有工作场所职业性有害因素检测及评价制度的，不得分；内容涵盖不全的，缺1项扣2分。 检查书面的工作场所职业性有害因素检测及评价制度文本。	
	1.12 确保职业病防治管理必要的经费投入	是	20分 职业病防治、管理经费纳入成本预算，包括人员、机构、预防和治理职业病危害、评价、防护设施配置与维护、个人职业病防护用品配置与维护、职业性有害因素检测与评价、职业健康监护、职业卫生培训、职业病病人诊断与管理、工伤保险等方面。	

续表

项目	内容	一票否决项	评分标准、要点及依据	得分
1 组织机构和规章制度建设 （190分）			没有将职业病防治、管理经费在财务列支的，终止评审。 项目不全的，缺 1 项扣 2 分。 检查生产经营财务报表、产值、利润、职业卫生投入的列支情况。可参考检查防护用品使用登记、防护设施配置、维护记录、健康监护记录、工作场所监测记录、职业病危害评价、职业卫生培训记录等。	
	1.13 依法参加工伤保险	是	10 分 若用人单位没有参加工伤保险，则终止评审。 对照劳动者名册，检查财务部门提供工伤保险缴纳凭证、工伤保险号或其他证明材料，缺 1 人扣 1 分。	
2 前期预防（90 分）	2.1 申报职业病危害项目	是	30 分 不申报或者未如实申报的，终止评审。 申报不及时的，扣 10 分；职业性有害因素申报不全的，缺 1 项扣 2 分。 检查申报档案以及申报回执。	
	2.2 建设项目职业病危害预评价	否	25 分 发现建设项目未进行预评价的，不得分；预评价由无资质单位承担的，扣 10 分。 检查建设项目的清单、建设项目立项批文、评价单位资质证明、职业病危害评价委托书、预评价报告和卫生部门的批准文件。	
	2.3 职业病危害严重的建设项目的防护设施设计和卫生审查	否	20 分 发现职业病危害严重的建设项目未经卫生审查或者防护设施设计不合格而施工的，扣 20 分。 检查建设项目清单，职业病危害预评价报告及卫生审核意见书，建设项目设计资料（含职业卫生篇章）卫生审查文件。	
	2.4 建设项目职业病危害控制效果评价和卫生验收	否	15 分 发现职业病危害的建设项目未经卫生行政部门验收或者验收不合格而投入运转的，扣 15 分。 检查建设项目的清单、建设项目立项批文、评价单位的资质证明、职业病危害控制效果评价报告书、卫生行政部门职业病防护设施竣工验收批文。	
3 材料和设备管理（95 分）	3.1 优先采用有利于职业病防治和保护劳动者健康的新技术、新工艺和新材料	是	20 分 使用国家明令禁止或淘汰使用的工艺、技术、材料的，终止评审。 先进的得满分，中等的得 10 分，落后的不得分。 按《促进产业结构调整暂行规定》和《产业结构调整指导目录（2005 年本）》，听汇报、检查由用人单位提供的资料并结合现场综合评估本用人单位的技术、工艺和材料的水平。	

续表

项目	内容	一票否决项	评分标准、要点及依据	得分
3 材料和设备管理（95分）	3.2 不生产、经营、进口和使用国家明令禁止使用的可能产生职业病危害的设备和材料	是	10分 若发现生产、经营、进口和使用国家明令禁止产生职业危害的设备和材料的，终止评审。 检查使用的原材料和设备台账，对照国家有关规定进行检查。	
	3.3 企业使用的主导原材料供应商应符合《中华人民共和国职业病防治法》要求	否	5分 缺1种主导原材料供应商的相关材料的，不得分。 检查承诺文件，主导原材料供应商的名单、资质，所提交产品的清单、合格证明文件、中文MSDS、有关毒性成分的检测报告以及其与用人单位的合同书。	
	3.4 对所采用的有危害的技术、工艺和材料不隐瞒其危害	是	10分 若发现对有危害的技术、工艺和材料未公示，或未进行职业卫生培训，或未采取合同方式告诉劳动者，或有其他证据证明其隐瞒的，终止评审。 检查所使用的技术、工艺和材料清单，对其危害性进行评估，并检查对这些危害是否进行公示，或者采取职业卫生培训、劳动合同等方式告诉劳动者，查告知栏、职业卫生培训档案、劳动合同文本。	
	3.5 可能产生职业病危害的设备应有中文说明书	否	10分 每发现1台设备缺少中文说明书或只有非中文语言的说明书的，扣1分；现场抽查5名劳动者，检查其是否了解中文说明书的相关内容，1人不了解的，扣1分。 检查设备台账、中文说明书，现场抽查。重点抽查产生严重职业病危害设备的说明书。	
	3.6 在可能产生职业病危害的设备的醒目位置设置警示标识和中文警示说明	否	10分 发现1台产生职业病危害的设备没有在醒目位置设置警示标识或中文警示说明的，扣5分；中文警示说明内容不完整的，缺1项扣1分。 依据设备台账抽查，现场查看。	
	3.7 使用、生产、经营可能产生职业病危害的化学品，应有中文说明书	否	10分 1种化学品缺乏中文说明书或只有非中文说明书的，扣1分；现场抽查5名劳动者，检查其是否了解中文说明书的相关内容，1人不了解的，扣1分。 检查化学品台账、中文说明书，现场抽查。	

续表

项目	内容	一票否决项	评分标准、要点及依据	得分
3 材料和设备管理（95分）	3.8 使用放射性同位素和含有放射性物质材料的，应有中文说明书	否	5 分 1 种放射性同位素、含放射性产品的材料和射线装置的，缺中文说明书或只有非中文说明书的，扣 1 分；现场抽查 5 名劳动者，检查其是否了解中文说明书的相关内容，1 人不了解的，扣 1 分。 检查放射性同位素和含有放射性物质材料台账、中文说明书，现场抽查。	
	3.9 不应将存在或可能产生职业病危害的作业转嫁给不具备职业病防护条件的单位和个人	否	5 分 发现用人单位将有职业病危害作业外包时，如没有外包合同或外包合同中没有关于职业卫生作业条件要求条款的，不得分；条款不完整的，酌情扣分。 检查外包项目、外包合同和承包单位的相关资质证明文件。	
	3.10 不得接受不具备防护条件的职业病危害的作业	否	5 分 没有承包合同或承包合同中没有关于职业卫生作业条件要求条款的，不得分；条款不完整的，酌情扣分。 检查承包项目、承包合同和单位的相关资质证明文件。	
	3.11 有毒物品的包装应有明显的警示标识和中文警示说明	否	5 分 发现 1 种有毒物品没有在醒目位置设置警示标识或中文警示说明的或只有非中文警示说明的，扣 2.5 分；中文警示说明内容不完整的，缺 1 项扣 1 分。 现场检查包装上的警示标识和中文警示说明。	
4 工作场所管理(100分)	4.1 职业性有害因素的强度或者浓度符合国家职业卫生标准	否	20 分 按《工作场所有害因素职业接触限值》（GBZ 2）的要求进行评估。1 个作业点中有 1 种有害因素不达标的，扣 5 分。 检查生产工艺流程图、职业性有害因素的布点及工作场所职业性有害因素检测结果报告单。	
	4.2 生产布局合理	否	10 分 防尘、防毒、防暑、防寒、防噪声与振动、防电离辐射、防工频超高电压场各算 1 项，达不到《工业企业设计卫生标准》（GBZ 1）中相应规定的要求，即为该项不符合。1 项不符合的，扣 2 分。 检查平面布置图、竖向布置图，现场查看，预评价报告和审批文件。	
	4.3 有害和无害作业分开	否	10 分 现场检查发现有毒作业未采取密闭化、管道化，或未将有毒作业局限在某个独立的操作间的，不得分；将有毒作业局限在某个独立的操作间，但未采取通风净化的方式将有毒气体排出的，扣 5 分。	

续表

项目	内容	一票否决项	评分标准、要点及依据	得分
4 工作场所管理(100分)	4.4 可能发生急性职业损伤的有毒、有害工作场所，设置报警装置	否	5分 没有配置报警装置的，或者报警装置不是经过国家质量监督检验合格的正规产品的，或者现场检查没有效果的，不得分。 检查报警装置配备档案，班前、定期检查、维修记录以及现场检查。	
	4.5 可能发生急性职业损伤的有毒、有害工作场所，配置现场急救用品	否	5分 没有配置现场急救用品的，或者不是经过国家质量监督检验合格的正规产品，或者现场检查没有效果的，不得分；没有在醒目位置设置警示标识的，扣2.5分；抽查5名相关劳动者，1人不会使用急救用品的，扣1分。 查阅急救用品配置档案，定期检查、维修记录，现场查看，对劳动者抽查。	
	4.6 可能发生急性职业损伤的有毒、有害工作场所，配置冲洗设备	否	5分 未配置冲洗设备的，或者现场检查没有效果的（如没有安全流动水），或者不能保证工人在发生事故后10s之内得到冲洗的，不得分。冲洗设备配置不全的，酌情扣分。 检查定期检查记录、维修记录，现场查看。	
	4.7 可能发生急性职业损伤的有毒、有害工作场所，配置应急撤离通道	否	5分 没有按要求设置应急通道的，不得分；应急通道不畅通的，或者没有在醒目位置设置应急通道警示标识的，或者没有应急照明设施的，扣2.5分。 现场查看应急通道设置。	
	4.8 可能发生急性职业损伤的有毒、有害工作场所，配置必要的泄险区	否	5分 没有按要求设置泄险区的，不得分；没有在醒目位置设置泄险区警示标识或无中文警示说明的，扣2.5分；中文警示说明内容不完整的，缺1项扣0.5分。 检查泄险区管理文件，现场查看。	
	4.9 放射工作场所和放射源储存场所设置警示标识	否	5分 放射工作场所和放射源储存场所设置射线警示标识。 应配置而未配置射线报警装置的，或者不是经过国家质量监督检验合格的正规产品的，或者现场检查没有效果的，不得分。 检查工业探伤（γ射线工业、X射线）报警装置（声光的或剂量的），亮灯或响铃等方式报警。检查报警装置配备档案、定期检查、维修记录，现场检查。	

续表

项目	内容	一票否决项	评分标准、要点及依据	得分
4 工作场所管理(100分)	4.10 核设施、辐照装置、放射治疗、工业探伤等使用强辐射源的工作场所设置安全连锁和超剂量报警装置	否	5 分 核设施、辐照装置、放射治疗、工业探伤等使用强辐射源的工作场所设置安全连锁和超剂量报警装置。 没有配置放射性同位素报警装置的，或者报警装置不是经过国家质量监督检验合格的正规产品的，或者现场检查没有效果的，不得分。 检查报警装置配备档案、定期检查、维修记录，现场检查。	
	4.11 有毒、有害工作场所，职业病危害事故现场警示标识的设置	否	10 分 按照 GBZ 158 使用指南和《高毒物品告知规范》设置。 一般情况，没有设置黄色区域警示线的，扣 5 分；虽设置了黄色区域警示线，但日久变模糊的，酌情扣分；高毒工作场所和事故现场没有设定红色警示线的，扣 5 分；虽设置了红色区域警示线，但日久变模糊的，酌情扣分。 对照有毒有害物质清单以及《高毒物品目录》，现场检查。	
	4.12 高毒作业应设置车间淋浴间	否	5 分 没有配备车间淋浴间的，或者没有安全的流动水的，不得分；淋浴器数量不足以满足从事高毒作业的人数的，扣 2.5 分。 对照有毒有害物质清单，按照《高毒物品目录》，结合高毒作业劳动者名册，现场检查。	
	4.13 高毒作业应设置更衣室	否	5 分 没有配备更衣室的，不得分；没有设置闭锁式衣柜的，扣 1 分。 对照有毒有害物质清单，按照《高毒物品目录》，现场检查。	
	4.14 高毒作业设置物品存放专用间	否	5 分 没有配置物品存放专用间的，不得分；没有在醒目位置设置警示标识的，扣 2.5 分。 对照有毒有害物质清单，按照《高毒物品目录》，现场查看。	
5 工作场所职业性有害因素监测（40 分）	5.1 专人负责职业性有害因素日常监测	否	10 分 没有设立专职或兼职人员负责职业性有害因素日常监测的，不得分。 检查工作场所管理制度或作业环境检测制度。 放射工作场所的工作人员佩戴个人剂量计。	

续表

项目	内容	一票否决项	评分标准、要点及依据	得分
5 工作场所职业性有害因素监测（40分）	5.2 按规定定期对工作场所职业性有害因素进行识别、检测、评价，提出整改措施	否	15 分 没有按规定进行识别、检测、评价、整改的，不得分；检测、评价委托没有取得相应资质的检测机构进行的，扣5分；检测方案不正确的，扣2.5分；无整改措施的，扣5分。 检查检测方案、职业性有害因素检测与评价委托书、检测结果报告单。	
	5.3 检测、评价结果存入用人单位职业卫生档案	否	10 分 没有将检测、评价结果存入的，不得分；存档资料不完全的，每缺1项扣2分。 检查职业卫生档案。	
	5.4 检测、评价结果定期向所在地卫生行政部门报告	否	5 分 未报告的，不得分；报告不真实的，扣2.5分。 与用人单位所在地的卫生行政部门进行核实，或者检查上报材料的复印件。	
6 履行告知义务(90分)	6.1 在醒目位置公布有关职业病防治的规章制度	否	10 分 没有在厂区醒目位置公布有关职业病防治的规章制度主要内容的，不得分。 现场检查公告栏。	
	6.2 签订劳动合同，并在合同中载明可能产生的职业病危害及其后果	否	10 分 现场抽查10个劳动者是否签订了劳动合同，合同中是否具有职业病危害的种类、危害程度及其后果告知的相关职业病防治条款，发现1人没有签订劳动合同或合同中缺乏相关职业病防治条款的，扣2分。	
	6.3 签订劳动合同，并在合同中载明职业病防护措施和待遇	否	10 分 对6.2中抽查的10个劳动者检查合同中是否载明职业病防护措施和待遇的相关条款，发现1人没有签订劳动合同或合同中未载明职业病防护措施和待遇的，扣2分。	
	6.4 在醒目位置公布操作规程	否	10 分 现场抽查10个岗位，检查用人单位是否在工作场所岗位的醒目位置公布操作规程，没有公布或用非中文语言公布的，缺1个岗位，扣2分。 重点抽查职业病危害严重的岗位。	
	6.5 在醒目位置公布急性职业病危害事故应急救援措施	否	10 分 现场抽查5个岗位，1个岗位没有公告本岗位应急救援措施或使用非中文语言的，扣2分；内容不规范的，扣1分。 重点抽查职业危害严重的岗位。	

续表

项目	内容	一票否决项	评分标准、要点及依据	得分
6 履行告知义务(90分)	6.6 工作场所职业性有害因素检测、评价结果告知	否	5 分 没有公告或刻意瞒告工作场所职业性有害因素检测及评价结果的，不得分；虽公告，但告知不规范或内容不全的，酌情扣分。 现场检查。重点检查职业危害严重的岗位。	
	6.7 告知劳动者职业健康检查结果	否	15 分 没有告知的，不得分；1 人没有告知的，扣 1 分。 检查劳动者职业健康监护档案，劳动者领取体检结果报告单的记录，现场抽查 5 名劳动者，了解体检情况。	
	6.8 企业对患职业病或职业禁忌证的劳动者应告知本人	否	20 分 没有告知的，不得分；1 例没告知的，扣 10 分。 检查劳动者职业健康监护档案、职业病诊断证明书、职业禁忌证患者名单、告知证明材料。对相关劳动者进行核查。	
7 防护设施和个人职业病防护用品(100分)	7.1 职业病防护设施配备齐全	否	10 分 1 个岗位未配备或配备不正确的，扣 2 分。 检查有毒有害物质清单和工艺流程图，现场检查。	
	7.2 职业病防护设施有效	否	15 分 1 台无效的，扣 3 分，没有达到以下任何 1 个方面要求的视为职业病防护设施无效：防护设施完好，运转正常，有定期运转维护检修记录。 现场进行抽查，少于 5 台的全部检查，多于 5 台的抽查 5 台。	
	7.3 职业病防护设施及其台账	否	5 分 没有台账的，扣 5 分；台账不齐全的，缺 1 台设备或 1 项内容，扣 1 分。 检查职业病危害防护设施台账。	
	7.4 制定个人职业病防护用品计划，并组织实施	否	5 分 没有计划的，扣 2 分；不组织实施的，不得分。 检查管理制度书面文件、个人职业病防护用品计划书面文件、工种台账、发放记录、督促使用检查记录。	
	7.5 按标准配备符合防治职业病要求的个人职业病防护用品	否	30 分 现场抽查 10 个岗位，每个岗位抽查 1 人，检查是否按标准配备防护用品，个人职业病防护用品是否合格，个人职业病防护用品是否有效，其中 1 人 1 项不合格扣 3 分。	
	7.6 建立个人职业病防护用品发放登记记录	否	5 分 没有记录的，不得分；记录不完整、不清楚的，扣 1 分。 检查个人职业病防护用品发放登记记录。	

续表

项目	内容	一票否决项	评分标准、要点及依据	得分
7 防护设施和个人职业病防护用品（100分）	7.7 及时维护、定期检测职业病防护设备	否	10 分 无维修记录或检测记录的，各扣 2.5 分；维修不及时或信息不畅通的，各扣 2.5 分；没有专人负责维修、定期检测的，扣 2.5 分。 检查维修记录、检测记录，现场询问劳动者。	
	7.8 及时维护、定期检测应急救援设施	否	10 分 无维修记录或检测记录的，各扣 2.5 分；维修不及时或信息不畅通的，各扣 2.5 分；没有专人负责维修、定期检测的，扣 2.5 分。 检查维修、检测记录，现场询问劳动者。	
	7.9 及时维护、定期检测个人职业病防护用品	否	10 分 无维修记录或检测记录的，各扣 2.5 分；维修不及时或信息不畅通的，各扣 2.5 分；没有专人负责维修、定期检测的，扣 2.5 分。 检查维修记录、检测记录，现场询问劳动者是否了解个人职业病防护用品的使用及维护、检测情况。	
8 职业健康监护（85分）	8.1 按规定组织上岗前的职业健康检查	否	5 分 没有对上岗前的劳动者职业健康检查作出相关规定的，扣 2.5 分；没有安排劳动者进行上岗前职业健康检查的，或者检查单位没有资质证明的，不得分；发现 1 名劳动者未进行上岗前职业健康检查的，或者上岗前体检不规范的，扣 1 分。 检查职业健康监护制度，新录用、变更工作岗位或工作内容的劳动者名册，上岗前劳动者职业健康监护档案，承担职业健康检查的医疗卫生机构资质证明。	
	8.2 按规定组织在岗期间的职业健康检查	否	10 分 没有对在岗期间的职业健康检查作出相关规定的，扣 2.5 分；每年没有安排劳动者进行在岗期间职业健康检查的，或者检查单位没有资质证明的，不得分；在岗期间体检不规范的，扣 2.5 分；现场抽查 10 名劳动者，了解其是否进行了在岗期间职业健康检查，发现 1 名未进行职业健康检查的，扣 2.5 分；需要进一步进行追踪观察而没有进行的，1 名扣 1 分。 检查职业健康监护制度，在岗劳动者名册，在岗劳动者职业健康监护档案，承担职业健康检查的医疗卫生机构资质证明，职业健康检查体检结果报告。	
	8.3 按规定组织离岗前的职业健康检查	否	5 分 用人单位未对离岗的职业健康检查作出相关规定的，扣 2.5 分；未安排劳动者进行离岗前职业健康检查的，或者检查单位没有资质证明的，不得分；发现 1 名劳动者未进行离岗前职业健康检查的，扣 1 分。	

续表

项目	内容	一票否决项	评分标准、要点及依据	得分
8 职业健康监护(85分)			检查职业健康监护制度，离岗劳动者名册，离岗劳动者职业健康监护档案，承担职业健康检查的医疗卫生机构资质证明，职业健康检查体检结果报告。	
	8.4 禁止有职业禁忌证的劳动者从事其所禁忌的作业	否	5 分 用人单位未对职业禁忌证处理做出相关规定的，扣 2.5 分；未对职业禁忌证劳动者进行追踪观察的，1 名扣 2.5 分；未对职业禁忌证处理作出记录的，1 名扣 1 分。 检查职业健康监护制度，职业健康监护档案，职业禁忌证名单，职业禁忌证处理记录档案。	
	8.5 调离并妥善安置有职业健康损害的劳动者	否	10 分 对有职业健康损害的劳动者未做出妥善处理规定的，扣 2.5 分；对已发生职业健康损害的劳动者未调离或未妥善安置的，发现 1 名扣 1 分。 检查职业健康监护制度，职业健康监护档案，调离记录，妥善安置记录。	
	8.6 未进行离岗前职业健康检查，不得解除或者终止劳动合同	否	10 分 劳动者离岗前，未做职业健康检查而被解除或终止劳动合同的，发现 1 名扣 1 分。 检查离岗劳动者名册，职业健康监护档案，职业健康检查报告，劳动合同。	
	8.7 建立符合要求的职业健康监护档案，并妥善保管	否	5 分 对职业健康监护档案的要求未做出相关规定的，扣 2.5 分；内容不全的，缺 1 项扣 1 分；没有指定专（兼）职人员负责保存的，扣 2.5 分；没有借阅登记或复印记录的，各扣 2.5 分。 检查职业健康监护制度，职业健康监护档案，借阅登记，复印记录。	
	8.8 如实、无偿为劳动者提供职业健康监护档案复印件	否	5 分 未对为劳动者提供职业健康监护档案复印件作出相关管理规定的，扣 2.5 分；离岗人员要求提供职业健康监护档案复印件而未能提供的，不得分；1 名劳动者投诉得不到职业健康监护档案复印件，经查实的，不得分。 检查职业健康监护制度，借阅登记，复印记录，投诉记录。	
	8.9 对遭受或可能遭受急性职业病危害的劳动者进行健康检查和医学观察	否	10 分 相关规定没有涵盖应急职业健康检查内容的，扣 5 分；没有对遭受或可能遭受急性职业病危害的劳动者进行应急职业健康检查或医学观察的，不得分。 检查职业健康监护制度，对照事故台账，检查事故档案和劳动者职业健康监护档案。	

续表

项目	内容	一票否决项	评分标准、要点及依据	得分
8 职业健康监护(85分)	8.10 禁止安排未成年工从事接触职业病危害的作业	否	5分 未对禁止安排未成年工从事接触职业病危害作业制定相关规定的，扣2.5分；现场抽查5名劳动者，发现安排未成年工从事接触职业病危害作业的，不得分。 检查劳动者名册，职业健康监护制度，现场抽查劳动者。	
	8.11 不安排孕期、哺乳期的女职工从事对本人和胎儿、婴儿有危害的作业	否	5分 未对禁止安排孕期、哺乳期女职工从事对本人和胎儿、婴儿有危害作业作出相关规定的，扣2.5分；对安排从事对本人和胎儿、婴儿有危害作业的，发现1名，不得分。 检查职业健康监护制度，检查女职工档案，询问女工委员或计划生育管理人员，现场核实。	
	8.12 禁止使用童工	是	5分 发现使用童工的，终止评审。 未对禁止使用童工作出相关规定的，扣2.5分。 检查职业健康监护制度，劳动者名册，询问劳动工资管理人员，现场随机抽查劳动者，检查其身份证。	
	8.13 对从事接触职业病危害作业的劳动者，给予适当岗位津贴	否	5分 没有写入劳动合同的或没有岗位津贴发放记录的，或不能提供其他证明材料的，不得分；现场抽查5名接触职业病危害的劳动者，1名没有发放岗位津贴的，不得分。 按照劳动者名册检查集体合同、劳动合同以及岗位津贴发放记录，抽查工资条。	
9 职业病危害事故的应急救援(40分)	9.1 建立、健全职业病危害事故应急救援预案	否	10分 职业病危害事故应急救援预案应明确责任人、组织机构、事故发生后的疏通线路、紧急集合点、技术方案、救援设施的维护和启动、医疗救护方案等内容。 没有预案的，不得分；内容不全的，缺1项扣2分。 检查用人单位职业病危害事故应急救援预案书面文件。	
	9.2 应急救援设施完好	否	20分 没有应急救援设施，或不是经过国家质量监督检验合格的正规产品的，或没有效果的，不得分；没有相应制度保证应急救援设施安全有效的，扣5分；没有在醒目位置设置警示标识的，扣5分；重点岗位抽查5名劳动者，1人不会使用相关的应急救援设施的扣1分。 检查应急救援设施档案，定期检查、维修记录，现场查看，对劳动者进行抽查询问。	
	9.3 定期演练职业病危害事故应急救援预案	否	10分 没有职业病危害事故应急救援预案演练计划的，扣5分；没有演练记录的，不得分；演练内容不全的，缺1项，扣2分。 检查演练计划、演练记录、演练评估报告或总结。	

续表

项目	内容	一票否决项	评分标准、要点及依据	得分
10 职业卫生培训(50分)	10.1 用人单位的法定代表人、管理者代表、管理人员应接受职业卫生培训	否	10 分 主要法定代表人、管理者代表、管理人员未接受培训的，不得分；法定代表人、管理者代表接受了培训，但是相关管理人员未接受培训的，扣 5 分。 检查政府行政管理部门职业病防治法律法规等的培训通知、培训内容、培训合格证或其他培训证明材料。	
	10.2 对上岗前的劳动者应进行职业卫生培训	否	20 分 未对劳动者进行上岗前培训的，不得分；培训的内容没有针对性的，扣 5 分；1 人未培训的，扣 1 分；没有人负责保管档案资料的，扣 2.5 分；现场抽查 5 名劳动者，发现 1 名没有掌握培训内容的，扣 2 分。 检查上岗前劳动者名册，培训档案，现场询问。	
	10.3 定期对在岗期间的劳动者进行职业卫生培训	否	20 分 未对劳动者进行在岗期间培训的，不得分；培训内容没有针对性的，扣 5 分；1 人未培训的，扣 1 分；没有人负责保管档案资料的，扣 2.5 分；现场抽查 5 名劳动者，1 名没有掌握培训内容的，扣 2 分。 检查在岗劳动者名册，培训档案，现场询问。	
11 职业病诊断与病人保障(50 分)	11.1 及时向卫生行政部门报告职业病病人	否	5 分 对照职业病病人名单，与当地卫生行政部门或所在地职业病诊断机构核对，名单不符的，不得分。	
	11.2 及时向卫生行政部门报告疑似职业病病人	否	5 分 对照疑似职业病病人名单，与当地卫生行政部门或所在地职业病诊断机构核对，名单不符的，不得分。	
	11.3 向所在地劳动保障部门报告职业病病人	否	5 分 对照职业病病人名单，与所在地劳动保障部门核对，名单不符的，不得分。	
	11.4 积极安排劳动者进行职业病诊断、鉴定	否	10 分 有投诉记录的，不得分；无投诉记录的，现场询问 5 名职业病危害严重的重点岗位的劳动者，是否有正当理由向用人单位提出职业病诊断、鉴定的申请而被用人单位无理拒绝的，经查实，不得分。	
	11.5 安排疑似职业病病人进行职业病诊断	否	5 分 对照职业健康检查结果报告单或职业健康监护档案，追踪疑似职业病病人是否被安排进行职业病诊断，经查实没有安排的，不得分。	

续表

项目	内容	一票否决项	评分标准、要点及依据	得分
11 职业病诊断与病人保障（50分）	11.6 安排职业病病人进行治疗、定期检查、康复	否	5分 对照职业病病人名单、职业病病人诊断病例档案检查职业病病人治疗、定期检查、康复记录，1项未安排，扣5分。	
	11.7 调离和妥善安置职业病病人	否	10分 对照职业病病人名单检查职业病病人调离书面证明，并进行现场核查，没有按规定要求调离的，扣5分；没有妥善安置，扣5分。	
	11.8 如实提供职业病诊断、鉴定所需要的资料	否	5分 通过询问当事人，查询当地职业病诊断机构，证实用人单位不提供或不如实提供的，不得分。	
12 群众监督（70分）	12.1 建立工会组织	是	20分 没有建立工会组织的，发现违法干扰工会工作、解除工会干部劳动合同、罢免工会干部、对工会干部维护劳动者合法权益进行打击报复的，终止评审。 依据《中华人民共和国工会法》、《中国工会章程》建立工会组织。 没有按照有关规定配备工会主席和工会干部，不得分；未经工会组织同意调动工会干部工作的，扣10分。 向职工核实所在企业是否有工会组织，并核查上级工会批准工会基层委员会选举结果的文件、会员大会或者会员代表大会相关文件。 检查工会组织机构设置和人员编制文件，检查工会会议记录和工作文件。与工会干部和劳动者谈话。	
	12.2 设立工会劳动保护监督检查网络	否	10分 按照《工会劳动保护监督检查员工作条例》、《基层工会劳动保护监督检查委员会工作条例》、《工会小组劳动保护检查员工作条例》要求建立工会劳动保护监督检查网络，并开展群众性劳动保护监督检查工作。 未按工会劳动保护监督检查“三个条例”的要求建立工会劳动保护监督检查网络的，或者未开展相关工作的，不得分；抽查5名职工，了解其企业及所属分厂（车间）工会劳动保护监督检查委员会（或工会劳动保护监督检查小组）的组建及工作情况，缺1项扣5分；抽查5名职工，了解工会小组劳动保护检查员设置及工作情况，缺1项扣5分。 检查工会工作记录和工会劳动保护监督检查委员会活动记录，抽查工会小组劳动保护检查员工作记录。	

续表

项目	内容	一票否决项	评分标准、要点及依据	得分
12 群众监督（70 分）	12. 3 开展群众性劳动保护监督检查活动	否	15 分 工会和职工代表监督本单位贯彻执行国家劳动安全卫生法律法规，监督落实安全生产责任制和规章制度。对违反国家法律法规、不符合劳动安全卫生标准规定的问题，提出整改意见；问题严重的，送达《限期解决问题通知书》或《隐患整改建议书》；对拒不整改的，要求政府有关部门采取强制性措施。 工会应监督检查新建、改建、扩建和技术改造工程项目的劳动安全卫生设施与主体工程同时设计、同时施工、同时投产使用。 工会应组织劳动安全卫生检查，组织职工代表对劳动安全卫生工作进行督查。对事故隐患和职业危害作业点建立档案，监督整改和治理，并督促企事业防范事故和职业危害。 工会应坚决制止违章指挥、违章操作和强令冒险作业。在危及职工生命安全的紧急情况时，要求用人单位立即从危险区内撤出作业人员，同时支持或组织职工采取必要的避险措施并立即报告。 工会应宣传国家劳动安全卫生法律法规、政策及企事业的规章制度，提高劳动者的安全维权意识和技能。 用人单位自觉接受工会和职工代表的监督检查，改善劳动安全卫生工作。 用人单位的新建、改建、扩建和技术改造工程项目的劳动安全卫生设施与主体工程同时设计、同时施工、同时投产使用，应按照工程管理权限，依法通知本单位工会和报请上级工会组织进行“三同时”审查验收。 用人单位严重违法违规，而工会和职工代表没有履行监督职责的，不得分；用人单位有违规情况，工会和职工代表监督不力的，酌情扣分；工会没有对新建、改建、扩建和技术改造工程项目进行“三同时”审查验收的，不得分；工会没有组织和参加安全检查的，不得分；没有对事故隐患和职业危害作业点建立档案、跟踪监督整改的，扣 10 分；建档不齐全完整的，每一个重大危害源点扣 5 分；用人单位存在严重违章指挥、违章操作和强令冒险作业，工会没有发现制止的，不得分；有违章指挥、违章操作而工会没有制止的，每一起扣 5 分；发生危及职工生命安全的紧急情况时，在场工会劳动保护工作人员没有提出要求采取紧急措施的，不得分；没有开展工会宣教工作的，扣 5 分，效果不好的酌情扣分；没有对劳动者就其代表提出的紧急情况处置措施做出及时反应的，不得分；没有认真听取研究劳动者及其代表提出的重大要求，改善劳动安全卫生工作的，每项扣 10 分，整改不力的每项扣 5 分。	

续表

项目	内容	一票否决项	评分标准、要点及依据	得分
12 群众监督（70分）			检查工会开展群众性职业卫生监督检查活动的档案或记录，抽查5名职工，了解企业工会和劳动保护监督检查委员会组织职工开展相关活动的情况；检查工会劳动保护工作文件、记录和上级工会组织“三同时”审查验收记录，抽查5名职工了解相关工作情况；检查工会宣教工作文件、记录，抽查5名职工了解掌握相关知识情况；查阅用人单位劳动安全卫生文件和主管部门工作记录，检查用人单位对劳动者及其代表提出的意见、建议和要求的接收处理情况；检查用人单位基建工程、技改技措项目清单和“三同时”审查验收申报表。	
	12.4 民主管理、民主监督	否	10分 用人单位应建立职工代表大会制度，工会和职工代表大会应认真维护劳动者生命安全和身体健康权利。劳动安全卫生工作必须列入职工代表大会，应认真审议职工代表大会议程，必须列入“民主评议、厂务公开”的内容。 用人单位法定代表人定期向职工代表大会所作的工作报告必须有劳动安全卫生内容，职工代表大会就批准与否进行表决。 用人单位的有关劳动安全卫生的方针、规划、计划、重大技改技措、职工培训、预决算等重大方案应提交职工代表大会审议，并由职工代表大会做出是否批准的决议。 用人单位的劳动保护措施和相关的重要规章制度应经职工代表大会审议通过。 工会组织职工代表视察、督查企业劳动安全卫生工作情况，认真行使民主监督。 职工代表就劳动安全卫生的问题提出质询，用人单位必须予以郑重的答复。 用人单位应认真听取劳动者对劳动安全卫生工作的意见、建议和要求，积极解决劳动安全卫生方面存在的问题，改善劳动条件和作业环境。 没建立职工代表大会制度的，不得分；没有开展劳动安全卫生工作的，不得分；法定代表人的工作报告没有劳动安全卫生内容或内容失实的和职代会没有审议表决结果的，不得分；报告内容不准确、不完整的酌情扣分；重大方案未提交职代会审议的和职代会没有审议表决结果的，不得分；方案内容存在严重缺陷的，酌情扣分；劳动保护措施和相关规章制度都未经职代会审议通过的，不得分；单项未经审议的，每一项扣2分；没有组织视察、督查活动的，扣5分；用人单位对职工代表提出的质询不予答复和答复草率的不得分，答复不准确的酌情扣分；对漠视劳动者提出的重大意见、建议和要求的扣5分，解决不力的酌情扣分。	

续表

项目	内容	一票否决项	评分标准、要点及依据	得分
12 群众监督 （70 分）			查阅该单位职工代表大会工作规定、会议文件和“民主评议、厂务公开”有关规定；查阅用人单位法定代表人的工作报告和职代会审议决议；查阅相关文件和职代会审议决议，抽查 5 名职工代表和普通职工，了解职代会工作情况。	
	12.5 平等协商，签订集体合同	否	15 分 用人单位与工会建立劳动安全卫生平等协商机制，按照“平等协商、协调一致”的原则，建立规范的工作秩序；按平等协商例会制度和议事规则，商讨劳动安全卫生的重大问题，合作改善劳动条件和作业环境。 用人单位和工会或劳动者代表应依法经过平等协商，签订集体合同。所签订的综合性集体合同必须有劳动安全卫生条款，或者双方签订劳动安全卫生专项集体合同，合同文本应有控制指标和技术、防护措施的明确具体规定。签订的集体合同文本应履行过法定批准程序，已经生效。 用人单位和劳动者应遵守集体合同，履行合同条款规定责任、义务和事项。双方应就合同履约情况进行检查，及时发现和纠正违约现象。 工会依据《中华人民共和国劳动法》“依法签订的集体合同对企业和企业全体职工具有约束力。职工个人与企业订立的劳动合同中劳动条件和劳动报酬等标准不得低于集体合同”的规定，指导劳动者根据《中华人民共和国职业病防治法》签订劳动合同，帮助劳动者维护合法权益。 没有建立平等协商机制的，不得分；没有建立规范工作秩序的，扣 10 分；例会制度和议事规则执行有缺陷的，酌情扣分；没有签订集体合同的，或者集体合同订立程序不合法的，或集体合同中没有专项职业安全卫生条款，或没有制定职业安全卫生专项的集体合同，不得分；条款没有明确具体规定的扣 10 分，不完善的酌情扣分；没有履行集体合同重要条款规定内容的，不得分；履约情况不好的，缺 1 项扣 2 分；劳动合同中没有法定用人单位告知条款、没有规定危害治理措施、没有明确规定接触极限指标、没有规定劳动者待遇的，不得分。 查阅相关文件和协商会议记录，抽查 5 名职工，了解平等协商情况；向职工代表、工会干部和用人单位人员核实集体合同签订程序；检查集体合同文本；查阅集体合同文本，检查职代会记录、工会工作记录、平等协商的会议纪要，抽查职工，了解集体合同履约情况；抽查用人单位有毒有害岗位的劳动合同，抽查 5 名职工谈话。	
合计得分 （总分1000分）				

四、国际基本职业卫生服务工具包

（一）工作场所风险评估

1. 概述

基本职业卫生服务（Basic Occupational Health Service，BOHS）的目标是预防、控制和管理工作场所所产生的或存在的有害因素及有害条件危及劳动者的健康安全的风险。有害因素是指工作中或工作场所所产生的或存在的、可危及接触者健康的因素或条件。风险是指发生不良健康影响的可能性及其后果。风险评估是指识别、评价对劳动者产生健康影响的可能性和严重程度，并将风险划分出等级，以决定控制和管理的优先顺序。

进行风险评估主要原因是：①建立风险意识；②识别风险源；③识别处于风险中的劳动者；④评估不良健康影响的严重程度及其波及范围；⑤指导职业卫生服务措施的制定；⑥以预防、管理和控制措施为目标；⑦将各种风险纳入统筹考虑并将风险划分出等级，以决定控制和管理的优先顺序；⑧工作条件发生重大变化时，比如引入了新机器、新技术、新材料或工作方法。

风险评估可作为 BOHS 其他几个行动的组成部分加以执行，比如工作环境监测、劳动者健康监护（参见职业健康监护指南），也可作为单独行动以获得工作场所可能涉及的所有风险的概况。作为 BOHS 的独立活动，本指南描述了风险评估的一般过程。

2. 风险评估过程

工作场所风险评估需要熟悉劳动者所在的行业（如农业或制造业）、工作过程和方法、典型职业危害和相关风险以及被评估者。

风险评估采用分步的方法，要与风险管理联合使用。

典型的风险评估 - 风险管理 - 风险评估过程包括以下步骤：识别风险、识别接触的劳动者、评估风险强度、严重程度和危害范围，识别易感人群或个人。

风险管理包括评估管理和控制的可能性，采取管理和控制措施的建议及评估行动，管理和控制措施有效性及其影响，见图 1.5。

（1）识别有害因素及其他不良工作条件

尽量收集工作场所所涉及的职业性有害因素，包括：①部门的典型职业性有害因素；②工作场所所具有的典型职业性有害因素；③既往发病和事故数据；④物质安全数据清单（MSDS）和事故早期调查与核查；⑤与经理、劳动者、雇主的安全代表、工长、管理员、官方和专家进行访谈；⑥可能的卫生学措施；⑦来自官方、外部服务以及周边的信息。

（2）开展系统调查

对工作场所进行巡检，仔细检查整个生产流程和工作过程。调查时最好有职业卫生专家、劳动者代表、企业安全卫生代表，如果需要还可请职业卫生安全监督员参加。观察生产的关键过程，后勤保障服务以及分包（或承包）商的工作和活动。识别有风险的生产过程、操作，意外事故风险，物理性有害因素，所使用的化学物质，工作环境的有害因素。识别出面临最大风险的劳动者、脆弱人群及其工作条件。

（3）与管理者、监督员和劳动者进行访谈

将工作性质、工作过程、所使用的工具和工作场所存在的职业性有害因素及其风险等信息充分告知工作场所的管理者和劳动者。同时，他们也能提供重要的卫生信息、事故信息以及近期发生的尚未报告的事故信息，并将上述信息文件化。此外，也要运用自己的能力、经验和观察识别出哪些劳动者对其每天工作场所的

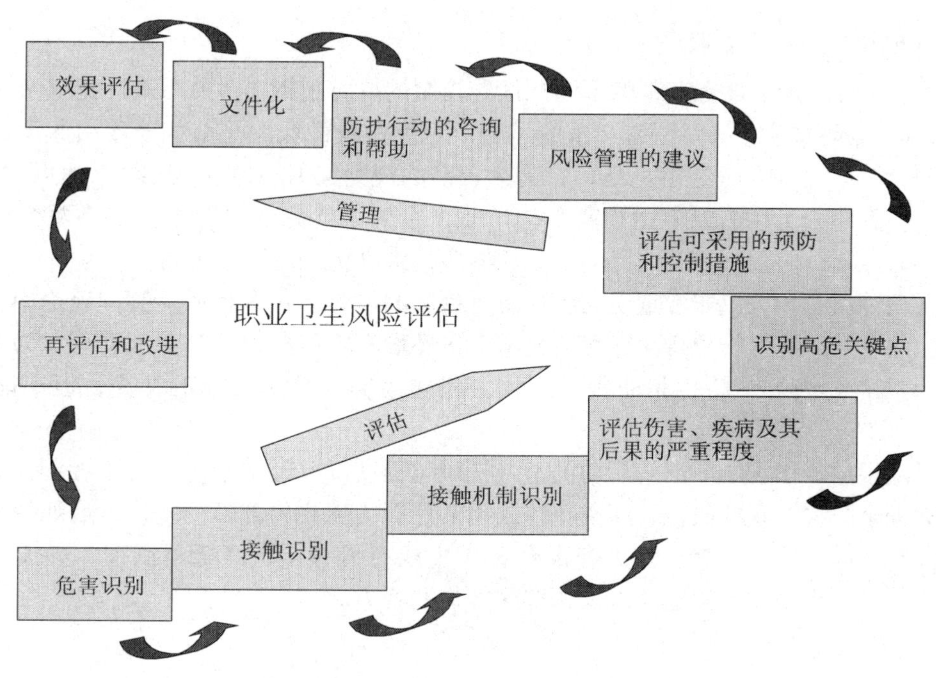

图 1.5　风险评估和风险管理循环图

风险一无所知。

（4）劳动者职业健康监护数据的使用

在对劳动者个体职业健康数据保密的前提下，充分利用劳动者职业健康监护结果以及与劳动者进行访谈和健康检查的信息。结合这些健康检查结果数据和工作环境监测数据，可获得风险特征。如果没有获得保密健康资料的授权，为了不违反个人隐私保护规定，授权人可以提供群体健康概述性信息。

（5）风险特征

识别出接触特定职业性有害因素的典型健康影响。根据所掌握的典型职业接触的知识，观察危害源。系统检查所有主要职业性有害因素：物理性、化学性、热学、人类工效学、电、机械性、生物性、社会性、生理性及心理性等。如有可能，将所观察到的情况与既往的评估记录进行比较。识别出对被低估的人群可能产生的健康影响。根据工作场所接触情况及其对伤害、疾病、超负荷或心理负担方面的不良健康影响，得出风险特征的类型、强度及严重程度的结论。

（6）全面风险评估

将此次风险评估结果与职业卫生安全权威机构发布的官方职业卫生标准相比较。如果能获得以往数据，可进行趋势性观察，与同类行业的典型职业危害发现进行比较，如果不能获得行业数据，可与已掌握其他信息的工作场所进行比较，认真考虑劳动者及其代表和企业的观点，分析多种职业性有害因素和混合接触可能造成的健康影响。不要忽略辅助工作的职业健康风险，如清洁、内部运输、临时性、转包以及其他“非正规经济组织”劳动者。确认威胁劳动者健康、安全和工作能力的最主要风险，以实现对工作场所作业和生产的流畅管理。结合工作场所职业性有害因素监测、劳动者健康监护和与车间代表、接触风险的劳动者的访谈资料等各方面的综合数据和信息，以及事故和疾病记录数据，完成对风险最大的风险源、风险活动和劳动者的全面评估，并对风险的特征和类型进行详细描述。这些描述应文件化，并作为风险管理和识别控制计划的基础文件。

3. 确定预防和管理行动的优先顺序

风险的偶然性、强度、严重度等有很大不同。优先控制的风险是指那些分布最广泛（大多数或所有劳动者接触）、强度最高、最可能发生、后果最严重的风险，而优先级最低的是那些既不引起严重后果、分布也不广泛的、轻微的、罕见的风险（见彩插表1）。有效预防的规则如下："重中之重"，也即"优先"。尽管有些有害因素只涉及一少部分劳动者，但由于其最为严重，也要最优先加以解决。如果两个风险严重程度一样，其中之一更容易控制，而且所涉及的劳动者人数更多，则其优先级别也更高。

在制定管理行动计划时，也应非常重视初级预防所控制的风险。在现代风险管理理论中，所采取的优先控制策略是结构化的、有组织的管理行动，直接面向工作环境和工作条件的改善和管理。为劳动者配备个人防护用品、改善劳动者行为的策略也是非常重要的，应作为初级预防行动的补充，但不能代替初级预防行动。

优先控制的风险根据工作场所广泛的活动类型、机械化程度以及经济水平而各不相同。需要优先控制典型例子主要有：无安全防护装置的机械、高空坠落或地面滑倒、尖锐的部件切割伤，或如使用未加保护的圆锯，接触高浓度高毒气体、蒸气、烟、无机有毒金属粉尘或有机粉尘、高毒杀虫剂，火灾和爆炸危险，电击，搬运或提举重物，高频率的重复运动以及顾客或客户的暴力。

4. 风险管理能力的评估

企业对工作场所风险度管理能力可有很大不同。一些企业能相对独立开展风险管理工作，而另一些则需要外部咨询和技术支撑。企业工作场所的安全卫生现状可作为反映工作场所风险管理能力的最好指标，也就是说没有考虑到存在于工作场所的严重风险正表明了风险管理和控制能力的欠缺。通常，企业风险管理能力低下的主要原因是劳动者和管理者的风险意识薄弱，这要远比资源缺乏更为重要。在资源缺乏的情况下，并不是所有的问题都能被立即解决，应优先控制最严重的风险。

通常，经济利益驱动被认为是阻碍风险管理的瓶颈。然而，有更多的事例表明企业通过损失控制和确保生产顺畅来预防事故和职业病，促进了产值的提高。对企业风险管理的一项短期调查显示，企业风险管理对劳动者健康和生产效率可产生长期的收益。通过有效的风险管理和风险控制的演练，评估工作场所的风险管理能力及其准备情况。如发现薄弱环节，应提出改进建议以提高风险管理和控制能力。

5. 风险管理的告知和咨询

采取风险管理行动是雇主和劳动者安全代表的职责。为了履行他们的职责，风险评估者应告知工作场所相关人员该工作场所的风险、风险管理需求及方法。最好组织会议与工作场所的相关人员分享这些信息。风险告知和对风险预防和管理提出建议同等重要。

小企业和个体工商户在风险识别和管理方面特别需要专家的帮助和咨询，这些咨询通过示范实践行动才能更好地被小企业和个人工商户业主理解和采纳。

尊重工作场所所涉及的所有参与者，所提出的咨询意见或建议要通俗易懂，尽量避免专业术语和复杂表述。

6. 文件化和定期评估

对风险评估结果、提出的信息和忠告、建议采取的行动以及行动执行的全程，进行系统的文件化管理是非常重要的。

一段时间后（根据严重程度，几个月或一年），要评估风险管理行动所产生的影响、提出必要的纠错意见并给出采取正确行动的建议。

常规评估定期进行，其周期不要超过一年。也应定期开展工作环境监测和劳动者健康监护（根据风险的严重程度和可能性确定周期）。风险评估的数据来源见表 1.3。

表 1.3　风险评估的数据来源

来源	信息类型	在风险评估中的运用
工作环境监测	巡检观察、卫生学、人类工效学以及其他措施和分析	提供最可靠的基础数据
劳动者健康监护数据	从岗前体检、定期体检、专项体检结果及健康访谈结果获取	提供工作场所所接触的职业性有害因素引起的早期不良健康影响或与工作条件相关的可诊断的疾病的数据。也可提供劳动者与工作有关的任何疾病的数据
职业伤害和职业病的统计分析	伤害和疾病报告登记数据	提供法定的伤害和疾病的数据。该数据可能受未诊断或未报告情况的干扰
对劳动者和企业进行访谈及问卷调查	收集工作条件及其对健康的影响结果的数据	提供目标人群经验的数据，通常包括工作和健康方面的定量和定性信息。评估劳动者对工作负担的压力、恐惧、不安全感等主观感受，仅能依据此类数据
不同公司、分支机构和工会对工作条件的报告	所谓的社会责任报告更加普遍，可从公司或不同经济水平部门层面提供的各方面的健康和安全信息	数据可用于推断那些条件相似但又没有数据的企业和工作场所的接触情况和其他条件
研究报告和公开出版物	大多是只限于具体假设、某劳动者接触人群，工作接触情况或工作其他方面的研究报告	提供有害因素分布、危害后果的分布、职业性有害因素作用机制以及被认为是危害的接触水平
职业接触限值和其他标准	获取不同国家 40 ~ 700 种不同接触和风险因素职业接触限值。 国际化学品安全卡（IPCS）。 http：//www. cdc. gov/niosh/ipcs/icstart. html	提供官方认可的危害信息，可接受的接触水平及对劳动者健康的影响。帮助风险管理人员定义不可接受的、造成劳动者健康风险的接触水平

7. 从评估到行动

风险评估为风险管理和控制所应采取的行动提供信息。企业要履行职责确保行动到位。风险管理行动表（见表 1.4）可有助于按计划采取适宜行动，也可作为追踪行动实施的工具。风险评估和管理的咨询专家也可按此表格式提出他们的风险管理和控制的咨询意见，并作为资料保存。

表 1.4　风险管理行动表

职业性有害因素状况 发生地点或任务	风险的优先 等级	需采取的行动	责任人	截止日期/ 预定日期	追踪

（二）工作环境监测

1. 概述

准备和改善职业卫生服务活动的首要步骤之一是对工作环境进行监测。开展工作环境监测最简单的方法是对工作场所进行巡检，并根据结构化的检查表对其进行系统观察，根据观察的结果提出所存在的主要职业性有害因素、工作负担以及需要修正或改进的问题，并帮助决定应急需采取的和优先采取的职业卫生纠错措施和管理行动。对工作场所进行重复巡检时，应提供首次巡检后所采取纠错和管理行动效果的信息。雇主和员工或其代表应经常参加工作环境巡检活动，对所发现的所有安全缺陷，应当立即与工作场所的代表们进行讨论，以便有效实施改进行动。本指南不是为健康安全监督制定，而是为职业卫生服务的提供者制定。

书面记录工作场所的类型和规模，如农业、采矿业、建筑业、制造业和服务业；还必须提供企业类型的信息，如民营的、公有的（如地方所有或国有）、合作经营的、农民个体户或家庭作坊式。因为应针对不同企业类型而采取不同的管理方式。

描述工人的数量和性别分布；计算未成年工人和老年工人的数量。对工人的其他观察，如残疾、文盲等，可提供有价值的信息，因为这些信息有助于评估工人的特殊需求和工人自身能力对健康和安全的影响。

用表 1.5 对工作环境中的有害因素和问题进行识别是风险评估和风险管理的基础，评价每个有害因素和问题是否符合现行法规、标准以及良好操作规程指南，判断该状况是正确的还是不可接受的；用表 1.7 评价风险的严重程度。要计算接触待定有害因素的工人数量，因为这会影响管理行动的类型（如个体防护或配备防护设施防护）。彩插表 2 指明了所需要采取的行动及其紧迫性。

对书面记录仔细评估，并与雇主代表和工人代表或个体业主讨论评估结果。将此记录复印给业主和工人代表以备将来之需，并建议他们存档保存。

2. 车间、机器和工作环境

查看车间的整体设计、每位工人可利用的空间以及在这个空间中的劳动组织；查看工作场所的秩序和清洁程度；查看地面、过道和台面。检查工具在不使用时的保存方式（在特定地点做标记）以及原材料、零部件和多余材料的处理方法。

几乎所有的工作场所都要使用机械和设备，在工业部门的工作场所特别会使用到几类机械、动力工具或动力机械，如拖拉机。对于机械安全有专门的指南，但使用观察法能得到一个整体印象。检查机械的转动部件如轮、传送带、冲压、钻头等机械安全保护装置。观察是否已密闭或已采取适宜的措施预防接近危险的转动部件。检查紧急停止装置是否完好。检查工具及其材料损耗和防护配件的情况。特别要注意废弃物的处理，包括废弃物专用容器和废弃物处理操作规程以及有害废弃物的处理和清理。

3. 物理性有害因素

在表 1.6 上记录好工作是在室内还是在室外进行的，因为天气、户外、日光等对工作条件有较大影响。根据所掌握的相关领域中典型职业接触的知识，观察危害源，如噪声、振动、照明情况、空气质量、热学条件以及射线。将所观察到的与所了解的标准要求水平相比较。例如，如果在很短距离内都不能与操作者谈话，则可判定噪声水平超过标准［85dB（A）］。观察窗户是否足够洁净，能使日光进入室内。对于那些要求视觉敏感度很高，但却只在一般照明下完成的室内工作，查看是否需要局部照明。查看是否通过用局部通风代替全面通风或自然通风，以从源头控制废弃物的蒸气和粉尘。对热学条件也作类似的观察，查看是否有热应激、日晒和射线的风险。观察个人防护用品如耳塞或耳套的使用情况。

4. 化学性和生物性有害因素

观察工作场所所使用的化学物质的种类及其使用。索要所使用化学品的清单及其化学物质安全数据说明书（material safety data sheet，MSDS），观察化学品的储存、处理和清理，评估如何保护工人，特别要查看蒸气、烟、雾、尘和矽尘颗粒物及石棉纤维的来源。对可能存在的生物性有害因素进行评估，特别关注致癌及致敏物质。粗略评估有害因素浓度与相关的健康风险水平。如果在车间闻到溶剂的味道，并且该浓度使人感到不适，或者对眼睛或鼻子有刺激，则其浓度可能太高了。如果感到太冷或太热，应做好记录。检查在热环境中工作是否可随时得到饮用水。检查者根据自己是否能在此照度水平下从事工作以及是否可以通过擦窗或增加窗户和灯来改善照明，检查照明是否充足。检查通风系统是否正常运行，其过滤器是否未被细菌、真菌和霉菌污染（定期清洁）。观察是否使用了适宜的个人防护用品，如围裙、防护靴和呼吸器。

5. 人类工效学

观察工作整体组织方式，查看运行是否通畅和安全；是否有不必要的生理和心理负担；工作地点是否适宜于下列各项内容：工人数量、可用空间、工作台和凳子的高度、劳动姿势、重体力作业、静态作业负荷和强迫体位、重复性运动及其速度和持续时间、工作的节奏和休息、工作是以机械为主导还是以人为主导、材料的处理以及重物的提举和搬动。如果工人手工搬运和提举的重物超过25kg，则表明重量太大，需要两人共同提举或使用辅助设施。

6. 地面、楼梯、过道和脚手架

观察车间的整体设计，过道的设计和尺寸，自由活动的可能障碍，地面的质量（如地面是否易导致滑倒），是否对可能的坑洞或台阶设置标识，有害作业点的警示标识和动力机械如拖拉机的行走路线，楼梯的质量和设计，楼梯所用的材料以及梯子的状况及稳定性，过道和楼梯的照明以及出口和大门的安全。检查是否将不必要的材料、电缆、储存的包装和废料等从过道和走廊上移走。观察油或其他液体是否可能导致滑倒。检查材料的运送要道是否与人的通道分开。

7. 电气安全

观察工作场所整体的电路结构。观察工作区域中或其附近可能裸露的电线。查看配电箱、电动机器和电动工具及其一般情况和寿命，开关、接触式开关、电线、插头和可能的损坏。仔细检查每台机械和工具的电气保险。如需要，核查每台机械和工具的接地情况以及保险丝电流是否正确。

8. 个人防护用品

根据前面观察，决定是否需要给特定职业接触的工人配备个人防护用品。检查工人能否获得个人防护用品以及个人防护用品状况和卫生情况。根据专门的指南选择手套和呼吸防护器滤料。检查所提供的个人防护用品是否有效（无效的个人防护用品可造成错误的安全感）。观察是否每个需要个人防护用品的工人都在正确使用，个人防护用品是否定期更新。

9. 火灾安全和主要的有害因素

检查潜在的火源、明火、挥发性物质、易燃和易爆材料、产热的生产过程和燃烧着的材料及其数量（即火灾负荷）。观察在火灾危险区域的禁烟情况及遵守情况。检查灭火设备，如洒水器、喷嘴、干粉灭火器等。检查逃生路线的位置和数量及其是否通畅。

对主要有害因素的风险及其性质（火灾的、化学的和气体的等）进行全面分析。检查是否有针对风险的适宜的应急预案，相关应急准备措施是否就位。评估主要的潜在危害发生的可能性及其程度。

10. 急救和准备

检查是否有足够数量的劳动者接受了急救方面的充分培训。根据专用检查表，观察是否设置急救箱，急救箱的内容、担架、喷雾器和其他材料是否符合要求。检查是否与消防队、急救组织建立联系，一旦发生事故能及时呼叫救护车和紧急医疗服务，并能快速得到帮助。

11. 餐厅、卫生和社会福利设施

观察这些服务的获取和可及性，它们的服务能力、整体的卫生和清洁情况是否与工人的数量相匹配。当工人需要时，这些设施是否能保护隐私并随时可用。检查这些设施是否促进了良好的个人卫生，特别是保护劳动者免受职业性有害因素的污染。检查食品安全措施和饮用水的安全和质量。评估卫生设施对环境的影响。

12. 结论

根据这些环境监测结果可对工作场所职业卫生安全水平进行全面评估，根据评估结论对工作场所中任何关键的危害进行讨论，如需要，应在工作场所安排专人负责控制和管理，对优先和迫切需要解决的问题加以落实。

根据持续改进的原则和工作场所的动态变化，有计划地对工作环境定期进行调查、评估和持续改进。

表 1.5　工作环境监测检查表

公司名称：	行业		工人	数量
部门：	企业类型		男性	
调查员：	民营		女性	
参与调查人员：	公有		未成年工	
	合作经营		老年工人	
	家庭农场			
	家庭作坊		总数	
有害因素、风险或问题	被检查的工作地点/工作任务	被检查的人群/个体	有害因素有/无	危害和风险的严重程度/所需的行动/评论
车间、机器和工作环境				
车间：清洁程度，秩序				
机械安全：安全保护装置，控制设施，紧急控制设施，放置位置				
手工、电动工具，手动操作，负重，个人防护用品				
工具：放置位置、查找和存取是否方便、清洁度				
地面和平台、过道：清洁程度，防滑性，秩序				
废弃物专用容器，废弃物处理				
物理性有害因素				
室内工作/室外工作				
连续性噪声，脉冲噪声				
局部振动，全身振动				
工作地点的局部照明，一般照明				
空气质量：通风，换气				
热学条件：热，冷，湿度，致热或致冷物体				

续表

有害因素、风险或问题	被检查的工作地点/工作任务	被检查的人群/个体	有害因素有/无	危害和风险的严重程度/所需的行动/评论
电离辐射 非电离辐射：亚射频辐射，射频辐射，微波，紫外辐射，激光，红外辐射				
化学性和生物性有害因素				
化学安全，MSDSs，标签，警示标识				
有害物质的处理，有害化学品清单，安全预防，防护设施				
接触蒸气、烟、雾、腐蚀性物质（酸性和碱性），溶剂，废气，飞溅物				
接触粉尘：石棉，矽尘，有机、金属、塑料粉尘				
生物性粉尘和生物性病原体：细菌、病毒、真菌、霉菌、昆虫、蛇				
接触致癌物、致敏原				
人类工效学				
工作台和工作姿势的设计：站姿、坐姿、在地面上工作				
工作桌：高度、空间、座位				
背部：位置和姿势				
肩膀和上臂：位置和姿势				
腕和手指：位置和姿势				
头和颈：位置和姿势				
腿和脚：位置和姿势				
手工处理材料，提举和搬动重物				
重复性作业				
身体变化：持续坐姿或站姿				

续表

有害因素、风险或问题	被检查的工作地点/工作任务	被检查的人群/个体	有害因素有/无	危害和风险的严重程度/所需的行动/评论
工作节奏，工间休息				
工作总负荷				
地面、台阶、过道和脚手架				
设计和安全警示标识				
秩序和一般条件				
能见度和照明				
预防跌倒和跌落				
内部和外部交通				
电气安全				
配电箱				
电缆，接触式开关，开关，插头				
裸露电线				
接地				
个人防护用品（是否可及，条件，适用性）				
头盔				
耳塞、耳罩				
呼吸器				
防护眼镜				
手套				
防护服				
安全绳				
火灾安全和主要有害因素				
火灾负荷				
明火，焊接，燃烧				
加热设施				
吸烟				

续表

有害因素、风险或问题	被检查的工作地点/工作任务	被检查的人群/个体	有害因素有/无	危害和风险的严重程度/所需的行动/评论
主要危害源				
* 锅炉				
* 压力容器				
* 气罐				
* 有害化学品储罐				
* 其他				
灭火器，喷雾器				
灭火水龙头软管				
急救和准备				
急救培训				
急救装备：是否可及，数量，位置				
紧急淋浴				
应急预案				
救护车服务准备				
紧急医护准备				
主要危害预案				
紧急出口及其标识				
餐厅、卫生和社会福利设施				
餐厅的可及性				
安全、洁净饮用水的可及性				
清洁、卫生				
社会活动与工作场区分开				
洗手、淋浴设施				
厕所的可及性，容量				
更衣室				
休息的可能性				

（三）职业健康监护

1. 职业健康监护概述

（1）职业健康监护的作用

职业健康监护为预防职业性有害因素提供如下信息：①提供工作和健康相互影响的资料；②为卫生工作者提供讨论与工作有关的健康有害因素的机会；③为卫生工作者提供劳动者与工作有关的个体健康信息；④识别改善劳动条件的需求；⑤为已采取的预防措施效果提供证据；⑥在健康档案中记录接触和健康数据。

（2）健康检查的关键目标人群

①从事有特殊要求作业的劳动者，如飞行员、卫生工作者、食品行业工作者等；②未成年工，特别脆弱、残疾、敏感的劳动者，以及其他具有增加工作中健康危害风险特征的劳动者；③工作中接触特殊有害因素如化学品、射线等的劳动者。另外，目标人群还可包括：①有慢性病的劳动者；②长期病假后重返工作岗位的劳动者；③退休工人或脱离危险工作岗位的劳动者。

在首先关注职业性的和与工作有关的职业性有害因素的同时，也需注意劳动者群体健康状况，因为全体劳动者是劳动力的基础，应特别注意脆弱人群的健康状况，比如患有慢性疾病的劳动者，残疾、未成年、老年及特别敏感（如过敏）的劳动者。

（3）健康检查的目的

由于职业卫生的首要目标是预防，职业健康监护首先被用于预防。劳动者职业健康监护可通过多种健康检查实现，其主要目的包括：①评估劳动者从事特定工种的适应性，并保护劳动者免受与工作有关的健康危害、事故、疾病或超负荷的损害；②评估在工作过程中接触有害物质所造成的任何相关的健康损害；③尽早识别职业接触所引起的劳动者早期健康损害（早期效应，尚未进展为疾病）；④识别可能由职业接触所导致的职业病病例；⑤检验预防行动的最终效果；⑥评估病假后重返工作岗位的劳动者的劳动能力，随访老年劳动者或所谓的脆弱劳动者的劳动能力；⑦对患有慢性病或残疾的劳动者，随访其健康状况和劳动能力。

由于许多职业病在临床症状发生前具有很长的潜伏期，所以可以监测潜伏期的早期改变，在疾病临床前期或早期阶段开展预防，即早期预防。

进行健康检查时应考虑劳动者的职业接触情况。如果观察到劳动者发生不良健康效应、早期效应、疾病、身体或心理超负荷或其他有害效应，应立即启动预防和控制计划。

（4）对健康检查人员的要求

很多国家已制定健康检查的法规，尤其是对从事危险作业的劳动者或特定的脆弱人群，也规定由获得授权的专业人员进行检查。常规的健康检查由职业卫生医师或由职业卫生医师监督职业卫生护士实施。在不同情况下，健康检查及其内容都有专门指南。根据不同国家的法律和操作规程，指南可有较大不同。

（5）健康检查的类型

根据法规或职业卫生良好操作规程实施下述各类健康检查：①岗前（就业前）健康检查，尤其是有特殊要求的工种以及特别脆弱的劳动者；②定期健康检查，尤其是危险工种；③重返作业岗位的健康检查，如损伤以及长期病假后；④常规健康检查，如老年劳动者以及劳动能力评估；⑤离岗健康检查；⑥用以评估工作有关疾病的健康检查。

（6）健康检查数据的归档和保密

根据国家法律和操作规程及一些国际指南，采取所有与个人健康相关的行动时都应得到当事人的知情同意。对个体健康数据进行保密和安全处理，且若没有得到劳动者的知情同意，任何人不能获得健康数据。健康数据要适当进行存档，并与其他职业卫生内容分开单独归档立卷。相关人员有权核实健康信息的内容。由于健康数据在健康检查后长期（甚至几十年）具有医学甚至法律用途，因此应制定长期保持和保管记录计划。健康文件应按国家法律规定时间保存，至少为30年。应明确和安排健康档案保管人的责任。

2. 健康检查程序

通常应根据工作环境监测所获得的工作和劳动条件、接触以及工作负荷的资料开展职业健康监护。

（1）健康访谈（问诊）

劳动者本人是信息的重要来源。职业健康监护从询问劳动者的工作条件、疾病史和可能的主诉开始。应询问劳动者一般健康状况及其与工作有关的健康主诉。结构化的表格对于指导访谈很有用（见表1.6）。应根据职业和相关的行业（如农业、采矿业、工业、建筑业、服务业等）使用相应表格。根据与相关病例的关系，可能添加或去除一些问题。详细记录劳动者的回答是很重要的，如需要，可用表格中空白区记录更为详细的信息。

表1.6 劳动者健康访谈（问诊）表

保密文件

下述表格用于劳动者健康状况的简短访谈（问诊），尤其是收集职业病及工作有关疾病的信息。作为简短访谈（问诊）的追踪，可能需要更全面的访谈（问诊）。

表格要求获得受访者知情同意，且遵守个体健康数据保密的规定。此表格仅为卫生工作者（医生或护士）使用！单独存放和安全归档，并仅为获得资格的卫生工作者使用。

公司： **部门：**		**日期：** **档案号：**
劳动者姓名： **职业：** **在公司的任务：**		**访谈（问诊）者姓名：**
（1）询问劳动条件：你能识别目前工作场所的职业性有害因素吗？如果能，请填写你认为它们对你的健康是否产生危害。		
工作环境：你的工作环境中是否有下述有害因素？		
风险/问题	**是/否**	**此因素对你的健康有危害吗？以何种方式？**
工作环境		
环境脏乱和秩序差		
照明不良		
空间拥挤		
局部振动、全身振动		
热学劳动条件		
热接触		
寒冷		
气流		
噪声，听话困难		
其他问题，请具体说明		
车间空气		
蒸气		

续表

烟和气体		
粉尘：有机粉尘，无机粉尘，石棉尘，矽尘		
其他问题，请具体说明		
生物性有害因素		
水中的寄生虫		
细菌传播		
病毒传播		
真菌或霉菌		
其他问题，请具体说明		
工效学问题		
重体力劳动		
重复性任务		
静态作业		
提举和搬运重物		
不良座位条件		
不良站姿		
视频作业		
心理状况/问题		
时间压力，时限紧		
缺乏就业保障		
暴力威胁		
单调或机械工作		
心理压力		
倒班、长时间劳动		
工作孤独		
领导者素质		
工作场所环境气氛		
所存在有害因素/问题		
持续存在		
大部分时间		
劳动时间的 1/2		
劳动时间的 1/4		
不足劳动时间的 1/4		
偶尔		
（2）一般健康状况访谈（问诊）		
你目前的健康状况如何？	**是/否**	**备注，详细说明问题**
非常好		
好		
一般		
差		
已经被诊断为如下疾病吗？		
心血管疾病，高血压，心脏缺血性疾病		

续表

糖尿病		
呼吸系统疾病，哮喘，慢性阻塞性肺病（COPD），石棉肺，矽肺		
皮肤病，过敏		
肝、肾或其他内脏疾病		
胃肠疾病		
神经系统疾病，包括眼、听力或平衡障碍		
其他，请具体说明		
在过去的 12 个月中因病缺勤吗？		
几天 ~ 1 周		
2 ~ 3 周		
1 ~ 2 月		
3 ~ 6 月		
7 ~ 12 月		
你认为你的工作能力如何？（你的健康能否满足工作要求？）		
体力劳动能力		
非常好，从不感觉紧张		
好，只很少紧张		
一般，工作紧张，但能应付		
差，经常紧张		
残疾，不能满足体力劳动需要		
心理劳动能力		
你是否经常感到疲劳？		
你的技能是否满足工作需要？		
你是否经常感到紧张？		
你能否胜任你的工作？		
你是否喜欢你的工作？		
你的生活方式？		
吸烟		
饮酒		
营养		
体育锻炼		
（3）职业卫生状况访谈（问诊）		
在过去的 30 天内你是否有下述症状？		
肌肉骨骼系统	**是/否**	**备注，详细说明问题**
颈区痛		

续表

肩膀痛		
臂痛		
手腕部疼痛		
下背痛		
髋关节或膝关节痛		
身体其他关节痛		
呼吸、循环和神经系统症状		
心悸、心律不齐		
胸痛、胸闷		
眩晕		
头痛		
咳嗽		
呼吸困难		
发热样症状		
咽喉痛、鼻塞		
眼刺激症状		
胃痛		
恶心		
其他，具体说明		
心理状况		
沮丧或情绪低落		
易怒		
焦虑，精神紧张		
劳累感，虚弱		
过劳感		
睡眠紊乱		
记忆困难		
注意力难以集中		
能力能胜任工作需要		

（2）开展健康检查

对劳动者首次进行健康检查（健康基线资料）后应进行随访，当工作条件或劳动者健康状况发生重要的或主要的改变时，应开展全面健康检查。许多随访检查只包含一系列有限的检测，以监测针对特殊工种或接触的、有限参数的改变（如监测电池作业劳动者血铅浓度）。

对劳动者开展职业健康监护可能实施许多不同的健康检查，这里仅详细说明两点：①具有特殊健康要求或从事有特殊要求作业的劳动者的就业前健康检查；②对工作中接触特定风险和有害因素的劳动者所开展的特殊（定期）追踪健康检查（见表 1.7）。

表 1.7　健康检查类型

健康检查的内容和方法根据相关的行业、职业和作业的不同有很大变化。仅列出一些举例。

所有的健康检查数据要求受检者知情同意，且遵照个体健康数据保密的规定。此表格仅为卫生工作者（医生或护士）使用，单独存档并安全归档，并仅为获得资格的卫生工作者使用。

（1）岗前健康检查（举例）		
作业/劳动者	**要考虑的特殊健康方面**	**关键检测或检查项目（内容）**
未成年工	适应性/对于工作是否成熟	常规健康检查，可能易感，如过敏
从事具有特殊要求工种的劳动者	一般健康和特殊能力要求，如视觉	常规健康检查和针对工种的特殊检测
高敏和其他易感者	皮肤、黏膜、呼吸道	皮肤过敏检验
孕期和哺乳期女工	孕期状况和正常身体状况，物理性和化学性有害因素，体力劳动负荷	血红蛋白平均值，常规随访
老年劳动者	体力劳动负荷、劳动时间	劳动能力、慢性病
（2）特殊（定期）健康检查（特殊接触和有特殊要求的工种举例）		
接触	**典型健康症状**	**典型检测/行动**
噪声 > 85dB（80dB ~ 87dB）	噪声性听力损失（NIHL）	每年检查：6m 处正常说话听力； 听力测定：第 1 年 1 次，以后每 3 年 1 次； 噪声控制措施； 个人防护
接触溶剂（芳烃类）	呼吸道和黏膜刺激，中枢神经系统影响和肝肾损害	卫生学措施和代谢物生物学监测； 通过自动、密闭、通风或个人防护来降低接触水平； 对制定更安全操作规程的建议； 每 3 年进行 1 次皮肤、呼吸道症状，尤其是神经心理学症状的访谈； 肝功能检测； 如果需要，进行神经心理和记忆力检测； 对烟酒的健康教育
接触有机粉尘	呼吸道刺激，哮喘，过敏性肺泡炎，有机毒性粉尘综合征（ODTS），慢性阻塞性肺病（COPD）	详细的肺部听诊； 肺活量峰值； 胸部 X 线； 过敏试验； 粉尘控制措施； 停止吸烟
医护人员乙肝和丙肝风险	针刺伤，迟发性发热，虚弱，黄疸	HBs 抗原检测，1、3、6 月进行 HBs 抗原重复检测； 肝功能检测； 若感染，高免疫球蛋白和疫苗注射； 其他病毒感染，考虑 HBV、HIV

续表

接触	典型健康症状	典型检测/行动
食品工作者	一般卫生状况，感染，皮肤外伤，上肢重复用力，皮肤功能紊乱，过敏，清洁剂引起的刺激	每年对手和皮肤进行外伤和皮肤病检测； 沙门氏菌检测； 如需要，进行其他感染指标检测； 肌肉骨骼系统情况，尤其是上臂和手； 如果感染，病人立即脱离岗位； 对个人卫生提出建议
消防员、救援人员	全身身体和心理状况，体能，心血管、呼吸道和肌肉骨骼状况，听力和视力改变，心态稳定性	每年常规健康检查； 肌力、体力检测； 视力和听力检测； 神经生理学检测； 心理能力评估
农业工人	综合体能，呼吸系统和皮肤，变态反应症状和肌肉骨骼系统疾病	体能检测； 如需要，进行可能的过敏检测； 对霉菌和过敏原的抗体检测，如动物上皮细胞； 农药使用者的生物监测

（3）健康检查内容

1）常规身体和心理健康检查。一般健康和行为史；身高和体重；感觉系统，视力，听力；心血管系统：心脏听诊，血压；呼吸系统：肺部听诊；胃肠道系统；皮肤系统和黏膜；肌肉骨骼功能：背部、四肢、关节、肌肉和运动；神经系统：协调、平衡、神经状态；心理状态：情绪、失眠、焦虑、压力和工作满足感；血常规和尿常规检查；相关接触/疾病的特殊实验室检查；如需要可进行地方病检查。

2）与接触相关的特殊检查。如果劳动者在工作中接触损害健康的特殊有害因素，应使用特殊健康检查项目来观察相关接触或条件可能产生的健康效应。一些国家已经为这些检查或检测制定了专门的法规、操作规程或指南。

很多国家有专门的指南及手册用以指导个体健康检查及方法。要根据当地的条件选择适宜的方法。不能因缺乏复杂的实验室或其他设备而影响健康检查程序，但可修改检查内容。例如，如果无法使用听力测定服务，可使用一个非常简单的6m听力测试法测试听力；无法进行呼吸量测定检查，可用劳动者访谈和听诊做部分弥补。在某些情况下，检查者可能需要依赖劳动者访谈、所观察的劳动条件以及对劳动者的物理检查。

当然，检查者应使用目前最好的技术和操作对劳动者进行健康检查。

3. 职业健康监护结果

每个健康检查项目都要就工作对劳动者健康的影响，以及可能的预防和控制措施提供明确的建议。监护结论通常用专用表格提出，填写与劳动者工作有关的健康资料。

（1）总体结论

1）工作适应性检查。明确提出是否适合该工作：①无任何限制；②在一定条件下适合；③不适合。

2）高危工种劳动者检查：接触未产生健康影响/未观察到健康影响；所需采取的健康保护行动；下次体检的日期。

3）群体劳动者的结论。如果工作场所许多劳动者用相同的方法检查，应利用人群的综合数据以提供最为重要的预防信息：①仅在一个、少数或几个劳动者中发现健康影响；②健康影响仅涉及某些工作单元、作业方式或接触；③预防措施对群体或仅少数个体产生影响。

（2）职业健康监护结果的告知

1）对劳动者的告知

根据国际劳工组织（International Labour Organization，ILO）第 161 号公约《职业卫生设施公约》和 171 号建议《职业卫生设施建议书》对职业卫生服务做出的规定，劳动者有权知道健康检查的结果以及根据结果所采取的必需行动和措施。应遵循国家法律和法规对健康数据保密。遵循职业伦理学的方法进行健康信息交流。

健康检查为检查者和劳动者提供了一个讨论劳动条件和可能的健康效应的良好机会，通过讨论可获得更详细的关于劳动条件的信息以及对卫生和安全的意见和建议。

应向劳动者提供书面文件，并包括如下重要信息：①工作中所观察到的职业性有害因素；②所察觉到的可能的健康影响，如需要，应进行专业性的职业卫生服务；③控制和消除职业接触的建议；④制定更安全和卫生的操作规程的建议和咨询意见；⑤可能的个人防护意见；⑥可能的健康生活方式（如吸烟、个人卫生等）意见；⑦随访和下次健康检查的信息。

2）对雇主的告知

将健康检查结果与雇主适当交流，以告知雇主工作中所存在和不存在的健康有害因素。给雇主的信息应遵循 ILO 第 161 号公约、大多数国家法律和其他法规中规定对健康数据保密的原则。对雇主的告知应符合：①用表格交流相关工作的可行性，表格与工作有关，与劳动者健康问题无关（可行/在特定条件下可行/不可行）；②没有得到相关劳动者容许，雇主不能了解个体健康数据，不应强迫劳动者做出这样的容许；③在对个体健康数据保密的情况下，应向雇主阐明对劳动者健康有害的劳动条件；④应明确阐明管理和控制工作有害因素的建议，如需要应提出具操作性的行动建议或技术指南；⑤应详细书面记录健康检查资料，并将其与工人其他健康相关信息一并归档；⑥应建立随访系统，保证改善行动有效执行；⑦在对个体健康数据保密的情况下，可提供人群健康资料。

3）对工人安全和卫生代表的告知

工人安全和卫生代表告知应符合：①个人信息应由劳动者本人同意；②在告知企业的情况下，才能提供群体健康信息。通常同时向企业代表和劳动者代表提供群体健康信息。

（3）根据健康检查结果应采取的行动

健康检查的首要目的是帮助预防职业性有害因素对劳动者健康的损害，应根据检查结果分别对工作环境、劳动者、雇主和劳动者代表提出应采取的行动。

1）对工作环境的行动

①根据初级预防原则的要求消除相关的条件或危害，可通过改变劳动组织、劳动方式、所使用的化学物质或材料加以实现；②通过局部通风来消除粉尘、蒸气或气体释放源点，并防止其向车间扩散；③通过全面通风来消除来自车间的（毒物）接触；④密闭释放源点来预防有害因素向车间扩散；⑤跟踪工作环境中的接触水平，以保证劳动者在无害接触水平下工作；⑥限制劳动者接触时间；⑦为劳动者提供个人防护用品；⑧指导制定适宜的操作规程和采取适宜的劳动方式。

2）对劳动者的行动

针对劳动者应采取的行动可有较大不同，包括：①若观察到严重健康危害且不能消除接触，应将劳动者调离至其他岗位；②若怀疑劳动者可能患有疾病，应对其进行进一步健康检查；③如需要，再次进行健康检查；④指导劳动者遵守更安全的作业操作规程；⑤提供避免风险的健康信息。

3）对雇主和劳动者代表的行动

①提供所观察到的职业性有害因素的信息；②根据健康检查结果（群体水平）提供一般健康状况信息；③提供应采取的预防和控制行动的建议和意见。

（四）事故预防和管理

1. 概述

工伤是工作中最为常见的不良健康效应之一。事故是指引起人员伤害、财产损失和/或设备损坏的事件。突发事件是指可能引起人员伤害、财产损失和/或设备损坏的事件。

事故预防是基本职业卫生服务全面活动的法定组成部分，其原因是：①事故是工作中首要的健康危害；②基本职业卫生服务—工作环境监测中要求开展事故风险识别和评估；③工作环境中的某些职业性有害因素可加剧事故风险，如接触化学物质、时间仓促、压力和轮班作业等；④劳动者的健康问题可影响事故风险；⑤事故预防可能需要专家咨询和帮助，尤其在中小企业和个体工商户中。

纵观职业卫生安全发展史，已引入许多事故原因学说，从宿命论到劳动者粗心行为、工作环境理论、劳动组织理论和最新的职业卫生安全管理理论。根据最新的职业卫生安全管理理论，易出事故的情况是由于管理不良所造成的。

如今，职业卫生安全管理理论是所有工业化国家事故预防和风险管理最基本的方法，如欧盟职业卫生安全指令就是依据职业卫生安全管理理论而制定。工作场所（雇主）管理的责任是负责改善劳动条件、制定职业卫生安全操作规程、采取合理的劳动组织和适宜的职业卫生安全措施，尽早消除或预防引起事故的职业性有害因素，以及将职业卫生安全的持续改进纳入公司方针政策。

事故风险管理与工作中的其他一般风险管理方法相同，即：①分析工作场所职业卫生安全方针政策；②识别职业性有害因素性质；③识别产生或存在职业性有害因素的地点、生产过程、工作条件或操作规程；④识别接触职业性有害因素的劳动者；⑤评估事故风险的严重性和程度；⑥风险预防和管理行动计划和建议。

2. 对公司、其他组织和工作场所特点的识别

职业卫生服务人员在工作场所实施的各种活动都需要详细记录。每个文件应包括公司的识别、视察日期、被访者和公司方参加活动者的姓名（包括他们在公司的职位）。每个文件的表头都应有如上的信息，因为每个检查表都可能单独使用，且可能仅关注某些特定的职业卫生安全问题。

也需描述相关的公司规模、行业、劳动者人数、劳动者性别和年龄分布，因为这些方面可能影响诸如风险评估和所需的预防控制行动的结论。对公司等工作场所的特点描述见表 1.8。

3. 工作场所职业卫生安全方针政策评估

所有的事故和突发事件都应是能预防且应预防的，事故预防和卫生安全促进应是公司管理政策的法定组成部分，工作场所管理者有法律义务拟定相关工作场所和企业的职业卫生安全方针和计划。工作场所事故风险管理的主要原则是尽早进行预防。职业卫生安全方针和计划应依据下述原则：①公司所有策略和管理中应包含职业卫生安全作业文化、职业卫生安全工作场所和安全操作规程的原则；②事故是可预防且应该预防的；③应识别出安全需要和最可能导致工作场所事故发生的原因或条件，并评估其风险；④应识别出处在危险中的职业活动、工作任务、工作地点、人群和个人；⑤应拟定消除和预防风险的优先行动计划并定期更新；⑥公司策略应包含安全持续改进计划；⑦应定期评估工作场所的职业卫生安全情况，至少 1 年 1 次，且当有重大改变时就应进行再评估；⑧应遵守企业和劳动者全员参与的原则。

职业卫生安全方针评估检查表见表 1.9。

表 1.8　公司情况表

<table>
<tr><td>1. 公司名称</td><td colspan="3"></td></tr>
<tr><td>负责人</td><td></td><td>电子邮箱</td><td></td></tr>
<tr><td>电话</td><td></td><td>传真</td><td></td></tr>
<tr><td>2. 事故管理部门</td><td colspan="3"></td></tr>
<tr><td>联系人</td><td></td><td>电子邮箱</td><td></td></tr>
<tr><td>地址</td><td colspan="3"></td></tr>
<tr><td>电话</td><td></td><td>传真</td><td></td></tr>
<tr><td>3. 调查员</td><td colspan="3"></td></tr>
<tr><td rowspan="9">4. 参加调查人员</td><td>姓名</td><td colspan="2">职位</td></tr>
<tr><td></td><td colspan="2"></td></tr>
<tr><td></td><td colspan="2"></td></tr>
<tr><td></td><td colspan="2"></td></tr>
<tr><td></td><td colspan="2"></td></tr>
<tr><td></td><td colspan="2"></td></tr>
<tr><td></td><td colspan="2"></td></tr>
<tr><td></td><td colspan="2"></td></tr>
<tr><td></td><td colspan="2"></td></tr>
<tr><td>5. 行业</td><td colspan="3"></td></tr>
<tr><td>6. 企业类型</td><td colspan="3">□私有　　　　　　□公有</td></tr>
<tr><td>7. 主要生产类型</td><td colspan="3">□合作经济　　　　□小农经济　　　　□家庭作坊式</td></tr>
<tr><td rowspan="6">8. 劳动者数量</td><td>男职工</td><td colspan="2"></td></tr>
<tr><td>女职工</td><td colspan="2"></td></tr>
<tr><td>未成年工</td><td colspan="2"></td></tr>
<tr><td>老年工</td><td colspan="2"></td></tr>
<tr><td>家属人数</td><td colspan="2"></td></tr>
<tr><td>总计</td><td colspan="2"></td></tr>
</table>

表 1.9　职业卫生安全方针和政策检查表

公司名称： 部门：	日期：		
调查员：	参与调查人员：		
方针政策特征	计划： 是/否	执行： 是/否	需采取的 行动
引入职业卫生安全持续改进文化			
规划生产系统、工作环境、设备和机械时考虑安全内容			
系统组织和定期开展事故风险评估			
定期和需要时告知劳动者所观察到的或可能的职业性有害因素和风险			
组织对劳动者进行适宜的就业培训，组织对所有劳动者尤其是没有经验的劳动者和未成年工进行职业卫生安全培训			
保持工作地点良好秩序和清洁以及适宜的工作组织			
确保走廊、过道和其他结构（脚手架、围栏）在人员通过时安全			
有危险的机械配置安全保护装置，以避免人直接接触机械的转动和危险部分			
对搬运和提举重物采取技术帮助			
为劳动者提供职业卫生安全工具和设备，包括个人防护用品			
持续改进火灾安全			
如建立职业卫生安全委员会，通过其使雇主和劳动者享有充分的职业卫生安全			
高危工种开展特殊卫生安全计划			
定期组织职业卫生安全情况评估，以确保所实施的行动和识别新的潜在风险的行动有效			

4. 采取事故预防和管理行动

（1）危害和风险识别

在工作场所设计和建设时考虑安全问题可获得事故风险管理的最好结果。根据持续改进原则进行持续、系统的安全活动，可有助于保持高水平的安全。许多作业有典型事故，这些事故在事故统计中占主导地位。在不同作业事故风险识别中，有很多按行业或工作分别制定的检查表和指南可供选用，包括消除、预防或减少风险的方法。

在实践中，企业最高管理层授权安全官员或其他企业安全责任人负责企业安全，工业化国家也要求在企业安全主任和劳动者安全代表合作项目中，规划和执行职业卫生安全内容，并且在企业职业卫生安全委员会内部或与劳动者安全代表讨论所采取的行动。安全委员会和劳动者与企业安全代表定期进行工作环境监测巡查，而且职业卫生安全（occupational safety and health，OSH）委员会的企业成员要时常参加。委员会也规划未来的安全行动和计划，并起草安全政策和计划。在没有建立职业卫生安全委员会的小企业和个体户工作场所，雇主和劳动者或个体户自己可开展职业事故预防控制活动。

1）预先准备

通过提前收集关于相关公司或经济部门的特定活动信息来进行有害因素和风险识别，如农业劳动、木材和金属产品制造，每种都有非常特异的风险特征，且它们彼此间差异很大。在观察工作地点前应该了解其所具备的典型职业风险特征。

当进入工作场所与工作场所管理者和劳动者代表进行访谈时，应注意：①发挥专业作用且对他们表示出应有的尊敬、尊重和应有的礼貌［要进入的是工作场所执行者（雇主和劳动者）的领地］；②采用请求和帮助的方法，而不是要求或命令的方法；③巡视前，请求与管理者和劳动者代表召开启动会议，以保证正确的巡检路线；④填写表格中工作场所特征描述和常规基础数据；⑤提出问题而不是假设；⑥巡检演练活动，表示已启动了风险识别工作。邀请工作场所管理者和安全代表加入巡检工作。

2）巡检

启动会议结束后，开始巡检。巡检时应注意：①如果时间容许，首先开展预巡检以获得工作场所职业卫生安全状况的概貌；②重复巡检以进行详细的观察并使用检查表进行记录；③与监督员和劳动者就所观察到的风险进行访谈；④观察正面和负面情况；⑤识别存在或产生风险的工作地点、工作任务和劳动者；⑥在表中记录对风险严重性以及所必需的预防或管理行动的评论；⑦携带几张检查表，在巡检完成后立即填写最后版本；⑧填好最终的表格后，通过评估严重性（见彩插表3）和危险关键点（活动、过程、任务、人群和个人）做出风险评估；⑨不要在几天或几周后才做最终填写和风险评估，因为观察结果很容易被遗忘。

3）在巡检后，与工作场所代表再次开会，内容包括：①通过陈述在工作场所已发现的明确结果，提出改进建议计划；②提出明确的改进建议，并且用健康、安全和可能的、合适生产率的论据证明所提建议的科学性和可行性；③避免在巡检中过快做出结论，但要将它们保留到概括性讨论中。

用于事故风险识别的行之有效的检查表见表1.10，不同部门中导致事故的典型原因和情况举例见表1.11。

表1.10　职业危害和风险识别检查表

（如果相关工作场所没有某项具体的条目，保持该项空白）

公司名称： 部门或小组：	日期：			
调查员：	参与调查人员：			
职业危害和风险识别				
观察项目	被检查的工作地点/工作任务	被检查人群或个人	危害　是/否 严重度分级号	需要采取的行动/意见
工作场所结构				
建筑安全：结构强度，坍塌危险，一般设计				
地面和过道：滑倒，绊倒，跌倒				
脚手架和栅栏：跌落，滑倒				

续表

观察项目	被检查的工作地点/工作任务	被检查人群或个人	危害　是/否严重度分级号	需要采取的行动/意见
工作地点空间和工作组织				
运动空间：物体碰撞				
电气安全				
火灾安全：熔融金属或热液灼伤				
跌落：移动或喷出物				
照明				
其他，具体说明				
机器、工具和材料				
机械安全：转动部件，喷出物体，有卷入或陷入机械的风险				
切割风险：切、戳、刺穿				
手持工具：条件、防护、重量				
危险化学物质				
爆炸风险				
缺氧风险：窒息				
溺水或溺死的风险				
腐蚀性化学物质飞溅灼伤				
其他，具体说明				
秩序和清洁度				
一般秩序				
工具放置				
工作地点、过道、走廊、楼梯是否清洁并能安全通过				
材料和物质处理，MSDSs				
废物处理和清理				
废物箱				
安全布置				
紧急出口：自由入口、逃生口				
通风：全面、局部、效果				

续表

观察项目	被检查的工作地点/工作任务	被检查人群或个人	危害　是/否严重度分级号	需要采取的行动/意见
PPEs：可及性，状况，适应性				
紧急淋浴：快速获得，位置正确				
急救准备：培训、告知、设施、急救箱				
应急准备：计划、培训、演练				
其他，具体说明				
针对劳动者的具体措施				
风险告知和培训				
职业卫生安全操作规程，所承受的风险				
PPEs 的使用				
特殊脆弱劳动者个体或风险				

注：MSDSs：物质安全数据说明书
　　PPEs：个人防护用品

表 1.11　最常见事故和典型预防行动举例

公司名称： 部门或小组：		日期：	
调查员：		参与调查人员：	
常见事故和损伤			
作业	**风险**	**损伤**	**预防行动**
农业			
体力劳动	提举重物	腰背痛	提举辅助设备，最小重量，提举规程
农用机械，拖拉机	卷入转动部件，翻车	四肢和躯体损伤，死亡	机械操作培训，安全舱或安全罩
动物饲养	动物袭击或伤害	躯体伤害	特殊培训，器材的保护装置，可调绳索等
建筑业	跌落，滑倒	腿或臂部损伤，骨折	清洁和良好组织的过道，脚手架，安全器材，照明
食品生产和屠宰	刀具损伤，地板滑倒	手损伤，且感染风险高 跌落伤	具有特殊金属链的手部防护手套，清洁地面，使用地面和鞋摩擦力强的材料

续表

作业	风险	损伤	预防行动
国内运输	手工搬运重物；卡车或汽车事故	背部损伤，撕裂伤，滑倒和跌落；卡车或汽车撞击	有良好的国内运输计划，提举限值，提举辅助设备；清楚标记人员移动的安全区以及危险区；安全标识和报警
木材业	树木倒落，链锯伤害	严重事故，骨折或锯割伤，死亡	纠正倒落技术，链锯技术，防护服（切割防护），安全靴
机械使用	碰撞到机械部件；无安全防护装置机械齿轮碾碎手臂或腿	手指、手、臂、足、腿切伤，碾压伤，骨折，切断伤	仔细对机械进行防护，密闭危险部件
金属加工	机械伤害，金属部件弹射	手碾压或切割伤，弹射部件对眼损伤	机械安全保护装置，眼防护用品，密闭危险部件
焊接	熔融状金属飞溅，紫外线	皮肤灼伤；眼炎	防护手套，防护服和防护鞋；有眼防护的电焊头罩
木材加工	木材加工机械和手持工具	手指、手臂伤，碾压，切割，外伤，断肢	机械防护，适宜的手持工具，手防护

（2）风险评估和确定优先行动

在收集职业性有害因素及其风险以及工作环境接触和劳动者接触的数据后，可将数据用于风险评估（risk assessment，RA）。在风险评估中，要评估风险的严重度，并且确认风险所存在的关键控制点，包括特殊地点、活动、任务、人群或个人。根据风险评估，将工作场所的众多有害因素和风险进行优先排序；风险评估是锁定风险预防和管理行动的关键过程。

风险有几个维度，如可能性、严重程度和时间维度。为简化复杂的风险评估过程，这里仅考虑 2 个维度：①严重程度；②预防和管理行动的紧迫性。

若风险已发生，风险的严重性根据其所产生的后果进行评估。在发生事故的情况下，严重程度可通过后果的强度和持续时间来评估。企业和个体户也会对通过工作时间损失或财产损失及对工作或生产连续性的破坏来评估经济损失产生兴趣。人员和财产的风险通常是但并不总是伴行的。如果也对经济、财产或生产效率进行风险评估，工作场所的执行者可更好地认识风险。

风险优先分级的简略指南见彩插表 3。

5. 事故调查

应预防所有的事故和突发事件，如已发生了事故和突发事件，要进行彻底调查。国家法规可能规定了事故调查职责。原则上事故调查的责任在于企业，受伤人员（若无人员伤亡，指事故发生地区）的监督员或管理者有责任开展事故调查，但职业卫生安全委员会和劳动者安全代表也有资格参加调查。监督员可从职业卫生服务、安全顾问、保险公司或职业卫生安全（occupational safety and health，OSH）管理局寻求咨询和协助。在很多国家，死亡和严重事故应由警察或职业卫生安全权威机构进行调查。

如何进入工作场所进行事故调查，要遵循与上述风险识别巡检同样的原则。如果要求对事故调查提出意见，则按照下述程序：

（1）事故/突发事件调查程序

当发生事故或突发事件时，确保按事故和突发事件报告规定向 OSH 小组报告。事故/事件报告表提出了一系列用于指导开展调查的问题，如：①事故发生的时间；②事故发生的职业活动；③事故发生的经过；④工作场所条件；⑤导致事故发生的因素；⑥已采取或准备采取防止事故再次发生的行动。

（2）事故调查原则

事故调查的目的不是为了处罚，而是为了识别出错的危险环节以及预防事故再次发生的措施。调查者需要透过表面原因（如“人为错误”、“劳动者粗心”）进行深入分析。调查需要识别存在于工作场所、车间、所使用的设备和材料、工作系统以及可能导致错误的管理活动中的潜在职业卫生问题。

（3）突发事件调查

分 3 个阶段：①收集资料；②资料分析，草拟结论；③提出进一步行动（预防和改进）的建议。事故调查检查表见表 1. 12。

1）收集资料

突发事件发生后应尽快开始调查，这样调查者才能看到突发事件发生时的情况，并且识别目击证人。收集资料时，调查员应考虑表 1. 10 中所列的情况。

2）资料分析，得出结论

一旦了解突发事件发生的经过，就要进一步分析突发事件发生的原因。应考虑所有可能的管理、结构、技术、操作和行为状况。

3）原因结论

事故调查是一个重要的学习过程，也是实施风险管理和预防行动的关键。调查结果和结论也具有法律意义，而且有助于对劳动者进行赔偿。

4）提出建议

通过事故和突发事件调查以识别所要采取的预防事故再次发生的行动是很重要的。

5）文件化

应详细记录整个调查过程，而且在绝大多数情况下，在调查完成时，要求给出纠错行动的建议。调查程序、参与者、方法、观察和结果，以及对未来预防相同事件的建议都应文件化。在许多国家，有专门的调查表，附于调查报告后。

在一些国家，严重事故和死亡事故由政府职业卫生安全管理局指定的事故调查专门委员会进行调查。对于严重事故和死亡事故，需隔离事故地点，并立即向当局报告。应保留证据：如结构破坏、机器部件、材料和化学物质需要留存在事故地点，不能被整理或清理掉。

6）保险声明

对于受伤的劳动者，应为受保人提供保险。填写专门的表格，表格包括企业对事件的报告、医生对所观察到的临床结果的陈述以及对受伤者的诊断。在某些情况下，调查可能导致法律诉讼，因此，调查过程、文件和报告应准确、完整。

表 1. 12　事故调查检查表

公司名称： 部门或小组：	日期：	
调查员：	参与调查人员：	
事故调查		
调查		
问题	观察　是/否	描述/需要采取的行动
导致事故的事件		
事故发生时的工作过程		
风险是否已告知劳动者？		
是否指导和培训劳动者避免风险？		
采取安全预防措施：工作场所监测、安全检查、保护和预防措施、个人防护是否适宜？		
是否指定了安全官员、安全委员会或安全代表？		
事故发生的准确地点		
使用或处理的材料		
使用的器材类型：危险，有充分保护，没有保护		
事件描述		
工作系统状况和事故时进行的活动：活动水平（高、正常、低），维护、修理、分布、应急		
作业时直接或间接（旁观者）涉及的人员		
直接涉及的工具、器材和材料		
事故发生的确切日期和时间		
事故后行动：急救、应急反应、控制影响、逃生、附近地区情况等		
准确描述伤员：身份、数量、损伤类型、严重性和损伤特征		
相关作业监督员的姓名和职位		
结论		
事故直接原因		
可导致事故的事故前期情况		
建议		

（五）急救准备

1. 急救培训

（1）急救培训计划

制定急救人员的培训计划时应考虑工作场所的有害因素及其规模，以及诸如距离最近的医院或流动卫生服务的距离。在大多数国家，经政府官方授权的红十字会可提供良好的急救培训工作。

（2）急救培训的组织

典型的培训可分为 3 个水平：①基础培训，提供工作场所急救活动的基本知识和技能；②中级培训，提供深入的急救技能和技巧；③高级培训，包括对急救团队的领导者和为特殊突发事件及意外事故的急救准备所做的培训。

基本课程通常包括 16 学时的教育，例如在欧盟，这是获取欧盟急救证书的基础，并建议每 18 个月重复一次培训工作。

（3）基本急救培训的内容

培训的内容要包括工作场所的急救实践经验，急救人员所需的知识和技能：

1）最常见的职业伤害及其预防，急救在抢救病伤者中的作用，发生事故或急性病时所开展的主要急救活动；

2）典型职业事故的发生原因、发生机制及典型伤害；

3）讨论对受害者的急救措施，检查生命机能、呼吸、循环系统；

4）对所需的紧急救援和进一步的急救行动进行调查，根据伤害和疾病的症状和需要采取急救；

5）复苏术、基本复苏术：对心跳停止和意识丧失病人的急救；

6）急性病：大多数典型急性病和虚脱的急救；

7）出血和休克：大量出血、失血性休克和特殊出血病例的处理；

8）外伤和挤压伤：外伤出血、不同类型外伤的急救及其处理，就地处理/需送医院处理的外伤，外伤和挤压伤的包扎；

9）背部、头部和面部损伤：典型损伤及其发生机制和处置，脑损伤、颅骨和面部骨折的急救；

10）上、下肢骨折和关节损伤的急救；

11）中毒、眼损伤、化学性烧灼伤和冻伤、热应激和热休克的急救；

12）烧灼伤的急救；

13）紧急救援的实战演练，接诊病人并为其提供心理支持。

2. 急救人员的数量

（1）急救人员的数量

根据表 1.13 所阐明的工作场所的规模和风险配备相应数量的急救人员（见表 1.13）。

（2）对急救人员的其他要求

①每班和每个工作地点都应配备 1 名急救人员；②应将急救人员信息告知在工作场所的每个当班劳动者；③在安排替代人员之前，急救人员不能离开工作场所，且其作为急救人员所开展的活动不能受到阻止；④应为急救人员配备提供急救服务所必需的、充足的装备、材料和设施。

表 1.13　急救人员的数量

风险分类	活动/工作场所举例	所需受过急救培训的人数
低风险	办公室工作	总人数的 5%
中度风险	农业、林业、建筑业、装卸作业、运输业	总人数的 10%（每 10 人或每班配备 1 名急救人员，在较大的工作场所，每 25 人配备 1 名急救人员）
高风险	有溺水危险的活动，处理或运输有毒物质、有火灾或爆炸危险的工作，有电击危险的工作	总人数的 25%（每 5 人、每个工作地点或每班配备 1 名急救人员）

3. 急救设施和急救箱

（1）急救设施包括以下内容：①急救包和急救箱；②转运病人的担架和装置；③紧急淋浴装置；④洗眼设备；⑤急救药品；⑥急救处理的说明书及相关文件。

（2）急救箱的内容物。急救箱的内容物根据其相关的工作场所而定。例如在小的、低风险的工作场所，急救箱最少配置内容物见表 1.14，较大、有多种风险的工作场所的急救箱的内容物配置见表 1.15。

急救箱内的药品配置是个复杂且有部分争议的问题。应当包括一般的止痛药如阿司匹林或扑热息痛以及用来清创的抗菌剂。如果需要，为了对昆虫咬伤或急性过敏反应进行急救，还应包括抗过敏药（抗组胺药、泼尼松龙）。1987 年的国际劳工组织第 164 号公约《（海员）健康保护和医疗公约》规定了为船员提供卫生服务的条款，其中就包括船上的药品服务以及对全体船上人员的急救培训。

表 1.14　急救箱的最少配置

内容	数量
急救绷带（小）	4
急救绷带（大）	1
无菌敷贴（20cm × 20cm）	1
弹性绷带（8 ~ 10cm）	1
外伤胶带（125cm × 9m）	1 ~ 2
三角绷带	2
不同型号的外伤胶带	20
剪刀	1
三角绷带	2
药品	见上文所述
清创所用的抗菌剂	见上文所述

表 1.15　急救设施及设备举例

急救设施及用品	数量	低风险工作场所	中度风险工作场所	高风险工作场所
安全标识		◎	◎	◎
紧急电话的说明		◎	◎	◎
急救箱的内容		◎	◎	◎
急救绷带（小）	4			
急救绷带（大）	4			
无菌敷贴（20cm×20cm）	2			
弹性绷带（8～10cm）	2			
有管网支架的绷带	1			
外伤胶带（125cm×9m）	1～2			
剪刀	1			
三角绷带	2			
无菌外伤敷料	8～10			
不同型号的外伤胶带	20			
可移动式急救包——内容同急救箱			◎	◎
上、下肢石膏模具			◎	◎
保护性毛毯			◎	◎
急救床和担架			◎	◎
洗眼设备				◎
烧灼伤包扎用品				◎
急救设备和设施的标识		◎	◎	◎
复苏隔离屏风		◎	◎	◎
紧急急救说明		◎	◎	◎
单个、成对和小组作业急救工具包				
急救大绷带	1			
石膏	5～10			
交通工具				
设置急救箱，根据乘客的数量配备四肢石膏模具和保护性毛毯				

注：◎ 为应配备的内容

4. 应急处理说明书

应识别出工作场所中可能的风险、类型及可能需要的急救服务。在每个工作场所中，都要优先预防风险和职业性有害因素。一个工作场所通常只对少数典型事故、伤害或疾病制定了具体的风险预案。每个工作场所都应有事故和突发事件的应急处理说明书。

（1）工作地点应急处理说明书

应将本说明告知每位劳动者，并方便劳动者在工作地点取用，应包含以下内容：①明确急救负责人，及如发生突发事件时应采取的响应行动；②明确呼救负责人；③明确急救人员；④急救箱、急救包和急救设施的放置位置；⑤搬动和转送病伤员的方法；⑥呼叫救护车的方法；⑦急救人员和急救小组在工作现场的处置方法。

（2）劳动者应急处理说明书

此说明中要求工作场所所有劳动者都应：①知晓所需适宜的急救包的放置位置；②掌握使用急救包处理轻伤的方法；③掌握伤害记录表的使用及将其递交负责人的方法；④知晓急救人员的姓名及联系方式；⑤掌握协助急救人员进行急救的方法；⑥在伤员头部损伤、严重的撞伤、烧伤和烫伤、失血、任何严重损伤、虚脱或意识丧失的情况下，能够立即呼叫急救人员和紧急医疗救护。

（3）急救人员应急处理说明书

此说明中要求在发生突发事件时，急救人员应：①获得事故信息；②控制事故或事件波及范围的方法；③在抢救处于危险的劳动者时，做好个人职业卫生安全防护；④尽快呼叫专家帮助；⑤进行急救；⑥在救护车或救援服务到达前，照顾、帮助和支持伤病员。

另外，在有火灾、爆炸或化学危险的工作场所需要特殊指南。所有急救人员都应遵守有关个人健康资料保密的法规。

5. 急救设施的标识

急救设施的位置应清晰标识，并告知每个劳动者。下面是不同的急救设施应当使用的国际标识。淋浴和洗眼设施应靠近可能发生相应事故的工作地点。急救箱应当放在每个劳动者都能方便拿到的地方。较大的工作场所应当设立急救室，急救室也可用作劳动者休息室。

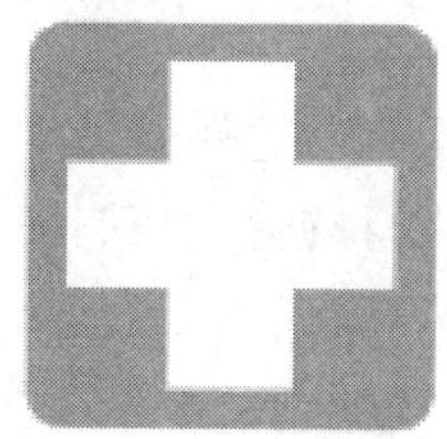

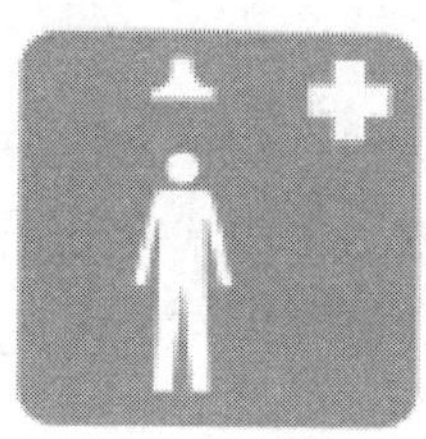

急救设备和设施应当保存得井井有条、定期检查且保证需要时完整。急救箱应标识清楚，其位置应当在工作场所的公告栏上进行告知。急救设备和急救箱由专人负责检查，其他急救装置及其状况和清洁程度需至少每月检查一次。应急设施应每 5 年更新一次，药品应根据其有效期进行更换。每个工作场所应当在明显位置放置紧急急救指南。

（六）化学品分类控制技术

1. 分类控制技术的起源和基本概念

（1）什么是化学品分类控制技术

1）起源

制药工业职业卫生专业人员于20世纪80年代提出了化学品职业危害分类控制技术的概念。由于制药工业要使用大量没有毒理学数据的新化合物，这些领域的职业卫生专家就率先提出，根据化合物的毒性及需要将其控制接触的严格程度进行分类管理，每一类对应一种控制方法。20世纪90年代早期，由于欧洲化学品分类和标签体系的发展，职业卫生专业人员开始将化学品分类、职业接触限值、职业接触资料和控制系统进行综合考虑，形成了化学品职业危害分类控制技术。

2）定义

这里所称的分类控制是一种职业危害控制过程，即根据化学品的危害分类（如皮肤和眼睛刺激或严重刺激和腐蚀作用），通过使用相应的控制技术而将一类危害的化学品控制在一定浓度（如1～10mg/m^3）范围内。

根据化学品的呼吸道职业接触制定了四类控制技术。第一类：使用良好操作规程和全面通风。第二类：使用局部通风设施。第三类：密闭控制。第四类：专家建议。

化学品职业危害分类控制技术不能取代职业卫生专业人员的咨询工作。有些职业活动、工作过程、工作或工种，需由专家提出所需要的呼吸防护用品和其他控制方法。英国职业安全卫生管理局已编制最先进的化学品职业危害分类控制技术的模型。

3）目标

分类控制方法着力于对危险源的控制，并描述将危险度控制的严格程度。这种定性的危险度评估和管理工具为中小企业工作场所提供了免费的、简易的、实用的职业危害控制方法。

4）分类控制技术的适用范围

分类控制技术主要适用于危险化学物质、化学混合物和烟。分类控制过程强调预防工作中的危险物质对劳动者造成健康损害所要求的控制措施。危险物质的潜在的健康损害越大，对工作场所进行管理和将危险度降低到“可接受水平”的需求越大。

5）现行分类控制技术不适用的情况

现行的分类控制技术不适用于许多情形，包括“高温”作业、开放式喷涂、气体和杀虫剂。这些情形涉及更复杂的爆炸物，需要考虑现行分类控制策略中尚未充分提出的其他控制措施。另外，现行的分类控制尚未覆盖安全、环境或工效问题。研究人员正在探索可行的方法将这些问题纳入分类控制技术中。

（2）分类控制技术实用价值和控制分类

1）实用性

职业接触限值（occupational exposure limit，OEL）是显示化学物质所需要控制的水平的标志物。在OEL之下，每日反复呼吸道接触低于OEL的空气浓度的化学物质对多数工人不大可能导致损害。然而，已经使用的化学物质有成千上万种，为每种化学物质、化学性混合物或者废气制定OEL是不可能的。但是可以将化学物质进行分类（见表1.16），并根据需要控制的水平提出所要求的控制措施，或分类控制措施。

2）化学物质健康危险控制分类

呼吸道接触化学物质控制分类见表1.16。

表 1.16　呼吸道接触化学物质控制分类表

分类号	接触浓度控制范围	危险分类	控制分类
1	粉尘：$>1\sim10mg/m^3$ 蒸气：$>50\sim500ppm$	皮肤和眼睛刺激	使用良好操作规程和全面通风
2	粉尘：$>0.1\sim1mg/m^3$ 蒸气：$>5\sim50ppm$	单纯接触，有健康损害	使用局部通风
3	粉尘：$>0.01\sim0.1mg/m^3$ 蒸气：$>0.5\sim5ppm$	严重刺激和腐蚀作用	密闭控制
4	粉尘：$<0.01mg/m^3$ 蒸气：$<0.5ppm$	单纯接触，高毒，生殖危险，致敏剂*	寻求专家建议

注：* 在任何浓度下对接触致敏剂的职业防护都需要听取专家的建议。

（3）化学品职业危害分类控制

1）危险度评估

危险度评估是为了确保工人在工作地点不因处理化学品而受伤害或患病，为确定可采取的预防措施奠定基础。因为企业在生产过程中要购买很多材料（如染料、颜料、墨印、涂膜、燃料、清漆、脱油剂、清洁剂、杀虫剂和杀真菌剂等）。如果处理不当，这些物质和制品（含有化学品）会造成伤害。除了显著影响工人的生命和生活，化学品事故和健康损害还会对企业造成负面影响，例如：降低生产力、工作的内动力损失、保险支出增加、成品质量低下、机械损害和材料损失等。

“危害”是指任何会对人或环境造成的伤害。“危险度”是人体健康、财产或环境实际遭受伤害的可能性（高或低）。可能影响伤害的发生的因素包括化学品的毒性、化学品的理化特性以及所接触物质的类型和程度（如气体、蒸气或气溶胶的吸入，经皮吸收，经口吞咽以及溅入眼睛等）。

国际公认的危险度术语（R－术语，R－Phrases）和安全术语（S－术语，S－Phrases）反映了化学品的危害、危险度和引起伤害的可能性。很多危险度术语涉及对人体的健康影响（如 R34 表示化学品“导致烧伤”），其他术语描述环境影响（如 R11 表示物质高度易燃）。安全术语为安全处理危险化学品和化学制品提供指南（如 S24 表示“避免接触皮肤”）。危险度术语和安全术语可以单独或联合使用，联合使用在数字间用“/”表示，如 R36/37 表示化学品有两种效应，即同时“对眼睛有刺激”、“对呼吸系统有刺激”。国际劳工组织制定的各种危险度术语含义见化学品职业危害分类控制技术，也可在相关网站上查阅最新版本。

供应商应当在其所提供的产品标签和物质安全数据说明书（MSDS）标明危险度术语。如果不能在 MSDS 上找到 R－术语，用户应当与供应商联系，寻求帮助。

2）危险性的决定因素

为了确定在操作、使用某种化学品或化学制品时是否产生重大风险，应当考虑两个因素，即所用物质的量（因素 1）和该物质在空气中的扩散能力（因素 2）。固体物质的扩散能力用“扬尘性”表示，液体物质的扩散能力用“挥发性”表示。化学品使用的量及其在空气中的扩散能力影响人对该物质的接触水平及该物质对人的潜在危害。

2. 化学品职业危害分类控制技术的分类方法

（1）危害水平的分类

为了帮助识别不同化学品的潜在危害，国际劳工组织使用危险度术语标识将危害由小到大分为五类（见表 1.17）。

危险度术语为 C 类的物质较 A 类和 B 类物质更危险。E 类的物质最危险。S 类表示，该物质如果沾到皮肤上或眼睛里是危险的。

对可能造成较严重危害的化学品控制要求，要比对危害较小的化学品的控制要求更为严格，以避免人或环境受到更严重损害。

如果在 MSDS 上有很多 R－术语，从 A 到 E 以不同的危害水平分组出现，通常选择危害水平较高的组，如 R21/22（B 组）和 R45（E 组）的化学品，危害水平分组选择 E 组。

如果不能在 MSDS 上找到 R－术语，或不能确定正确的危害水平分组，应当与供应商联系，寻求帮助。

表 1.17　危害水平分类表

危害级别		危险度术语
危害增大↓	A	R36，R38，R65，R66　所有粉尘和蒸气未分入另一级
	B	R20/21/22，R40/20/21/22，R33，R67
	C	R48/20/21/22，R23/24/25，R34，R35，R37，R39/24/25，R41，R43
	D	R48/23/24/25，R26/27/28，Carcinogenic cat 3，R40，R80，R61，R62，R63，R64
	E	Muta cat 3，R40，R42，R45，R46，R49
	S	R21，R42，R27，R34，R35，R38，R40/21，R39/27，R41，R43，R66

（2）使用量的分类方法

要确定处理一批（或在一天内连续操作）固态或液态物质的量，以少量、适量或大量表示，按表 1.18 供应商提供的物质的重量/体积和类型来确定使用量的分类。

表 1.18　确定使用量及分类

数量	单位	供应商的包装	体积
小	克	袋或瓶	毫升
中	千克	桶	升
大	吨	散装	立方米

注：如果不能确定数量，选择较大的量。

（3）粉尘扬尘性和液体挥发性的分类方法

物质的物理形态影响它扩散到空气的程度，因此，对固体物质考虑其“扬尘性”，对液体物质考虑其“挥发性”。扬尘性和挥发性都分为三类：即低、中、高。

1）扬尘性分类方法

低：不会破碎的固体小球，使用时几乎不产生粉尘，如 PVC 颗粒、蜡片。

中：晶体、粒状固体。使用时能见到粉尘但很快落下，使用后粉尘留在表面（如肥皂粉）。

高：细微而轻的粉末。使用时，可见尘雾形成，并在空气中停留几分钟（如水泥、炭黑、粉笔灰）。

如果不能确定数量，选择较高的量。

2）挥发性的分类方法

挥发性是指液体变成蒸气而扩散到空气中的能力。判定液体的挥发性需要知道沸点（如在化学品供应商提供的 MSDS 上查找）。按下述的沸点分类方法确定挥发性分类。

低：沸点在 150°C 以上。

中：沸点在 150°C 和 50°C 之间。

高：沸点在 50°C 以下。

在室温（约 20°C）以上进行的操作，一般会增加挥发性（如使液体蒸发扩散到空气的危险性增加）。

如果使用由两种或两种以上不同沸点物质组成的制品，按沸点最低的来确定其挥发性。

按彩插图 2 化学品沸点和操作温度来决定挥发性，纵向为沸点，横向为操作温度，两条线在图上的交汇点即为挥发性。

如果交叉点落在高挥发性到中挥发性的交界处，或中挥发性到低挥发性的分界处，选择级别较高的挥发性。

（4）化学品职业危害控制方法分类

化学品职业危害控制方法分类分为四种，分别用全面通风、工程控制、密闭控制和特殊方法描述，在彩插图 3 中的数字 1 至 4 表示四种控制方法，可以在工作场所实施，以提供适宜的保护水平来预防或将有害物质的接触控制在最低水平。

1）控制方法 1：全面通风

需要采取全面通风和良好操作规程。

2）控制方法 2：工程控制

采用接近危害源的半密闭式的局部通风。

3）控制方法 3：密闭控制

采取封闭或密闭危害源和危害物控制措施，只允许微量泄漏。

4）控制方法 4：特殊情况

需要咨询专家的意见选择所需的控制方法。

（5）化学品职业危害控制方法的确定方法

根据化学物质危害水平、使用的量和成为气溶胶的能力（扬尘性或挥发性），确定在贮存、使用、处理和处置某种化学品过程中可能发生接触风险所必需的预防控制方法见彩插图 3，图 3 的 1、2、3、4 数字表示所必需的四类控制方法。

（6）控制指南卡的确定

1）控制指南卡

使用彩插图 3，根据危害标识中使用的物质量（一批货一天中）及扬尘性（固体物质）或挥发性（液体物质），确定了所需的控制方法后，根据工作任务、操作过程、操作环境以及化学品性质、用量等，编制了相应的控制指南卡。按以下控制指南卡索引清单选择适合的控制指南卡号，具体控制指南可用于改善用人单位化学品管理水平。具体指南卡及其使用方法见《化学品职业危害分类控制技术》。

2）控制指南卡索引清单

控制方法 1　全面通风

工作任务	控制单内容	固体			液体		
		小量	中等量	大量	小量	中等量	大量
普通任务	全面通风	100	100	100	100	100	100
储存	一般储存	101	101	101	101	101	101
	露天大量储存	—	—	102	—	—	—
吸尘	清除吸尘区废弃物	—	103	103	—	—	—

控制方法 2　工程控制

工作任务	控制单内容	固体			液体		
		小量	中等量	大量	小量	中等量	大量
普通任务	局部排风	200	200	200	200	200	200
	通风柜	201	—	—	201	—	—
	层流罩	—	202	—	—	202	—
	排气工作台	203	—	—	203	—	—
储存	一般储存	101	101	101	101	101	101
除尘	清除除尘装置内废弃物	—	204	204	—	—	—
运输	传输带转运	—	205	205	—	—	—
	装袋	—	206	207	—	—	—
	袋或者包清空	—	208	—	—	—	—
	装小桶（<114L）	—	209	—	—	—	—
	从袋子或小桶向反应釜和混合器中加料	210	210	—	—	—	—
	国际散装船（IBC）装卸（固体）	—	—	211	—	—	—
	圆桶灌装（液体）	—	—	—	—	212	—
	用圆桶泵清空圆桶（液体）	—	—	—	—	213	—
称量	称量	201	214	—	201	—	—
混合	混合	201	215	216	201	217	217
细筛	细筛	218	218	—	—	—	—
粗筛	粗筛	—	—	219	—	—	—
表面涂膜	喷涂	—	—	—	220	221	—
	粉末涂膜	—	222	222	—	—	—
压成薄片	批量层压	—	—	—	—	223	223
	连续性	—	—	—	—	224	224
浸洗	稀酸洗	—	—	—	—	225	226
	蒸气除油	—	—	—	—	227	227
干燥	架盘烘干炉	—	228	—	—	228	—
	连续曲形烘干炉	—	—	—	—	229	229
破碎(制成小粒)	制成小粒	—	230	230	—	—	—
	压片	—	231	—	—	—	—

控制方法 3　密闭控制

工作任务	控制单内容	固体			液体		
		小量	中等量	大量	小量	中等量	大量
普通任务	密闭控制	300	300	300	300	300	300
	手套操作箱	301	—	—	301	—	—
储存	一般储存	101	101	101	101	101	101
吸尘	清除除尘装置内废弃物	—	204	302	—	—	—
运输	固体转运	—	303	303	—	—	—
	袋或者包清空	—	304	—	—	—	—
	圆桶灌装	—	—	—	—	305	305
	清空圆桶	—	—	—	—	306	—
	从袋子或小桶向反应釜和混合器中加料	210	210	—	—	—	—
	国际散装船装卸	—	—	307	—	—	308
	槽罐车装卸	—	—	309	—	—	310
	灌装小桶	—	311	—	—	—	—
	用泵转运液体	—	—	—	—	312	312
	装小袋	301	303	313	—	—	—
	装瓶	—	—	—	301	314	314
称量	称量	301	315	315	301	316	316
混合	混合	301	317	317	301	318	318
表面涂膜	机器人喷涂室	—	—	—	—	319	319
	自动粉末涂膜	—	320	320	—	—	—
浸洗	蒸气除油脂	—	—	—	—	321	321
干燥	喷雾干燥	—	322	322	—	322	322
破碎（制成小粒）	压片	—	231	—	—	—	—

控制方法 4　特殊方法

工作任务	控制单内容	固体			液体		
		小量	中等量	大量	小量	中等量	大量
普通任务	一般原则	400	400	400	400	400	400

经皮肤导致损害的化学品

工作任务	控制单内容	固体			液体		
		小量	中等量	大量	小量	中等量	大量
普通任务	一般建议	S100	S100	S100	S100	S100	S100
	个人防护设备的选择	S101	S101	S101	S101	S101	S101

（7）控制方法简介

1）控制方法1：全面通风

①概念

需要采取全面通风和良好操作规程。

②内容和要求

范围：这个控制单是ILO化学品控制工具包的一部分，应在控制工具包证实控制方法1的解决方案合适时使用。

工作场所出入口管理：

◎ 尽量让不必要的人远离作业场所。保证无人在下风向附近工作。

设计和设备：

◎ 确保空气新鲜畅通，可在室外作业；在室内作业时可能需敞开门窗，或者需要机械送风。

◎ 如在工厂建筑物内工作，通常需要在墙上安装风扇吹走污染空气，并使用空心砖、天窗、屋顶通风口让新鲜、清洁的空气进入室内。

◎ 不要在新鲜、清洁空气进入口附近排放污染空气。

◎ 尽可能确保清洁空气先流经工人再流经工作地点。在露天，让风将污染空气从工人身边带走。

◎ 确保工厂风扇的大小和数量足够将污染的空气从作业场所吹走（可能需要一个以上风扇）。推荐每小时最少换气5次。

保养：

◎ 保持风扇或排风机处在良好的工作状态。

检查和测试：

◎ 每天通电时检查风扇工作情况。在风扇笼抽风侧系上丝带，指示电扇在工作。

清洁和整理：

◎ 每天清洁工作仪器和工作地点。

◎ 立即清除渗出物。

◎ 不要用刷子或压缩空气清除粉尘，尽可能使用湿布或吸尘器。

◎ 容器使用后立即加盖。

◎ 容器存放在不会损坏的安全处。

◎ 储存挥发性液体的容器避免阳光直射。

个人防护用品（PPE）：

◎ 检查物质安全数据说明书（MSDS）或询问供应商必须配置的个人防护用品。

◎ 要求个人防护用品供应商提供有关适合操作时使用的个人防护用品的书面建议。请供应商培训用人单位和劳动者如何使用、维护和存放这些设备。

◎ 防护用品要维护好。不用时，擦洗干净后存放在干净、安全的地方。

◎ 过期或损坏时更换防护用品。

培训和监督：

◎ 告知劳动者他们工作中使用的物质的危害性，为何必须采用控制措施和个人防护用品（PPE）的理由。

◎ 教导他们安全处理化学品。检查控制措施是否正常运行，以及如何处理故障。

◎ 建议实施预防措施的检查系统。

2）控制方法 2：工程控制

①概念

采用接近危害物源的半密闭式局部排风系统。

②内容和要求

范围：这个控制单是 ILO 化学控制工具包的一部分，当工具包确定需要控制方法 2 的解决方法时，必要时使用它。对应用局部排气通风提出了规范的实施建议，是最常用的工程控制方式。局部排风适用于处理少量、适量到大量固体和液体的工作。

工作场所出入口管理：

◎ 非作业人员远离作业区。

设计和装置：

◎ 在污染源处使用局部通风（LEV）装置。在蒸气或粉尘扩散到工作地点前，应有足够的气流捕获粉尘或蒸气。对于粉尘，一般要求风速 1m/s 以上；对于蒸气，一般要求风速 0.5m/s。应在粉尘或蒸气的源头处测量风速（气流）。

◎ 尽可能封闭粉尘或蒸气发生源，阻止其扩散。

◎ 不要让工人到污染源和局部通风之间的中间地带，或者在污染空气的排放路径中。

◎ 可能的话，让操作远离门窗，以免抽吸物干扰局部排风和粉尘或蒸气的逸散。

◎ 选用短而直的排风管，避免使用长而弯曲的管子。

◎ 提供简易方法检查局部排风正常状态，如在吸风口侧系上丝带。

◎ 将抽出的废气排放到远离门窗和进风口的安全地方。小心别让排出的废气影响邻居。

维护：

◎ 使局部通风系统保持良好的工作状态。

检查和测试：

◎ 每天检查排风系统开启后的工作状态。

◎ 必要时每周检查一次管道，是否有损坏征象，是否需要修理。

◎ 每年至少彻底检查和测试一次通风系统。

清洁和整理：

◎ 作业场所只存留当天需要使用的量。

◎ 每天清洁作业设备和工作地点。

◎ 粉尘和蒸气是工作地点主要泄漏物，应立即清除所有的泄漏物。

◎ 不要用刷子或压缩空气清除粉尘。尽量用湿布或真空吸尘器。

◎ 容器使用后立即加盖。

◎ 将容器储存在不会受损的安全地方。

◎ 储存挥发性液体应避免阳光直射。

个人防护用品（PPE）：

◎ 检查物质安全数据说明书（MSDS），询问供应商必须配置的个人防护用品。

◎ 维护好个人防护用品。不使用时，擦洗干净，并存放在干净安全的地方。

◎ 按期更换或受损时更换防护用品。

培训和监督：

◎ 告知劳动者他们工作用的物质的危害，以及为何必须采用控制措施和个人防护用品（PPE）。

◎ 教导他们安全处理化学品。检查控制措施是否正常运行，以及如何处理故障。

3）控制方法3：密闭控制

①概念

应采取措施封闭或密闭有害物质，只允许微量泄漏。

②内容和要求

范围：这个控制单是ILO化学品控制工具包的一部分，当工具包确定控制方法3的解决方案时，必要时应该使用它。这个控制单给出了密闭控制实施规范的建议，描述了将接触减少到适宜水平所必须遵循的关键环节。密闭能适用于小量、中量和大量的固体和液体的作业。这个控制单确定了需要保护健康的最低标准。但是它不能证明比过程控制或其他危险控制标准低是合理的。

工作场所出入口管理：

◎ 工作地点和设备应该清楚地张贴警示标识。

◎ 控制进入作业区。只有经过培训、必须进入的工人才能进入有危险的工作地点。

设计和设备：

◎ 处理材料要在密闭系统中进行，用固体屏障隔开工人和有害物质。

◎ 在控制条件下，即接触时间只几分钟，并且处理少量材料，允许密闭系统仅有有限的泄漏，例如，进行质量控制测定时的采样。

◎ 密闭系统要易于维护。

◎ 尽量保持设备在负压状态以减少泄漏。

◎ 将废气排放到远离门窗、走廊和进风口的安全地方。要注意不能让废气影响邻居。

◎ 准备污水坑或将排水系统分开，防止泄漏和溢出而污染公共排水管道或水系。

维护：

◎ 确保所有使用的设备处在良好的维护和有效的工作状态。

◎ 所有维护工作都要采纳“工作许可证制度”。

◎ 在系统开放或进入前记录并遵循一切必需的特殊处理程序，如净化或清洗。

◎ 只有在检查了有害或可燃物质和足够的氧气（氧气浓度18%～22%）后，才能进入密闭管道。

检查和测试：

◎ 应每周检查一次所有的设备，看是否有损坏征象，是否需要修理。

◎ 至少每年对系统进行一次全面的检查和测试。

清洁和整理：

◎ 每天清洗工作设备和工作地点。

◎ 立即清除泄漏物。

◎ 不要用刷子或压缩空气清除粉尘。尽量使用湿布或真空吸尘器。

◎ 容器使用后立即加盖。

◎ 将容器储存在不会损坏的安全地方。

◎ 储存挥发性液体的容器应避免阳光直射。

个人防护用品（PPE）：

◎ 检查物质安全数据说明书（MSDS）或者询问供应商必须配置的个人防护用品。

◎ 日常工作不需要呼吸防护用品（RPE），但是在清洁、维护和处理泄漏时必须使用。

◎ 注意一些维护任务可能涉及进入密闭空间，如在没有足够纯净空气供呼吸时可能需要供气式呼吸防护用品。

◎ 维护个人防护用品。不使用时擦洗干净，存放在干净安全的地方。

◎ 按规定的间隔时间周期定期或损坏时更新防护用品。

培训和监督：

◎ 告知劳动者他们工作中的物质的危害，以及为何必须采用控制措施和提供个人防护用品（PPE）。

◎ 教导他们安全处理化学品。检查控制措施是否正常运行，以及如何处理故障。

◎ 建立预防措施实施的检查系统。

4）特殊情况

需要专家咨询选择必需的控制方法。

3. 国内外研究进展、运用与发展方向

（1）分类控制技术已经在国外得到广泛应用

分类控制技术的理念国际上已得到应用的例子之一是危险化学品的运输，另一个例子是制药行业实行分类控制技术和良好操作规程以安全处理新药和材料。

英国制定了化学品职业危害分类控制技术简易要素，又称 COSHH，在《化学品职业危害分类控制技术》中已经全文介绍。

美国多次召开研讨会和培训班研讨和推广化学品职业危害分类控制技术，目前美国正在将其 MSDS 的 R 术语与欧洲的相对应，还在考虑与现行美国法律相适应，并开展一系列的活动和项目，以调查化学品职业危害分类控制技术在企业中的潜在适应性和应用价值，尤其在中小企业中潜在适应性和应用价值。

（2）国际组织积极推动分类控制技术的应用和研究

国际化学品安全署（IPCS）、国际劳工组织（ILO）、联合国环境规划署（UNEP）和世界卫生组织（WHO）已经在 ILO 网站上联合发布国际化学品职业危害分类控制工具包。国际组织自 2002 年开始多次召开化学品职业危害分类控制技术研讨会、培训班等。IPCS 正致力于将国际化学品分类和标签协调系统（GHS）危害分类增加到其 1300 多种国际化学品安全卡上。WHO 正在与其职业卫生合作中心合作，在十余个国家开展本分类控制技术的试点和研发工作。

（3）我国已开展的工作和展望

1）我国也参与 WHO 合作中心的工作

中国疾病预防控制中心职业卫生与中毒控制所组织编写的《化学品职业危害分类控制技术》已经于 2006 年 1 月出版发行。书中全面介绍了国际化学品职业危害分类控制工具包及其相关技术工具的最新版本、德国起草的国际化学品管理指南以及英国的 COSHH。

结合 2004 ~2005 年 WHO 与中国的合作项目，在我国已经培训职业卫生技术人员 600 余人，还将培训 400 余人。

结合 2006 ~2007 年 WHO 基础职业卫生试点项目，中国疾病预防控制中心职业卫生与中毒控制所目前已在福建、广东、上海、山东和河北 5 省开展中小企业化学品职业危害分类控制技术试点工作。

WHO 邀请中国疾病预防控制中心专家了参加 2006 年 5 月在意大利召开的国际 WHO 职业卫生合作中心化学品职业危害分类控制技术研讨会，目前中国疾病预防控制中心职业卫生所也参加了 2006 ~2010 年 WHO 职业卫生合作中心化学品职业危害分类控制技术项目的研发和试点工作。本书所制定的岗位职业危害的预防控制指南也是职业危害分类控制技术成功应用的成果之一。

2）化学品职业危害分类控制技术在我国的展望

通过试点和研发完善有关化学品职业危害分类控制技术指南卡；与我国有关法规融合，提出适宜我国的化学品职业危害分类控制技术的指南卡；准备和提供实施化学品职业危害分类控制技术指南卡的有关技术工具，如追踪国际化学品安全卡；培训有关专业人员；在部分省开展中小企业试点和干预，并达到推广，指导更多企业使用化学品职业危害分类控制技术。通过国际合作项目参加新的职业危害分类（如高温、工效等）控制技术指南卡的撰写。

可以预测，通过以上工作将使更多的中小企业从中受益，分类控制技术的理念、策略和技术将对我国化学品的管理，以及新、改、扩建等建设项目职业病危害的分类管理政策产生重大影响。

（七）中小企业职业危害预防控制

在世界范围内，中小企业对国民经济发展发挥着重要作用，中小企业扩大了就业，丰富了市场，世界各国经济的发展都离不开中小企业的贡献。

但是由于激烈的市场竞争，中小企业很难在竞争中取胜，很多中小企业很难成长甚至于难以维系，每年都有许多中小企业因财务、生产和市场问题而破产。

作为一个企业家每天要忙于应付很多难题，就会因此没有时间顾及无数小的影响生产效率和产品质量的缺陷，久而久之这些问题就会堆积成山，酿成大祸，如果这些企业家每天肯投入一点时间对这些问题循序渐进地加以处理，那么可能就会事半功倍。

因此，针对中小企业常见的共性问题，国际劳工组织总结了许多中小企业成功的经验，出版了 *Work Improvement in Small Enterprises*（*WISE*），该手册阐述了切实可行的理念和方法，以帮助企业建立有效的企业管理制度和采取有效的措施，进而促进中小企业的生存和发展。

1. 该手册主要内容

该手册所阐述的理念和方法来自近年来国际劳工组织与中小企业联合行动的成果，每一点都与企业的生存和发展息息相关。很多企业家都会碰到这样的问题：“如何降低成本并提高生产效率？”他们可能作出如下回答：①减少原物料的浪费；②减少产品损坏；③提高工作质量；④改善机器、设备的维护和维修；⑤引进更具效率的生产布局；⑥减少机器闲置时间；⑦减少工人浪费的时间；⑧减少物品；⑨容许产品的更新换代；⑩事故预防；⑪引进更好的工作方法；⑫劳动组织更加有效。

企业家遇到的第二个问题：“工人们能帮什么忙?”，当然工人们能帮助提高生产效率的方法很多，包括：①学习更多的技能；②注意产品质量和生产效率；③注意维护机器和生产设备；④避免缺勤和迟到；⑤始终牢记企业的效益；⑥使用适宜的工作方法和劳动组织方式；⑦努力工作；⑧快速适应；⑨遵守规则；⑩完成生产定额、达到生产标准；⑪遵守纪律、加强合作；⑫避免事故发生；⑬提出合理化建议。

一个不断降低成本、提高生产率并改进产品质量的企业更有希望生存和发展，这意味着需要：①最有效地使用设施、设备和机器；②激发工人最高的工作效率。

上述任何一个目标都不容易实现，影响中小型企业实现这些目标的问题很多，比如，机械设备不适宜，厂房太小，电气、水或运输问题，原物料质量差，工人缺乏技能或干劲等，这些问题都需要不断加以克服和解决。

针对影响生产设施、操作、工人的工作效率和积极性的因素，该手册中阐述了一些基本的原理并给出了许多切实可行、成本低廉的范例，详细内容阐述如下：

（1）物料的存放和运输

物料的存放和运输是整个生产过程最重要的组成部分，如果物料存放和运输有保障，就能确保生产过程顺利进行，帮助减少许多延误和瓶颈问题。需要强调的是，存放和运输本身不仅不会增加任何附加值或利润，反而会因物料损坏或被破坏，导致资金损失，甚至引发事故。对于企业家而言，改进物料的存放和运输就意味着：恢复被占用的空间，减少寻找工具和物料而浪费的时间，降低因减少工作量、简化物品管理、减少不必要操作和全面改观工厂外观而支付的成本。

（2）工作台的设计

大多数工作都在工作台上进行，工人们在这里每天重复着数百次同样的工作。如果对此作出小小的改进，那么所获得的效益就会放大好多倍。不适或强迫的工作姿势和动作会使产品质量和生产率低下，也容易使人产生疲劳。做一些简单的改进，比如使用夹具、固定装置、稳定的工作台或把工具和物料放置于容易取用的地方等，都会变成可观的经济效益。

（3）生产设备的安全

尽管没有人希望发生事故，但工人和管理者都常常会因为觉得防护设施成本高、影响工作效率而忽视设备自身的安全问题。然而使用科学技术如配置现代的加料和出料设施，既可以消除危险隐患，也能提高生产效率。需要认识到：使用安全防护设施并不需要很大的投入，更重要的是不会降低生产效率。

（4）有害物质的控制

几乎所有的中小企业都会普遍存在不同类型或不同状态的有害物质。接触多种化学物质会引起疲劳、头痛、眩晕，眼睛和呼吸道刺激等症状，进而会导致生产效率和产品质量低下，使工人缺勤率上升、人员流失。高浓度的粉尘、油污、涂漆或其他喷涂物会影响工作效率，需要额外的监督检查和清洁，甚至损坏物料或产品，增加成本。通过采取一些简单、低成本的措施就会控制这些问题的发生。

（5）照明

良好的照明条件和视觉效果通常会提高生产效率，减少工人的作业难度并避免过度疲劳，这对于节奏快、精细工作或质量要求高的工作尤其重要。改善照明条件不意味着一定要增加过多花费，充分利用日光并定期进行清洁和维护，通常能改善照明，同时能减少电费支出。

（6）福利设施和服务

福利设施是企业基本设施之一。在每天的工作中，工人需要喝水或其他饮料、吃正餐或快餐、洗手、去洗手间、休息并缓解疲劳。这些福利设施不是额外的东西，也不是奢侈品，那些有关条件满足后，改善福利设施就会提高生产效率。良好的福利设施对于提高生产效率至关重要，也会促进工人的身体健康，鼓舞工人的士气，提高积极性以及工作满意度和参与意愿。

（7）工作厂房

大多数小型企业的厂房都不是为目前生产而专门设计的，另外，新设备通常占据大部分空间，从而导致生产布局不合理。即使对旧的建筑物，也还有许多事情可以做，例如改进顶棚、墙壁和地面等。这些简单的措施就可大大解决通风、散热和污染问题。

（8）劳动组织

劳动组织和作息时间的改进会充分调动工人的积极性并提高生产效率。现代工作管理技术比如工作重组、设立备货架（或盒）（buffer stocks）、鼓励工人一专多能、成组式工作台的开发和利用、以产品为主导的组织管理等都有着很多优势，包括使工作流程更加有效和顺畅、提高产品质量、组织管理更灵活、减少昂贵设备闲置时间、减少必要的监督。这些技术是大公司之间竞争的产物，但引入到小企业中会促进其生存和发展。

除上述这八种技术主题外，本书还分章叙述了如何确定改善措施、采取行动。第二章为检查表，用于技术内容和所建议的可行的改进办法。第十一章完整系统地阐述了改进步骤（尤其面对复杂和困难的情况）；也解释了为什么持续改进是企业永恒的主题，而不是一次性措施。

2. 如何使用该书

职业安全卫生管理部门和技术机构、企业家联合会、工会或其他机构组织可使用此书培训企业家。通过系统地学习，帮助他们采取改进措施并从中获利。

如果业主自己使用此书，就应尝试使用一些从书中学到的改进办法，最好是能够与相同类型企业的业主或经理一起使用此书，这样会因此免费咨询到其他企业是如何解决所遇到的难题，看其他企业如何改进，从那些成功的企业中获得经验。通过各种形式寻找5～8家同类企业的业主或经理一起学习。如果要组织一个小型的行动小组，那么应当遵循下列步骤：

①对本小组的每一个成员在每一个企业实施检查表（第二章），一起讨论结果并让每一个业主提出自己的优先行动；②一起讨论技术章节（第三章到第十章），看自己能否改进表上所列的工作；③要求每一个成员以第十一章（改革的实施）所建议的方式，按表中内容尝试实施一项或多项复杂的改革，小组一起讨论结果；④按表格内容进行改革，有时要与小组成员讨论难点和新的解决办法。

你可能觉得组织一个学习小组很费力，不如将时间花在改善自己的工厂上面合算，其实不然，组织一个学习小组，你会惊讶地发现其他人会用另一种视角观察你的工厂和生产方法，并提出很多好的建议，你也会因为用你的经验帮助其他的业主或经理而倍感愉快。

如果你不能组织一个学习小组，你仍可以从本手册中获益。使用检查表，研究章节，尝试新的改进并重复这些过程，并持续改革和改进。如果你停滞不前，你就会失去已经得到的；如果你继续前行，你就会巩固并建立你已经取得的成果。

最后强调一点：要经常与政府主管部门、行业协会、其他技术机构保持联系。如果你参加了他们组织的培训课程，你就应坚持下去，定能从中获益。如果是自己独自学习，或在小组中学习，你也可以求得技术帮助。如果你觉得应该组织一次培训课程，你就应建议当地部门或机构看一下与工作手册配套的培训手册，也许他们会因为感兴趣而组织一次培训，从而拓展了你学习和实践的空间。

3. 该手册的检查表

该检查表是帮助企业识别哪里需要改进的强有力的技术工具。检查表中的各项内容均可应用到实际工作中，绝不是简简单单地填写可能发生的问题。大多数方法简单易行，相关章节对每一点如何使用和改进进行了详细说明。

检查表应由每个人独立填写，填写后大家一起讨论。这样的讨论也可以作为培训课程的一部分。在学习小组中，应将检查表分发给每一个成员，并对自己的企业进行检查。如果你是自己做工作，应让监督员或工人来填写检查表，一起讨论改进办法。

（1）如何使用检查表

1）如果不是仅仅针对自己的公司，那么应需要一些基本资料。可向用人单位询问所有相关问题，包括主要的产品及其生产方式、工人的数量（男性和女性）、工作时间（包括午休、其他休息时间和加班时间）和任何重要的操作或劳动问题。

2）确定所要检查的工作区域。如果是小型工厂可以检查整个工作区域。如果是大型工厂，要确定需要单独检查的特殊区域。

3）在检查前，通读检查表，并花点时间到工作区域巡检一遍。

4）仔细阅读每一项内容，寻找适宜的解决办法。如果需要，应向用人单位或劳动者询问。如果已经采取了措施或认为没有必要采取措施，那么在“你打算采取行动吗?”下面的“不”处作标记。如果你认为这样的措施值得做，那么就在“是”处做标记。在备注下写出应当采取措施的建议和位置。

5）标记完成后，再看一下标“是”的项目，根据重要性再在最重要的问题上标记“优先解决”。

6）结束选项前，再次确认对每一项都进行了标记，并在“是”下对“优先解决”也进行标记。

（2）检查表

一、物料存放和运输

1. 将所有不常使用的物料清除出工作区域。

你打算采取行动吗？

□不　□是　□优先

备注：

2. 提供便利的货架存放工具、原物料、备件和产品。

你打算采取行动吗？

□不　□是　□优先

备注：

3. 用特制的货架托撑、运输原物料、半成品和成品。

你打算采取行动吗？

□不　□是　□优先

备注：

4. 把物料、托架和工作台放到易于搬运的带轮车上。

你打算采取行动吗？

□不　□是　□优先

备注：

5. 使用手推车、可移动货架、吊车、传送带或其他机械辅助设施搬运重物。

你打算采取行动吗？

□不　□是　□优先

备注：

二、工作台

6. 把开关、工具、控制设施和物料放置于工人容易取用的地方。

你打算采取行动吗？

□不　□是　□优先

备注：

7. 使用升降机、杠杆或其他机械辅助设施以降低工人的劳动强度。

你打算采取行动吗？

□不　□是　□优先

备注：

8. 为每一处工作台配备稳定的工作台面。

你打算采取行动吗？

□不　□是　□优先

备注：

9. 工作期间使用夹具、夹钳、老虎钳或其他固定装置固定部件。

你打算采取行动吗？

□不　□是　□优先

备注：

10. 调整设备、控制设施或工作台面的高度以避免工人工作时弯腰或抬手。

你打算采取行动吗？

□不　□是　□优先

备注：

11. 改变工作方法可使工人以站姿或坐姿交替进行工作。

你打算采取行动吗？

□不　□是　□优先

备注：

12. 提供高度适当、靠背结实的椅子或长条凳。

你打算采取行动吗？

□不　□是　□优先

备注：

三、生产设备的安全

13. 为机器的活动部件和电缆传输设备配备适合的安全防护设施。

你打算采取行动吗？

□不　□是　□优先

备注：

14. 当工人的手处于危险中时，采取能阻止设备运行的安全防护设施。

你打算采取行动吗？

□不　□是　□优先

备注：

15. 重新设计那些可影响能见度、生产或维护的安全防护设施。

你打算采取行动吗？

□不　□是　□优先

备注：

16. 使用机械装置或料斗机械进料以避免危险，提高生产效率。

你打算采取行动吗？

□不　□是　□优先

备注：

17. 确保机械维护正常，没有破损或不稳定的部件。

你打算采取行动吗？

□不　□是　□优先

备注：

四、危险物质的控制

18. 使用低危险的化学品替代高危险的化学品，比如用烧碱或脂肪烃类物质替代有机溶剂。

你打算采取行动吗？

□不　□是　□优先

备注：

19. 确保所有有机溶剂、油漆、胶水等都装在加盖的容器中。

你打算采取行动吗？

□不　□是　□优先

备注：

20. 配置或改善局部通风设施。

你打算采取行动吗？

□不　□是　□优先

备注：

21. 确保接触危险物质环境中的工人在吃饭、喝水前能用肥皂洗手，在回家前洗澡、换衣服。

你打算采取行动吗？

□不　□是　□优先

备注：

22. 提供足量和适宜的防护眼镜、面罩、口罩、耳塞、安全鞋、头盔或手套。

你打算采取行动吗？

□不　□是　□优先

备注：

23. 指导并培训工人正确使用和维护个人防护用品，定期检查其使用情况。

你打算采取行动吗？

□不　□是　□优先

备注：

五、照明

24. 增加天窗并使天窗和窗户保持干净。

你打算采取行动吗？

□不　□是　□优先

备注：

25. 把天花板涂成白色，墙壁涂成浅色，并保持清洁。

你打算采取行动吗？

□不　□是　□优先

备注：

26. 可通过增加光源、安装反射镜或对现有光源重新定位，为所有工作提供全面的人工照明。

你打算采取行动吗？

□不　□是　□优先

备注：

27. 给灯泡加上护罩或重新定位，防止眩光造成分神或视疲劳，用亚光面替代光面，或重新调整工人的工作位置，避免正对从窗户射进来的强光源或其他光源。
你打算采取行动吗？
□不　□是　□优先
备注：

28. 特别是对于精密工作，一定要配备局部照明或可调节亮度的灯具。
你打算采取行动吗？
□不　□是　□优先
备注：

29. 清洁并维护照明装置，定期更换灯泡。
你打算采取行动吗？
□不　□是　□优先
备注：

六、福利设施

30. 在所有工作场所提供充足、清凉、安全的饮用水。
你打算采取行动吗？
□不　□是　□优先
备注：

31. 在工作区域附近提供常规卫生设施，包括洗手用的肥皂和女厕所。
你打算采取行动吗？
□不　□是　□优先
备注：

32. 提供独立、清洁、舒适的餐饮场所。
你打算采取行动吗？
□不　□是　□优先
备注：

33. 提供存放衣物、自行车或其他个人用品的场所。
你打算采取行动吗？
□不　□是　□优先
备注：

34. 提供急救设备并培训合格的急救人员。
你打算采取行动吗？
□不　□是　□优先
备注：

七、厂房

35. 金属墙壁和屋顶要衬上保温物料，改进楼房的保温状态。
你打算采取行动吗？
□不　□是　□优先
备注：

36. 增加天花板或墙壁开孔，增加窗户或打开大门，促进自然通风。
你打算采取行动吗？
□不　□是　□优先
备注：

37. 把热源、噪音源、烟源、氩弧焊接等移到厂房外，或安装足够的排气装置、栅栏、屏风或其他设施。
你打算采取行动吗？
□不　□是　□优先
备注：

38. 在容易取用的地方安装足够的灭火器，并确认工人知道如何使用。
你打算采取行动吗？
□不　□是　□优先
备注：

39. 每个楼层或每一个大的房间至少配备两条没有阻碍的通道出口。
你打算采取行动吗？
□不　□是　□优先
备注：

40. 使出口通道保持畅通，或配备标记或栅栏使之保持畅通，确保能使人或物品没有障碍地通过。
你打算采取行动吗？
□不　□是　□优先
备注：

41. 消除磨损、不规则、缠绕的电器接线情况。
你打算采取行动吗？
□不　□是　□优先
备注：

八、劳动组织

42. 用组合机器完成工作任务。
你打算采取行动吗？
□不　□是　□优先
备注：

43. 可通过变换不同工作任务、改变姿势、短时休息、听听音乐或与其他工人交谈等方法，使工人保持警觉，减少疲劳。
你打算采取行动吗？
□不　□是　□优先
备注：

44. 可利用备货架（或盒）（buffer stocks）保持工作流程，以容许工人自我调节工作节奏。
你打算采取行动吗？
□不　□是　□优先
备注：

45. 用质量小组或团队工作提高生产效率和产品质量。
你打算采取行动吗？
□不　□是　□优先
备注：

46. 重新布置工作布局和工作程序以改进生产流程。
你打算采取行动吗？
□不　□是　□优先
备注：

第 2 部分

铸造作业职业危害识别、分析与控制

一、铸造作业职业危害识别与分析

（一）工艺技术、材料和设备

铸造生产是将熔融的金属或合金材料倒入预先制备好的模型中使之冷却、凝固，而获得毛胚或零件。铸造工艺可分为砂型铸造和特种铸造。砂型铸造用途最广，其工艺过程为砂处理⟶造型⟶浇注⟶凝固与冷却⟶去浇冒口⟶清理⟶检查入库等。配砂、造型、制芯、熔化、浇注、落砂和清理等生产过程为铸造工艺的主要工序，如图 2.1 所示。

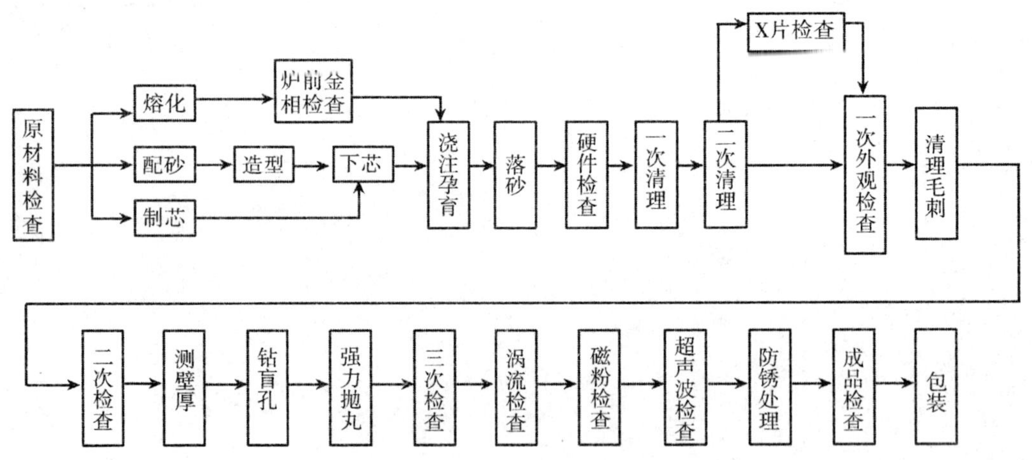

图 2.1　铸造工艺流程图

1. 砂处理

（1）工艺、设备：砂处理为造型、制芯提供型砂及芯砂。其特点是原材料种类多、消耗量大以及劳动条件差。砂处理的核心设备是混砂机，不同的型芯砂制备要采用不同的混砂机。

（2）岗位及工种分布：包括烘砂、混砂和配砂。

（3）主要的职业性有害因素：型砂涉及矽尘和噪声；芯砂涉及矽尘、噪声、氨、酚和甲醛。

2. 造型

（1）工艺、设备：造型是铸造的核心，主要生产工序是造型、下芯、合型、浇注、冷却和落砂，造型工艺流程如图2.2所示。

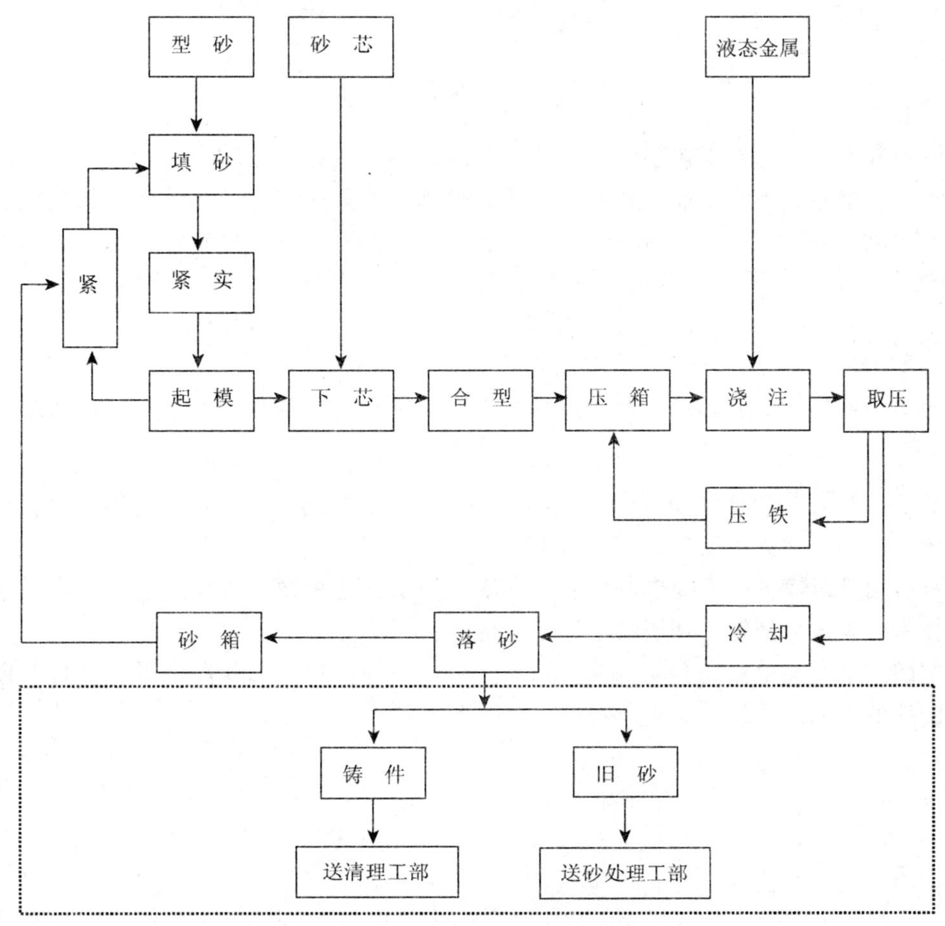

图2.2　造型工艺流程图

目前，大型汽车铸造厂都采用由造型机及辅机（合型机和铸型输送机等）组成的自动化造型生产线进行生产，中小企业多采用手工或简单机械造型。手工造型适用于小批单件生产及新产品试制。汽车铸件批量大、要求高，一般采用自动化生产线造型。根据对型砂施加紧实力的方式不同，机械造型又分震击造型、高压造型、气冲造型、射压造型及抛砂造型等。根据砂型胶黏剂不同，又可分为以黏土为胶黏剂的黏土造型和以树脂为胶黏剂的壳型和自硬砂型造型等。黏土砂型又分为干砂型和湿砂型，汽车铸件大量生产一般采用湿砂型。

（2）岗位及工种分布：造型和下芯。

（3）主要的职业性有害因素：矽尘、噪声和多环芳烃。

3. 制芯

（1）工艺、设备：制芯是生产出合格的砂芯。制芯工艺流程如图2.3所示。

由于所采用的胶黏剂不同，芯砂的性能也不同，型芯的制造方法及其所用的设备也不同。根据胶黏剂的硬化特性，制芯工艺有如下几种：①型芯先在芯盒中成形，然后从芯盒中取出，再放进烘炉中烘干。属于此

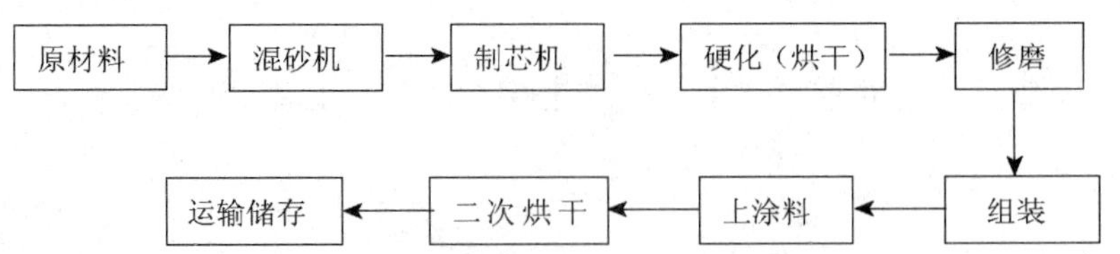

图 2.3　典型的制芯工艺流程

类制芯工艺的芯砂有黏土砂、油砂及树脂砂等。②型芯的成形及加热硬化均在芯盒中完成。属于这类的有热芯盒及壳芯造芯等。③型芯在芯盒里成形并通入气体而硬化。属于这类的有水玻璃二氧化碳法及气雾冷芯盒法等。④在芯盒中成形并在常温下自行硬化到形状稳定。属于这类的有自硬冷芯盒法及流态自硬砂法等。制芯机是制芯的核心设备。在现代化的铸造生产中，已广泛采用热芯盒（或壳芯制芯）及气雾冷芯盒法制芯。

（2）岗位及工种分布：制芯、修芯、涂料及烘芯。

（3）主要的职业性有害因素：矽尘、噪声和多环芳烃，用树脂作胶黏剂制芯时还接触酚、甲醛和氨。

4. 熔化、浇注

（1）工艺、设备：熔化提供浇注所需的合格的液态金属。根据熔炼合金的种类不同可分为铸钢、铸铁和有色金属三种。铸铁熔炼以冲天炉为主，铸钢以工频炉（或中频）电炉或电弧炉为主，有色金属则以电阻炉熔化为主。近年来，由于对铸件材质要求提高和对环境保护措施的重视，熔化工艺有较大发展，汽车铸造厂多采用电炉熔炼技术，有效地减轻了环境污染和职业危害。

浇注是将熔化的铁水或其他液态金属倒入砂箱的型腔内，待自然冷却凝固后即成铸件。以铸铁冲天炉熔化为例，熔化和浇注的工艺流程如图 2.4 所示。

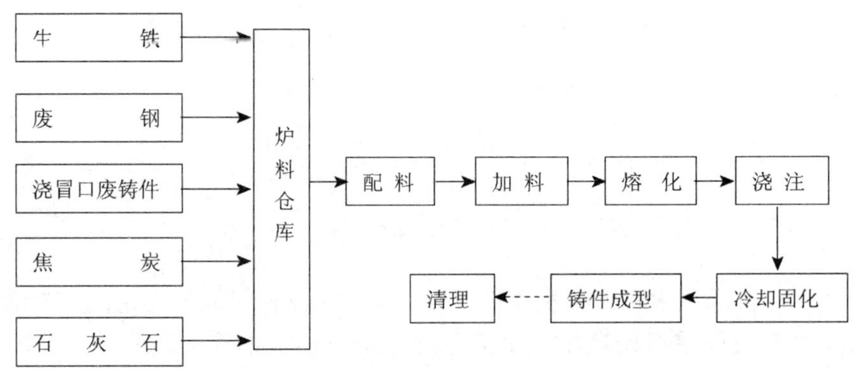

图 2.4　熔化工部工艺流程示意图

（2）岗位及工种分布：熔化和浇注。

（3）主要的职业性有害因素：熔化有粉尘、高温、热辐射、一氧化碳、二氧化硫、氟化氢和多环芳烃等。浇注有高温、热辐射、矽尘、一氧化碳、二氧化硫、氟化氢和多环芳烃等。

5. 清理

（1）工艺、设备：清理的主要任务是去浇冒口、铸件表面清理及缺陷修补等，其主要工艺如图 2.5 所示。

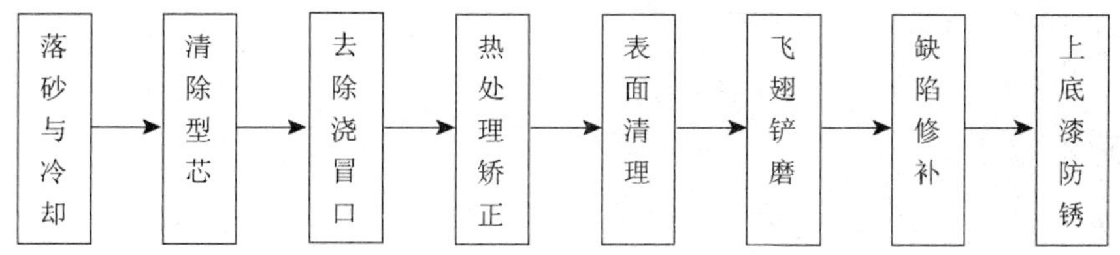

图 2.5　清理的主要工艺流程图

清理可分为湿法清理和干法清理。前者是利用水力的作用对铸件外部和内部进行清理；后者是利用机械打击或摩擦的方法来清理铸件表面。一般情况下采用干法清理，常见的有抛丸清理、滚筒清理和喷丸清理等。

抛丸清理是利用高速旋转的叶轮将弹丸抛向铸件，靠弹丸的冲击去掉铸件表面粘砂和氧化皮，适于多品种和批量生产。该方法效果好、生产效率高、劳动强度低和易实现自动化，在生产中应用广泛。

喷丸清理是利用压缩空气将弹丸抛向铸件表面实现清理，其特点是操作灵活，可清理具有复杂内腔和深孔的铸件，一般用于大件及重型铸件，但喷丸清理具有能源消耗大、效率低、劳动条件差以及不宜实现自动化等缺点。

滚筒清理是利用铸件与星铁之间的摩擦和轻微撞击来实现清理，其特点是设备结构简单、易制造以及清理效果好，一般用于清理小于 300kg 容易翻转而又不怕碰撞的铸件，其缺点是生产率低、噪声大，已逐渐被抛丸清理取代。

（2）岗位及工种分布：落砂、喷（抛）丸、手工清理及焊补。

（3）主要的职业性有害因素：喷（抛）丸清理有矽尘和噪声；手工清理有矽尘、噪声和振动；落砂有粉尘、噪声、振动、高温和热辐射以及多环芳烃；焊补有二氧化锰、电焊烟尘、高温和热辐射。

（二）主要职业性有害因素检测结果与分析

铸造作业环境中职业性有害因素种类复杂、多种有害因素浓度超标，呈现高浓度粉尘、高浓度金属烟雾、多种低浓度化学性职业性有害因素、高强度噪声及振动、高温、不良体位等职业性有害因素共存的特点。为了阐明铸造作业职业性有害因素特点，本次收集了 1978 ~ 2008 年铸造厂作业环境中粉尘、化学性职业性有害因素和物理性职业性有害因素的定期检测资料，其中，粉尘包括矽尘、砂轮磨尘、煤尘、石棉尘、电焊烟尘，共 2424 个采样点（2978 份样品）；化学性职业性有害因素包括氨、苯酚、酚醛树脂、甲醛、苯、甲苯和二甲苯，共 385 个采样点（451 份样品）；物理性职业性有害因素包括高温、热辐射和噪声，共 173 个采样点（179 份样品），同时补充测定作业环境空气中呼吸性粉尘（8 个采样点，8 份样品）的浓度，以及苯并（a）芘、铅烟、镉及其无机化合物、锰及其无机化合物、镍及其无机化合物、铬及其盐、硫化氢、磷化氢、二氧化硫、一氧化碳等化学性职业性有害因素 42 个采样点（96 份样品）的浓度。一氧化碳、甲醛检测采用直读检测仪，苯并（a）芘检测采用欧洲标准方法，其他有害物质检测均采用国家标准方法。结果报道如下：

按车间及工种，该厂铸造作业环境中主要职业性有害因素的浓度及逐年变化趋势如下：

1. 粉尘

（1）粉尘定量测量：粉尘浓度的频数分布呈左偏态分布（图 2.6），将浓度数据取对数后其分布接近正态（图 2.7），故以几何均数描述粉尘浓度的分布以为恰当。

1978 ~ 2008 年粉尘浓度监测结果见表 2.1 ~ 表 2.8 及图 2.8、图 2.9。

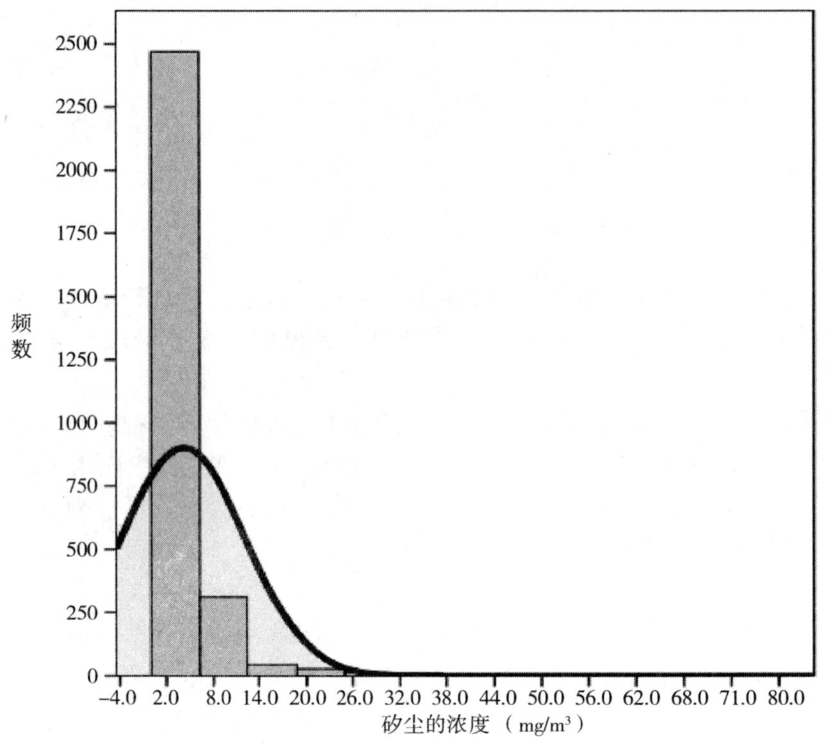

图 2.6 铸造厂车间空气中矽尘浓度的分布（1978～2008 年）

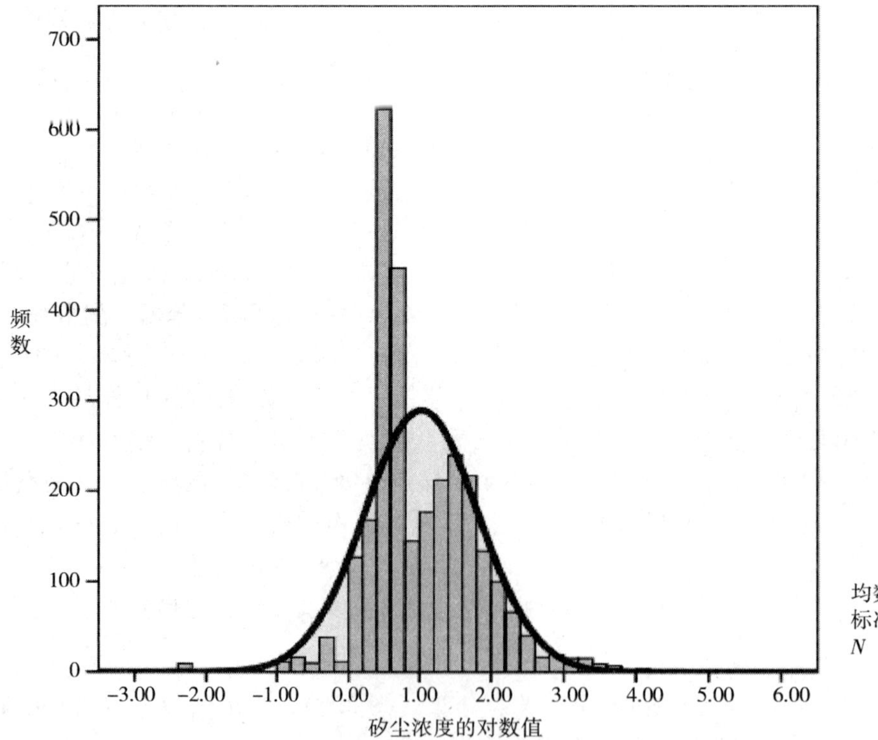

图 2.7 铸造厂车间空气中矽尘浓度对数值分布（1978～2008 年）

表 2.1　铸造厂主要车间及工种环境空气中矽尘浓度监测结果（1978～2008 年）

单位：mg/m³

车间	工种	1978～1985 年			1986～1989 年			1990～2002 年			2003～2008 年		
		均数(*n*)	几何均数	范围	均数(*n*)	几何均数	范围	均数(*n*)	几何均数	范围	均数(*n*)	几何均数	范围
一车间*	配砂	55.0(16)	27.1	2.0～248.0	6.0(28)	3.2	0.5～36.8	3.5(96)	2.5	0.8～37.5	3.0(11)	1.7	0.4～8.8
	清理	12.9(21)	9.5	1.8～48.6	2.5(7)	2.4	1.6～4.0	5.2(38)	3.8	1.4～22.5	5.3(35)	3.5	0.3～19.5
	造型	3.8(8)	3.1	1.1～9.7	2.4(28)	1.9	0.6～7.2	2.4(72)	2.0	1.0～11.7	1.6(9)	1.2	0.3～4.8
	制芯	—	—	—	3.2(14)	2.0	0.4～13.2	1.6(18)	1.6	1.2～2.0	—	—	—
	熔化	—	—	—	4.9(7)	4.8	3.8～6.0	4.4(22)	4.1	1.8～6.4	6.4(6)	3.1	0.3～23.7
	浇注	—	—	—	3.8(7)	3.3	1.3～6.2	4.3(23)	3.5	0.1～7.6	2.1(5)	1.6	0.5～4.5
二车间	配砂	—	—	—	—	—	—	2.2(59)	1.9	0.8～8.8	1.3(15)	0.9	0.5～4.0
	清理	26.7(14)	13.5	2.2～153.4	3.2(79)	2.4	0.4～12.8	4.1(442)	3.2	0.1～31.2	5.2(68)	3.5	0.5～22.4
	造型	7.7(5)	6.5	2.3～10.9	—	—	—	2.2(4)	2.1	1.5～4.2	2.2(35)	1.9	0.8～4.5
	制芯	8.1(7)	7.3	2.4～11.0	—	—	—	1.7(105)	1.7	0.9～8.0	—	—	—
	熔化	—	—	—	—	—	—	5.2(1)	-	-	12.7(15)	6.8	1.1～32.3
	浇注	—	—	—	—	—	—	5.9(2)	5.8	5.6～6.1	4.1(25)	5.9	0.7～10.9
	天车	—	—	—	—	—	—	—	—	—	5.9(3)	3.0	5.9～5.9
三车间	配砂	13.3(5)	8.5	1.8～32.3	2.8(36)	2.3	0.8～13.6	2.3(98)	2.0	1.1～9.9	1.7(13)	1.3	0.3～5.8
	清理	11.9(16)	8.4	0.5～29.5	3.9(28)	3.2	1.1～16.0	4.2(233)	3.5	0.8～18.4	2.8(18)	2.3	0.5～10.1
	造型	9.2(5)	7.6	3.3～18.1	1.5(13)	1.5	1.0～2.0	2.0(53)	1.8	0.1～6.0	2.2(10)	2.0	0.8～4.3
	制芯	—	—	—	2.3(7)	2.2	1.6～2.9	1.6(134)	1.6	1.0～4.0	0.8(1)	-	-
	熔化	—	—	—	2.8(8)	2.7	1.8～4.0	5.0(32)	4.6	1.0～9.4	3.9(10)	3.4	1.3～7.2

续表

车间	工种	1978～1985年			1986～1989年			1990～2002年			2003～2008年		
		均数(n)	几何均数	范围	均数(n)	几何均数	范围	均数(n)	几何均数	范围	均数(n)	几何均数	范围
四车间	配砂	22.9(4)	16.1	2.7～36.3	4.1(59)	2.1	0.2～44.6	2.9(91)	2.3	0.1～9.3	2.4(2)	2.4	2.4～2.4
	清理	10.4(11)	5.2	0.8～38.3	4.8(77)	2.9	0.6～49.3	5.3(98)	3.8	0.9～36.0	5.2(16)	2.9	0.4～21.6
	造型	3.5(11)	2.9	1.0～8.5	2.1(44)	1.6	0.4～9.6	2.3(115)	2.0	1.1～7.2	3.5(13)	2.8	1.2～9.9
	制芯	—	—	—	1.9(14)	1.8	1.1～2.4	1.8(23)	1.7	1.1～7.2	—	—	—
	熔化	—	—	—	3.0(13)	2.5	0.9～8.0	5.2(47)	4.9	2.0～9.4	5.3(13)	4.5	0.8～10.9
	浇注	—	—	—	3.3(8)	2.4	1.2～12.0	4.6(35)	4.2	1.3～10.0	2.9(13)	2.7	1.1～4.8
能源科	配砂	—	—	—	—	—	—	1.6(2)	1.6	1.6～1.6	—	—	—
	制芯	—	—	—	—	—	—	1.8(2)	1.7	1.6～1.9	—	—	—
	熔化	—	—	—	—	—	—	5.9(12)	5.7	4.4～9.6	—	—	—
保全科	清理	—	—	—	—	—	—	5.1(20)	4.5	1.6～9.5	—	—	—
仓储科	配砂	—	—	—	—	—	—	4.1(21)	3.3	0.1～9.8	—	—	—
机模车间	清理	—	—	—	—	—	—	5.4(22)	3.4	0.1～8.8	—	—	—
	造型	—	—	—	—	—	—	6.5(21)	5.1	0.1～22.3	—	—	—
铸造一分公司	配砂	—	—	—	—	—	—	2.4(4)	2.1	1.0～3.5	—	—	—
	熔化	—	—	—	—	—	—	6.6(4)	6.5	5.1～9.0	—	—	—
	浇注	—	—	—	—	—	—	6.4(4)	6.3	5.3～7.2	—	—	—

注：—表示没有测量结果；均数指算术均数；★包括一车间、砂芯车间和清理车间；- 表示仅检测一次。

表 2.2 铸造厂主要工种环境空气中矽尘浓度监测结果(1978～2008 年)

单位:mg/m^3

工种	1978～1985 年			1986～1989 年			1990～2002 年			2003～2008 年		
	均数(n)	几何均数	范围	均数(n)	几何均数	范围	均数(n)	几何均数	范围	均数(n)	几何均数	范围
配砂	41.5(25)	19.8	1.8～248.0	4.1(123)	2.4	0.2～44.6	2.8(371)	2.3	0.1～37.5	1.9(41)	1.3	0.3～8.8
清理	15.3(62)	8.9	0.5～153.4	3.9(191)	2.7	0.4～49.3	4.3(853)	3.4	0.1～36.0	4.9(137)	3.2	0.3～22.4
造型	5.3(29)	4.0	1.0～18.1	2.1(85)	1.7	0.4～9.6	2.6(265)	2.1	0.1～22.3	2.4(67)	2.0	0.3～9.9
制芯	8.1(7)	7.3	2.4～11.0	2.5(35)	2.0	0.4～13.2	1.7(282)	1.6	0.9～8.0	0.8(1)	-	-
熔化	—	—	—	3.4(28)	3.0	0.9～8.0	5.1(118)	4.8	1.0～9.6	7.7(44)	4.6	0.3～32.3
浇注	—	—	—	3.5(15)	2.8	1.2～12.0	4.7(64)	4.1	0.1～10.0	3.5(43)	2.7	0.5～10.9
天车	—	—	—	—	—	—	—	—	—	5.9(3)	5.9	5.9～5.9
合计	17.9(123)	8.6	0.5～248.0	3.5 (477)	2.4	0.2～49.3	3.5(1953)	2.7	0.1～37.5	4.2(336)	2.7	0.3～32.3

注:—表示没有测量结果;均数指算数均数;- 表示仅检测一次。

表 2.3 铸造厂主要车间空气中矽尘浓度监测结果(1978～2008 年)

单位:mg/m^3

车间	1978～1985 年			1986～1989 年			1990～2002 年			2003～2008 年		
	均数(n)	几何均数	范围	均数(n)	几何均数	范围	均数(n)	几何均数	范围	均数(n)	几何均数	范围
一车间★	26.3(45)	11.3	1.1～248.0	3.9(91)	2.5	0.4～36.8	3.5(269)	2.6	0.1～37.5	4.3(66)	2.5	0.3～23.7
二车间	18.1(26)	9.9	2.2～153.4	3.2(79)	2.4	0.4～12.8	3.5(613)	2.7	0.1～31.2	4.7(161)	2.9	0.5～32.3
三车间	11.7(26)	8.2	0.5～32.3	2.9(92)	2.4	0.8～16.0	3.1(550)	2.5	0.1～18.4	2.6(52)	2.0	0.3～10.1
四车间	9.4(26)	4.8	0.8～38.3	3.7(215)	2.3	0.2～49.3	3.6(409)	2.8	0.1～36.0	4.2(57)	3.1	0.4～21.6
能源科	—	—	—	—	—	—	4.8(16)	4.2	1.6～9.6	—	—	—
保全科	—	—	—	—	—	—	5.1(20)	4.5	1.6～9.5	—	—	—
仓储科	—	—	—	—	—	—	4.1(21)	3.3	0.1～9.8	—	—	—
机模车间	—	—	—	—	—	—	6.0(43)	4.1	0.1～22.3	—	—	—
铸造一分公司	—	—	—	—	—	—	5.1(12)	4.4	1.0～9.0	—	—	—
合计	17.9(123)	8.6	0.5～248.0	3.5(477)	2.4	0.2～49.3	3.5(1953)	2.7	0.1～37.5	4.2(336)	2.7	0.3～32.3

注:—表示没有测量结果;均数指算术均数;★包括一车间、砂芯车间和清理车间。

表 2.4　铸造厂主要车间清理工种环境空气中砂轮磨尘浓度监测结果（2004～2008 年）　单位：mg/m^3

车间	2004 年			2005 年			2006 年		
	均数（n）	几何均数	范围	均数（n）	几何均数	范围	均数（n）	几何均数	范围
一车间★	2.9（3）	2.8	1.8～4.0	3.1（3）	2.9	1.8～4.0	7.5（1）	-	-
二车间	8.6（5）	7.7	3.6～11.6	6.6（3）	5.9	3.6～11.6	3.7（5）	3.6	3.2～4.8
三车间	3.0（2）	2.7	1.6～4.4	2.3（2）	2.2	1.6～2.9	3.1（3）	3.0	2.1～3.7
四车间	6.6（2）	3.8	1.2～12.0	6.5（2）	3.3	0.9～12.0	6.3（2）	4.2	1.6～10.9
机模车间	6.5（2）	6.0	4.1～8.9	4.9（2）	4.8	4.1～5.7	7.6（3）	5.6	2.4～16.0

车间	2007 年			2008 年		
	均数（n）	几何均数	范围	均数（n）	几何均数	范围
一车间★	9.6（2）	9.6	9.3～9.9	8.5（1）	-	-
二车间	5.4（5）	5.0	3.7～8.0	9.0（7）	7.8	3.2～20.0
三车间	5.9（3）	3.9	2.1～13.6	17.3（3）	14.9	6.4～25.1
四车间	—	—	—	—	—	—
机模车间	2.6（3）	1.6	0.5～6.1	—	—	—

注：—表示没有测量结果；均数指算术均数；★包括一车间、砂芯车间和清理车间；-表示仅检测一次。

表 2.5　铸造厂能源科熔化工种环境空气煤尘浓度监测结果（1992～2007 年）　单位：mg/m^3

年份	均数（n）	几何均数	范围
1992	6.6（2）	6.5	5.6～7.6
1993	4.0（4）	3.9	3.5～4.8
1994	6.2（4）	5.8	4.0～8.6
1998	4.9（6）	4.9	4.4～5.2
1999	2.8（3）	2.7	2.4～3.6
2000	6.8（1）	-	-
2007	0.8（1）	-	-

注：均数指算术均数；-表示仅检测一次。

表 2.6　铸造厂二车间主要工种环境空气中呼吸性粉尘浓度监测结果（2008 年）　单位：mg/m³

工种	均数（n）	几何均数	范围
清理	1.14（2）	1.14	1.14～1.14
熔化	0.29（2）	0.29	0.29～0.29
造型	0.33（2）	0.33	0.33～0.33
浇注	2.76（2）	2.76	2.76～2.76

注：均数指算术均数。

表 2.7　铸造厂主要工种环境空气中矽尘总尘及呼吸性粉尘浓度监测结果（2008 年）　单位：mg/m³

工种	总尘			呼吸性粉尘		
	均数（n）	几何均数	范围	均数（n）	几何均数	范围
配砂	1.7（11）	1.0	0.5～8.8	—	—	—
清理	6.8（34）	4.2	0.5～22.4	1.14（2）	1.14	1.14～1.14
熔化	16.1（12）	7.6	0.3～32.3	0.29（2）	0.29	0.29～0.29
造型	2.7（17）	2.2	1.1～9.9	0.33（2）	0.33	0.33～0.33
天车	5.9（3）	5.9	5.9～5.9	—	—	—
浇注	4.6（11）	3.8	1.9～10.9	2.76（2）	2.76	2.76～2.76
合计	6.3（88）	3.4	0.3～32.3	1.13（8）	0.74	0.29～2.76

注：—代表没有测量结果；均数指算术均数。

表 2.8　铸造厂一分公司熔化工种环境空气中石棉粉尘浓度监测结果（1990～1991 年）　单位：mg/m³

年份	均数（n）	几何均数	范围
1990	2.0（2）	2.0	2.0～2.0
1991	2.1（1）	-	-

注：均数指算术均数；- 表示仅检测一次。

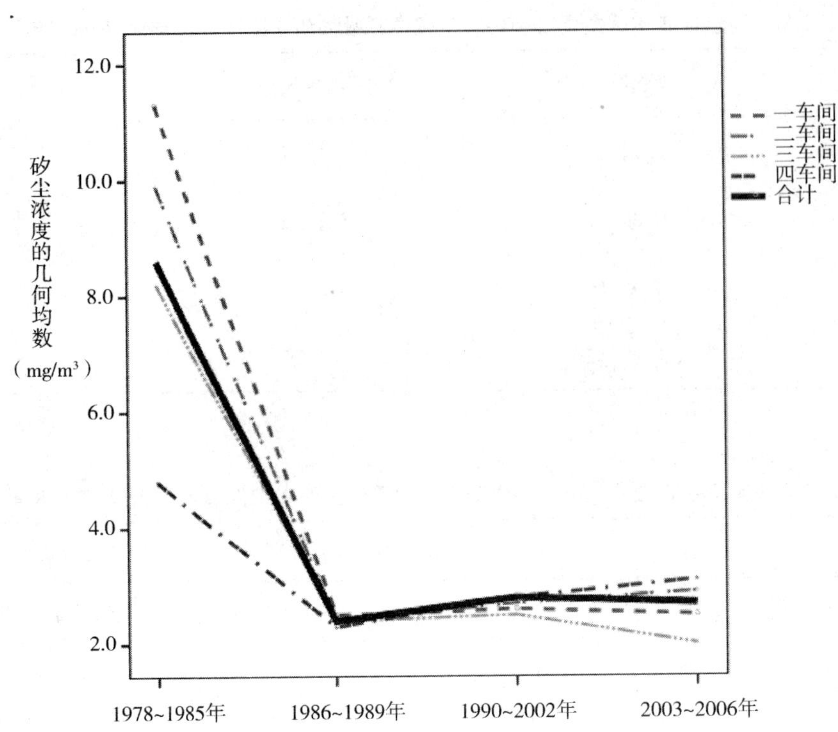

图 2.8　铸造厂车间空气中矽尘浓度几何均数变化趋势（1978～2008 年）

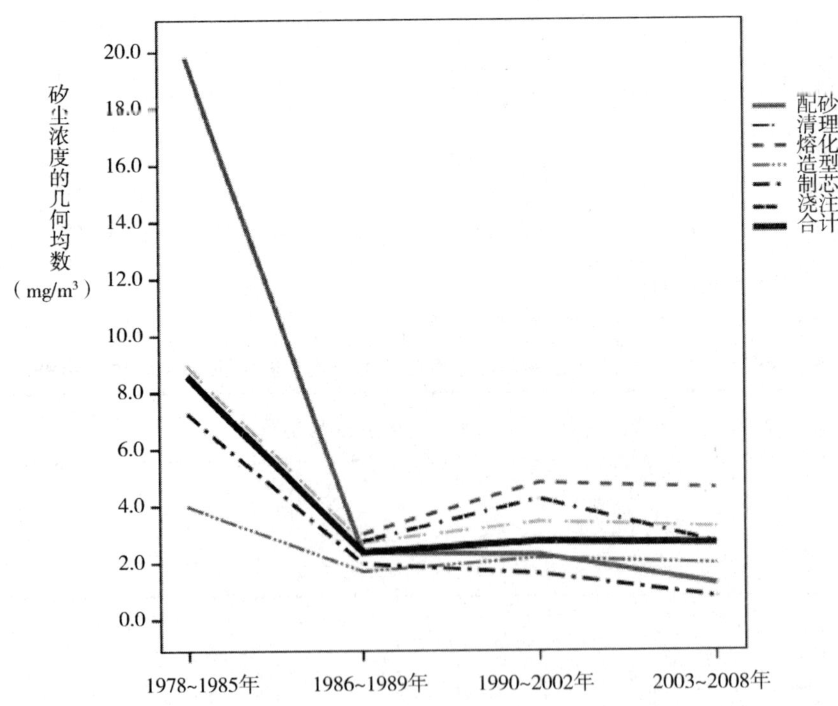

图 2.9　铸造厂主要工种环境空气中矽尘浓度几何均数变化趋势（1978～2008 年）

以上图表数据可知：

1）1986 年前粉尘浓度最高（表 2.1），经过综合治理，从 1986 年起粉尘浓度呈较大幅度下降，至 1989 年各监测点粉尘浓度又略上升，2002 年又下降，之后总体上维持相对稳定。目前该厂粉尘浓度仍处于较高水平，均超过国家矽尘职业接触限值。

2）不同工种作业环境的粉尘浓度差异明显，以配砂、清理、浇注、熔化工种最高，其次是制芯、造型。各工种粉尘浓度变化与粉尘浓度总体趋势相同（表 2.2）。

3）呼吸性粉尘浓度以浇注作业环境为最高，其次是清理工种，均超过国家矽尘职业接触限值（表 2.6）。

4）不同工种作业环境的总尘及呼吸性粉尘浓度差异很大（表 2.7）。

5）熔化工种石棉粉尘浓度水平较高，超过国家石棉职业接触限值（表 2.8）。

该铸造厂一车间清理工种空气中电焊烟尘浓度（2006 年）的算术均数及几何均数均为 1.2mg/m^3。

（2）粉尘定性测量：铸造粉尘的主要来源是冲天炉、电炉烟尘及铸造生产过程（如砂处理、造型、浇注和清理等）所产生的粉尘。一般情况下，每熔化 1t 铸铁，冲天炉排尘约 3 ~ 10kg，其粒径为 1μm 左右。1 台 15t 冷风冲天炉粉尘粒径小于 40μm 的粉尘约占 30%；用型砂生产 1t 铸件需新砂 1.1t，耗黏土 200kg，型砂产生的粉尘约 212kg，这些粉尘在各工序中会产生不同程度的扬尘，而成为生产性粉尘。

①游离二氧化硅含量。采集造型、配砂、制芯、熔化、落砂及清理等工作环境空气中的积尘，测定其游离 SiO_2 含量，结果显示游离 SiO_2 含量均超过 10%，属于矽尘（表 2.9）。

表 2.9 铸造厂不同工种环境积尘中游离 SiO_2 含量（%）

不同工种	均值	范围
造型	31.4	19.8 ~ 40.3
配砂	30.6	14.7 ~ 80.5
制芯	70.2	56.3 ~ 87.4
熔化浇注	21.5	19.3 ~ 24.0
落砂	23.6	20.3 ~ 31.6
清理	22.8	21.9 ~ 23.9

②粉尘分散度测定。铸造作业空气中粉尘分散度测定结果显示，分散度小于 5μm 的呼吸性粉尘含量偏高，占 48.0% ~ 78.0%（表 2.10）。

表 2.10 铸造厂车间空气中粉尘分散度（%）

采样点	粉尘粒径（μm）			
	~2	~5	~10	>10
一次落砂	50.0	28.0	13.0	9.0
二次落砂	44.5	25.0	13.0	17.5
一次落砂降尘	18.0	30.0	15.0	37.0
二次落砂降尘	43.0	30.0	13.0	14.0

③粉尘成分分析。一次性采集落砂工位空气样品在美国国家职业安全卫生研究所（NIOSH）用 SEM - EDS 方法测定 250 个粉尘颗粒，在 5keV 和 20keV 条件下分别测定 Si、Al 及其他化学成分，经计算机处理三

维作图（图 2. 10、图 2. 11），并将 250 个颗粒各种化学成分平均含量列入表 2. 11。结果显示在 5keV 条件下，Si 含量较高，占 17. 2486%，在 20keV 条件下占 10. 4427%，Si/（Si + Al）比值分别为 0. 74、0. 76，表明该矽尘颗粒表面含矽量大，毒性较大，其化学成分以碳、硼元素为主，也含氧、铝、铁、锰、镁等元素。

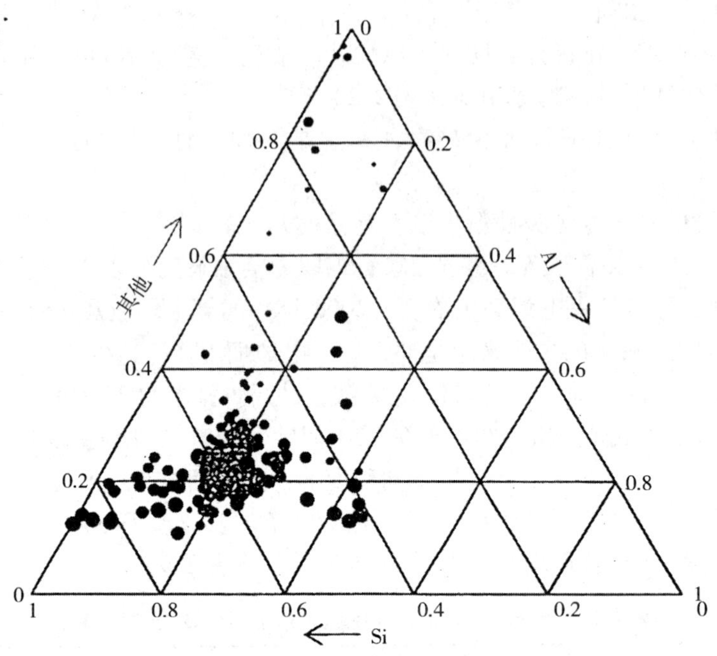

图 2. 10　5keV 电压下颗粒物分布

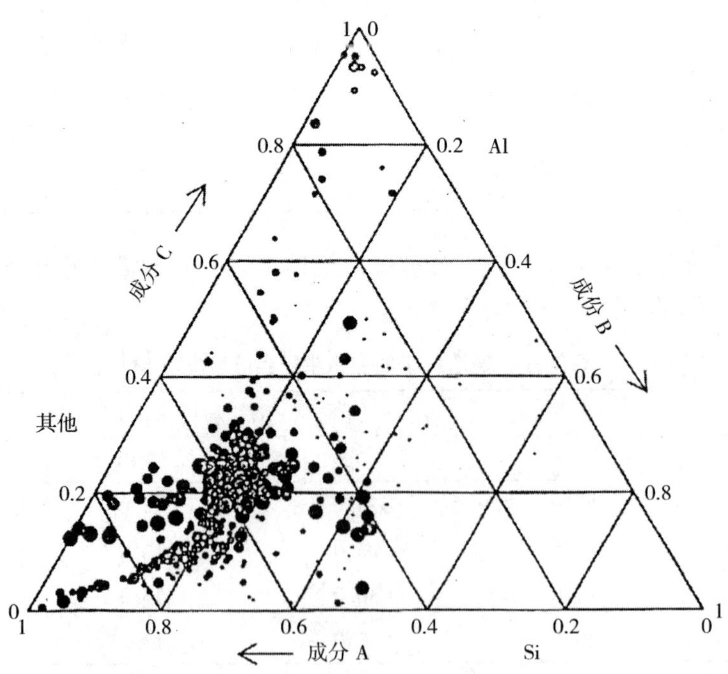

图 2. 11　20keV 电压下颗粒物分布

表 2. 11　粉尘化学成分（SEM – EDS 分析）

化学成分	5keV		20keV	
	含量（μg）	百分比（%）	含量（μg）	百分比（%）
硼	15437. 71	17. 0239	12109. 67	24. 996
碳	24121. 25	26. 5996	22318. 07	46. 0675
氧	10049. 97	11. 0826	1534. 626	3. 1677
氟	1041. 141	1. 1481	119. 9272	0. 2475
钠	1025. 617	1. 1131	183. 9709	0. 3797
镁	919. 2864	1. 0137	198. 4029	0. 4905
硅	15641. 51	17. 2468	5059. 131	10. 4427
铝	5372. 786	5. 9248	1531. 937	3. 1621
磷	442. 3592	0. 4878	137. 1942	0. 2832
硫	102. 2767	0. 1128	30. 90777	0. 0638
氯	25. 90732	0. 0286	29. 97573	0. 0619
钾	63. 51456	0. 07	134. 6165	0. 2779
钙	41. 62136	0. 0459	207. 9175	0. 4292
钛	– 2. 95146	– 0. 0033	20. 51456	0. 0423
铬	3264. 316	3. 5997	8. 4854	0. 175
锰	849. 0728	0. 9363	26. 35437	0. 544
铁	0. 296117	0. 000327	353. 4223	0. 7295

2. 化学性职业性有害因素

制芯和配砂工作环境中主要存在氨、甲醛、苯酚和酚醛树脂（表 2. 12、表 2. 15 及表 2. 17）。清理工岗位主要存在苯及其同系化合物（表 2. 13）。浇注和熔化工岗位主要存在多环芳烃、铅烟、镉及其化合物、锰及其化合物、镍及其无机化合物、三氧化铬及其重铬酸盐、硫化氢、磷化氢、二氧化硫、一氧化碳等化学性职业性有害因素（表 2. 14、表 2. 16），这些物质多以低浓度共存方式存在，其中铅烟浓度超过国家职业接触限值，苯并（a）芘浓度偏低（表 2. 14）。

表 2.12 铸造厂主要工种环境空气中部分化学有害因素浓度监测结果（1992～1994 年） 单位：mg/m³

有害因素	工种	1992 年			1993 年			1994 年		
		均数（n）	几何均数	范围	均数（n）	几何均数	范围	均数（n）	几何均数	范围
氨	配砂	3.58(6)	2.65	0.69～6.77	5.98(1)	-	-	—	—	—
	制芯	12.61(12)	8.65	1.10～59.00	—	—	—	—	—	—
苯酚*	配砂	4.60(3)	3.30	1.27～9.57	—	—	—	—	—	—
	制芯	2.26(8)	1.61	0.43～7.64	—	—	—	1.95(2)	0.86	0.20～3.70

注：—表示没有测量结果；均数指算数均数；＊ 包括原监测的苯酚和酚浓度数据；- 表示仅检测一次。

表 2.13 铸造厂清理工种环境空气中二甲苯浓度监测结果（1995～2007 年） 单位：mg/m³

年份	均数（n）	几何均数	范围
1995	1.1（2）	1.1	1.1～1.1
1996	102.1（2）	20.6	2.1～202.0
1997	1.1（2）	1.1	1.1～1.1
1998	0.6（2）	0.3	0.1～1.1
1999	1.1（1）	-	-
2000	1.1（1）	-	-
2007	0.4（1）	-	-

注：均数指算术均数；- 表示仅检测一次。

该铸造厂二车间清理工种环境空气中苯（2007 年）浓度算术均数及几何均数均为 0.2mg/m³，甲苯（2007 年）浓度算术均数及几何均数均为 0.1mg/m³。

表 2.14 铸造厂二车间主要工种环境空气中苯并（a）芘浓度监测结果（2006～2008 年） 单位：μg/m³

工种	2006 年			2008 年		
	均数(n)	几何均数	范围	均数(n)	几何均数	范围
清理	—	—	—	1.5×10^{-6}(1)	-	-
熔化	0.0082(2)	0.006788	0.0036～0.0128	1.5×10^{-6}(1)	-	-
造型	0.0025(1)	-	-	—	—	—
制芯	4.5×10^{-6}(1)	-	-	—	—	—
天车	—	—	—	1.5×10^{-6}(1)	-	-
浇注	0.007167(3)	0.004987	0.0026～0.0159	0.001749(2)	7.24×10^{-5}	1.5×10^{-6}～0.003497

注：— 表示没有测量结果；均数指算术均数；- 表示仅检测一次。

表 2.15　铸造厂主要车间和工种环境空气中酚醛树脂浓度监测结果（2004～2008 年）　单位：mg/m³

车间	工种	2004 年			2005 年			2006 年		
		均数（n）	几何均数	范围	均数（n）	几何均数	范围	均数（n）	几何均数	范围
一车间*	配砂	0.5（1）	–	–	1.5（1）	–	–	14.8（2）	10.9	4.8～24.8
	制芯	2.2（5）	1.2	0.5～6.6	2.4（5）	1.9	0.9～5.6	1.2（4）	0.9	0.3～2.1
二车间	制芯	2.0（7）	1.4	0.5～5.2	2.7（3）	1.8	0.5～5.2	3.0（7）	2.7	1.1～5.6
三车间	制芯	3.2（2）	2.8	1.6～4.8	3.2（2）	2.8	1.6～4.8	1.2（2）	1.1	0.8～1.6
四车间	制芯	0.7（2）	0.6	0.3～1.1	0.7（2）	0.6	0.3～1.1	3.0（2）	2.8	1.9～4.0

车间	工种	2007 年			2008 年		
		均数（n）	几何均数	范围	均数（n）	几何均数	范围
一车间*	配砂	0.5（1）	–	–	0.5（3）	0.4	0.3～0.8
	制芯	4.4（2）	3.8	2.1～6.7	1.1（6）	0.8	0.3～2.4
二车间	制芯	2.1（7）	1.6	0.8～5.6	0.5（3）	0.5	0.5～0.5
三车间	制芯	0.3（2）	0.3	0.3～0.3	0.8（1）	–	–
四车间	制芯	1.1（3）	1.0	0.5～1.6	0.5（2）	0.5	0.5～0.5

注：均数指算术均数；*包括一车间、砂芯车间和清理车间；–　表示仅检测一次。

表 2.16　铸造厂二车间熔化和浇注工种环境空气中部分有害物质浓度监测结果（2008 年）　单位：mg/m^3

有害因素	工种	均数（*n*）	几何均数	范围
铅烟	熔化	0.05（4）	0.05	0.03～0.07
	浇注	0.02（8）	0.01	0.01～0.04
镉及其无机化合物	熔化	0.065（4）	0.063	0.051～0.078
	浇注	0.004（8）	0.004	0.002～0.006
锰及其无机化合物	熔化	0.006（4）	0.005	0.005～0.006
	浇注	0.004（8）	0.003	0.002～0.006
镍及其无机化合物	熔化	0.001（4）	0.001	0.001～0.001
	浇注	0.001（8）	0.001	0.001～0.001
三氧化铬及其重铬酸盐	熔化	0.001（4）	0.001	0.001～0.001
	浇注	0.001（8）	0.001	0.001～0.001
硫化氢（H_2S）	熔化	0.53（2）	0.53	0.53～0.53
	浇注	0.315（4）	0.230	0.10～0.53
磷化氢（H_3P）	熔化	0.035（2）	0.035	0.035～0.035
	浇注	0.035（4）	0.035	0.035～0.035
二氧化硫（SO_2）	熔化	0.13（2）	0.13	0.13～0.13
	浇注	0.0675（4）	0.065	0.05～0.085
一氧化碳（CO$^{\triangle}$）	熔化	1.22（2）	1.22	1.22～1.22
	浇注	3.17（4）	3.15	2.78～3.57

注：均数指算术均数；$^{\triangle}$原始监测浓度为 ppm，1ppm = 1.15 mg/m^3。

表 2.17　铸造主要工种环境空气中甲醛浓度监测结果（1979～2008 年）　单位：mg/m^3

年份	制芯			配砂			造型		
	均数（n）	几何均数	范围	均数（n）	几何均数	范围	均数（n）	几何均数	范围
1979	4.00(1)	-	-	4.00(1)	-	-	2.25(2)	2.24	2.00～2.50
1980	6.24(1)	-	-	1.07(1)	-	-	1.41(2)	0.31	0.03～2.79
1981	1.82(1)	-	-	—	—	—	2.13(1)	-	-
1986	11.32(10)	10.72	6.38～17.11	—	—	—	—	—	—
1987	2.64(19)	2.01	0.08～6.80	—	—	—	—	—	—
1988	1.59(17)	0.55	0.03～6.10	—	—	—	—	—	—
1989	1.92(18)	0.73	0.03～6.80	—	—	—	—	—	—
1990	1.66(20)	1.51	0.64～2.70	—	—	—	—	—	—
1991	0.22(19)	0.15	0.03～0.54	—	—	—	—	—	—
1992	1.34(24)	0.60	0.03～5.16	1.18(6)	0.56	0.18～5.07	—	—	—
1993	0.86(24)	0.40	0.03～3.70	0.34(2)	0.15	0.03～0.64	—	—	—
1994	0.28(26)	0.18	0.03～1.45	0.10(2)	0.09	0.09～0.10	—	—	—
1995	1.17(16)	0.71	0.01～2.80	1.00(4)	0.62	0.32～2.90	—	—	—
1996	1.55(15)	1.03	0.03～2.53	1.14(3)	0.85	0.33～2.30	—	—	—
1997	1.60(14)	1.31	0.44～3.70	0.92(2)	0.90	0.74～1.10	—	—	—
1998	0.83(25)	0.56	0.03～1.83	0.24(4)	0.12	0.03～0.50	—	—	—
1999	1.22(8)	1.07	0.50～2.70	2.70(2)	2.68	2.40～3.00	—	—	—
2000	1.46(12)	1.43	0.94～1.80	1.05(4)	1.05	0.94～1.20	—	—	—
2006	0.14(2)	0.14	0.12～0.16	—	—	—	—	—	—
2007	0.12(10)	0.09	0.07～0.51	0.09(2)	0.09	0.08～0.10	—	—	—
2008	0.07(9)	0.06	0.05～0.09	—	—	—	—	—	—

注：—表示没有测量结果；均数指算术均数；- 表示仅检测一次。

3. 物理性职业性有害因素

铸造作业环境中物理性职业性有害因素主要有噪声、高温、振动及不良体位。高温监测结果显示，以熔化（环境温度几何均数为 30℃）、浇注（29℃）及清理（26℃）工种较高（表 2.18）。噪声的监测结果显示，噪声强度以清理[几何均数为 93.1db(A)]及制芯[89.5db(A)]较高（表 2.19）。不良体位包括长时间的站位、坐位和弯腰。振动主要存在于制芯和清理工种。

4. 职业性有害因素与接触工种(位)

在铸造生产过程中，同一工种可接触粉尘、化学性职业性有害因素、物理性职业性有害因素等多种职业性有害因素，如表 2.20 所示。

表 2.18　铸造厂主要工种环境空气中高温、热辐射监测结果(2006～2008 年)

有害因素	工种	2005 年			2008 年		
		均数(*n*)	几何均数	范围	均数(*n*)	几何均数	范围
高温(℃)	清理	29(2)	29	28～30	22(1)	-	-
	熔化	31(4)	3[illegible]	29～33	29(4)	29	26～33
	浇注	31(2)	3[illegible]	27～35	27(1)	-	-
热辐射(kW/m²)	清理	0.11(2)	0.[illegible]9	0.06～0.15	0.03(1)	-	-
	熔化	1.00(4)	0.97	0.71～1.33	0.42(4)	0.40	0.26～0.63
	浇注	0.76(2)	0.74	0.59～0.92	0.29(1)	-	-

注:均数指算术均数; - 表示仅检测一次。

表 2.19　铸造厂主要工种噪声监测结果(1990～2008 年)

单位:db(A)

工种	1990 年[a]			1991 年[a]			2007 年[b]			2008 年[b]		
	均数(*n*)	几何均数	范围	均数(*n*)	几何均数	范围	均数(*n*)	几何均数	范围	均数(*n*)	几何均数	范围
配砂	88.8(4)	88.7	86.0～93.0	85.5(2)	85.5	85.0～86.0	82.0(3)	81.6	74.4～93.0	68.1(2)	68.0	64.7～71.5
清理	95.1(14)	95.0	90.0～104.0	94.1(18)	93.9	85.0～104.0	91.9(24)	91.8	83.7～99.5	92.5(16)	92.4	82.0～100.9
造型	85.0(1)	-	-	85.5(4)	85.5	85.[illegible]～87.0	84.1(8)	83.8	69.2～96.8	84.5(9)	84.3	70.5～89.4
制芯	111.0(3)	111.0	108.0～115.0	101.7(3)	100.9	85.[illegible]～110.0	80.7(6)	80.6	74.3～88.6	84.1(6)	84.0	79.7～90.1
浇注	92.0(1)	-	-	89.5(2)	89.5	87.[illegible]～92.0	84.0(4)	83.9	79.2～90.0	81.1(3)	81.0	79.1～83.9
熔化	81.0(1)	-	-	—	—	—	79.3(6)	79.1	71.7～89.5	76.2(11)	75.8	59.5～87.9

注:[a] 表明该年的数据为区域定点监测值;[b] 表明该年的数据为 8h 等效声级;— 代表没有测量结果;均数指算术均数; - 表示仅检测一次。

表 2.20　铸造工种(位)与职业性有害因素对应表

铸造工种(位)	职业性有害因素
备料	粉尘
烘砂	粉尘、噪声和高温
配砂	粉尘、酚、甲醛、氨和噪声
造型	粉尘、多环芳烃和噪声
制芯	粉尘、酚、甲醛、氨、多环芳烃和噪声
修芯	粉尘、酚、甲醛和氨
烘芯	粉尘、酚、甲醛和氨
砂芯搬运存放	酚、甲醛和氨
熔化	粉尘、铅烟、三氧化铬及重铬酸盐(以铬计)、一氧化碳、二氧化硫、氟化氢、多环芳烃、高温和热辐射以及锰及其无机化合物
浇注	粉尘、铅烟、三氧化铬及重铬酸盐(以铬计)、一氧化碳、二氧化硫、氟化氢、多环芳烃、高温和热辐射以及锰及其无机化合物
落砂	粉尘、多环芳烃、噪声、振动、高温和热辐射
清理	粉尘、噪声和振动
筑炉	粉尘和噪声
皮带	粉尘和噪声
打冒口	粉尘和噪声
抛丸	粉尘和噪声
烘包	粉尘、一氧化碳、二氧化硫、噪声和多环芳烃
锅炉运行	粉尘、一氧化碳、二氧化硫和多环芳烃
天车(吊运铁水)	一氧化碳、多环芳烃、粉尘、高温和热辐射
焊补	电焊烟尘、锰及其无机化合物、紫外线、高温和热辐射以及氮氧化物等
空压运行	噪声
铸件探伤	射线

同时，同一种职业性有害因素可在不同的工位产生，如表 2.21 所示。

表 2.21　职业性有害因素与铸造工种（位）对应表

职业性有害因素名称	铸造生产工种（位）
粉尘	备料、配砂、造型、制芯、修芯、烘芯、熔化、浇注、落砂、清理、皮带和打冒口
一氧化碳	熔化、浇注和天车
酚	配砂、制芯、修芯、烘芯和砂芯搬运存放
甲醛	配砂、制芯、修芯、烘芯和砂芯搬运存放
氨	配砂、制芯、修芯、烘芯和砂芯搬运存放

续表

职业性有害因素名称	铸造生产工种（位）
二氧化硫	熔化和浇注
氟化氢	熔化和浇注
铅烟	熔化和浇注
三氧化铬及其重铬酸盐	熔化和浇注
锰及其无机化合物	熔化和浇注
多环芳烃	熔化、浇注、落砂、造型、制芯和天车（吊铁水）
噪声	烘芯、配砂、制芯、落砂、造型、筑炉、清理、抛丸、打冒口和空压机运行等
高温和热辐射	熔化、浇注、落砂、焊补、起重（吊运铁水）、天车（吊运铁水）和电弧焊操作等
振动	落砂和清理等
射线（X 射线）	铸件探伤

表 2.22　铸造厂不同工种从业人员分布

工种名称	人数	构成（%）
铸件清理工（含落砂）	339	36.2
制芯工	225	24.0
造型工	104	11.1
熔化工	90	9.6
涂料烘干工	54	5.8
配砂工	40	4.3
浇注工（含单轨天车）	32	3.4
皮带工（煤粉、砂运输）	17	1.8
焊补工	13	1.4
烘砂工	9	1.0
空压机操作工	8	0.9
铸件探伤工	3	0.3
浸漆工	2	0.2
合　计	936	100.0

（三）职业健康损害的队列研究

为了观察并收集作业工人多个健康终点结局，探索影响铸造作业工人的主要疾病及死因，采用队列研究方法分析与工人不良健康结局相关的因素，并建立铸造作业工人尘肺病发病率与矽尘累积接触量关系模型，预测尘肺病发病率与日粉尘接触水平和接触工龄的关系。研究对象健康结局的分析包括队列基本情况、疾病分布及其影响因素分析、死亡分布及死因分析。疾病分析包括尘肺病分析，按器官、系统的疾病分析以及重点疾病的病种分析。疾病分布按年龄、工龄、性别和工种分层分析。影响因素分析包括单因素和多因素logistic回归分析。结果如下：

凡1980 年1 月1 日～1996 年12 月31 日之间在册1 年以上的所有铸造工人均为队列成员，观察终止日期为2008 年12 月31 日。以配砂、清理、熔化、造型、制芯、天车和浇注等工种的工人为接触组，同期在册1年以上的电工、检查工和钳工等辅助工为对照组。对照组作业工人在现场工作时间相当于铸造工种的1/4，职业性有害因素的日接触水平也相当于铸造工种的1/4，属于低接触组。

1. 概述

（1）队列成员随访情况：本研究队列成员共2 009 人，男1 405 人（70%）、女603 人（30%），1 人没有性别信息。队列成员的年龄、工龄、吸烟、饮酒信息缺失率分别为5.2%、0.2%、1.9%、1.9%，共随访29 年、37 151 人－年。

（2）队列成员特征：截至2008 年12 月31 日，队列成员特征见表2.23。

表2.23　队列成员特征（$n=2\ 009$）

特征		中、高接触组		低接触组		合计	
		人数	百分比（%）	人数	百分比（%）	人数	百分比（%）
性别	男	805	61.9	600	84.7	1 405	70.0
	女	495	38.1	108	15.3	603	30.0
	合计	1 300	100.0	708	100.0	2 008	100.0
年龄(岁)	15～35	42	3.4	42	6.2	84	4.4
	36～45	294	23.9	180	26.7	474	24.9
	46～60	564	45.9	293	43.4	857	45.0
	60 以上	330	26.8	160	23.7	490	25.7
	合计	1 230	100.0	675	100.0	1 905	100.0
工龄(年)	10 及以下	322	24.8	158	22.4	480	24.0
	11～20	436	33.6	218	30.9	654	32.6
	21～30	381	29.3	245	34.8	626	31.2
	30 以上	160	12.3	84	11.9	244	12.2
	合计	1 299	100.0	705	100.0	2 004	100.0
吸烟	不吸烟	848	66.4	457	65.9	1 305	66.2
	吸烟	430	33.6	236	34.1	666	33.8
	合计	1 278	100.0	693	100.0	1 971	100.0
饮酒	不饮酒	1 053	82.4	586	84.6	1 639	83.2
	饮酒	225	17.6	107	15.4	332	16.8
	合计	1 278	100.0	693	100.0	1 971	100.0

续表

特征		中、高接触组		低接触组		合计	
		人数	百分比（%）	人数	百分比（%）	人数	百分比（%）
工种	配砂	140	7.0	0	0.0	140	7.0
	清理	192	9.6	0	0.0	192	9.6
	熔化	240	11.9	0	0.0	240	11.9
	造型	203	10.1	0	0.0	203	10.1
	制芯	294	14.6	0	0.0	294	14.6
	天车	163	8.1	0	0.0	163	8.1
	浇注	68	3.4	0	0.0	68	3.4
	电工	0	0.0	271	13.5	271	13.5
	检查工	0	0.0	118	5.9	118	5.9
	钳工	0	0.0	320	15.9	320	15.9
	合计	1 300	64.7	709	35.3	2 009	100.0

2. 尘肺病及工作有关疾病的分布

（1）尘肺病

1）铸造作业工人尘肺病发病总体情况（表 2.24）。

表 2.24　铸造厂尘肺病患者的基本情况（1980～2008 年）

特征		中、高接触组		低接触组		合计	
		人数	百分比（%）	人数	百分比（%）	人数	百分比（%）
性别	男	45	97.83	2	100	47	97.92
	女	1	2.17	0	0	1	2.08
发病年龄（岁）	15～35	0	0.0	0	0.0	0	0.0
	36～45	14	30.4	1	50.0	15	31.3
	46～60	30	65.2	1	50.0	31	64.6
	60 以上	2	4.3	0	0.0	2	4.2
发病工龄（年）	10 及以下	1	2.17	0	0	1	2.08
	11～20	1	2.17	0	0	1	2.08
	21～30	8	17.39	0	0	8	16.67
	30 以上	36	78.26	2	100	38	79.17
吸烟	不吸烟	14	30.43	1	50	15	31.25
	吸烟	32	69.57	1	50	33	68.75
饮酒	不饮酒	34	73.91	1	50	35	72.92
	饮酒	12	26.09	1	50	13	27.08
	合计	46	100	2	100	48	100

2）不同工种工人尘肺病发病率：中、高接触组尘肺病人－年发病率为 2.02‰，低接触组为 0.15‰，中、高接触组尘肺病的发病风险显著高于低接触组。未见尘肺病晋期患者。清理工尘肺病人－年发病率为 4.36‰、造型工为 3.71‰、制芯工为 1.71‰、浇注工为 1.58‰、配砂工为 1.12‰、熔化工为 0.9‰（表 2.25），天车工中尚无发现尘肺病例。

表 2.25　铸造作业不同工种工人尘肺病人－年发病率（1980～2008 年）

分组	工种	观察人数	人－年数	发病人数	人－年发病率（1/1000）	RR（95% CI）
中、高接触组		1 298	22 801.87	46	2.02	13.47（3.27～55.49）*
	配砂	140	2 675.52	3	1.12	7.24（1.21～43.35）*
	清理	192	3 443.82	15	4.36	28.14（6.43～123.11）*
	熔化	240	4 450.64	4	0.90	5.81（1.06～31.73）*
	造型	202	3 776.93	14	3.71	24.73（5.62～108.86）*
	制芯	293	4 670.12	8	1.71	11.07（2.35～52.15）*
	天车	163	2 519.09	0	0.00	0
	浇注	68	1 265.76	2	1.58	10.21（1.44～72.55）*
低接触组		705	12 916.71	2	0.15	
合计		2 003	35 718.59	48	1.34	

注：* 差别有统计学意义。

3）中、高接触组及低接触组男、女尘肺病发病率。中、高接触组及全队列的男性尘肺病发病风险显著高于女性（表 2.26）。

表 2.26　中、高接触组及低接触组男、女尘肺病人－年发病率（1980～2008 年）

分组	男				女				RR（95% CI）
	观察人数	人－年数	发病人数	人－年发病率（1/1000）	观察人数	人－年数	发病人数	人－年发病率（1/1000）	
中、高接触组	804	16 226.02	45	2.77	494	6 575.85	1	0.15	18.47（2.55～134.02）*
低接触组	598	11 352.65	2	0.18	106	1 553.96	0	0	
合计	1 402	27 578.68	47	1.70	600	8 129.81	1	0.12	14.17（1.95～102.72）*

注：* 差别有统计学意义。

男性铸造作业工人尘肺病的发病率与女性呈显著性差异，中、高接触组男性尘肺病发病风险显著高于低接触组男性（表 2.27）。

表 2.27 中、高接触组及低接触组尘肺病人－年发病率（1980～2008 年）

分组	中、高接触组				低接触组				RR（95% CI）
	观察人数	人－年数	发病人数	人－年发病率（1/1000）	观察人数	人－年数	发病人数	人－年发病率（1/1000）	
男	804	16 226.02	45	2.77	598	11 352.65	2	0.18	15.39（3.73～63.45）*
女	494	6 575.85	1	0.15	106	1 553.96	0	0.00	
合计	1 298	22 801.87	46	2.02	704	12 906.61	2	0.15	13.47（3.27～55.49）*

注：* 差别有统计学意义。

4）不同工龄接触组工人尘肺病发病率比较。尘肺病发病率随着铸造作业工龄延长而增加（表 2.28）。

表 2.28 铸造厂不同工龄接触组工人尘肺病发病率比较（1980～2008 年）

工龄（年）	观察人数	人－年数	尘肺病人数	人－年发病率（1/1000）	P
10 及以下	322	1 588.47	1	0.63	0.00
11～20	436	6 501.47	1	0.15	
21～30	381	9 664.04	8	0.83	
30 以上	160	5 047.89	36	7.13	

5）尘肺病的发病工龄、发病年龄及病死率。尘肺病平均发病工龄为 25.94 年，其中清理工尘肺病的平均发病工龄最短，其次为浇注、制芯、熔化、配砂工，造型工尘肺病的平均发病工龄最长。

尘肺病平均发病年龄为 47.83 岁（表 2.29）。本研究中，因尘肺病死亡 10 人，病死率为 20.83%，主要死因为肺、肝的恶性肿瘤及缺血性心脏病，见图 2.12。

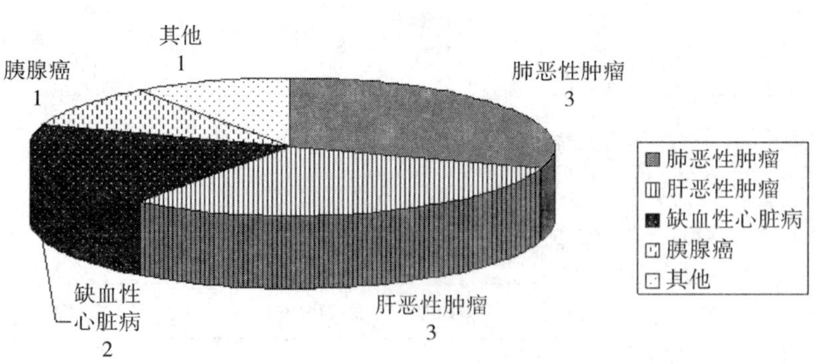

图 2.12 铸造作业尘肺病人死因分布

表 2.29　铸造作业工人尘肺病死亡的工种分布（1980～2008 年）

	工种	发病人数	平均发病年龄（岁）	平均发病工龄（年）	死亡人数
中、高接触组		46	47.99	25.81	10
	清理	15	45.82	19.04	4
	浇注	2	48.93	22.04	0
	制芯	8	47.83	27.44	1
	熔化	4	49.52	27.62	2
	配砂	3	51.75	28.16	1
	造型	14	49.12	32.09	2
低接触组		2	44.13	28.89	0
合计		48	47.83	25.94	10

（2）主要疾病

1）铸造作业工人主要疾病发病概况。在分析 12 类器官系统疾病的基础上，考虑铸造作业的主要职业性有害因素对健康的危害，选择人－年发病率较高的 12 种主要疾病进行进一步分析。结果显示，影响铸造作业工人健康的 12 种主要疾病为恶性肿瘤、高血压、缺血性心脏病、脑血管病、肺结核、慢性下呼吸道疾病、食管、胃及十二指肠疾病、肝脏疾病、胆囊、胆道及胰腺疾病、关节病、腰背痛和肾脏疾病（表 2.30）。

表 2.30　铸造作业工人 12 种主要疾病发病率（1980～2008 年，n^1 =2 004）

疾病	观察人－年数	发病人数	人－年发病率（1/10 万）	顺位
高血压	36 132.65	195	539.68	1
肝脏疾病	33 887.99	159	469.19	2
慢性下呼吸道疾病	35 086.18	135	384.77	3
关节病	35 345.55	134	379.11	4
食管、胃及十二指肠疾病	35 130.11	103	293.2	5
腰背痛	35 316.02	96	271.83	6
肺结核	35 100.44	88	250.71	7
胆囊、胆道及胰腺疾患	36 334.87	85	233.94	8
缺血性心脏病	36 613.94	79	215.76	9
脑血管病	36 626.55	36	98.29	10
肾脏疾病	36 505.25	35	95.88	11
恶性肿瘤	36 473.84	33	90.48	12

注：[1] 队列总观察人数为 2 009 人，其中接触组 4 人、对照组 1 人无工龄信息，故人－年数按 2 004 人计算。

2）接触组及对照组各主要疾病发病率。接触组慢性下呼吸道疾病、关节病以及腰背痛发病风险显著高于对照组（表 2.31）。

表 2.31 铸造作业工人接触组及对照组各主要疾病人－年发病率（1980～2008 年，n^1 =2 004）

疾病	分组	观察人数	人－年数	发病人数	人－年发病率（1/10 万）	RR（95% CI）
慢性下呼吸道疾病	接触	1 299	22 323.72	112	501.71	2.78（1.77～4.36）★
	对照	705	12 762.45	23	180.22	
	合计	2 004	35 086.18	135	384.77	
关节病	接触	1 299	22 617.44	104	459.82	1.95（1.30～2.93）★
	对照	705	12 728.10	30	235.70	
	合计	2 004	35 345.55	134	379.11	
腰背痛	接触	1 299	22 541.61	71	314.97	1.61（1.02～2.54）★
	对照	705	12 774.42	25	195.70	
	合计	2 004	35 316.02	96	271.83	

注：[1] 队列总观察人数为 2009 人，其中接触组 4 人、对照组 1 人无工龄信息，故人－年数按 2004 人计算；★ 差别有统计学意义。

3）不同工种工人各主要疾病发病风险（见表 2.32）

表 2.32 铸造作业不同工种工人各主要疾病人－年发病率（1980～2008 年，n^1 =2 004）

疾病	工种	观察人数	人－年数	发病人数	人－年发病率（1/10 万）	RR（95% CI）
缺血性心脏病	清理	192	3 634.27	13	357.71	2.12（1.07～4.21）★
	浇注	68	1 279.45	6	468.95	2.78（1.13～6.87）★
	对照	705	13 030.02	22	168.84	
脑血管病	清理	192	3 669.77	7	190.75	2.76（1.03～7.42）★
	对照	705	13 023.99	9	69.1	
慢性下呼吸道疾病	配砂	140	2 564.67	11	428.91	2.38（1.16～4.89）★
	清理	192	3 305.50	27	816.82	4.53（2.59～7.91）★
	熔化	240	4 405.67	17	385.87	2.14（1.14～4.01）★
	造型	203	3 795.60	24	632.31	3.51（1.98～6.23）★
	制芯	293	4 528.15	17	375.43	2.08（1.11～3.90）★
	浇注	68	1 201.14	10	832.54	4.62（2.19～9.73）★
	对照	705	12 762.45	23	180.22	
食管、胃和十二指肠疾病	浇注	68	1 213.55	8	659.22	2.51（1.16～5.45）★
	对照	705	12 583.35	33	262.25	
肝脏疾病	配砂	140	2 409.14	17	705.65	1.81（1.04～3.15）★
	清理	192	3 193.92	25	782.74	2.01（1.24～3.26）★
	造型	203	3 630.53	24	661.06	1.70（1.04～2.78）★
	对照	705	12 316.67	48	389.72	

续表

疾病	工种	观察人数	人－年数	发病人数	人－年发病率（1/10 万）	*RR*（95% *CI*）
关节病	配砂	140	2 687.41	17	632.58	2.68（1.48～4.87）★
	清理	192	3 355.50	23	685.44	2.91（1.69～5.02）★
	造型	203	3 835.94	21	547.45	2.32（1.33～4.06）★
	浇注	68	1 200.16	8	666.58	2.83（1.29～6.19）★
	对照	705	12 728.10	30	235.7	
腰背痛	配砂	140	2 558.87	12	468.96	2.40（1.20～4.78）★
	清理	192	3 402.38	18	529.04	2.70（1.47～4.95）★
	浇注	68	1 193.44	8	670.33	3.43（1.54～7.62）★
	对照	705	12 774.42	25	195.7	

注：[1] 队列总观察人数为 2 009 人，其中接触组 4 人、对照组 1 人无工龄信息，故人－年数按 2 004 人计算；★差别有统计学意义。

值得关注的是配砂、清理、造型工种工人的肝脏疾病发病风险，清理工种工人的脑血管病发病风险，以及清理和浇注工种工人的缺血性心脏病发病风险（表 2.33）。

表 2.33　铸造作业各工种工人主要疾病人－年发病率（1980～2008 年，n^1＝2 004）

工种	疾病	观察人数	人－年数	发病人数	人－年发病率（1/10 万）	*RR*（95% *CI*）
配砂	慢性下呼吸道疾病	140	2 564.67	11	428.91	2.38（1.16～4.89）★
	肝脏疾病	140	2 409.14	17	705.65	1.81（1.04～3.15）★
	关节病	140	2 687.41	17	632.58	2.68（1.48～4.87）★
	腰背痛	140	2 558.87	12	468.96	2.40（1.20～4.78）★
清理	缺血性心脏病	192	3 634.27	13	357.71	2.12（1.07～4.21）★
	脑血管病	192	3 669.77	7	190.75	2.76（1.03～7.42）★
	慢性下呼吸道疾病	192	3 305.50	27	816.82	4.53（2.59～7.91）★
	肝脏疾病	192	3 193.92	25	782.74	2.01（1.24～3.26）★
	关节病	192	3 355.50	23	685.44	2.91（1.69～5.02）★
	腰背痛	192	3 402.38	18	529.04	2.70（1.47～4.95）★
熔化	慢性下呼吸道疾病	240	4 405.67	17	385.87	2.14（1.14～4.01）★
造型	慢性下呼吸道疾病	203	3 795.60	24	632.31	3.51（1.98～6.23）★
	肝脏疾病	203	3 630.53	24	661.06	1.70（1.04～2.78）★
	关节病	203	3 835.94	21	547.45	2.32（1.33～4.06）★
制芯	慢性下呼吸道疾病	293	4 528.15	17	375.43	2.08（1.11～3.90）★
浇注	缺血性心脏病	68	1 279.45	6	468.95	2.78（1.13～6.87）★
	慢性下呼吸道疾病	68	1 201.14	10	832.54	4.62（2.19～9.73）★
	食管、胃及十二指肠疾病	68	1 213.55	8	659.22	2.51（1.16～5.45）★
	关节病	68	1 200.16	8	666.58	2.83（1.29～6.19）★
	腰背痛	68	1 193.44	8	670.33	3.43（1.54～7.62）★

注：[1] 队列总观察人数为 2 009 人，其中接触组 4 人，对照组 1 人无工龄信息，故人－年数按 2004 人计算；★差别有统计学意义。

4）男、女性接触及对照组各主要疾病发病率。男性接触组除慢性下呼吸道疾病、关节病以及腰背痛发病风险较高外，其缺血性心脏病和高血压发病风险也显著高于男性对照组（表2.34）。

表2.34　男、女性接触组及对照组各主要疾病人－年发病率（1980～2008年，n^1=2 003）

疾病	性别	接触组				对照组				RR(95% CI)
		观察人数	人－年数	发病人数	人－年发病率（1/10万）	观察人数	人－年数	发病人数	人－年发病率（1/10万）	
高血压	男	805	16 558.70	106	640.15	598	11 312.23	48	424.32	1.51(1.07～2.13)*
	女	494	6 715.71	34	506.28	106	1 535.92	7	455.75	1.11(0.49～2.51)
	合计	1 299	23 274.41	140	601.52	704	12 848.15	55	428.08	1.41(1.03～1.93)*
缺血性心脏病	男	805	16 913.24	48	283.80	598	11 437.97	19	166.11	1.71(1.00～2.91)*
	女	494	6 670.68	9	134.92	106	1 581.95	4	252.85	0.53(0.16～1.72)
	合计	1 299	23 583.92	57	241.69	704	13 019.92	23	176.65	1.37(0.84～2.22)
慢性下呼吸道疾病	男	805	15 676.02	94	599.64	598	11 185.69	21	187.74	3.19(1.99～5.12)*
	女	494	6 647.70	18	270.77	106	1 566.67	2	127.66	2.12(0.49～9.15)
	合计	1 299	22 323.72	112	501.71	704	12 752.36	23	180.36	2.78(1.77～4.36)*
关节病	男	805	15 971.28	74	463.33	598	11 188.98	23	205.56	2.25(1.41～3.59)*
	女	494	6 646.16	30	451.39	106	1 529.02	7	457.81	0.99(0.43～2.26)
	合计	1 299	22 617.44	104	459.82	704	12 718.00	30	235.89	1.95(1.30～2.93)*
腰背痛	男	805	16 091.72	55	341.79	598	11 212.75	23	205.12	1.67(1.03～2.72)*
	女	494	6 449.89	16	248.07	106	1 551.57	2	128.90	1.92(0.44～8.36)
	合计	1 299	22 541.61	71	314.97	704	12 764.32	25	195.86	1.61(1.02～2.54)*

注：[1]队列总观察人数为2 009人，其中接触组4人、对照组1人无工龄信息，故人－年数按2 004人计算；*差别有统计学意义。

男性接触组恶性肿瘤、慢性下呼吸道疾病、食管、胃及十二指肠疾病、缺血性心脏病以及肝脏疾病发病风险显著高于女性接触组（表2.35）。

表2.35　接触组及对照组男、女性各主要疾病人－年发病率

疾病	分组	男				女				RR（95% CI）
		观察人数	人－年数	发病人数	人－年发病率（1/1000）	观察人数	人－年数	发病人数	人－年发病率（1/1000）	
恶性肿瘤	接触组	805	16 935.98	20	118.09	494	6 575.73	1	15.21	7.76（1.04～57.86）*
	对照组	598	11 398.06	11	96.51	106	1 553.96	2	128.7	0.75（0.17～3.39）
	合计	1 403	28 334.04	31	109.41	600	8 129.69	3	36.9	2.97（0.91～9.70）
缺血性心脏病	接触组	805	16 913.24	48	283.8	494	6 670.68	9	134.92	2.10（1.03～4.29）*
	对照组	598	11 437.97	19	166.11	106	1 581.95	4	252.85	0.66（0.22～1.93）
	合计	1 403	28 351.21	67	236.32	600	8 252.62	13	157.53	1.50（0.83～2.72）

续表

疾病	分组	男				女				RR（95% CI）
		观察人数	人－年数	发病人数	人－年发病率（1/1000）	观察人数	人－年数	发病人数	人－年发病率（1/1000）	
慢性下呼吸道疾病	接触组	805	15 676.02	94	599.64	494	6 647.70	18	270.77	2.21（1.34～3.67）*
	对照组	598	11 185.69	21	187.74	106	1 566.67	2	127.66	1.47（0.34～6.28）
	合计	1 403	26 861.71	115	428.12	600	8 214.37	20	243.48	1.76（1.09～2.83）*
食管、胃及十二指肠疾病	接触组	805	16 042.32	59	367.78	494	6 504.45	11	169.12	2.17（1.14～4.14）*
	对照组	598	11 060.06	31	280.29	106	1 513.19	2	132.17	2.12（0.51～8.87）
	合计	1 403	27 102.38	90	332.07	600	8 017.63	13	162.14	2.05（1.14～3.67）*
肝脏疾病	接触组	805	15 182.47	90	592.79	494	6 388.86	21	328.7	1.80（1.12～2.90）*
	对照组	598	10 741.74	47	437.55	106	1 564.83	1	63.9	6.85（0.94～49.67）
	合计	1 403	25 924.21	137	528.46	600	7 953.68	22	276.6	1.91（1.22～3.00）*
胆囊、胆道及胰腺疾病	接触组	805	16 852.59	30	178.01	494	6 590.58	26	394.5	0.45（0.27～0.76）*
	对照组	598	11 326.76	24	211.89	106	1 554.84	5	321.58	0.66（0.25～1.73）
	合计	1 403	28 179.35	54	191.63	600	8 145.42	31	380.58	0.50（0.32～0.78）*
肾脏疾病	接触组	805	16 868.64	15	88.92	494	6 569.40	8	121.78	0.73（0.31～1.72）
	对照组	598	11 483.46	8	69.67	106	1 573.65	4	254.19	0.27（0.08～0.91）*
	合计	1 403	28 352.10	23	81.12	600	8 143.05	12	147.36	0.55（0.27～1.11）

注：* 差别有统计学意义。

3. 死亡情况

本队列 2 009 人，29 年间共观察 37 151 人－年，死亡 102 人，总死亡率 2.75/1 000 人－年（274.6/100 000人－年），其中男 84 人（人－年死亡率 290.4/100 000）、女 18 人（人－年死亡率 218.9/100 000），接触组死亡 65 人（人－年死亡率 272.0/100 000）、对照组死亡 37 人（人－年死亡率 279.2/100 000）。

死者的平均死亡年龄为 46.38 岁，制芯工平均死亡年龄最小，其次为浇注、清理、熔化、造型及天车工，配砂工平均死亡年龄最大。各种死因中，伤害死亡的平均死亡年龄最小，其次为肝脏疾病、脑血管病、恶性肿瘤及缺血性心脏病（52.57 岁）。男性平均死亡年龄高于女性。

清理人－年死亡率最高，其后依次是熔化、造型、配砂、制芯和浇注，天车工人－年死亡率最低；死因别以恶性肿瘤人－年死亡率最高，其后依次是损伤及中毒、脑血管病、缺血性心脏病和肝脏疾病。男性平均人－年死亡率高于女性（表 2.36）。

男性死因顺位依次为损伤及中毒、肺恶性肿瘤、肝恶性肿瘤、脑血管病、缺血性心脏病和胃肠道恶性肿瘤、肝脏疾病和其他恶性肿瘤、肾脏疾病和耳鼻喉恶性肿瘤；女性死因顺位依次为缺血性心脏病和损伤及中毒、肝脏疾病、肾脏疾病和恶性肿瘤及脑血管病（表 2.37）。

表 2.36　铸造厂工人死亡情况

		人－年数	死亡人数	人－年死亡率（1/10 万）	平均死亡年龄（岁）	平均死亡工龄（年）
工种	接触组	23 900	65	272.0	—	—
	配砂	2 754	7	254.2	51.4	17.1
	清理	3 675	13	353.7	46.96	23.35
	熔化	4 596	16	348.1	47.45	26.4
	造型	4 161	13	312.4	49.09	29.2
	制芯	4 825	11	228.0	37.14	20.29
	天车	2 543	2	78.6	50.12	30.69
	浇注	1 346	3	222.9	46.59	22.16
	对照组	13 251	37	279.2	46.06	29.81
	合计	37 151	102	274.6	46.38	26.23
死因	恶性肿瘤	37 151	35	94.2	51.6	29.4
	脑血管病	37 151	9	24.2	47.09	26.02
	缺血性心脏病	37 151	7	18.8	52.57	29.68
	损伤及中毒	37 151	23	61.9	38.12	21.48
	肝脏疾病	37 151	5	13.5	42.83	20.62
	肾脏疾病	37 151	3	8.1	54.87	32.7
	其他	37 151	20	53.8	43.21	24.7
	合计	37 151	102	274.6	46.38	26.23
性别	男	28 929	84	290.4	42.98	27.77
	女	8 222	18	218.9	36.5	18.05
	合计	37151	102	274.6	46.38	26.23

表 2.37　铸造作业工人死因分布

性别	死因	死亡人数	百分比（%）	顺位
男	恶性肿瘤（小计）	34	40.5	
	耳鼻喉恶性肿瘤	2	2.4	7
	胃肠道恶性肿瘤	4	4.8	5
	肝恶性肿瘤	12	14.3	3
	肺恶性肿瘤	13	15.5	2
	其他恶性肿瘤	3	3.6	6
	脑血管病	8	9.5	4
	缺血性心脏病	4	4.8	5
	损伤及中毒	20	23.8	1
	肝脏疾病	3	3.6	6

续表

性别	死因	死亡人数	百分比（%）	顺位
男	肾脏疾病	2	2.4	7
	其他	13	15.5	—
	小计	84	100.0	—
女	恶性肿瘤	1	5.6	3
	脑血管病	1	5.6	3
	缺血性心脏病	3	16.7	1
	损伤及中毒	3	16.7	1
	肝脏疾病	2	11.1	2
	肾脏疾病	1	5.6	3
	其他	7	38.9	
	小计	18	100.0	
合计	恶性肿瘤（小计）	35	34.3	
	耳鼻喉恶性肿瘤	2	2.0	9
	胃肠道恶性肿瘤	4	3.9	7
	肝恶性肿瘤	12	11.8	3
	肺恶性肿瘤	13	12.7	2
	其他恶性肿瘤	4	3.9	7
	脑血管病	9	8.8	4
	缺血性心脏病	7	6.9	5
	损伤及中毒	23	22.5	1
	肝脏疾病	5	4.9	6
	肾脏疾病	3	2.9	8
	其他	20	19.6	
	合计	102	100.0	

尘肺病人的肺癌发病风险明显高于非尘肺病人（表 2.38）。

表 2.38　尘肺病人的肺癌发病风险

尘肺	观察数	肺癌数	%	*RR*	χ^2	*P*
尘肺病人	48	3	6.25	12.25	24.01	0.00
非尘肺病人	1961	10	0.51			

以铸造作业工人是否发生肺癌死亡为因变量，以其矽尘累积接触量、吸烟、饮酒以及年龄四个因素为自变量，进行多因素 logistic 回归分析，调整矽尘累积接触量、吸烟和饮酒的影响，观察影响肺癌死亡的因素，结果显示肺癌死亡与年龄呈正相关（表 2.39）。

表 2.39　影响铸造作业工人肺癌死亡的多因素 logistic 回归分析结果

变量	B	Wald χ^2	P	OR（95% CI）
矽尘累积接触量	-0.13	0.12	0.73	0.88（0.42~1.83）
吸烟	0.67	0.71	0.40	1.96（0.41~9.33）
饮酒	-15.98	0.00	0.99	0.00
年龄*	0.10	6.36	0.01	1.10（1.02~1.18）
常数项	-10.59	21.90	0.00	0.00

注：* $P<0.05$。

患肝脏病病人的肝癌发病风险明显高于非肝脏病病人（表 2.40）。

表 2.40　肝脏疾病患者的肝癌发病风险

肝脏疾病	观察数	肺癌数	%	RR	χ^2	P
肝脏病人	159	4	2.52	5.86	10.70	0.00
非肝脏病人	1850	8	0.43	—	—	—

为分析铸造厂工人矽尘累积接触量与其全因死亡、发生肺癌、发生肝癌的关联性，分别以全因死亡、肺癌发病和肝癌发病为因变量，以矽尘累积接触量为自变量，进行单因素 logistic 回归分析，结果显示全死因和肝癌均与矽尘累积接触量呈正相关（表 2.41）。

表 2.41　全因死亡、肺癌和肝癌发病与矽尘累积接触量关联的单因素 logistic 回归分析结果

因变量	自变量	B	Wald χ^2	P	OR（95% CI）
死亡	矽尘累积接触量**	0.25	8.70	0.00	1.29（1.09~1.52）
	常数项	-3.90	129.43	0.00	0.02
肺癌	矽尘累积接触量	0.18	0.67	0.41	1.20（0.77~1.87）
	常数项	-5.70	40.70	0.00	0.00
肝癌	矽尘累积接触量*	0.55	5.20	0.02	1.73（1.08~2.77）
	常数项	-7.34	45.98	0.00	0.00

注：* $P<0.05$；** $P<0.01$。

以铸造作业工人全死因为因变量，以其矽尘累积接触量、吸烟、饮酒和年龄四个因素为自变量，进行多因素 logistic 回归分析，调整吸烟、饮酒和年龄的影响，结果显示全死因与矽尘累积接触量呈正相关（表 2.42）。

表 2.42　影响铸造作业工人全因死亡的多因素 logistic 回归分析结果

变量	B	Wald χ^2	P	OR（95% CI）
矽尘累积接触量**	0.49	14.34	0.00	1.64（1.27~2.12）
吸烟	-0.16	0.24	0.62	0.86（0.46~1.59）
饮酒	-0.87	2.99	0.08	0.42（0.16~1.12）
年龄	0.01	0.19	0.66	1.01（0.98~1.04）
常数项	-5.57	55.01	0.00	0.00

注：** $P<0.01$。

以铸造作业工人肝癌死亡为因变量，以其矽尘累积接触量、吸烟、饮酒、年龄以及是否患肝脏疾病五个因素为自变量，拟合多因素 logistic 回归模型，结果显示调整了吸烟、饮酒和年龄的影响后，铸造作业工人肝癌死亡与矽尘累积接触量和患肝脏疾病存在显著性关联（表 2.43）。

表 2.43　影响铸造作业工人肝癌死亡的多因素 logistic 回归分析结果

变量	B	Wald χ^2	P	OR（95% CI）
矽尘累积接触量*	0.79	4.94	0.03	2.20（1.10～4.40）
吸烟	0.08	0.01	0.92	1.09（0.19～6.31）
饮酒	−0.43	0.14	0.71	0.65（0.07～6.35）
年龄	−0.01	0.02	0.88	0.99（0.90～1.09）
肝脏疾病*	2.01	5.41	0.02	7.44（1.37～40.35）
常数项	−9.09	11.38	0.00	0.00

注：* $P<0.05$。

4. 职业性有害因素接触与健康损害结局之间的联系

（1）影响尘肺病发病的单因素和多因素 logistic 回归分析

1）单因素分析

①与矽尘累积接触量的关系。对该铸造厂工人尘肺病发病与矽尘累积接触量进行单因素 logistic 回归分析显示，铸造作业工人尘肺病发病率与其矽尘累积接触量呈正相关（表 2.44）。

表 2.44　尘肺病与矽尘累积接触量关联的单因素 logistic 回归分析结果（1980～2008 年）

变量	B	Wald χ^2	P	OR（95% CI）
矽尘累积接触量**	1.10	76.03	0.00	3.00（2.34～3.83）
常数项	−8.37	173.25	0.00	0.00

注：** $P<0.01$。

②吸烟与尘肺病发病关联的分析。吸烟的工人尘肺病发病风险明显高于不吸烟者（表 2.45）。

表 2.45　吸烟与不吸烟的铸造作业工人尘肺病发病率比较（1980～2008 年）

吸烟	观察人数	观察人－年数	尘肺病人数	发病率（1/1000）	RR	P
吸	666	15 465.53	33	21.34	2.81	0.00
不吸	1 305	19 727.70	15	7.60		

③饮酒与尘肺病发病关联的分析。饮酒者与不饮酒者尘肺病发病风险的差异没有统计学意义（表 2.46）。

④肺结核与尘肺病的关联。患肺结核者的尘肺病发病风险明显高于未患肺结核者（表 2.47）。

表 2.46 饮酒与不饮酒的铸造作业工人尘肺病发病率比较（1980～2008 年）

饮酒	观察人数	观察人－年数	尘肺病人数	发病率(1/1000)	*RR*	*P*
饮	332	7 801.37	13	16.66	1.30	0.055
不饮	1 639	27 391.85	35	12.78		

表 2.47 患肺结核与未患肺结核的铸造作业工人尘肺病发病率比较（1980～2008 年）

肺结核	观察人数	观察人－年数	尘肺病人数	发病率(1/1000)	*RR*	*P*
患	88	2 223.84	7	31.47	2.57	0.00
未患	1 921	33 494.75	41	12.24		

2）多因素分析。以铸造作业工人尘肺病发病为因变量，以矽尘累积接触量、吸烟、饮酒和年龄四个因素为自变量，进行多因素 logistic 回归分析，结果显示铸造作业工人尘肺病发病与矽尘累积接触量及吸烟呈正相关，矽尘累积接触量每增加 1mg/m^3·年和吸烟，尘肺病发病风险分别增加 4.38 倍和 3.79 倍（表 2.48）。

表 2.48 影响铸造作业工人尘肺病发病的多因素 logistic 回归分析结果（1980～2008 年）

变量	*B*	Wald χ^2	*P*	*OR*（95% *CI*）
矽尘累积接触量**	1.68	93.02	0.00	5.38（3.82～7.57）
吸烟**	1.57	16.25	0.00	4.79（2.24～10.27）
饮酒	－0.51	1.50	0.22	0.60（0.26～1.36）
年龄**	－0.18	51.29	0.00	0.83（0.79～0.88）
常数项	－2.48	6.81	0.01	0.08

注：** $P<0.01$。

（2）主要疾病的单因素及多因素 logistic 回归分析

1）单因素分析

①矽尘累积接触量与一些主要疾病的单因素 logistic 回归分析。对铸造作业工人主要疾病发病与矽尘累积接触量进行单因素 logistic 回归分析，结果提示矽尘累积接触量每增加 1mg/m^3·年，接触组一些主要疾病发病风险明显增加，其中，恶性肿瘤增加 59%，高血压 65%，缺血性心脏病 78%，脑血管病 71%，肺结核 65%，慢性下呼吸道疾病 1.02 倍，食管、胃和十二指肠疾病 45%，肝脏疾病 54%、胆囊、胆道和胰腺疾病 46%，关节病 76%，腰背痛 66% 以及肾脏疾病 69%（表 2.49）。

表 2.49 主要疾病与矽尘累积接触量的单因素 logistic 回归分析结果（1980～2008 年）

疾病	变量	*B*	Wald χ^2	*P*	*OR*（95% *CI*）
恶性肿瘤	矽尘累积接触量**	0.46	10.64	0.00	1.59（1.20～2.10）
	常数项	－5.87	89.73	0.00	0.00
高血压	矽尘累积接触量**	0.50	58.08	0.00	1.65（1.45～1.87）
	常数项	－4.12	222.03	0.00	0.02

续表

疾病	变量	B	Wald χ^2	P	OR（95% CI）
缺血性心脏病	矽尘累积接触量**	0.57	35.92	0.00	1.78（1.47～2.14）
	常数项	-5.43	163.56	0.00	0.00
脑血管病	矽尘累积接触量**	0.54	15.62	0.00	1.71（1.31～2.24）
	常数项	-6.10	101.04	0.00	0.00
肺结核	矽尘累积接触量**	0.50	30.56	0.00	1.65（1.38～1.98）
	常数项	-5.01	161.58	0.00	0.01
慢性下呼吸道疾病	矽尘累积接触量**	0.70	78.64	0.00	2.02（1.73～2.36）
	常数项	-5.39	232.60	0.00	0.01
食管、胃和十二指肠疾病	矽尘累积接触量**	0.37	19.38	0.00	1.45（1.23～1.70）
	常数项	-4.30	151.60	0.00	0.01
肝脏疾病	矽尘累积接触量**	0.43	37.86	0.00	1.54（1.34～1.76）
	常数项	-4.07	192.89	0.00	0.02
胆囊、胆道和胰腺疾病	矽尘累积接触量**	0.38	17.31	0.00	1.46（1.22～1.75）
	常数项	-4.55	140.54	0.00	0.01
关节病	矽尘累积接触量**	0.56	53.74	0.00	1.76（1.51～2.04）
	常数项	-4.81	207.11	0.00	0.01
腰背痛	矽尘累积接触量**	0.51	33.57	0.00	1.66（1.40～1.97）
	常数项	-4.94	169.35	0.00	0.01
肾脏疾病	矽尘累积接触量**	0.52	14.33	0.00	1.69（1.29～2.21）
	常数项	-6.06	97.94	0.00	0.00

注：** $P<0.01$。

②对照和接触组高血压、慢性下呼吸道疾病及关节病发病风险的单因素 logistic 回归分析。结果显示接触组高血压、慢性下呼吸道疾病及关节病发病风险明显增加（表 2.50）。

表 2.50　接触组主要疾病发病风险的单因素 logistic 回归分析结果（1980～2008 年）

疾病	变量	B	Wald χ^2	P	OR（95% CI）
高血压	接触组*	0.36	4.71	0.03	1.44（1.04～1.99）
	常数项	-2.48	310.97	0.00	0.08
慢性下呼吸道疾病	接触组**	1.03	19.54	0.00	2.81（1.78～4.45）
	常数项	-3.40	256.56	0.00	0.03
关节病	接触组**	0.68	10.13	0.00	1.97（1.30～2.99）
	常数项	-3.12	279.57	0.00	0.04

注：* $P<0.05$；** $P<0.01$。

③吸烟对一些主要疾病影响的单因素 logistic 回归分析。结果显示吸烟的接触组高血压病、缺血性心脏病、慢性下呼吸道疾病以及关节病发病风险明显增加（表 2.51）。

表 2.51　吸烟对主要疾病影响的单因素 logistic 回归分析结果（1980～2008 年）

疾病	变量		B	Wald χ^2	P	OR（95% CI）
高血压病	不吸烟	接触组	0.08	0.13	0.72	1.08（0.69～1.69）
		常数项	－2.62	198.43	0.00	0.07
	吸烟	接触组*	0.66	6.92	0.01	1.93（1.18～3.14）
		常数项	－2.18	102.32	0.00	0.11
缺血性心脏病	不吸烟	接触组	－0.29	0.71	0.40	0.75（0.38～1.47）
		常数项	－3.38	166.06	0.00	0.03
	吸烟	接触组*	1.09	6.75	0.01	2.99（1.31～6.83）
		常数项	－3.49	82.63	0.00	0.03
慢性下呼吸道疾病	不吸烟	接触组*	0.93	7.60	0.01	2.54（1.31～4.93）
		常数项	－3.70	147.16	0.00	0.02
	吸烟	接触组**	1.15	12.31	0.00	3.14（1.66～5.96）
		常数项	－2.93	97.56	0.00	0.05
关节病	不吸烟	接触组	0.30	1.32	0.25	1.36（0.81～2.28）
		常数项	－3.03	184.32	0.00	0.05
	吸烟	接触组**	1.24	11.26	0.00	3.47（1.68～7.17）
		常数项	－3.23	90.19	0.00	0.04

注：* $P<0.05$；** $P<0.01$。

④饮酒对一些主要疾病影响的单因素 logistic 回归分析。结果显示不饮酒的接触组慢性下呼吸道疾病和关节病的发病风险明显增加（表 2.52）。

表 2.52　饮酒对一些主要疾病影响的单因素 logistic 回归分析结果（1980～2008 年）

疾病	变量		B	Wald χ^2	P	OR（95% CI）
慢性下呼吸道疾病	不饮酒	接触组**	1.05	15.03	0.00	2.86（1.68～4.88）
		常数项	－3.51	203.44	0.00	0.03
	饮酒	接触组	0.91	3.85	0.05	2.49（1.00～6.20）
		常数项	－2.82	45.15	0.00	0.06
关节病	不饮酒	接触组**	0.61	6.56	0.01	1.85（1.15～2.96）
		常数项	－3.15	228.89	0.00	0.04
	饮酒	接触组	0.83	3.16	0.08	2.30（0.92～5.74）
		常数项	－2.82	45.15	0.00	0.06

注：* $P<0.05$；** $P<0.01$。

⑤接触铸造作业一氧化碳、硫化氢、磷化氢、二氧化硫、镉及其无机化合物、三氧化铬及其重铬酸盐、锰及其无机化合物、镍及其无机化合物、铅烟和多环芳烃等共存化学性职业性有害因素对一些疾病发病影响的单因素 logistic 回归分析。

结果显示高、中接触组的慢性下呼吸道疾病和关节病发病风险明显增加（表 2.53）。

表 2.53　主要疾病与 CO 等职业性有害因素[1]关联单因素 logistic 回归分析结果（1980～2008 年）

疾病	变量	B	Wald χ^2	P	OR（95% CI）
慢性下呼吸道疾病	总接触**	—	19.55	0.00	—
	高接触**	1.05	12.96	0.00	2.87（1.62～5.08）
	中接触**	1.03	18.28	0.00	2.80（1.74～4.48）
	常数项	-3.40	256.56	0.00	0.03
关节病	总接触*	—	10.31	0.01	—
	高接触*	0.60	4.44	0.04	1.83（1.04～3.20）
	中接触**	0.70	10.14	0.00	2.01（1.31～3.10）
	常数项	-3.12	279.57	0.00	0.04

注：[1] CO 等职业性有害因素包括一氧化碳、硫化氢、磷化氢、二氧化硫、镉及其无机化合物、三氧化铬及其重铬酸盐、锰及其无机化合物、镍及其无机化合物、铅尘及铅烟和多环芳烃。

* $P<0.05$；** $P<0.01$。

⑥接触铸造作业氨、苯酚、酚醛树脂和甲醛等共存化学性职业有害因素对一些疾病影响的单因素 logistic 回归分析。结果显示接触组的高血压、慢性下呼吸道疾病、关节病以及腰背痛发病风险明显增加（见表 2.54）。

表 2.54　主要疾病与氨、苯酚、酚醛树脂尘及甲醛关联的单因素 logistic 回归分析结果（1980～2008 年）

疾病	变量	B	Wald χ^2	P	OR（95% CI）
高血压	总接触		4.73	0.09	
	高接触	0.34	2.68	0.10	1.41（0.93～2.13）
	中接触*	0.37	4.33	0.04	1.45（1.02～2.05）
	常数项	-2.48	310.97	0.00	0.08
慢性下呼吸道疾病	总接触**		23.99	0.00	
	高接触*	0.72	6.26	0.01	2.06（1.17～3.62）
	中接触**	1.16	23.33	0.00	3.20（2.00～5.14）
	常数项	-3.40	256.56	0.00	0.03
关节病	总接触**		13.29	0.00	
	高接触	0.41	2.22	0.14	1.50（0.88～2.56）
	中接触**	0.79	12.80	0.00	2.21（1.43～3.41）
	常数项	-3.12	279.57	0.00	0.04
腰背痛	总接触		4.26	0.12	
	高接触	0.33	1.19	0.28	1.39（0.77～2.52）
	中接触*	0.52	4.26	0.04	1.68（1.03～2.74）
	常数项	-3.31	264.10	0.00	0.04

注：* $P<0.05$；** $P<0.01$。

⑦接触铸造作业苯、甲苯和二甲苯等化学性职业性有害因素对一些主要疾病发病影响的单因素 logistic 回归分析。结果显示高接触组高血压、缺血性心脏病、脑血管病、慢性下呼吸道疾病、肝脏疾病、关节病以及腰背痛发病风险明显增加（表 2.55）。

表 2.55　主要疾病与苯、甲苯及二甲苯关联单因素 logistic 回归分析结果（1980～2008 年）

疾病	变量	B	Wald χ^2	P	OR（95% CI）
高血压	总接触	—	5.46	0.07	—
	高接触*	0.53	4.17	0.04	1.70（1.02～2.82）
	中接触	0.33	3.70	0.05	1.39（0.99～1.95）
	常数项	-2.48	310.97	0.00	0.08
缺血性心脏病	总接触	—	4.76	0.09	—
	高接触*	0.77	4.69	0.03	2.17（1.08～4.36）
	中接触	0.21	0.64	0.42	1.23（0.74～2.06）
	常数项	-3.40	256.56	0.00	0.03
脑血管病	总接触	—	4.57	0.10	—
	高接触*	1.08	4.47	0.03	2.94（1.08～8.01）
	中接触	0.36	0.78	0.38	1.43（0.65～3.16）
	常数项	-4.35	168.44	0.00	0.01
慢性下呼吸道疾病	总接触**	—	28.83	0.00	—
	高接触**	1.59	28.55	0.00	4.88（2.73～8.73）
	中接触**	0.91	14.28	0.00	2.48（1.55～3.97）
	常数项	3.40	256.56	0.00	0.03
肝脏疾病	总接触*	—	7.95	0.02	—
	高接触*	0.72	7.66	0.01	2.06（1.24～3.44）
	中接触	0.15	0.62	0.43	1.16（0.80～1.67）
	常数项	-2.62	307.78	0.00	0.07
关节病	总接触**	—	15.42	0.00	—
	高接触**	1.13	15.03	0.00	3.08（1.74～5.44）
	中接触*	0.58	6.98	0.01	1.79（1.16～2.74）
	常数项	-3.12	279.57	0.00	0.04
腰背痛	总接触**	—	10.77	0.00	—
	高接触**	1.04	10.53	0.00	2.83（1.51～5.31）
	中接触	0.32	1.65	0.20	1.37（0.85～2.23）
	常数项	-3.31	264.10	0.00	0.04

注：* $P<0.05$；** $P<0.01$。

⑧接触铸造作业高温和热辐射等物理性职业性有害因素对慢性下呼吸道疾病发病影响的单因素 logistic 回归分析。结果显示高、中接触组慢性下呼吸道疾病发病风险明显增加（表 2.56）。

表 2.56　慢性下呼吸道疾病与高温和热辐射单因素 logistic 回归分析结果（1980～2008 年）

疾病	变量	*B*	Wald χ^2	*P*	*OR*（95% *CI*）
慢性下呼吸道疾病	总接触**	—	16.48	0.00	—
	高接触**	0.83	9.77	0.00	2.30（1.37～3.89）
	中接触**	0.82	14.95	0.00	2.28（1.50～3.46）
	常数项	−3.18	329.39	0.00	0.04

注：** $P<0.01$。

⑨接触铸造作业噪声和振动等物理性职业性有害因素对慢性下呼吸道疾病和关节病发病影响的单因素 logistic 回归分析。结果显示高、中接触组慢性下呼吸道疾病的发病风险明显增加（表 2.57）。

表 2.57　慢性下呼吸道疾病与噪声的单因素 logistic 回归分析结果（1980～2008 年）

疾病	变量	*B*	Wald χ^2	*P*	*OR*（95% *CI*）
慢性下呼吸道疾病	总接触**	—	19.76	0.00	—
	高接触**	1.09	16.94	0.00	2.97（1.77～4.99）
	中接触**	1.00	16.40	0.00	2.72（1.68～4.41）
	常数项	−3.40	256.56	0.00	0.03
关节病	总接触**	—	11.87	0.00	—
	高接触	0.50	3.71	0.05	1.65（0.99～2.74）
	中接触**	0.77	11.85	0.00	2.16（1.39～3.36）
	常数项	−3.12	279.57	0.00	0.04

注：** P<0.01。

⑩接触铸造作业矽尘对几种疾病影响的单因素 logistic 回归分析。结果显示高接触组高血压、慢性下呼吸道疾病、肝脏疾病、关节病以及腰背痛发病风险明显增加（见表 2.58）。

表 2.58　主要疾病与矽尘关联的单因素 logistic 回归分析结果（1980～2008 年）

疾病	变量	*B*	Wald χ^2	*P*	*OR*（95% *CI*）
高血压	总接触	—	5.98	0.05	—
	高接触*	0.46	5.98	0.01	1.58（1.09～2.28）
	中接触	0.26	1.86	0.17	1.30（0.89～1.89）
	常数项	−2.48	310.97	0.00	0.08
慢性下呼吸道疾病	总接触**	—	23.88	0.00	—
	高接触**	1.22	23.80	0.00	3.37（2.07～5.49）
	中接触**	0.83	10.08	0.00	2.29（1.37～3.81）
	常数项	−3.40	256.56	0.00	0.03

续表

疾病	变量	B	Wald χ^2	P	OR (95% CI)
肝脏疾病	总接触	—	5.60	0.06	—
	高接触*	0.43	4.56	0.03	1.53 (1.04~2.26)
	中接触	0.05	0.07	0.80	1.06 (0.70~1.60)
	常数项	-2.62	307.78	0.00	0.07
关节病	总接触**	—	16.63	0.00	—
	高接触**	0.90	15.62	0.00	2.47 (1.58~3.87)
	中接触	0.40	2.70	0.10	1.50 (0.92~2.43)
	常数项	-3.12	279.57	0.00	0.04
腰背痛	总接触**	—	11.60	0.00	—
	高接触**	0.75	8.69	0.00	2.12 (1.29~3.49)
	中接触	0.07	0.07	0.80	1.08 (0.61~1.89)
	常数项	-3.31	264.10	0.00	0.04

注：* $P<0.05$；** $P<0.01$。

2）多因素分析。以几种主要疾病为因变量，以矽尘累积接触量、吸烟、饮酒和年龄四个因素为自变量，进行多因素logistic回归分析，结果显示矽尘累积接触量每增加1mg/（m^3·年），接触组一些主要疾病发病风险明显增加，其中，恶性肿瘤增加69%，高血压1.13倍，缺血性心脏病1.11倍，脑血管病62%，肺结核3.74倍，慢性下呼吸道疾病2.60倍，食管、胃和十二指肠疾病4.60倍，肝脏疾病3.76倍，胆囊、胆道和胰腺疾患1.30倍，关节病2.21倍，腰背痛2.72倍，肾脏疾病2.06倍。吸烟同时使高血压、缺血性心脏病、肺结核、慢性下呼吸道疾病、肝脏疾病和腰背痛的发病风险增加，分别增加94%、1.35倍、2.68倍、1.14倍、1.85倍和2.72倍（表2.59）。

表2.59　铸造作业工人主要疾病发病的多因素logistic回归分析结果（1980~2008年）

疾病	变量	B	Wald χ^2	P	OR (95% CI)
恶性肿瘤	矽尘累积接触量*	0.53	6.59	0.01	1.69 (1.13~2.53)
	吸烟	0.35	0.57	0.45	1.42 (0.57~3.55)
	饮酒	-1.77	2.82	0.09	0.17 (0.02~1.35)
	年龄	0.04	2.71	0.10	1.04 (0.99~1.09)
	常数项	-8.80	42.22	0.00	0.00
高血压	矽尘累积接触量**	0.76	88.42	0.00	2.13 (1.82~2.5)
	吸烟**	0.66	13.84	0.00	1.94 (1.37~2.75)
	饮酒	-0.19	0.75	0.39	0.83 (0.54~1.27)
	年龄**	-0.07	60.54	0.00	0.93 (0.91~0.95)
	常数项	-1.65	15.87	0.00	0.19

续表

疾病	变量	B	Wald χ^2	P	OR（95% CI）
缺血性心脏病	矽尘累积接触量**	0.75	40.41	0.00	2.11（1.67～2.65）
	吸烟**	0.85	10.98	0.00	2.35（1.42～3.89）
	饮酒*	-0.85	5.68	0.02	0.43（0.21～0.86）
	年龄*	-0.04	6.98	0.01	0.96（0.94～0.99）
	常数项	-4.36	43.18	0.00	0.01
脑血管病	矽尘累积接触量**	0.48	8.41	0.00	1.62（1.17～2.25）
	吸烟	0.39	1.01	0.31	1.47（0.69～3.12）
	饮酒	-0.32	0.41	0.52	0.73（0.28～1.92）
	年龄	0.01	0.19	0.66	1.01（0.97～1.05）
	常数项	-6.47	41.71	0.00	0.00
肺结核	矽尘累积接触量**	1.56	78.48	0.00	4.74（3.36～6.69）
	吸烟**	1.30	13.71	0.00	3.68（1.85～7.33）
	饮酒*	-1.27	6.44	0.01	0.28（0.11～0.75）
	年龄**	-0.31	129.06	0.00	0.73（0.69～0.77）
	常数项	4.14	22.71	0.00	62.74
慢性下呼吸道疾病	矽尘累积接触量**	1.28	131.84	0.00	3.60（2.89～4.48）
	吸烟**	0.76	10.28	0.00	2.14（1.34～3.4）
	饮酒	-0.22	0.63	0.43	0.80（0.46～1.38）
	年龄**	-0.17	145.77	0.00	0.84（0.82～0.87）
	常数项	0.04	0.01	0.94	1.04
食管、胃和十二指肠疾病	矽尘累积接触量**	1.72	85.16	0.00	5.60（3.88～8.07）
	吸烟	0.54	2.40	0.12	1.72（0.87～3.4）
	饮酒	-0.35	0.67	0.41	0.71（0.31～1.63）
	年龄**	-0.34	145.56	0.00	0.71（0.67～0.75）
	常数项	4.98	35.60	0.00	145.82
肝脏疾病	矽尘累积接触量**	1.56	91.68	0.00	4.76（3.46～6.56）
	吸烟**	1.05	10.75	0.00	2.85（1.52～5.33）
	饮酒	-0.71	2.96	0.09	0.49（0.22～1.1）
	年龄**	-0.36	171.07	0.00	0.70（0.66～0.74）
	常数项	6.10	49.55	0.00	445.20
胆囊、胆道和胰腺疾病	矽尘累积接触量**	0.83	53.27	0.00	2.30（1.84～2.88）
	吸烟	-0.10	0.13	0.72	0.91（0.53～1.56）
	饮酒	-0.08	0.06	0.81	0.92（0.47～1.8）
	年龄**	-0.10	47.89	0.00	0.90（0.88～0.93）
	常数项	-1.13	3.67	0.06	0.32

续表

疾病	变量	B	Wald χ^2	P	OR（95% CI）
关节病	矽尘累积接触量**	1.17	115.81	0.00	3.21（2.6～3.97）
	吸烟	0.27	1.27	0.26	1.31（0.82～2.11）
	饮酒	−0.05	0.03	0.87	0.96（0.54～1.68）
	年龄**	−0.17	146.55	0.00	0.84（0.82～0.86）
	常数项	0.92	2.80	0.09	2.50
腰背痛	矽尘累积接触量**	1.31	81.56	0.00	3.72（2.8～4.95）
	吸烟**	1.31	16.89	0.00	3.72（1.99～6.96）
	饮酒	−0.43	1.26	0.26	0.65（0.31～1.38）
	年龄**	−0.27	132.15	0.00	0.77（0.73～0.8）
	常数项	3.20	15.86	0.00	24.48
肾脏疾病	矽尘累积接触量**	1.12	44.50	0.00	3.06（2.2～4.26）
	吸烟	0.01	0.00	0.98	1.01（0.43～2.36）
	饮酒	−1.08	2.49	0.11	0.34（0.09～1.3）
	年龄**	−0.15	46.58	0.00	0.86（0.82～0.9）
	常数项	−1.03	1.36	0.24	0.36

注：* $P<0.05$；** $P<0.01$。

5. 尘肺病及工作有关疾病的发病预测模型

以几种主要疾病发病为因变量，以矽尘累积接触量的对数为自变量，拟合 logistic 回归模型如下：

$$P = \frac{1}{1 + \exp[-(\beta_0 + \beta_1 X_1 + \beta_2 X_2 + \cdots + \beta_m X_m)]}$$

下式表示某病发病概率 P_i 与年日接尘浓度、接尘工龄之间的关系：

$$P_i = \frac{\exp[\beta_{i0} + \beta_{i1}\ln(ab)]}{1 + \exp[\beta_{i0} + \beta_{i1}\ln(ab)]}$$

式中，P_i 为某病在不同日接尘浓度、接尘工龄下的发病率；

β_{i0} 为 logistic 回归分析的常数项；

β_{i1} 为 logistic 回归分析的回归系数；

a 为年日均接尘浓度（mg/m^3）；

b 为接尘工龄（年）。

根据几种主要工作有关疾病与矽尘累积接触量关联的单因素 logistic 回归分析结果（表 2.59），得出估计的回归系数（β_1）及常数项（β_0）（表 2.60），将其代入上式，得到不同日接尘浓度及不同接尘工龄下预期的各种工作有关疾病发病概率（表 2.61）。按表 2.61，如欲将尘肺发病率控制在 1‰以下，20 年接尘工龄的工人每日接尘浓度需控制在 0.2mg/m³ 以下；30 年、40 年接尘工龄的工人每日接尘浓度需控制在 0.1mg/m³ 左右。

表 2.60　一些主要疾病与矽尘累积接触量关联的 logistic 回归系数及常数项

疾病	β_0	β_1
恶性肿瘤	-5.872319501	0.464803292
高血压	-4.115941674	0.498424305
缺血性心脏病	-5.42523346	0.574118725
脑血管病	-6.095021951	0.538690142
肺结核	-5.007875008	0.502316557
慢性下呼吸道疾病	-5.388263131	0.702430655
尘肺	-8.367064439	1.097289527
食管、胃和十二指肠疾病	-4.294556503	0.368419461
肝脏疾病	-4.069853288	0.430036128
胆囊、胆道和胰腺疾病	-4.545875198	0.380352285
关节病	-4.807545309	0.563689022
腰背痛	-4.935438728	0.507261113
肾脏疾病	-6.05782777	0.52316942

表 2.61　不同年日均接尘浓度及不同接尘工龄条件下一些主要疾病发病概率预测(‰)

年日均接尘浓度(mg/m³)	接尘工龄(年)	恶性肿瘤	高血压	缺血性心脏病	脑血管病	肺结核	慢性下呼吸道疾病	尘肺	食管、胃和十二指肠疾病	肝脏疾病	胆囊、胆道和胰腺疾病	关节病	腰背痛	肾脏疾病
0.1	20	3.87	22.52	6.51	3.26	9.38	7.38	0.5	17.31	22.49	13.62	11.93	10.11	3.35
0.2	20	5.34	31.52	9.67	4.73	13.24	11.96	1.06	22.23	30.07	17.66	17.53	14.31	4.81
0.3	20	6.44	38.31	12.17	5.88	16.18	15.83	1.66	25.72	35.59	20.55	21.93	17.52	5.94
0.4	20	7.35	43.96	14.32	6.86	18.65	19.31	2.27	28.51	40.09	22.87	25.7	20.22	6.9
0.5	20	8.15	48.88	16.25	7.73	20.81	22.51	2.9	30.88	43.95	24.84	29.04	22.59	7.74
0.6	20	8.86	53.28	18.01	8.52	22.76	25.51	3.54	32.96	47.37	26.58	32.08	24.72	8.51
0.7	20	9.51	57.29	19.64	9.25	24.55	28.35	4.19	34.81	50.45	28.14	34.89	26.68	9.22
0.8	20	10.11	61	21.18	9.94	25.21	31.05	4.85	36.51	53.28	29.56	37.52	28.5	9.88
0.9	20	10.68	64.45	22.62	10.58	27.76	33.63	5.51	38.06	55.89	30.87	39.99	30.2	10.5
1	20	11.21	67.69	24	11.19	29.23	36.13	6.18	39.51	58.33	32.09	42.33	31.8	11.09
1.5	20	13.5	81.61	30.1	13.89	35.59	47.46	9.61	45.59	68.68	37.25	52.63	38.79	13.67
2	20	15.4	93.02	35.32	16.18	40.9	57.48	13.13	50.43	77.02	41.38	61.33	44.61	15.86
2.5	20	17.06	102.84	39.95	18.21	45.53	66.59	16.72	54.51	84.13	44.88	68.99	49.69	17.79
3	20	18.54	111.53	44.17	20.05	49.68	75	20.34	58.08	90.37	47.94	75.89	54.24	19.54
3.5	20	19.89	119.37	48.06	21.74	53.46	82.87	24	61.26	95.97	50.69	82.21	58.4	21.14
4	20	21.13	126.55	51.69	23.33	56.96	90.28	27.69	64.16	101.07	53.19	88.07	62.23	22.64
4.5	20	22.3	133.18	55.11	24.82	60.23	97.31	31.39	66.81	105.76	55.5	93.55	65.81	24.04
5	20	23.39	139.36	58.34	26.23	63.29	104.01	35.1	69.27	110.13	57.63	98.71	69.18	25.37
10	20	32	186.16	84.45	37.66	87.35	158.88	72.21	87.66	142.9	73.74	139.32	95.54	36.06
0.1	30	4.67	27.43	8.21	4.06	11.48	9.79	0.78	20.04	26.66	15.86	14.95	12.39	4.14
0.2	30	6.44	38.31	12.17	5.88	16.18	15.83	1.66	25.72	35.59	20.55	21.93	17.52	5.94
0.3	30	7.76	46.5	15.31	7.31	19.76	20.94	2.58	29.74	42.09	23.89	27.41	21.44	7.33
0.4	30	8.86	53.28	18.01	8.52	22.76	25.51	3.54	32.96	47.37	26.58	32.08	24.72	8.51
0.5	30	9.82	59.18	20.42	9.6	25.39	29.71	4.52	35.68	51.89	28.86	36.23	27.61	9.56
0.6	30	10.68	64.45	22.62	10.58	27.76	33.63	5.51	38.06	55.89	30.87	39.99	30.2	10.5
0.7	30	11.46	69.24	24.67	11.49	29.93	37.34	6.52	40.2	59.49	32.68	43.46	32.58	11.37
0.8	30	12.19	73.65	26.58	12.33	31.94	40.86	7.54	42.14	62.79	34.32	46.7	34.78	12.19
0.9	30	12.86	77.76	28.39	13.13	33.82	44.23	8.57	43.93	65.83	35.84	49.75	36.84	12.95

续表

年日均接尘浓度（mg/m^3）	接尘工龄（年）	恶性肿瘤	高血压	缺血性心脏病	脑血管病	肺结核	慢性下呼吸道疾病	尘肺	食管、胃和十二指肠疾病	肝脏疾病	胆囊、胆道和胰腺疾病	关节病	腰背痛	肾脏疾病
1	30	13.5	81.61	30.1	13.89	35.59	47.46	9.61	45.59	68.68	37.25	52.63	38.79	13.67
1.5	30	16.25	98.09	37.7	17.22	43.28	62.13	14.92	52.55	80.7	43.19	65.27	47.22	16.85
2	30	18.54	111.53	44.17	20.05	49.68	75	20.34	58.08	90.37	47.94	75.89	54.24	19.54
2.5	30	20.52	123.03	49.9	22.55	55.25	86.63	25.84	62.74	98.57	51.97	85.19	60.35	21.9
3	30	22.3	133.18	55.11	24.82	60.23	97.31	31.39	66.81	105.76	55.5	93.55	65.81	24.04
3.5	30	23.91	142.3	59.9	26.91	64.76	107.25	36.96	70.44	112.2	58.65	101.18	70.79	26.01
4	30	25.4	150.62	64.37	28.86	68.94	116.56	42.54	73.73	118.05	61.52	108.24	75.37	27.84
4.5	30	26.8	158.29	68.56	30.69	72.84	125.36	48.13	76.75	123.42	64.16	114.81	79.64	29.55
5	30	28.1	165.41	72.53	32.43	76.5	133.7	53.71	79.55	128.41	66.6	120.99	83.65	31.18
10	30	38.38	218.74	104.28	46.42	105.01	200.73	108.29	100.37	165.62	84.99	169.05	114.85	44.2
0.1	40	5.34	31.52	9.67	4.73	13.24	11.96	1.06	22.23	30.07	17.66	17.53	14.31	4.81
0.2	40	7.35	43.96	14.32	6.86	18.65	19.31	2.27	28.51	40.09	22.87	25.7	20.22	6.9
0.3	40	8.86	53.28	18.01	8.52	22.76	25.51	3.54	32.96	47.37	26.58	32.08	24.72	8.51
0.4	40	10.11	61	21.18	9.94	26.21	31.05	4.85	36.51	53.28	29.56	37.52	28.5	9.88
0.5	40	11.21	67.69	24	11.19	29.23	36.13	6.18	39.51	58.33	32.09	42.33	31.8	11.09
0.6	40	12.19	73.65	26.58	12.33	31.94	40.86	7.54	42.14	62.79	34.32	46.7	34.78	12.19
0.7	40	13.08	79.07	28.97	13.39	34.42	45.32	8.92	44.49	66.8	36.32	50.73	37.5	13.2
0.8	40	13.91	84.05	31.2	14.37	36.72	49.56	10.31	46.63	70.47	38.14	54.48	40.02	14.14
0.9	40	14.68	88.68	33.31	15.3	38.87	53.6	11.72	48.6	73.86	39.82	58	42.38	15.02
1	40	15.4	93.02	35.32	16.18	40.9	57.48	13.13	50.43	77.02	41.38	61.33	44.61	15.86
1.5	40	18.54	111.53	44.17	20.05	49.68	75	20.34	58.08	90.37	47.94	75.89	54.24	19.54
2	40	21.13	126.55	51.69	23.33	56.96	90.28	27.69	64.16	101.07	53.19	88.07	62.23	22.64
2.5	40	23.39	139.36	58.34	26.23	63.29	104.01	35.1	69.27	110.13	57.63	98.71	69.18	25.37
3	40	25.4	150.62	64.37	28.86	68.94	116.56	42.54	73.73	118.05	61.52	108.24	75.37	27.84
3.5	40	27.24	160.72	69.91	31.28	74.08	128.19	49.99	77.7	125.12	64.99	116.91	81.01	30.1
4	40	28.93	169.9	75.06	33.53	78.82	139.04	57.43	81.3	131.55	68.15	124.91	86.2	32.21
4.5	40	30.51	178.34	79.89	35.65	83.22	149.24	64.83	84.6	137.44	71.05	132.35	91.02	34.19
5	40	32	186.16	84.45	37.66	87.35	158.88	72.21	87.66	142.9	73.74	139.32	95.54	36.06
10	40	43.63	244.23	120.74	53.78	119.39	235.11	142.74	110.35	183.43	93.89	193.06	130.54	51.01

（四）职业病防护设施与个人防护用品评价

自1996～2008年间对所调查铸造厂使用的8套防护设施和20种个人职业病防护用品进行适用性评价，结果如下：

1. 防护设施评价

（1）除尘系统

部位：配砂。

特征描述：静电除尘器。

使用工人的评价：效果尚可，运行较稳定。

使用状况：运行良好。

检测结果：开防护设施前7.8mg/m^3，开防护设施后1.8mg/m^3。

效果判断：除尘效率高。

效果评价：岗位粉尘浓度超过国家职业卫生标准。

适用性和先进水平的评估：静电除尘器很适合配砂这种废气中水分含量较大的岗位，可避免系统结露和滤袋黏结问题，属当今国际上较为先进的除尘方法。

（2）毒气（甲醛）净化系统

部位：制芯。

特征描述：水浴喷淋净化塔。

使用工人的评价：效果一般。

使用状况：运行状态良好，维修量小。

检测结果：开防护设施前6.5mg/m^3，开防护设施后1.2mg/m^3。

效果判断：净化效果明显。

效果评价：岗位甲醛浓度超过国家职业卫生标准。

适用性和先进水平的评估：此净化系统适用于该部位，净化方法属传统水平。

（3）除尘系统

部位：落砂和清理。

特征描述：干式滤袋除尘器。

使用工人的评价：效果较差。

使用状况：粉尘污染严重，除尘系统老化。

检测结果：开防护设施前28.0mg/m^3，开防护设施后4.0mg/m^3。

效果判断：净化效果达不到工艺设计要求。

效果评价：岗位粉尘浓度超过国家职业卫生标准。

适用性和先进水平的评估：这种干式滤袋除尘器尚适合该部位，其除尘方式的先进性一般。

（4）X射线防护屏

部位：铸件探伤。

特征描述：金属屏蔽壳体。

使用工人的评价：防护性能尚可。

使用状况：未出现异常情况。

检测结果：装防护设施前（无），装防护设施后0.2uGY·hr^{-1}。

效果判断：防护效果较好。

效果评价：岗位X射线强度符合国家职业卫生标准。

适用性和先进水平的评估：该防护方式满足岗位需要，其防护的先进性属一般水平。

（5）通风系统

部位：铸件浸（喷）漆。

特征描述：利用通风机将二甲苯抽出室外。

使用工人的评价：防护设施简单。

使用状况：防护设施运行正常。

检测结果：开防护设施前8.5mg/m^3，开防护设施后1.1mg/m^3。

效果判断：效果比较明显。

效果评价：岗位二甲苯浓度符合国家职业卫生标准。

适用性和先进水平的评估：通风系统尚适合该岗位，但此方式比较落后。

（6）隔声罩

部位：落砂清理。

特征描述：普通钢板隔声。

使用工人的评价：有一定效果。

使用状况：起到了一定的隔声防尘作用。

检测结果：安装防护设施前125dB（A），安装防护设施后93dB（A）。

效果判断：起到了一定的隔声防尘作用。

效果评价：岗位噪声强度超过国家职业卫生

标准。

适用性和先进水平的评估：隔声防护适合该岗位，但因设施简陋，防护水平较为落后。

（7）热辐射防护板

部位：熔化和浇注。

特征描述：石棉板防护。

使用工人的评价：防护条件太差。

使用状况：尚可使用。

检测结果：开防护设施前（无），开防护设施后（无）。

效果判断：有一定的防护效果。

效果评价：（无依据评价）。

适用性和先进水平的评估：防护设施简陋，水平低下，应禁止。

（8）除尘系统

部位：烘砂。

特征描述：旋风除尘器。

使用工人的评价：效果尚可。

使用状况：设施运行稳定。

检测结果：开防护设施前 20.5mg/m^3，开防护设施后 1.9mg/m^3。

效果判断：除尘效果较明显。

效果评价：岗位粉尘浓度超过国家职业卫生标准。

适用性和先进水平的评估：这种旋风除尘器尚适合该工况，其除尘方式的先进性一般。

2. 防护用品评价（九大类）

（1）安全帽

名称：安全帽。

部位：车间各岗位。

使用周期：12～36 个月。

使用工人的评价：较为满意。

使用状况：良好。

效果判断：较好。

效果评价：符合国家标准。

适用性和先进水平的评估：很适合车间使用。

（2）防尘口罩

名称：防尘口罩。

部位：清理、大炉工和皮带工。

使用周期：0.5～1 个月。

使用工人的评价：较为满意。

使用状况：良好。

效果判断：较好。

效果评价：符合国家标准。

适用性和先进水平的评估：适合这些岗位的环境使用，应根据岗位粉尘浓度选用适宜的指定防护因数（APF）的防尘口罩。

（3）有色眼镜

名称：有色眼镜。

部位：浇注、熔化、电焊及涂料。

使用周期：3 个月。

使用工人的评价：较为满意。

使用状况：良好。

效果判断：较好。

效果评价：符合国家标准。

适用性和先进水平的评估：适用性很强。

（4）防冲击镜

名称：防冲击镜。

部位：对眼部有危险的岗位。

使用周期：12～36 个月。

使用工人的评价：较为满意。

使用状况：良好。

效果判断：较好。

效果评价：符合国家标准。

适用性和先进水平的评估：适用性很强。

（5）耳塞（耳罩）

名称：耳塞（耳罩）。

部位：清理和制芯。

使用周期：1 个月。

使用工人的评价：较为满意。

使用状况：良好。

效果判断：较好。

效果评价：符合国家标准。

适用性和先进水平的评估：适用性很强。

（6）耐酸、耐油和防砸皮鞋

名称：耐酸、耐油和防砸皮鞋。

部位：清理、皮带工、钳工及涂料。

使用周期：12～18 个月。

使用工人的评价：较为满意。

使用状况：良好。

效果判断：较好。

效果评价：符合国家标准。

适用性和先进水平的评估：适用性很强。

（7）耐高温和防砸皮鞋

名称：耐高温和防砸皮鞋。

部位：浇注工、熔化工及二次落砂等。

使用周期：9 ~ 12 个月。

使用工人的评价：较为满意。

使用状况：一般。

效果判断：较好。

效果评价：符合国家标准。

适用性和先进水平的评估：适用性一般。

（8）绝缘鞋

名称：绝缘鞋。

部位：电工、电焊工、天车工及火炉控制。

使用周期：12 个月。

使用工人的评价：较为满意。

使用状况：良好。

效果判断：较好。

效果评价：符合国家标准。

适用性和先进水平的评估：适合这些岗位使用。

（9）普通工作鞋

名称：普通工作鞋。

部位：食堂、仓库保管员及司机等。

使用周期：12 ~ 18 个月。

使用工人的评价：较为满意。

使用状况：良好。

效果判断：较好。

效果评价：符合国家标准。

适用性和先进水平的评估：适合这些岗位使用。

（10）短帆布手套

名称：短帆布手套。

部位：清理、下芯、造型、浇注、钳工、皮带工及鳞板等。

使用周期：0.08 ~ 1 个月。

使用工人的评价：较为满意。

使用状况：良好。

效果判断：较好。

效果评价：符合行业标准。

适用性和先进水平的评估：适合这些岗位使用。

（11）长帆布手套

名称：长帆布手套。

部位：熔化、浇注、修包、抛丸及清理。

使用周期：0.11 ~ 1 个月。

使用工人的评价：较为满意。

使用状况：良好。

效果判断：较好。

效果评价：符合行业标准。

适用性和先进水平的评估：适合这些岗位使用。

（12）线手套

名称：线手套。

部位：天车工、控制员、电工及安全员。

使用周期：0.5 ~ 1 个月。

使用工人的评价：较为满意。

使用状况：良好。

效果判断：较好。

效果评价：符合行业标准。

适用性和先进水平的评估：适合这些岗位使用。

（13）双层手套

名称：双层手套。

部位：制芯及造型等。

使用周期：0.33 ~ 1 个月。

使用工人的评价：较为满意。

使用状况：良好。

效果判断：较好。

效果评价：符合行业标准。

适用性和先进水平的评估：适合这些岗位使用。

（14）加厚手套

名称：加厚手套。

部位：制芯、修芯及落砂等。

使用周期：0.25 ~ 1 个月。

使用工人的评价：较为满意。

使用状况：良好。

效果判断：较好。

效果评价：符合行业标准。

适用性和先进水平的评估：适合这些岗位使用。

（15）耐酸手套

名称：耐酸手套。

部位：涂料。

使用周期：1 个月。
使用工人的评价：较为满意。
使用状况：良好。
效果判断：较好。
效果评价：符合行业标准。
适用性和先进水平的评估：适合这些岗位使用。

(16) 棉塑手套
名称：棉塑手套。
部位：焊补、配砂、鳞板、清理和落砂。
使用周期：0.5 ~1 个月。
使用工人的评价：较为满意。
使用状况：良好。
效果判断：较好。
效果评价：符合行业标准。
适用性和先进水平的评估：适合这些岗位使用。

(17) 电焊手套
名称：电焊手套。
部位：焊补及电焊。
使用周期：0.5 ~1 个月。
使用工人的评价：较为满意。
使用状况：良好。
效果判断：较好。
效果评价：符合行业标准。
适用性和先进水平的评估：适合这些岗位使用。

(18) 半皮手套
名称：半皮手套。
部位：手工落砂。
使用周期：1 个月。
使用工人的评价：较为满意。
使用状况：良好。
效果判断：较好。
效果评价：符合行业标准。
适用性和先进水平的评估：适合这些岗位使用。

(19) 普通工作服
名称：普通工作服。
部位：全厂范围。
使用周期：12 ~36 个月。
使用工人的评价：较为满意。
使用状况：良好。
效果判断：较好。
效果评价：符合行业标准。
适用性和先进水平的评估：适合这些岗位使用。

(20) 安全带
名称：安全带。
部位：高空作业。
使用周期：未规定。
使用工人的评价：较为满意。
使用状况：良好。
效果判断：较好。
效果评价：符合行业标准。
适用性和先进水平的评估：适合这些岗位使用。

(五) 职业危害关键控制点的确定

通过对铸造工艺、接触工种人数调查、职业性有害因素现场监测及职业健康监护资料分析，确定以下六个工种（位）为铸造作业职业危害关键控制点：清理、制芯、熔化、浇注、落砂及烘芯。

小结

(1) 铸造作业环境中职业性有害因素种类复杂、多种有害因素浓度超标，呈现高浓度粉尘、高浓度金属烟雾、多种低浓度化学性职业性有害因素、高强度噪声及振动、高温、不良体位等职业性有害因素共存的特点，应该提高对铸造作业重金属、石棉粉尘、一氧化碳、多环芳烃以及二噁英等职业性有害因素的认识。

(2) 铸造作业工人接触较高的职业危害风险，这些有害因素可导致尘肺病和多种工作有关疾病，包括缺血性心脏病、高血压、腰背痛、关节病和职业性肿瘤等。不同工种作业环境的职业危害风险各异，男性工人的职业危害风险高于女性。

(3) 根据矽尘累积接触量与尘肺病发病率预测模型估计，某汽车制造公司铸造作业工人在现行作业环境空气粉尘浓度下工作 30 年，尘肺病发病风险为 44.6‰，如欲将铸造作业工人工作 30 年后的尘肺发病风险降至1‰，应将作业环境空气中粉尘浓度控制在0.1mg/m³以内。结果提示，我国目前规定的作业场所空气中粉尘的职业接触限值似有调整的必要。

二、铸造作业职业危害关键点控制技术

（一）铸造作业工作场所职业接触限值

表2.62 职业性有害因素与铸造工种（位）对应表

职业性有害因素名称	铸造生产工种（位）	职业卫生标准		
		MAC（mg/m³）	PC－TWA（mg/m³）	PC－STEL（mg/m³）
矽尘 10%≤游离 SiO_2 含量≤50% 50%＜游离 SiO_2 含量≤80% 游离 SiO_2 含量＞80%	备料、配砂、造型、制芯、修芯、烘芯、熔化、浇注、落砂、清理、皮带以及打冒口	— — —	1 0.7 0.5	0.7 0.3 0.2
其他粉尘	烘砂、熔化、浇注、烘包以及锅炉运行等	—	8	—
一氧化碳	熔化、浇注和天车	—	20（非高原）	30（非高原）
酚	配砂、制芯、修芯、烘芯和砂芯搬运存放	—	10	—
甲醛	配砂、制芯、修芯、烘芯和砂芯搬运存放	0.5	—	—
氨	配砂、制芯、修芯、烘芯和砂芯搬运存放	—	20	30
二氧化硫	熔化和浇注	—	5	10
氟化氢	熔化和浇注	2	—	—
多环芳烃	熔化、浇注、落砂、造型、制芯和天车（吊铁水）	0.1	—	—
噪声	烘芯、配砂、制芯、落砂、造型、筑炉、清理、抛丸、打冒口以及空压机运行等	85dB（A）		

（二）生产工艺和装备的革新

（1）黏土砂湿砂造型工艺：可选择具有成本低、污染小、效率高以及质量好等优点的射压、气冲造型和静压造型等高度机械化、自动化以及高密度湿型造型工艺。

（2）树脂砂造型制芯工艺：可通过如下措施革新树脂砂造型制芯工艺，包括开发无或少污染的胶黏剂、催化剂、固化剂和与之相配套的环保处理设备；采用清洁的铸造材料覆膜砂替代呋喃树脂砂，降低废品率，减少有机废气的排放；用冷芯盒制芯法替代热芯盒制芯。

（3）采用水玻璃砂造型造芯工艺，特别是采用新型水玻璃砂再生回用工艺及设备。

（4）整个铸造采用自动化流水线作业，在设计中采用新技术，减少材料消耗，重复利用，资源再生等等。

（5）在生产装备方面：采用造型自动线代替手工造型，逐步用中频炉替代工频炉，取消冲天炉等。

（三）防尘防毒措施

1. 除尘系统

铸造车间除尘系统的作用是收集气流中的粉尘和净化空气，主要包括局部排风罩、风管、除尘器及风机等组成。除尘器的种类很多，大致可分干式和湿式两大类。由于湿式除尘会产生大量的泥浆和污水，需要二次处理，干式除尘器应用更广泛。

常见的干式除尘器有旋风除尘器、袋式除尘器及静电除尘器等。

旋风除尘器：主要优点是结构简单，造价低廉和维护方便，故应用广泛，但对于 10μm 以下的粉尘除尘效率低，一般用于除去较粗的粉尘，也常作为初级除尘设备使用。

袋式除尘器：袋式除尘器处理风量范围宽，含尘浓度适应性很强，特别是对分散度大的细颗粒粉尘除尘效果显著，一般一级除尘即可满足要求。但滤袋的空隙常常被粉尘堵塞，使除尘效率大大降低，所以需随时清理布袋，通常以压缩空气脉冲反吹的方法进行清理，是目前效率最高、使用最广的干式除尘器。其缺点是阻力损失较大，对气流的湿度有一定的要求，另外气流温度受滤袋材料耐高温性能的限制。

应用实例：

（1）静电除尘器：用于配砂部位。

使用工人的评价：效果尚可，运行较稳定。

检测结果：开防护设施前 7. 8mg/m^3，开防护设施后 1. 8mg/m^3。

效果评价：效果明显，但岗位矽尘浓度超过国家职业卫生标准，需佩戴个人呼吸防护用品。

适用性和先进水平的评估：静电除尘很适合配砂水分含量较大部位，避免系统结露和滤袋粘结问题，属当今国际上较先进的除尘方法。

（2）旋风除尘器：用于烘砂部位。

使用工人的评价：效果尚可，设施运行稳定。

检测结果：开防护设施前 20. 5mg/m^3，开防护设施后 1. 9mg/m^3。

效果评价：效果明显，但岗位矽尘浓度超过国家职业卫生标准。

适用性和先进水平的评估：这种旋风除尘器尚适合该工段，其除尘方式的先进性一般。

（3）干式滤袋除尘器：主要用于落砂和清理部位。

使用工人的评价：效果尚可。

使用状况：粉尘污染严重，除尘系统老化。

检测结果：开防护设施前粉尘浓度 28. 0mg/m^3，开防护设施后 4. 0mg/m^3。

效果判断：净化效果还达不到工艺设计要求。

效果评价：岗位粉尘浓度超过国家卫生标准。

适用性和先进水平的评估：这种干式滤袋除尘器尚适合该工段，其除尘方式的先进性一般。

2. 通风排毒装置：排风罩、管道系统和空气净化系统。

应用实例：

浸（喷）漆通风系统：用于铸件浸（喷）漆部位。

使用工人的评价：设施简单，运行正常。

检测结果：开防护设施前二甲苯浓度 8. 5mg/m^3，开防护设施后 1. 1mg/m^3。

效果评价：岗位二甲苯浓度达到国家卫生标准。

适用性和先进水平的评估：通风系统适合该岗位。

（四）噪声控制

噪声的控制可概括为噪声源、传播途径及保护劳动者三个方面。一般首先从消除或抑制噪声源着手，其次在传播途径上采取吸收、阻隔等治理措施，最后对人体进行保护。噪声控制的一般流程如图 2. 13 所示。

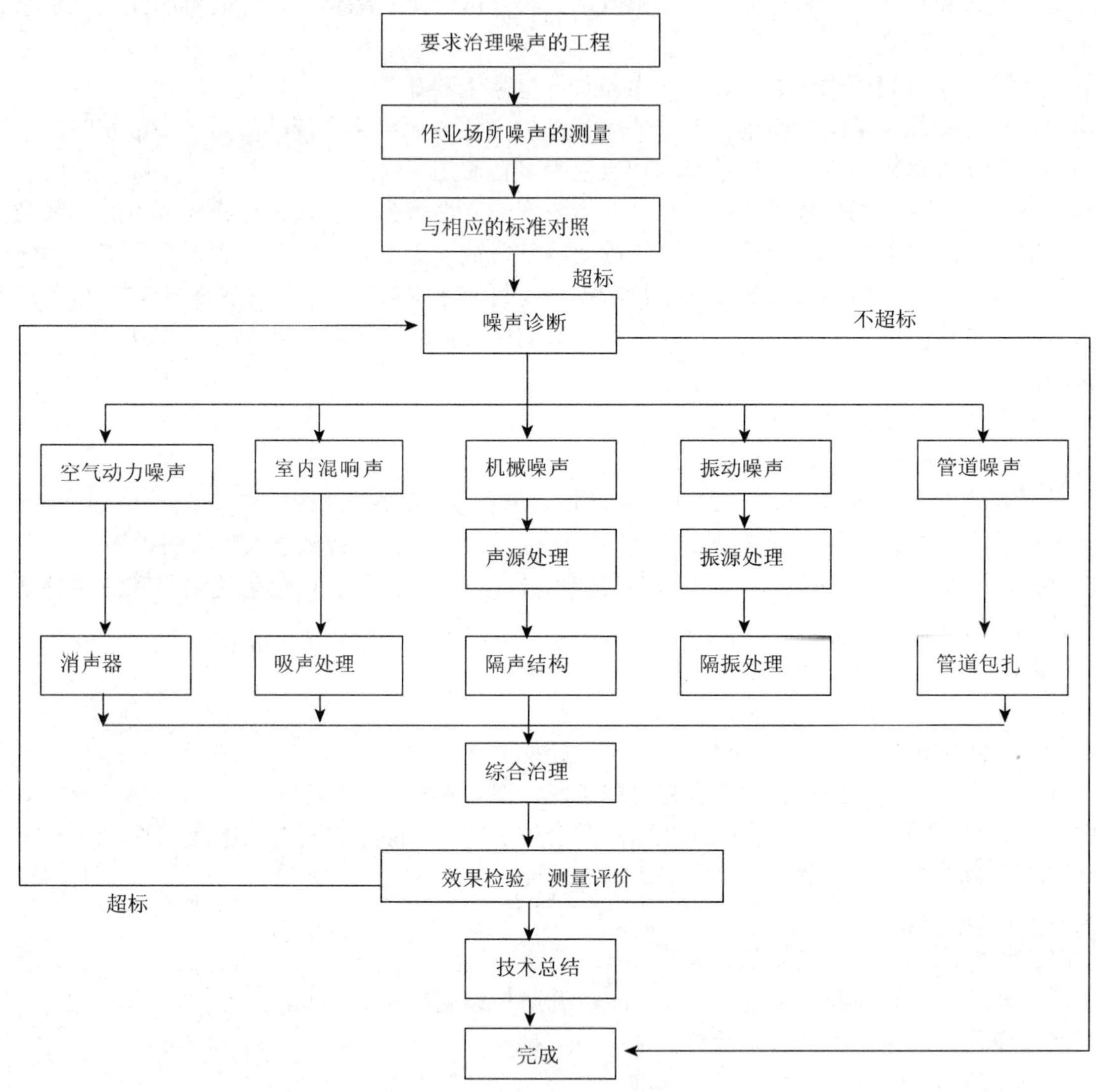

图 2. 13　噪声控制流程图

噪声控制方法有：

1. 消声

消声是指一种允许气流通过而使声能衰减的装置，消声器可分为阻性消声器、抗性消声器、阻抗复合消声器和扩散消声器。用消声器可降低排气噪声，可以通过在排气管上安装消声器将气缸、射芯机以及鼓风机的排气噪声降低。

2. 吸声

吸声是指借助某些声学材料以提高声能的吸收，有效地减少噪声源周围壁面的反射声，从而达到降低噪声的目的。使用较多的是各种吸声材料和吸声结构。

3. 隔声

声音可通过空气直接传播和结构的振动而传播。为了降低或减缓声音的传播，常采用隔声罩、隔声室等隔离噪声源的方法称之为隔声。采取隔声方法控制空压机、鼓风机和落砂机等所产生的噪声，均可取得满意效果。

因设备的振动而产生的噪声，一般从减振和隔振方面入手寻求降噪途径，其降噪减振效果与振源的性质，振动物体的结构、材料性质和尺寸以及边界条件等有密切而复杂的关系。

应用实例：

隔声钢板：用于落砂清理部位。

使用工人的评价：有一定效果。

使用状况：起到了一定的隔声防尘作用。

检测结果：装防护设施前 125dB（A），装防护设施后 93dB（A）。

效果评价：岗位噪声强度超过国家标准。

适用性和先进水平的评估：简单易行，适合该岗位。

（五）振动的控制

车间布局合理，革新生产技术和改革生产工艺，改进生产设备，采取隔振措施，如机器设备应安装在单独设置的地基上，并与建筑物地基之间采用空气层、橡皮或软木隔开。

（六）职业健康监护

铸造作业包括了粉尘、噪声、高温和热辐射、有毒气体等职业性有害因素，不同工种职业健康监护要求详见《职业健康监护技术规范》（GBZ 188）。

表 2.63　铸造作业工人职业健康监护项目表

工种	职业性有害因素	上岗前	在岗期间	职业禁忌证
备料	粉尘（主要是矽尘，下同）	（1）症状询问 （2）体格检查：内科常规检查 （3）实验室和其他检查：血常规、尿常规、血清 ALT、心电图、后前位 X 射线高千伏胸片、肺功能	（1）症状询问 （2）体格检查：内科常规检查 （3）实验室和其他检查：后前位 X 射线高千伏胸片、心电图、肺功能、血常规*、尿常规*、血清 ALT*	（1）活动性肺结核病 （2）慢性阻塞性肺病 （3）慢性间质性肺病 （4）伴肺功能损害的疾病

续表

工种	职业性有害因素	上岗前	在岗期间	职业禁忌证
烘砂	粉尘、噪声、高温等	(1) 症状询问 (2) 体格检查 a. 内科常规检查 b. 耳科检查 (3) 实验室和其他检查：血常规、尿常规、血糖、血清 ALT、心电图、后前位 X 射线高千伏胸片、肺功能、纯音听阈测试、声导抗*、耳声发射*、血清游离甲状腺素*（FT_4）、血清游离三碘甲腺原氨酸*（FT_3）、促甲状腺激素*（TSH）	(1) 症状询问 (2) 体格检查 a. 内科常规检查 b. 耳科检查 (3) 实验室和其他检查：血常规、尿常规、血糖、血清 ALT、心电图、后前位 X 射线高千伏胸片、肺功能、纯音听阈测试、声导抗*、耳声发射*、血清游离甲状腺素*（FT_4）、血清游离三碘甲腺原氨酸*（FT_3）、促甲状腺激素*（TSH）	粉尘见备料工。 噪声： (1) 各种原因引起永久性感音神经性听力损失（500Hz、1000Hz 和 2000Hz 中任一频率的纯音气导听阈 > 25dBHL） (2) 中度以上传导性耳聋 (3) 双耳高频（3000Hz、4000Hz、6000Hz）平均听阈≥40dB (4) Ⅱ期和Ⅲ期高血压 (5) 器质性心脏病 (6) 噪声易感者（噪声环境下工作一年，双耳 3000Hz、4000Hz、6000Hz 中任意频率听力损失≥65dBHL） 高温作业： (1) Ⅱ期及Ⅲ期高血压 (2) 活动性消化性溃疡 (3) 慢性肾炎 (4) 未控制的甲亢 (5) 糖尿病 (6) 大面积皮肤疤痕
配砂	粉尘、甲醛、氨、噪声等	(1) 症状询问 (2) 体格检查 a. 内科常规检查 b. 耳科检查 (3) 实验室和其他检查：血常规、尿常规、血清 ALT、心电图、肝脾 B 超、后前位 X 射线高千伏胸片、肺功能、纯音听阈测试、声导抗*、耳声发射*、肺弥散功能*、血清免疫球蛋白 IgE*	(1) 症状询问 (2) 体格检查 a. 内科常规检查 b. 耳科检查 (3) 实验室和其他检查：血常规、尿常规、血清 ALT、心电图、肝脾 B 超、后前位 X 射线高千伏胸片、肺功能、纯音听阈测试、声导抗*、耳声发射*、肺弥散功能*、血清免疫球蛋白 IgE*	粉尘、噪声职业禁忌证见烘砂； 氨作业职业禁忌证： (1) 慢性阻塞性肺病 (2) 支气管哮喘 (3) 间质性肺病伴有肺纤维化 (4) 支气管扩张
造型	粉尘、噪声、多环芳烃**	(1) 症状询问 (2) 体格检查 a. 内科常规检查 b. 耳科检查 (3) 实验室和其他检查：血常规、尿常规、血清 ALT、心电图、后前位 X 射线高千伏胸片、肺功能、纯音听阈测试、声导抗*、耳声发射*	(1) 症状询问 (2) 体格检查 a. 内科常规检查 b. 耳科检查 (3) 实验室和其他检查：心电图、后前位 X 射线高千伏胸片、肺功能、纯音听阈测试、血常规*、尿常规*、血清 ALT* 声导抗*、耳声发射*	详见烘砂

续表

工种	职业性有害因素	上岗前	在岗期间	职业禁忌证
制芯	粉尘、甲醛、氨、噪声、多环芳烃**等	详见配砂	详见配砂	详见配砂
烘芯	粉尘、酚、甲醛、氨等	详见配砂	详见配砂	详见配砂
熔化	粉尘、一氧化碳、高温和热辐射等	(1) 症状询问 (2) 体格检查 a. 内科常规检查 b. 神经系统常规检查 (3) 实验室和其他检查：血常规、尿常规、血糖、血清 ALT、心电图、后前位 X 射线高千伏胸片、肺功能、血清游离甲状腺素*（FT_4）、血清游离三碘甲腺原氨酸*（FT_3）、促甲状腺激素*（TSH）	同上岗前	粉尘、高温职业禁忌证见烘砂 一氧化碳： (1) 中枢神经系统器质性疾病 (2) 心肌病
浇注	粉尘、一氧化碳、多环芳烃**、高温和热辐射	详见熔化	详见熔化	详见熔化
落砂	粉尘、噪声、振动、高温和热辐射	(1) 症状询问 (2) 体格检查 a. 内科常规检查 b. 耳科检查 (3) 实验室和其他检查：血常规、尿常规、血糖、血清 ALT、心电图、后前位 X 射线高千伏胸片、肺功能、纯音听阈测试、声导抗*、耳声发射*、血清游离甲状腺素*（FT_4）、血清游离三碘甲腺原氨酸*（FT_3）、促甲状腺激素*（TSH）、冷水复温试验*、指端感觉*、肌电图*、手掌*、指*、腕和肘关节 X 射线摄片*、肌力*、指甲压迫试验*	同上岗前	粉尘、噪声、高温和热辐射作业见烘砂。 振动作业职业禁忌证： (1) 周围神经系统器质性疾病 (2) 雷诺病

续表

工种	职业性有害因素	上岗前	在岗期间	职业禁忌证
清理	粉尘、噪声、振动	(1)症状询问 (2)体格检查 a. 内科常规检查 b. 耳科检查 (3)实验室和其他检查：血常规、尿常规、血清ALT、心电图、后前位X射线高千伏胸片、肺功能、纯音听阈测试、声导抗*、耳声发射*、冷水复温试验*、指端感觉*、肌电图*、手掌*、指*、腕和肘关节X射线摄片*、肌力*、指甲压迫试验*	同上岗前	详见落砂
探伤	X射线	详见表9.3		

注：＊者为选检项目，其他为必检项目；＊＊者尚未制定职业健康检查规范；应急、离岗时、离岗后医学随访的职业健康检查详见GBZ 188（有效版本）。

（七）个人防护用品

根据铸造作业的特点，不同的工种可同时接触多种职业性有害因素，因此在使用个人防护用品时，应综合分析合理选用。下表列举了不同工种的铸工可能存在的职业性有害因素和应选用的个人防护用品。

表2.64　铸造工种（位）与职业性有害因素及防护用品对应表

工种（位）	主要职业性有害因素	个人防护用品
烘砂	矽尘、噪声、一氧化碳、二氧化碳、氮氧化物、二氧化硫、高温和热辐射	工作服、安全帽、普通工作鞋、防护手套、防尘口罩以及耳塞或耳罩
芯砂配制	矽尘、噪声、振动、酚、甲醛和氨	工作服、安全帽、普通工作鞋、防护手套、防尘毒口罩以及耳塞或耳罩
制芯	矽尘、毒物（酚、甲醛、氨、三乙胺等）、噪声和高温	工作服、安全帽、普通工作鞋、防护手套、防尘毒口罩以及耳塞或耳罩
烘芯	高温和热辐射以及矽尘、一氧化碳、二氧化碳、二氧化硫、酚、甲醛、氨和溶剂（煤焦油、硅溶胶和正丁醇）	热防护服、安全帽、普通工作鞋、防护手套、防尘毒口罩以及耳塞或耳罩
型砂配制	粉尘（矽尘和煤尘）、噪声和振动	工作服、安全帽、普通工作鞋、防护手套、防尘口罩以及耳塞或耳罩
皮带输送	矽尘、噪声和高温	工作服、安全帽、防滑防砸鞋、防护手套、防尘口罩以及耳塞或耳罩

续表

工种（位）	主要职业性有害因素	个人防护用品
机械造型	矽尘、噪声和振动	工作服、安全帽、普通工作鞋、防护手套、防尘口罩以及耳塞或耳罩
手工造型	矽尘、噪声和振动	工作服、安全帽、普通工作鞋、防护手套、防尘口罩以及耳塞或耳罩
熔化	粉尘、高温、热辐射、噪声、氮氧化物、一氧化碳、二氧化碳、二氧化硫、铅烟、铜烟、二氧化锰和氧化锌	隔热工作服、安全帽、防护眼镜、耐热防砸鞋、鞋罩、绝缘隔热手套、防尘口罩以及耳塞或耳罩
熔化控制	粉尘、噪声、毒物和电磁辐射	工作服、安全帽、普通工作鞋、防护手套、防尘口罩以及耳塞或耳罩
筑炉和修包	粉尘（矽尘和石棉尘）、高温、热辐射、噪声和振动	隔热工作服、安全帽、耐热防砸鞋、防护手套、防尘口罩以及耳塞或耳罩
单轨车	高温、热辐射、噪声和粉尘	防热辐射工作服、安全帽、耐热防砸鞋、防护手套、防护眼镜、防尘口罩以及耳塞或耳罩
浇注	粉尘、高温、热辐射、一氧化碳、二氧化碳、氮氧化物、二氧化硫、铅烟、铜烟、二氧化锰、氧化锌和多环芳烃	隔热工作服、安全帽、防护眼镜、耐热防砸鞋、脚罩、绝缘隔热手套、防尘口罩以及耳塞或耳罩等
悬链摘挂件	重体力劳动、粉尘和噪声	工作服、安全帽、防滑工作鞋、防护手套、防尘口罩以及耳塞或耳罩
砂轮工	粉尘（砂轮磨尘、矽尘等）、噪声和手传振动	安全帽、防尘口罩、防护眼镜、耳塞或耳罩、工作服、防护围裙、防滑防砸鞋以及手套
铸件检查	粉尘、噪声、室内采光和照明不良、不良体位	工作服、安全帽、防砸工作鞋、防护手套、防尘口罩以及耳塞或耳罩
铸件焊补	粉尘（电焊烟尘）、锰及其无机化合物、紫外线、臭氧、一氧化碳、氮氧化物和噪声	焊接防护服、焊接面罩、防尘毒口罩、安全帽、焊接手套、耳塞或耳罩、焊接防护鞋、防护围裙以及腿罩
铸件退火	高温、热辐射、噪声和电磁辐射	隔热工作服、安全帽、隔热阻燃工作鞋、防护手套、防尘口罩、防护眼镜以及耳塞或耳罩
铸件防锈	毒物	工作服、安全帽、防毒口罩、耐酸碱手套、耐酸碱鞋和防护围裙
金相检验	噪声、乙醇、硝酸和粉尘	工作服、安全帽、耐酸碱鞋、防护手套、防尘口罩以及耳塞或耳罩
X 射线探伤	X 射线	防辐射工作服、帽、眼镜和围脖
超声波探伤	噪声、电磁辐射和超声波	工作服、安全帽、普通工作鞋、防护手套以及耳塞或耳罩
天车	粉尘、毒物、噪声和高温	安全帽、工作服、防滑鞋和手套

三、铸造作业主要岗位职业危害识别与预防控制指南

1. 烘砂

文件编号：××××××

文件名称：烘砂岗位职业危害识别与预防控制指南。

文件状态：有效。

岗位名称：烘砂。

上岗所要求的条件：设备操作证、职业健康检查合格和职业安全卫生培训合格。

工作任务：按照工艺要求烘干型砂和芯砂。

上工序：/

下工序：芯砂。

主要设备：烘砂沸腾床、柴油加热炉、传送系统和通风除尘系统。

主要原、辅材料：新砂和柴油。

作业方式和体位：

◎ 作业方式：半自动，作业人员在控制台操控，定期巡检。

◎ 体位：60%时间站位，40%坐位。

负重量、方式及时间：基本不负重。

职业危害与危险源点的识别：

◎ 设备：烘砂机及风机运行时产生噪声，柴油燃烧时产生一氧化碳、二氧化碳、氮氧化物、二氧化硫、高温、热辐射等；设备密闭不严时导致矽尘逸散；除尘设备故障和传送系统清理时产生矽尘。其他危险源：柴油泄漏、喷油枪回火、电气绝缘损坏和电器接地（零）不良等所产生的用电安全问题；接触高温设备、压力容器缺陷，高压液体、高压气体，登高梯台缺陷，安全装置缺陷、紧停开关缺损、制动器缺陷、设备标识不清和设备运行异常等所引起的其他安全问题。

◎ 物料储存和运输：物料存放无序，运输通道不畅，原料输送过程中管道泄漏。

◎ 人机工效设计：工作台设计不合理，工作椅设计不合理，不良体位，采光和照明不良。

◎ 劳动组织和劳动者行为：劳动者配合不当，操作失误，个人防护用品穿戴不规范和违章作业。

◎ 作业环境：地面缺陷，环境高温，地面绊脚物以及地面积尘、积砂。

※ 小结：主要存在的职业性有害因素有矽尘、噪声、一氧化碳、二氧化碳、氮氧化物、二氧化硫、高温和热辐射等。

职业危害控制策略：

√ 设备设施密闭隔离；

√ 烘干炉加装隔热设施；

√ 输砂系统密闭隔离并采用自动运行；

√ 配置安全保护装置；

√ 配置通风、除尘、排毒和降噪装置；

√ 改善工效条件并加强物料管理；

√ 制定安全操作规程和作业指导书；

√ 实施职业性有害因素监测与评价、职业健康监护和职业卫生培训；

√ 发放有毒有害作业岗位津贴；

√ 正确的个人防护。

主要职业性有害因素的职业接触限值：

◎ 噪声和高温：见 GBZ 2.2；

◎ 粉尘和毒物：见 GBZ 2.1。

工作场所出入管理：

√ 实施准入制度进入工作区域；

√ 进入现场要穿戴安全帽、防尘口罩、耳塞或耳罩、工作服以及普通工作鞋；

√ 工作区设置防尘、防噪声、防高温以及防滑等警示标识。

工艺和设备要求：

√ 控制台（室）应与烘干作业区隔离；

√ 尽可能密闭传送系统，尤其是进料口和出料口；

√ 烘干炉应尽量密闭并设置局部通风系统，进风口气流速不应低于1m/s。

√ 工作区应尽可能避开门、窗、过道等处，以避免穿堂风（横向气流）干扰排风系统，防止污染扩散；

√ 工作区保持良好通风，补充新鲜空气；

√ 排出的空气应排放至远离门、窗和进风口的安全处；

√ 烘干炉应设置防爆泄压装置及隔热装置；

√ 工作场所应设报警装置，燃油管路应设安全阀和自动切断装置；

√ 清理现场时考虑使用湿式作业以减少物料扬尘。

岗位操作规程：

√ 工作前按规定穿戴好个人防护用品；

√ 操作者应熟悉设备一般性能和结构，不得违章使用；

√ 设备运行前检查信号指示是否正常；

√ 在生产前5min，开启通风除尘设备；生产结束后5min，关闭通风除尘设备；

√ 检查作业现场是否存在安全隐患，如有隐患，必须先排除安全隐患后再工作；

√ 作业前要先检查设备运转情况，对油管、风管详细查看是否良好，防止烧伤和跑火；

√ 点火前必须检查安全防护装置是否齐全有效，燃料桶距离火源的位置是否安全；
√ 点火时必须站在侧面，用夹子夹住燃物点燃；
√ 点火时先送气，后送油，开始时应开小油管，防止伤人；
√ 作业中不得触摸高温部位，不得擅自离开岗位；
√ 发生故障时，必须通知维修人员处理，操作人员不应擅自维修；
√ 灭火时先停油，等喷管内的残剩油吹干后再停气；
√ 作业完毕，停电停气，确保无隐患存在，方可离岗下班。

设备日常维护：

√ 按设备供应商和安装者的要求，维护设备，使其有效运行；
√ 在设备运行时发现异常，立即向管理人员反映，并通知维修人员进行维修。

设备检查和测试：

√ 从生产商那里索取通风设备的设计性能信息，将这些资料存档，以便与将来测试结果比较；
√ 肉眼检查设备损坏的迹象，每周至少巡视一次；
√ 根据设备的性能测试标准，每12个月至少检查和测试一次通风设备；
√ 检查和测试结果至少保存5年。

作业场所清洁和整理：

√ 现场物品定置摆放，做到无杂物、无积灰、无积水；
√ 立即处理泄漏物，安全处理泄漏物；
√ 坚持地面湿式清扫或负压清扫，禁止用压缩空气清扫卫生；
√ 生产现场废物按一般类可回收固体废物和一般类不可回收固体废物进行分类收集，存放的粉状固体废物必须低于料斗顶端10cm；
√ 设备出现“跑冒滴漏”现象时，操作工及时向当班班长及维修工反映，及时进行维修。

个人防护用品：

√ 根据现场存在的职业性有害因素的种类和浓度（强度），供应商提供的个人防护用品性能参数，选择适宜的个人防护用品；
√ 穿戴合适的个人防护用品：工作服、安全帽、普通工作鞋、防护手套、防尘口罩以及耳塞或耳罩；
√ 作业前必须按规定穿戴好个人防护用品；
√ 保持个人防护用品干净清洁，按规定的间隔时间定期更换。

职业卫生培训：

◎ 劳动者培训内容：
　A. 职业病防治的相关法律法规知识；
　B. 粉尘、噪声、高温以及毒物等职业性有害因素的特性及其可能造成的健康影响与预防控制措施；
　C. 岗位操作规程和岗位作业条件；
　D. 个人防护用品的使用知识；
　E. 简单故障的识别与处置及事故的报告方法；
　F. 设备操作系统的检查和使用方法；
　G. 急救箱的使用方法。
◎ 培训类型：上岗前、定期、换（转）岗培训。
◎ 培训方式：培训班、班组会、宣传栏、典型事故分析会、合同告知、网络、报纸、电视和广播等。

职业卫生检查：

◎ 企业职业卫生管理部门检查：
　A. 通风、除尘、减振和降噪装置是否完好；
　B. 物料管理是否规范；
　C. 作业场所粉尘和噪声是否超标；
　D. 车间地面是否平整防滑，易于行走；
　E. 作业场所的警示标识是否完善；
　F. 劳动者是否按照作业指导书进行操作；
　G. 车间有无“跑冒滴漏”现象；
　H. 现场清理、清洁、整顿和整理等检查；
　I. 劳动者个人防护用品使用是否规范；
　J. 建议检查周期：一月一次。
◎ 工会监督检查：
　A. 车间是否有职业卫生监督员；
　B. 工时和劳动组织是否合理；
　C. 个人防护用品是否按照标准发放；
　D. 保健津贴是否按时足额发放；
　E. 更衣室、洗浴间和休息室等卫生设施是否齐备；
　F. 预防控制措施是否落实；
　G. 职业禁忌证人员是否得到妥善安置；
　H. 收集并分析劳动者对职业卫生的抱怨等；
　I. 建议检查周期：一季度一次。

劳动者职业安全卫生检查表：

◎ 确保通风、除尘系统开启并正常运行；
◎ 检查现场警报装置是否完好；
◎ 防止纸袋和其他废弃物吸入通风管道；
◎ 注意查找设备泄漏、磨损或损坏的迹象，如发现任何问题，请告诉管理人员，如果你认为有问题，请勿继续工作；
◎ 进餐、喝水前或如厕前后要洗手去除污染物；
◎ 勿用有机溶剂清洁皮肤；
◎ 立即处理粉尘逸散物，使用吸尘器或湿拖布清洁，安全处置粉尘逸散物；
◎ 按要求使用、维护和保存个人防护用品。

应急救援：

◎ 可能发生的事故：主要为火灾事故，柴油泄漏，工伤事故，如跌落、滑倒、挤压伤、烫伤以及电击伤等。

◎ 应急预案及设施：制定职业卫生应急救援预案、工伤事故应急预案及消防事故应急预案，并定期演练。

◎ 紧急处理及事故报告程序：按照应急预案要求的程序进行。

更多信息：

◎ 参见 GBZ 1、GBZ 2.1、GBZ 2.2、GBZ 158、GBZ 188。

2. 芯砂配制

文件编号：××××××

文件名称：芯砂配制岗位职业危害识别与预防控制指南。

文件状态：有效。

岗位名称：芯砂配制。

上岗所要求的条件：设备操作证、职业健康检查合格和职业安全卫生培训合格。

工作任务：按照工艺要求配制芯砂。

上工序：烘砂。

下工序：制芯。

主要设备：碾砂机、混砂机、传送系统和通风除尘系统。

主要原、辅材料：芯砂和酚醛树脂等。

作业方式和体位：

◎ 作业方式：可采用全自动方式，作业人员在控制室远距离操控，定期巡检。

◎ 体位：20% 时间站位，80% 坐位。

负重量、方式及时间：基本不负重。

职业危害与危险源点的识别：

◎ 设备：碾砂机运行时产生砂尘、噪声、振动、酚、甲醛和氨等，风机运行产生噪声；除尘设备故障和传送系统清理时产生砂尘。其他危险源：电器绝缘损坏和电器接地（零）不良等所产生的用电安全问题；安全装置缺陷、登高梯台缺陷、紧停开关缺损、制动器缺陷、碾砂机防护罩缺陷、设备标识不清以及设备运行异常等所引起的其他安全问题。

◎ 物料储存和运输：物料存放无序，运输通道不畅，原料输送过程中管道泄漏。

◎ 人机工效设计：工作台设计不合理，工作椅设计不合理，视屏作业，不良体位，采光和照明不良。

◎ 劳动组织和劳动者行为：劳动组织不合理，劳动者配合不当，操作失误，个人防护用品穿戴不规范，违章作业，巡检时接触全身振动。

◎ 作业环境：地面缺陷，环境高温、环境低温和地面绊脚物。

※ 小结：主要存在的职业性有害因素有砂尘、噪声、振动、酚、甲醛和氨等。

职业危害控制策略：

√ 设备设施密闭隔离；

√ 配置安全保护装置；

√ 配置通风、除尘、排毒、减振和降噪装置；

√ 改善工效条件并加强物料管理；

√ 制定安全操作规程和作业指导书；

√ 实施职业性有害因素监测与评价、职业健康监护和职业卫生培训；

√ 发放有毒有害作业岗位津贴；

√ 正确的个人防护。

主要职业性有害因素的职业接触限值：

◎ 噪声和振动：见 GBZ 2.2；

◎ 粉尘和毒物：见 GBZ 2.1。

工作场所出入管理：

√ 实施准入制度进入工作区域；

√ 进入现场要穿戴安全帽、防尘口罩、耳塞或耳罩、工作服以及普通工作鞋；

√ 工作区设置防滑、防尘、防噪声和防挤压等警示标识。

工艺和设备要求：

√ 确保混料机、加料和卸料传输尽可能密闭，防止粉尘外逸；

√ 控制室密闭隔离，保证供应新鲜空气；

√ 混料机及其他检修口应适当密闭；输送管道接口应密闭；若使用传输带输送，应加防护罩密闭，最大限度减少粉尘逸散；

√ 设置除尘系统，通风除尘器设计满足要求；

√ 用简便方法检查通风系统是否正常工作；

√ 采取必要措施，避免混料机内压力过大；

√ 采取防爆泄压措施，防止粉尘爆炸；

√ 确保设备正常接地；

√ 密闭系统的设计应易于维护和清洁；

√ 排出空气应排放至远离门、窗和进风口处。

岗位操作规程：

√ 工作前按规定穿戴好个人防护用品；

√ 操作者应熟悉设备一般性能和结构，不得违章使用；

√ 设备运行前检查信号指示是否正常；

√ 在生产前 5min，开启通风除尘设备；生产结束后 5min，关闭通风除尘设备；

√ 加料时要准确加在混砂机内，避免树脂等原料散落在混砂机外；

√ 取样抽查时，禁止将样品散落在地上，并及时关闭观察孔；

√ 出砂时，避免配好的芯砂散落在地上，并将混砂机内的芯砂放完；

√ 混砂机使用完毕必须清理干净，不允许有结块存在；

√ 检查作业现场是否存在安全隐患，如有隐患，必须先排除安全隐患后再作业；

√ 各转动部分在开动前，必须首先与控制室及其他有关系统取得联系；

√ 认真检查混砂机内，输送带上是否有人工作或放有工具等，确认安全后再启动，确保操作准确无误；

√ 混砂机在运转时，禁止用手扒料和清理碾轮，禁止伸手到混砂机内添加树脂、固化剂等附加物料，插下料口时，应用适当工具，不得用手；
√ 不准用手到碾盘内取砂样，一定要用工具从取样门取样，运转时不得用手检查转动部位；
√ 生产过程中，不许直接接触树脂及固化剂；
√ 作业时，混砂机要有人看管，盖要合严，芯砂设备启动后，出砂口禁止站人，以防砂粒飞入眼内；
√ 作业现场照明必须保持完好，上下梯子要踩稳，防止滑倒摔伤；
√ 作业完毕后，清扫作业现场、切断电源方可离开。

设备日常维护：

√ 按设备供应商和安装者的要求，维护设备使其有效运行；
√ 在设备运行时发现异常，立即向管理人员反映，并通知维修人员进行维修；
√ 进入碾砂机内清理、修理前，必须切断电源，悬挂“有人工作，禁止合闸”的警示牌或设专人监护。

设备检查和测试：

√ 从生产商那里索取通风设备的设计性能信息，将这些资料存档，以便与将来测试结果比较；
√ 肉眼检查设备损坏的迹象，每周至少巡视一次；
√ 根据设备的性能测试标准，每 12 个月至少检查和测试一次通风设备；
√ 检查和测试结果至少保存 5 年。

作业场所清洁和整理：

√ 现场物品定置摆放，做到无杂物、无积灰、无积水；
√ 立即处理泄漏物，安全处置泄漏物；
√ 坚持地面湿式清扫或负压清扫，禁止用压缩空气清扫卫生；
√ 生产现场废物按一般类可回收固体废物和一般类不可回收固体废物进行分类收集，存放的粉状固体废物必须低于料斗顶端 10cm；
√ 设备出现“跑冒滴漏”现象时，操作工及时向当班班长及维修工反映，及时进行维修。

个人防护用品：

√ 根据现场存在的职业性有害因素的种类和浓度（强度），供应商提供的个人防护用品性能参数，选择适宜的个人防护用品；
√ 穿戴合适的个人防护用品：工作服、安全帽、普通工作鞋、防护手套、防尘毒口罩以及耳塞或耳罩；
√ 作业前必须按规定穿戴好个人防护用品；
√ 保持个人防护用品干净清洁，按规定的间隔时间定期更换。

职业卫生培训：

◎ 劳动者培训内容：

A. 职业病防治的相关法律法规知识；
B. 粉尘、噪声和毒物等职业性有害因素的特性及其可能造成的健康影响与预防控制措施；
C. 岗位操作规程和岗位作业条件；
D. 个人防护用品的使用知识；
E. 简单故障的识别与处置及事故的报告方法；
F. 设备操作系统的检查和使用方法；
G. 急救箱的使用方法。

◎ 培训类型：上岗前、定期、换（转）岗培训。
◎ 培训方式：培训班、班组会、宣传栏、典型事故分析会、合同告知、网络、报纸、电视和广播等。

职业卫生检查：

◎ 企业职业卫生管理部门检查：

A. 通风、除尘、减振和降噪装置是否完好；
B. 物料管理是否规范；
C. 作业场所粉尘和噪声是否超标；
D. 车间地面是否平整防滑，易于行走；
E. 作业场所的警示标识是否完善；
F. 劳动者是否按照作业指导书进行操作；
G. 车间有无“跑冒滴漏”现象；
H. 现场清理、清洁、整顿和整理等检查；
I. 劳动者个人防护用品使用是否规范；
J. 建议检查周期：一月一次。

◎ 工会监督检查：

A. 车间是否有职业卫生监督员；
B. 工时和劳动组织是否合理；
C. 个人防护用品是否按照标准发放；
D. 保健津贴是否按时足额发放；
E. 更衣室、洗浴间和休息室等卫生设施是否齐备；
F. 预防控制措施是否落实；
G. 职业禁忌证人员是否得到妥善安置；
H. 收集并分析劳动者对职业卫生的抱怨等；
I. 建议检查周期：一季度一次。

劳动者职业安全卫生检查表：

◎ 确保通风、除尘、排毒系统开启并正常运行；
◎ 防止纸袋和其他废弃物吸入通风管道；
◎ 注意查找设备泄漏、磨损或损坏的迹象，如发现任何问题，请告诉管理人员，如果你认为有问题，请勿继续工作；
◎ 进餐、喝水前或如厕前后要洗手去除污染物；
◎ 勿用有机溶剂清洁皮肤；
◎ 立即处理粉尘逸散物，使用吸尘器或湿拖布清洁，安全处置粉尘逸散物；

◎ 按要求使用、维护和保存个人防护用品。

应急救援：

◎ 可能发生的事故：主要为工伤事故，如跌落、滑倒、机械卷入损伤以及电击伤等。

◎ 应急预案及设施：制定职业卫生应急救援预案、工伤事故应急预案及消防事故应急预案，并定期演练。

◎ 紧急处理及事故报告程序：按照应急预案要求的程序进行。

更多信息：

◎ 参见 GBZ 1、GBZ 2. 1、GBZ 2. 2、GBZ 158、GBZ 188。

3. 制芯

文件编号：××××××

文件名称：制芯岗位职业危害识别与预防控制指南。

文件状态：有效。

岗位名称：制芯。

上岗所要求的条件：设备操作证、职业健康检查合格和职业安全卫生培训合格。

工作任务：按照工艺要求制造砂芯。

上工序：芯砂配制。

下工序：烘芯。

主要设备：热芯盒制芯机、壳芯盒制芯机、冷芯盒制芯机和挤芯机。

主要原、辅材料：树脂砂、酚醛树脂和三乙胺等。

作业方式和体位：

◎ 作业方式：半自动。

◎ 体位：70%时间站位，30%弯腰。

负重量、方式及时间：双手负重。

职业危害与危险源点的识别：

◎ 设备：制芯和修芯时产生砂尘、噪声、高温、热辐射、酚、甲醛、氨和三乙胺等；风机运行产生噪声；除尘设备故障和清理时产生砂尘。其他危险源：电器绝缘损坏、加热装置漏电、电器接地（零）不良等所产生的用电安全问题；安全装置缺陷、防护栏缺损、登高梯台缺陷，紧停开关缺损、制动器缺陷，接触高温物件，高压气体、气管接头脱落、高压液体、压力容器缺陷，火灾事故、链条断坠落、提升框滑落、托芯小车意外移动、门轴断裂、销子飞逸、芯盒型板螺钉断裂、砂尘喷射、砂芯坠落、毒物泄漏、砂斗摆动、芯盒脱落、接触旋转部位，设备标识不清、设备运行异常等所引起的其他安全问题。

◎ 物料储存和运输：物料存放无序，运输通道不畅，原料输送过程中管道泄漏。

◎ 人机工效设计：工作台设计不合理，工作椅设计不合理，劳动者负荷过大，不良体位，采光和照明不良。

◎ 劳动组织和劳动者行为：劳动者配合不当，操作失误，个人防护用品穿戴不规范以及违章作业。

◎ 作业环境：地面缺陷，环境高温、环境低温，地面绊脚物，地面积尘、积砂。

※ 小结：主要存在的职业性有害因素有砂尘、毒物（酚、甲醛、氨、三乙胺等）、噪声和高温等。

职业危害控制策略：

√ 配置通风、除尘、排毒和降噪装置；

√ 配置设备设施防护装置；

√ 原料输送装置密闭隔离；

√ 采取防暑降温措施，如设置空调休息室，减少高温持续接触时间，提供清凉饮料等；

√ 改善工效条件并加强物料管理；

√ 制定安全操作规程和作业指导书；

√ 实施职业性有害因素监测与评价、职业健康监护和职业卫生培训；

√ 发放有毒有害作业岗位津贴；

√ 正确的个人防护。

主要职业性有害因素的职业接触限值：

√ 噪声、高温和振动：见 GBZ 2.2；

√ 粉尘和毒物：见 GBZ 2.1。

工作场所出入管理：

√ 实施准入制度进入工作区域；

√ 进入现场要穿戴安全帽、口罩、耳塞或耳罩、工作服和普通工作鞋；

√ 工作区设置防尘、防毒、防噪声、防挤压、防坠物、防滑和防火等警示标识；

√ 作业岗位设置甲醛、酚和三乙胺等职业危害告知卡。

工艺和设备要求：

√ 壳芯机、热芯盒射芯机、冷芯盒射芯机和挤芯机等均应设排风罩，排风罩设计应符合要求；

√ 排风罩出口气流速应不低于1m/s；

√ 必要时，可在排气管上安装活动接头，以便移动排风罩；

√ 通风管道力求简短，避免使用长的软管；

√ 确保采取安全措施将其他危害减到最小，例如与热表面接触、高压喷射液体；

√ 提供良好照明，照明设施应适合工作任务，满足防尘或耐火要求；

√ 工作地点（操作台）应尽量避开门、窗、过道等空气对流区，以防止横向气流干扰排风系统，造成粉尘和废气的逸散；

√ 工作区保持良好通风，补充新鲜空气；

√ 排出的空气应排放至远离门、窗和进风口处；

√ 在生产许可的条件下，地面宜保持湿润和能用水冲洗。

岗位操作规程：

√ 工作前按规定穿戴好个人防护用品，女工发辫应挽在帽子内；

√ 操作者应熟悉设备一般性能和结构，按设备操作规程进行操作，不得违章使用；

√ 设备运行前检查信号指示是否正常；

√ 在生产前5min，开启通风除尘设备；生产结束后5min，关闭通风除尘设备；

√ 检查作业现场是否存在安全隐患，如有隐患，必须先排除安全隐患后再作业；
√ 作业前先检查设备及动力情况，按规定部位加油，各工位运动正常后，方能送电加热；
√ 严格控制芯盒温度、制芯时间，防止造成砂芯废品；
√ 冷芯盒制芯时，密封系统要控制好，防止有毒气体泄漏；
√ 作业时，身体各部位不得接触芯盒；
√ 芯盒合模时，严禁用手推，以免将手夹伤，清理芯盒型腔时，只允许用风管吹净杂物，不准在分模状态下用手直接清理；
√ 壳芯机在翻转时，必须将芯盒门关严，避免砂子将人射伤；
√ 取芯时，必须等到制芯机动作完成后方可进行，且必须双手同时取芯，以免芯子坠落伤人，不准用手直接清理未顶出的砂芯；
√ 砂芯要摆放整齐，严格按照砂芯摆放要求进行摆放；
√ 有脚踏板的制芯机，脚踏板上必须有防滑装置（如铺橡胶皮等）；
√ 冷芯盒制芯时检查气体发生器“三乙胺”是否有泄漏现象，并加注到位；检查尾气收集装置液位是否正常，运转是否良好；
√ 作业完毕，切断电源，将水、气阀门关闭，放出设备中的余气并清理现场。

设备日常维护：

√ 按设备供应商和安装者的要求，维护设备使其有效运行；
√ 在通风除尘设备运行时发现异常，立即向管理人员反映，并通知维修人员进行维修；
√ 定期对通风除尘设备进行全面维护保养；
√ 设备发生故障，必须通知维修人员处理，操作人员不许擅自维修；
√ 排除故障时必须停机，挂警示牌或设专人监护。

设备检查和测试：

√ 向供应商索取通风设备设计性能的信息，并将这些资料存档，以便与将来的测试结果比较；
√ 肉眼检查设备损坏的迹象，每周至少巡视一次；
√ 根据设备的性能测试标准，每 12 个月至少检查和测试一次通风设备；
√ 所有检查和测试记录应至少保存 5 年。

作业场所清洁和整理：

√ 现场物品定置摆放，做到无杂物、无积灰、无积水；
√ 及时处理泄漏物，安全处置泄漏物；
√ 坚持地面湿式清扫或负压清扫，禁止用压缩空气清扫卫生；
√ 生产现场废物按一般类可回收固体废物和一般类不可回收固体废物进行分类收集，存放的粉状固体废物必须低于料斗顶端 10cm。

个人防护用品：

√ 根据现场存在的职业性有害因素的种类和浓度（强度），供应商提供的个人防护用品性能参数，选择适宜的个人防护用品；
√ 穿戴合适的个人防护用品：工作服、安全帽、普通工作鞋、防护手套、防尘毒口罩以及耳塞或耳罩；
√ 作业前必须按规定穿戴好个人防护用品；
√ 保持个人防护用品干净清洁，按规定的间隔时间定期更换。

职业卫生培训：

◎ 劳动者培训内容：

A. 职业病防治的相关法律法规知识；
B. 粉尘、噪声、毒物和高温等职业性有害因素的特性及其可能造成的健康影响与预防控制措施；
C. 岗位操作规程和岗位作业条件；
D. 个人防护用品的使用知识；
E. 简单故障的识别与处置及事故的报告方法；
F. 设备操作系统的检查和使用方法；
G. 急救箱的使用方法；
H. 皮肤衣物污染的正确清洁方法。

◎ 培训类型：上岗前、定期、换（转）岗培训。

◎ 培训方式：培训班、班组会、宣传栏、典型事故分析会、合同告知、网络、报纸、电视和广播等。

职业卫生检查：

◎ 企业职业卫生管理部门检查：

A. 通风、除尘、排毒和降噪装置是否完好；
B. 物料管理是否规范；
C. 作业场所粉尘、噪声和毒物是否超标；
D. 车间地面是否平整防滑，易于行走；
E. 作业场所的警示标识是否完善；
F. 劳动者是否按照作业指导书进行操作；
G. 车间有无“跑冒滴漏”现象；
H. 现场清理、清洁、整顿和整理等检查；
I. 劳动者个人防护用品使用是否规范；
J. 建议检查周期：一月一次。

◎ 工会监督检查：

A. 车间是否有职业卫生监督员；
B. 工时和劳动组织是否合理；
C. 个人防护用品是否按照标准发放；
D. 保健津贴是否按时足额发放；

E. 更衣室、洗浴间和休息室等卫生设施是否齐备；

F. 预防控制措施是否落实；

G. 职业禁忌证人员是否得到妥善安置；

H. 收集并分析劳动者对职业卫生的抱怨等；

I. 建议检查周期：一季度一次。

劳动者职业安全卫生检查表：

◎ 确保通风、除尘、排毒系统开启并正常运行；

◎ 防止纸袋和其他废弃物吸入通风管道；

◎ 注意查找设备泄漏、磨损或损坏的迹象，如发现任何问题，请告诉管理人员，如果你认为有问题，请勿继续工作；

◎ 进餐、喝水前或如厕前后要洗手去除污染物；

◎ 勿用有机溶剂清洁皮肤；

◎ 立即处理粉尘逸散物，使用吸尘器或湿拖布清洁，安全处置粉尘逸散物；

◎ 按要求使用、维护和保存个人防护用品。

应急救援：

◎ 可能发生的事故：主要为火灾事故、工伤事故，如跌落、滑倒、机械卷入损伤以及电击伤等。

◎ 应急预案及设施：制定职业卫生应急救援预案、工伤事故应急预案及消防事故应急预案，并定期演练。

◎ 紧急处理及事故报告程序：按照应急预案要求的程序进行。

更多信息：

◎ 参见 GBZ 1、GBZ 2. 1、GBZ 2. 2、GBZ 158、GBZ 188。

4. 烘芯

文件编号：××××××

文件名称：烘芯岗位职业危害识别与预防控制指南。

文件状态：有效。

岗位名称：烘芯。

上岗所要求的条件：设备操作证、职业健康检查合格和职业安全卫生培训合格。

工作任务：按照工艺要求烘干砂芯。

上工序：制芯。

下工序：造型。

主要设备：砂芯烘干炉。

主要原、辅材料：砂芯、柴油、水基涂料和油基涂料。

作业方式和体位：

◎ 作业方式：半自动。

◎ 体位：70%时间站位，30%弯腰。

负重量、方式及时间：双手负重。

职业危害与危险源点的识别：

◎ 设备：上下料、烘芯及修芯过程中存在高温和热辐射以及砂尘、一氧化碳、二氧化碳、二氧化硫、酚、甲醛和氨等有毒物质；浸涂涂料时接触溶剂（煤焦油、硅溶胶和正丁醇）等有害物质。其他危险源：电器绝缘损坏、电器接地（零）不良等所产生的用电安全问题；安全装置缺陷、紧停开关缺损、制动器缺陷、储芯小车故障、砂芯坠落、悬链断裂、涂料喷溅、涂料泄漏、接触高温砂芯、设备标识不清、设备运行异常等所引起的其他安全问题。

◎ 物料储存和运输：物料存放无序，运输通道不畅，储芯小车倒塌，原料输送过程中管道泄漏粉尘逸散。

◎ 人机工效设计：工作台设计不合理，劳动者超负荷劳动，不良体位，采光和照明不良。

◎ 劳动组织和劳动者行为：劳动者配合不当，操作失误，个人防护用品穿戴不规范，违章作业。

◎ 作业环境：地面缺陷，环境高温、环境低温，地面绊脚物。

※ 小结：主要存在的职业性有害因素有高温和热辐射以及砂尘、一氧化碳、二氧化碳、二氧化硫、酚、甲醛、氨和溶剂（煤焦油、硅溶胶和正丁醇）等。

职业危害控制策略：

√ 设备设施密闭隔热；

√ 配置安全保护装置；

√ 配置通风、排毒装置；

√ 采取防暑降温措施，如设置空调休息室，减少高温持续接触时间，提供清凉饮料等；

√ 改善工效条件并加强物料管理；

√ 制定安全操作规程和作业指导书；

√ 实施职业性有害因素监测与评价、职业健康监护和职业卫生培训；

√ 发放有毒有害作业岗位津贴；

√ 正确的个人防护。

主要职业性有害因素的职业接触限值：

◎ 高温：见 GBZ 2.2；

◎ 粉尘和毒物：见 GBZ 2.1。

工作场所出入管理：

√ 实施准入制度进入工作区域；

√ 进入现场要穿戴安全帽、防毒口罩、热防护服以及普通工作鞋等防护用品；

√ 作业场所设置防毒、防挤压、防坠物、防滑、防火以及防触电等警示标识。

工艺和设备要求：

√ 加热炉应尽可能密闭、隔热；

√ 工作区和密闭系统的设计应易于维护；

√ 烘干炉（箱）出入口处宜采用单体式局部送风；

√ 设置通风排气系统，通过净化处理后排出，排气系统应易于控制；

√ 排气通风系统应与烘干炉（箱）的热控制连锁，并配有警示灯/报警器；

√ 用简便方法检查通风系统是否正常工作，如气压计、压力表或指示器；

√ 烘干炉（箱）在使用时，使用标志应清晰显示；

√ 物料传送应尽量使用自动装置。

岗位操作规程：

√ 工作前按规定穿戴好个人防护用品；

√ 操作者应熟悉设备一般性能和结构，按设备操作规程进行操作，不得违章使用；

√ 设备运行前检查信号指示是否正常；

√ 在生产前 5min，开启通风设备，生产结束后 5min，关闭通风设备；

√ 检查作业现场是否存在安全隐患，如有隐患，必须先排除安全隐患后再工作；

√ 作业前要先检查设备运转情况，对油管、风管详细查看是否良好，防止烧伤和跑火；

√ 点火前必须检查安全防护装置是否齐全有效，燃料桶距离火源的位置是否安全；

√ 点火时必须站在侧面，用夹子夹住燃物点燃；

√ 点火时先送气，后送油，开始时应开小油管，防止伤人；

√ 作业中不得触摸高温部位，不得擅自离开岗位；

√ 灭火时先停油，等喷管内的残剩油吹干后再停气；
√ 作业完毕，停电停气，确保无隐患存在，方可离岗下班。

设备日常维护：

√ 按设备供应商和安装者的要求，维护设备使其有效运行；
√ 在通风除尘设备运行检查时发现异常，立即向管理人员反映，并通知维修人员进行维修；
√ 定期对通风除尘设备进行全面维护保养；
√ 设备发生故障，必须通知维修人员处理，操作人员不许擅自维修；
√ 排除故障时必须停机，挂警示牌或设专人监护。

设备检查和测试：

√ 肉眼检查设备损坏的迹象，每周至少巡视一次；
√ 根据设备的性能测试标准，每 12 个月至少检查和测试一次通风设备；
√ 检查和测试结果至少保存 5 年。

作业场所清洁和整理：

√ 现场物品定置摆放，做到无杂物、无积灰、无积水；
√ 立即处理泄漏物，安全处置泄漏物；
√ 坚持地面湿式清扫或负压清扫，禁止用压缩空气清扫卫生；
√ 生产现场废物按一般类可回收固体废物和一般类不可回收固体废物进行分类收集，存放的粉状固体废物必须低于料斗顶端 10cm。

个人防护用品：

√ 根据现场存在的职业性有害因素的种类和浓度（强度），供应商提供的个人防护用品性能参数，选择适宜的个人防护用品；
√ 穿戴合适的个人防护用品：热防护服、安全帽、普通工作鞋、防护手套、防尘毒口罩以及耳塞或耳罩；
√ 作业前必须按规定穿戴好个人防护用品；
√ 保持个人防护用品干净清洁，按规定的间隔时间定期更换。

职业卫生培训：

◎ 劳动者培训内容：
  A. 职业病防治的相关法律法规知识；
  B. 粉尘、毒物和高温等职业性有害因素的特性及其可能造成的健康影响与预防控制措施；
  C. 岗位操作规程和岗位作业条件；
  D. 个人防护用品的使用知识；
  E. 简单故障的识别与处置及事故的报告方法；
  F. 设备操作系统的检查和使用方法；
  G. 急救箱的使用方法。

◎ 培训类型：上岗前、定期、换（转）岗培训。
◎ 培训方式：培训班、班组会、宣传栏、典型事故分析会、合同告知、网络、报纸、电视和广播等。

职业卫生检查：

◎ 企业职业卫生管理部门检查：
  A. 通风、除尘、排毒装置是否完好；
  B. 物料管理是否规范；
  C. 作业场所粉尘、毒物是否超标；
  D. 车间地面是否平整防滑，易于行走；
  E. 作业场所的警示标识是否完善；
  F. 劳动者是否按照作业指导书进行操作；
  G. 车间有无"跑冒滴漏"现象；
  H. 现场清理、清洁、整顿和整理等检查；
  I. 劳动者个人防护用品使用是否规范；
  J. 建议检查周期：一月一次。

◎ 工会监督检查：
  A. 车间是否有职业卫生监督员；
  B. 工时和劳动组织是否合理；
  C. 个人防护用品是否按照标准发放；
  D. 保健津贴是否按时足额发放；
  E. 更衣室、洗浴间和休息室等卫生设施是否齐备；
  F. 预防控制措施是否落实；
  G. 职业禁忌证人员是否得到妥善安置；
  H. 收集并分析劳动者对职业卫生的抱怨等；
  I. 建议检查周期：一季度一次。

劳动者职业安全卫生检查表：

◎ 确保通风、除尘、排毒系统开启并正常运行；
◎ 防止纸袋和其他废弃物吸入通风管道；
◎ 注意查找设备泄漏、磨损或损坏的迹象，如发现任何问题，请告诉管理人员，如果你认为有问题，请勿继续工作；
◎ 进餐、喝水前或如厕前后要洗手去除污染物；
◎ 勿用有机溶剂清洁皮肤；
◎ 立即处理粉尘逸散物，使用吸尘器或湿拖布清洁，安全处置粉尘逸散物；
◎ 按要求使用、维护和保存个人防护用品。

应急救援：

◎ 可能发生的事故：主要为火灾，工伤事故，如跌落、滑倒、砸伤、烫伤以及电击伤等。
◎ 应急预案及设施：制定职业卫生应急救援预案、工伤事故应急预案及消防事故应急预案，并定期演练。
◎ 紧急处理及事故报告程序：按照应急预案要求的程序进行。

更多信息：

◎ 参见 GBZ 1、GBZ 2.1 、GBZ 2.2、GBZ 158、GBZ 188。

5. 型砂配制

文件编号：××××××

文件名称：型砂配制岗位职业危害与控制指南。

文件状态：有效。

岗位名称：型砂配制。

上岗所要求的条件：设备操作证、职业健康检查合格和职业安全卫生培训合格。

工作任务：按照工艺要求配制型砂。

上工序：烘砂。

下工序：造型。

主要设备：混砂机、碾砂机、斗式提升机、传送带/管道和通风除尘系统。

主要原、辅材料：新砂、煤粉和黏土。

作业方式和体位：

◎ 作业方式：可采用全自动方式，作业人员在控制室远距离操控，定期巡检。

◎ 体位：25%时间为站位，75%为坐位。

负重量、方式及时间：基本不负重。

职业危害与危险源点的识别：

◎ 设备：混砂机和碾砂机运行时产生矽尘、煤尘、噪声和振动；斗式提升机运转时产生砂尘、煤尘和噪声；风机运行产生噪声；除尘设备故障和传送系统清理时产生矽尘和煤尘。其他危险源：电器绝缘损坏、电器接地（零）不良等所产生的用电安全问题；安全装置缺陷、登高梯台缺陷，紧停开关缺损、制动器缺陷、设备标识不清、设备运行异常等所引起的其他安全问题。

◎ 物料储存和运输：物料存放无序，运输通道不畅，原料输送过程中管道泄漏粉尘逸散。

◎ 人机工效设计：工作台设计不合理，工作椅设计不合理，视屏作业，不良体位，采光和照明不良。

◎ 劳动组织和劳动者行为：劳动者配合不当，操作失误，个人防护用品穿戴不规范，违章作业以及巡检时接触全身振动。

◎ 作业环境：地面缺陷，环境高温、环境低温，地面绊脚物，地面积尘、积砂。

※ 小结：主要存在的职业性有害因素有粉尘（矽尘和煤尘）、噪声和振动等。

职业危害控制策略：

√ 设备设施密闭隔离；

√ 配置安全保护装置；

√ 配置通风、除尘、减振和降噪装置；

√ 改善工效条件并加强物料管理；

√ 制定安全操作规程和作业指导书；

√ 实施职业性有害因素监测与评价、职业健康监护和职业卫生培训；

√ 发放有毒有害作业岗位津贴；

√ 正确的个人防护。

主要职业性有害因素的职业接触限值：

◎ 噪声和振动：见 GBZ 2.2；

◎ 粉尘：见 GBZ 2.1。

工作场所出入管理：

√ 实施准入制度进入工作区域；

√ 进入现场要穿戴安全帽、防尘口罩、工作服以及普通工作鞋；

√ 工作区设置防滑、防尘、防噪声和防挤压等警示标识。

工艺和设备要求：

√ 确保混料机、加料和卸料传输尽可能密闭；

√ 设置局部除尘系统，通风除尘器设计满足要求；

√ 混料机及其他检修口应适当密闭；输送管道接口应密闭；若使用传输带输送，应加防护罩密闭，最大限度减少粉尘逸散；

√ 采取必要措施，避免混料机内压力过大；

√ 采取防爆泄压措施，防止粉尘爆炸；

√ 确保设备正常接地；

√ 密闭系统的设计应易于维护和清洁；

√ 排出空气应排放至远离门、窗和进风口的安全处。

岗位操作规程：

√ 工作前按规定穿戴好个人防护用品；

√ 在生产前 5min，开启通风除尘设备；生产结束后 5min，关闭通风除尘设备；

√ 检查作业现场是否存在安全隐患，如有隐患，必须先排除安全隐患后再工作；

√ 各转动部分在开动前，必须首先与控制室及其他有关系统取得联系；认真检查碾砂机内、输送带上是否有人工作或放有工具等，确认安全后再启动，同时控制室人员必须认真听清联系信号，确保操作准确无误；

√ 混砂机在运转时，禁止用手扒料和清理碾轮，禁止伸手到碾盘内添加胶黏剂等附加物料，捅下料口时，应用适当工具，不得用手；

√ 不准用手到碾盘内取砂样，一定要用工具从取样门取样，运转时不得用手检查转动部位；

√ 加料时要准确加在混砂机内，避免原料散落在混砂机外；

√ 取样抽查时，禁止将样品散落在地上，并及时关闭观察孔；

√ 出砂时，避免配好的型砂散落在地上，并将混砂机内的型砂放完；

√ 严禁在皮带上坐卧、睡觉或行走，严禁在运行中的皮带上过人或传送物件，平台周围应有防护栏；

√ 作业时，混砂机要有人看管，盖要合严，型砂设备启动后，出砂口禁止站人，以防砂粒飞入眼内；

√ 作业现场照明必须保持完好，上下梯子要踩稳，防止滑倒摔伤；

√ 作业完毕后，清扫作业现场、切断电源方可离开。

设备日常维护：

√ 在通风除尘设备运行检查时发现异常，立即向管理人员反映，并通知维修人员进行维修；

√ 进入碾砂机内清理、修理前，应按密闭空间作业管理，办理密闭空间作业许可证，切断电源，悬挂“有人工作，禁止合闸”的警示牌或设专人监护；

√ 输送带运行时，如发生临时故障，在来不及通知控制室的情况下，操作者必须紧急停车，然后再通知控制室处理，严禁在皮带运动时，用铁棍去清理砂斗或用手直接伸入皮带头、尾轮内刮砂子。

设备检查和测试：

√ 从生产商那里索取通风设备的设计性能信息，将这些资料存档，以便与将来测试结果比较；

√ 肉眼检查设备损坏的迹象，每周至少巡视一次；

√ 根据设备的性能测试标准，每 12 个月至少检查和测试一次通风设备；

√ 检查和测试结果记录至少保存 5 年。

作业场所清洁和整理：

√ 现场物品定置摆放，做到无杂物、无积灰、无积水；

√ 立即处理泄漏物，安全处置泄漏物；

√ 坚持地面湿式清扫或负压清扫，禁止用压缩空气清扫卫生；

√ 生产现场废物按一般类可回收固体废物和一般类不可回收固体废物进行分类收集，存放的粉状固体废物必须低于料斗顶端 10cm。

个人防护用品：

√ 根据现场存在的职业性有害因素的种类和浓度（强度），供应商提供的个人防护用品性能参数，选择适宜的个人防护用品；

√ 穿戴合适的个人防护用品：工作服、安全帽、普通工作鞋、防护手套、防尘口罩以及耳塞或耳罩；

√ 作业前必须按规定穿戴好个人防护用品；

√ 保持个人防护用品干净清洁，按规定的间隔时间定期更换。

职业卫生培训：

◎ 劳动者培训内容：

A. 职业病防治的相关法律法规知识；

B. 粉尘和噪声等职业性有害因素的特性及其可能造成的健康影响与预防控制措施；

C. 岗位操作规程和岗位作业条件；

D. 个人防护用品的使用知识；

E. 简单故障的识别与处置及事故的报告方法；

F. 设备操作系统的检查和使用方法；

G. 急救箱的使用方法。

◎ 培训类型：上岗前、定期、换（转）岗培训。

◎ 培训方式：培训班、班组会、宣传栏、典型事故分析会、合同告知、网络、报纸、电视和广播等。

职业卫生检查：

◎ 企业职业卫生管理部门检查：

A. 通风、除尘、减振和降噪装置是否完好；

B. 物料管理是否规范；

C. 作业场所粉尘和噪声是否超标；

D. 车间地面是否平整防滑，易于行走；

E. 作业场所的警示标识是否完善；

F. 劳动者是否按照作业指导书进行操作；

G. 车间有无“跑冒滴漏”现象；

H. 现场清理、清洁、整顿和整理等检查；

I. 劳动者个人防护用品使用是否规范；

J. 建议检查周期：一月一次。

◎ 工会监督检查：

A. 车间是否有职业卫生监督员；

B. 工时和劳动组织是否合理；

C. 个人防护用品是否按照标准发放；

D. 保健津贴是否按时足额发放；

E. 更衣室、洗浴间和休息室等卫生设施是否齐备；

F. 预防控制措施是否落实；

G. 职业禁忌证人员是否得到妥善安置；

H. 收集并分析劳动者对职业卫生的抱怨等；

I. 建议检查周期：一季度一次。

劳动者职业安全卫生检查表：

◎ 确保通风、除尘系统开启并正常运行；

◎ 防止纸袋和其他废弃物吸入通风管道；

◎ 注意查找设备泄漏、磨损或损坏的迹象，如发现任何问题，请告诉管理人员，如果你认为有问题，请勿继续工作；

◎ 进餐、喝水前或如厕前后要洗手去除污染物；

◎ 勿用有机溶剂清洁皮肤；

◎ 立即处理粉尘逸散物，使用吸尘器或湿拖布清洁，安全处置粉尘逸散物；

◎ 按要求使用、维护和保存个人防护用品。

应急救援：

◎ 可能发生的事故：主要为工伤事故，如跌落、滑倒、机械卷入损伤以及电击伤等。

◎ 应急预案及设施：制定职业卫生应急救援预案、工伤事故应急预案及消防事故应急预案，并定期演练。

◎ 紧急处理及事故报告程序：按照应急预案要求的程序进行。

更多信息：

◎ 参见 GBZ 1、GBZ 2.1、GBZ 2.2、GBZ 158、GBZ 188。

6. 皮带输送

文件编号：××××××

文件名称：皮带输送岗位职业危害识别与预防控制指南。

文件状态：有效。

岗位名称：皮带输送。

上岗所要求的条件：设备操作证、职业健康检查合格和职业安全卫生培训合格。

工作任务：保证皮带正常运转，输送原料（芯砂、型砂和煤粉等）和废砂等。

上工序：芯砂配制、型砂配制、烘砂和落砂等。

下工序：制芯、造型和配砂等。

主要设备：皮带运输机。

主要原、辅材料：型砂、芯砂和废砂。

作业方式和体位：

◎ 作业方式：可采用全自动方式，作业人员在控制室远距离操控，定期巡检。

◎ 体位：25%时间为站位，75%为坐位。

负重量、方式及时间：基本不负重。

职业危害与危险源点的识别：

◎ 设备：皮带输送时产生矽尘、噪声，输送废砂时产生高温，清理及检修时导致粉尘逸散。其他危险源：安全装置缺陷、登高梯台缺陷、防护栏罩缺损、皮带头轮罩损坏、皮带托轮脱落，皮带破损，皮带断裂，皮带打滑、跑偏，紧停开关缺损，抱闸失灵、制动器缺陷、机油泄漏、火灾事故，电器绝缘损坏、电器接地（零）不良等所产生的用电安全问题。

◎ 物料储存和运输：物料存放无序，运输通道不畅，高温铁块落入皮带。

◎ 人机工效设计：巡视通道设计不合理，设备标识不清，不良体位，采光和照明不良。

◎ 劳动组织和劳动者行为：劳动者配合不当，个人防护用品穿戴不规范，操作失误，违章作业（意外接触皮带机和清除滚轮粘砂不当）。

◎ 作业环境：地面缺陷，环境高温、环境低温，地面绊脚物，地面积尘、积砂。

※ 小结：主要存在的职业性有害因素有矽尘、噪声和高温等。

职业危害控制策略：

√ 设备设施密闭隔离；

√ 配置安全保护装置；

√ 配置通风、除尘和降噪装置；

√ 改善工效条件、设置良好照明，加强物料管理；

√ 制定安全操作规程和作业指导书；

√ 实施职业性有害因素监测与评价、职业健康监护和职业卫生培训；

√ 发放有毒有害作业岗位津贴；

√ 正确的个人防护。

主要职业性有害因素的职业接触限值：

◎ 噪声和高温：见GBZ 2.2；

◎ 粉尘：见GBZ 2.1。

工作场所出入管理：

√ 实施准入制度进入工作区域；

√ 进入现场要穿戴安全帽、防尘口罩、耳塞或耳罩、工作服以及防滑鞋；

√ 工作区设置防滑、防尘、防噪声以及防坠物等警示标识。

工艺和设备要求：

√ 考虑使用湿式作业以减少物料扬尘；

√ 尽可能密闭传输带，尤其是传输带的进料口和出料口；

√ 应设置铰链门便于日常检查和维修；

√ 在皮带密封罩的开口端设置挡尘软帘，在传输带两侧设防护板；

√ 密封罩的设计应易于清洁和维护；

√ 密封罩内应有尽可能大的空间容纳粉尘；

√ 进料口溜槽设置应使物料落点在传输带中央，且与传输带运送方向和速度一致，减少物料落差；

√ 设置刮刀清洁返回的传输带；

√ 在传输带的进料口（溜槽）和落料口设置局部排气通风设施（LEV）；

√ 排风口应远离门、窗和新风入口；

√ 用简便方法检查控制措施是否正常工作，如气压计、压力表或指示器；

√ 尽可能使工作区远离门、窗、过道，避免穿堂风（横向气流）干扰通风，防止粉尘逸散；

√ 工作区保持良好通风，补充新鲜空气。

岗位操作规程：

√ 工作前按规定穿戴好个人防护用品，女工发辫应挽在帽子内；

√ 操作者应熟悉设备一般性能和结构，不得违章使用；

√ 设备运行前检查信号指示是否正常；

√ 在生产前5min，开启通风除尘设备；生产结束后5min，关闭通风除尘设备；

√ 检查作业现场是否存在安全隐患，如有隐患，必须先排除安全隐患后再工作；

√ 皮带输送机开动前，应对其传动装置、皮带上和皮带夹层中进行仔细检查；

√ 注意开机时控制台鸣笛或电铃声，做好生产前准备；

√ 作业中不得接触皮带及其他传动部位，不得跨越正在运转的皮带或隔着皮带传递物件；
√ 排除故障时必须停机，挂警示牌或设专人监护；
√ 巡检高处平台或地下室设备（施）必须两人以上配合进行；
√ 作业时要注意周边环境，保持工作现场道路畅通，无障碍物；
√ 任何时候都不准坐卧于皮带上休息，更不准在皮带上行走；
√ 运行的皮带打滑、跑偏时禁止用手或工具去拨，校正皮带位置及松紧时必须请维修人员解决；
√ 上下梯子要踩稳，防止滑倒摔伤；
√ 注意防火，发现火险立即报告；
√ 作业完毕后，清扫作业现场、切断电源方可离开。

设备日常维护：

√ 按设备供应商和安装者的要求，维护设备使其有效运行；
√ 在设备运行时发现异常，立即向管理人员反映，并通知维修人员进行维修。

设备检查和测试：

√ 从生产商那里索取通风设备的设计性能信息，将这些资料存档，以便与将来测试结果比较；
√ 肉眼检查设备损坏的迹象，每周至少巡视一次；
√ 根据设备的性能测试标准，每 12 个月至少检查和测试一次通风设备；
√ 检查和测试结果存档，至少保存 5 年。

作业场所清洁和整理：

√ 现场物品定置摆放，做到无杂物、无积灰、无积水；
√ 立即处理泄漏物，安全处置泄漏物；
√ 坚持地面湿式清扫或负压清扫，禁止用压缩空气清扫卫生；
√ 生产现场废物按一般类可回收固体废物和一般类不可回收固体废物进行分类收集，存放的粉状固体废物必须低于料斗顶端 10cm；
√ 皮带输送机散落下来的型砂，及时铲到旧砂皮带上。

个人防护用品：

√ 根据现场存在的职业性有害因素的种类和浓度（强度），供应商提供的个人防护用品性能参数，选择适宜的个人防护用品；
√ 穿戴合适的个人防护用品：工作服、安全帽、防滑防砸鞋、防护手套、防尘口罩以及耳塞或耳罩；
√ 作业前必须按规定穿戴好个人防护用品；
√ 保持个人防护用品干净清洁，按规定的间隔时间定期更换。

职业卫生培训：

◎ 劳动者培训内容：

A. 职业病防治的相关法律法规知识；
B. 粉尘、噪声和高温等职业性有害因素的特性及其可能造成的健康影响与预防控制措施；
C. 岗位操作规程和岗位作业条件；
D. 简单故障的识别与处置及事故的报告方法；
E. 设备操作系统的检查和使用方法；
F. 泄漏物的正确处理方法；
G. 个人防护用品的使用知识；
H. 急救箱的使用方法。

◎ 培训类型：上岗前、定期、换（转）岗培训。
◎ 培训方式：培训班、班组会、宣传栏、典型事故分析会、合同告知、网络、报纸、电视和广播等。

职业卫生检查：

◎ 企业职业卫生管理部门检查：

A. 通风、除尘、减振和降噪装置是否完好；
B. 物料管理是否规范；
C. 作业场所粉尘和噪声是否超标；
D. 车间地面是否平整防滑，易于行走；
E. 作业场所的警示标识是否完善；
F. 劳动者是否按照作业指导书进行操作；
G. 车间有无“跑冒滴漏”现象；
H. 现场清理、清洁、整顿和整理等检查；
I. 劳动者个人防护用品使用是否规范；
J. 建议检查周期：一月一次。

◎ 工会监督检查：

A. 车间是否有职业卫生监督员；
B. 工时和劳动组织是否合理；
C. 个人防护用品是否按照标准发放；
D. 保健津贴是否按时足额发放；
E. 更衣室、洗浴间和休息室等卫生设施是否齐备；
F. 预防控制措施是否落实；
G. 职业禁忌证人员是否得到妥善安置；
H. 收集并分析劳动者对职业卫生的抱怨等；
I. 建议检查周期：一季度一次。

劳动者职业安全卫生检查表：

◎ 确保传输带两侧的防护板和挡尘软帘完好，通风系统开启并正常运行；
◎ 防止纸袋和其他废弃物吸入通风管道；
◎ 注意查找设备泄漏、磨损或损坏的迹象，如发现任何问题，请告诉管理人员，如果你认为有问题，请勿继续工作；
◎ 进餐、喝水前或如厕前后要洗手去除污染物；

◎ 勿用有机溶剂清洁皮肤；
◎ 立即处理粉尘逸散物，使用吸尘器或湿拖布清洁，安全处置粉尘逸散物；
◎ 按要求使用、维护和保存个人防护用品。

应急救援：

◎ 可能发生的事故：跌落、滑倒、机械卷入损伤以及电击伤等。
◎ 应急预案及设施：制定职业卫生应急救援预案、工伤事故应急预案及消防事故应急预案，并定期演练。
◎ 紧急处理及事故报告程序：按照应急预案要求的程序进行。

更多信息：

◎ 参见 GBZ 1、GBZ 2. 1、GBZ 2. 2、GBZ 158、GBZ 188。

7. 机械造型

文件编号： ××××××

文件名称： 机械造型岗位职业危害识别与预防控制指南。

文件状态： 有效。

岗位名称： 机械造型。

上岗所要求的条件： 设备操作证、职业健康检查合格和职业安全卫生培训合格。

工作任务： 按照工艺要求造型和下芯。

上工序： 制芯和型砂配制。

下工序： 浇注。

主要设备： 造型线。

主要原、辅材料： 砂芯、型砂、过滤网、孕育块和封火泥等。

作业方式和体位：

◎ 作业方式：机械自动造型，手工下芯。

◎ 体位：70%时间站位，10%时间弯腰，20%坐位。

负重量、方式及时间： 双手负重，负重量 <5kg/次。

职业危害与危险源点的识别：

◎ 设备：机械造型时产生砂尘、噪声和振动，下芯吹模时产生砂尘和噪声，风机运行产生稳态噪声；除尘设备故障和清理时导致粉尘逸散。其他危险源：安全装置缺陷、登高梯台缺陷、脚踏板缺陷、紧停开关缺损、制动器缺陷、翻转定位不到位、合箱不到位，砂箱跑火、型板脱轨、型板坠落、链条断裂、砂框撞击、皮管脱落、油泵故障，液压油泄漏，高压气体、压缩空气泄漏，砂子飞溅、电器绝缘损坏、电器接地（零）不良等所产生的用电安全问题。

◎ 物料储存和运输：物料存放无序，运输通道不畅，设备标识不清，砂箱堆积过高，原料输送过程中管道泄漏粉尘逸散。

◎ 人机工效设计：工作台、工作椅设计不合理，视屏作业，不良体位，采光和照明不良。

◎ 劳动组织和劳动者行为：劳动者配合不当，操作失误，个人防护用品穿戴不规范、违章作业，接触翻转部位和跨越砂箱。

◎ 作业环境：地面缺陷，环境高温、环境低温，地面绊脚物，地面积尘、积砂。

※ 小结：主要存在的职业性有害因素有砂尘、噪声和振动等。

职业危害控制策略：

√ 配置通风、除尘、减振和降噪装置；

√ 配置设备设施防护装置和设备设施密闭隔离；

√ 原料输送装置密闭隔离；

√ 改善工效条件并加强物料管理；

√ 制定安全操作规程和作业指导书；

√ 实施职业性有害因素监测与评价、职业健康监护和职业卫生培训；

√ 发放有毒有害作业岗位津贴；

√ 正确的个人防护。

主要职业性有害因素的职业接触限值：

◎ 噪声和振动：见 GBZ 2.2；

◎ 粉尘：见 GBZ 2.1。

工作场所出入管理：

√ 实施准入制度进入工作区域；

√ 进入现场要穿戴安全帽、防尘口罩、耳塞或耳罩、工作服以及防滑鞋；

√ 工作区设置防尘、防噪声、防挤压、防坠物、防滑和防火等警示标识。

工艺和设备要求：

√ 控制室应密闭隔离；

√ 安装局部通风除尘设施；

√ 通风管道应简短，避免使用弯曲的长管；

√ 用简便方法检查通风系统是否正常工作，如气压计、压力表或指示器；

√ 尽可能密闭原料传输系统；

√ 设置型砂回收装置；

√ 工作地点应可能避开门、窗、过道等处，以避免穿堂风（横向气流）干扰排风系统，防止粉尘或气体的逸散；

√ 工作区保持良好通风，补充新鲜空气；

√ 排出的空气应排放至远离门、窗和进风口处；

√ 提供良好照明，照明应适合工作任务要求。

岗位操作规程：

√ 工作前按规定穿戴好个人防护用品，女工发辫应挽在帽子内；

√ 设备运行前检查信号指示是否正常；

√ 操作者应熟悉设备一般性能和结构，按设备操作规程进行操作，不得违章使用；

√ 检查作业现场是否存在安全隐患，如有隐患，必须先排除安全隐患后再工作；

√ 作业前认真检查设备各传动部位是否完好并对操作的设备及作业现场进行安全确认；

√ 生产前 5min，开启通风除尘设备，生产结束后 5min，关闭通风除尘设备；

√ 下芯工位过滤网、孕育块、封火泥等材料存放在专用料斗内，严禁混装；

√ 振动筛隔音罩保持完好，工作时不得敞开观察门；

√ 作业场所要清洁，工具、砂箱要摆放整齐，以防道路不畅，妨碍正常工作；

√ 作业时要先认真检查各种工具及动力情况，发现问题及时处理；

√ 检查砂型时，严禁在砂箱上来回走动或站在砂箱上清孔；

√ 下芯、刻型序号时，一定要等砂箱停稳后方可进行，作业时双手不得扶在砂箱两头，避免挤伤；

√ 在各翻转部位和平板小车下的钢轨处工作时，要认真做好安全防范，严禁开机后身体某部位处于其危险范围内，造成人身伤害；

√ 严禁跨越小车和输送带；

√ 禁止用压缩空气吹身体及清扫粉尘；

√ 作业完毕后，清扫作业现场、切断电源方可离开。

设备日常维护：

√ 按设备供应商和安装者的要求，维护设备使其有效运行；

√ 设备运行时发现异常，立即向管理人员反映，并通知维修人员进行维修；

√ 定期对通风除尘设备进行全面维护保养；

√ 排除故障时必须停机，挂警示牌或设专人监护。

设备检查和测试：

√ 向供应商索取通风设备设计性能的信息，并将这些资料存档，以与将来的测试结果比较；

√ 肉眼检查设备损坏的迹象，每周至少巡视一次；

√ 根据设备的性能测试标准，每12个月至少检查和测试从通风设备；

√ 所有检查和测试记录应至少保存5年。

作业场所清洁和整理：

√ 现场物品定置摆放，做到无杂物、无积灰、无积水；

√ 立即处理泄漏物，安全处置泄漏物；

√ 坚持地面湿式清扫或负压清扫，禁止用压缩空气清扫卫生；

√ 生产现场废物按一般类可回收固体废物和一般类不可回收固体废物进行分类收集，存放的粉状固体废物必须低于料斗顶端10cm；

√ 及时吹落型板上积砂，均匀喷洒分型剂，防止分型剂过多流淌。

个人防护用品：

√ 根据现场存在的职业性有害因素的种类和浓度（强度），供应商提供的个人防护用品性能参数，选择适宜的个人防护用品；

√ 穿戴合适的个人防护用品：工作服、安全帽、普通工作鞋、防护手套、防尘口罩以及耳塞或耳罩；

√ 作业前必须按规定穿戴好个人防护用品；

√ 保持个人防护用品干净清洁，按规定的间隔时间定期更换。

职业卫生培训：

√ 劳动者培训内容：

A. 职业病防治的相关法律法规知识；

B. 粉尘、噪声和振动等职业性有害因素的特性及其可能造成的健康影响与预防控制措施；

C. 岗位操作规程和岗位作业条件；

D. 设备操作系统的检查和使用方法；

E. 简单故障的识别与处置及事故的报告方法；

F. 泄漏物的正确处理方法；

G. 个人防护用品的使用知识；

H. 急救箱的使用方法。

√ 培训类型：上岗前、定期、换（转）岗培训。

√ 培训方式：培训班、班组会、宣传栏、典型事故分析会、合同告知、网络、报纸、电视和广播等。

职业卫生检查：

◎ 企业职业卫生管理部门检查：

A. 通风、除尘、减振和降噪装置是否完好；

B. 物料管理是否规范；

C. 作业场所粉尘和噪声是否超标；

D. 车间地面是否平整防滑，易于行走；

E. 作业场所的警示标识是否完善，

F. 劳动者是否按照作业指导书进行操作；

G. 车间有无“跑冒滴漏”现象；

H. 现场清理、清洁、整顿和整理等检查；

I. 劳动者个人防护用品使用是否规范；

J. 建议检查周期：一月一次。

◎ 工会监督检查：

A. 车间是否有职业卫生监督员；

B. 工时和劳动组织是否合理；

C. 个人防护用品是否按照标准发放；

D. 保健津贴是否按时足额发放；

E. 更衣室、洗浴间和休息室等卫生设施是否齐备；

F. 预防控制措施是否落实；

G. 职业禁忌证人员是否得到妥善安置；

H. 收集并分析劳动者对职业卫生的抱怨等；

I. 建议检查周期：一季度一次。

劳动者职业安全卫生检查表：

◎ 确保通风、除尘系统开启并正常运行；

◎ 防止纸袋和其他废弃物吸入通风管道；

◎ 注意查找设备泄漏、磨损或损坏的迹象，如发现任何问题，请告诉管理人员，如果你认为有问题，请勿继续工作；

◎ 确保勿让大型物件阻挡通风系统的开口处；
◎ 进餐、喝水前或如厕前后要洗手去除污染物；
◎ 勿用有机溶剂清洁皮肤；
◎ 立即处理粉尘逸散物，使用吸尘器或湿拖布清洁，安全处置粉尘逸散物；
◎ 按要求使用、维护和保存个人防护用品。

应急救援：

◎ 可能发生的事故：工伤事故，如跌落、滑倒、砸伤和挤压伤等，火灾事故。
◎ 应急预案及设施：制定职业卫生应急救援预案、工伤事故应急预案及消防事故应急预案，并定期演练。
◎ 紧急处理及事故报告程序：按照应急预案要求的程序进行。

更多信息：

◎ 参见 GBZ 1、GBZ 2.1、GBZ 2.2、GBZ 158、GBZ 188。

8. 手工造型

文件编号： ××××××

文件名称： 手工造型岗位职业危害识别与预防控制指南。

文件状态： 有效。

岗位名称： 手工造型。

上岗所要求的条件： 职业健康检查合格和职业安全卫生培训合格。

工作任务： 按照工艺要求手工造型。

上工序： 型砂配制。

下工序： 浇注。

主要设备： 手工造型线和电动葫芦。

主要原、辅材料： 型砂和砂芯。

作业方式和体位：

◎ 作业方式：手工。

◎ 体位：70%时间站位，15%时间弯腰，15%时间下蹲。

负重量、方式及时间： 双手负重，5～10kg，3～5h/d。

职业危害与危险源点的识别：

◎ 设备：手工造型时产生砂尘、噪声和振动；风机运行产生稳态噪声；除尘设备故障和清理时导致粉尘逸散。其他危险源：电器绝缘损坏、电器接地（零）不良等所产生的用电安全问题，安全装置缺陷、紧停开关缺损、制动器缺陷，砂框坠落、砂框撞击、砂框挤压、砂型脱落、混砂机绞碾、砂子飞溅，高压气体，压缩空气泄漏，型板坠落、液压油泄漏、脚踏板缺陷、翻转定位不到位、梯台缺损、吊葫芦失灵以及冷铁转运不当等。

◎ 物料储存和运输：物料存放无序，运输通道不畅，原料转运过程中粉尘泄漏。

◎ 人机工效设计：工作台设计不合理，不良体位，劳动者超负荷劳动，采光和照明不良。

◎ 劳动组织和劳动者行为：劳动者配合不当和操作失误，个人防护用品穿戴不规范，跨越砂箱和违章作业。

◎ 作业环境：地面缺陷，地面积尘、积砂，地面积液，地面绊脚物，环境高温和环境低温。

※ 小结：主要存在的职业性有害因素有砂尘、噪声和振动等。

职业危害控制策略：

√ 配置通风、除尘、减振和降噪装置；

√ 配置安全保护装置；

√ 正确的个人防护；

√ 改善工效条件并加强物料管理；

√ 现场湿式清扫，控制二次扬尘；

√ 制定安全操作规程和作业指导书；

√ 实施职业性有害因素监测与评价、职业健康监护和职业卫生培训；

√ 发放有毒有害作业岗位津贴。

主要职业性有害因素的职业接触限值：

◎ 噪声和振动：见 GBZ 2.2；

◎ 粉尘：见 GBZ 2.1。

工作场所出入管理：

√ 实施准入制度进入工作区域；

√ 进入现场要穿戴安全帽、防尘口罩、耳塞或耳罩、工作服以及防滑鞋；

√ 工作区设置防尘、防噪声、防挤压、防坠物、防滑和防火等警示标识。

工艺和设备要求：

√ 在粉尘或气体污染源使用局部通风设施（LEV）捕获尘毒；

√ 尽可能密闭粉尘污染源，防止其扩散；

√ 工作地点尽可能远离门窗和过道，避免穿堂风（横向气流）干扰局部通风除尘（LEV）、防止粉尘逸散；

√ 工作区保持良好通风，补充新鲜空气；

√ 通风管道应简短，避免使用弯曲的长管；

√ 用简便方法检查局部通风是否正常工作；

√ 排出的空气应排放至远离门、窗和进风口处。

岗位操作规程：

√ 工作前按规定穿戴好个人防护用品；

√ 设备运行前检查信号指示是否正常；

√ 操作者应熟悉设备一般性能和结构，按设备操作规程进行操作，不得违章使用；

√ 检查作业现场是否存在安全隐患，如有隐患，必须先排除安全隐患后再工作；

√ 作业前 5min，开启通风除尘设备；作业结束后 5min，关闭通风除尘设备；

√ 通风除尘设备运行检查时发现异常，立即向管理人员反映，并通知维修人员进行维修；

√ 坚持地面湿法作业，禁止用压缩空气吹身体及清扫粉尘；

√ 作业现场废物按一般类可回收固体废物和一般类不可回收固体废物进行分类收集，存放的粉状固体废物必须低于料斗顶端 10cm；

√ 下芯时，过滤网和孕育块等材料存放在专用料斗内，严禁混装；

√ 造型完毕，废铸造砂要清理干净，所用模具和砂箱等工具放到规定位置并摆放整齐；

√ 工作中使用的砂箱不得堆放过高，小件砂箱不超过 1m，大件砂箱不超过 1.5m，以免倒塌伤人；

√ 吊砂箱或其他物件时，不准扶着工作物走，严禁在吊钩下站立或行走；

√ 使用风冲紧砂前，检查风冲接口并保持其连接紧固，以防脱落伤人；

√ 有两人以上在砂箱里捣砂时，要相互配合，以免发生碰伤事故；

√ 翻箱时要站在转轴的侧面，翻箱的方向不准站人，起模时要检查吊夹具，确保安全可靠；起模时要吊挂平稳，以免模型摇摆或脱落伤人；

√ 压缩空气吹砂型时，压力不宜过大，以免造成扬尘及砂子飞起伤眼；

√ 操作电动葫芦，必须注意：

A. 检查钢丝绳，吊钩是否满足安全要求；

B. 严禁超负荷起吊，严禁歪拉斜吊；

C. 必须四点起吊；

D. 吊运物体，严禁从人员头上通过。

√ 作业完毕后，清扫作业现场、切断电源方可离开。

设备日常维护：

√ 按设备供应商和安装者的要求，维护设备使其有效运行；

√ 设备运行时发现异常，立即向管理人员反映，并通知维修人员进行维修；

√ 定期对通风除尘设备进行全面维护保养。

设备检查和测试：

√ 从供应商那里索取通风设备的设计性能信息，将这些资料存档，以便与将来测试结果比较；

√ 肉眼检查设备损坏的迹象，每周至少巡视一次；

√ 根据设备的性能测试标准，每 12 个月至少检查和测试一次通风设备；

√ 检查和测试结果至少保存 5 年。

作业场所清洁和整理：

√ 现场物品定置摆放，做到无杂物、无积灰、无积水；

√ 立即处理泄漏物，安全处置泄漏物；

√ 坚持地面湿式清扫或负压清扫，禁止用压缩空气清扫卫生。

个人防护用品：

√ 根据现场存在的职业性有害因素的种类和浓度（强度），供应商提供的个人防护用品性能参数，选择适宜的个人防护用品；

√ 穿戴合适的个人防护用品：工作服、安全帽、普通工作鞋、防护手套、防尘口罩以及耳塞或耳罩；

√ 作业前必须按规定穿戴好个人防护用品；

√ 保持个人防护用品干净清洁，按规定的间隔时间定期更换。

职业卫生培训：

◎ 劳动者培训内容：

A. 职业病防治的相关法律法规知识；

B. 粉尘、噪声和振动等职业性有害因素的特性及其可能造成的健康影响与预防控制措施；

C. 岗位操作规程和岗位作业条件；

D. 个人防护用品的使用知识；

E. 简单故障的识别与处置及事故的报告方法；

F. 泄漏物的正确处理方法；

G. 设备操作系统的检查和使用方法；

H. 急救箱的使用方法。

◎ 培训类型：上岗前、定期、换（转）岗培训。

◎ 培训方式：培训班、班组会、宣传栏、典型事故分析会、合同告知、网络、报纸、电视和广播等。

职业卫生检查：

◎ 企业职业卫生管理部门检查：

A. 通风、除尘、减振和降噪装置是否完好；

B. 物料管理是否规范；

C. 作业场所粉尘和噪声是否超标；

D. 车间地面是否平整防滑，易于行走；

E. 作业场所的警示标识是否完善；

F. 劳动者是否按照作业指导书进行操作；

G. 车间有无“跑冒滴漏”现象；

H. 现场清理、清洁、整顿和整理等检查；

I. 劳动者个人防护用品使用是否规范；

J. 建议检查周期：一月一次。

◎ 工会监督检查：

A. 车间是否有职业卫生监督员；

B. 工时和劳动组织是否合理；

C. 个人防护用品是否按照标准发放；

D. 保健津贴是否按时足额发放；

E. 更衣室、洗浴间和休息室等卫生设施是否齐备；

F. 预防控制措施是否落实；

G. 职业禁忌证人员是否得到妥善安置；

H. 收集并分析劳动者对职业卫生的抱怨等；

I. 建议检查周期：一季度一次。

劳动者职业安全卫生检查表：

◎ 确保通风、除尘系统开启并正常运行；

◎ 防止纸袋和其他废弃物吸入通风管道；

◎ 注意查找设备泄漏、磨损或损坏的迹象，如发现任何问题，请告诉管理人员，如果你认为有问题，请勿继续工作；

◎ 进餐、喝水前或如厕前后要洗手去除污染物；

◎ 勿用有机溶剂清洁皮肤；
◎ 立即处理粉尘逸散物，使用吸尘器或湿拖布清洁，安全处置粉尘逸散物；
◎ 按要求使用、维护和保存个人防护用品。

应急救援：

◎ 可能发生的事故：主要为工伤事故，如跌落、滑倒、砸伤以及挤压伤等。
◎ 应急预案及设施：制定职业卫生应急救援预案、工伤事故应急预案及消防事故应急预案，并定期演练。
◎ 紧急处理及事故报告程序：按照应急预案要求的程序进行。

更多信息：

◎ 参见 GBZ 1、GBZ 2.1、GBZ 2.2、GBZ 158、GBZ 188。

9. 熔化

文件编号：××××××

文件名称：熔化岗位职业危害识别与预防控制指南。

文件状态：有效。

岗位名称：熔化。

上岗所要求的条件：设备操作证、职业健康检查合格和职业安全卫生培训合格。

工作任务：按照工艺要求配炼铁水。

上工序：配料。

下工序：浇注。

主要设备：熔炼炉。

主要原、辅材料：生铁、废钢和孕育剂。

作业方式和体位：

◎ 作业方式：手工。

◎ 体位：70% 时间站位，30% 时间坐位。

负重量、方式及时间：双手负重。

职业危害与危险源点的识别：

◎ 设备：熔炼时产生粉尘、高温、热辐射、噪声、氮氧化物、一氧化碳、二氧化碳、二氧化硫、铅烟、铜烟、二氧化锰和氧化锌等；风机和电器设备运行产生噪声；除尘设备故障和清理时导致粉尘逸散。其他危险源：电器绝缘损坏、电器接地（零）不良等所产生的用电安全问题；安全装置缺陷、紧停开关缺损、制动器缺陷、设备标识不清、设备运行异常等所引起的其他安全问题。登高梯台缺陷，炉衬坍塌，坩埚模坠落，风管脱落，平板车撞、挤、压、吊锁具断裂，铁水飞溅，炉内铁水结壳，铁水外溢，异常炉料加入，炉体穿炉，炉台防护缺陷，警铃缺陷，斜拉歪吊，地面有铁丸，加料方式不当，两钩吊斗，刀闸缺损，电磁辐射，转运包潮湿，工具潮湿，炉坑积水，试样飞逸，砂转片破碎，料斗碰撞，炉料倾斜，炉料搭棚，炉渣坠落和炉台变形等。

◎ 物料储存和运输：物料存放无序，运输通道不畅，原料输送过程中粉尘逸散。

◎ 人机工效设计：工作台、工作椅设计不合理，劳动者超负荷劳动，不良体位，采光和照明不良。

◎ 劳动组织和劳动者行为：劳动者配合不当，操作失误，个人防护用品穿戴不规范，违章作业。

◎ 作业环境：地面缺陷，环境高温，降温风扇运行时产生二次扬尘，地面绊脚物。

※ 小结：主要存在的职业性有害因素有粉尘、高温、热辐射、噪声、氮氧化物、一氧化碳、二氧化碳、二氧化硫、铅烟、铜烟、二氧化锰和氧化锌等。

职业危害控制策略：

√ 熔炼炉采取隔热措施；

√ 配置安全保护装置；

√ 配置通风、除尘和排毒装置；

√ 改善工效条件并加强物料管理；

√ 采取防暑降温措施，如熔化炉台设置降温风扇，设置空调休息室，减少高温持续接触时间，提供清凉饮料等；

√ 制定安全操作规程和作业指导书；

√ 实施职业性有害因素监测与评价、职业健康监护和职业卫生培训；

√ 发放有毒有害作业岗位津贴；

√ 正确的个人防护。

主要职业性有害因素的职业接触限值：

◎ 噪声和高温：见 GBZ 2.2；

◎ 粉尘和毒物：见 GBZ 2.1。

工作场所出入管理：

√ 实施准入制度进入工作区域；

√ 进入现场要穿戴安全帽、防尘口罩、防护眼镜、隔热工作服以及耐热防砸鞋和手套；

√ 作业场所设置有防触电、防挤压以及重点防火部位的警示标识。

工艺和设备要求：

√ 熔炼炉应采用各种有效隔热措施；

√ 熔化炉宜采用局部送风，新鲜空气应送至经常有人的作业点；

√ 起重机司机室、操纵室应设空调机组降温；

√ 在工作场所附近应设置工人休息室，夏季休息室的温度宜为≤30℃；

√ 在操作人员与熔炼炉之间宜设置隔热屏；

√ 熔炼炉应设置排气罩及通风排气系统，及时排出有害气体，排气系统应易于控制；

√ 工作区保持良好通风，补充新鲜空气。

岗位操作规程：

√ 工作前按规定穿戴好个人防护用品；

√ 操作者应熟悉设备一般性能和结构，按设备操作规程进行操作，不得违章使用；

√ 设备运行前检查信号指示是否正常；

√ 在作业前 5min，开启通风除尘设备；作业结束后 5min，关闭通风除尘设备；

√ 检查炉衬有无破损，炉壁是否均匀，有无裂纹，要经常检查炉底，如发现有烧红现象，应及时报告处理，炉衬烧损超过规定应停炉补修；

√ 电缆沟里不准掉进金属物，沟上盖板要盖牢；

√ 在炉台作业时，注意天车和单轨车行走铃声，不要站在天车和单轨车所吊物品的下方，严禁用潮湿工具触及带电部位或扒渣；

√ 严禁将有色金属、密封容器和潮湿炉料等易燃易爆物加入炉内，以防爆炸；

√ 铁水取样时，（在铁水包运行时劳动者应保持一定距离），铁水包停稳后方可进行操作，必须将取样勺烘烤干，有一定温度后才可取样，绝对禁止使用潮湿的取样勺取样；

√ 炉台上严禁打闹、逗留、取暖和打瞌睡，行走时注意安全；

√ 铁水熔炼、扒渣、测温和出炉按工艺操作，熔炼时必须盖上炉盖；

√ 扒渣或出炉时，一定要戴防护镜，以免强光刺伤眼睛，严禁用管状器具进入炉内挑渣；起降炉时，禁止站在炉台上，人离炉子要保持一定距离；出铁水时，要保证铁水液面与包口边沿留有200mm以上的距离；

√ 熔化工在工作期间，要时刻注意，防止铁水飞溅烫伤；有他人在炉台上时，要及时提醒，以免受伤。

设备日常维护：

√ 按设备供应商和安装者的要求，维护设备使其有效运行；

√ 在通风除尘设备运行时发现异常，立即向管理人员反映，并通知维修人员进行维修；

√ 设备出现故障时，应及时向管理人员反映，及时进行维修；

√ 定期对通风除尘设备进行全面维护保养。

设备检查和测试：

√ 从生产商那里索取通风设备的设计性能信息，将这些资料存档，以便与将来测试结果比较；

√ 铁水包应定期检查和检修；

√ 定期配合电工对警报器进行安全检查；

√ 作业结束，要仔细清扫和检查现场，清除一切火种后方可离开。

作业场所清洁和整理：

√ 炉台上的硅铁和球化剂等必须定置存放，严禁混装，炉台应做到无杂物、无积灰、无积水；

√ 坚持地面湿式清扫或负压清扫，禁止用压缩空气清扫卫生；

√ 生产现场废物按一般类可回收固体废物和一般类不可回收固体废物进行分类收集，存放的粉状固体废物必须低于料斗顶端10cm。

个人防护用品：

√ 根据现场存在的职业性有害因素的种类和浓度（强度），供应商提供的个人防护用品性能参数，选择适宜的个人防护用品；

√ 穿戴合适的个人防护用品：隔热工作服、安全帽、防护眼镜、耐热防砸鞋、鞋罩、绝缘隔热手套、防尘口罩以及耳塞或耳罩等；

√ 作业前必须按规定穿戴好个人防护用品；

√ 保持个人防护用品干净清洁，按规定的间隔时间定期更换。

职业卫生培训：

◎ 劳动者培训内容：

A. 职业病防治的相关法律法规知识；

B. 粉尘、噪声、高温以及毒物等职业性有害因素的特性及其可能造成的健康影响与预防控制措施；

C. 岗位操作规程和岗位作业条件；

D. 个人防护用品的使用知识；

E. 简单故障的识别与处置及事故的报告方法；

F. 设备操作系统的检查和使用方法；

G. 急救箱的使用方法。

◎ 培训类型：上岗前、定期、换（转）岗培训。

◎ 培训方式：培训班、班组会、宣传栏、典型事故分析会、合同告知、网络、报纸、电视和广播等。

职业卫生检查：

◎ 企业职业卫生管理部门检查：

A. 通风、除尘、排毒装置是否完好；

B. 物料管理是否规范；

C. 作业场所粉尘、噪声、高温和毒物检测结果是否超标；

D. 车间地面是否平整防滑，易于行走；

E. 作业场所的警示标识是否完善；

F. 劳动者是否按照作业指导书进行操作；

G. 车间有无“跑冒滴漏”现象；

H. 现场清理、清洁、整顿和整理等检查；

I. 劳动者个人防护用品使用是否规范；

J. 建议检查周期：一月一次。

◎ 工会监督检查：

A. 车间是否有职业卫生监督员；

B. 工时和劳动组织是否合理；

C. 个人防护用品是否按照标准发放；

D. 保健津贴是否按时足额发放；

E. 更衣室、洗浴间和休息室等卫生设施是否齐备；

F. 预防控制措施是否落实；

G. 职业禁忌证人员是否得到妥善安置；

H. 收集并分析劳动者对职业卫生的抱怨等；

I. 建议检查周期：一季度一次。

劳动者职业安全卫生检查表：

◎ 确保通风、除尘、排毒系统开启并正常运行；

◎ 防止纸袋和其他废弃物吸入通风管道；

◎ 注意查找设备泄漏、磨损或损坏的迹象，如发现任何问题，请告诉管理人员，如果你认为有问题，请勿继续工作；

◎ 进餐、喝水前或如厕前后要洗手去除污染物；

◎ 勿用有机溶剂清洁皮肤；

◎ 立即处理粉尘逸散物，使用吸尘器或湿拖布清洁，安全处置粉尘逸散物；

◎ 按要求使用、维护和保管个人防护用品。

应急救援：

◎ 可能发生的事故：主要为火灾事故、工伤事故，如跌落、滑倒、烧伤以及电击伤等。

◎ 应急预案及设施：制定职业卫生应急救援预案、工伤事故应急预案及消防事故应急预案，并定期演练。

◎ 紧急处理及事故报告程序：按照应急预案要求的程序进行。

更多信息：

◎ 参见 GBZ 1、GBZ 2.1、GBZ 2.2、GBZ 158、GBZ 188。

10. 熔化控制

文件编号： ××××××

文件名称： 熔化控制岗位职业危害识别与预防控制指南。

文件状态： 有效。

岗位名称： 熔化控制。

上岗所要求的条件： 设备操作证、职业健康检查合格和职业安全卫生培训合格。

工作任务： 按照操作规程控制熔炼炉。

上工序： /

下工序： /

主要设备： 熔炼炉控制柜。

主要原、辅材料： /

作业方式和体位：

◎ 作业方式：全自动。

◎ 体位：90% 坐位。

负重量、方式及时间： 不负重。

职业危害与危险源点的识别：

◎ 设备：熔炼炉控制柜运行时产生噪声和电磁辐射；控制室密闭隔离不良时产生粉尘逸散。巡检时接触粉尘、高温、热辐射、噪声以及一氧化碳、二氧化碳等有毒物质。其他危险源：电器绝缘损坏、电器接地（零）不良等所产生的用电安全问题，安全装置缺陷、登高梯台缺陷、紧停开关缺损等其他安全问题。

◎ 人机工效设计：工作台、工作椅设计不合理，视屏作业，不良体位，采光和照明不良。

◎ 劳动组织和劳动者行为：劳动者配合不当，操作失误，个人防护用品穿戴不规范，违章作业。

◎ 作业环境：环境高温，通风不良，新风量不足。

※ 小结：主要存在的职业性有害因素有粉尘、噪声、毒物和电磁辐射等。

职业危害控制策略：

√ 控制室密闭隔离；

√ 配置通风和空调装置；

√ 改善工效条件、作业场所采光照明应满足要求；

√ 制定安全操作规程和作业指导书；

√ 实施职业性有害因素监测与评价、职业健康监护和职业卫生培训；

√ 发放有毒有害作业岗位津贴；

√ 正确的个人防护。

主要职业性有害因素的职业接触限值：

◎ 电磁辐射、噪声和高温：见 GBZ 2. 2；

◎ 粉尘和毒物：见 GBZ 2. 1。

工作场所出入管理：

√ 实施准入制度进入工作区域；

√ 进入熔炼炉平台要穿着工作服和普通工作鞋；

√ 作业场所设置防触电、防火、防高温和防粉尘等的警示标识。

工艺和设备要求：

√ 控制室应临近熔炼平台便于观察并应密闭隔离；

√ 控制室应设置通风空调系统；

√ 控制台或控制柜应屏蔽电磁辐射并应良好接地；

√ 控制台或工作台设计满足工效要求；

√ 确保向车间导入新鲜空气以替代排出的空气。

岗位操作规程：

√ 工作前按规定穿戴好个人防护用品；

√ 操作者应熟悉设备操作规程和工艺操作规程，按设备操作规程进行操作，不得违章操作；

√ 设备运行前检查信号指示是否正常；

√ 关好控制间门窗，防止噪声粉尘污染；

√ 按熔化工艺要求进行送电、断电；

√ 作业中必须坚守岗位，集中精力操作，在送、停电期间，不得离岗；熔化炉正常运行时，停送电操作仅受当班大炉工专人指挥；

√ 维修工进行检修时，控制工必须按要求执行停送电操作，并挂警示牌，按“送电”原则恢复送电，并做好记录；

√ 当班记录必须认真、及时、准确，对报警电流接地电压异常时，要及时通知维修人员，并详细记录；

√ 运行时，控制工应监视三相电流平衡情况，及时调节，不得同时进行切断和投入操作；

√ 控制工送电时，应查看炉台情况，在大炉工测温、扒渣、出铁水时，不允许送电，以保护人身安全；

√ 进行升降档操作时，须停电操作，并注意送电时，电压、电流与该档位是否相符，若发现不符，应立即停电，通知有关单位处理；

√ 控制室内严禁吸烟，不得使用电炉、加热管取暖；停炉后，必须检查室内有无火险，关闭各种电源后，方可离岗。

设备日常维护：

√ 按设备供应商和安装者的要求，维护通风系统并使其有效运行；

√ 在通风空调设备运行时发现异常，立即向管理人员反映，并通知维修人员进行维修；

√ 设备出现故障时，应及时向管理人员反映，及时进行维修。

设备检查和测试：

√ 检查作业现场是否存在安全隐患，如有隐患，必须先排除安全隐患后再作业；

√ 向供应商索取有关通风设备设计性能的信息，如果得不到这种信息，作为彻底检查和测试该系统的一部分，应从有资质的通风工程师处获得该系统最佳性能的信息，并保存这些信息存档，以便与未来测试结果比较；

√ 通风设备每周至少目测检查一次，确定其工作正常、无损坏；

√ 按通风设备的性能进行检查和测试；

√ 所有检查和测试记录至少应保存 5 年。

作业场所清洁和整理：

√ 现场物品定置摆放，做到无杂物、无积灰、无积水；

√ 每天应清洁作业设备和工作区，定期（建议每周一次）清洁其他设备和工作室；

√ 勿用干刷或压缩空气进行清洁，应使用吸尘器或湿式清洁法。

个人防护用品：

√ 根据现场存在的职业性有害因素的种类和浓度（强度），供应商提供的个人防护用品性能参数，选择适宜的个人防护用品；

√ 巡检时穿戴合适的个人防护用品：工作服、安全帽、普通工作鞋、防护手套、防尘口罩以及耳塞或耳罩；

√ 常规作业不需要呼吸防护用品，到熔炼炉平台巡检时应按规定穿戴好个人防护用品；

√ 保持个人防护用品干净清洁，按规定的间隔时间定期更换。

职业卫生培训：

◎ 劳动者培训内容：

A. 职业病防治的相关法律法规知识；

B. 电磁辐射、粉尘、噪声、高温以及毒物等职业性有害因素的特性及其可能造成的健康影响与预防控制措施；

C. 岗位操作规程和岗位作业条件；

D. 个人防护用品的使用知识；

E. 简单故障的识别与处置及事故的报告方法；

F. 设备操作系统的检查和使用方法；

G. 触电急救方法及急救箱的使用方法。

◎ 培训类型：上岗前、定期、换（转）岗培训。

◎ 培训方式：培训班、班组会、宣传栏、典型事故分析会、合同告知、网络、报纸、电视和广播等。

职业卫生检查：

◎ 企业职业卫生管理部门检查：

A. 通风、空调装置是否完好；

B. 控制室密闭隔离是否完好；

C. 作业场所粉尘、噪声、高温和毒物等有害因素是否超标；

D. 车间地面是否平整防滑，易于行走；

E. 作业场所的警示标识是否完善；

F. 劳动者是否按照作业指导书进行操作；

G. 车间有无“跑冒滴漏”现象；

H. 现场清理、清洁、整顿和整理等检查；

I. 劳动者个人防护用品使用是否规范；

J. 建议检查周期：一月一次。

◎ 工会监督检查：

A. 车间是否有职业卫生监督员；

B. 工时和劳动组织是否合理；

C. 个人防护用品是否按照标准发放；

D. 保健津贴是否按时足额发放；

E. 更衣室、洗浴间和休息室等卫生设施是否齐备；

F. 预防控制措施是否落实；

G. 职业禁忌证人员是否得到妥善安置；

H. 收集并分析劳动者对职业卫生的抱怨等；

I. 建议检查周期：一季度一次。

劳动者职业安全卫生检查表：

◎ 确保通风、空调系统开启并正常运行；

◎ 防止纸袋和其他废弃物吸入通风管道；

◎ 注意查找设备泄漏、磨损或损坏的迹象，如发现任何问题，请告诉管理人员，如果你认为有问题，请勿继续工作；

◎ 进餐、喝水前或如厕前后要洗手去除污染物；

◎ 勿用有机溶剂清洁皮肤；

◎ 立即处理粉尘逸散物，使用吸尘器或湿拖布清洁，安全处置粉尘逸散物；

◎ 按要求使用、维护和保存个人防护用品。

应急救援：

◎ 可能发生的事故：主要为火灾事故和工伤事故，如电击伤等。

◎ 应急预案及设施：制定职业卫生应急救援预案、工伤事故应急预案及消防事故应急预案，并定期演练。

◎ 紧急处理及事故报告程序：按照应急预案要求的程序进行。

更多信息：

◎ 参见 GBZ 1、GBZ 2. 1、GBZ 2. 2、GBZ 158、GBZ 188。

11. 筑炉和修包

文件编号：××××××

文件名称：筑炉和修包岗位职业危害识别与预防控制指南。

文件状态：有效。

岗位名称：筑炉和修包。

上岗所要求的条件：设备操作证、职业健康检查合格和职业安全卫生培训合格。

工作任务：按照工艺要求拆、筑炉及修理铁水包。

上工序：/

下工序：熔炼和浇注。

主要设备：混砂机，烘干设备。

主要原、辅材料：黏土、耐火泥（砖）、石棉等。

作业方式和体位：

◎ 作业方式：手工。

◎ 体位：90%时间站位，10%时间弯腰。

负重量、方式及时间：双手负重。

职业危害与危险源点的识别：

◎ 设备：拆、筑炉和修包时产生粉尘（矽尘和石棉尘）、噪声和振动等；烘包时产生高温和热辐射等；除尘设备故障和清理时导致粉尘逸散。其他危险源：电器绝缘损坏、电器接地（零）不良等所产生的用电安全问题；安全装置缺陷、登高梯台缺陷、紧停开关缺损、制动器缺陷、炉衬坍塌、坩埚模坠落、混砂机绞碾、液体泄漏，平板车撞、挤、压、吊锁具断裂、斜拉歪吊和炉渣坠落。

◎ 物料储存和运输：物料存放无序，运输通道不畅，原料转运过程中粉尘逸散。

◎ 人机工效设计：工作台设计不合理，超负荷劳动，不良体位，采光和照明不良。

◎ 劳动组织和劳动者行为：劳动者配合不当，操作失误，个人防护用品穿戴不规范和违章作业。

◎ 作业环境：地面缺陷，地面积液，地面积尘、积砂，环境高温，地面绊脚物。

※ 小结：主要存在的职业性有害因素有粉尘（矽尘和石棉尘）、高温、热辐射、噪声和振动等。

职业危害控制策略：

√ 配置通风、除尘、减振和降噪装置；

√ 配置安全保护装置；

√ 正确的个人防护；

√ 改善工效条件并加强物料管理；

√ 现场湿式作业，控制二次扬尘；

√ 采取防暑降温措施，如设置降温风扇，设置空调休息室，减少高温持续接触时间，提供清凉饮料等；

√ 制定安全操作规程和作业指导书；

√ 实施职业性有害因素监测与评价、职业健康监护和职业卫生培训；

√ 发放有毒有害作业岗位津贴。

主要职业性有害因素的职业接触限值：

◎ 噪声、高温和振动：见 GBZ 2.2；

◎ 粉尘：见 GBZ 2.1。

工作场所出入管理：

√ 实施准入制度进入工作区域；

√ 进入现场要穿戴安全帽、防尘口罩、隔热工作服、耐热防砸鞋和手套；

√ 作业场所设置防尘、防噪声、防触电、防挤压和防砸等警示标识。

工艺和设备要求：

√ 混砂机应设密闭围罩并排风；

√ 在粉尘污染源使用局部通风设施（LEV）捕获尘毒；

√ 尽可能密闭粉尘污染源，防止其扩散；

√ 可能时，确保使新鲜空气先送至工人的呼吸带处，然后再流经工作区，最后至排风口排出；

√ 工作地点尽可能远离门窗和过道，避免穿堂风（横向气流）干扰局部通风除尘（LEV）、防止粉尘逸散；

√ 工作区保持良好通风，补充新鲜空气；

√ 通风管道应简短，避免使用弯曲的长管；

√ 用简便方法检查局部通风是否正常工作；

√ 排出的空气应排放至远离门、窗和进风口处。

岗位操作规程：

√ 工作前按规定穿戴好个人防护用品；

√ 操作者应熟悉设备一般性能和结构，按设备操作规程进行操作，不得违章使用；

√ 设备运行前检查信号指示是否正常；

√ 在作业前5min，开启通风除尘设备，作业结束后5min，关闭通风除尘设备；

√ 拆、筑炉前检查电气系统、水冷系统、液压系统，作通水、通电、倾炉、开合炉盖试验；

√ 拆、筑炉时出入炉内一定要用梯子上下，不能直接用手攀炉沿上下，温度降到一定程度后，方可进入炉内；

√ 拆、筑炉现场应有专人负责指挥，担负全过程安全监护，炉台上必须清理干净，进入炉内，必须戴安全帽；

√ 拆、筑炉时，不许上下同时作业，要由上而下拆，禁止先拆下面，局部照明应用36V以下安全电压；

√ 铁水包应定期检查、检修；并按规定进行补包和修包作业，拆包时当心耐火砖掉下伤人，修包时不要将砖堆放在包沿上；

√ 使用大锤前要检查，如有损坏现象及时更换；
√ 砌好浇包以后，在烘包过程中一定要按规定进行操作。

设备日常维护：

√ 按设备供应商和安装者的要求，维护设备使其有效运行；
√ 设备运行时发现异常，立即向管理人员反映，并通知维修人员进行维修；
√ 定期对通风除尘设备进行全面维护保养。

设备检查和测试：

√ 从供应商那里索取通风设备的设计性能信息，将这些资料存档，以便与将来测试结果比较；
√ 肉眼检查设备损坏的迹象，每周至少巡视一次；
√ 根据设备的性能测试标准，每 12 个月至少检查和测试一次通风设备；
√ 检查和测试结果至少保存 5 年。

作业场所清洁和整理：

√ 现场物品定置摆放，做到无杂物、无积灰、无积水；
√ 立即处理泄漏物，安全处置石棉；
√ 坚持地面湿式清扫或负压清扫，禁止用压缩空气清扫卫生；
√ 生产现场废物按一般类可回收固体废物和一般类不可回收固体废物进行分类收集，存放的粉状固体废物必须低于料斗顶端 10cm。

个人防护用品：

√ 根据现场存在的职业性有害因素的种类和浓度（强度），供应商提供的个人防护用品性能参数，选择适宜的个人防护用品；
√ 穿戴合适的个人防护用品：隔热工作服、安全帽、耐热防砸鞋、防护手套、防尘口罩以及耳塞或耳罩；
√ 作业前必须按规定穿戴好个人防护用品；
√ 保持个人防护用品干净清洁，按规定的间隔时间定期更换。

职业卫生培训：

◎ 劳动者培训内容：
　A. 职业病防治的相关法律法规知识；
　B. 粉尘、噪声、高温和热辐射等职业性有害因素的特性及其可能造成的健康影响与预防控制措施；
　C. 岗位操作规程和岗位作业条件；
　D. 个人防护用品的使用知识；
　E. 简单故障的识别与处置及事故的报告方法；
　F. 石棉的正确处理方法；
　G. 设备操作系统的检查和使用方法；
　H. 急救箱的使用方法。
◎ 培训类型：上岗前、定期、换（转）岗培训。
◎ 培训方式：培训班、班组会、宣传栏、典型事故分析会、合同告知、网络、报纸、电视和广播等。

职业卫生检查：

◎ 企业职业卫生管理部门检查：
　A. 通风、除尘、减振和降噪装置是否完好；
　B. 物料管理是否规范；
　C. 作业场所粉尘、噪声和高温等职业性有害因素是否超标；
　D. 车间地面是否平整防滑，易于行走；
　E. 作业场所的警示标识是否完善；
　F. 劳动者是否按照作业指导书进行操作；
　G. 车间有无“跑冒滴漏”现象；
　H. 现场清理、清洁、整顿和整理等检查；
　I. 劳动者个人防护用品使用是否规范；
　J. 建议检查周期：一月一次。
◎ 工会监督检查：
　A. 车间是否有职业卫生监督员；
　B. 工时和劳动组织是否合理；
　C. 个人防护用品是否按照标准发放；
　D. 保健津贴是否按时足额发放；
　E. 更衣室、洗浴间和休息室等卫生设施是否齐备；
　F. 预防控制措施是否落实；
　G. 职业禁忌证人员是否得到妥善安置；
　H. 收集并分析劳动者对职业卫生的抱怨等；
　I. 建议检查周期：一季度一次。

劳动者职业安全卫生检查表：

◎ 确保通风、除尘系统开启并正常运行；
◎ 防止纸袋和其他废弃物吸入通风管道；
◎ 注意查找设备泄漏、磨损或损坏的迹象，如发现任何问题，请告诉管理人员，如果你认为有问题，请勿继续工作；
◎ 进餐、喝水前或如厕前后要洗手去除污染物；
◎ 勿用有机溶剂清洁皮肤；
◎ 立即处理粉尘逸散物，使用吸尘器或湿拖布清洁，安全处置粉尘逸散物；
◎ 按要求使用、维护和保存个人防护用品。

应急救援：

◎ 可能发生的事故：主要为工伤事故，如跌落、滑倒、机械卷入损伤以及砸伤等。
◎ 应急预案及设施：制定职业卫生应急救援预案、工伤事故应急预案及消防事故应急预案，并定期演练。
◎ 紧急处理及事故报告程序：按照应急预案要求的程序进行。

更多信息：

◎ 参见 GBZ 1、GBZ 2. 1、GBZ 2. 2、GBZ 158、GBZ 188。

12. 单轨车

文件编号：××××××

文件名称：单轨车岗位职业危害识别与预防控制指南。

文件状态：有效。

岗位名称：单轨车。

上岗所要求的条件：特种作业岗位操作证、设备操作证、职业健康检查合格和职业安全卫生培训合格。

工作任务：按照操作规程运送铁水包。

上工序：/

下工序：/

主要设备：单轨车，铁水包。

主要原、辅材料：/

作业方式和体位：

◎ 作业方式：半自动。

◎ 体位：90%时间坐位，10%站位。

负重量、方式及时间：基本不负重。

职业危害与危险源点的识别：

◎ 设备：运行时接触高温、热辐射和噪声；单轨车密闭不严可接触粉尘以及一氧化碳、二氧化硫、铅烟、铜烟、二氧化锰和氧化锌等有毒物质。其他危险源：电器绝缘损坏、电器接地（零）不良等所产生的用电安全问题；安全装置缺陷、防护栏缺损，登高梯台缺陷、紧停开关缺损、制动器缺陷、钢丝绳断裂、限位失灵，吊包坠落、撞击出轨，车体倾斜、走轮缺陷，轨道固定螺钉断裂，防护玻璃破损，铁水飞溅以及转运包吊轴断裂等。

◎ 物料储存和运输：运输通道不畅，运输通道与其他通道交叉。

◎ 人机工效设计：工作台设计不合理，工作椅设计不合理，视屏作业，不良体位。

◎ 劳动组织和劳动者行为：劳动者配合不当，操作失误，个人防护用品穿戴不规范，违章作业。

◎ 作业环境：环境高温，采光和照明不良。

※ 小结：主要存在的职业性有害因素有高温、热辐射、噪声和粉尘。

职业危害控制策略：

√ 单轨车应良好隔热；

√ 配置安全保护装置；

√ 配置通风、空调降温装置；

√ 采取防暑降温措施，如设置空调休息室，减少高温持续接触时间，提供清凉饮料等；

√ 改善工效条件；

√ 制定安全操作规程和作业指导书；

√ 实施职业性有害因素监测与评价、职业健康监护和职业卫生培训；

√ 发放有毒有害作业岗位津贴；

√ 正确的个人防护。

主要职业性有害因素的职业接触限值：

◎ 噪声和高温：见 GBZ 2.2；

◎ 粉尘：见 GBZ 2.1。

工作场所出入管理：

√ 实施准入制度进入工作区域；

√ 进入现场要穿戴安全帽、防尘口罩、防护眼镜、隔热工作服以及耐热防砸鞋和手套；

√ 作业场所设置防高温、防热辐射、防火、防坠物和防烧伤等警示标识。

工艺和设备要求：

√ 单轨车应良好隔热；

√ 采用空调通风装置降温送风；

√ 控制台或工作台设计满足工效要求；

√ 送风系统应有过滤装置，确保供有足够的新鲜空气；

√ 建议每小时换气 5～15 次；

√ 单轨车前进路线应呈环形。

岗位操作规程：

√ 工作前按规定穿戴好个人防护用品；

√ 操作者须经训练，并持有操作证方能独立操作，未经专门训练或者考试不合格者不得单独操作；

√ 开车前应认真检查机械设备、电气部分和防护保险装置，确保完好、可靠，如果控制器、制动器、限位器、电铃以及紧急开关等主要附件失灵，严禁吊运；

√ 检查滑轮是否有变形和破裂现象；

√ 检查钢丝绳是否磨损、断丝超标、扭结、压扁、弯折；

√ 制动轮闸皮摩擦片磨损不得超过原尺寸的50%；

√ 操作控制手柄时，应先从“0”位转到第一档，然后逐级增减速度。换向时，必须先转到“0”位；

√ 作业停歇时，不得将铁水包悬在空中停留。运行中，严禁铁水包从人头上越过，中转包倒完铁水后必须复位后方可行驶；

√ 单轨车运行到转弯处必须鸣铃方可通过；

√ 单轨车运行时，严禁有人上下；也不准在运行时进行检修和调整机件；

√ 运行中发生突然停电，必须将开关手柄放置到“0”位。不准离开驾驶室。

设备日常维护：

√ 按设备供应商和安装者的要求，确保设备处于有效运行和良好维护状态；

√ 维护工作应实施“工作许可证”制度；

√ 加强对设备的维护保养、润滑，杜绝设备干摩擦，降低噪声；

√ 设备出现故障时，应及时向管理人员反映，及时进行维修；

√ 单轨车维修时必须停靠到指定的维修平台处。

设备检查和测试：

√ 从生产商那里获取安全操作该系统所需的各种参数信息；

√ 肉眼检查设备损坏的迹象，每周至少巡视一次；

√ 根据设备的性能测试标准，空调设备应定期检查和测试；

√ 检查和测试结果至少保存 5 年。

作业场所清洁和整理：

√ 每天应清洁作业设备和工作区，定期（建议每周一次）清洁其他设备和工作室。

个人防护用品：

√ 根据现场存在的职业性有害因素的种类和浓度（强度），供应商提供的个人防护用品性能参数，选择适宜的个人防护用品；

√ 穿戴合适的个人防护用品：防热辐射工作服、安全帽、耐热防砸鞋、防护手套、防护眼镜、防尘口罩以及耳塞或耳罩；

√ 作业前必须按规定穿戴好个人防护用品；

√ 保持个人防护用品干净清洁，按规定的间隔时间定期更换。

职业卫生培训：

◎ 劳动者培训内容：

A. 职业病防治的相关法律法规知识；

B. 高温、热辐射、噪声等职业性有害因素的特性及其可能造成的健康影响与预防控制措施；

C. 岗位操作规程和岗位作业条件；

D. 个人防护用品的使用知识；

E. 简单故障的识别与处置及事故的报告方法；

F. 设备操作系统的检查和使用方法；

G. 急救箱的使用方法。

◎ 培训类型：上岗前、定期、换（转）岗培训。

◎ 培训方式：培训班、班组会、宣传栏、典型事故分析会、合同告知、网络、报纸、电视和广播等。

职业卫生检查：

◎ 企业职业卫生管理部门检查：

A. 通风、空调装置是否完好；

B. 单轨车密闭隔热是否完好；

C. 作业场所高温、噪声、粉尘是否超标；

D. 车间地面是否平整防滑，易于行走；

E. 作业场所的警示标识是否完善；

F. 劳动者是否按照作业指导书进行操作；

G. 车间有无“跑冒滴漏”现象；

H. 现场清理、清洁、整顿和整理等检查；

I. 劳动者个人防护用品使用是否规范；

J. 建议检查周期：一月一次。

◎ 工会监督检查：

A. 车间是否有职业卫生监督员；

B. 工时和劳动组织是否合理；

C. 个人防护用品是否按照标准发放；

D. 保健津贴是否按时足额发放；

E. 更衣室、洗浴间和休息室等卫生设施是否齐备；

F. 预防控制措施是否落实；

G. 职业禁忌证人员是否得到妥善安置；

H. 收集并分析劳动者对职业卫生的抱怨等；

I. 建议检查周期：一季度一次。

劳动者职业安全卫生检查表：

◎ 确保通风、除尘系统开启并正常运行；

◎ 防止纸袋和其他废弃物吸入通风管道；

◎ 注意查找设备泄漏、磨损或损坏的迹象，如发现任何问题，请告诉管理人员，如果你认为有问题，请勿继续工作；

◎ 进餐、喝水前或如厕前后要洗手去除污染物；

◎ 勿用有机溶剂清洁皮肤；

◎ 立即处理粉尘逸散物，使用吸尘器或湿拖布清洁，安全处置粉尘逸散物；

◎ 按要求使用、维护和保存个人防护用品。

应急救援：

◎ 可能发生的事故：主要为工伤事故，如跌落、滑倒和烧伤等。

◎ 应急预案及设施：制定职业卫生应急救援预案、工伤事故应急预案及消防事故应急预案，并定期演练。

◎ 紧急处理及事故报告程序：按照应急预案要求的程序进行。

更多信息：

◎ 参见 GBZ 1、GBZ 2. 1、GBZ 2. 2、GBZ 158、GBZ 188。

13. 浇注

文件编号：××××××

文件名称：浇注岗位职业危害识别与预防控制指南。

文件状态：有效。

岗位名称：浇注。

上岗所要求的条件：设备操作证、职业健康检查合格和职业安全卫生培训合格。

工作任务：按照工艺要求浇注铸件。

上工序：造型。

下工序：清理。

主要设备：浇注天车。

主要原、辅材料：铁水。

作业方式和体位：

◎ 作业方式：半自动。

◎ 体位：70%时间站位，30%坐位。

负重量、方式及时间：双手负重≤10kg。

职业危害与危险源点的识别：

◎ 设备：浇注时产生粉尘、高温、热辐射、一氧化碳、二氧化碳、氮氧化物、二氧化硫、铅烟、铜烟、二氧化锰、氧化锌和多环芳烃等有害因素；风机运行产生稳态噪声；除尘设备故障和清理时导致粉尘逸散。其他危险源：电器绝缘损坏、电器接地（零）不良等所产生的用电安全问题，安全装置缺陷、登高梯台缺陷，紧停开关缺损、制动器缺陷、铁水飞溅、砂箱跑火、浇包坠落，浇包碰撞、浇包穿包、跨越砂箱、工具潮湿、修补座包不当、接触高温铁渣、设备标识不清、设备运行异常等所引起的其他安全问题。

◎ 物料储存和运输：座包起吊配合不当，运输通道不畅，运输线路不合理，运输通道与其他通道重叠交叉。

◎ 人机工效设计：工作台设计不合理，工作椅设计不合理，观察窗位置不当，视界不良，不良体位，采光和照明不良。

◎ 劳动组织和劳动者行为：劳动者配合不当，操作失误，个人防护用品穿戴不规范，违章作业。

◎ 作业环境：地面缺陷，地面积液，地面绊脚物，环境高温。

※ 小结：主要存在的职业性有害因素有粉尘、高温、热辐射、一氧化碳、二氧化碳、氮氧化物、二氧化硫、铅烟、铜烟、二氧化锰、氧化锌和多环芳烃等。

职业危害控制策略：

√ 浇注平台安装通风、除尘和净化装置；

√ 配置安全保护装置；

√ 采取防暑降温措施，如浇注车采取隔热措施，安装空调降温设施；设置空调休息室，减少高温持续接触时间，提供清凉饮料等；

√ 改善工效条件；

√ 制定安全操作规程和作业指导书；

√ 实施职业性有害因素监测与评价、职业健康监护和职业卫生培训；

√ 发放有毒有害作业岗位津贴；

√ 正确的个人防护。

主要职业性有害因素的职业接触限值：

◎ 噪声、高温：见GBZ 2.2；

◎ 粉尘和毒物：见GBZ 2.1。

工作场所出入管理：

√ 实施准入制度进入工作区域；

√ 进入现场要穿戴安全帽、防尘口罩、防护眼镜、隔热工作服以及耐热防砸鞋和手套；

√ 作业场所设置有防触电、防滑、防坠物、防烧伤和重点防火部位等警示标识。

工艺和设备要求：

√ 应尽量采用遥控或自动浇注；

√ 尽可能密闭粉尘和气体污染源，防止其扩散；

√ 铸型造型线上的浇注带均应设流侧吸罩，就地浇注区应设屋顶排风器或排风天窗；

√ 浇注车应密闭隔离，采取隔热措施，安装空调降温及送风装置；

√ 通风管道应简短，避免使用弯曲的长管；

√ 用简便方法检查局部通风是否正常工作；

√ 工作区保持良好通风，补充新鲜空气；

√ 排出的空气应排放至远离门、窗和进风口处；

√ 浇注坑、储运铁水和堆放熔渣处应设防止水流入的设施。

岗位操作规程：

√ 工作前按规定穿戴好个人防护用品；

√ 操作者应熟悉设备一般性能和结构，按设备操作规程进行操作，不得违章使用；

√ 设备运行前检查信号指示是否正常；

√ 在作业前5min，开启通风除尘设备，作业结束后5min，关闭通风除尘设备；

√ 按工艺进行浇注操作，接、倒铁水时防止铁水散落地面；

√ 进行孕育处理时，防止孕育剂散落地面；

√ 工艺要求不能浇入铸型的铁水倒在专门的铁水坑内，并及时清理铁水坑内的冷铁；

√ 浇注铁水时，一定要对准砂型浇口，浇满一型后，抬起浇包口再对准下一个砂型浇口，严禁浇满一型后，用流水法直接转浇另一型；

√ 浇注包内严禁有水或潮湿现象存在；

√ 如果浇注包与天车配合使用时，一定要与天车密切配合，并检查浇包转动机构，发现异常应立即处理；

√ 天车转运铁水时，浇注工一定要把浇注包与转运包对好，并使浇注包不摆动，以防铁水烫伤；

√ 浇注后包内剩余铁水，应倒在固定位置，倒铁水的地方严禁有水，以防铁水飞溅伤人；

√ 转运包上的机械传动部分应随时检查，发现异常及时处理；

√ 跑火时，应停止浇注，严禁用砂子或其他物品去堵塞以免危险；

√ 作业完毕后，清扫作业现场、切断电源方可离开。

设备日常维护：

√ 按设备供应商和安装者的要求，维护设备，使其有效运行。

设备检查和测试：

√ 从生产商那里索取通风设备的设计性能信息，将这些资料存档，以便与将来测试结果比较；

√ 肉眼检查设备损坏的迹象，每周至少巡视一次；

√ 浇注包应定期检查和检修；

√ 根据设备的性能测试标准，每 12 个月至少检查和测试一次通风设备；

√ 检查和测试结果至少保存 5 年。

作业场所清洁和整理：

√ 现场物品定置摆放，做到无杂物、无积灰、无积水；

√ 坚持地面湿式清扫或负压清扫，禁止用压缩空气清扫卫生；

√ 作业现场废物按一般类可回收固体废物和一般类不可回收固体废物进行分类收集，存放的粉状固体废物必须低于料斗顶端 10cm。

个人防护用品：

√ 根据现场存在的职业性有害因素的种类和浓度（强度），供应商提供的个人防护用品性能参数，选择适宜的个人防护用品；

√ 穿戴合适的个人防护用品：隔热工作服、安全帽、防护眼镜、耐热防砸鞋、脚罩、绝缘隔热手套、防尘口罩以及耳塞或耳罩等；

√ 作业前必须按规定穿戴好个人防护用品；

√ 保持个人防护用品干净清洁，按规定的间隔时间定期更换。

职业卫生培训：

◎ 劳动者培训内容：

A. 职业病防治的相关法律法规知识；

B. 粉尘、噪声、高温以及毒物等职业性有害因素的特性及其可能造成的健康影响与预防控制措施；

C. 岗位操作规程和岗位作业条件；

D. 个人防护用品的使用知识；

E. 简单故障的识别与处置及事故的报告方法；

F. 设备操作系统的检查和使用方法；

G. 急救箱的使用方法。

◎ 培训类型：上岗前、定期、换（转）岗培训。

◎ 培训方式：培训班、班组会、宣传栏、典型事故分析会、合同告知、网络、报纸、电视和广播等。

职业卫生检查：

◎ 企业职业卫生管理部门检查：

A. 通风、除尘、防暑降温设施是否完好；

B. 物料管理是否规范；

C. 作业场所粉尘、噪声、高温、毒物是否超标；

D. 车间地面是否平整防滑，易于行走；

E. 作业场所的警示标识是否完善；

F. 劳动者是否按照作业指导书进行操作；

G. 车间有无“跑冒滴漏”现象；

H. 现场清理、清洁、整顿和整理等检查；

I. 劳动者个人防护用品使用是否规范；

J. 建议检查周期：一月一次。

◎ 工会监督检查：

A. 车间是否有职业卫生监督员；

B. 工时和劳动组织是否合理；

C. 个人防护用品是否按照标准发放；

D. 保健津贴是否按时足额发放；

E. 更衣室、洗浴间和休息室等卫生设施是否齐备；

F. 预防控制措施是否落实；

G. 职业禁忌证人员是否得到妥善安置；

H. 收集并分析劳动者对职业卫生的抱怨等；

I. 建议检查周期：一季度一次。

劳动者职业安全卫生检查表：

◎ 确保通风、除尘、空调系统开启并正常运行；

◎ 防止纸袋和其他废弃物吸入通风管道；

◎ 注意查找设备泄漏、磨损或损坏的迹象，如发现任何问题，请告诉管理人员，如果你认为有问题，请勿继续工作；

◎ 进餐、喝水前或如厕前后要洗手去除污染物；

◎ 勿用有机溶剂清洁皮肤；

◎ 立即处理粉尘逸散物，使用吸尘器或湿拖布清洁，安全处置粉尘逸散物；

◎ 按要求使用、维护和保存个人防护用品。

应急救援：

◎ 可能发生的事故：火灾事故，工伤事故如跌落、滑倒、烧伤和烫伤等。

◎ 应急预案及设施：制定职业卫生应急救援预案、工伤事故应急预案及消防事故应急预案，并定期演练。

◎ 紧急处理及事故报告程序：按照应急预案要求的程序进行。

更多信息：

◎ 参见 GBZ 1、GBZ 2. 1、GBZ 2. 2、GBZ 158、GBZ 188。

14. 悬链摘挂件

文件编号： ××××××

文件名称： 悬链摘挂件岗位职业危害识别与预防控制指南。

文件状态： 有效。

岗位名称： 悬链摘挂件。

上岗所要求的条件： 职业健康检查合格和职业安全卫生培训合格。

工作任务： 按操作规程摘挂铸件。

上工序： 落砂、抛丸和浸漆。

下工序： 清理打磨和入库。

主要设备： 悬链。

主要原、辅材料： 铸件。

作业方式和体位：

◎ 作业方式：手工。

◎ 体位：70%时间站位，15%时间弯腰，15%时间下蹲。

负重量、方式及时间： 双手负重 5～30kg；2～5h/d。

职业危害与危险源点的识别：

◎ 设备：摘挂件时接触粉尘和噪声；作业场所清理时可导致粉尘逸散。其他危险源：安全装置缺陷、紧停开关缺损、制动器缺陷、设备标识不清、输运机异常移动、挂具变形脱开、铸件棱角或毛刺伤手、成品件坠落、铸件防锈液泄漏、电动葫芦缺陷、铸件滑落、铸件摆放不稳、铸件装箱过满、装货车辆异常移动等。

◎ 物料储存和运输：物料存放无序，运输通道不畅，铸件输送过程中粉尘逸散。

◎ 人机工效设计：工作台设计不合理，劳动者超负荷劳动，不良体位，采光和照明不良。

◎ 劳动组织和劳动者行为：劳动者配合不当，操作失误，个人防护用品穿戴不规范，违章作业。

◎ 作业环境：地面缺陷，地面积尘、积砂，地面积液，地面绊脚物，环境高温和环境低温。

※ 小结：主要存在的职业性有害因素有重体力劳动、粉尘和噪声等。

职业危害控制策略：

√ 采用助力装置减轻劳动强度；

√ 配置通风、除尘装置；

√ 配置安全保护装置；

√ 湿式作业，减少扬尘；

√ 改善工效条件并加强物料管理；

√ 制定安全操作规程和作业指导书；

√ 实施职业性有害因素监测与评价、职业健康监护和职业卫生培训；

√ 发放有毒有害作业岗位津贴；

√ 正确的个人防护。

主要职业性有害因素的职业接触限值：

◎ 粉尘：见 GBZ 2.1；

◎ 噪声：见 GBZ 2.2。

工作场所出入管理：

√ 实施准入制度进入工作区域；

√ 进入现场要穿戴安全帽、防尘口罩、耳塞或耳罩、工作服以及防滑鞋；

√ 工作区设置防尘、防噪声、防挤压、防坠物、防滑和防火等警示标识。

工艺和设备要求：

√ 采用助力装置减轻劳动强度；

√ 减少搬运距离，降低搬运落差；

√ 配备通风除尘设施；

√ 通风管道应简短，避免使用弯曲的长管；

√ 工作区保持良好通风，补充新鲜空气；

√ 确保气流先流经作业人员后再到污染区；

√ 提供良好照明。照明应适合工作任务，如防尘或耐火；

√ 设置防护栏和警示标识。

岗位操作规程：

√ 工作前按规定穿戴好个人防护用品；

√ 检查悬链螺栓卡子是否紧固，钩子是否良好可靠；

√ 发现设备故障，立即通知相关维修人员及成品库领导；

√ 作业时轻拿轻放铸件，尽量减少噪声产生；

√ 清扫库房地面应实施湿法作业，减少粉尘扬散；

√ 零件进入成品库必须保证其表面干燥；

√ 搬运铸件要从上往下搬，禁止从中间抽取，防止滑落伤人；

√ 悬链周围铸件不要放得太高，并注意不要放在安全通道上；

√ 作业现场料斗按规定位置摆放；

√ 固体废物按可回收和不可回收分类收集到定点垃圾斗中；

√ 作业完毕后，清扫作业现场，切断电源方可离开。

设备日常维护：

√ 按设备供应商和安装者的要求，维护设备使其有效运行；

√ 定期对通风除尘设备进行全面维护保养；

√ 排除故障时必须停机，挂警示牌或设专人监护。

设备检查和测试：

√ 从生产商那里索取通风设备的设计性能信息，将这些资料存档，以便与将来测试结果比较；

√ 肉眼检查设备损坏的迹象，每周至少巡视一次；

√ 根据设备的性能测试标准，每12个月至少检查和测试一次通风设备；
√ 检查和测试结果至少保存5年。

作业场所清洁和整理：

√ 现场物品定置摆放，做到无杂物、无积灰、无积水；
√ 及时清扫，防止地面积灰；
√ 坚持地面湿式清扫或负压清扫，禁止用压缩空气清扫卫生；
√ 生产现场废物按一般类可回收固体废物和一般类不可回收固体废物进行分类收集，存放的粉状固体废物必须低于料斗顶端10cm。

个人防护用品：

√ 根据现场存在的职业性有害因素的种类和浓度（强度），供应商提供的个人防护用品性能参数，选择适宜的个人防护用品；
√ 穿戴合适的个人防护用品：工作服、安全帽、防滑工作鞋、防护手套、防尘口罩以及耳塞或耳罩；
√ 作业前必须按规定穿戴好个人防护用品；
√ 保持个人防护用品干净清洁，按规定的间隔时间定期更换。

职业卫生培训：

◎ 劳动者培训内容：
A. 职业病防治的相关法律法规知识；
B. 粉尘和噪声等职业性有害因素的特性及其可能造成的健康影响与预防控制措施；
C. 岗位操作规程和岗位作业条件；
D. 个人防护用品的使用知识；
E. 简单故障的识别与处置及事故的报告方法；
F. 设备操作系统的检查和使用方法；
G. 急救箱的使用方法。

◎ 培训类型：上岗前、定期、换（转）岗培训。
◎ 培训方式：培训班、班组会、宣传栏、典型事故分析会、合同告知、网络、报纸、电视和广播等。

职业卫生检查：

◎ 企业职业卫生管理部门检查：
A. 通风、除尘装置是否完好；
B. 物料管理是否规范；
C. 作业场所粉尘和噪声是否超标；
D. 车间地面是否平整防滑，易于行走；
E. 作业场所的警示标识是否完善；
F. 劳动者是否按照作业指导书进行操作；
G. 车间有无“跑冒滴漏”现象；
H. 现场清理、清洁、整顿和整理等检查；
I. 劳动者个人防护用品使用是否规范；
J. 建议检查周期：一月一次。

◎ 工会监督检查：
A. 车间是否有职业卫生监督员；
B. 工时和劳动组织是否合理；
C. 个人防护用品是否按照标准发放；
D. 保健津贴是否按时足额发放；
E. 更衣室、洗浴间和休息室等卫生设施是否齐备；
F. 预防控制措施是否落实；
G. 职业禁忌证人员是否得到妥善安置；
H. 收集并分析劳动者对职业卫生的抱怨等；
I. 建议检查周期：一季度一次。

劳动者职业安全卫生检查表：

◎ 确保通风、除尘系统开启并正常运行；
◎ 防止纸袋和其他废弃物吸入通风管道；
◎ 注意查找设备泄漏、磨损或损坏的迹象，如发现任何问题，请告诉管理人员，如果你认为有问题，请勿继续工作；
◎ 进餐、喝水前或如厕前后要洗手去除污染物；
◎ 勿用有机溶剂清洁皮肤；
◎ 立即处理粉尘逸散物，使用吸尘器或湿拖布清洁，安全处置粉尘逸散物；
◎ 按要求使用、维护和保存个人防护用品。

应急救援：

◎ 可能发生的事故：主要为工伤事故，如刮擦伤、挤压伤以及滑倒等。
◎ 应急预案及设施：制定职业卫生应急救援预案、工伤事故应急预案及消防事故应急预案，并定期演练。
◎ 紧急处理及事故报告程序：按照应急预案要求的程序进行。

更多信息：

◎ 参见GBZ 1、GBZ 2.1、GBZ 2.2、GBZ 158、GBZ 188。

15. 砂轮操作

文件编号： ××××××

文件名称： 砂轮操作岗位职业危害识别与预防控制指南。

文件状态： 有效。

岗位名称： 砂轮操作。

上岗所要求的条件： 设备操作证、职业健康检查合格和职业安全卫生培训合格。

工作任务： 按照工艺要求打磨铸件。

上工序： 清理。

下工序： 检查。

主要设备： 砂轮机。

主要原、辅材料： 铸件毛坯。

作业方式和体位：

◎ 作业方式：手工。

◎ 体位：70%时间站位，30%弯腰。

负重量、方式及时间： 双手负重，负重量：5～30kg，时间：2～4h/d。

职业危害与危险源点的识别：

◎ 设备：砂轮打磨时产生粉尘（砂轮磨尘和砂尘等）、噪声和振动；除尘设备故障和清理时导致粉尘逸散。其他危险源：电器绝缘损坏、电器接地（零）不良等所产生的用电安全问题；安全装置缺陷、紧停开关缺损、紧停开关失效、紧固件缺损、制动器缺陷、罩壳脱落、铸件坠落、接触铸件毛刺、铁屑飞溅、毛刺飞逸、浇冒口飞逸，砂轮片安装不当，砂轮片破碎飞出、吊索具缺陷、斜拉歪吊、卷入伤害，设备标识不清、设备运行异常等所引起的其他安全问题。

◎ 物料储存和运输：物料存放无序，运输通道不畅，铸件堆放过高。

◎ 人机工效设计：工作台设计不合理，劳动者超负荷劳动，不良体位，采光和照明不良。

◎ 劳动组织和劳动者行为：劳动者配合不当，操作失误，个人防护用品穿戴不规范，违章作业。

◎ 作业环境：地面缺陷，地面积尘、积砂，地面绊脚物，环境高温和环境低温。

※ 小结：主要存在的职业性有害因素有粉尘（砂轮磨尘、砂尘等）、噪声和手传振动等。

职业危害控制策略：

√ 配置安全保护装置；

√ 配置通风、除尘、减振和降噪装置；

√ 尽可能采取湿式作业；

√ 改善工效条件、降低劳动强度并合理安排工间休息；

√ 加强物料管理、防止扬尘；

√ 制定安全操作规程和作业指导书；

√ 实施职业性有害因素监测与评价、职业健康监护和职业卫生培训；

√ 发放有毒有害作业岗位津贴；

√ 正确的个人防护。

主要职业性有害因素的职业接触限值：

◎ 噪声和振动：见 GBZ 2.2；

◎ 粉尘：见 GBZ 2.1。

工作场所出入管理：

√ 实施准入制度进入工作区域；

√ 进入现场要穿戴安全帽、防尘口罩、防护眼镜、工作服、防滑防砸鞋、手套等防护用品；

√ 作业场所设置防尘、防噪声、防砸、防坠物和防滑等警示标识。

工艺和设备要求：

√ 应设置局部通风除尘装置，排风罩的设计应满足除尘要求；

√ 通风管道应简短，避免使用弯曲的长管；

√ 用简便方法检查通风系统是否正常工作，如气压计、压力表或指示器；

√ 工作区保持良好通风，补充新鲜空气；

√ 排出的空气应排放至远离门、窗和进风口处；

√ 提供良好照明；

√ 砂轮与罩壳之间需要有足够的间隙，防护罩需有足够的强度；

√ 固定砂轮机托架要能够上下、左右调整，并能够固紧在所需的位置上，托架与砂轮间的间距应≤3mm，挡屑板与砂轮片的间隙应≤6mm。

岗位操作规程：

√ 工作前按规定穿戴好个人防护用品，女工发辫应挽在帽内；

√ 操作者应熟悉设备一般性能和结构，按设备操作规程进行操作，不得违章使用；

√ 在作业前5min，开启通风除尘设备，生产结束后5min，关闭通风除尘设备；

√ 作业前发现有下列情况禁止使用：

A. 砂轮机无防护罩或损坏；

B. 托架不牢固，传动皮带过于松弛或不完整；

C. 砂轮片有裂纹和潮湿现象，悬挂链条有变形和开裂现象；

D. 砂轮片未装软垫或安装不规范；

E. 砂轮磨损后余留最小极限低于新砂轮片直径的70%；

F. 砂轮机出现振动时。

√ 铸件装斗应轻拿轻放，减少因碰撞而产生的噪声污染；

√ 磨削铸件时，启动砂轮后必须等砂轮转动正常后方能作业；
√ 除了特殊允许在砂轮侧面磨削工件的以外，一般不应在砂轮侧面磨削；
√ 作业时思想要集中，手要握紧工件，以防掉落砸脚，磨工件用力不要过猛，以防失误使人触及砂轮而受伤；
√ 磨铸件时要拿稳，缓慢地与砂轮接触，不得用力过猛，或突然冲击砂轮；
√ 使用风动砂轮时两侧禁止站人，作业完毕将其放在规定的地方，避免碰坏；
√ 作业时，尽量均衡使用两个砂轮片，若砂轮磨损到一定程度时应更换；
√ 严禁在砂轮机上磨橡胶、木板等软材料，磨工件前要检查周围有无易燃物，如有应排除；
√ 在换上或调整砂轮时，必须空转5min以上，在试车时砂轮转动方向不准站人；
√ 作业中要离开岗位时，必须切断电源，使砂轮停止转动；
√ 作业完毕后，清扫作业现场、切断电源方可离开。

设备日常维护：

√ 按设备供应商和安装者的要求，维护设备使其有效运行；
√ 在通风除尘设备运行检查时发现异常，立即向当班班长反映，并通知维修人员进行维修；
√ 节假日，操作工应对通风除尘设备进行一次全面维护保养。

设备检查和测试：

√ 从生产商那里索取通风设备的设计性能信息，将这些资料存档，以便与将来测试结果比较；
√ 肉眼检查设备损坏的迹象，每周至少巡视一次；
√ 根据设备的性能测试标准，每12个月至少检查和测试一次通风设备；
√ 检查和测试结果至少保存5年。

作业场所清洁和整理：

√ 现场物品定置摆放，做到无杂物、无积灰、无积水；
√ 坚持地面湿式清扫或负压清扫，禁止用压缩空气清扫卫生；
√ 作业现场废物按一般类可回收固体废物和一般类不可回收固体废物进行分类收集，存放的粉状固体废物必须低于料斗顶端10cm。

个人防护用品：

√ 根据现场存在的职业性有害因素的种类和浓度（强度），供应商提供的个人防护用品性能参数，选择适宜的个人防护用品；
√ 穿戴合适的个人防护用品：安全帽、防尘口罩、防护眼镜、耳塞或耳罩、工作服、防护围裙、防滑防砸鞋以及手套等；
√ 作业前必须按规定穿戴好个人防护用品；
√ 保持个人防护用品干净清洁，按规定的间隔时间定期更换。

职业卫生培训：

◎ 劳动者培训内容：

A. 职业病防治的相关法律法规知识；
B. 粉尘、噪声和振动等职业性有害因素的特性及其可能造成的健康影响与预防控制措施；
C. 岗位操作规程和岗位作业条件；
D. 个人防护用品的使用知识；
E. 简单故障的识别与处置及事故的报告方法；
F. 设备操作系统的检查和使用方法；
G. 急救箱的使用方法。

◎ 培训类型：上岗前、定期、换（转）岗培训。
◎ 培训方式：培训班、班组会、宣传栏、典型事故分析会、合同告知、网络、报纸、电视和广播等。

职业卫生检查：

◎ 企业职业卫生管理部门检查：

A. 通风、除尘、减振和降噪装置是否完好；
B. 物料管理是否规范；
C. 作业场所粉尘和噪声是否超标；
D. 车间地面是否平整防滑，易于行走；
E. 作业场所的警示标识是否完善；
F. 劳动者是否按照作业指导书进行操作；
G. 车间有无“跑冒滴漏”现象；
H. 现场清理、清洁、整顿和整理等检查；
I. 劳动者个人防护用品使用是否规范；
J. 建议检查周期：一月一次。

◎ 工会监督检查：

A. 车间是否有职业卫生监督员；
B. 工时和劳动组织是否合理；
C. 个人防护用品是否按照标准发放；
D. 保健津贴是否按时足额发放；
E. 更衣室、洗浴间和休息室等卫生设施是否齐备；
F. 预防控制措施是否落实；
G. 职业禁忌证人员是否得到妥善安置；
H. 收集并分析劳动者对职业卫生的抱怨等；
I. 建议检查周期：一季度一次。

劳动者职业安全卫生检查表：

◎ 确保通风、除尘系统开启并正常运行；

◎ 防止纸袋和其他废弃物吸入通风管道；
◎ 注意查找设备泄漏、磨损或损坏的迹象，如发现任何问题，请告诉管理人员，如果你认为有问题，请勿继续工作；
◎ 进餐、喝水前或如厕前后要洗手去除污染物；
◎ 勿用有机溶剂清洁皮肤；
◎ 立即处理粉尘逸散物，使用吸尘器或湿拖布清洁，安全处置粉尘逸散物；
◎ 按要求使用、维护和保存个人防护用品。

应急救援：

◎ 可能发生的事故：主要为工伤事故，如跌落、滑倒、砸伤、机械卷入损伤以及电击伤等。
◎ 应急预案及设施：制定职业卫生应急救援预案、工伤事故应急预案及消防事故应急预案，并定期演练。
◎ 紧急处理及事故报告程序：按照应急预案要求的程序进行。

更多信息：

◎ 参见 GBZ 1、GBZ 2.1、GBZ 2.2、GBZ 158、GBZ 188。

16. 铸件检查

文件编号： ××××××

文件名称： 铸件检查岗位职业危害识别与预防控制指南。

文件状态： 有效。

岗位名称： 铸件检查。

上岗所要求的条件： 职业健康检查合格和职业安全卫生培训合格。

工作任务： 按照工艺标准检查铸件。

上工序： 清理。

下工序： 焊补和入库。

主要设备： 内窥镜和测漏机。

主要原、辅材料： 铸件。

作业方式和体位：

◎ 作业方式：手工、半自动。

◎ 体位：60 %时间站位，30%弯腰、10%坐位。

负重量、方式及时间： 双手负重≤10kg。

职业危害与危险源点的识别：

◎ 设备：现场检查时接触粉尘和噪声。其他危险源：安全防护装置缺损，铸件毛刺棱角外露，毛刺飞溅，铸件滑落，工件飞出，接触旋转部位，控制器缺陷，紧固件缺陷，钢丝绳缺陷，登高梯台缺陷等。

◎ 物料储存和运输：物料存放无序，运输通道不畅，制动器缺陷，吊物坠物等。

◎ 人机工效设计：工作台、工作椅设计不合理，超重搬运，不良体位，采光和照明不良。

◎ 劳动组织和劳动者行为：劳动者配合不当，操作失误，个人防护用品穿戴不规范，违章作业，劳动组织不合理，零件刮/擦伤害。

◎ 作业环境：地面缺陷，地面积尘、积砂，地面绊脚物，环境高温和环境低温。

※ 小结：主要存在的职业性有害因素有粉尘、噪声、室内采光和照明不良、不良体位。

职业危害控制策略：

√ 设置通风除尘设施；

√ 湿式作业，防止扬尘；

√ 改善工效条件、减轻劳动强度；

√ 加强物料管理；

√ 制定安全操作规程和作业指导书；

√ 实施职业性有害因素监测与评价、职业健康监护和职业卫生培训；

√ 发放有毒有害作业岗位津贴；

√ 正确的个人防护。

主要职业性有害因素的职业接触限值：

◎ 粉尘：见 GBZ 2.1；

◎ 噪声：见 GBZ 2.2。

工作场所出入管理：

√ 实施准入制度进入工作区域；

√ 进入现场要穿戴安全帽、工作服、手套、防尘口罩、防砸鞋以及耳塞或耳罩等；

√ 工作区设置防尘、防挤压、防砸以及防刮擦伤等警示标识。

工艺和设备要求：

√ 工作台的设计符合工效学要求，能固定把持零件；

√ 物流畅通，易于运输；

√ 营造减少视觉疲劳的工作环境；

√ 提供良好照明，照明应适合工作任务，如防尘或耐火；

√ 工作区应尽可能避开门、窗、过道等处，以避免穿堂风（横向气流）干扰通风除尘系统，防止污染扩散；

√ 配备通风除尘设施；

√ 通风管道应简短，避免使用弯曲的长管；

√ 确保气流先流经作业人员后再到污染区；

√ 工作区保持良好通风，补充新鲜空气；

√ 排出的空气应排放至远离门、窗和进风口处。

岗位操作规程：

√ 工作前按规定穿戴好个人防护用品；

√ 作业时尽量减少铸件间的碰撞，以减少噪声污染；

√ 严禁在天车下工作或走动，以免发生事故；

√ 在检查堆集的小件时，要轻拿轻放防止滑落伤人；

√ 操作电动葫芦，必须注意：

A. 检查钢丝绳，吊钩是否满足安全要求；

B. 严禁超负荷起吊，严禁歪拉斜吊；

C. 必须四点起吊；

D. 吊运物体，严禁从人员头上通过。

√ 使用的工具应牢固可靠，防止脱落伤人；

√ 在检查中，要注意防止铸件上的毛刺将手刺伤，切实做好防范措施；

√ 检查铸件表面时，不准勉强搬动、倒移自己力所不能的工件，以免发生扭伤或砸伤事故；

√ 工作完毕，要把现场清扫干净，工件等摆放整齐。

设备日常维护：

√ 按设备供应商和安装者的要求，维护设备，使其有效运行。

设备检查和测试：

√ 从生产商那里索取通风设备的设计性能信息，将这些资料存档，以便与将来测试结果比较；

√ 肉眼检查设备损坏的迹象，每周至少巡视一次；

√ 根据设备的性能测试标准，每 12 个月至少检查和测试一次通风设备；
√ 检查和测试结果至少保存 5 年。

作业场所清洁和整理：

√ 现场物品定置摆放，做到无杂物、无积灰、无积水；
√ 坚持地面湿式清扫或负压清扫，禁止用压缩空气清扫卫生；
√ 生产现场废物按一般类可回收固体废物和一般类不可回收固体废物进行分类收集，存放的粉状固体废物必须低于料斗顶端 10cm。

个人防护用品：

√ 根据现场存在的职业性有害因素的种类和浓度（强度），供应商提供的个人防护用品性能参数，选择适宜的个人防护用品；
√ 穿戴合适的个人防护用品：工作服、安全帽、防砸工作鞋、防护手套、防尘口罩以及耳塞或耳罩；
√ 作业前必须按规定穿戴好个人防护用品；
√ 保持个人防护用品干净清洁，按规定的间隔时间定期更换。

职业卫生培训：

◎ 劳动者培训内容：
A. 职业病防治的相关法律法规知识；
B. 粉尘和噪声等职业性有害因素的特性及其可能造成的健康影响与预防控制措施；
C. 岗位操作规程和岗位作业条件；
D. 个人防护用品的使用知识；
E. 简单故障的识别与处置及事故的报告方法；
F. 设备操作系统的检查和使用方法；
G. 急救箱的使用方法。
◎ 培训类型：上岗前、定期、换（转）岗培训。
◎ 培训方式：培训班、班组会、宣传栏、典型事故分析会、合同告知、网络、报纸、电视和广播宣传等。

职业卫生检查：

◎ 企业职业卫生管理部门检查：
A. 通风设施是否完好；
B. 物料管理是否规范；
C. 作业场所粉尘、噪声等职业性有害因素是否超标；
D. 车间地面是否平整防滑，易于行走；
E. 作业场所的警示标识是否完善；
F. 劳动者是否按照作业指导书进行操作；
G. 劳动组织是否合理；
H. 车间有无“跑冒滴漏”现象；
I. 现场清理、清洁、整顿和整理等检查；
J. 劳动者个人防护用品使用是否规范；
K. 建议检查周期：一月一次。
◎ 工会监督检查：
A. 车间是否有职业卫生监督员；
B. 工时和劳动组织是否合理；
C. 个人防护用品是否按照标准发放；
D. 保健津贴是否按时足额发放；
E. 防暑降温措施是否落实；
F. 职业禁忌证人员是否得到妥善安置；
G. 收集并分析劳动者对职业卫生的抱怨等；
H. 建议检查周期：一季度一次。

劳动者职业安全卫生检查表：

◎ 注意查找设备泄漏、磨损或损坏的迹象。如发现任何问题，请告诉管理人员。如果你认为有问题，请勿继续工作；
◎ 进餐、喝水前或如厕前后要洗手去除污染物；
◎ 勿用有机溶剂清洁皮肤；
◎ 使用吸尘器或湿拖布及时安全清洁地处理泄漏物；
◎ 按提供的说明使用、维护和保存任何个人防护用品；
◎ 确保送风系统正常运行。

应急救援：

◎ 可能发生的事故：主要为工伤事故，如刮擦伤、挤压伤以及滑倒等。
◎ 应急预案及设施：制定职业卫生应急救援预案、工伤事故应急预案及消防事故应急预案，并定期演练。
◎ 紧急处理及事故报告程序：按照应急预案要求的程序进行。

更多信息：

◎ 参见 GBZ 1、GBZ 2.1、GBZ 2.2、GBZ 158、GBZ 188。

17. 铸件焊补

文件编号： ××××××

文件名称： 铸件焊补岗位职业危害识别与预防控制指南。

文件状态： 有效。

岗位名称： 铸件焊补。

上岗所要求的条件： 特种作业岗位操作证、职业健康检查合格和职业安全卫生培训合格。

工作任务： 按照工艺要求焊补铸件。

上工序： 检查。

下工序： 入库。

主要设备： 氩弧焊机。

主要原、辅材料： 铸件和焊丝。

作业方式和体位：

◎ 作业方式：手工。

◎ 体位：70%时间蹲位，20%站位，10%弯腰。

负重量、方式及时间： 双手负重≤10kg。

职业危害与危险源点的识别：

◎ 设备：氩弧焊机操作时产生电焊烟尘、锰及其无机化合物、紫外线、臭氧、一氧化碳、氮氧化物和噪声；风机运行时产生噪声。其他危险源：安全防护装置缺损，火星、熔珠、熔渣飞溅，接触高温铸件，通风装置故障，接地（零）缺损，电器绝缘损坏，进线端、输出端护罩缺损，高压气体泄漏，制动器缺陷，吊物坠物等。

◎ 物料储存和运输：物料存放无序，运输通道不畅，工件棱角外露。

◎ 人机工效设计：工作台设计不合理，工作椅设计不合理，不良体位，负重过大，采光、照明不良。

◎ 劳动组织和劳动者行为：劳动者配合不当，操作失误，个人防护用品穿戴不规范，违章作业。

◎ 作业环境：地面缺陷，环境高温和环境低温，地面绊脚物，废金属、工业废渣排放。

※ 小结：主要存在的职业性有害因素有粉尘（电焊烟尘）、锰及其无机化合物、紫外线、臭氧、一氧化碳、氮氧化物和噪声等。

职业危害控制策略：

√ 安装局部通风、除尘、排毒装置；

√ 设备设施安装安全防护装置、防弧光装置；

√ 配备安全消防工具和器材；

√ 改善工效条件并加强物料管理；

√ 制定安全操作规程和作业指导书；

√ 实施职业性有害因素监测与评价、职业健康监护和职业卫生培训；

√ 发放有毒有害作业岗位津贴；

√ 正确的个人防护。

主要职业性有害因素的职业接触限值：

◎ 噪声和紫外线：见 GBZ 2.2；

◎ 毒物和粉尘：见 GBZ 2.1。

工作场所出入管理：

√ 实施准入制度进入工作区域；

√ 进入现场要穿戴安全帽、工作服、耳塞或耳罩、防尘毒口罩、防护眼镜以及防滑防砸鞋；

√ 工作区设置防尘、防毒、防噪声、防紫外线、防火、防爆、防触电以及防滑等警示标识。

工艺和设备要求：

√ 焊接装置的设置要避开易燃易爆源；

√ 局部通风、排毒、除尘系统设置满足卫生工程学要求；

√ 排气罩应尽量接近待焊接部位；

√ 必要时，可在排气管上安装活动接头，以便移动排气罩；

√ 通风管道力求简短，避免使用长的软管；

√ 工作地点（操作台）应尽量避开门、窗、过道等空气对流区，以防止横向气流干扰通风除尘系统，防止粉尘和废气的逸散；

√ 提供简单的方法检查通风设施的工作状况，如测压计、压力表或显示器；

√ 通风系统的设计应易于维护和清洁；

√ 排出空气应排放至远离门、窗和进风口的安全处；

√ 提供良好采光和照明；

√ 确保设备正常接地。

岗位操作规程：

√ 工作前按规定穿戴好个人防护用品，打开通风设施；

√ 工作前检查焊接电缆、焊钳绝缘是否完好；

√ 工作前由电工检查所接电源开关是否符合设备容量要求并接线，焊接设备要接地；

√ 电焊机一次线小于2m，二次线接头不得超过3个；

√ 焊接周围尽可能使用防护板，避免弧光伤人；

√ 严禁在压力容器上焊接，严禁在存放易燃和易爆物品处焊接；

√ 按焊接规程及工艺规范进行焊接操作；

√ 对铸件进行装斗、卸斗时，应轻拿轻放，减少因碰撞而产生的噪声；

√ 在工作过程中产生的固体废弃物如废金属、废擦布等，应统一收集，然后分类投到废金属料箱及垃圾箱内；

√ 辅助工在吊、搬铸件时，要前后左右关照好，以防发生烫伤、砸伤及碰伤；

√ 作业完后，清扫作业现场，切断电源，检查现场是否留有隐患，确认没有方可离开。

设备日常维护：

√ 按设备供应商和安装者的要求，维护设备，使其有效运行。

设备检查和测试：

√ 从生产商那里索取通风设备的设计性能信息，将这些资料存档，以便与将来测试结果比较；

√ 肉眼检查设备损坏的迹象，每周至少巡视一次；

√ 根据设备的性能测试标准，每 12 个月至少检查和测试一次通风设备；

√ 检查和测试结果至少保存 5 年。

作业场所清洁和整理：

√ 现场物品定置摆放，做到无杂物、无积灰、无积水；

√ 及时排除焊补时所产生的熔渣；

√ 坚持地面湿式清扫或负压清扫，禁止用压缩空气清扫卫生；

√ 生产现场废物按一般类可回收固体废物和一般类不可回收固体废物进行分类收集，存放的粉状固体废物必须低于料斗顶端 10cm。

个人防护用品：

√ 根据现场存在的职业性有害因素的种类和浓度（强度），供应商提供的个人防护用品性能参数，选择适宜的个人防护用品；

√ 穿戴合适的个人防护用品：焊接防护服、焊接面罩、防尘毒口罩、安全帽、焊接手套、耳塞或耳罩、焊接防护鞋、防护围裙以及腿罩；

√ 作业前必须按规定穿戴好个人防护用品；

√ 保持个人防护用品干净清洁，按规定的间隔时间定期更换。

职业卫生培训：

◎ 劳动者培训内容：

A. 职业病防治的相关法律法规知识；

B. 粉尘（电焊烟尘）、锰及其无机化合物、紫外线、一氧化碳、氮氧化物、噪声和工频电磁场等职业性有害因素的特性及其可能造成的健康影响与预防控制措施；

C. 岗位操作规程和岗位作业条件；

D. 个人防护用品的使用知识；

E. 简单故障的识别与处置及事故的报告方法；

F. 设备操作系统的检查和使用方法；

G. 急救箱的使用方法。

◎ 培训类型：上岗前、定期、换（转）岗培训。

◎ 培训方式：培训班、班组会、宣传栏、典型事故分析会、合同告知、网络、报纸、电视和广播宣传等。

职业卫生检查：

◎ 企业职业卫生管理部门检查：

A. 通风、除尘、减振和降噪装置是否完好；

B. 物料管理是否规范；

C. 作业场所电焊烟尘、有毒物质、紫外线和噪声等职业性有害因素是否超标；

D. 车间地面是否平整防滑，易于行走；

E. 作业场所的警示标识是否完善；

F. 劳动者是否按照作业指导书进行操作；

G. 劳动组织是否合理；

H. 现场清理、清洁、整顿和整理等检查；

I. 劳动者个人防护用品使用是否规范；

J. 建议检查周期：一月一次。

◎ 工会监督检查：

A. 车间是否有职业卫生监督员；

B. 工时和劳动组织是否合理；

C. 个人防护用品是否按照标准发放；

D. 保健津贴是否按时足额发放；

E. 更衣室、洗浴间和休息室等卫生设施是否齐备；

F. 预防控制措施是否落实；

G. 职业禁忌证人员是否得到妥善安置；

H. 收集并分析劳动者对职业卫生的抱怨等；

I. 建议检查周期：一季度一次。

劳动者职业安全卫生检查表：

◎ 确保通风、除尘、排毒系统开启并正常运行；

◎ 检查安全消防工具和灭火器材；

◎ 防止纸袋和其他废弃物吸入通风管道；

◎ 注意查找设备泄漏、磨损或损坏的迹象，如发现任何问题，请告诉管理人员，如果你认为有问题，请勿继续工作；

◎ 进餐、喝水前或如厕前后要洗手去除污染物；

◎ 立即安全地处理废弃物，使用吸尘器或湿拖布清洁固体；

◎ 按提供的说明使用、维护和保存任何个人防护用品。

应急救援：

◎ 可能发生的事故：电光性眼炎、金属烟雾热、紫外皮肤灼伤、火灾和烫伤。

◎ 应急预案及设施：制定职业卫生应急救援预案、工伤事故应急预案及消防事故应急预案，并定期演练。

◎ 紧急处理及事故报告程序：按照应急预案要求的程序进行。

更多信息：

◎ 参见 GBZ 1、GBZ 2.1、GBZ 2.2、GBZ 158、GBZ 188、GBZ/T 189。

18. 铸件退火

文件编号：××××××

文件名称：铸件退火岗位职业危害识别与预防控制指南。

文件状态：有效。

岗位名称：铸件退火。

上岗所要求的条件：设备操作证、职业健康检查合格和职业安全卫生培训合格。

工作任务：按照工艺要求对铸件进行退火。

上工序：清理。

下工序：防锈。

主要设备：退火炉。

主要原、辅材料：铸件毛坯。

作业方式和体位：

◎ 作业方式：半自动。

◎ 体位：30%时间站位，10%弯腰，60%坐位。

负重量、方式及时间：基本不负重。

职业危害与危险源点的识别：

◎ 设备：铸件退火时产生高温、热辐射、噪声和电磁辐射；风机、电器设备运行产生噪声；除尘设备故障和清理时导致粉尘逸散。其他危险源：电器绝缘损坏、电器接地（零）不良等所产生的用电安全问题；安全装置缺陷、紧停开关缺损、制动器缺陷、设备标识不清、设备运行异常等所引起的其他安全问题。登高梯台缺陷、炽热物体、警铃缺陷、斜拉歪吊、吊具缺陷、铸件坠落、钢丝绳断裂、料斗碰撞等。

◎ 物料储存和运输：物料存放无序，运输通道不畅，原料输送过程中管道泄漏粉尘逸散。

◎ 人机工效设计：工作台、工作椅设计不合理，超重搬运，超负荷劳动，不良体位，采光和照明不良。

◎ 劳动组织和劳动者行为：劳动者配合不当，操作失误，个人防护用品穿戴不规范，违章作业，意外接触高温铸件。

◎ 作业环境：地面缺陷，环境高温，降温风扇运行时产生二次扬尘，地面绊脚物。

※ 小结：主要存在的职业性有害因素有高温、热辐射、噪声和电磁辐射。

职业危害控制策略：

√ 退火炉采取隔热措施；

√ 配置安全保护装置；

√ 配置通风、除尘和排毒装置；

√ 改善工效条件并加强物料管理；

√ 湿式作业，减少扬尘；

√ 采取防暑降温措施，如退火炉作业区设置降温风扇，设置空调休息室，减少高温持续接触时间，提供清凉饮料等；

√ 制定安全操作规程和作业指导书；

√ 实施职业性有害因素监测与评价、职业健康监护和职业卫生培训；

√ 发放有毒有害作业岗位津贴；

√ 正确的个人防护。

主要职业性有害因素的职业接触限值：

◎ 噪声、高温和电磁辐射：见 GBZ 2.2；

◎ 粉尘：见 GBZ 2.1。

工作场所出入管理：

√ 实施准入制度进入工作区域；

√ 进入现场要穿戴安全帽、防护眼镜、隔热工作服、隔热阻燃鞋以及手套；

√ 作业场所设置有防高温、防触电、防烧伤、防挤压、防坠物以及防火等警示标识。

工艺和设备要求：

√ 退火炉应密闭、隔热，屏蔽电磁辐射；

√ 使用退火炉时，指示灯/标识清晰显示；

√ 采用密闭式炉门；

√ 安装局部通风排毒系统；

√ 排气通风系统应易于控制，并配有警示灯/报警器；

√ 用简便方法检查通风系统是否正常工作，如气压计、压力表或指示器；

√ 安装局部送风降温装置；

√ 确保岗位送风先流经作业人员后再到污染区；

√ 工作区保持良好通风，补充新鲜空气；

√ 提供良好照明，照明应适合工作任务，如防尘或耐火。

岗位操作规程：

√ 工作前按规定穿戴好个人防护用品；

√ 作业前检查炉体各部分（包括炉墙、炉顶等）是否有损坏现象，发现问题，及时通知维修工修理；

√ 摆放铸件尽量轻拿轻放，减少铸件磕碰产生的噪声；

√ 装炉前，清理干净转运车上面的杂物；装炉时，必须按工艺规定堆放平稳、整齐；

√ 送电前，观察确认现场无其他人员后，方可推闸送电；

√ 作业中不能擅自离岗，多人操作时，要有专人负责，互相配合；

√ 作业中设备发生故障，要立即停机找有关人员修理；

√ 定期对转运车的钢丝绳的接头和卷扬钢丝绳制动器的制动情况进行检查，发现问题及时通知有关人员进行处理；

√ 出炉前，首先要断开各组电闸；

√ 出炉及搬运时不得靠近转运车两侧，以免砂箱倒塌或铸件掉下伤人；
√ 不准在炉子周围堆积退火箱和铸件；
√ 操作电动葫芦，必须注意：
A. 检查钢丝绳，吊钩是否满足安全要求；
B. 严禁超负荷起吊，严禁歪拉斜吊；
C. 必须四点起吊；
D. 吊运物体，严禁从人员头上通过。
√ 作业完毕后，清扫作业现场、切断电源方可离开。

设备日常维护：

√ 按设备供应商和安装者的要求，维护设备使其有效运行；
√ 设备出现“跑冒滴漏”现象时，操作工及时向当班班长及维修工反映，及时进行维修。

设备检查和测试：

√ 从生产商那里索取通风设备的设计性能信息，将这些资料存档，以与将来的测试结果比较；
√ 肉眼检查设备损坏的迹象，每周至少巡视一次；
√ 根据设备的性能测试标准，每 12 个月至少检查和测试一次通风设备；
√ 检查和测试结果存档，至少保存 5 年。

作业场所清洁和整理：

√ 现场物品定置摆放，做到无杂物、无积灰、无积水；
√ 每天清洁作业设备和工作区，每周定期清扫其他设备和车间一次；
√ 坚持地面湿式清扫或负压清扫，禁止用压缩空气清扫卫生；
√ 应立即处理泄漏物，安全处置泄漏物；
√ 生产现场废物按一般类可回收固体废物和一般类不可回收固体废物进行分类收集，存放的粉状固体废物必须低于料斗顶端 10cm。

个人防护用品：

√ 根据现场存在的职业性有害因素的种类和浓度（强度），供应商提供的个人防护用品性能参数，选择适宜的个人防护用品；
√ 穿戴合适的个人防护用品：隔热工作服、安全帽、隔热阻燃工作鞋、防护手套、防尘口罩、防护眼镜以及耳塞或耳罩等；
√ 作业前必须按规定穿戴好个人防护用品；
√ 保持个人防护用品干净清洁，按规定的间隔时间定期更换。

职业卫生培训：

◎ 劳动者培训内容：
A. 职业病防治的相关法律法规知识；
B. 噪声、高温、电磁辐射等职业性有害因素的特性及其可能造成的健康影响与预防控制措施；
C. 岗位操作规程和岗位作业条件；
D. 个人防护用品的使用知识；
E. 简单故障的识别与处置及事故的报告方法；
F. 设备操作系统的检查和使用方法；
G. 急救箱的使用方法。
◎ 培训类型：上岗前、定期、换（转）岗培训。
◎ 培训方式：培训班、班组会、宣传栏、典型事故分析会、合同告知、网络、报纸、电视和广播等。

职业卫生检查：

◎ 企业职业卫生管理部门检查：
A. 通风、除尘、减振和降噪装置是否完好；
B. 物料管理是否规范；
C. 作业场所粉尘和噪声是否超标；
D. 车间地面是否平整防滑，易于行走；
E. 作业场所的警示标识是否完善；
F. 劳动者是否按照作业指导书进行操作；
G. 车间有无“跑冒滴漏”现象；
H. 现场清理、清洁、整顿和整理等检查；
I. 劳动者个人防护用品使用是否规范；
J. 建议检查周期：一月一次。
◎ 工会监督检查：
A. 车间是否有职业卫生监督员；
B. 工时和劳动组织是否合理；
C. 个人防护用品是否按照标准发放；
D. 保健津贴是否按时足额发放；
E. 更衣室、洗浴间和休息室等卫生设施是否齐备；
F. 预防控制措施是否落实；
G. 职业禁忌证人员是否得到妥善安置；
H. 收集并分析劳动者对职业卫生的抱怨等；
I. 建议检查周期：一季度一次。

劳动者职业安全卫生检查表：

◎ 确保通风、除尘系统开启并正常运行；
◎ 防止纸袋和其他废弃物吸入通风管道；
◎ 注意查找设备泄漏、磨损或损坏的迹象，如发现任何问题，请告诉管理人员，如果你认为有问题，请勿继续工作；
◎ 进餐、喝水前或如厕前后要洗手去除污染物；
◎ 勿用有机溶剂清洁皮肤；
◎ 立即处理粉尘逸散物，使用吸尘器或湿拖布清洁，安全处置粉尘逸散物；
◎ 按要求使用、维护和保存个人防护用品。

应急救援：

◎ 可能发生的事故：主要为工伤事故，如跌落、滑倒、机械卷入损伤以及电击伤等。

◎ 应急预案及设施：制定职业卫生应急救援预案、工伤事故应急预案及消防事故应急预案，并定期演练。

◎ 紧急处理及事故报告程序：按照应急预案要求的程序进行。

更多信息：

◎ 参见 GBZ 1、GBZ 2.1、GBZ 2.2、GBZ 158、GBZ 188。

19. 铸件防锈

文件编号： ××××××

文件名称： 铸件防锈岗位职业危害识别与预防控制指南。

文件状态： 有效。

岗位名称： 铸件防锈。

上岗所要求的条件： 设备操作证、职业健康检查合格和职业安全卫生培训合格。

工作任务： 按照工艺要求完成铸件防锈工作。

上工序： 检查。

下工序： 入库。

主要设备： 防锈槽。

主要原、辅材料： 水基防锈液、油基防锈液和合格铸件。

作业方式和体位：

◎ 作业方式：手工和半自动。

◎ 体位：80% 时间站位，20% 弯腰。

负重量、方式及时间： 双手负重，≤20kg/次，每日 <1h。

职业危害与危险源点的识别：

◎ 设备：浸洗防锈时使用防锈液可产生有毒化学物质如氢氧化钠、碳酸钠、磷酸三钠、油酸和乙二胺四乙酸二钠等。其他危险源：安全装置缺损、登高梯台缺陷、护栏缺损、电器绝缘损坏、电器接地（零）不良等所产生的用电安全问题；防锈油泄漏、悬链断裂、止退装置失灵、挂钩缺陷、铸件坠落、设备标识不清、设备运行异常等所引起的其他安全问题。

◎ 物料储存和运输：物料存放无序，运输通道不畅，容器泄漏。

◎ 人机工效设计：工作台、工作椅设计不合理，劳动者超负荷劳动，不良体位，采光和照明不良。

◎ 劳动组织和劳动者行为：劳动者配合不当，操作失误，个人防护用品穿戴不规范，违章作业。

◎ 作业环境：地面缺陷，地面积水、积液，环境高温，环境低温，地面绊脚物。

※ 小结：主要存在的职业性有害因素有毒物等。

职业危害控制策略：

√ 设备设施密闭隔离；

√ 配置安全保护装置；

√ 配置通风、排毒装置；

√ 向供应商索取化学品的物质安全数据说明书（MSDS）；

√ 对于成分不明的化学品应明确标识为“未知化学品 X”，并追踪其成分；

√ 化学品容器包装应有中文警示说明，保持容器外部的清洁，警示标识应清晰；

√ 改善工效条件，降低劳动强度；

√ 加强物料管理，不用的容器应及时加盖；

√ 制定安全操作规程和作业指导书；

√ 实施职业性有害因素监测与评价、职业健康监护和职业卫生培训；

√ 发放有毒有害作业岗位津贴；

√ 正确的个人防护。

主要职业性有害因素的职业接触限值：

◎ 毒物：见 GBZ 2.1。

工作场所出入管理：

√ 实施准入制度进入工作区域；

√ 进入现场要穿戴工作服、防毒口罩和耐酸碱鞋；

√ 工作区设置防毒、防噪声、防腐蚀、防火、防爆、防砸和防滑等警示标识。

工艺和设备要求：

√ 流经防锈槽表面的气流速不应低于 0.5m/s；

√ 避免用空气搅动槽内液体；

√ 防锈槽的排风罩和管道应耐腐蚀；

√ 工作区应尽可能避开门、窗、过道等处，以避免穿堂风（横向气流）干扰排风系统，防止污染扩散；

√ 加料尽量采用管道加料，减少人工倾倒；

√ 提供良好照明，照明设施应适合所使用的化学品和工作任务，如防毒或耐火；

√ 确保物流畅通，出入口无障碍；

√ 作业场所设置冲洗、盥洗装置；

√ 地面应防滑、防油，易于清扫；

√ 工作区保持良好通风，补充新鲜空气；

√ 通风管道应简短，避免使用弯曲的长管；

√ 用简便方法检查通风柜是否正常工作，如气压计、压力表或指示器；

√ 排出的空气应排放至远离门、窗和进风口的安全处。

岗位操作规程：

√ 工作前按规定穿戴好个人防护用品，打开通风设施；

√ 工作前检查设备设施是否完好；

√ 工作前检查悬链及安全防护装置是否齐全可靠；

√ 工作前检查所使用的料斗挂钩是否齐全可靠；

√ 水基防锈剂、防锈油在防锈槽内不得装的过满，按工艺要求控制在规定范围内，避免溢出；

√ 铸件水基防锈后，要尽量避免铸件内积存防锈剂，烘干后装入料斗入库；

√ 铸件防锈油防锈处理后，要仔细将铸件上积存的防锈剂控干，然后再装；

√ 工作完毕后要停电、停气，收好工具，方能离开。

设备日常维护：

√ 按设备供应商和安装者的要求，维护设备，使其有效运行。

设备检查和测试：

√ 从生产商那里索取通风设备的设计性能信息，将这些资料存档，以便与将来测试结果比较；

√ 肉眼检查设备损坏的迹象，每周至少巡视一次；

√ 根据设备的性能测试标准，每12个月至少检查和测试一次通风设备；

√ 检查和测试结果至少保存5年。

作业场所清洁和整理：

√ 现场物品定置摆放，做到无杂物、无积灰、无积液、无油污；

√ 每天清洁作业设备和工作区，定期清扫车间，每周一次；

√ 应立即处理泄漏物，安全处置泄漏物；

√ 物料容器应存放在安全处，安全处置空容器；

√ 物料容器使用后应立即加盖；

√ 生产现场废物按一般类可回收固体废物和一般类不可回收固体废物进行分类收集，存放到现场一般类可回收固体废物或一般类不可回收固体废物存放斗中；

√ 生产现场的积油，先将废油回收到油盆，倒入现场定点的集油箱，再用废砂或棉纱粘附残留废油；清扫干净后，倒入车间一般类不可回收固体废物存放斗；

√ 水基防锈剂、防锈油和废水不得随地乱倒，发现有溢漏现象及时解决。

个人防护用品：

√ 根据现场存在的职业性有害因素的种类和浓度（强度），供应商提供的个人防护用品性能参数，选择适宜的个人防护用品；

√ 穿戴合适的个人防护用品：工作服、安全帽、防毒口罩、耐酸碱手套、耐酸碱鞋和防护围裙；

√ 作业前必须按规定穿戴好个人防护用品；

√ 保持个人防护用品干净清洁，按规定的间隔时间定期更换。

职业卫生培训：

◎ 劳动者培训内容：

A. 职业病防治的相关法律法规知识；

B. 职业性有害因素的特性及其可能造成的健康影响与预防控制措施；

C. 岗位操作规程和岗位作业条件；

D. 个人防护用品的使用知识；

E. 简单故障的识别与处置及事故的报告方法；

F. 设备操作系统的检查和使用方法；

G. 急救箱的使用方法。

◎ 培训类型：上岗前、定期、换（转）岗培训。

◎ 培训方式：培训班、班组会、宣传栏、典型事故分析会、合同告知、网络、报纸、电视和广播等。

职业卫生检查：

◎ 企业职业卫生管理部门检查：

A. 通风、排毒装置是否完好；

B. 物料管理是否规范；

C. 作业场所毒物是否超标；

D. 车间地面是否平整防滑，易于行走；

E. 作业场所的警示标识是否完善；

F. 劳动者是否按照作业指导书进行操作；

G. 车间有无“跑冒滴漏”现象；

H. 现场清理、清洁、整顿和整理等检查；

I. 劳动者个人防护用品使用是否规范；

J. 建议检查周期：一月一次。

◎ 工会监督检查：

A. 车间是否有职业卫生监督员；

B. 工时和劳动组织是否合理；

C. 个人防护用品是否按照标准发放；

D. 保健津贴是否按时足额发放；

E. 更衣室、洗浴间和休息室等卫生设施是否齐备；

F. 预防控制措施是否落实；

G. 职业禁忌证人员是否得到妥善安置；

H. 收集并分析劳动者对职业卫生的抱怨等；

I. 建议检查周期：一季度一次。

劳动者职业安全卫生检查表：

◎ 确保通风、除尘系统开启并正常运行；

◎ 防止纸袋和其他废弃物吸入通风管道；

◎ 注意查找设备泄漏、磨损或损坏的迹象，如发现任何问题，请告诉管理人员，如果你认为有问题，请勿继续工作；

◎ 进餐、喝水前或如厕前后要洗手去除污染物；

◎ 勿用有机溶剂清洁皮肤；

◎ 立即处理粉尘逸散物，使用吸尘器或湿拖布清洁，安全处置粉尘逸散物；

◎ 按要求使用、维护和保存个人防护用品。

应急救援：

◎ 可能发生的事故：主要为化学灼伤、淹溺以及其他伤害（摔伤、刮伤等）。

◎ 应急预案及设施：制定职业卫生应急救援预案、工伤事故应急预案及消防事故应急预案，并定期演练。

◎ 紧急处理及事故报告程序：按照应急预案要求的程序进行。

更多信息：

◎ 参见 GBZ 1、GBZ 2.1、GBZ 2.2、GBZ 158、GBZ 188。

20. 金相检验

文件编号： ××××××

文件名称： 金相检验岗位职业危害识别与预防控制指南。

文件状态： 有效。

岗位名称： 金相检验。

上岗所要求的条件： 岗位操作证、职业健康检查合格和职业卫生安全培训合格。

工作任务： 完成零件金相检验。

上工序： /

下工序： /

主要设备： 切割机、抛光机和预磨机。

主要原、辅材料： 硬度计、金相显微镜、显微硬度计、砂纸、酒精、砂轮片、硝酸和抛光粉。

作业方式和体位： 手工，站位、坐位和弯腰。

负重量、方式及时间： 单手负重：0.3kg，时间：1min/次。

职业危害与危险源点的识别：

◎ 设备：切割、打磨抛光零件时产生噪声和粉尘，零件表面腐蚀时接触乙醇硝酸等有毒物质，使用加热炉时接触高温和热辐射。其他危险源：易燃、易爆物质、安全防护装置缺损、通风设备缺损、设备接地（零）缺损、电气绝缘损坏、急停开关损坏、炽热物体或迸出物、砂轮伤人和钢砂飞溅。

◎ 物料储存和运输：物料存放无序，化学试剂保存不当等。

◎ 人机工效设计：工作台设计不合理，不良体位，采光和照明不良。

◎ 劳动组织和劳动者行为：劳动者配合不当、操作失误，个人防护用品穿戴不规范、违章作业，劳动组织不合理。

◎ 作业环境：地面缺陷，地面绊脚物。

※ 小结：主要存在的职业性有害因素有噪声、乙醇、硝酸和粉尘等。

职业危害控制策略：

√ 安装局部通风、除尘、排毒、净化装置；

√ 配置设备设施防护装置；

√ 正确的个人防护；

√ 制定安全操作规程和作业指导书；

√ 实施职业性有害因素监测与评价、职业健康监护和职业卫生培训；

√ 发放有毒有害作业岗位津贴。

主要职业性有害因素的职业接触限值：

◎ 噪声：见 GBZ 2.2；

◎ 粉尘和毒物：见 GBZ 2.1。

工作场所出入管理：

√ 实施准入制度进入工作区域；

√ 进入现场要穿戴安全帽、工作服、耐酸碱鞋和防护手套；

√ 工作区设置防尘、防毒、防高温及热辐射、防噪声、防灼伤、防砸和防滑等警示标识。

工艺和设备要求：

√ 砂轮切割机和抛光机应设置局部通风除尘及安全防护装置；

√ 使用有毒溶剂应尽量在通风柜内操作；

√ 排出空气应排放至远离门、窗和进风口的安全处；

√ 加热炉应密闭隔热；

√ 提供良好照明。

岗位操作规程：

√ 保持工作环境的清洁、整齐，室内空气新鲜；

√ 工作前按规定穿戴好个人防护用品，严格遵守金相设备的操作规程；

√ 操作者应熟悉各种金相设备的一般性能和结构，不得违章使用；

√ 所有设备上的保险及防护装置不得任意损坏拆卸，必须齐全完整；

√ 严禁戴手套操作旋转设备；

√ 保持磨样机通风良好，防止制样时产生的工业粉尘对操作人员造成伤害；

√ 使用砂轮机时必须遵守砂轮机安全操作规程；

√ 配制发热量大的试剂，如硝酸，均在耐热器皿中进行，配制要特别注意，将酸往水里注入，不得违章操作，防止迸溅引起烧伤和烫伤；

√ 酸碱溶液不得直接倒入下水道内，经稀释后倒入污水桶里，然后倒入排放井里；

√ 各种金相设备发生故障、产生不正常现象时，应立即停机，排除故障；

√ 作业完毕后，清扫作业现场、切断电源方可离开。

设备日常维护：

√ 按设备供应商和安装者的要求，维护设备，使其有效运行。

设备检查和测试：

√ 从生产商那里索取通风设备的设计性能信息，将这些资料存档，以便与将来测试结果比较；

√ 肉眼检查设备损坏的迹象，每周至少巡视一次；

√ 根据设备的性能测试标准，每 12 个月至少检查和测试一次通风设备；

√ 检查和测试结果至少保存 5 年。

作业场所清洁和整理：

√ 现场物品定置摆放，做到无杂物、无积灰、无积水；

√ 每天清洁作业设备和工作区，每周定期清扫其他设备和车间一次；

√ 应立即处理泄漏物，安全处置泄漏物；避免地面积液和油污污染；

√ 坚持地面湿式清扫或负压清扫，禁止用压缩空气清扫卫生；

√ 包装/容器存放在安全处，容器使用后应立即加盖；

√ 安全处理空的包装/容器；

√ 作业现场废物按一般类可回收固体废物和一般类不可回收固体废物进行分类收集。

个人防护用品：

√ 根据现场存在的职业性有害因素的种类和浓度（强度），供应商提供的个人防护用品性能参数，选择适宜的个人防护用品；

√ 穿戴合适的个人防护用品：工作服、安全帽、耐酸碱鞋、防护手套、防尘口罩以及耳塞或耳罩；

√ 作业前必须按规定穿戴好个人防护用品；

√ 保持个人防护用品干净清洁，按规定的间隔时间定期更换。

职业卫生培训：

◎ 劳动者培训内容：

A. 职业病防治的相关法律法规知识；

B. 高温、热辐射、噪声、有毒化学物质和粉尘等职业性有害因素的特性及其可能造成的健康影响与预防控制措施；

C. 岗位操作规程和岗位作业条件；

D. 个人防护用品的使用知识；

E. 简单故障的识别与处置及事故的报告方法；

F. 设备操作系统的检查和使用方法；

G. 皮肤和衣物污染的清洁处理方法；

H. 中暑、烫伤的自救和互救知识；

I. 急救箱的使用方法。

◎ 培训类型：上岗前、定期、换（转）岗培训。

◎ 培训方式：培训班、班组会、宣传栏、典型事故分析会、合同告知、网络、报纸、电视和广播宣传等。

职业卫生检查：

◎ 企业职业卫生管理部门检查：

A. 通风、除尘、隔热和降噪装置是否完好；

B. 物料管理是否规范；

C. 作业场所高温、粉尘、有毒物质和噪声等职业性有害因素是否超标；

D. 车间地面是否平整防滑，易于行走；

E. 作业场所的警示标识是否完善；

F. 劳动者是否按照作业指导书进行操作；

G. 劳动组织是否合理；

H. 车间有无“跑冒滴漏”现象；

I. 现场清理、清洁、整顿和整理等检查；

J. 劳动者个人防护用品使用是否规范；

K. 建议检查周期：一月一次。

◎ 工会监督检查：

A. 车间是否有职业卫生监督员；

B. 工时和劳动组织是否合理；

C. 个人防护用品是否按照标准发放；

D. 保健津贴是否按时足额发放；

E. 更衣室、洗浴间和休息室等卫生设施是否齐备；

F. 防暑降温措施是否落实；

G. 职业禁忌证人员是否得到妥善安置；

H. 收集并分析劳动者对职业卫生的抱怨等；

I. 建议检查周期：一季度一次。

劳动者职业安全卫生检查表：

◎ 检查设备仪表是否显示正常；

◎ 注意查找设备泄漏、磨损或损坏的迹象，如发现任何问题，请告诉管理人员，如果你认为有问题，请勿继续工作；

◎ 进餐、喝水前或如厕前后要洗手去除污染物；

◎ 勿用有机溶剂清洁皮肤；

◎ 应立即处理泄漏物，使用颗粒物或湿拖布清洁，安全处置泄漏物；

◎ 按提供的说明使用、维护和保存任何个人防护用品；

◎ 确保通风系统开启并正常运行。

应急救援：

◎ 可能发生的事故：主要为烧灼伤、烫伤、砸伤、机械挤压伤害和火灾事故。

◎ 应急预案及设施：制定职业卫生应急救援预案、工伤事故应急预案及消防事故应急预案，并定期演练。

◎ 紧急处理及事故报告程序：按照应急预案要求的程序进行。

更多信息：

◎ 参见 GBZ 1、GBZ 2.1、GBZ 2.2、GBZ 158、GBZ 188。

21. X 射线探伤

文件编号： ××××××

文件名称： X 射线探伤岗位职业危害识别与预防控制指南。

文件状态： 有效。

岗位名称： X 射线探伤。

上岗所要求的条件： 放射作业人员证、特种作业岗位操作证、设备操作证、职业健康检查合格和职业安全卫生培训合格。

工作任务： 按照工艺要求探伤检测工件。

上工序： /

下工序： /

主要设备： X 射线探伤机。

主要原、辅材料： 铸件。

作业方式和体位：

◎ 作业方式：半自动、全自动。

◎ 体位：10% 时间站位，70% 时间坐位，20% 时间弯腰。

负重量、方式及时间： 双手负重，约 2 ~ 30kg，1 ~ 2h/d。

职业危害与危险源点的识别：

◎ 设备：X 射线探伤时产生 X 射线、氮氧化物和臭氧等；风机运行产生噪声。其他危险源：电器绝缘损坏、电器接地（零）不良等所产生的用电安全问题；安全装置缺陷等。

◎ 物料储存和运输：物料存放无序，运输通道不畅。

◎ 人机工效设计：工作台设计不合理，工作椅设计不合理，视屏作业，不良体位，采光和照明不良。

◎ 劳动组织和劳动者行为：劳动者配合不当，操作失误，个人防护用品穿戴不规范，违章作业。

◎ 作业环境：地面缺陷，地面绊脚物。

※ 小结：主要存在的职业性有害因素为 X 射线。

职业危害控制策略：

√ 配置辐射防护屏蔽设施；设备设施密闭隔离；

√ 配置安全保护装置；

√ 改善工效条件并加强物料管理；

√ 制定安全操作规程和作业指导书；

√ 实施职业性有害因素监测与评价、职业健康监护和职业卫生培训；

√ 作业场所出入管理；

√ 作业人员按要求佩戴个人剂量计，定期更换及检测；

√ 发放有毒有害作业岗位津贴；

√ 正确的个人防护。

主要职业性有害因素的职业接触限值：

◎ X 射线：见 GBZ 117，GB 18871。

工作场所出入管理：

√ 实施准入制度进入工作区域；

√ 进入现场要穿戴防护服、防砸鞋和手套等防护用品；

√ 工作区设置防触电和防电离辐射警示标识，设置放射工作指示灯。

工艺和设备要求：

√ 设备应设置防辐射屏蔽设施；

√ 控制室应与探伤间分开或隔离；

√ 探伤间防护门应采用嵌接设计，并与工作指示灯联锁；

√ 工作场所应设置电离辐射警示标识，设置工作指示灯。

岗位操作规程：

√ 设备操作人员必须取得相应的培训合格证后方能上岗；

√ 工作前按规定穿戴好个人防护用品；

√ 操作者应熟悉设备一般性能和结构，按设备操作规程进行操作，不得违章使用；

√ 作业前应检查设备安全装置是否有效，信号指示是否正常，作业时严格遵循设备操作规程；

√ 操作人员作业时必须佩戴个人剂量计；

√ 上下铸件时应尽量轻拿轻放铸件，以减少噪声污染；

√ 上下铸件时禁止开启 X 射线探伤机；

√ 设备出现异常应立即切断电源，并报告主管领导请专业技术人员进行检查，操作者不得擅自处理；

√ 作业完毕后，清扫作业现场、切断电源方可离开。

设备日常维护：

√ 按设备供应商和安装者的要求，维护设备使其有效运行；

√ 在开启或进入探伤系统前，应遵循各种专门的操作规定。

设备检查和测试：

√ 肉眼检查设备坏损的迹象，每周至少巡视一次。

作业场所清洁和整理：

√ 现场物品定置摆放，做到无杂物、无积灰、无积水；

√ 坚持地面湿式清扫或负压清扫，禁止用压缩空气清扫卫生。

个人防护用品：

√ 根据现场存在的职业性有害因素的种类和浓度（强度），供应商提供的个人防护用品性能参数，选择适宜的个人防护用品；

√ 根据需要选用防辐射工作服、帽、眼镜和围脖等防辐射用品；

√ 作业前必须按规定穿戴好个人防护用品；

√ 保持个人防护用品干净清洁，按规定的间隔时间定期更换。

职业卫生培训：

◎ 劳动者培训内容：

A. 职业病防治的相关法律法规知识；

B. 电离辐射等职业性有害因素的特性及其可能造成的健康影响与预防控制措施；

C. 岗位操作规程和岗位作业条件；

D. 个人防护用品的使用知识；

E. 个人剂量计的佩戴要求；

F. 事故的报告方法；

G. 设备操作系统的检查和使用方法；

H. 急救箱的使用方法。

◎ 培训类型：上岗前、定期、换（转）岗培训。

◎ 培训方式：培训班、班组会、宣传栏、典型事故分析会、合同告知、网络、报纸、电视和广播等。

职业卫生检查：

◎ 企业职业卫生管理部门检查：

A. 辐射防护装置是否完好；

B. 物料管理是否规范；

C. 作业场所 X 射线是否超标；

D. 车间地面是否平整防滑，易于行走；

E. 作业场所的警示标识是否完善；

F. 劳动者是否按照作业指导书进行操作；

G. 作业人员个人剂量计佩戴是否规范；

H. 车间有无“跑冒滴漏”现象；

I. 现场清理、清洁、整顿和整理等检查；

J. 劳动者个人防护用品使用是否规范；

K. 建议检查周期：一月一次。

◎ 工会监督检查：

A. 车间是否有职业卫生监督员；

B. 工时和劳动组织是否合理；

C. 个人防护用品是否按照标准发放；

D. 保健津贴是否按时足额发放；

E. 更衣室和休息室等卫生设施是否齐备；

F. 预防控制措施是否落实；

G. 职业禁忌证人员是否得到妥善安置；

H. 收集并分析劳动者对职业卫生的抱怨等；

I. 建议检查周期：一季度一次。

劳动者职业安全卫生检查表：

◎ 确保通风系统开启并正常运行；

◎ 检查警示标识是否完好，工作指示灯是否正常；

◎ 注意查找设备泄漏、磨损或损坏的迹象，如发现任何问题，请告诉管理人员，如果你认为有问题，请勿继续工作；

◎ 进餐、喝水前或如厕前后要洗手去除污染物；

◎ 勿用有机溶剂清洁皮肤；

◎ 按要求使用、维护和保存个人防护用品。

应急救援：

◎ 可能发生的事故：主要为工伤事故，外照射放射事故。

◎ 应急预案及设施：制定职业卫生应急救援预案、工伤事故应急预案及消防事故应急预案，并定期演练。

◎ 紧急处理及事故报告程序：按照应急预案要求的程序进行。

更多信息：

◎ 参见 GBZ 1、GBZ 117、GB18871、GBZ 158、GBZ 188。

22. 超声波探伤

文件编号： ××××××

文件名称： 超声波探伤岗位职业危害识别与预防控制指南。

文件状态： 有效。

岗位名称： 超声波探伤。

上岗所要求的条件： 设备操作证、职业健康检查合格和职业安全卫生培训合格。

工作任务： 按照操作规程和工艺要求检测铸件。

上工序： /

下工序： /

主要设备： 超声波探伤机。

主要原、辅材料： 防锈液和铸件。

作业方式和体位：

◎ 作业方式：半自动。

◎ 体位：80%时间站位，20%弯腰。

负重量、方式及时间： 基本不负重。

职业危害与危险源点的识别：

◎ 设备：超声波探伤时产生噪声、超声波和电磁辐射，上下料时接触防锈液等有害物质。其他危险源：易燃、易爆物质、安全防护装置缺损、通风设备缺损、设备接地（零）缺损、电气绝缘损坏、铸件毛刺棱角外露，铸件滑落、制动器缺陷、吊物坠物等。

◎ 物料储存和运输：物料存放无序，化学试剂保存不当等。

◎ 人机工效设计：工作台设计不合理，不良体位，采光和照明不良。

◎ 劳动组织和劳动者行为：劳动者配合不当，操作失误，个人防护用品穿戴不规范，违章作业，劳动组织不合理。

◎ 作业环境：地面缺陷，地面积水、积液，地面绊脚物。

※ 小结：主要存在的职业性有害因素有噪声、电磁辐射和超声波等。

职业危害控制策略：

√ 设备设施密闭隔离；

√ 屏蔽电磁辐射；

√ 配置安全保护装置；

√ 配置通风、排毒和降噪装置；

√ 改善工效条件并加强物料管理；

√ 制定安全操作规程和作业指导书；

√ 实施职业性有害因素监测与评价、职业健康监护和职业卫生培训；

√ 发放有毒有害作业岗位津贴；

√ 正确的个人防护。

主要职业性有害因素的职业接触限值：

◎ 噪声和电磁辐射：见 GBZ 2.2。

工作场所出入管理：

√ 实施准入制度进入工作区域；

√ 进入现场要穿戴安全帽、工作服、普通工作鞋和手套等个人防护用品；

√ 工作区设置防噪声、防触电和防止挤压伤等警示标识。

工艺和设备要求：

√ 提供良好照明；

√ 物料转运应尽量采用自动化，减少工件相互碰撞产生的噪声；

√ 工作台设计考虑工效学要求。

岗位操作规程：

√ 工作前按规定穿戴好个人防护用品；

√ 超声波探伤将铸件放入胎具时应小心，要准确、缓慢，防止动作过猛或动作不当将防锈液溅出；

√ 对更换下来的防锈液要单独存放与处理；

√ 设备出现“跑冒滴漏”现象时，操作工及时向当班班长及维修工反映，及时进行处理；

√ 给设备加油时要小心操作，避免溅出造成污染；

√ 作业现场的少量积油，用废砂或棉纱粘附残留废油，清扫干净后，倒入一般类不可回收废物存放斗；

√ 作业前必须按规定穿戴好个人防护用品；

√ 作业前认真检查设备各传动部位及安全防护装置是否完好并对操作的设备及作业现场进行安全确认；

√ 操作单梁天车，必须注意：

A. 检查钢丝绳、吊钩是否满足安全要求；

B. 严禁超负荷起吊，严禁歪拉斜吊；

C. 必须四点起吊；

D. 吊运物体，严禁从人员头上通过。

√ 作业完毕后，清扫作业现场、切断电源方可离开。

设备日常维护：

√ 按设备供应商和安装者的要求，维护设备，使其有效运行；

√ 密闭系统的维修工作，应实施“准入证”制度；

√ 在开启或进入密闭系统前，例如净化和清洗，应遵循各种专门的操作规定。

设备检查和测试：

√ 从生产商那里索取通风设备的设计性能信息，将这些资料存档，以便与将来测试结果比较；

√ 肉眼检查设备损坏的迹象，每周至少巡视一次；

√ 根据设备的性能测试标准，每 12 个月至少检查和测试一次通风设备；

√ 检查和测试结果至少保存5年。

作业场所清洁和整理：

√ 现场物品定置摆放，做到无杂物、无积灰、无积水；

√ 容器应存放在安全处，安全处置空的容器；

√ 容器使用后应立即加盖；

√ 应立即处理泄漏物，安全处置泄漏物；避免地面积液和油污污染；

√ 坚持地面湿式清扫或负压清扫，禁止用压缩空气清扫卫生。

个人防护用品：

√ 根据现场存在的职业性有害因素的种类和浓度（强度），供应商提供的个人防护用品性能参数，选择适宜的个人防护用品；

√ 穿戴合适的个人防护用品：工作服、安全帽、普通工作鞋、防护手套以及耳塞或耳罩；

√ 作业前必须按规定穿戴好个人防护用品；

√ 保持个人防护用品干净清洁，按规定的间隔时间定期更换。

职业卫生培训：

◎ 劳动者培训内容：

A. 职业病防治的相关法律法规知识；

B. 噪声、电磁辐射等职业性有害因素的特性及其可能造成的健康影响与预防控制措施；

C. 岗位操作规程和岗位作业条件；

D. 个人防护用品的使用知识；

E. 皮肤衣物清洁方法；

F. 简单故障的识别与处置及事故的报告方法；

G. 设备操作系统的检查和使用方法；

H. 急救箱的使用方法。

◎ 培训类型：上岗前、定期、换（转）岗培训。

◎ 培训方式：培训班、班组会、宣传栏、典型事故分析会、合同告知、网络、报纸、电视和广播等。

职业卫生检查：

◎ 企业职业卫生管理部门检查：

A. 通风、除尘、减振和降噪装置是否完好；

B. 物料管理是否规范；

C. 作业场所粉尘和噪声是否超标；

D. 车间地面是否平整防滑，易于行走；

E. 作业场所的警示标识是否完善；

F. 劳动者是否按照作业指导书进行操作；

G. 车间有无“跑冒滴漏”现象；

H. 现场清理、清洁、整顿和整理等检查；

I. 劳动者个人防护用品使用是否规范；

J. 建议检查周期：一月一次。

◎ 工会监督检查：

A. 车间是否有职业卫生监督员；

B. 工时和劳动组织是否合理；

C. 个人防护用品是否按照标准发放；

D. 保健津贴是否按时足额发放；

E. 更衣室、洗浴间和休息室等卫生设施是否齐备；

F. 预防控制措施是否落实；

G. 职业禁忌证人员是否得到妥善安置；

H. 收集并分析劳动者对职业卫生的抱怨等；

I. 建议检查周期：一季度一次。

劳动者职业安全卫生检查表：

◎ 确保通风、除尘系统开启并正常运行；

◎ 防止纸袋和其他废弃物吸入通风管道；

◎ 注意查找设备泄漏、磨损或损坏的迹象，如发现任何问题，请告诉管理人员，如果你认为有问题，请勿继续工作；

◎ 进餐、喝水前或如厕前后要洗手去除污染物；

◎ 勿用有机溶剂清洁皮肤；

◎ 立即处理粉尘逸散物，使用吸尘器或湿拖布清洁，安全处置粉尘逸散物；

◎ 按要求使用、维护和保存个人防护用品。

应急救援：

◎ 可能发生的事故：主要为工伤事故，如跌落、滑倒、机械卷入损伤以及电击伤等。

◎ 应急预案及设施：制定职业卫生应急救援预案、工伤事故应急预案及消防事故应急预案，并定期演练。

◎ 紧急处理及事故报告程序：按照应急预案要求的程序进行。

更多信息：

◎ 参见GBZ 1、GBZ 2.1、GBZ 2.2、GBZ 158、GBZ 188。

23. 天车

文件编号：××××××

文件名称：天车岗位职业危害识别与预防控制指南。

文件状态：有效。

岗位名称：天车。

上岗所要求的条件：特种作业操作证、设备操作证、职业健康检查合格和职业安全卫生培训合格。

工作任务：起吊物挂钩、起吊、运输和就位。

上工序：/

下工序：/

主要设备：天车。

主要原、辅材料：钢丝绳（取物装置）、料斗和起吊物。

作业方式和体位：

◎ 作业方式：半自动。

◎ 体位：坐位。

负重量、方式及时间：不负重。

职业危害与危险源点的识别：

◎ 设备：起吊、运输、就位过程中产生噪声，车间粉尘、毒物逸散时存在尘、毒危害。其他危险源：钢丝绳缺陷，制动器缺陷，控制器缺陷，防护装置缺损，限位装置缺陷，登高梯台缺损，吊具不完好，吊物异常移动、信号装置缺损，轨道缺陷，撞击出轨，走轮缺陷，轨道固定螺钉断裂，防护玻璃破损，天车主轴断裂，转运包吊轴断裂，天车杂物堆放，电器绝缘损坏，电器接地（零）不良等。

◎ 物料储存和运输：物料存放无序，运输通道不畅，物料超负，输送过程物料泄漏。

◎ 人机工效设计：工作台、工作椅设计不合理，视界阻挡，不良体位，采光和照明不良。

◎ 劳动组织和劳动者行为：蹬高油倒，劳动者配合不当，操作失误，斜拉歪吊，个人防护用品穿戴不规范，违章作业。

◎ 作业环境：地面缺陷，环境高温，环境低温。

※ 小结：主要存在的职业性有害因素有粉尘、毒物、噪声和高温等。

职业危害控制策略：

√ 天车驾驶室应配备通风设施，供应清洁空气，采取隔声降噪措施；

√ 配置安全保护装置；

√ 起吊、就位操作尽量平稳；

√ 改善工效条件，工作台设计符合工效学原理；

√ 加强物料管理，避免无组织存放；

√ 制定安全操作规程和作业指导书；

√ 实施职业性有害因素监测与评价、职业健康监护和职业卫生培训；

√ 发放有毒有害作业岗位津贴；

√ 正确的个人防护。

主要职业性有害因素的职业接触限值：

◎ 噪声和高温：见 GBZ 2.2；

◎ 粉尘和毒物：见 GBZ 2.1。

工作场所出入管理：

√ 实施准入制度进入工作区域；

√ 进入现场要穿戴安全帽、工作服和防滑鞋；

√ 工作区设置防噪声、防砸、防滑、防挤压和当心吊物等警示标识。

工艺和设备要求：

√ 采取措施防止装载过满，如使用荷载电感器；

√ 采取有效方法减缓和/或控制装载速度；

√ 天车驾驶室应配备通风设施；

√ 天车驾驶室采取隔声降噪措施；

√ 天车驾驶室工作台设计符合工效学原理；

√ 通信指挥系统完善；

√ 钩头和滑轮符合要求；

√ 钢丝绳符合要求，无磨损、无断丝超标、无扭结、无压扁、无弯折；

√ 制动轮闸皮摩擦片磨损符合尺寸要求；

√ 抓斗限位开关灵活可靠；

√ 提供良好照明。

岗位操作规程：

√ 工作前按规定穿戴好个人防护用品；

√ 登天车梯子时要逐层登梯，手扶栏杆；

√ 天车工须经训练考试，并持有操作证方能独立操作，未经专门训练或者考试不合格者不得单独操作；

√ 开车前应认真检查机械设备、电气部分和防护保险装置，确保完好、可靠，如果控制器、制动器、限位器、电铃以及紧急开关等主要附件失灵，严禁吊运；

√ 检查钩头和滑轮是否有变形和破裂现象；

√ 检查钢丝绳是否磨损、断丝超标、扭结、压扁、弯折；

√ 制动轮闸皮摩擦片磨损不得超过原尺寸的 50%；

√ 检查抓斗限位开关是否灵活可靠；

√ 必须听从挂钩起重人员的指挥，但如果有任何人发出紧急停车信号，都应立即停车；

√ 天车工必须在得到指挥信号后方可操作，天车启动时应先鸣铃；

√ 操作控制手柄时，应先从“0”位转到第一挡，然后逐级增减速度，换向时，必须先转到“0”位；

√ 天车在运行过程中运行的速度要均匀，严禁打反车制动，以减少噪声污染；

√ 当接近卷扬限位器，大小车临近终端或与邻近行车相遇时，速度要缓慢，不准用倒车代替制动；

√ 应在规定的安全走道、专用站台或扶梯上行走和上下，天车轨道两侧除检修外不准行走，小车轨道上严禁行走，不准从一台行车跨越到另一台行车上；

√ 作业停歇时，不得将起重物悬在空中停留，运行中，地面有人或落放吊件时应鸣铃警告，严禁吊物从人头上越过，吊运物件离地不得过高；

√ 中转包铁水过满禁止吊运，严禁超负荷起吊、歪拉斜吊，吊运料箱时必须四点起吊；

√ 两台天车起吊同一物件时，要有专人指挥，听候口令，确保步调一致；

√ 检修行车应停靠在安全地点，切断电源，悬挂“禁止合闸”的警示牌，必要时设专人监护；

√ 重吨位物件起吊时，应先稍离地试吊，确认吊挂平稳，制动良好，然后升高，缓慢运行，不准同时操作三只控制手柄；

√ 天车运行时，严禁有人上下，也不准在运行时进行检修和调整机件；

√ 运行中发生突然停电，必须将开关手柄放置到“0”位，起吊件未放下或索具未脱钩，不准离开驾驶室；

√ 夜间作业应有充分的照明；

√ 工作完毕，行车应停在规定的位置升起吊钩，小车开到轨道两端，并将控制手柄置“0”位，切断电源；

√ 作业完毕后，清扫作业现场、切断电源方可离开。

设备日常维护：

√ 按设备供应商和安装者的要求，维护所有设备，使其有效运行；

√ 定期加油；

√ 由具备资质的单位进行维修。

设备检查和测试：

√ 每天作业前点检；

√ 每月至少全面检查一次；

√ 每2年安全定期检验一次；

√ 检查和测试结果至少保存5年。

作业场所清洁和整理：

√ 每天清洁作业设备和工作区，每周定期清扫其他设备和车间一次。

个人防护用品：

√ 根据现场存在的职业性有害因素的种类和浓度（强度），供应商提供的个人防护用品性能参数，选择适宜的个人防护用品；

√ 穿戴合适的个人防护用品：安全帽、工作服、防滑鞋和手套等；

√ 作业前必须按规定穿戴好个人防护用品；

√ 保持个人防护用品干净清洁，按规定的间隔时间定期更换。

职业卫生培训：

◎ 劳动者培训内容：

A. 职业病防治的相关法律法规知识；

B. 粉尘、毒物、噪声和高温等职业性有害因素的特性及其可能造成的健康影响与预防控制措施；

C. 岗位操作规程和岗位作业条件；

D. 个人防护用品的使用知识；

E. 简单故障的识别与处置及事故的报告方法；

F. 设备操作系统的检查和使用方法；

G. 摔伤、挤压伤、打击伤等工伤的自救和互救知识；

H. 急救箱的使用方法。

◎ 培训类型：上岗前、定期、换（转）岗培训。

◎ 培训方式：培训班、班组会、宣传栏、典型事故分析会、合同告知、网络、报纸、电视和广播等。

职业卫生检查：

◎ 企业职业卫生管理部门检查：

A. 通风、除尘、减振和降噪装置是否完好；

B. 物料管理是否规范；

C. 作业场所粉尘和噪声是否超标；

D. 车间地面是否平整防滑，易于行走；

E. 作业场所的警示标识是否完善；

F. 劳动者是否按照作业指导书进行操作；

G. 车间有无“跑冒滴漏”现象；

H. 现场清理、清洁、整顿和整理等检查；

I. 劳动者个人防护用品使用是否规范；

J. 建议检查周期：一月一次。

◎ 工会监督检查：

A. 车间是否有职业卫生监督员；

B. 工时和劳动组织是否合理；

C. 个人防护用品是否按照标准发放；

D. 保健津贴是否按时足额发放；

E. 更衣室、洗浴间和休息室等卫生设施是否齐备；

F. 预防控制措施是否落实；

G. 职业禁忌证人员是否得到妥善安置；

H. 收集并分析劳动者对职业卫生的抱怨等；

I. 建议检查周期：一季度一次。

劳动者职业安全卫生检查表：

◎ 确保通风、除尘系统开启并正常运行；

◎ 防止纸袋和其他废弃物吸入通风管道；

◎ 注意查找设备泄漏、磨损或损坏的迹象，如发现任何问题，请告诉管理人员，如果你认为有问题，请勿继续工作；

◎ 进餐、喝水前或如厕前后要洗手去除污染物；

◎ 勿用有机溶剂清洁皮肤；

◎ 立即处理粉尘逸散物，使用吸尘器或湿拖布清洁，安全处置粉尘逸散物；

◎ 按要求使用、维护和保存个人防护用品。

应急救援：

◎ 可能发生的事故：主要为摔伤和砸伤等工伤事故。

◎ 应急预案及设施：制定职业卫生应急救援预案、工伤事故应急预案及消防事故应急预案，并定期演练。

◎ 紧急处理及事故报告程序：按照应急预案要求的程序进行。

更多信息：

◎ 参见 GBZ 1、GBZ 2. 1、GBZ 2. 2、GBZ 158、GBZ 188。

第 3 部分

锻造作业职业危害识别、分析与控制

一、锻造作业职业危害识别与分析

（一）工艺技术、材料和设备

锻造是塑性加工的重要分支，它是利用材料的可塑性，借助外力的作用产生塑性变形，使锻件达到所需形状、尺寸和一定组织性能。锻造工艺灵活多样，仅以成型工序而言，同一种模锻件就可以采用不同设备或方法完成。锻件的强度及可靠性很高，广泛应用于汽车发动机、变速器、转向器以及行走部分总成的零件上。锻造的分类方法有多种，详见表 3.1。

表 3.1　锻造的分类方法

分类	名称	特　点
按工具及模具安置情况	自由锻	靠固定的平砧或型砧成型
	胎模锻	锻模为可移动式
	模锻	锻模为固定式
按温度	热锻	终锻温度高于再结晶温度的锻造过程，工件温度高于模具温度
	等温锻	模具带加热和保温装置
	冷锻	指室温下进行的或低于工件再结晶温度的锻造
	温锻	介于热锻及冷锻之间的加热锻造
按运动	普通模锻	模具相对于坯料作直线往复运动
	辊锻	毛坯作直线运动，两辊锻模做旋转运动，转向相反，其旋转轴线与毛坯运动方向垂直
	横轧	轧辊轴线相互平行，旋转方向相同，轧件旋转轴线与轧辊旋转轴线平行，但旋转方向相反
	斜轧	轧辊轴线交叉成一个小角度，其旋转方向相同。轧件在两辊交叉中心线上作与轧辊旋转方向相反的运动
	摆辗	转头除自转外还作公转，工件不转动，但有轴向给进运动
	径向锻造	坯料周围对称分布几个锤头，沿坯料径向进给，高频率同步锻打，坯料通常边旋转边送进

1. 工艺流程

锻造基本工艺流程如图 3. 1 所示。

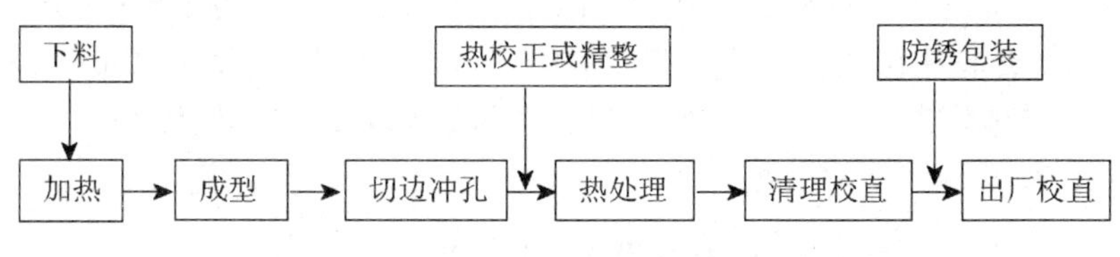

图 3. 1　锻造工艺流程图

2. 主要工序及设备

（1）切断

多用切断机来切断型钢，使其作为热锻前的坯料。常见的切断机有棒料剪切机、联合冲剪机、鳄鱼式剪断机、曲轴压力机、往复锯床、圆盘锯盒带锯床、砂轮切割机床以及管子切割机。

（2）热锻

包括加热工序、辊压工序、锤锻工序、机锻工序及切边工序。

加热工序：主要有柴油或煤油加热炉和中频感应加热装置。

辊压工序：辊锻机用于预锻和终成型，在大量生产时与锻压机或锻锤相配合，可显著提高锻件的生产效率。辊锻工序也采用自动化，通过机械手将热坯料自动送进和送出辊锻件。

锤锻工序：锤锻是利用其下落部分的冲击力进行锻造，目前多使用压力机来替代锻锤。

机锻工序：机械压力机由于具有易于自动化、作业环境好以及不需熟练工等优点，已成为热锻工艺主流设备，常用的机械压力机有螺旋压力机、热模锻压机、平锻机以及高速舵工位自动热镦机。

切边工序：在开式模锻时，模锻件周围都有飞边，对于具有透孔的锻件，模锻后在孔内一般都有连皮。为了得到合格的锻件，应切除飞边和连皮。其切除工序通常采用切边机，也采用锻压机或锻锤。

（3）冷锻工序及设备

冷锻成型工艺包括反挤压、正挤压、复合挤压和镦锻等。冷锻设备有机械压力机和液压压力机，除长轴类零件外，多采用机械压力机。机械压力机生产效率高。

（4）温锻工序设备

温锻的锻压温度介于热锻和冷锻之间，而工序和设备基本与热锻和冷锻相同。温锻一般采用机械压力机或液压压力机等设备。

（5）特殊锻造

有辊锻、碾环、横轧与斜轧和摆动碾压等。

（6）锻件的清理、精压和校正及设备

锻件清理：常用的方法有滚筒清理、喷丸清理、抛丸清理及酸洗等。

锻件精压：为提高模锻件的尺寸精度和降低表面粗糙度，通常采用精压的方法。常使用精轧机、曲柄压力机以及摩擦压力机或模锻锤等压力设备。

锻件校正：锻件在锻造生产的各生产工序及其传递过程中，会产生弯曲和扭转等变形，为消除这种变形需进行校正，分为热校正和冷校正两类。可使用热模锻压力机、摩擦压力机等设备进行热校正；使用摩擦压力机、曲柄压力机和油压校正机等设备进行冷校正。

3. 岗位及工种分布

备料工：负责各品种锻件所需坯料的准备，分为锯切与剪切两种下料方式。

锻工：负责锻件的成形过程。

热处理工：对锻件进行热处理，以达到所要求的机械性能、晶相组织以及硬度要求。

清校工：负责锻件表面氧化皮的清理、部分锻件的校正或探伤检查。包括砂轮工（从事锻件残留毛刺及折纹的打磨）、喷丸工（负责锻件在喷丸机上下装卸的工作）、酸洗工（将锻件装入酸洗筐或专用夹具，浸入酸洗槽进行酸洗）以及其他辅助工种（包括电气焊、模修、热处理和空压工等）。

某锻造厂生产工人工种明细如表 3. 2 所示。

表 3. 2　某锻造厂不同工种生产工人分布情况

序号	工种	人数	构成比（%）
1	锻工	254	45. 9
2	热处理工	94	17. 0
3	剪床工	48	8. 7
4	电气焊工	38	6. 9
5	喷丸工	28	5. 1
6	模修工	25	4. 5
7	压力容器运行工	23	4. 2
8	砂轮工	22	4. 0
9	探伤工	12	2. 2
10	筑炉工	5	0. 9
11	钣金工	4	0. 7
合　计		553	100. 0

4. 主要的职业性有害因素

锻造生产中所使用的各类设备，尤其是锻锤等冲击成型设备会产生强烈的噪声和振动，对锻件和坯料的清理和热处理过程中会产生和释放大量的有害气体，锻造还可产生高温和热辐射等职业性有害因素。

（1）振动

模锻锤及各种自由锻锤产生振动。

（2）噪声

锻锤锻造过程和锻造业所固有的本质特点是高速冲击。在锻造车间内，完成锻造工艺冲击性锻压设备的负荷往往是短期高峰负荷，它一方面使机器受力构件承受冲击而产生冲击振动和噪声，另一方面使设备周围的空气受到高压气流的冲击而产生空气动力性噪声。锻造车间的噪声主要是机械性噪声和空气动力性噪声。

（3）粉尘

锻造生产中加热炉所使用的燃料有煤气、油和煤等，大部分是燃煤，少部分燃油或煤气、电加热。煤和油燃烧产生一氧化碳、二氧化碳和氮氧化物等有毒物质，煤还产生煤尘和煤飞灰。另外，对锻件表面进行清理时，采用打磨和喷砂清理去氧化铁皮时可产生粉尘。

（4）有害物质

其主要来源于锻件酸洗时所使用的硝酸、硫酸、盐酸和氢氧化钠等；锻件热处理过程中所产生的油烟、一氧化碳、氨气和氮氧化物等。

（5）高温和热辐射

锻造车间的锻造加热炉常是开放式的，炉温可达 800～900℃，通过热辐射和对流，将高温扩散到整个车间；即使加热炉是密闭的，劳动者在投料或取锻件及锻打过程中，仍可受到高温和热辐射的危害。此外，锻件热处理过程中，也可产生较强的高温及热辐射危害。

主要锻造工种所存在的职业性有害因素如表 3.3 所示。

表 3.3　锻造工种（位）与职业性有害因素对应表

工种（位）	职业性有害因素
锻工	烟尘、高温和热辐射、噪声和振动
热处理	烟尘、高温和热辐射、噪声和一氧化碳等
剪切	噪声和粉尘
酸洗	酸碱及酸碱雾
喷丸	粉尘和噪声
模修	粉尘和噪声
砂轮	粉尘和噪声
探伤	X 射线

（二）主要职业性有害因素检测结果与分析

1. 振动

锻造车间最大的振动由模锻锤及各种自由锻锤产生，锻锤的基础是振源，锻工的操作位置处在锻锤基础上，其所接触的振动属全身振动。使用自由锻时，锻工手持锻件接触手传振动。

2. 噪声

（1）分布与强度

噪声在锻造车间广泛存在，表 3.4 显示了某锻造车间各类设备噪声实测数据。

表 3.4　某锻造车间噪声检测结果

设备名称	测点距离（m）	噪声值 dB（A）
250kg 空气锤	1	100
560kg 空气锤	1	100
750kg 空气锤	1	102
煤气热处理炉	1	86
9－2T－12#风机	1	108
高压泵电机	1	100
减速机	1	108
高压泵	1	96
3000kN 平锻机	1.5	98
8000kN 平锻机	1.5	106

续表

设备名称	测点距离（m）	噪声值 dB（A）
40MN 锻压机	1.5	110
26MN 锻压机	1.5	105
煤气加热炉	1.5	92
5t 模锻锤	2.5	120
1t 自由锻锤	3	96
2t 自由锻锤	3	101
1t 空气锤	4	98
压缩空气站	4	98
5MN 剪床	/	85
平均	1.8	100 ± 8

从表 3.4 看出，有 11 台（套、点）设备产生的噪声强度超过 100dB(A)，范围在 100 ~ 120dB(A) 之间，占 63.64%，这些设备所产生的最低噪声也达到 85dB(A)，车间平均噪声则达 90 ~ 100dB(A)、瞬时峰值可达 105 ~ 115dB(A)。从这些数据可以看出锻造车间噪声危害是非常严重的。

表 3.5 列出了锻造厂不同工种（位）噪声接触水平，锻件校正、锻压、打磨、砂轮、抛丸、模锻作业、清校、自由锻以及探伤等工种噪声强度大。

表 3.5　锻造厂不同工种（位）噪声接触情况分析（2007 ~ 2009 年）　单位：dB（A）[1]

工种（位）	均值（n）	范围
锻件校正	94.0（4）	90.8 ~ 98.6
锻压	93.54（22）	86.4 ~ 98.7
打磨	91.23（3）	88.2 ~ 93.9
砂轮	90.69（9）	78.4 ~ 103.2
抛丸	89.68（8）	84.9 ~ 94
模锻作业	88.50（5）	84.8 ~ 95.5
清校	88.43（6）	83.3 ~ 98.6
锻压车间辅助工种	87.21（19）	78.6 ~ 93.9
自由锻	85.90（1）	—
探伤	85.80（1）	—
备料	81.82（6）	75.9 ~ 90.2
热处理	81.16（5）	75.7 ~ 84.5
热处理辅助工	80.35（4）	77.4 ~ 84.2
模修	78.42（5）	75.2 ~ 82.4

注：[1] 8h 等效声级。

3. 高温和热辐射检测结果

对某锻造车间高温作业工位的热辐射进行检测，共检测48个作业点，辐射热最高可达1.24 kW/cm^2；对48个作业点的温度进行检测，WBGT指数最高可达38℃。表明锻造车间高温作业特点以高温和强辐射热作业为主。详见表3.6。

表3.6　不同工位锻造作业高温热辐射和WBGT指数检测结果

工种	热辐射（kW/cm^2）		WBGT指数（℃）	
	均值（n）	范围	均值（n）	范围
锻压	0.16（14）	0.09～0.36	29.86（14）	25～38
热处理	0.30（5）	0.17～0.4	31.00（5）	28～35
自由锻	0.49（5）	0.21～1.24	32.60（5）	28～37
合计	0.26（24）	0.09～1.24	30.67（24）	25～38

4. 有毒气体

对所调查的锻造厂酸洗车间酸洗槽硫酸雾检测结果分析显示，硫酸雾浓度在0.5～10.7mg/m^{3}之间，平均浓度3.33mg/m^3，超过国家卫生标准（2mg/m^3）。

5. 粉尘

所调查的锻造厂加热炉主要采用电加热的方法，个别使用燃油加热，因此车间内烟尘主要以粉尘为主，该锻造厂车间粉尘检测结果见表3.7～3.8、图3.2。

表3.7　1993～2002年某汽车锻造厂粉尘浓度检测结果　　单位：mg/m^3

车间	工位	1993年	1994年	1997年	1998年	1999年	2000年	2001年	2002年
重锻车间	锻压机操作工位	4.4	3.4	4.1	3.7	3.4	4.6	5.6	4.3
轻锻车间	锻压机操作工位	4.8	3.5	4.7	5.0	3.6	4.6	6.4	5.6
前梁车间	锻压机操作工位	24.0	1.6	5.1	5.2	3.1	4.2	3.7	4.0
清校车间	抛丸滚筒	12.4	11.3	10.9	10.9	11.8	8.1	6.2	3.2
	抛丸室	/	4.1	5.5	7.1	8.3	5.8	18.8	5.6
备料车间	下料剪床	4.4	6.3	4.3	4.2	4.8	4.8	6.1	5.2
工具科	锯片磨床	2.0	3.4	3.8	5.6	3.0	5.1	5.1	4.5
	平面磨床	1.9	2.9	4.0	4.6	3.0	5.1	4.8	4.0
锻模车间（木尘）	木工平刨	5.6	3.7	4.9	4.9	3.8	4.9	4.8	4.0
	木工圆锯	4.8	4.4	4.3	4.8	3.4	3.6	4.3	4.3

注：检测结果为短时间接触浓度（C_{STE}），每年检测两次。

表 3.8　2005～2009 年某汽车锻造厂粉尘浓度检测结果　单位：mg/m^3

工种	粉尘	均值（n）	范围
锻压	石墨尘	0.3（1）	-
金相砂轮	砂轮磨尘	11.1（4）	2.7～27.7
模锻作业	其他尘	1.5（15）	0.3～3.7
抛丸清理	其他尘	10.6（13）	0.5～49.6
砂轮机	其他尘	6.5（2）	2.9～10
	砂轮磨尘	3.3（24）	0.3～14.7
下料	其他尘	0.4（2）	0.3～0.5
自由锻	其他尘	1.9（2）	1.3～2.4
合计		4.8（63）	0.3～49.6

注：检测结果为短时间接触浓度（C_{STE}）；－ 表示仅检测一次。

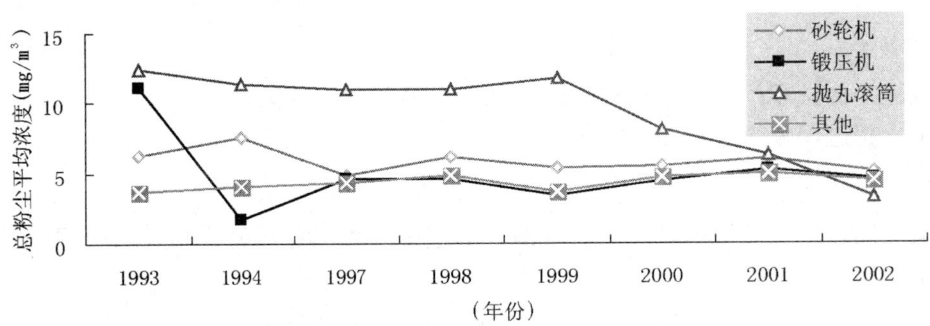

图 3.2　1993～2002 年某汽车锻造厂不同工位总粉尘浓度检测结果

（三）职业健康监护结果与分析

1. 职业性有害因素接触情况

所调查的锻造厂接触职业性有害因素的工人共 553 人，其中男工 528 人，女工 25 人。生产工人主要以锻工为主，占整个生产工人 45.9%，其次为热处理、剪床、电气焊、喷丸及砂轮工等。车间环境中存在噪声、振动、高温和热辐射、粉尘以及有害气体等职业性有害因素，其中在工厂设计和设备安装时已采取有效的防护措施预防振动，但噪声等危害依然很严重。

2. 健康监护情况

该锻造厂既往组织了 251 名接触职业性有害因素的工人进行了体检，其中男性 194 人，女性 57 人，所接触的职业性有害因素有噪声、粉尘、毒物等，体检结果有 95 人体检结果存在不同程度异常，占体检人数的 38.01%。与职业有关的主要是接触噪声工人的听力损失。本次调查共体检噪声作业工人 85 人，有 23 人发现有听力损失，占噪声作业工人的 27.06%，其中，高频听力损失 18 人，双耳语频听力损失 5 人。听力损失主要发生在锻工和砂轮清校等工种，详见表 3.9。

表 3.9　锻造厂不同工位听力损失体检结果

工　位	应体检人数	体检人数	高频听力损失（%）	语频听力损失（%）	合计（%）*
锻　工	254	28（11.0）	8（28.6）	3（10.7）	11（39.3）
砂轮工	22	22（100.0）	5（22.7）	1（4.5）	6（27.3）
模修工	25	8（32.0）	2（25.0）	1（12.5）	3（37.5）
钣金工	4	4（100.0）	2（50.0）	0（0）	2（50.0）
喷丸工	28	8（28.6）	1（12.5）	0（0）	1（12.5）
其　他	220	15（6.8）	0（0）	0（0）	0（0）
合　计	553	85（15.4）	18（21.2）	5（5.9）	23（27.1）

注：* $P<0.01$。

体检中还发现了多项其他异常，其中：血常规异常 18 人，检出率为 7.2%；心血管异常 41 人，检出率为 16.3%；肝胆疾病 34 人，检出率为 13.5%；肺部疾病 3 人，检出率为 1.2%。

（四）职业危害关键控制点的确定

通过对锻造工艺、接触工种人数调查、职业性有害因素现场检测及健康监护资料和职业病发病情况等分析，确定以下几个工种（位）为锻造作业职业危害关键控制点：锻件校正、锻压、打磨、砂轮、抛丸、模锻作业、清校、自由锻、探伤和酸洗。

小结

（1）锻造作业的主要工种是锻工、热处理、剪切、酸洗、喷丸、模修、砂轮和探伤。

（2）锻造作业的主要职业性有害因素是噪声、振动、粉尘、高温和热辐射、一氧化碳、烟尘、酸碱及酸碱雾和 X 射线。

（3）锻造作业模锻锤及各种自由锻锤产生振动。

（4）锻造作业的噪声主要是机械性噪声和空气动力性噪声。锻造设备产生的噪声强度很高，车间平均噪声达到 90 ~ 100dB(A)、瞬时峰值可达 105 ~ 115dB(A)。以锻件校正、锻压、打磨和砂轮工种噪声强度大，分别是 94.0dB(A)、93.54dB(A)、91.23dB(A) 和 90.69dB(A)。

（5）对某锻造车间高温作业工位的热辐射进行检测，共检测 48 个作业点，高温作业特点以高温强辐射热作业为主，辐射热最高可达 1.24kW/cm^2；WBGT 指数最高可达 38℃。

（6）对所调查的锻造厂酸洗车间酸洗槽硫酸雾检测结果分析显示，硫酸雾浓度在 0.5 ~ 10.7mg/m^3 之间，平均浓度 3.33mg/m^3，超过国家卫生标准（2mg/m^3）。

（7）该锻造厂组织了 251 名接触职业性有害因素的工人进行了体检，其中男性 194 人，女性 57 人，有 95 人体检结果存在不同程度异常，占体检人数的 38.01%。本次共体检噪声作业工人 85 人，有 23 人发现有听力损失，占噪声作业工人的 27.06%。其中，高频听力损失 18 人，双耳语频听力损失 5 人。噪声听力损失主要发生在锻工和砂轮清校等工种。

（8）通过对锻造工艺、接触工种人数调查、职业性有害因素现场检测及健康监护资料和职业病发病情况等分析，确定以下几个工种（位）为锻造作业职业危害关键控制点：锻件校正、锻压、打磨、砂轮、抛丸、模锻作业、清校、自由锻、探伤和酸洗。

二、锻造作业职业危害关键点控制技术

（一）振动控制

需要采取综合性措施控制锻造生产中的振动及其危害，即降低工作场所振源，采用个人防护措施，减轻振动对人体的危害，其中主要途径是采取隔振和减振措施降低工作场所振动强度。

1. *减振与隔振*

（1）选用隔振材料与减振器

对锻锤等冲击性锻压设备采取隔振措施时，应根据隔振材料和隔振器的性能及适用范围和使用条件全面考虑，选用适宜的隔振材料及减振器。

对隔振材料的性能要求为动弹性模量低、弹性好、刚度小，承载能力大、强度高、阻尼系数较大、性能稳定、寿命长，能抗酸、碱及油的浸蚀。冲击性锻压设备常用的隔振材料及减振器见表 3. 10。

表 3. 10　冲击性锻压设备常用的减振材料和减振器

减振阻尼材料		减振（阻尼）器
弹性材料	金属弹簧	板弹簧、卷弹簧、环形弹簧、碟形弹簧
	非金属弹簧	橡胶减振器、空气弹簧
阻尼材料	干摩擦阻尼	钢丝绳阻尼器
	黏稠介质（沥青或液压油）阻尼	黏性阻尼器、油阻尼器
	液、气阻尼	利用空气和水组合成浮动式隔振装置
松软材料		软木、玻璃纤维、毛毡、泡沫塑料等构成的垫层

常用的减振器和阻尼器包括：

黏滞阻尼器：一种在容器内装入黏稠半流体的高分子材料并插入柱塞所组成的阻尼器，它能有效抑制六个方向的任何振动，对冲击性振动的隔离效果好，能使锻锤的振动迅速衰减。

橡胶减振器：常见的橡胶隔振器有纯橡胶块隔振器和金属 - 橡胶块隔振器。

卷弹簧减振器：钢制圆柱形螺旋弹簧是隔振装置中普遍使用的一种隔振元件。用它组成隔振体系的自振频率一般可做到 2 ~ 3Hz，是一种良好的减振器。但其阻尼小，因此隔振时常与橡胶阻尼器或液压阻尼器组合使用。

板弹簧减振器：板弹簧具有结构简单和维修方便等优点，其缓冲和减振能力较强。

碟形弹簧减振器：是由钢板冲压形成的一种碟形垫圈式弹簧，常和其他阻尼器联合使用，应用于对锻锤和压力机振动的治理。

环形弹簧减振器：有两个或多个具有配合锥面的内外圆环组成，具有很高的缓冲减振能力。

钢丝绳阻尼器：分为圆柱形和环形两种，其机理是采用多股细钢丝绳的弯曲刚度和各钢丝间的摩擦阻尼作用使振动得到衰减。

（2）锻锤的减振与隔振

减振与隔振途径：依靠土壤的阻尼作用使振动自然衰减，利用防振沟对振动波进行屏蔽，增大混凝土基础质量和基础底面积，对蒸气空气锤进行改造，用电液驱动的动力头替换气（汽）压驱动的气缸，用封闭气体膨胀打击、液压回程和锤身微动式结构均可大大降低基础的振动，采用弹性隔振基础。

锻锤隔振基础主要有：惯性块悬吊式隔振基础，有惯性块支撑式隔振基础，板弹簧悬吊式直接隔振基础，支撑式直接隔振基础及浮动式隔振基础。

（3）机械压力机及螺旋压力机的减振与隔振

压力机的隔振元件和隔振基础形式与锻锤的隔振相似。螺旋压力机的隔振基础采用螺旋弹簧和油阻尼器组合，直接支撑在压力机的惯性块上。垂直安装的油阻尼器用于衰减压力机产生的垂直振动，而横向安装的油阻尼器用于衰减压力机的扭转振动。

（二）噪声控制

1. 锻压机噪声控制

冲击噪声的控制：蒸气－空气锻锤工作时产生强烈的锤击噪声，是由上下锤锻模相互撞击以及锻模或上砧与锻件的相互撞击所产生，采取改进模锤结构，增大结构刚度等措施，可降低噪声 10dB(A）以上。增加组合式锤身结合面间的阻尼，如在组合式锤身的结合面之间加设 6mm 厚的氯丁橡胶弹性垫层等。对锻锤进行隔振，如利用弹性垫层对锻锤本身进行隔振，不仅可以改变弹性波在介质边界的反射条件，而且可降低激振的可能性。国内某厂 1t 空气锤采用砧下直接隔振，其锤击噪声约下降 8dB(A)。

排气等空气动力性噪声的控制：一般可在气流通道上设置消声井或消声器，以阻止或削弱声音传播而允许气流通过。目前在生产中使用的消声器有扩张式滤声器、共振扩张滤波式消声器以及阻抗复合式消声器等。

机械性噪声的控制：空气锤产生的机械性噪声包括齿轮啮合噪声、轴承噪声以及压缩活塞连杆的撞击噪声等。提高齿轮的啮合精度或采用斜齿代替直齿，或采用高阻尼合金齿轮材料，均可降低其啮合噪声。对于现有空气锤的传动齿轮，最简单的办法是在其轮辐上（于平均直径上）钻孔并灌以减振材料（如橡胶）。也可将锰铜锌减振合金制成片，粘贴在轮辐上。对于连杆的撞击噪声，可在连杆头部加设阻尼层，使其在偏心运动过程中所产生的振动的频率得以降低，并阻止固体声的传播。对于轴承外环与机身的配合面间衬以高阻尼合金，可起到消声作用。

2. 噪声传播的控制

由于锻锤的锤击噪声难以大幅消减，对噪声传播过程的控制，必须借助于隔声和吸声的方法。

隔声是用隔声结构（如隔声罩、隔声屏）将噪声隔挡，以减弱噪声向外传播。

吸声是将吸声材料（或吸声结构）衬帖或悬挂在车间内，当声波入射到吸声材料的空隙中，引起空隙间的空气分子和纤维振动，由于摩擦阻力和空气黏滞阻力及热传导作用，使相当一部分声能转化为热能散失掉，从而起到吸声作用。吸声屏是降低锻造车间内噪声的有效措施之一。

3. 锻造车间其他噪声控制

加热炉噪声控制：主要是改变炉膛的容积构型及烟道的截面。另外采用几个小燃烧器代替一个大燃烧器，或采用多嘴式、薄片式燃烧器，也能使炉内噪声减弱。

空气压缩机噪声控制：对整个压缩机组整体加设隔声罩或隔声室，并在隔声罩上设置进、排气消声器。

风机噪声控制：在风机管道上安装阻性消声器，还可通过降低通风装置工作叶轮圆周速度和改变叶片形状及数量的方法来减少风机噪声。

去氧化皮专用吹风装置的噪声控制：在锻造车间由于清除锻件氧化皮的专用吹风装置在模锻过程中连续使用可导致强烈噪声。可用该装置的专用消声器来降低噪声。

更新厂房和设备，采用新设备和新工艺减低工作场所噪声。

定期对设备进行维修和保养。

当工作场所可能存在超标噪声危害时，应在该工作场所设立明确的“听力保护”警示标识，限制无关人员进入。

（三）高温及热辐射控制

在锻造厂，加热炉和被加热的锻件是产生高温和热辐射的主要热源，常采取的控制措施包括：

1. 工程控制措施

控制热源。隔热，如采用隔热材料、水箱或循环水幕以及空气夹层墙等，减少热源散热。屏蔽和反射，减少热辐射。通风降温，安装连接锻造车间和车间外空气的通排风管道，来降温和混合热源。使用全面或局部的通风、降温器、吹风机、风扇等来降低空气温度、相对湿度和加强空气流动。减轻体力劳动，采用机械化操作来完成重体力劳动。

2. 其他控制措施

合理安排劳动休息制度，增加休息时间，可采取短时间多次休息的方式。设置空调休息室，定时饮用汽水，预备清洁饮料。减少热接触时间。补充营养，合理膳食，发放高温津贴。加强职业健康教育，体检及健康监护。

当高温及热辐射接触不能够避免或不能通过其他控制措施来减少时，应向所有工人提供个人防护用品，包括：防护眼镜，如防紫外线眼镜，阻燃和热反射工作服和装备，水冷却服/马甲和其他装备，防护手套和脚部防护用品。

（四）防尘防毒

用酸洗的方法对锻件表面处理时，有大量的酸雾从酸洗槽中散发出来，可采用局部排风、密闭设备，对于无法密闭的可设置槽边抽风罩、酸雾净化塔。

热处理产生的有害气体治理首先应着手改进生产工艺，采用无毒或低毒工艺，另一方面采用局部排风装置。

在锻造车间安装局部除尘设施，如砂轮机设置吸尘罩捕集粉尘。

（五）职业健康监护

锻造作业包括了振动、噪声、高温和热辐射、粉尘、有毒气体等职业性有害因素，不同工种职业健康监护项目详见表 3. 11。

表 3.11　锻造作业工人职业健康监护项目表

工种	职业性有害因素	上岗前	在岗期间	职业禁忌证
锻工	烟尘、高温和热辐射、噪声、振动	(1) 症状询问 (2) 体格检查 a. 内科常规检查 b. 耳科检查 (3) 实验室和其他检查：血常规、尿常规、血糖、血清 ALT、心电图、后前位 X 射线高千伏胸片、肺功能、纯音听阈测试、声导抗*、耳声发射*、血清游离甲状腺素*（FT_4）、血清游离三碘甲腺原氨酸*（FT_3）、促甲状腺激素*（TSH）、冷水复温试验*、指端感觉*、肌电图*、手掌*、指*、腕和肘关节 X 射线摄片*、肌力*、指甲压迫试验*	同上岗前	粉尘： (1) 活动性肺结核病 (2) 慢性阻塞性肺病 (3) 慢性间质性肺病 (4) 伴肺功能损害的疾病 噪声： (1) 各种原因引起永久性感音神经性听力损失（500Hz、1000Hz 和 2000Hz 中任一频率的纯音气导听阈 >25dBHL） (2) 中度以上传导性耳聋 (3) 双耳高频（3000Hz、4000Hz、6000Hz）平均听阈≥40dB (4) Ⅱ期和Ⅲ期高血压 (5) 器质性心脏病 (6) 噪声易感者（噪声环境下工作一年，双耳 3000Hz、4000Hz、6000Hz 中任意频率听力损失≥65dBHL） 高温： (1) Ⅱ期及Ⅲ期高血压 (2) 活动性消化性溃疡 (3) 慢性肾炎 (4) 未控制的甲亢 (5) 糖尿病 (6) 大面积皮肤疤痕 振动： (1) 周围神经系统器质性疾病 (2) 雷诺病
热处理	烟尘、高温和热辐射、噪声等	(1) 症状询问 (2) 体格检查 a. 内科常规检查 b. 耳科检查 (3) 实验室和其他检查：血常规、尿常规、血糖、血清 ALT、心电图、后前位 X 射线高千伏胸片、肺功能、纯音听阈测试、声导抗*、耳声发射*、血清游离甲状腺素*（FT_4）、血清游离三碘甲腺原氨酸*（FT_3）、促甲状腺激素*（TSH）	同上岗前	详见锻工

续表

工种	职业性有害因素	上岗前	在岗期间	职业禁忌证
剪切	噪声、粉尘	(1) 症状询问 (2) 体格检查 a. 内科常规检查 b. 耳科检查 (3) 实验室和其他检查：血常规、尿常规、血糖、血清ALT、心电图、后前位X射线高千伏胸片、肺功能、纯音听阈测试、声导抗*、耳声发射*	(1) 症状询问 (2) 体格检查 a. 内科常规检查 b. 耳科检查 (3) 实验室和其他检查：心电图、后前位X射线高千伏胸片、肺功能、纯音听阈测试、血常规*、尿常规*、血清ALT*、声导抗*、耳声发射*	详见锻工
酸洗	酸雾	(1) 症状询问 (2) 体格检查 a. 内科常规检查 b. 口腔科检查 (3) 实验室和其他检查：血常规、尿常规、心电图、血清ALT、胸部X射线检查、牙齿X射线摄片*	(1) 症状询问 (2) 体格检查 a. 内科常规检查 b. 口腔科检查 (3) 实验室和其他检查：胸部X射线摄片、肺功能、牙齿冷热刺激试验或电活力测验、牙齿X射线摄片*	(1) 牙本质过敏 (2) 因反流性食道炎和胃、十二指肠溃疡等非职业性因素致牙酸蚀病 (3) 慢性阻塞性肺病 (4) 支气管哮喘
模修	粉尘、噪声	详见剪切	详见剪切	详见剪切
喷丸	粉尘、噪声	详见剪切	详见剪切	详见剪切
砂轮	粉尘、噪声	详见剪切	详见剪切	详见剪切
探伤	X射线	详见表9.3		

注：*者为选检项目，其他为必检项目；应急、离岗时、离岗后医学随访的职业健康检查详见GBZ188（有效版本）。

（六）个人防护用品

锻造工种（位）的职业性有害因素及个人防护用品对应表（表3.12）。

表3.12　锻造工种（位）与职业性有害因素及防护用品对应表

工种（位）	职业性有害因素	个人防护用品
模锻	高温、热辐射、高气湿、振动、噪声、中/高频电磁辐射、一氧化碳、氮氧化物和粉尘	防热辐射工作服、防砸耐热鞋、安全帽、护袖、耳塞或耳罩、手套、防尘口罩和防护眼镜
自由锻	噪声、高温、热辐射、高气湿、振动、中/高频电磁辐射、油雾、二氧化硫、一氧化碳、氮氧化物和粉尘	防热辐射工作服、防砸耐热鞋、安全帽、护袖、耳塞或耳罩、手套、防尘口罩和防护眼镜

续表

工种（位）	职业性有害因素	个人防护用品
锻件校正	噪声和振动	安全帽、工作服、工作鞋、护袖、耳塞或耳罩以及手套
锻件热处理	高温、热辐射、电磁辐射和噪声	防热辐射工作服、防砸耐热鞋、安全帽、护袖、耳塞或耳罩和手套
抛丸清理	粉尘、噪声和振动	安全帽、防护面罩、防尘口罩、耳塞或耳罩、工作服、防砸防滑皮鞋和手套
砂轮机	粉尘（砂轮磨尘、矽尘等）、噪声和振动	安全帽、防尘口罩、防护眼镜、耳塞或耳罩、工作服、防护围裙、防滑防砸鞋以及手套
风动砂轮打磨	粉尘（砂轮磨尘、矽尘等）、噪声和振动	安全帽、工作服、防尘口罩、防护眼镜、耳塞或耳罩以及防滑、防砸鞋
清洗防锈	盐酸、硫酸、硝酸和氮氧化物	耐酸碱工作服、防砸耐酸碱工作鞋、耐酸碱防护手套、工作帽、防异物眼护具以及防毒护具

三、锻造作业主要岗位职业危害识别与预防控制指南

1. 模锻

文件编号：××××××

文件名称：模锻作业职业危害识别与预防控制指南。

文件状态：有效。

岗位名称：模锻作业。

作业人员上岗条件：特种作业操作证、设备操作证、职业健康检查合格和职业安全卫生培训合格。

工作任务：按模锻作业指导书要求进行模锻作业，将坯料锻打成锻件。

上工序：下料。

下工序：热处理。

主要设备：加热炉、锻压机和压床。

主要原、辅材料：毛坯。

作业方式和体位：

◎ 作业方式：手工和半自动。

◎ 体位：加热：10%时间站位、30%时间弯腰、60%时间坐位；

锻打：100%时间站位；

切边：100%时间站位。

负重量、方式及时间：双手负重；负重量：0.5～17.5kg；时间：8h。

职业危害与危险源点的识别：

◎ 设备：电加热产生高温、热辐射、中/高频电磁辐射、一氧化碳和氮氧化物；锻压机运行时产生高温、热辐射、高气湿、噪声、振动、粉尘、一氧化碳和氮氧化物等职业性有害因素；压床切边时存在高温、热辐射、噪声、振动、粉尘、一氧化碳和氮氧化物等职业性有害因素。其他危险源：易燃物质、易爆物质、高压电、炽热物体、坠落物体或迸出物、高压液体或气体泄漏、安全防护装置缺损，电器绝缘损坏、电器接地（零）不良等问题产生的用电安全问题。

◎ 物料储存和运输：物料存放无序，运输通道不畅，制动器缺陷，吊物坠物等。

◎ 人机工效设计：工作台、工作椅设计不合理，超重手工转运，劳动强度过大，不良体位，采光和照明不良。

◎ 劳动组织和劳动者行为：劳动者配合不当、操作失误，个人防护用品穿戴不规范，违章作业，持续接触高温作业时间过长，劳动组织不合理。

◎ 作业环境：地面缺陷，地面绊脚物，环境高温、高湿等。

※ 小结：主要存在的职业性有害因素有高温、热辐射、高气湿、振动、噪声、中/高频电磁辐射、一氧化碳、氮氧化物和粉尘等。

职业危害控制策略：

√ 加热炉密闭隔离；

√ 锻压、切边设备采取减振措施；

√ 配置安全保护装置；

√ 配置通风、除尘和降噪装置；

√ 合理利用自然重力转运物料；

√ 改善工效条件并加强物料管理；

√ 采取防暑降温措施，如增加空调装置或喷淋装置，减少高温持续接触时间，提供清凉饮料等；

√ 采取措施防止热辐射、高气湿；

√ 减少工作时间，合理安排工间休息；

√ 制定安全操作规程和作业指导书；

√ 实施职业性有害因素监测与评价、职业健康监护和职业卫生培训；

√ 发放有毒有害作业岗位津贴；

√ 正确的个人防护。

主要职业性有害因素的职业接触限值：

◎ 噪声、高温和振动：见GBZ 2.2；

◎ 粉尘、一氧化碳和氮氧化物：见GBZ 2.1。

工作场所出入管理：

√ 实施准入制度进入工作区域；

√ 进入现场要穿戴安全帽、隔热工作服、防护眼镜、耳塞或耳罩、防砸耐热鞋和防护手套；

√ 工作区设置防毒、防尘、防烫伤、防砸、防高温及热辐射、防噪声、防滑和防挤压等警示标识。

工艺和设备要求：

√ 加热炉采取密闭、隔热，屏蔽电磁辐射；

√ 锻压机或压床底座应稳固，设备安装减振垫，周围应有减振沟；

√ 配备消声、隔声或吸声装置；

√ 锻压机或压床应尽量采用安全联锁装置；

√ 锻压机或压床尽量采取隔热措施；

√ 尽量采取措施减少人工转运物料；

√ 确保设置安全，避免人体与灼热物体直接接触；

√ 设置岗位送风，有条件的可设置空调送风系统；

√ 确保气动系统排出的空气不造成二次扬尘；

√ 厂房设计应充分利用自然通风和采光；

√ 地面应平整、防滑、耐高温、耐腐蚀，并有足够强度。

岗位操作规程：

√ 工作前按规定穿戴好个人防护用品，按设备操作规程操作设备；

√ 操作人员必须熟悉所使用设备的性能、结构、操作方法、维护保养要求和安全操作规程，经过培训合格后方可上岗；
√ 设备启动前应清除设备上下、内部杂物，检查设备上的各类紧固件是否松动，检查压缩空气气压、水压、电压、电流、油压等是否正常，安全防护装置是否完好可靠，逐项检查后填写记录单，作业过程中保持风机正常运转；
√ 在设备启动的过程中，注意听运转的声音、观看电流显示，若有异常，立即停车，通知维修部门维修；
√ 设备启动后先空载试车，无异常方可进行负荷锻打工作；
√ 设备的工作状态下，每 0.5h 观察一次设备润滑系统的工作是否正常，若有异常不得勉强锻打；
√ 锻打时钳把不允许对准腹部，临时停止锻打时，钳子不允许放在模具上；
√ 坚持七不打：温度低不打；过烧不打；材料不合格不打；料不放正不打；卡模不打；锻件质量有问题不打；模子不润滑；没吹净氧化皮不打；
√ 在进行操作时，严禁把手伸入模具内，不得用手清除模具型槽内氧化皮等物或进行调整，不准隔着运转的设备机件传送物品；
√ 工作中要经常检查固定模具的楔铁和压板有无松动，防止偏移；
√ 不准接近、接触正在回转的部件；
√ 发现设备和模具出现不正常现象，应立即停机，停机后执行“三停一挂”并设专人监护，由专职人员查明问题的原因并做出正确处理，不允许从事职责外的工作，不允许设备带病运转；
√ 在工作场所内，不要用手直接接触锻件、模具和工具等，防止烫伤；
√ 从事设备维修、修模、换模、调整工装等工作时，必须执行“三停一挂”并有人监护；
√ 在吊装更换模具时，要由专人指挥天车；
√ 易燃易爆物品不得放置在离热锻件 10m 以内的区域；
√ 石墨配置、灌装时应避免滴漏，防止石墨对地面的污染；添加石墨时，首先关闭压缩空气阀门，放空石墨罐内余气后，罐上压力表指示为零时，方可打开盖子；石墨罐的压力表损坏、螺栓松动时，要及时通知维修人员修理后方可继续作业；
√ 随时观察设备是否有漏油、漏水、漏气等情况，石墨润滑装置是否正常，发现泄漏应通知维修部门及时修理；
√ 氧化皮要收集到氧化皮回收桶内，飞边要收集到料箱内，废料要收集到废品箱内，废油要收集到废油回收桶内，其他不可回收废弃物要收集到车间垃圾箱内，严禁随意乱扔和混放；
√ 发现消声装置故障应通知维修部门及时修理，减少噪声对人身危害；
√ 含油废水必须排入规定的下水管道，使之进入污水站和隔油池进行处理；
√ 锻压机组人员必须熟知、掌握《挂钩工安全技术操作规程》、《搬运工安全技术操作规程》、《加热床安全技术操作规程》，在从事相关工作时严格遵守安全技术操作规程。

设备日常维护：

√ 按设备供应商和安装者的要求，维护设备，使其有效运行。

设备检查和测试：

√ 肉眼检查设备坏损的迹象，每周至少巡视一次。

作业场所清洁和整理：

√ 每天清洁作业设备和工作区，每周定期清扫其他设备和车间一次；
√ 应立即处理泄漏物，安全处置泄漏物；
√ 清洁时勿用干刷子或压缩空气。

个人防护用品：

√ 根据现场存在的职业性有害因素的种类和浓度（强度），供应商提供的个人防护用品性能参数，选择适宜的个人防护用品；
√ 穿戴合适的个人防护用品：防热辐射工作服、防砸耐热鞋、安全帽、护袖、耳塞或耳罩、手套、防尘口罩和防护眼镜；
√ 常规作业不需要呼吸防护用品；某些清洁和维修作业可能需要呼吸防护用品，如处理泄漏物；
√ 作业前必须按规定穿戴好个人防护用品；
√ 保持个人防护用品干净清洁，按规定的间隔时间定期更换。

职业卫生培训：

◎ 劳动者培训内容：

A. 职业病防治的相关法律法规知识；
B. 高温、热辐射、高气湿、振动、噪声、粉尘、一氧化碳和氮氧化物、高频电磁辐射等职业性有害因素的特性及其可能造成的健康影响与预防控制措施；
C. 岗位操作规程和岗位作业条件；
D. 个人防护用品的使用知识；
E. 简单故障的识别与处置及事故的报告方法；
F. 设备操作系统的检查和使用方法；
G. 中暑的自救和互救知识；
H. 急救箱的使用方法。

◎ 培训类型：上岗前、定期、换（转）岗培训。

◎ 培训方式：培训班、班组会、宣传栏、典型事故分析会、合同告知、网络、报纸、电视和广播宣传等。

职业卫生检查：

◎ 企业职业卫生管理部门检查：

A. 通风、隔热、减振和降噪装置是否完好；

B. 物料管理是否规范；

C. 作业场所噪声、高温、振动和粉尘等职业性有害因素是否超标；

D. 车间地面是否平整防滑，易于行走；

E. 作业场所的警示标识是否完善；

F. 劳动者是否按照作业指导书进行操作；

G. 劳动组织是否合理；

H. 车间有无“跑冒滴漏”现象；

I. 现场清理、清洁、整顿和整理等检查；

J. 劳动者个人防护用品使用是否规范；

K. 建议检查周期：一月一次。

◎ 工会监督检查：

A. 车间是否有职业卫生监督员；

B. 工时和劳动组织是否合理；

C. 个人防护用品是否按照标准发放；

D. 保健津贴是否按时足额发放；

E. 更衣室、洗浴间和休息室等卫生设施是否齐备；

F. 防暑降温措施是否落实；

G. 职业禁忌证人员是否得到妥善安置；

H. 收集并分析劳动者对职业卫生的抱怨等；

I. 建议检查周期：一季度一次。

劳动者职业安全卫生检查表：

◎ 注意查找设备泄漏、磨损或损坏的迹象，如发现任何问题，请告诉管理人员，如果你认为有问题，请勿继续工作；

◎ 进餐、喝水前或如厕前后要洗手去除污染物；

◎ 勿用有机溶剂清洁皮肤；

◎ 使用吸尘器或湿拖布即时安全清洁地处理泄漏物；

◎ 按提供的说明使用、维护和保存任何个人防护用品；

◎ 确保送风系统正常运行。

应急救援：

◎ 可能发生的事故：主要为烧灼伤、烫伤、砸伤、机械挤压伤害和火灾事故。

◎ 应急预案及设施：制定职业卫生应急救援预案、工伤事故应急预案及消防事故应急预案，并定期演练。

◎ 紧急处理及事故报告程序：按照应急预案要求的程序进行。

更多信息：

◎ 参见 GBZ 1、GBZ 2.1、GBZ 2.2、GBZ 158、GBZ 188。

2. 自由锻

文件编号：××××××

文件名称：自由锻职业危害识别与预防控制指南。

文件状态：有效。

岗位名称：自由锻。

上岗所要求的条件：特种作业操作证、设备操作证、职业健康检查合格和职业安全卫生培训合格。

工作任务：按标准作业书和锻造作业指导书要求进行锻造作业，将坯料锻打成锻件。

上工序：下料。

下工序：热处理和机械加工。

主要设备：加热炉、空气锤、摩擦压力机和夹钳。

主要原、辅材料：毛坯。

作业方式和体位：

◎ 作业方式：手工、半自动。

◎ 体位：40%时间站位，50%时间弯腰，10%时间坐位。

负重量、方式及时间：双手负重；负重量：2~80kg；时间：8h。

职业危害与危险源点的识别：

◎ 设备：电加热产生高温、热辐射、中/高频电磁辐射、一氧化碳和氮氧化物；如使用柴油加热，产生高温、热辐射、烟尘、一氧化碳、二氧化硫和氮氧化物；锻压机运行时产生高温、热辐射、高气湿、噪声、振动、粉尘、一氧化碳和氮氧化物等职业性有害因素。其他危险源：易燃物质，易爆物质，高压电，炽热物体、坠落物体或迸出物，高压液体、高压气体泄漏，安全防护装置缺损，电器绝缘损坏、电器接地（零）不良等问题产生的用电安全问题。

◎ 物料储存和运输：物料存放无序，运输通道不畅，制动器缺陷和吊物坠物等。

◎ 人机工效设计：工作台、工作椅设计不合理，超重手工转运，劳动强度过大，不良体位，采光和照明不良。

◎ 劳动组织和劳动者行为：劳动者配合不当，操作失误，个人防护用品穿戴不规范，违章作业，持续接触高温作业时间过长，劳动组织不合理。

◎ 作业环境：地面缺陷，地面绊脚物，环境高温、高湿等。

※ 小结：主要存在的职业性有害因素有噪声、高温、热辐射、高气湿、振动、中/高频电磁辐射、油雾、二氧化硫、一氧化碳、氮氧化物和粉尘等。

职业危害控制策略：

√ 加热炉密闭隔离；

√ 锻压设备采取减振措施；

√ 配置安全保护装置；

√ 配置通风、除尘、排毒、减振和降噪装置；

√ 采取防暑降温措施，如增加空调装置或喷淋装置，减少高温持续接触时间，提供清凉饮料等；

√ 采取措施防止热辐射和高气湿；

√ 合理利用自然重力转运物料；

√ 改善工效条件并加强物料管理；

√ 减少工作时间，合理安排工间休息；

√ 制定安全操作规程和作业指导书；

√ 实施职业性有害因素监测与评价、职业健康监护和职业卫生培训；

√ 发放有毒有害作业岗位津贴；

√ 正确的个人防护。

主要职业性有害因素的职业接触限值：

◎ 噪声、高温和振动：见GBZ 2.2；

◎ 粉尘、一氧化碳和氮氧化物：见GBZ 2.1；

◎ 高温作业分级：见GBZ/T 229.3。

工作场所出入管理：

√ 实施准入制度进入工作区域；

√ 进入现场要穿戴安全帽、工作服、防护眼镜、防砸耐热鞋和防护手套；

√ 工作区设置防烫伤、防砸、防高温及热辐射、防噪声、防滑和防挤压等警示标识。

工艺和设备要求：

√ 加热炉采取密闭、隔热，屏蔽电磁辐射；

√ 锻压机底座应稳固，设备安装减振垫，周围应有减振沟；

√ 配备消声、隔声或吸声装置；

√ 锻压机应尽量采用安全联锁装置；

√ 锻压机尽量采取隔热措施；

√ 尽量采取措施减少人工转运物料；

√ 确保设置安全，避免人体与灼热物体直接接触；

√ 设置岗位送风，有条件的可设置空调送风系统；

√ 确保气动系统排出的空气不造成二次扬尘；

√ 厂房设计应充分利用自然通风和采光；

√ 地面应平整、防滑、耐高温，并有足够强度；

√ 工作区保持良好通风，补充新鲜空气。

岗位操作规程：

√ 工作前按规定穿戴好个人防护用品，按设备操作规程进行操作；

√ 操作人员必须熟悉所使用设备的性能、结构、操作方法、维护保养要求和安全操作规程，经过培训合格后方可上岗；

√ 设备启动前应清除设备上下、内部杂物，检查设备上的各类紧固件是否松动；检查压缩空气气压、水压、电压、电流、油压等是否正常；安全防护装置是否完好可靠；逐项检查后填写记录单；作业过程中保持风机正常运转；

√ 设备启动后先空载试车，无异常方可进行负荷锻打工作；

√ 操作时，操作人员要站到相应位置，听从指挥，工件要摆放到位，方可锤打；

√ 避免工件摆放不到位，飞逸伤人，火星、氧化皮四处飞溅，造成火灾和人员伤害；

√ 如使用柴油加热，加热时应控制柴油的燃烧，使柴油燃烧充分，减少油烟污染，调节好管道的流量，控制柴油燃烧火苗大小，减少热辐射对员工的危害；

√ 锻打时钳把不允许对准腹部；

√ 不准接近、接触正在回转的部件；

√ 发现设备出现不正常现象，应立即停机，由专职人员查明问题的原因并做出正确处理；

√ 在工作场所内，不要用手直接接触锻件和工具等，防止烫伤；

√ 易燃易爆物品不得放置在离热锻件 10m 以内的区域；

√ 随时观察设备是否有漏油、漏水、漏气等情况，发现泄漏应通知维修部门及时修理；

√ 发现消声装置故障应通知维修部门及时修理，减少噪声对人身危害；

√ 含油废水必须排入规定的下水管道，使之进入污水站和隔油池进行处理；

√ 氧化皮要收集到氧化皮回收桶内，严禁随意乱扔和混放。

设备日常维护：

√ 按设备供应商和安装者的要求，维护设备，使其有效运行。

设备检查和测试：

√ 肉眼检查设备坏损的迹象，每周至少巡视一次。

作业场所清洁和整理：

√ 每天清洁作业设备和工作区，每周定期清扫其他设备和车间一次；

√ 应立即处理泄漏物，安全处置泄漏物；

√ 清洁时勿用压缩空气。

个人防护用品：

√ 根据现场存在的职业性有害因素的种类和浓度（强度），供应商提供的个人防护用品性能参数，选择适宜的个人防护用品；

√ 穿戴合适的个人防护用品：防热辐射工作服、防砸耐热鞋、安全帽、护袖、耳塞或耳罩、手套、防尘口罩和防护眼镜；

√ 作业前必须按规定穿戴好个人防护用品；

√ 保持个人防护用品干净清洁，按规定的间隔时间定期更换。

职业卫生培训：

◎ 劳动者培训内容：

A. 职业病防治的相关法律法规知识；

B. 高温、热辐射、高气湿、振动、噪声、粉尘、二氧化硫、一氧化碳和氮氧化物、高频电磁辐射等职业性有害因素的特性及其可能造成的健康影响与预防控制措施；

C. 岗位操作规程和岗位作业条件；

D. 个人防护用品的使用知识；

E. 简单故障的识别与处置及事故的报告方法；

F. 设备操作系统的检查和使用方法；

G. 中暑的自救和互救知识；

H. 急救箱的使用方法。

◎ 培训类型：上岗前、定期、换（转）岗培训。

◎ 培训方式：培训班、班组会、宣传栏、典型事故分析会、合同告知、网络、报纸、电视和广播宣传等。

职业卫生检查：

◎ 企业职业卫生管理部门检查：

A. 通风、隔热、减振和降噪装置是否完好；

B. 物料管理是否规范；

C. 作业场所噪声、高温、振动和毒物等职业性有害因素是否超标；

D. 车间地面是否平整防滑，易于行走；

E. 作业场所的警示标识是否完善；

F. 劳动者是否按照作业指导书进行操作；

G. 劳动组织是否合理；

H. 车间有无“跑冒滴漏”现象；

I. 现场清理、清洁、整顿和整理等检查；

J. 劳动者个人防护用品使用是否规范；

K. 建议检查周期：一月一次。

◎ 工会监督检查：

A. 车间是否有职业卫生监督员；

B. 工时和劳动组织是否合理；

C. 个人防护用品是否按照标准发放；

D. 保健津贴是否按时足额发放；

E. 更衣室、洗浴间和休息室等卫生设施是否齐备；

F. 防暑降温措施是否落实；

G. 职业禁忌证人员是否得到妥善安置；

H. 收集并分析劳动者对职业卫生的抱怨等；

I. 建议检查周期：一季度一次。

劳动者职业安全卫生检查表：

◎ 注意查找设备泄漏、磨损或损坏的迹象，如发现任何问题，请告诉管理人员，如果你认为有问题，请勿继续工作；

◎ 进餐、喝水前或如厕前后要洗手去除污染物；

◎ 勿用有机溶剂清洁皮肤；

◎ 使用吸尘器或湿拖布即时安全清洁地处理泄漏物；

◎ 按提供的说明使用、维护和保存任何个人防护用品；

◎ 确保送风系统正常运行。

应急救援：

◎ 可能发生的事故：主要为烧灼伤、烫伤、砸伤、机械挤压伤害和火灾事故。

◎ 应急预案及设施：制定职业卫生应急救援预案、工伤事故应急预案及消防事故应急预案，并定期演练。

◎ 紧急处理及事故报告程序：按照应急预案要求的程序进行。

更多信息：

◎ 参见 GBZ 1、GBZ 2. 1、GBZ 2. 2、GBZ 158、GBZ 188。

3. 锻件校正

文件编号：××××××

文件名称：锻件校正职业危害识别与预防控制指南。

文件状态：有效。

岗位名称：锻件校正。

上岗所要求的条件：特种作业操作证、设备操作证、职业健康检查合格和职业安全卫生培训合格。

工作任务：按冷校作业书和标准作业指导书将变形超差锻件校制合格。

上工序：清理。

下工序：检查。

主要设备：摩擦压力机。

主要原、辅材料：锻件。

作业方式和体位：

◎ 作业方式：手工、半自动和全自动。

◎ 体位：10%时间站位，90%时间坐位。

负重量、方式及时间：

单手负重；负重量：0.5～16kg；时间：4h。

职业危害与危险源点的识别：

◎ 设备：锻件校正时产生噪声和振动。其他危险源：安全防护装置缺损，电器绝缘损坏、电器接地（零）不良等问题产生的用电安全问题，坠落物体，高压气体泄漏等。

◎ 物料储存和运输：物料存放无序，运输通道不畅，制动器缺陷，吊物坠物等。

◎ 人机工效设计：工作台、工作椅设计不合理，超重手工转运，劳动强度过大，不良体位，采光和照明不良。

◎ 劳动组织和劳动者行为：劳动者配合不当，操作失误，个人防护用品穿戴不规范，违章作业，劳动组织不合理。

◎ 作业环境：地面缺陷，环境高温，环境噪声，地面绊脚物。

※ 小结：主要存在的职业性有害因素有噪声和振动等。

职业危害控制策略：

√ 配置安全保护装置；

√ 配置减振和降噪装置；

√ 合理利用自然重力转运物料；

√ 改善工效条件并加强物料管理；

√ 制定安全操作规程和作业指导书；

√ 实施职业性有害因素监测与评价、职业健康监护和职业卫生培训；

√ 发放有毒有害作业岗位津贴；

√ 正确的个人防护。

主要职业性有害因素的职业接触限值：

◎ 噪声、振动：见GBZ 2.2。

工作场所出入管理：

√ 实施准入制度进入工作区域；

√ 进入现场要穿戴安全帽、工作服、防护眼镜、防砸耐热鞋和防护手套；

√ 工作区设置防砸、防噪声、防滑和防挤压等警示标识。

工艺和设备要求：

√ 校正机应配有安全防护装置；

√ 机座和床身应有减振措施；

√ 物料转运应尽量采用自动化，进料、出料采用柔性设计，以减少工件相互碰撞产生的噪声；

√ 工作台设计考虑工效学要求；

√ 提供良好照明；

√ 校正作业区应避免与其他有害作业相互影响。

岗位操作规程：

√ 工作前按规定穿戴好个人防护用品，按设备操作规程操作设备；

√ 发现设备出现“跑冒滴漏”，立即向维修人员反映，以便尽快解决；

√ 校正设备的废油应收集在废油回收桶内，严禁随意排放；

√ 操作时必须使用专用工具；

√ 刹车、光电保护装置异常时，应及时通知维修人员修理；

√ 操作时应遵守安全操作规程。

设备日常维护：

√ 按设备供应商和安装者的要求，维护设备，使其有效运行。

设备检查和测试：

√ 肉眼检查设备坏损的迹象，每周至少巡视一次。

作业场所清洁和整理：

√ 每天清洁作业设备和工作区，每周定期清扫其他设备和车间一次；

√ 应立即处理泄漏物，安全处置泄漏物。

个人防护用品：

√ 根据现场存在的职业性有害因素的种类和浓度（强度），供应商提供的个人防护用品性能参数，选择适宜的个人防护用品；

√ 穿戴合适的个人防护用品：安全帽、工作服、工作鞋、护袖、耳塞或耳罩以及手套；

√ 常规作业不需要呼吸防护用品；某些清洁和维修作业可能需要呼吸防护用品，如处理泄漏物；

√ 作业前必须按规定穿戴好个人防护用品；

√ 保持个人防护用品干净清洁，按规定的间隔时间定期更换。

职业卫生培训：

◎ 劳动者培训内容：

A. 职业病防治的相关法律法规知识；

B. 噪声和振动等职业性有害因素的特性及其可能造成的健康影响与预防控制措施；

C. 岗位操作规程和岗位作业条件；

D. 个人防护用品的使用知识；

E. 简单故障的识别与处置及事故的报告方法；

F. 设备操作系统的检查和使用方法；

G. 急救箱的使用方法。

◎ 培训类型：上岗前、定期、换（转）岗培训。

◎ 培训方式：培训班、班组会、宣传栏、典型事故分析会、合同告知、网络、报纸、电视和广播宣传等。

职业卫生检查：

◎ 企业职业卫生管理部门检查：

A. 通风、减振和降噪装置是否完好；

B. 物料管理是否规范；

C. 作业场所噪声、振动等职业性有害因素是否超标；

D. 车间地面是否平整防滑，易于行走；

E. 作业场所的警示标识是否完善；

F. 劳动者是否按照作业指导书进行操作；

G. 劳动组织是否合理；

H. 车间有无“跑冒滴漏”现象；

I. 现场清理、清洁、整顿和整理等检查；

J. 劳动者个人防护用品使用是否规范；

K. 建议检查周期：一月一次。

◎ 工会监督检查：

A. 车间是否有职业卫生监督员；

B. 工时和劳动组织是否合理；

C. 个人防护用品是否按照标准发放；

D. 保健津贴是否按时足额发放；

E. 更衣室、洗浴间和休息室等卫生设施是否齐备；

F. 防暑降温措施是否落实；

G. 职业禁忌证人员是否得到妥善安置；

H. 收集并分析劳动者对职业卫生的抱怨等；

I. 建议检查周期：一季度一次。

劳动者职业安全卫生检查表：

◎ 注意查找设备泄漏、磨损或损坏的迹象，如发现任何问题，请告诉管理人员，如果你认为有问题，请勿继续工作；

◎ 进餐、喝水前或如厕前后要洗手去除污染物；

◎ 勿用有机溶剂清洁皮肤；

◎ 使用吸尘器或湿拖布即时安全清洁地处理泄漏物；

◎ 按提供的说明使用、维护和保存任何个人防护用品；

◎ 确保送风系统正常运行。

应急救援：

◎ 可能发生的事故：主要为砸伤和机械挤压伤害。

◎ 应急预案及设施：制定职业卫生应急救援预案、工伤事故应急预案及消防事故应急预案，并定期演练。

◎ 紧急处理及事故报告程序：按照应急预案要求的程序进行。

更多信息：

◎ 参见 GBZ 1、GBZ 2. 1、GBZ 2. 2、GBZ 158、GBZ 188。

4. 锻件热处理

文件编号：××××××

文件名称：锻件热处理职业危害识别与预防控制指南。

文件状态：有效。

岗位名称：锻件热处理。

上岗所要求的条件：特种作业岗位操作证、设备操作证、职业健康检查合格和职业安全卫生培训合格。

工作任务：将锻件热处理以提高锻件性能。

上工序：锻造。

下工序：抛丸。

主要设备：等温正火线、调质线和正火炉。

主要原、辅材料：锻件。

作业方式和体位：

◎ 作业方式：手工、半自动。

◎ 体位：65%时间站位，10%坐位，25%弯腰。

负重量、方式及时间：双手负重：负重量0.5~25kg，时间：2~4h。

职业危害与危险源点的识别：

◎ 设备：加热时产生高温、热辐射和电磁辐射；设备运行时产生噪声。其他危险源：安全防护装置缺损、通风设备缺损、设备接地（零）缺损、电器绝缘损坏、防护栏缺损、登高梯台缺损、上料机构损坏、急停开关损坏、炽热物体、易燃物质、坠落物、高压气体。

◎ 物料储存和运输：物料存放无序，运输通道不畅，制动器缺陷和吊物坠物等。

◎ 人机工效设计：工作台设计不合理，不良体位，采光和照明不良。

◎ 劳动组织和劳动者行为：劳动者配合不当，操作失误，个人防护用品穿戴不规范，违章作业，持续接触高温作业时间过长，劳动组织不合理。

◎ 作业环境：地面缺陷，地面绊脚物，环境高温、高湿，防护栏缺损。

※ 小结：主要存在的职业性有害因素有高温、热辐射、电磁辐射和噪声等。

职业危害控制策略：

√ 加热炉、等温炉等应密闭隔离；

√ 设备设施安装安全防护装置；

√ 安装通风排热装置；

√ 采取防暑降温措施，安装降温风扇，设置空调休息室，减少高温持续接触时间，提供清凉饮料等；

√ 正确的个人防护；

√ 设置应急冲洗装置；

√ 设置应急救援箱；

√ 制定安全操作规程和作业指导书；

√ 实施职业性有害因素监测与评价、职业健康监护和职业卫生培训；

√ 发放有毒有害作业岗位津贴。

主要职业性有害因素的职业接触限值：

◎ 噪声、高温和电磁辐射：见GBZ 2.2；

工作场所出入管理：

√ 实施准入制度进入工作区域；

√ 进入现场要穿戴安全帽、工作服、防砸耐热鞋和防护手套；

√ 工作区设置防烫伤、防砸、防高温及热辐射、防噪声和防滑等警示标识。

工艺和设备要求：

√ 氧化炉、加热炉、等温炉等应密闭、隔热，屏蔽电磁辐射；

√ 采用密闭式炉门，炉门应结实、严密关闭；

√ 使用热处理设备时，指示灯/标识清晰；

√ 排除热处理过程产生的气体时，应通风；排出的空气应排放至远离门、窗和进风口的安全处；

√ 排气通风系统应易于控制，并配有警示灯/报警器；

√ 用简便方法检查通风系统是否正常工作，如气压计、压力表或指示器；

√ 工作区保持良好通风，补充新鲜空气；

√ 在操作人员与热工件堆放区以及炉子之间，宜设置隔热屏。

岗位操作规程：

√ 工作前按规定穿戴好个人防护用品，防止烫伤；女工发辫应挽在帽子内；

√ 操作者应熟悉设备一般性能和结构，不得违章使用；

√ 设备运行前检查电器、仪表、工具和通风系统是否完好，开启相应的通风除尘系统，按设备操作规程操作设备；

√ 加热炉升温时，严格按工艺规定执行，防止事故发生；

√ 正常生产时应按工艺操作规程作业，安全生产，杜绝火灾、泄漏事故；

√ 进出料前要发出预报，多人操作必须指派一人指挥开动；

√ 及时关闭炉门，按工艺规定的数量和节拍装盘、推盘，减少能源损失和对人员的热辐射；

√ 及时清理地面上的油污和积水，防止人员滑倒摔伤；

√ 按车间规定摆放料箱，不得占据人行通道。

设备日常维护：

√ 按设备供应商和安装者的要求，维护设备，使其有效运行；

√ 轨道、料盘叉等由于磨损出现打滑、滑脱等异常现象时，要及时通知维修工修理或更换，防止人员砸伤；

√ 出现通风机故障、护栏缺损等问题时，及时通知维修工修理。

设备检查和测试：

√ 从生产商那里索取通风设备的设计性能信息，将这些资料存档，以便与将来测试结果比较；

√ 肉眼检查设备损坏的迹象，每周至少巡视一次；

√ 根据设备的性能测试标准，每 12 个月至少检查和测试一次通风设备；

√ 检查和测试结果至少保存 5 年。

作业场所清洁和整理：

√ 划出定置区域、对现场物料进行定置管理，对定置区域进行标识；

√ 每天清洁作业设备和工作区，每周定期清扫其他设备和车间一次；

√ 应立即处理泄漏物，安全处置泄漏物；避免地面油污、积液。

个人防护用品：

√ 根据现场存在的职业性有害因素的种类和浓度（强度），供应商提供的个人防护用品性能参数，选择适宜的个人防护用品；

√ 穿戴合适的个人防护用品：防热辐射工作服、防砸耐热鞋、安全帽、护袖、耳塞或耳罩和手套等；

√ 常规作业不需要呼吸防护用品；某些清洁和维修作业可能需要呼吸防护用品，如处理泄漏物；

√ 作业前必须按规定穿戴好个人防护用品；

√ 保持个人防护用品干净清洁，按规定的间隔时间定期更换。

职业卫生培训：

◎ 劳动者培训内容：

A. 职业病防治的相关法律法规知识；

B. 高温、热辐射、噪声和电磁辐射等职业性有害因素的特性及其可能造成的健康影响与预防控制措施；

C. 岗位操作规程和岗位作业条件；

D. 个人防护用品的使用知识；

E. 简单故障的识别与处置及事故的报告方法；

F. 设备操作系统的检查和使用方法；

G. 中暑、烫伤和工伤的自救和互救知识；

H. 急救箱的使用方法。

◎ 培训类型：上岗前、定期、换（转）岗培训。

◎ 培训方式：培训班、班组会、宣传栏、典型事故分析会、合同告知、网络、报纸、电视和广播宣传等。

职业卫生检查：

◎ 企业职业卫生管理部门检查：

A. 通风、隔热和降噪装置是否完好；

B. 物料管理是否规范；

C. 作业场所高温、噪声、电磁辐射等职业性有害因素是否超标；

D. 车间地面是否平整防滑，易于行走；

E. 作业场所的警示标识是否完善；

F. 劳动者是否按照作业指导书进行操作；

G. 劳动组织是否合理；

H. 车间有无“跑冒滴漏”现象；

I. 现场清理、清洁、整顿和整理等检查；

J. 劳动者个人防护用品使用是否规范；

K. 建议检查周期：一月一次。

◎ 工会监督检查：

A. 车间是否有职业卫生监督员；

B. 工时和劳动组织是否合理；

C. 个人防护用品是否按照标准发放；

D. 保健津贴是否按时足额发放；

E. 更衣室、洗浴间和休息室等卫生设施是否齐备；

F. 防暑降温措施是否落实；

G. 职业禁忌证人员是否得到妥善安置；

H. 收集并分析劳动者对职业卫生的抱怨等；

I. 建议检查周期：一季度一次。

劳动者职业安全卫生检查表：

◎ 检查设备仪表是否显示正常；

◎ 注意查找设备泄漏、磨损或损坏的迹象，如发现任何问题，请告诉管理人员，如果你认为有问题，请勿继续工作；

◎ 进餐、喝水前或如厕前后要洗手去除污染物；

◎ 勿用有机溶剂清洁皮肤；

◎ 应立即处理泄漏物，使用颗粒物或湿拖布清洁，安全处置泄漏物；

◎ 按提供的说明使用、维护和保存任何个人防护用品；

◎ 确保通风系统开启并正常运行。

应急救援：

◎ 可能发生的事故：主要为中暑、烫伤、砸伤、机械挤压伤害、电击伤和火灾事故。

◎ 应急预案及设施：制定职业卫生应急救援预案、工伤事故应急预案及消防事故应急预案，并定期演练。

◎ 紧急处理及事故报告程序：按照应急预案要求的程序进行。

更多信息：

◎ 参见 GBZ 1、GBZ 2.1、GBZ 2.2、GBZ 158、GBZ 188、GBZ/T 189。

5. 抛丸清理

文件编号：××××××

文件名称：抛丸清理职业危害识别与预防控制指南。

文件状态：有效。

岗位名称：抛丸清理。

上岗所要求的条件：设备操作证、职业健康检查合格和职业安全卫生培训合格。

工作任务：按作业指导书与标准书的要求进行操作，把锻件表面清理干净。

上工序：锻造。

下工序：检查。

主要设备：抛丸机。

主要原、辅材料：锻件。

作业方式和体位：

◎ 作业方式：半自动。

◎ 体位：90%时间站位，10%时间弯腰。

负重量、方式及时间：双手负重，负重量10～20kg，时间：每次6s。

职业危害与危险源点的识别：

◎ 设备：抛丸机运行时产生粉尘、噪声和振动。其他危险源：防护装置缺损、设备密封不严、钢砂溅出、通风设备缺损、设备接地（零）缺损、电器绝缘损坏和急停开关损坏等。

◎ 物料储存和运输：物料存放无序，运输通道不畅，制动器缺陷，吊物坠物等。

◎ 人机工效设计：工作台、工作椅设计不合理，超重手工转运，劳动强度过大，不良体位，采光和照明不良。

◎ 劳动组织和劳动者行为：劳动者配合不当，操作失误，个人防护用品穿戴不规范，违章作业，劳动组织不合理。

◎ 作业环境：地面缺陷，地面绊脚物，环境高温、高湿，地面积尘、积砂、易滑倒。

※ 小结：主要存在的职业性有害因素有粉尘、噪声和振动等。

职业危害控制策略：

√ 抛丸机应密闭隔离；

√ 配置安全保护装置；

√ 抛丸机周围3m内不应设置其他作业区；

√ 配置通风、除尘、减振和降噪装置；

√ 改善工效条件并加强物料管理；

√ 地面应采取防滑措施；

√ 制定安全操作规程和作业指导书；

√ 实施职业性有害因素监测与评价、职业健康监护和职业卫生培训；

√ 发放有毒有害作业岗位津贴；

√ 正确的个人防护。

主要职业性有害因素的职业接触限值：

◎ 噪声和振动：见GBZ 2.2；

◎ 粉尘：见GBZ 2.1。

工作场所出入管理：

√ 实施准入制度进入工作区域；

√ 进入现场要穿戴安全帽、工作服、防护面罩、防滑鞋以及耳塞或耳罩等；

√ 工作区设置防尘、防噪声、防滑、防砸以及防溅出物等警示标识。

工艺和设备要求：

√ 抛丸机应密闭；

√ 抛丸机应采取通风除尘、减振降噪措施；

√ 抛丸清理室整体结构应合理，并尽可能减少撞击所产生的噪声；

√ 抛头与机体连接处需有防振垫片；

√ 抛头端盖合缝处需用橡皮密封，以防高速铁丸从缝隙处逸出；

√ 室体四壁，大门内侧及接缝处均需衬以厚度大于4mm的橡胶板；

√ 室体钢架应有良好的接地；

√ 大门的开合与抛丸器的开关应联锁，保证大门关严之前，设备不能启动；

√ 通风除尘系统必须具有良好的密封性，保证设备运转时无尘埃逸出；

√ 工作区保持良好通风，补充新鲜空气；

√ 通风管道应简短，避免使用弯曲的长管；

√ 用简便方法检查通风柜是否正常工作，如气压计、压力表或指示器；

√ 尽可能地将除尘装置安置在主工作地点外，还应远离气流和主导风向；

√ 排出的空气应排放至远离门、窗和进风口的安全处。

岗位操作规程：

√ 工作前按规定穿戴好个人防护用品；

√ 生产前认真检查设备，发现问题要立即通知有关人员修理；

√ 抛丸清理设备开动前，应开启相应的通风除尘设备系统；

√ 设备运行前，非工作人员离开设备工作区，以免发生意外伤人事故；

√ 操作时应使抛丸设备运行平稳，减小机械噪声；

√ 抛丸清理时产生的固体废物有钢砂袋、废钢砂和氧化皮三种，操作者应进行定点、分类收集和处理；

√ 设备运转时的泄漏钢丸，当班操作者应及时进行打扫、收集，防止滑倒摔伤，并将收集的钢丸存放到指定料箱中，严禁与其他废物混排、混堆；

√ 设备运行时不得在设备下扫丸；

√ 设备运行时人员不得登上抛丸机；

√ 设备运转时若除尘系统发生故障，应停止运行，同时立即向当班的负责人反映，以便尽快维修；

√ 上下料时，应严格遵守安全操作规程；

√ 工作结束，立即将本机电源开关切断，以免使本设备处在运行状态，以防电器及设备发生意外。

设备日常维护：

√ 按设备供应商和安装者的要求，维护设备，使其有效运行。

设备检查和测试：

√ 从生产商那里索取通风设备的设计性能信息，将这些资料存档，以便与将来测试结果比较；

√ 肉眼检查设备损坏的迹象，每周至少巡视一次；

√ 根据设备的性能测试标准，每12个月至少检查和测试一次通风设备；

√ 检查和测试结果至少保存5年。

作业场所清洁和整理：

√ 定期清空集尘桶，谨防集尘桶过满；

√ 集尘桶应加盖搬动；

√ 设备停机后应及时打扫、收集设备运转时泄漏的钢丸；

√ 每天清洁作业设备和工作地点，定期打扫其他设备和车间，每周一次；

√ 不要用干刷子或压缩空气清扫，应用吸尘器或湿式清扫。

个人防护用品：

√ 根据现场存在的职业性有害因素的种类和浓度（强度），供应商提供的个人防护用品性能参数，选择适宜的个人防护用品；

√ 穿戴合适的个人防护用品：安全帽、防护面罩、防尘口罩、耳塞或耳罩、工作服、防砸防滑皮鞋和手套；

√ 清空集尘桶时应使用呼吸防护用品；

√ 作业前必须按规定穿戴好个人防护用品；

√ 保持个人防护用品干净清洁，按规定的间隔时间定期更换。

职业卫生培训：

◎ 劳动者培训内容：

A. 职业病防治的相关法律法规知识；

B. 粉尘、振动、噪声等职业性有害因素的特性及其可能造成的健康影响与预防控制措施；

C. 岗位操作规程和岗位作业条件；

D. 个人防护用品的使用知识；

E. 简单故障的识别与处置及事故的报告方法；

F. 设备操作系统的检查和使用方法；

G. 工伤的自救和互救知识；

H. 急救箱的使用方法。

◎ 培训类型：上岗前、定期、换（转）岗培训。

◎ 培训方式：培训班、班组会、宣传栏、典型事故分析会、合同告知、网络、报纸、电视和广播宣传等。

职业卫生检查：

◎ 企业职业卫生管理部门检查：

A. 通风、除尘、减振和降噪装置是否完好；

B. 物料管理是否规范；

C. 作业场所粉尘、噪声和振动等职业性有害因素是否超标；

D. 车间地面是否平整防滑，易于行走；

E. 作业场所的警示标识是否完善；

F. 劳动者是否按照作业指导书进行操作；

G. 劳动组织是否合理；

H. 车间有无“跑冒滴漏”现象；

I. 现场清理、清洁、整顿和整理等检查；

J. 劳动者个人防护用品使用是否规范；

K. 建议检查周期：一月一次。

◎ 工会监督检查：

A. 车间是否有职业卫生监督员；

B. 工时和劳动组织是否合理；

C. 个人防护用品是否按照标准发放；

D. 保健津贴是否按时足额发放；

E. 更衣室、洗浴间和休息室等卫生设施是否齐备；

F. 职业禁忌证人员是否得到妥善安置；

G. 收集并分析劳动者对职业卫生的抱怨等；

H. 建议检查周期：一季度一次。

劳动者职业安全卫生检查表：

◎ 注意查找设备泄漏、磨损或损坏的迹象，如发现任何问题，请告诉管理人员，如果你认为有问题，请勿继续工作；

◎ 进餐、喝水前或如厕前后要洗手去除污染物；

◎ 勿用有机溶剂清洁皮肤；

◎ 使用吸尘器或湿拖布即时安全清洁地处置泄漏物；

◎ 按提供的说明使用、维护和保存任何个人防护用品；

◎ 确保送风系统正常运行。

应急救援：

◎ 可能发生的事故：主要为砸伤、眼外伤、刮擦伤和电击伤等。

◎ 应急预案及设施：制定职业卫生应急救援预案、工伤事故应急预案及消防事故应急预案，并定期演练。

◎ 紧急处理及事故报告程序：按照应急预案要求的程序进行。

更多信息：

◎ 参见 GBZ 1、GBZ 2. 1、GBZ 2. 2、GBZ 158、GBZ 188。

6. 砂轮机操作

文件编号：××××××

文件名称：砂轮机操作职业危害识别与预防控制指南。

文件状态：有效。

岗位名称：砂轮机。

上岗所要求的条件：岗位操作证、设备操作证、职业健康检查合格和职业安全卫生培训合格。

工作任务：将锻件毛刺、折纹和表面缺陷打磨到工艺标准。

上工序：锻造。

下工序：热处理和清校。

主要设备：砂轮机。

主要原、辅材料：锻件。

作业方式和体位：

◎ 作业方式：手工和半自动。

◎ 体位：80% 时间站位，20% 时间弯腰。

负重量、方式及时间：方式：双手负重，负重量 0.5 ~ 30kg，时间 6s/次。

职业危害与危险源点的识别：

◎ 设备：砂轮打磨时产生粉尘（砂轮磨尘、矽尘等）、噪声和振动；除尘设备故障和清理时导致粉尘逸散。其他危险源：电器绝缘损坏、电器接地（零）不良等所产生的用电安全问题；安全装置缺陷、紧停开关缺损、紧停开关失效、紧固件缺损、制动器缺陷、罩壳脱落、物料坠落、接触锻件毛刺、铁屑飞溅、毛刺飞逸、砂轮片安装不当、砂轮片破碎飞出、吊索具缺陷、斜拉歪吊、卷入伤害、设备标识不清、设备运行异常等所引起的其他安全问题。

◎ 物料储存和运输：物料存放无序，运输通道不畅，物料堆放过高。

◎ 人机工效设计：工作台设计不合理，超负荷劳动，不良体位，采光和照明不良。

◎ 劳动组织和劳动者行为：劳动者配合不当，操作失误，个人防护用品穿戴不规范，违章作业。

◎ 作业环境：地面缺陷，地面积尘、积砂，地面绊脚物，环境高温和环境低温。

※ 小结：主要存在的职业性有害因素有粉尘（砂轮磨尘、矽尘等）、噪声和振动等。

职业危害控制策略：

√ 配置安全保护装置；

√ 配置通风、除尘、减振和降噪装置；

√ 尽可能采取湿式作业；

√ 改善工效条件、降低劳动强度和合理安排工间休息；

√ 加强物料管理、防止扬尘；

√ 制定安全操作规程和作业指导书；

√ 实施职业性有害因素监测与评价、职业健康监护和职业卫生培训；

√ 发放有毒有害作业岗位津贴；

√ 正确的个人防护。

主要职业性有害因素的职业接触限值：

◎ 噪声和振动：见 GBZ 2.2；

◎ 粉尘：见 GBZ 2.1。

工作场所出入管理：

√ 实施准入制度进入工作区域；

√ 进入现场要穿戴安全帽、防尘口罩、防护眼镜、工作服、防滑防砸鞋和手套等防护用品；

√ 作业场所设置防尘、防噪声、防砸、防坠物、防滑和防砂轮伤手等警示标识。

工艺和设备要求：

√ 考虑使用湿式作业以减少物料扬尘；

√ 应设置局部通风除尘装置，罩口气流速不低于 1.0m/s；

√ 排风罩的设计应满足除尘要求；

√ 采用较大的密闭罩避免粉尘飞溅；

√ 通风管道应简短，避免使用弯曲的长管；

√ 用简便方法检查通风系统是否正常工作，如气压计、压力表或指示器；

√ 工作区保持良好通风，补充新鲜空气；

√ 排出的空气应排放至远离门、窗和进风口的安全处；

√ 提供良好照明；

√ 砂轮与罩壳之间需要有足够的间隙，防护罩需有足够的强度。

岗位操作规程：

√ 工作前按规定穿戴好个人防护用品，女工发辫应挽在帽内；

√ 操作者应熟悉设备一般性能和结构，按设备操作规程进行操作，不得违章使用；

√ 在作业前 5min，开启通风除尘设备。生产结束后 5min，关闭通风除尘设备；

√ 工作前检查砂轮是否有裂纹、脱落，防护罩是否紧固。平托架与砂轮间隙不能超过 5mm，托架要紧固，如有松动现象，必须紧固后方可工作；

√ 严禁在砂轮机上磨橡胶、木板等软材料。磨工件前要检查周围有无易燃物，如有应排除；

√ 新换和调整砂轮时，检查表面有无缺陷、裂纹。安装后必须空转 5min 以上，且砂轮前方不准站人；

√ 磨工件时要拿稳，缓慢地接触砂轮，不得用力过猛或突然冲击砂轮；

√ 工件要轻拿轻放，降低噪声污染；

√ 不能两人同时使用一个砂轮；
√ 禁止在砂轮上同时磨工件的两个以上表面（如凸凹形工件）；
√ 砂轮机和工作台上禁止放工具、工件或其他物品；
√ 不允许在薄的砂轮（小于20cm）侧面磨工件；
√ 砂轮振动加大时，应停止使用；
√ 人员离开砂轮机时，要关闭砂轮机的动力源。

设备日常维护：

√ 按设备供应商和安装者的要求，维护设备使其有效运行；
√ 在通风除尘设备运行检查时发现异常，立即向当班班长反映，并通知维修人员进行维修；
√ 节假日，操作工应对通风除尘设备进行一次全面维护保养。

设备检查和测试：

√ 从生产商那里索取通风设备的设计性能信息，将这些资料存档，以便与将来测试结果比较；
√ 肉眼检查设备损坏的迹象，每周至少巡视一次；
√ 根据设备的性能测试标准，每12个月至少检查和测试一次通风设备；
√ 检查和测试结果存档，至少保存5年。

作业场所清洁和整理：

√ 现场物品定置摆放，做到无杂物、无积灰、无积水；
√ 每天清洁作业设备和工作地点，定期打扫其他设备和车间，每周一次；
√ 坚持地面湿式清扫或负压清扫，禁止用压缩空气清扫卫生；
√ 作业现场废物按一般类可回收固体废物和一般类不可回收固体废物进行分类收集，存放的粉状固体废物必须低于料斗顶端10cm；
√ 应立即处理泄漏物，安全处置泄漏物。

个人防护用品：

√ 根据现场存在的职业性有害因素的种类和浓度（强度），供应商提供的个人防护用品性能参数，选择适宜的个人防护用品；
√ 穿戴合适的个人防护用品：安全帽、防尘口罩、防护眼镜、耳塞或耳罩、工作服、防护围裙、防滑防砸鞋以及手套等；
√ 作业前必须按规定穿戴好个人防护用品；
√ 保持个人防护用品干净清洁，按规定的间隔时间定期更换。

职业卫生培训：

◎ 劳动者培训内容：

A. 职业病防治的相关法律法规知识；
B. 粉尘、噪声和振动等职业性有害因素的特性及其可能造成的健康影响与预防控制措施；
C. 岗位操作规程和岗位作业条件；
D. 个人防护用品的使用知识；
E. 简单故障的识别与处置及事故的报告方法；
F. 设备操作系统的检查和使用方法；
G. 急救箱的使用方法。

◎ 培训类型：上岗前、定期、换（转）岗培训。
◎ 培训方式：培训班、班组会、宣传栏、典型事故分析会、合同告知、网络、报纸、电视和广播等。

职业卫生检查：

◎ 企业职业卫生管理部门检查：

A. 通风、除尘、减振和降噪装置是否完好；
B. 物料管理是否规范；
C. 作业场所粉尘和噪声是否超标；
D. 车间地面是否平整防滑，易于行走；
E. 作业场所的警示标识是否完善；
F. 劳动者是否按照作业指导书进行操作；
G. 车间有无“跑冒滴漏”现象；
H. 现场清理、清洁、整顿和整理等检查；
I. 劳动者个人防护用品使用是否规范；
J. 建议检查周期：一月一次。

◎ 工会监督检查：

A. 车间是否有职业卫生监督员，
B. 工时和劳动组织是否合理；
C. 个人防护用品是否按照标准发放；
D. 保健津贴是否按时足额发放；
E. 更衣室、洗浴间和休息室等卫生设施是否齐备；
F. 预防控制措施是否落实；
G. 职业禁忌证人员是否得到妥善安置；
H. 收集并分析劳动者对职业卫生的抱怨等；
I. 建议检查周期：一季度一次。

劳动者职业安全卫生检查表：

◎ 确保通风、除尘系统开启并正常运行；
◎ 防止纸袋和其他废弃物吸入通风管道；
◎ 注意查找设备泄漏、磨损或损坏的迹象，如发现任何问题，请告诉管理人员，如果你认为有问题，请勿继续工作；
◎ 进餐、喝水前或如厕前后要洗手去除污染物；
◎ 勿用有机溶剂清洁皮肤；
◎ 立即处理粉尘逸散物，使用吸尘器或湿拖布清洁，安全处置粉尘逸散物；
◎ 按要求使用、维护和保存个人防护用品。

应急救援：

◎ 可能发生的事故：主要为工伤事故，如跌落、滑倒、砸伤、机械卷入损伤以及电击伤等。

◎ 应急预案及设施：制定职业卫生应急救援预案、工伤事故应急预案及消防事故应急预案，并定期演练。

◎ 紧急处理及事故报告程序：按照应急预案要求的程序进行。

更多信息：

◎ 参见 GBZ 1、GBZ 2. 1、GBZ 2. 2、GBZ 158、GBZ 188。

7. 风动砂轮打磨

文件编号：××××××

文件名称：风动砂轮打磨职业危害识别与预防控制指南。

文件状态：有效。

岗位名称：风动砂轮打磨。

上岗所要求的条件：岗位操作证、职业健康检查合格和职业安全卫生培训合格证。

工作任务：按工艺打磨工件。

上工序：锻造和机械加工。

下工序：热处理、清校和锻造。

主要设备：风动砂轮机。

主要原、辅材料：锻件和模具。

作业方式和体位：

◎ 作业方式：手工和半自动。

◎ 体位：60%时间站位，20%弯腰，20%蹲位。

负重量、方式及时间：双手负重，负重量1kg，时间8h。

职业危害与危险源点的识别：

◎ 设备：打磨时产生粉尘（砂轮磨尘、矽尘等）、噪声和振动；除尘设备故障和清理时导致粉尘逸散。其他危险源：电器绝缘损坏、电器接地（零）不良等所产生的用电安全问题；安全装置缺陷、紧停开关缺损、紧停开关失效、紧固件缺损、物料坠落、工件毛刺外露、铁屑飞溅、毛刺飞逸、砂轮片安装不当，砂轮片破碎飞出、卷入伤害，高压气体。

◎ 物料储存和运输：物料存放无序，运输通道不畅，物料堆放过高。

◎ 人机工效设计：工作台设计不合理，不良体位，超负荷劳动，采光和照明不良。

◎ 劳动组织和劳动者行为：劳动者配合不当、操作失误，个人防护用品穿戴不规范，违章作业。

◎ 作业环境：地面缺陷，地面积尘、积砂，地面绊脚物，环境高温和环境低温。

※ 小结：主要存在的职业性有害因素有粉尘（砂轮磨尘、矽尘等）、噪声和振动等。

职业危害控制策略：

√ 配置安全保护装置；

√ 配置通风、除尘、减振和降噪装置；

√ 尽可能采取湿式作业；

√ 改善工效条件、降低劳动强度并合理安排工间休息；

√ 加强物料管理、防止扬尘；

√ 制定安全操作规程和作业指导书；

√ 实施职业性有害因素监测与评价、职业健康监护和职业卫生培训；

√ 发放有毒有害作业岗位津贴；

√ 正确的个人防护。

主要职业性有害因素的职业接触限值：

◎ 噪声和振动：见GBZ 2.2；

◎ 粉尘：见GBZ 2.1。

工作场所出入管理：

√ 实施准入制度进入工作区域；

√ 进入现场要穿戴安全帽、工作服、防尘口罩、防护眼镜、耳塞或耳罩以及防滑、防砸鞋等个人防护用品；

√ 作业场所设置防尘、防噪声、防砸、防滑以及防砂轮伤手等警示标识。

工艺和设备要求：

√ 工作台设计符合工效要求；

√ 压缩空气气路密封良好，气管应无老化；

√ 采用消声器降低高压高速排气放空噪声；

√ 提供良好照明，照明设施应适合工作任务，如防尘或耐火；

√ 确保采取安全措施将其他危害减到最小，例如砂轮伤手；

√ 设置局部通风除尘装置，可采用工作台下抽风或移动式集尘装置等方式；

√ 集尘罩应接近并覆盖打磨部位；

√ 必要时，可在排气管上安装活动接头，以便移动集尘罩；

√ 集尘罩罩口气流速应不低于1m/s；

√ 通风管道力求简短，避免使用长的软管；

√ 工作地点（操作台）应尽量避开门、窗、过道等空气对流区，以防止横向气流干扰排风系统，粉尘和废气的逸散；

√ 确保向车间导入新鲜空气以替代排出的空气；

√ 提供简单的方法检查通风设施的工作状况，如测压计、压力表或显示器；

√ 排出的空气应排放至远离门、窗和进风口的安全处。

岗位操作规程：

√ 工作前按规定穿戴好个人防护用品，女工发辫应挽在帽内，禁止戴手套；

√ 操作者应熟悉设备一般性能和结构，按设备操作规程进行操作，不得违章使用；

√ 在作业前5min，开启通风除尘设备，生产结束后5min，关闭通风除尘设备；

√ 工作前检查磨头、砂轮是否有裂纹、脱落、防护罩是否紧固、吸尘装置是否完好，发现问题应立即解决；

√ 更换磨头或砂轮片时，通过空转30s，检查磨头、砂轮片是否紧固；

√ 磨工件时要拿稳，不得用力过猛或突然冲击砂轮；
√ 砂轮转动两侧不许站人，以免火星飞溅伤人；
√ 风动砂轮机有震动现象应停止使用；
√ 人员离开砂轮机时，要关闭砂轮机的动力源；
√ 工作完毕应关闭阀门，将砂轮放置在干燥安全地方，以免受潮，再次使用时破裂伤人。

设备日常维护：

√ 按设备供应商和安装者的要求，维护设备使其有效运行；
√ 在通风除尘设备运行检查时发现异常，立即向当班班长反映，并通知维修人员进行维修；
√ 节假日，操作工应对通风除尘设备进行一次全面维护保养；
√ 风动砂轮应有专人负责保管，定期检查维修。

设备检查和测试：

√ 从生产商那里索取通风设备的设计性能信息，将这些资料存档，以便与将来测试结果比较；
√ 肉眼检查设备损坏的迹象，每周至少巡视一次；
√ 根据设备的性能测试标准，每12个月至少检查和测试一次通风设备；
√ 检查和测试结果至少保存5年。

作业场所清洁和整理：

√ 现场物品定置摆放，做到无杂物、无积灰、无积水；
√ 每天清洁作业设备和工作区，每周定期清扫其他设备和车间一次；
√ 坚持地面湿式清扫或负压清扫，禁止用压缩空气清扫卫生；
√ 作业现场废物按一般类可回收固体废物和一般类不可回收固体废物进行分类收集，存放的粉状固体废物必须低于料斗顶端10cm。

个人防护用品：

√ 根据现场存在的职业性有害因素的种类和浓度（强度），供应商提供的个人防护用品性能参数，选择适宜的个人防护用品；
√ 穿戴合适的个人防护用品：安全帽、防尘口罩、防护眼镜、耳塞或耳罩、工作服、防护围裙、袖套以及防滑、防砸鞋等；
√ 作业前必须按规定穿戴好个人防护用品；
√ 保持个人防护用品干净清洁，按规定的间隔时间定期更换。

职业卫生培训：

◎ 劳动者培训内容：
A. 职业病防治的相关法律法规知识；
B. 粉尘、噪声和振动等职业性有害因素的特性及其可能造成的健康影响与预防控制措施；
C. 岗位操作规程和岗位作业条件；
D. 个人防护用品的使用知识；
E. 简单故障的识别与处置及事故的报告方法；
F. 设备操作系统的检查和使用方法；
G. 急救箱的使用方法。

◎ 培训类型：上岗前、定期、换（转）岗培训。
◎ 培训方式：培训班、班组会、宣传栏、典型事故分析会、合同告知、网络、报纸、电视和广播等。

职业卫生检查：

◎ 企业职业卫生管理部门检查：
A. 通风、除尘、减振和降噪装置是否完好；
B. 物料管理是否规范；
C. 作业场所粉尘、噪声、振动是否超标；
D. 车间地面是否平整防滑，易于行走；
E. 作业场所的警示标识是否完善；
F. 劳动者是否按照作业指导书进行操作；
G. 车间有无“跑冒滴漏”现象；
H. 现场清理、清洁、整顿和整理等检查；
I. 劳动者个人防护用品使用是否规范；
J. 建议检查周期：一月一次。

◎ 工会监督检查：
A. 车间是否有职业卫生监督员；
B. 工时和劳动组织是否合理；
C. 个人防护用品是否按照标准发放；
D. 保健津贴是否按时足额发放；
E. 更衣室、洗浴间和休息室等卫生设施是否齐备；
F. 预防控制措施是否落实；
G. 职业禁忌证人员是否得到妥善安置；
H. 收集并分析劳动者对职业卫生的抱怨等；
I. 建议检查周期：一季度一次。

劳动者职业安全卫生检查表：

◎ 检查磨头、砂轮和气路等是否完好；
◎ 确保通风、除尘系统开启并正常运行；
◎ 防止纸袋和其他废弃物吸入通风管道；
◎ 注意查找设备泄漏、磨损或损坏的迹象，如发现任何问题，请告诉管理人员，如果你认为有问题，请勿继续工作；
◎ 进餐、喝水前或如厕前后要洗手去除污染物；
◎ 勿用有机溶剂清洁皮肤；
◎ 立即处理粉尘逸散物，使用吸尘器或湿拖布清洁，安全处置粉尘逸散物；
◎ 按要求使用、维护和保存个人防护用品。

应急救援：

◎ 可能发生的事故：主要为工伤事故，如跌落、滑倒、砸伤、砂轮伤人和眼外伤等。

◎ 应急预案及设施：制定职业卫生应急救援预案、工伤事故应急预案及消防事故应急预案，并定期演练。

◎ 紧急处理及事故报告程序：按照应急预案要求的程序进行。

更多信息：

◎ 参见 GBZ 1、GBZ 2.1、GBZ 2.2、GBZ 158、GBZ 188。

8. 清洗防锈

文件编号： ××××××

文件名称： 清洗防锈职业危害识别与预防控制指南。

文件状态： 有效。

岗位名称： 清洗防锈。

上岗所要求的条件： 岗位操作证、设备操作证、职业健康检查合格和职业安全卫生培训合格。

工作任务： 按标准书和作业书进行操作，将锻件表面作防锈处理。

上工序： 检查。

下工序： 入库。

主要设备： 防锈机。

主要原、辅材料： 锻件。

作业方式和体位：

◎ 作业方式：半自动。

◎ 体位：90%时间站位，10%弯腰。

负重量、方式及时间： 方式：双手负重，负重量1～20kg，时间6～15s/次。

职业危害与危险源点的识别：

◎ 设备：酸洗过程中存在盐酸、硫酸、硝酸和磷酸，产生氮氧化物。其他危险源：安全防护装置缺损、酸槽防护栏缺损，登高梯台缺损，阀门损坏，盖板缺损，酸外溅，无防止酸液泄漏和溢出的槽、池，无喷淋或冲洗设施，无泄漏处理装置；加热管破损、通风设备缺损，上料机构损坏，急停开关损坏，电器绝缘损坏、电器接地（零）不良等问题产生的电气安全问题。

◎ 物料储存和运输：现场化学品超量储存，储罐泄漏，物料存放无序，运输通道不畅，吊钩、吊具、制动器、限位装置等吊装设备缺陷或操作失误，吊物坠物，危险化学品没有物质安全数据说明书（MSDS）。

◎ 人机工效设计：长期站位和弯腰，采光和照明不良。

◎ 劳动组织和劳动者行为：劳动者配合不当，操作失误，个人防护用品穿戴不规范、违章作业，劳动组织不合理，在作业现场进食、喝水，酸碱泄漏和随意倾倒，向槽内倾倒有毒物品时操作者站在下风向，搬运或向槽中倾注酸、碱液时未使用专用工具，站在酸、碱槽沿上面工作，水倒入酸中或将酸倒入热水中。

◎ 作业环境：地面缺陷，地面积水、积液、绊脚物，环境高温、高湿。

※ 小结：主要存在的职业性有害因素有盐酸、硫酸、硝酸和氮氧化物。

职业危害控制策略：

√ 安装槽边通风、排毒和净化系统；

√ 采取全面通风；

√ 配置安全防护装置；

√ 制定应急救援预案，设置泄险区和喷淋装置；

√ 采取措施防暑降温，防控高气湿的危害；

√ 减少工作场所化学品过量存放；

√ 改善工效条件并加强物料的转运与管理；

√ 制定安全操作规程和作业指导书；

√ 实施职业性有害因素监测与评价、职业健康监护和职业卫生培训；

√ 发放有毒有害作业岗位津贴；

√ 正确的个人防护。

主要职业性有害因素的职业接触限值：

◎ 毒物：见GBZ 2.1。

工作场所出入管理：

√ 实施准入制度进入工作区域；

√ 进入现场要穿戴安全帽、防护眼镜、防毒护具、耐酸碱工作服、耐酸碱防护手套以及耐酸碱工作鞋；

√ 工作区设置防腐蚀、防毒、通风、防滑以及防砸等警示标识。

工艺和设备要求：

√ 设置防护栏和警示标识；

√ 确保补充置换的空气均匀流经浸洗槽；

√ 槽边排风控制风速依据溶液性质、浓度、温度等因素而定，一般不超过0.5m/s；

√ 确保不相容性废气通过不同管道分别排放；

√ 考虑使用塑料球/珠、泡沫抑制剂或薄片，减少浸洗槽表面形成蒸气和雾气；

√ 工作区应尽可能避开门、窗、过道等处，以避免穿堂风（横向气流）干扰排风系统，防止污染扩散；

√ 排出的空气应排放至远离门、窗和进风口的安全处；

√ 通风管道应简、短，尽量减少弯曲；

√ 槽边排风罩和管道应耐腐蚀；

√ 应设置泄漏溶液收集系统，如回收管道和器具、围堵坑和围堰等；

√ 应有冲洗地面、墙壁的设施；

√ 车间地面应平整、防滑、耐腐蚀、易于清扫，并设有坡向排水，其废水应纳入工业废水处理系统；

√ 设置泄险区及应急喷淋、冲洗装置。

岗位操作规程：

√ 上岗前开启相应的通风、排毒系统；

√ 工作前按规定穿戴好个人防护用品；

√ 启动设备前，做好设备点检，槽体、阀门、管路、电气系统、机械机构及防护装置有损坏或跑冒滴漏时及时报修；

√ 检查酸洗槽护栏是否完好，翻转机转动部位，连接部位有无松动、破损，保证翻转机正常使用，检查料架有无脱焊、破损，检查吊链有无脱焊、裂纹，料架、吊链有上述缺损不得使用，吊具钢丝绳编结符合要求，达报废标准不得再使用；

√ 启动风机前检查风机是否正常，如有损坏，必须修好后方可启动；启动两台风机时，必须间隔 10s 以上，雨雪天登梯检查酸雾净化塔时要注意防滑；

√ 按工艺要求给槽液加温；

√ 准备垫木时要拿牢拿稳；

√ 吊装设备操作者必须持证操作，操作中遵循“十不吊”（①超负荷不吊；②歪拉斜吊不吊；③指挥信号不明不吊；④安全装置失灵不吊；⑤重物起过人头不吊；⑥光线阴暗看不清不吊；⑦埋在地下的物件不吊；⑧吊物上站人不吊；⑨捆绑不牢不稳不吊；⑩重物边缘锋利无防护措施不吊）；

√ 工作中，锻件要轻拿轻放，防止锻件滑落造成人员砸伤；

√ 保持高温部位防护装置完好，防止人员烫伤；

√ 酸液的配制及添加应按工艺控制规程的有关规定执行；

√ 酸废水排放至中和池，严禁与其他废水混排；

√ 槽体出现“跑冒滴漏”时，应马上向管理人员反映，以便尽快维修；

√ 禁止徒手接触化学药品；

√ 配制溶液时，应将酸缓缓加入冷水中（尤其是配制硫酸）次序切勿颠倒，以免灼伤；

√ 配制混合酸时，先加 1/3 体积冷水，再加硫酸，最后加盐酸；

√ 出现烧伤时应立即用清水冲洗，严重灼伤者冲洗后立即送医务部门；

√ 在生产中，若出故障或不正常现象时，应立即停机检查处理，若发生事故，必须保持现场，防止事故扩大；

√ 进行清理、清洁、整顿、整理、素养等检查，认真填写交接班记录；

√ 作业完毕切断电源，关闭阀门。

设备日常维护：

√ 按设备供应商和安装者的要求，维护设备，使其有效运行。

设备检查和测试：

√ 从生产商那里索取通风设备的设计性能信息，将这些资料存档，以便与将来测试结果比较；

√ 每季度由技术人员全面检查一次，并张贴相应设备状态标识；

√ 肉眼检查设备损坏的迹象，每周至少巡视一次；

√ 根据设备的性能测试标准，每 12 个月至少检查和测试一次通风设备；

√ 检查和测试结果至少保存 5 年。

作业场所的清洁和整理：

√ 划出定置区域、对现场物料进行定置管理，对定置区域进行标识；

√ 每天清洁作业设备和工作区，每周定期清扫其他设备和车间一次；

√ 应立即处理泄漏物，安全处置泄漏物；避免地面积水、积液；

√ 容器应存放在安全处，安全处置空的容器；

√ 容器使用后应立即加盖。

个人防护用品：

√ 根据现场存在的职业性有害因素的种类和浓度（强度），供应商提供的个人防护用品性能参数，选择适宜的个人防护用品；

√ 穿戴合适的个人防护用品：耐酸碱工作服、防砸耐酸碱工作鞋、耐酸碱防护手套、工作帽、防异物眼护具以及防毒护具等个人防护用品；

√ 班组应配备应急防毒面具等防护用品；

√ 作业前必须按规定穿戴好个人防护用品；

√ 保持个人防护用品干净清洁，按规定的间隔时间定期更换。

职业卫生培训：

◎ 劳动者培训内容：

A. 职业病防治的相关法律法规知识；

B. 盐酸、硝酸和硫酸等职业性有害因素的特性及其可能造成的健康影响与预防控制措施；

C. 岗位操作规程和岗位作业条件；

D. 个人防护用品的使用知识；

E. 简单故障的识别与处置及事故的报告方法；

F. 设备操作系统的检查和使用方法；

G. 安全处理化学品；

H. 职业性急性刺激性气体中毒、酸烧灼伤的自救和互救知识；

I. 急救箱的使用方法。

◎ 培训类型：上岗前、定期、换（转）岗培训。

◎ 培训方式：培训班、班组会、宣传栏、典型事故分析会、合同告知、网络、报纸、电视和广播宣传等。

职业卫生检查：

◎ 企业职业卫生管理部门检查：

A. 通风排毒设施是否完好；

B. 物料管理是否规范；

C. 作业场所毒物等职业性有害因素是否超标；

D. 应急冲洗等救援设备是否完善或完好；
E. 作业场所的警示标识是否完善；
F. 劳动者是否按照作业指导书进行操作；
G. 劳动组织是否合理；
H. 车间有无“跑冒滴漏”现象；
I. 现场清理、清洁、整顿、整理、素养等检查；
J. 劳动者个人防护用品使用是否规范；
K. 建议检查周期：一月一次。

◎ 工会监督检查：
A. 车间是否有职业卫生监督员；
B. 工时和劳动组织是否合理；
C. 个人防护用品是否按照标准发放；
D. 保健津贴是否按时足额发放；
E. 更衣室、洗浴间和休息室等卫生设施是否齐备；
F. 职业禁忌证人员是否得到妥善安置；
G. 收集并分析劳动者对职业卫生的抱怨等；
H. 建议检查周期：一季度一次。

劳动者职业安全卫生检查表：

◎ 确保通风、排毒系统开启并正常运行；
◎ 注意查找设备泄漏、磨损或损坏的迹象，如发现任何问题，请告诉管理人员，如果你认为有问题，请勿继续工作；
◎ 酸洗槽应无泄漏，发现泄漏立即报告修复；酸洗槽不使用时尽量加盖；
◎ 添加溶液的工具和器皿完好，无泄漏；
◎ 现场不能堆放过量的化学品；
◎ 自动线紧急制动装置必须完好，应急信号灯也必须完好；
◎ 进餐、喝水前或如厕前后要洗手去除污染物；
◎ 勿用有机溶剂清洁皮肤；
◎ 立即安全处理泄漏物；
◎ 按提供的说明使用、维护和保存个人防护用品。

应急救援：

◎ 可能发生的事故：急性刺激性气体中毒、化学性（眼、皮肤）烧灼伤、坠落和电击伤等。
◎ 应急预案及设施：制定职业卫生应急救援预案、工伤事故应急预案及消防事故应急预案，并定期演练。
◎ 紧急处理及事故报告程序：按照应急预案要求的程序进行。

更多信息：

◎ 参见 GBZ 1、GBZ 2. 1、GBZ 2. 2、GBZ 158、GBZ 188。

第 4 部分

热处理作业职业危害识别、分析与控制

一、热处理作业职业危害识别与分析

（一）工艺技术、材料和设备

1. 工艺过程及分类

热处理是金属制品加工过程的一个重要部分。任何对固态金属进行加热和冷却使其形成特定状态并赋予特殊性能的加工过程均可称为热处理。热处理包括加热和缓慢冷却以降低硬度，加热和淬火以增加硬度，低温加热使内应力达到最低限度等。常见的热处理工艺包括退火、正火和表面热处理等方法。按工艺类型，热处理可分为整体热处理、表面热处理和化学热处理，见表 4.1 所示。

表 4.1　热处理工艺分类表

<table>
<tr><th>工艺类型</th><th>工艺名称</th><th>加热方法</th></tr>
<tr><td rowspan="8">整体热处理</td><td>退火</td><td rowspan="2">加热炉</td></tr>
<tr><td>正火</td></tr>
<tr><td>淬火</td><td rowspan="3">感应</td></tr>
<tr><td>淬火和回火</td></tr>
<tr><td>调质</td></tr>
<tr><td>稳定化处理</td><td rowspan="3">火焰</td></tr>
<tr><td>固液处理、水韧处理</td></tr>
<tr><td>固液处理和时效</td></tr>
<tr><td rowspan="4">表面热处理</td><td>表面淬火和回火</td><td rowspan="2">电阻</td></tr>
<tr><td>物理气相沉积</td></tr>
<tr><td>化学气相沉积</td><td rowspan="2">激光</td></tr>
<tr><td>等离子体化学气相沉积</td></tr>
</table>

续表

工艺类型	工艺名称	加热方法
化学热处理	渗碳	电子束
	碳氮共渗	
	渗氮	
	氮碳共渗	等离子体
	渗其他非金属	
	渗金属	
	多元共渗	其他
	熔渗	

2. 工艺描述

退火：是指将钢加热到发生相变或部分相变的温度，经保温后缓慢冷却的热处理方法，其目的是为了消除组织缺陷，改善组织使成分均匀化以及细化晶粒，提高钢的力学性能，减少残余应力，并降低硬度，提高塑性和韧性，改善切削加工性能，所以退火既为了消除和改善前道工序遗留的组织缺陷和内应力，又为后续工序做好准备，故属于半成品热处理，又被称为预先热处理。

正火：是指将钢件加热到临界温度以上，保温一段时间，然后用空气冷却，冷却速度比退火快，用来处理低碳和中碳结构及渗碳零件使组织细化，增加强度与韧性，减少内应力，改善切削性能。

淬火：是指将钢加热到临界温度以上，保温一段时间，然后很快放入淬火剂中，使其温度骤然降低而获得以马氏体为主的不平衡组织的热处理方法。淬火能增加钢的强度和硬度，但会减少塑性。常用的淬火剂有水、油和盐类溶液等。

回火：是指将已经淬火的钢重新加热到一定温度，再用一定方法冷却，其目的是消除淬火产生的内应力，降低硬度和脆性，以取得预期的力学性能。回火分高温、中温和低温回火三类。回火多与淬火和正火配合使用。

调质处理：淬火后高温回火的热处理方法称为调质处理。高温回火是指在 450 ~ 650℃之间进行回火。调质可以使钢的性能、材质得到调整，其强度、塑性和韧性都较好，具有良好的综合机械性能。重要的齿轮、轴及丝杠等零件用调质处理。

时效处理：为了消除精密量具或模具、零件在长期使用中尺寸、形状发生的变化，常在低温回火后（低温回火温度 150 ~ 250℃）精加工前，把工件重新加热到 100 ~ 150℃，保持 5 ~ 20h，这种为稳定精密制件质量的处理，称为时效处理。对在低温或动载荷条件下的钢材构件进行时效处理，以消除残余应力，稳定钢材组织和尺寸，尤为重要。

表面淬火：用火焰或高频电流将零件表面迅速加热至临界温度以上，急速冷却。可使零件表面获得高的硬度，而心部保持一定的韧性，使零件既耐磨又能承受冲击，表面淬火常用于处理齿轮等。可分为火焰淬火和高频淬火。

渗碳淬火：在渗碳剂中将钢件加热 900 ~ 950℃，停留一段时间，将碳渗入钢表面，深度约为0.5 ~ 2mm，在淬火后回火。可增加钢件的耐磨性能、表面硬度、抗拉强度及疲劳极限。

渗氮：又称氮化，向钢的表层渗入氮原子的过程，其目的是提高表面层的硬度与耐磨性以提高疲劳强度、抗腐蚀性等，目前生产中多采用气体渗氮法。

碳氮共渗：又称氰化，在钢中同时渗入碳原子与氮原子的过程，它使钢表面具有渗碳与渗氮的特性。

3. 设备

主要是加热炉，常见有：

电阻炉：有各种型号的箱式炉、台车式炉、井式炉、井式气体渗碳炉、油浴炉及坩埚式浴炉等。

盐浴炉：包括埋入式电极盐浴炉、插入式电极盐浴炉、坩埚式盐浴炉及低温坩埚式硝盐浴炉等。

感应加热装置及火焰淬火设备：包括高频感应加热装置、超音频振荡回路装置及中频感应加热淬火设备等，如中频加热炉。

真空炉和离子渗碳设备。

4. 汽车生产中的热处理分类

热处理在汽车生产中应用非常广泛，有锻坯热处理、传动件热处理、紧固件热处理、弹簧热处理以及加工线上的热处理等，汽车热处理工艺内容见图 4.1。

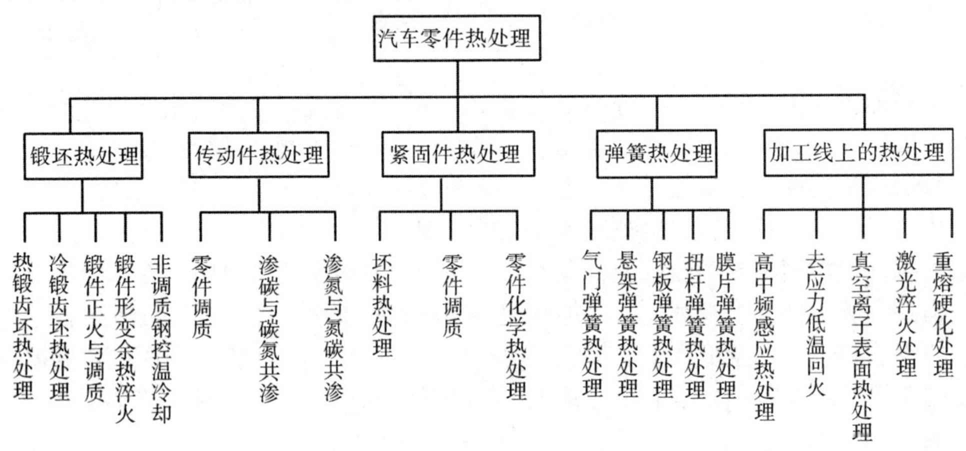

图 4.1　汽车零件热处理工艺内容

在五大类汽车零件热处理中，生产规模最大的是锻坯热处理，工艺最复杂、质量控制得最严的是传动件热处理。

（1）锻坯热处理

汽车锻件是用来承受或传递较大载荷的零件，均需经过毛坯热处理。这些锻件按其材料和热处理工艺分为三类，第一类为低合金渗碳钢，用于汽车齿轮、齿轴和十字轴等渗碳件，其锻坯需经正火或等温退火热处理；第二类碳钢和低合金中碳钢锻坯，如曲轴、凸轮轴、半轴等，采用正火或正火加高温回火处理；第三类中碳及低合金中碳钢锻坯，如前轴、各种臂类、转向节等，采用调质处理。

常见的锻坯热处理包括：热锻齿坯热处理（主要采用正火、等温退火热处理方法）和冷锻齿坯热处理。

冷锻齿坯热处理工艺过程如图 4.2。

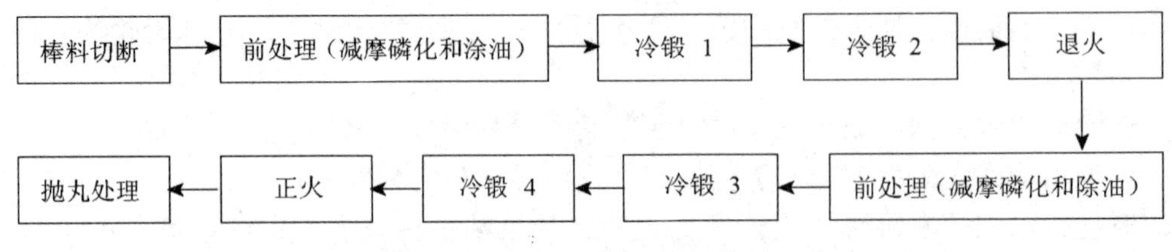

图 4.2　冷锻齿坯热处理工艺流程图

正火和调质处理：绝大多数锻坯均需正火或调质处理。调质是由淬火和高温回火两道工序组成。和正火、球化退火以及等温退火不同，锻件调质处理常常是最终热处理。

淬火：利用锻造余热淬火，应用最多的是曲轴、连杆、驱动轴、万向节叉及悬架弹簧等。

（2）传动件热处理

传动系统将发动机的动力传递到车轮以驱动汽车行驶。传动件在工作过程中分别承受交变、脉动的扭转、弯曲、拉压和冲击载荷，应有较高的强度、韧性、耐磨和抗疲劳性能，所以传动件都要经过热处理，主要有高、中频感应热处理、化学热处理和调质处理。

调质处理：在箱式炉或推杆式炉中加热，常使用保护气来提高锻件性能，保护气有吸热式保护气、甲醇、酒精和氮基气氛等，工艺包括淬火、回火等。

化学热处理：传动件化学热处理大量使用连续式渗碳自动化和箱式多用炉。气体渗碳和碳氮共渗使用的是吸热式气，其次是氮－甲醇气、滴注式气和直生式气。渗氮与碳氮共渗都属于低温化学热处理，能提高零件抗疲劳强度、耐磨性、抗腐蚀和红硬性。

（3）加工线上的热处理

加工线上的热处理通常采用高、中频感应加热的方法对毛坯件进行热处理，其优点有：加热速度快、氧化脱碳少以及产品品质优良、稳定，生产效率高，适用于大批生产，占地少、无污染，可布置在生产线上，节能、节约生产成本，可部分替代渗碳、碳氮共渗、调质及局部淬火工艺。

感应加热装置包括高频（200～500kHz）、超音频（30～60kHz）和中频（1～10kHz）。现普遍采用专用淬火机床和全自动淬火机床。

（4）紧固件热处理

紧固件热处理工艺包括调质、渗碳和碳氮共渗，有的紧固件还需再结晶退火和去应力回火处理。

调质处理：常在输送带式炉、网带式炉和铸链式炉中进行，分别采用吸热式保护气，甲醇滴注式气体、氨气和甲醇作保护气体，在淬火过程中可用油和碱液作淬火介质。

化学热处理：许多紧固件需要经渗碳或碳氮共渗等化学热处理，如车轮螺母、杯形螺母及气门帽等，还有一些管接件、卡套等要求氮化。多数是浅层渗碳和碳氮共渗。

紧固件的坯料热处理：紧固件坯料常进行酸洗、扒皮、冷拔和预备热处理，有的坯料要经过 2～3 次拔丝退火或正火后才能使用，常用的方法有球化退火、正火与完全退火和再结晶退火。

（二）主要职业性有害因素检测结果与分析

1. 不同工种职业性有害因素接触情况

所调查的热处理车间共有生产工人 123 人，各工种分布见表 4. 2。

表 4. 2　热处理车间各工种人数构成

工　种	人数	构成（%）
热处理	70	57
高频淬火	34	28
清理（喷丸、滚筒）	6	5
金相化验	5	4
筑　炉	3	2
其　他	3	2
电气焊	2	2
合　计	123	100

2. 各工种（位）接触职业性有害因素（表 4.3）

表 4.3 热处理工种（位）的职业性有害因素

工种（位）	职业性有害因素
退火	高温和热辐射
回火	高温和热辐射、噪声、氯气、氯化氢
淬火	高温和热辐射、高频电磁场、油烟、噪声、氮氧化物
渗碳	高温和热辐射、一氧化碳、油烟、噪声，有时含氰盐
渗氮	高温和热辐射、氨
喷丸	粉尘、噪声
筑炉	粉尘、噪声
电气焊	电焊烟尘、锰及其化合物、电焊弧光（紫外线）
金相化验	酸、碱等

3. 检测结果和分析

（1）有害气体

热处理车间有害气体成分比较复杂，其来源有：作为热处理炉的气态介质，或在加热过程中产生的一氧化碳；使用盐浴炉时产生的氯气和氯化氢；渗氮时使用的氨；氰化物如氰化钠，常用作氰化处理时除去低碳钢制品表面富集的碳和氮；其他成分，如二氧化硫、氮氧化物等。

对所检测的热处理车间有害气体进行分析，多数在国家职业卫生接触限值范围内，仅一氧化碳浓度超标严重，对某热处理车间不同工位有害气体检测结果见表 4.4。

表 4.4 某热处理车间不同工位有毒气体检测结果分析　　单位：mg/m^3

工位	有害因素	浓度均值	浓度范围（n）	达标率（%）
渗碳	一氧化碳	49.6	18.8 ~ 64（4）	25
回火炉	氯气	0.001	0.001（2）	100
淬火	二氧化硫	1.8	1.4 ~ 2.2（2）	100
回火炉	氯化氢	5.1	3.9 ~ 6.3（2）	100
淬火	氮氧化物	0.71	0.66 ~ 0.75（2）	100

（2）高温和热辐射

热处理加热炉多用煤气、烧油或电加热。操作工人接触高温和热辐射。对热处理车间高温作业工位的热辐射进行检测，共检测 7 个作业点，超标点 6 个，占 85.71%；对 10 个作业点的空气温度进行检测，超标点 9 个，占 90.00%，详见表 4.5。

表 4.5　热处理车间高温热辐射检测结果

工　位	热辐射［kcal/（cm^2·min）］	车间温度（℃）	室内外温差（℃）
双排炉	3.6	40.0	2.6
井式炉	6.2	41.4	4.0
盐炉	6.5	37.0	3.6
自制箱式炉	6.0	33.4 *	1.4
中频退火机	0.4 *	36.0	4.0
回火炉	3.6	50.0	16.6
渗碳淬火自动线	3.6	40.0	2.8
气体渗碳自动线	/	39.5	2.1
清洗机	/	37.0	5.0
吸气式气体发生炉	/	39.5	2.1

注：* 未超过国家卫生标准，其余均超过国家卫生标准

（3）噪声

热处理车间存在一定程度的噪声危害，各种加热炉、清洗机、清理设备（如喷丸机）及其他空气动力设备等均可产生一定强度的噪声，表 4.6 是热处理车间噪声检测情况。

表 4.6　某热处理车间不同工种（位）噪声检测结果　　单位：dB（A）[1]

工种（位）	均值	范围（n）	达标率（%）
清洗机	87.5	86.0～89.1（2）	0.0
清理滚筒	88.8	86.0～91.6（2）	0.0
抛丸机	90.8	88.2～95.5（4）	0.0
中频炉淬火	88.5	82.3～98.0（4）	25.0
渗碳炉	86.0	84.2～90.4（3）	33.3
热处理车间	80.0	73.0～88.3（6）	66.7
回火炉控制台	84.0	82.0～86.2（3）	67.7
调质炉	85.0	82.2～89.1（3）	67.7
渗碳炉控制间	76.0	65.2～82.4（3）	100.0

注：[1] 8h 等效声级。

（4）粉尘

在抛丸、滚筒清理及固体渗碳剂配制等工位可产生粉尘危害。图 4.3 分析了某热处理车间 1993～2002 年粉尘浓度的动态变化情况。

（三）职业健康监护结果与分析

1. 职业性有害因素接触情况分析

所调查的热处理车间接触职业性有害因素的工人共 123 人，其中男工 108 人，女工 15 人。生产工人主要

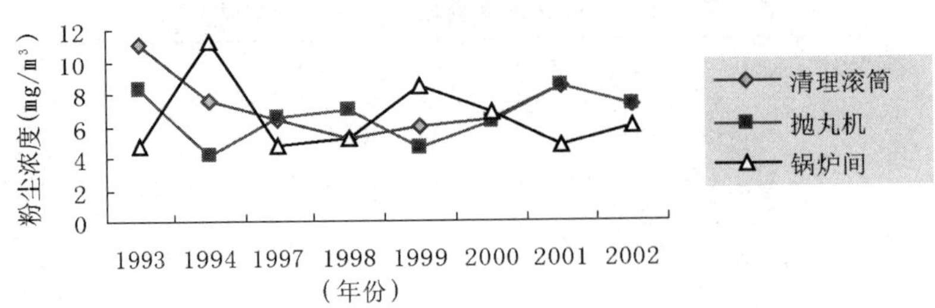

图 4.3 1993～2002 年热处理车间粉尘浓度动态变化

以热处理工为主，包括退火、回火、渗碳等工种，占整个生产工人 56.91%，其次为高频淬火、金相分析、滚筒清理等，见表 4.2。车间环境中存在一氧化碳、氯气、氯化氢、氨、二氧化硫、氮氧化物、高温和热辐射、噪声及粉尘等职业性有害因素。

2. 健康检查结果

该厂组织 99 名接触职业性有害因素的热处理工人体检，其中男性 87 人，女性 12 人，结果发现 18 人体检结果存在异常，占体检人数的 18.18%。

3. 职业病发病情况

查阅该厂历年的职业卫生档案，尚未发现职业病诊断病例。

（四）职业危害关键控制点的确定

通过对热处理工艺、接触工种人数、职业性有害因素现场监测及健康监护资料分析，确定以下几个工种（位）为热处理作业职业危害关键控制点：热处理（回火、渗碳）、高频淬火、清理（滚筒、抛丸）。

小结

（1）热处理作业的主要工种是退火、回火、渗碳、高频淬火、金相分析以及滚筒清理。

（2）热处理作业的主要职业性有害因素是车间环境中存在一氧化碳、氯气、氯化氢、氨、二氧化硫、氮氧化物、高温和热辐射、噪声及粉尘等职业性有害因素。其中高温热辐射达标率较低，基本不达标。渗碳岗位一氧化碳浓度较高。清洗机、清理滚筒、抛丸机、中频炉淬火及渗碳炉噪声超标。

（3）对 99 名热处理工人进行体检，未发现职业病人。

（4）通过对热处理工艺、接触工种人数、职业性有害因素现场监测及健康监护资料分析，确定以下几个工种（位）为热处理作业职业危害关键控制点：热处理（回火、渗碳）、高频淬火及清理（滚筒、抛丸）。

二、热处理作业职业危害关键点控制技术

（一）生产工艺和装备的革新

1. 研究新工艺，采用新设备

随着科技的不断发展，各种节能、高效和环保型热处理新设备的应用是今后发展的趋势。如利用高频、超高频脉冲，激光热处理设备，电子束热处理和离子轰击化学热处理等新工艺，而计算机在热处理中的广泛应用也为提高热处理水平开拓了广阔的空间。

应用实例：如按工艺要求完成对大型铸件进行热处理的台车式智能仪表控制燃气热处理炉具有国际先进

水平，该炉为全纤维和机械密封结构，采用高速烧嘴和脉冲燃烧，具有自动化程度高、炉温均匀、有害气体少和炉龄长等特点，是一种高效、节能及环保型热处理炉。

2. 采用新型淬火介质

目前，我国在热处理过程中仍普遍采用矿物油和一定比例的氯化钠水溶液及硝酸盐溶液为冷却介质，而国外在热处理过程中已普遍推广和应用有机物和无机物配制而成的水溶性聚合物淬火介质，以及淬火油改性添加剂，由于其冷却能力可调整，使用中浓度测定简便具有防止淬裂、减少变形、不锈蚀、无味、无烟雾、不着火、使用温度高以及成本低等特点，可使产品合格率大大提高。

应用实例：我国一机械厂采用新型的 pAG 淬火取代 30 油淬火后，成本由原来的 20000 元/年降至 9000 元/年，合格率由 92% 提高至 97%。同时，成本下降 20%，并减少了污染。

3. 采用感应加热

在满足技术要求，保证质量的前提下，减少盐浴炉加热是节能、根除污染的有效方法。如：以氯化钡为主经过多种化学盐类熔化后，对金属进行加热，虽然有加热速度快，可防止氧化、温度均匀等特点，但由于盐雾影响，温控极难准确，并且操作欠安全，更重要的是由氯化钡高温加热会产生严重的有害气体、烟尘及盐渣等污染，而采用感应加热的新设备性能可达到标准，且不产生有害气体污染。

应用实例：用钢锯条感应加热和盐浴炉淬火相比，前者可获针状马氏体组织，冲击韧性提高 20%，并免除污染。

4. 采用振动时效及形变处理

金属制造件为了消除其残余应力，使其尺寸和金属组织稳定，传统工艺均采用炉窑低温加热时效。不但成本高、周期长，且伴随长时间加热不可避免地造成环境污染及电耗增大。为此，国外利用不同频率产生的多谐波共振原理制造的多型振动时效系列电脑控制设备，不但彻底根除炉窑加热污染，且可节能，故我国应改进传统工艺采用新的工艺。

另一方面将锻造、热轧、铸造及热处理工序有机地结合在一起，用其余热进行处理，不但可减免重复加热，提高设备利用率，缩短生产周期，且可节能，降低成本，提高制件的综合性能及质量，更为明显的是减少污染。

应用实例：一拖拉机零件原锻造后使其自然冷却，再重新加热保温 + 介质冷却的淬火处理，而现锻造后作其余热淬火处理，可免去再加热工序，可消除重新加热污染。

5. 氰盐控制技术

应采取替代措施，尽量少用或不用氰盐。若必须使用时应将氰盐储存和使用的区域作为专区并设警示标识。禁止无防护措施的人员进入。对产生含有氢氰酸的有毒气体，应先通过带有碱液喷淋装置的湿式过滤器，去除氢氰酸后才能排入大气。对含有氰化物的污水，浴盐或盐渣，须经过硫酸亚铁处理后才能排放。在氰化盐浴中处理的零件和使用过的工夹具与工人个人防护用品都要进行处理。

（二）工程控制措施

1. 高温热辐射控制措施

隔热措施：如采用隔热材料、水箱或循环水门以及空气夹层墙等。减少热辐射的传播。使用全面或局部的通风、降温器、风扇等来降低空气温度、相对湿度和增加空气的流动。

2. 通风除尘系统

热处理车间通风除尘系统的作用是收集大气中的尘粒和净化空气，主要包括局部吸风罩、风管、除尘器及风机等。

3. 排毒

利用热压自然通风，废气燃烧装置，通风排毒设施。

4. 电磁场屏蔽

屏蔽方法：用0.18～0.45mm纯铜丝制成屏蔽网。可对主要辐射源如：淬火变压器、感应圈、振荡柜观察窗等部分实施整体屏蔽或局部遮挡。

（三）职业健康监护

热处理作业包括高温和热辐射、有毒气体、粉尘、噪声等职业性有害因素，不同工种职业健康监护项目详见表4.7。

表4.7　热处理工人职业健康监护项目表

工种	职业性有害因素	上岗前	在岗期间	职业禁忌证
退火	高温和热辐射	（1）症状询问 （2）体格检查：内科常规检查 （3）实验室和其他检查：血常规、尿常规、血清ALT、心电图、血糖、血清游离甲状腺素*（FT_4）、血清游离三碘甲腺原氨酸*（FT_3）、促甲状腺激素*（TSH）	同上岗前	（1）Ⅱ期及Ⅲ期高血压 （2）活动性消化性溃疡 （3）慢性肾炎 （4）未控制的甲亢 （5）糖尿病 （6）大面积皮肤疤痕
回火	高温和热辐射、噪声	（1）症状询问 （2）体格检查 a. 内科常规检查 b. 耳科检查 （3）实验室和其他检查：血常规、尿常规、血糖、血清ALT、心电图、纯音听阈测试、声导抗*、耳声发射*、血清游离甲状腺素*（FT_4）、血清游离三碘甲腺原氨酸*（FT_3）、促甲状腺激素*（TSH）	同上岗前	噪声： （1）各种原因引起永久性感音神经性听力损失（500Hz、1000Hz和2000Hz中任一频率的纯音气导听阈>25dBHL） （2）中度以上传导性耳聋 （3）双耳高频（3000Hz、4000Hz、6000Hz）平均听阈≥40dB （4）Ⅱ期和Ⅲ期高血压 （5）器质性心脏病 （6）噪声易感者（噪声环境下工作一年，双耳3000Hz、4000Hz、6000Hz中任意频率听力损失≥65dBHL） 高温见退火

续表

工种	职业性有害因素	上岗前	在岗期间	职业禁忌证
淬火	高温和热辐射、噪声、电磁场**等	详见回火	详见回火	详见回火
渗氮	高温和热辐射、酸雾	(1) 症状询问 (2) 体格检查 a. 内科常规检查 b. 口腔科检查 (3) 实验室和其他检查：血常规、尿常规、心电图、血清 ALT、血糖、胸部 X 射线检查、牙齿 X 射线摄片*、血清游离甲状腺素*（FT_4）、血清游离三碘甲腺原氨酸*（FT_3）、促甲状腺激素*（TSH）	同上岗前	酸雾： (1) 牙本质过敏 (2) 因反流性食道炎和胃、十二指肠溃疡等非职业性因素致牙酸蚀病 (3) 慢性阻塞性肺病 (4) 支气管哮喘 高温详见退火
渗碳	高温和热辐射、噪声、一氧化碳等	(1) 症状询问 (2) 体格检查 a. 内科常规检查 b. 耳科检查 c. 神经系统常规检查 (3) 实验室和其他检查：血常规、尿常规、血糖、血清 ALT、心电图、纯音听阈测试、声导抗*、耳声发射*、血清游离甲状腺素*（FT_4）、血清游离三碘甲腺原氨酸*（FT_3）、促甲状腺激素*（TSH）	同上岗前	一氧化碳： (1) 中枢神经系统器质性疾病 (2) 心肌病 高温、噪声详见回火
筑炉	粉尘、噪声	(1) 症状询问 (2) 体格检查 a. 内科常规检查 b. 耳科检查 (3) 实验室和其他检查：血常规、尿常规、血糖、血清 ALT、心电图、后前位 X 射线高千伏胸片、肺功能、纯音听阈测试、声导抗*、耳声发射*	(1) 症状询问 (2) 体格检查 a. 内科常规检查 b. 耳科检查 (3) 实验室和其他检查：心电图、后前位 X 射线高千伏胸片、肺功能、纯音听阈测试、血常规*、尿常规*、血清 ALT*、声导抗*、耳声发射*	粉尘： (1) 活动性肺结核病 (2) 慢性阻塞性肺病 (3) 慢性间质性肺病 (4) 伴肺功能损害的疾病 噪声详见回火

续表

工种	职业性有害因素	上岗前	在岗期间	职业禁忌证
喷丸	粉尘、噪声	详见筑炉	详见筑炉	详见筑炉
金相化验	硝酸等酸雾	（1）症状询问 （2）体格检查 a. 内科常规检查 b. 口腔科检查 （3）实验室和其他检查：血常规、尿常规、心电图、血清 ALT、胸部 X 射线检查、牙齿 X 射线摄片*	（1）症状询问 （2）体格检查 a. 内科常规检查 b. 口腔科检查 （3）实验室和其他检查：胸部 X 射线摄片、肺功能、牙齿冷热刺激试验或电活力测验、牙齿 X 射线摄片*	（1）牙本质过敏 （2）因反流性食道炎和胃、十二指肠溃疡等非职业性因素致牙酸蚀病 （3）慢性阻塞性肺病 （4）支气管哮喘

注：*者为选检项目，其他为必检项目；**者尚未制定职业健康检查规范；应急、离岗时、离岗后医学随访的职业健康检查详见 GBZ188（有效版本）。

（四）个人防护用品

当采取任何其他控制措施都不能阻止或减少有害物质的接触时，应向所有工人提供个人防护用品。包括呼吸保护器、护目镜、面罩、耳塞或耳罩、手套、防护鞋、防护服和工作围裙。

表 4.8　热处理作业个人防护用品配置

岗位	个人防护用品配置
燃料炉、空气炉加热、淬火	耐热防辐射工作服、普通工作帽、棉纱或帆布手套、劳动皮鞋、有机玻璃面罩、有色眼镜、口罩
浴炉加热、淬火	耐热防辐射工作服、普通工作帽、棉纱或帆布手套、劳动皮鞋、有机玻璃面罩、有色眼镜、无色眼镜，中低温浴炉还需配备口罩
感应加热、淬火	耐热防辐射工作服、普通工作帽、棉纱或帆布手套、绝缘手套、劳动皮鞋、绝缘鞋、有色眼镜、口罩
化学热处理	普通工作服、普通工作帽、棉纱或帆布手套、劳动皮鞋、有机玻璃面罩、有色眼镜、口罩。液体渗碳、碳氮共渗还需配备长筒胶鞋，气体渗碳、碳氮共渗还需配备防毒面罩
火焰淬火矫校直	普通工作服、普通工作帽、棉纱或帆布手套、劳动皮鞋、有色眼镜、口罩
清洗、酸洗、氧化、磷化等	耐蚀工作服、耐蚀工作帽、橡胶手套、长筒胶鞋、无色眼镜、口罩、塑料袖套、胶布围裙
喷砂、喷丸	普通工作服、普通工作帽、棉纱或帆布手套、劳动皮鞋、有机玻璃面罩、无色眼镜、口罩
仪器、仪表、维修	普通工作服、普通工作帽、绝缘鞋、口罩、塑料袖套、胶布围裙
金相、检验	普通工作服、普通工作帽、棉纱或帆布手套、口罩

三、热处理作业主要岗位职业危害识别与预防控制指南

1. 等温正火线加工

文件编号： ××××××

文件名称： 等温正火线加工工序职业危害识别与预防控制指南。

文件状态： 有效。

岗位名称： 等温正火线加工工序。

上岗所要求的条件： 特种作业岗位操作证、设备操作证、职业健康检查合格和职业卫生安全培训合格。

工作任务： 完成零件等温正火工序。

上工序： 发生炉。

下工序： 淬火压床。

主要设备： 氧化炉、加热炉、速冷室、鼓风机、等温炉、送料机和出料机。

主要原、辅材料： 工件。

作业方式和体位：

◎ 作业方式：半自动。

◎ 体位：70% 时间站位，30% 坐位。

负重量、方式及时间： 基本不负重。

职业危害与危险源点的识别：

◎ 设备：加热时产生高温、热辐射、电磁辐射和红外线；设备运行时产生噪声。其他危险源：安全防护装置缺损，通风设备缺损，设备接地（零）缺损，电气绝缘损坏，防护栏缺损，登高梯台缺损，上料机构损坏，急停开关损坏，炽热物体，坠落物，高压气体。

◎ 物料储存和运输：物料存放无序，运输通道不畅，制动器缺陷，吊物坠物等。

◎ 人机工效设计：工作台设计不合理，不良体位，采光和照明不良。

◎ 劳动组织和劳动者行为：劳动者配合不当，操作失误，个人防护用品穿戴不规范，违章作业，持续接触高温作业时间过长，劳动组织不合理。

◎ 作业环境：地面缺陷，地面绊脚物，环境高温、高湿，防护栏缺损。

※ 小结：主要存在的职业性有害因素有高温、热辐射、电磁辐射、噪声和红外线等。

职业危害控制策略：

√ 氧化炉、加热炉和等温炉等应密闭隔离；

√ 配备设备设施安装安全防护装置；

√ 安装通风排热装置；

√ 采取防暑降温措施，安装降温风扇，设置空调休息室，减少高温持续接触时间，提供清凉饮料等；

√ 正确的个人防护；

√ 设置应急冲洗装置；

√ 设置应急救援箱；

√ 制定安全操作规程和作业指导书；

√ 实施职业性有害因素监测与评价、职业健康监护和职业卫生培训；

√ 发放有毒有害作业岗位津贴。

主要职业性有害因素的职业接触限值：

◎ 噪声、高温和电磁辐射：见 GBZ 2.2。

工作场所出入管理：

√ 实施准入制度进入工作区域；

√ 进入现场要穿戴安全帽、隔热工作服、防砸耐热鞋和防护手套；

√ 工作区设置防烫伤、防砸、防高温及热辐射、防噪声和防滑等警示标识。

工艺和设备要求：

√ 氧化炉、加热炉和等温炉等应密闭、隔热，屏蔽电磁辐射；

√ 使用热处理设备时，指示灯/标识清晰显示；

√ 采用密闭式炉门；

√ 排气通风系统应易于控制，并配有警示灯/报警器；

√ 用简便方法检查通风系统是否正常工作，如气压计、压力表或指示器；

√ 工作区保持良好通风，补充新鲜空气；

√ 排出的空气应排放至远离门、窗和进风口的安全处。

岗位操作规程：

√ 工作前按规定穿戴好个人防护用品，防止烫伤，女工发辫应挽在帽子内；

√ 设备运行前检查信号台指示是否正常，各限位、滑块是否在原位，加油润滑，检查油标质量；

√ 操作者应熟悉设备一般性能和结构，不得违章使用；

√ 加热炉升温时，严格按工艺规定执行，防止事故发生；

√ 正常生产时应按工艺操作规程作业，安全生产，杜绝火灾、泄漏事故；

√ 进出料前要发出预报，多人操作必须指派一人指挥开动；

√ 经过热处理的工件，禁止用手触摸；

√ 设备出现“跑冒滴漏”时，马上向管理人员反映，以便尽快维修；

√ 设备维修及加油时，做好设备的清洁工作。

设备日常维护：

√ 按设备供应商和安装者的要求，维护设备，使其有效运行。

设备检查和测试：

√ 从生产商那里索取通风设备的设计性能信息。将这些资料存档，以便与将来测试结果比较；

√ 肉眼检查设备损坏的迹象，每周至少巡视一次；

√ 根据设备的性能测试标准，每12个月至少检查和测试一次通风设备；

√ 检查和测试结果至少保存5年；

√ 定期对操作人员的作业岗进行职业性有害因素检测。

作业场所清洁和整理：

√ 划出定置区域、对现场物料进行定置管理，对定置区域进行标识；

√ 每天清洁作业设备和工作区，每周定期清扫其他设备和车间一次；

√ 应立即处理泄漏物，安全处置泄漏物；避免地面积液，无油污。

个人防护用品：

√ 根据现场存在的职业性有害因素的种类和浓度（强度），供应商提供的个人防护用品性能参数，选择适宜的个人防护用品；

√ 穿戴合适的个人防护用品：防热辐射工作服、防砸耐热鞋、安全帽、护袖、耳塞或耳罩以及手套等；

√ 常规作业不需要呼吸防护用品；某些清洁和维修作业可能需要呼吸防护用品，如处理泄漏物；

√ 作业前必须按规定穿戴好个人防护用品；

√ 保持个人防护用品干净清洁，按规定的间隔时间定期更换。

职业卫生培训：

◎ 劳动者培训内容：

A. 职业病防治的相关法律法规知识；

B. 高温、热辐射、噪声和电磁辐射等职业性有害因素的特性及其可能造成的健康影响与预防控制措施；

C. 岗位操作规程和岗位作业条件；

D. 个人防护用品的使用知识；

E. 简单故障的识别与处置及事故的报告方法；

F. 设备操作系统的检查和使用方法；

G. 中暑、烫伤和工伤的自救和互救知识；

H. 急救箱的使用方法。

◎ 培训类型：上岗前、定期、换（转）岗培训。

◎ 培训方式：培训班、班组会、宣传栏、典型事故分析会、合同告知、网络、报纸、电视和广播宣传等。

职业卫生检查：

◎ 企业职业卫生管理部门检查：

A. 通风、隔热和降噪装置是否完好；

B. 物料管理是否规范；

C. 作业场所高温、有毒物质、噪声等职业性有害因素是否超标；

D. 车间地面是否平整防滑，易于行走；

E. 作业场所的警示标识是否完善；

F. 劳动者是否按照作业指导书进行操作；

G. 劳动组织是否合理；

H. 车间有无“跑冒滴漏”现象；

I. 现场清理、清洁、整顿和整理等检查；

J. 劳动者个人防护用品使用是否规范；

K. 建议检查周期：一月一次。

◎ 工会监督检查：

A. 车间是否有职业卫生监督员；

B. 工时和劳动组织是否合理；

C. 个人防护用品是否按照标准发放；

D. 保健津贴是否按时足额发放；

E. 更衣室、洗浴间和休息室等卫生设施是否齐备；

F. 防暑降温措施是否落实；

G. 职业禁忌证人员是否得到妥善安置；

H. 收集并分析劳动者对职业卫生的抱怨等；

I. 建议检查周期：一季度一次。

劳动者职业安全卫生检查表：

◎ 检查设备仪表是否显示正常；

◎ 注意查找设备泄漏、磨损或损坏的迹象，如发现任何问题，请告诉管理人员，如果你认为有问题，请勿继续工作；

◎ 进餐、喝水前或如厕前后要洗手去除污染物；

◎ 勿用有机溶剂清洁皮肤；

◎ 应立即处理泄漏物，使用颗粒物或湿拖布清洁，安全处置泄漏物；

◎ 按提供的说明使用、维护和保存任何个人防护用品；

◎ 确保通风系统开启并正常运行。

应急救援：

◎ 可能发生的事故：主要为一氧化碳中毒、烧灼伤、烫伤、砸伤、机械挤压伤害和火灾事故。

◎ 应急预案及设施：制定职业卫生应急救援预案、工伤事故应急预案及消防事故应急预案，并定期演练。

◎ 紧急处理及事故报告程序：按照应急预案要求的程序进行。

更多信息：

◎ 参见GBZ 1、GBZ 2.1、GBZ 2.2、GBZ 158、GBZ 188。

2. 井式炉加工

文件编号：××××××

文件名称：井式炉加工工序职业危害识别与预防控制指南。

文件状态：有效。

岗位名称：井式炉加工工序。

上岗所要求的条件：设备操作证、岗位操作证、职业健康检查合格和职业卫生安全培训合格。

工作任务：完成工件加热处理。

上工序：/

下工序：/

主要设备：井式炉和起重设备。

主要原、辅材料：工件。

作业方式和体位：

◎ 作业方式：半自动。

◎ 体位：30%时间站位，70%坐位。

负重量、方式及时间：双手负重，负重量视工件大小而定。

职业危害与危险源点的识别：

◎ 设备：设备运行时产生噪声、电磁辐射、高温和热辐射。其他危险源：安全防护装置缺损，通风设备缺损，设备接地（零）缺损，电气绝缘损坏，防护栏缺损，起重设备故障，吊具损坏，急停开关损坏，炽热物体，坠落物体或迸出物。

◎ 物料储存和运输：物料存放无序，运输通道不畅，制动器缺陷，吊物坠物等。

◎ 人机工效设计：工作台设计不合理，劳动负荷过大，劳动强度过大，不良体位，采光和照明不良。

◎ 劳动组织和劳动者行为：劳动者配合不当，操作失误，个人防护用品穿戴不规范，违章作业，劳动组织不合理。

◎ 作业环境：地面缺陷，地面绊脚物，环境高温、高湿，防护栏缺损。

※ 小结：主要存在的职业性有害因素有高温、热辐射、电磁辐射和噪声等。

职业危害控制策略：

√ 安装通风、排毒和净化装置；

√ 配置设备设施防护装置；

√ 采取防暑降温措施，如安装降温风扇或室内空调装置，设置空调休息室，减少高温持续接触时间，提供清凉饮料等；

√ 正确的个人防护；

√ 设置应急冲洗装置；

√ 设置泄险区；

√ 设置应急救援箱；

√ 制定安全操作规程和作业指导书；

√ 实施职业性有害因素监测与评价、职业健康监护和职业卫生培训；

√ 发放有毒有害作业岗位津贴。

主要职业性有害因素的职业接触限值：

◎ 噪声、高温和热辐射：见 GBZ 2.2。

工作场所出入管理：

√ 实施准入制度进入工作区域；

√ 进入现场要穿戴安全帽、隔热工作服、防砸耐热鞋和防护手套；

√ 工作区设置防烫伤、防砸、防高温及热辐射、防噪声和防滑等警示标识。

工艺和设备要求：

√ 井式炉应密闭、隔热，屏蔽电磁辐射；

√ 使用热处理设备时，指示灯/标识清晰显示；

√ 采用密闭式炉门；

√ 排气通风系统应易于控制，并配有警示灯/报警器；

√ 用简便方法检查通风系统是否正常工作，如气压计、压力表或指示器；

√ 工作区保持良好通风，补充新鲜空气。

岗位操作规程：

√ 工作前按规定穿戴好个人防护用品，防止烫伤，女工发辫应挽在帽子内；

√ 设备运行前检查信号台指示是否正常，起重设备是否正常；

√ 操作者应熟悉井式炉一般性能、结构，不得违章使用；

√ 加热炉升温时，严格按工艺规定执行，防止事故发生；

√ 正常生产时应按工艺操作规程作业，安全生产，杜绝火灾、泄漏事故；

√ 工件出炉前要发出预报，多人操作必须指派一人指挥开动；

√ 经过热处理的工件，禁止用手触摸；

√ 设备出现“跑冒滴漏”时，马上向管理人员反映，以便尽快维修。

设备日常维护：

√ 按设备供应商和安装者的要求，维护设备，使其有效运行。

设备检查和测试：

√ 从生产商那里索取通风设备的设计性能信息，将这些资料存档，以便与将来测试结果比较；

√ 肉眼检查设备损坏的迹象，每周至少巡视一次；

√ 根据设备的性能测试标准，每 12 个月至少检查和测试一次通风设备；

√ 检查和测试结果至少保存5年。

清洁和整理：

√ 划出定置区域、对现场物料进行定置管理，对定置区域进行标识；

√ 每天清洁作业设备和工作区，每周定期清扫其他设备和车间一次；

√ 应立即处理泄漏物，安全处置泄漏物；避免地面积液，无油污。

个人防护用品：

√ 根据现场存在的职业性有害因素的种类和浓度（强度），供应商提供的个人防护用品性能参数，选择适宜的个人防护用品；

√ 穿戴合适的个人防护用品：防热辐射工作服、防砸耐热鞋、安全帽、护袖、防护围裙、手套以及耳塞或耳罩等；

√ 常规作业不需要呼吸防护用品；某些清洁和维修作业可能需要呼吸防护用品；

√ 作业前必须按规定穿戴好个人防护用品；

√ 保持个人防护用品干净清洁，按规定的间隔时间定期更换。

职业卫生培训：

◎ 劳动者培训内容：

A. 职业病防治的相关法律法规知识；

B. 高温、热辐射、噪声和电磁辐射等职业性有害因素的特性及其可能造成的健康影响与预防控制措施；

C. 岗位操作规程和岗位作业条件；

D. 个人防护用品的使用知识；

E. 简单故障的识别与处置及事故的报告方法；

F. 设备操作系统的检查和使用方法；

G. 中暑、烫伤、撞击伤的自救和互救知识；

H. 急救箱的使用方法。

◎ 培训类型：上岗前、定期、换（转）岗培训。

◎ 培训方式：培训班、班组会、宣传栏、典型事故分析会、合同告知、网络、报纸、电视和广播宣传等。

职业卫生检查：

◎ 企业职业卫生管理部门检查：

A. 通风、隔热和降噪装置是否完好；

B. 物料管理是否规范；

C. 作业场所高温、有毒物质、噪声等职业性有害因素是否超标；

D. 车间地面是否平整防滑，易于行走；

E. 作业场所的警示标识是否完善；

F. 劳动者是否按照作业指导书进行操作；

G. 劳动组织是否合理；

H. 车间有无“跑冒滴漏”现象；

I. 现场清理、清洁、整顿和整理等检查；

J. 劳动者个人防护用品使用是否规范；

K. 建议检查周期：一月一次。

◎ 工会监督检查：

A. 车间是否有职业卫生监督员；

B. 工时和劳动组织是否合理；

C. 个人防护用品是否按照标准发放；

D. 保健津贴是否按时足额发放；

E. 更衣室、洗浴间和休息室等卫生设施是否齐备；

F. 防暑降温措施是否落实；

G. 职业禁忌证人员是否得到妥善安置；

H. 收集并分析劳动者对职业卫生的抱怨等；

I. 建议检查周期：一季度一次。

劳动者职业安全卫生检查表：

◎ 检查设备仪表是否显示正常；

◎ 注意查找设备泄漏、磨损或损坏的迹象，如发现任何问题，请告诉管理人员，如果你认为有问题，请勿继续工作；

◎ 进餐、喝水前或如厕前后要洗手去除污染物；

◎ 勿用有机溶剂清洁皮肤；

◎ 应立即处理泄漏物，使用颗粒物或湿拖布清洁，安全处置泄漏物；

◎ 按提供的说明使用、维护和保存任何个人防护用品；

◎ 确保通风系统开启并正常运行。

应急救援：

◎ 可能发生的事故：主要为烧灼伤、烫伤、撞击伤害和火灾事故。

◎ 应急预案及设施：制定职业卫生应急救援预案、工伤事故应急预案及消防事故应急预案，并定期演练。

◎ 紧急处理及事故报告程序：按照应急预案要求的程序进行。

更多信息：

◎ 参见GBZ 1、GBZ 2.1、GBZ 2.2、GBZ 158、GBZ 188。

3. 盐浴炉加工

文件编号： ××××××

文件名称： 盐浴炉加工工序职业危害识别与预防控制指南。

文件状态： 有效。

岗位名称： 盐浴炉加工工序。

上岗所要求的条件： 设备操作证、岗位操作证、职业健康检查合格和职业卫生安全培训合格。

工作任务： 完成工件加热处理。

上工序： /

下工序： /

主要设备： 盐浴炉和起重设备。

主要原、辅材料： 工件；氯化钠、氯化钾、氯化钡和硝酸钠等。

作业方式和体位：

◎ 作业方式：半自动。

◎ 体位：30% 时间站位，70% 坐位。

负重量、方式及时间： 双手负重，负重量视工件大小而定。

职业危害与危险源点的识别：

◎ 设备：加热时产生噪声、高温、热辐射、电磁辐射、氯气和氯化氢等；加盐、上料和出渣等操作时产生粉尘。其他危险源：易燃、易爆物质，安全防护装置缺损，通风设备缺损，设备接地（零）缺损，电器绝缘损坏，防护栏缺损，上料机构损坏，急停开关损坏，炽热物体，坠落物体或迸出物，高压气体，误食氯化钡时可导致氯化钡中毒。

◎ 物料储存和运输：物料存放无序，运输通道不畅，储罐泄漏，制动器缺陷，吊物坠物等。

◎ 人机工效设计：工作台设计不合理，劳动负荷过大，劳动强度过大，不良体位，采光和照明不良。

◎ 劳动组织和劳动者行为：劳动者配合不当，操作失误，个人防护用品穿戴不规范，违章作业，劳动组织不合理。

◎ 作业环境：地面缺陷，地面绊脚物，环境高温、高湿，防护栏缺损。

※ 小结：主要存在的职业性有害因素有噪声、高温、热辐射、电磁辐射、粉尘、氯气和氯化氢等。

职业危害控制策略：

√ 安装通风、排毒和净化装置；

√ 配置设备设施防护装置；

√ 采取防暑降温措施，如安装降温风扇或室内空调装置，设置空调休息室，减少高温持续接触时间，提供清凉饮料等；

√ 正确的个人防护；

√ 设置应急冲洗装置；

√ 制定安全操作规程和作业指导书；

√ 实施职业性有害因素监测与评价、职业健康监护和职业卫生培训；

√ 发放有毒有害作业岗位津贴。

主要职业性有害因素的职业接触限值：

◎ 噪声、高温、热辐射和电磁辐射：见 GBZ 2.2；

◎ 氯气、氯化氢和粉尘等：见 GBZ 2.1。

工作场所出入管理：

√ 实施准入制度进入工作区域；

√ 进入现场要穿戴安全帽、工作服、防砸耐热鞋和防护手套；

√ 工作区设置防烫伤、防砸、防高温及热辐射、防噪声、防尘、防毒和防滑等警示标识。

工艺和设备要求：

√ 盐浴炉应设置良好隔热，屏蔽电磁辐射；

√ 盐浴炉应防止熔盐泄漏；

√ 使用盐浴炉时，指示灯/标识清晰显示；

√ 使用易燃固体，应考虑采取防爆泄压措施，确保设备适当接地；

√ 安装顶部抽风罩及侧抽风装置；

√ 排气通风系统应易于控制，并配有警示灯/报警器；

√ 用简便方法检查通风系统是否正常工作，如气压计、压力表或指示器；

√ 工作区保持良好通风，补充新鲜空气。

岗位操作规程：

√ 工作前按规定穿戴好个人防护用品，防止烫伤，操作高温盐浴时，应戴有色防护眼镜，女工发辫应挽在帽子内；

√ 操作者应熟悉盐浴炉的一般性能和结构，不得违章使用；

√ 开机前检查设备是否正常，设备开动前，开启相应的通风系统；

√ 烘炉升温时，严格执行工艺规定，防止爆炸事故发生；

√ 加工过程中，盐浴炉上的保险及防护装置不得任意损坏拆卸，必须齐全完整；

√ 在工作中要及时点、巡检盐浴炉的运行状况，避免发生重大的设备损坏、人身伤害等事故；

√ 在工作中要掌握各零件的使用夹具及其装夹位置，以免工件掉入盐浴炉内；

√ 工件、夹具、钩子、掏盐勺等在入盐浴炉前须烘干，除去水分；

√ 工件、夹具与电极距离应大于 30mm，在一般情况下工件不得与炉底接触；

√ 向盐浴炉补充新盐时，应徐徐加入，不应一次倒入（盐浴凝固时除外）；

√ 中、高温盐浴炉每天停炉前捞渣；

√ 高温盐浴工作时电极通冷却水；

√ 经过热处理的工件，禁止用手触摸；

√ 盐浴炉停止工作时，必须先将辅助电极放入盐浴炉内，再将控制柜的电源开关关闭；

√ 盐浴炉发生故障、产生不正常现象或出现“跑冒滴漏”时，应立即停机，向管理人员反映，以便尽快维修，排除故障；

√ 硝盐着火后，禁止使用泡沫灭火器来灭火，以免发生爆炸，应用干砂灭火；

√ 盐浴炉及其周围应保持清洁，严格执行周末一次大清扫的规定；

√ 坚持执行清理、清洁、整顿、整理、素养活动，认真填写交接班记录。

设备日常维护：

√ 按设备供应商和安装者的要求，维护设备，使其有效运行。

设备检查和测试：

√ 从生产商那里索取通风设备的设计性能信息，将这些资料存档，以便与将来测试结果比较；

√ 肉眼检查设备损坏的迹象，每周至少巡视一次；

√ 根据设备的性能测试标准，每 12 个月至少检查和测试一次通风设备；

√ 检查和测试结果至少保存 5 年。

清洁和整理：

√ 划出定置区域并进行标识、对现场物料进行定置管理；

√ 每天清洁作业设备和工作区，每周定期清扫其他设备和车间一次；

√ 应立即处理泄漏物，安全处置泄漏物；

√ 容器应存放在安全处，安全处置空的容器；

√ 容器使用后应立即加盖；

√ 清洁时勿用干刷或压缩空气，请使用真空吸尘器或湿式清扫。

个人防护用品：

√ 根据现场存在的职业性有害因素的种类和浓度（强度），供应商提供的个人防护用品性能参数，选择适宜的个人防护用品；

√ 穿戴合适的个人防护用品：防热辐射工作服、防砸耐热鞋、安全帽、护袖、防护围裙、有色防护眼镜、防尘毒口罩、手套以及耳塞或耳罩等；

√ 常规作业不需要呼吸防护用品，某些清洁和维修作业可能需要呼吸防护用品，如处理泄漏物；

√ 作业前必须按规定穿戴好个人防护用品；

√ 保持个人防护用品干净清洁，按规定的间隔时间定期更换。

职业卫生培训：

◎ 劳动者培训内容：

A. 职业病防治的相关法律法规知识；

B. 高温、热辐射、噪声、氯气和氯化氢、粉尘以及电磁辐射等职业性有害因素的特性及其可能造成的健康影响与预防控制措施；

C. 岗位操作规程和岗位作业条件；

D. 个人防护用品的使用知识；

E. 简单故障的识别与处置及事故的报告方法；

F. 设备操作系统的检查和使用方法；

G. 皮肤和衣物污染的清洁处理方法；

H. 中暑、烫伤的自救和互救知识；

I. 急救箱的使用方法。

◎ 培训类型：上岗前、定期、换（转）岗培训。

◎ 培训方式：培训班、班组会、宣传栏、典型事故分析会、合同告知、网络、报纸、电视和广播宣传等。

职业卫生检查：

◎ 企业职业卫生管理部门检查：

A. 通风、隔热和降噪装置是否完好；

B. 物料管理是否规范；

C. 作业场所高温、有毒物质和噪声等职业性有害因素是否超标；

D. 车间地面是否平整防滑，易于行走；

E. 作业场所的警示标识是否完善；

F. 劳动者是否按照作业指导书进行操作；

G. 劳动组织是否合理；

H. 车间有无“跑冒滴漏”现象；

I. 现场清理、清洁、整顿和整理等检查；

J. 劳动者个人防护用品使用是否规范；

K. 建议检查周期：一月一次。

◎ 工会监督检查：

A. 车间是否有职业卫生监督员；

B. 工时和劳动组织是否合理；

C. 个人防护用品是否按照标准发放；

D. 保健津贴是否按时足额发放；

E. 更衣室、洗浴间和休息室等卫生设施是否齐备；

F. 防暑降温措施是否落实；

G. 职业禁忌证人员是否得到妥善安置；

H. 收集并分析劳动者对职业卫生的抱怨等；

I. 建议检查周期：一季度一次。

劳动者职业安全卫生检查表：

◎ 检查设备仪表是否显示正常；

◎ 注意查找设备泄漏、磨损或损坏的迹象，如发现任何问题，请告诉管理人员，如果你认为有问题，请勿继续工作；

◎ 进餐、喝水前或如厕前后要洗手去除污染物；

◎ 勿用有机溶剂清洁皮肤；

◎ 应立即处理泄漏物，使用颗粒物或湿拖布清洁，安全处置泄漏物；

◎ 按提供的说明使用、维护和保存任何个人防护用品；

◎ 确保通风系统开启并正常运行。

应急救援：

◎ 可能发生的事故：主要为氯气或氯化氢中毒、误食氯化钡中毒、电击伤、烧灼伤、烫伤、砸伤和火灾事故。

◎ 应急预案及设施：制定职业卫生应急救援预案、工伤事故应急预案及消防事故应急预案，并定期演练。

◎ 紧急处理及事故报告程序：按照应急预案要求的程序进行。

更多信息：

◎ 参见 GBZ 1、GBZ 2.1、GBZ 2.2、GBZ 158、GBZ 188。

4. 中频退火机加工

文件编号：××××××

文件名称：中频退火机加工工序职业危害识别与预防控制指南。

文件状态：有效。

岗位名称：中频退火机加工工序。

上岗所要求的条件：设备操作证、岗位操作证、职业健康检查合格和职业卫生安全培训合格。

工作任务：完成工件退火。

上工序：/

下工序：/

主要设备：中频退火机。

主要原、辅材料：工件。

作业方式和体位：

◎ 手工和站位。

负重量、方式及时间：单手或双手负重，负重量依工件大小而定。

职业危害与危险源点的识别：

◎ 设备：加热时产生噪声、高温、热辐射和中频电磁辐射。其他危险源：安全防护装置缺损，设备接地（零）缺损，电器绝缘损坏，防护栏缺损，上料机构损坏，急停开关损坏，炽热物体，坠落物体或迸出物等。

◎ 物料储存和运输：物料存放无序，运输通道不畅等。

◎ 人机工效设计：工作台设计不合理，劳动负荷过大，劳动强度过大，不良体位，采光和照明不良。

◎ 劳动组织和劳动者行为：劳动者配合不当，操作失误，个人防护用品穿戴不规范，违章作业，劳动组织不合理。

◎ 作业环境：地面缺陷，地面绊脚物，环境高温、高湿，防护栏缺损。

※ 小结：主要存在的职业性有害因素有噪声、高温、热辐射和中频电磁辐射等。

职业危害控制策略：

√ 配置设备设施防护装置；

√ 采取防暑降温措施，如安装降温风扇或室内空调装置，设置空调休息室，减少高温持续接触时间，提供清凉饮料等；

√ 正确的个人防护；

√ 设置应急冲洗装置；

√ 设置应急救援箱；

√ 制定安全操作规程和作业指导书；

√ 实施职业性有害因素监测与评价、职业健康监护和职业卫生培训；

√ 发放有毒有害作业岗位津贴。

主要职业性有害因素的职业接触限值：

◎ 噪声、高温、热辐射和电磁辐射：见 GBZ 2.2。

工作场所出入管理：

√ 实施准入制度进入工作区域；

√ 进入现场要穿戴安全帽、工作服、防砸耐热鞋和防护手套；

√ 工作区设置防烫伤、防砸、防高温及热辐射、防噪声和防滑等警示标识。

工艺和设备要求：

√ 设备应设置良好隔热，防止热辐射；

√ 设备应屏蔽电磁辐射；

√ 加热后工件应采取措施防止过快冷却；

√ 上料或下料尽量采用助力装置，降低劳动强度；

√ 提供良好照明。

岗位操作规程：

√ 工作前按规定穿戴好个人防护用品，防止烫伤，女工发辫应挽在帽子内；

√ 操作者应熟悉中频退火机的一般性能和结构，不得违章使用；

√ 开机前检查设备是否正常；

√ 严格按工艺、设备操作规程作业，安全生产；

√ 经过热处理的工件，禁止用手触摸；

√ 中频退火机停止工作时，必须将控制柜的电源开关关闭；

√ 中频退火机发生故障、产生不正常现象时，应立即停机，马上向管理人员反映，以便尽快维修，排除故障；

√ 中频退火机及其周围应保持清洁；

√ 坚持执行清理、清洁、整顿、整理、素养活动，认真填写交接班记录。

设备日常维护：

√ 按设备供应商和安装者的要求，维护设备，使其有效运行。

设备检查和测试：

√ 从生产商那里索取通风设备的设计性能信息，将这些资料存档，以与将来的测试结果比较；

√ 肉眼检查设备损坏的迹象，每周至少巡视一次；

√ 根据设备的性能测试标准，每 12 个月至少检查和测试一次通风设备；

√ 检查和测试结果存档，至少保存 5 年。

清洁和整理：

√ 划出定置区域、对现场物料进行定置管理，对定置区域进行标识；

√ 每天清洁作业设备和工作区，每周定期清扫其他设备和车间一次；

√ 应立即处理泄漏物，安全处置泄漏物；避免地面积液，无油污。

个人防护用品：

√ 根据现场存在的职业性有害因素的种类和浓度（强度），供应商提供的个人防护用品性能参数，选择适宜的个人防护用品；

√ 常规作业不需要呼吸防护用品，某些清洁和维修作业可能需要呼吸防护用品，如处理泄漏物；

√ 作业前必须按规定穿戴好个人防护用品；

√ 保持个人防护用品干净清洁，按规定的间隔时间定期更换。

职业卫生培训：

◎ 劳动者培训内容：

A. 职业病防治的相关法律法规知识；

B. 高温、热辐射、噪声和电磁辐射等职业性有害因素的特性及其可能造成的健康影响与预防控制措施；

C. 岗位操作规程和岗位作业条件；

D. 个人防护用品的使用知识；

E. 简单故障的识别与处置及事故的报告方法；

F. 设备操作系统的检查和使用方法；

G. 中暑、烫伤的自救和互救知识；

H. 急救箱的使用方法。

◎ 培训类型：上岗前、定期、换（转）岗培训。

◎ 培训方式：培训班、班组会、宣传栏、典型事故分析会、合同告知、网络、报纸、电视和广播宣传等。

职业卫生检查：

◎ 企业职业卫生管理部门检查：

A. 隔热、降噪装置是否完好；

B. 物料管理是否规范；

C. 作业场所高温、噪声等职业性有害因素是否超标；

D. 车间地面是否平整防滑，易于行走；

E. 作业场所的警示标识是否完善；

F. 劳动者是否按照作业指导书进行操作；

G. 劳动组织是否合理；

H. 车间有无“跑冒滴漏”现象；

I. 现场清理、清洁、整顿和整理等检查；

J. 劳动者个人防护用品使用是否规范；

K. 建议检查周期：一月一次。

◎ 工会监督检查：

A. 车间是否有职业卫生监督员；

B. 工时和劳动组织是否合理；

C. 个人防护用品是否按照标准发放；

D. 保健津贴是否按时足额发放；

E. 更衣室、洗浴间和休息室等卫生设施是否齐备；

F. 防暑降温措施是否落实；

G. 职业禁忌证人员是否得到妥善安置；

H. 收集并分析劳动者对职业卫生的抱怨等；

I. 建议检查周期：一季度一次。

劳动者职业安全卫生检查表：

◎ 检查设备仪表是否显示正常；

◎ 注意查找设备泄漏、磨损或损坏的迹象，如发现任何问题，请告诉管理人员，如果你认为有问题，请勿继续工作；

◎ 进餐、喝水前或如厕前后要洗手去除污染物；

◎ 勿用有机溶剂清洁皮肤；

◎ 应立即处理泄漏物，使用颗粒物或湿拖布清洁，安全处置泄漏物；

◎ 按提供的说明使用、维护和保存任何个人防护用品；

◎ 确保通风系统开启并正常运行。

应急救援：

◎ 可能发生的事故：主要为电击伤、烧灼伤、烫伤、砸伤和刮擦伤等。

◎ 应急预案及设施：制定职业卫生应急救援预案、工伤事故应急预案及消防事故应急预案，并定期演练。

◎ 紧急处理及事故报告程序：按照应急预案要求的程序进行。

更多信息：

◎ 参见 GBZ 1、GBZ 2. 1、GBZ 2. 2、GBZ 158、GBZ 188。

5. 渗碳发生炉加工

文件编号：××××××

文件名称：渗碳发生炉加工工序职业危害识别与预防控制指南。

文件状态：有效。

岗位名称：渗碳发生炉加工工序。

上岗所要求的条件：岗位操作证、设备操作证、职业健康检查合格和职业卫生安全培训合格。

工作任务：供渗碳炉载气。

上工序：/

下工序：气体渗碳。

主要设备：发生炉和输气管道。

主要原、辅材料：液化气。

作业方式：

◎ 作业方式：设备全自动运行，工作人员定期巡检。

负重量、方式及时间：无负重。

职业危害与危险源点的识别：

◎ 设备：设备运行时产生噪声；检查口气体燃烧时产生高温、热辐射、一氧化碳和二氧化碳；管道密闭不严可产生液化气和一氧化碳泄漏。其他危险源：易燃、易爆物质，设备防爆或安全防护装置缺损，循环冷却水泄漏，通风设备缺损，设备接地（零）缺损，电器绝缘损坏，防护栏缺损，高压液体，高压气体等。

◎ 人机工效设计：工作台设计不合理，不良体位，采光和照明不良。

◎ 劳动组织和劳动者行为：劳动者操作失误，个人防护用品穿戴不规范，违章作业，劳动组织不合理。

◎ 作业环境：地面缺陷，管道布局不合理，环境高温，地面绊脚物，地面积水、积液，防护栏缺损。

※ 小结：主要存在的职业性有害因素有高温、热辐射、噪声、一氧化碳、二氧化碳和液化气（主要成分为丙烷、丙烯、丁烷和丁烯）等。

职业危害控制策略：

√ 安装通风、排毒和净化装置；

√ 设备密闭隔热并设置冷却装置；

√ 配置设备设施防护装置；

√ 采取防暑降温措施，如设置空调休息室，减少高温持续接触时间，提供清凉饮料等；

√ 正确的个人防护；

√ 制定安全操作规程和作业指导书；

√ 实施职业性有害因素监测与评价、职业健康监护和职业卫生培训；

√ 发放有毒有害作业岗位津贴。

主要职业性有害因素的职业接触限值：

◎ 噪声、高温和热辐射：见 GBZ 2.2；

◎ 毒物：见 GBZ 2.1。

工作场所出入管理：

√ 实施准入制度进入工作区域；

√ 进入现场要穿戴安全帽、工作服、防砸耐热鞋和防护手套；

√ 工作区设置防烫伤、防高温及热辐射、防噪声和防滑等警示标识。

工艺和设备要求：

√ 设备应用良好隔热，加装冷却系统；

√ 送气管道密闭良好，无泄漏；

√ 发生炉应设置防爆泄压装置，并必须保证防爆装置完好；

√ 发生炉在使用时，指示灯/标志应清晰显示；

√ 设置通风排毒装置；

√ 排气通风系统应易于控制，与发生炉的控制连锁，并配有警示灯/报警器；

√ 用简便方法检查通风系统是否正常工作，如气压计、压力表或指示器；

√ 工作区应尽可能避开门、窗、过道等处，以避免穿堂风（横向气流）干扰排风系统，防止污染扩散；

√ 工作区保持良好通风，补充新鲜空气；

√ 排出的空气应排放至远离门、窗和进风口的安全处；

√ 含有害气体的空气不能循环使用。

岗位操作规程：

√ 工作前按规定穿戴好个人防护用品，防止烫伤；

√ 开机前检查各种阀门、管路、冷却水等是否正常，加油润滑，检查油标质量；

√ 生产时开启通风系统并保证通风系统正常运转；

√ 正常生产时应按工艺操作规程作业，安全生产，杜绝火灾、泄漏事故；

√ 操作者应熟悉发生炉一般性能和结构，不得违章使用；

√ 设备运行过程中，应将所有设备防护装置安装好，设备上的保险及防护装置不得任意损坏拆卸，必须齐全完整；

√ 发生炉送气前按工艺要求调整好反应气体比例，不合格气氛放散燃烧，出炉气氛合格后送入渗碳炉；

√ 烘炉升温时，严格按工艺规定温度送气，防止爆炸事故发生；

√ 在工作中要及时点、巡检发生炉的运行状况，避免发生重大的设备损坏、人身伤害等事故；

√ 设备出现“跑冒滴漏”时，马上向管理人员反映，以便尽快维修；

√ 设备维修及加油时，做好设备的清洁工作。

设备日常维护：

√ 按设备供应商和安装者的要求，维护设备，使其有效运行。

设备检查和测试：

√ 从生产商那里索取通风设备的设计性能信息。将这些资料存档，以便与将来测试结果比较；

√ 肉眼检查设备损坏的迹象，每周至少巡视一次；

√ 根据设备的性能测试标准，每 12 个月至少检查和测试一次通风设备；

√ 检查和测试结果至少保存 5 年。

作业场所清洁和整理：

√ 每天清洁作业设备和工作区，每周定期清扫其他设备和车间一次；

√ 应立即处理泄漏物，安全处置泄漏物。

个人防护用品：

√ 根据现场存在的职业性有害因素的种类和浓度（强度），供应商提供的个人防护用品性能参数，选择适宜的个人防护用品；

√ 穿戴合适的个人防护用品：防热辐射工作服、耐热工作鞋、安全帽、护袖、耳塞或耳罩以及手套等；

√ 常规作业不需要呼吸防护用品。某些清洁和维修作业可能需要呼吸防护用品，如处理泄漏气体；

√ 作业前必须按规定穿戴好个人防护用品；

√ 保持个人防护用品干净清洁，按规定的间隔时间定期更换。

职业卫生培训：

◎ 劳动者培训内容：

A. 职业病防治的相关法律法规知识；

B. 高温、热辐射、噪声、一氧化碳、二氧化碳和液化气等职业性有害因素的特性及其可能造成的健康影响与预防控制措施；

C. 岗位操作规程和岗位作业条件；

D. 个人防护用品的使用知识；

E. 简单故障的识别与处置及事故的报告方法；

F. 设备操作系统的检查和使用方法；

G. 中暑、烧烫伤的自救和互救知识；

H. 急救箱的使用方法。

◎ 培训类型：上岗前、定期、换（转）岗培训。

◎ 培训方式：培训班、班组会、宣传栏、典型事故分析会、合同告知、网络、报纸、电视和广播宣传等。

职业卫生检查：

◎ 企业职业卫生管理部门检查：

A. 通风、排毒、隔热和降噪装置是否完好；

B. 作业场所高温、有毒物质和噪声等职业性有害因素是否超标；

C. 车间地面应平整防滑，易于行走；

D. 作业场所的警示标识是否完善；

E. 劳动者是否按照作业指导书进行操作；

F. 劳动组织是否合理；

G. 车间有无“跑冒滴漏”现象；

H. 现场清理、清洁、整顿和整理等检查；

I. 劳动者个人防护用品使用是否规范；

J. 建议检查周期：一月一次。

◎ 工会监督检查：

A. 车间是否有职业卫生监督员；

B. 工时和劳动组织是否合理；

C. 个人防护用品是否按照标准发放；

D. 保健津贴是否按时足额发放；

E. 更衣室、洗浴间和休息室等卫生设施是否齐备；

F. 防暑降温措施是否落实；

G. 职业禁忌证人员是否得到妥善安置；

H. 收集并分析劳动者对职业卫生的抱怨等；

I. 建议检查周期：一季度一次。

劳动者职业安全卫生检查表：

◎ 检查设备仪表是否显示正常；

◎ 注意查找设备泄漏、磨损或损坏的迹象，如发现任何问题，请告诉管理人员，如果你认为有问题，请勿继续工作；

◎ 进餐、喝水前或如厕前后要洗手去除污染物；

◎ 勿用有机溶剂清洁皮肤；

◎ 应立即处理泄漏物，使用颗粒物或湿拖布清洁，安全处置泄漏物；

◎ 按提供的说明使用、维护和保存任何个人防护用品；

◎ 确保通风系统开启并正常运行。

应急救援：

◎ 可能发生的事故：主要为一氧化碳中毒、烧灼伤、烫伤伤害和火灾事故。

◎ 应急预案及设施：制定职业卫生应急救援预案、工伤事故应急预案及消防事故应急预案，并定期演练。

◎ 紧急处理及事故报告程序：按照应急预案要求的程序进行。

更多信息：

◎ 参见 GBZ 1、GBZ 2.1、GBZ 2.2、GBZ 158、GBZ 188。

6. 渗碳加工

文件编号： ××××××

文件名称： 渗碳加工工序职业危害识别与预防控制指南。

文件状态： 有效。

岗位名称： 渗碳加工工序。

作业人员上岗条件： 特种作业岗位操作证、设备操作证、职业健康检查合格和职业卫生安全培训合格。

工作任务： 完成零件渗碳。

上工序： /

下工序： /

主要设备： 渗碳炉、氧化炉、送料机和出料机。

主要原、辅材料： 一氧化碳和工件。

作业方式和体位：

◎ 作业方式：半自动。

◎ 体位：70%时间站位，30%坐位。

负重量、方式及时间： 基本不负重。

职业危害与危险源点的识别：

◎ 设备：加热及渗碳时产生高温、热辐射、电磁辐射、红外线、一氧化碳和二氧化碳；设备运行时产生噪声。其他危险源：易燃、易爆物质，安全防护装置缺损，通风设备缺损，设备接地（零）缺损，电器绝缘损坏，防护栏缺损，登高梯台缺损，上料机构损坏，急停开关损坏，炽热物体，坠落物，高压气体，高处作业等。

◎ 物料储存和运输：物料存放无序，运输通道不畅，制动器缺陷，吊物坠物等。

◎ 人机工效设计：工作台设计不合理，不良体位，采光和照明不良。

◎ 劳动组织和劳动者行为：劳动者配合不当，操作失误，个人防护用品穿戴不规范，违章作业，持续接触高温作业时间过长，劳动组织不合理。

◎ 作业环境：地面缺陷，地面绊脚物，环境高温、高湿，防护栏缺损，生产布局和通风。

※ 小结：主要存在的职业性有害因素有高温、热辐射、电磁辐射、噪声、红外线、一氧化碳和二氧化碳等。

职业危害控制策略：

√ 加热炉和渗碳炉密闭隔离；

√ 安装尾气燃烧、管道通风、排毒和净化系统；

√ 设备设施安装安全防护装置；

√ 采取防暑降温措施，如安装降温风扇，设置空调休息室，减少高温持续接触时间，提供清凉饮料等；

√ 制定安全操作规程和作业指导书；

√ 实施职业性有害因素监测与评价、职业健康监护和职业卫生培训；

√ 发放有毒有害作业岗位津贴；

√ 正确的个人防护。

主要职业性有害因素的职业接触限值：

◎ 噪声、高温和体力劳动强度分级：见 GBZ 2.2；

◎ 一氧化碳和二氧化碳：见 GBZ 2.1。

工作场所出入管理：

√ 实施准入制度进入工作区域；

√ 进入现场要穿戴安全帽、隔热工作服、防砸耐热鞋以及防护手套；

√ 工作区设置防烫伤、防砸、防高温及热辐射、防噪声以及防滑等警示标识。

工艺和设备要求：

√ 加热炉应密闭、隔热，屏蔽电磁辐射；

√ 使用热处理设备时，指示灯/标识清晰显示；

√ 采用密闭式炉门；

√ 炉门进料位置应设置防爆装置；

√ 物料传送应使用自动装置；

√ 排气通风系统应易于控制，并配有警示灯/报警器；

√ 用简便方法检查通风系统是否正常工作，如气压计、压力表或指示器；

√ 送气温度不低于760℃；

√ 各排气口的点火嘴必须点燃、保证从排气口排出的炉内残余燃烧尽；

√ 使用易燃气体时，炉（箱）的通风应足以确保空气中易爆气体浓度不得超过爆炸下限的25%；

√ 工作区保持良好通风，补充新鲜空气；

√ 排出的空气应排放至远离门、窗和进风口的安全处。

岗位操作规程：

√ 工作前按规定穿戴好个人防护用品，防止烫伤；女工发辫应挽在帽子内；

√ 开机前检查信号台指示是否正常，各限位、滑块是否在原位，加油润滑，检查油标质量；

√ 开机前点燃点火嘴，使炉内排放的废气燃烧掉，生产时通风散热；

√ 开机前要发出预报，多人操作必须指派一人指挥开动；

√ 正常生产时应按工艺操作规程作业，安全生产，杜绝火灾、泄漏事故；

√ 加热炉升温时，严格按工艺规定温度送气，防止爆炸事故发生；

√ 送气时从后向前送气，保持炉门开启，防止爆炸事故发生；

√ 经过热处理的工件，禁止用手触摸；

√ 设备出现“跑冒滴漏”时，马上向当班的炉长、维修人员、值班长反映，以便尽快维修。

设备日常维护：

√ 按设备供应商和安装者的要求，维护设备，使其有效运行。

设备检查和测试：

√ 从生产商那里索取通风设备的设计性能信息，将这些资料存档，以便与将来测试结果比较；

√ 每季度由技术人员全面检查，并张贴相应设备状态标识；

√ 肉眼检查设备损坏的迹象，每周至少巡视一次；

√ 根据设备的性能测试标准，每 12 个月至少检查和测试一次通风设备；

√ 检查和测试结果至少保存 5 年。

作业场所清洁和整理：

√ 划出定置区域、对现场物料进行定置管理，对定置区域进行标识；

√ 每天清洁作业设备和工作区，每周定期清扫其他设备和车间一次；

√ 应立即处理泄漏物，安全处置泄漏物；避免地面积液，无油污。

个人防护用品：

√ 根据现场存在的职业性有害因素的种类和浓度（强度），供应商提供的个人防护用品性能参数，选择适宜的个人防护用品；

√ 穿戴合适的个人防护用品：防热辐射工作服、防砸耐油耐热鞋、安全帽、护袖、耳塞或耳罩以及手套等；

√ 常规作业不需要呼吸防护用品；某些清洁和维修作业可能需要呼吸防护用品，如处理泄漏物；

√ 作业前必须按规定穿戴好个人防护用品；

√ 保持个人防护用品干净清洁，按规定的间隔时间定期更换。

职业卫生培训：

◎ 劳动者培训内容：

A. 职业病防治的相关法律法规知识；

B. 高温、热辐射、噪声、红外线、中/高频电磁辐射、一氧化碳和二氧化碳等职业性有害因素的特性及其可能造成的健康影响与预防控制措施；

C. 岗位操作规程和岗位作业条件；

D. 个人防护用品的使用知识；

E. 简单故障的识别与处置及事故的报告方法；

F. 设备操作系统的检查和使用方法；

G. 中暑、烫伤、工伤的自救和互救知识；

H. 急救箱的使用方法。

◎ 培训类型：上岗前、定期、换（转）岗培训。

◎ 培训方式：培训班、班组会、宣传栏、典型事故分析会、合同告知、网络、报纸、电视和广播宣传等。

职业卫生检查：

◎ 企业职业卫生管理部门检查：

A. 通风、隔热和降噪装置是否完好；

B. 物料管理是否规范；

C. 作业场所高温、有毒物质、噪声等职业性有害因素是否超标；

D. 车间地面是否平整防滑，易于行走；

E. 作业场所的警示标识是否完善；

F. 劳动者是否按照作业指导书进行操作；

G. 劳动组织是否合理；

H. 车间有无“跑冒滴漏”现象；

I. 现场清理、清洁、整顿和整理等检查；

J. 劳动者个人防护用品使用是否规范；

K. 建议检查周期：一月一次。

◎ 工会监督检查：

A. 车间是否有职业卫生监督员；

B. 工时和劳动组织是否合理；

C. 个人防护用品是否按照标准发放；

D. 保健津贴是否按时足额发放；

E. 更衣室、洗浴间和休息室等卫生设施是否齐备；

F. 防暑降温措施是否落实；

G. 职业禁忌证人员是否得到妥善安置；

H. 收集并分析劳动者对职业卫生的抱怨等；

I. 建议检查周期：一季度一次。

劳动者职业安全卫生检查表：

◎ 检查设备仪表是否显示正常；

◎ 注意查找设备泄漏、磨损或损坏的迹象，如发现任何问题，请告诉管理人员，如果你认为有问题，请勿继续工作；

◎ 进餐、喝水前或如厕前后要洗手去除污染物；

◎ 勿用有机溶剂清洁皮肤；

◎ 应立即处理泄漏物，使用颗粒物或湿拖布清洁，安全处置泄漏物；

◎ 按提供的说明使用、维护和保存任何个人防护用品；

◎ 确保通风系统开启并正常运行。

应急救援：

◎ 可能发生的事故：主要为一氧化碳中毒、烧灼伤、烫伤、砸伤、机械挤压伤害和火灾事故。

◎ 应急预案及设施：制定职业卫生应急救援预案、工伤事故应急预案及消防事故应急预案，并定期演练。

◎ 紧急处理及事故报告程序：按照应急预案要求的程序进行。

更多信息：

◎ 参见 GBZ 1、GBZ 2.1、GBZ 2.2、GBZ 158、GBZ 188。

7. 淬火压床加工

文件编号：××××××

文件名称：淬火压床加工工序职业危害识别与预防控制指南。

文件状态：有效。

岗位名称：淬火压床加工工序。

上岗所要求的条件：特种作业岗位操作证、设备操作证、职业健康检查合格和职业卫生安全培训合格。

工作任务：完成工件淬火。

上工序：气体渗碳。

下工序：清洗回火。

主要设备：淬火压床、送料机和出料机。

主要原、辅材料：淬火油和工件。

作业方式和体位：

◎ 作业方式：半自动。

◎ 体位：100%时间站位。

负重量、方式及时间：双手负重，约10~20kg，20s/次。

职业危害与危险源点的识别：

◎ 设备：炽热工件转运时作业人员可接触高温和热辐射；淬火时产生淬火油雾；设备运行时产生噪声。其他危险源：安全防护装置缺损，通风设备缺损、易燃、易爆物质，淬火油槽着火，设备接地（零）缺损，电器绝缘损坏，防护栏缺损，进料或出料机损坏，急停开关损坏，炽热物体，坠落物或迸出物，淬火油泄漏，高压液体等。

◎ 物料储存和运输：物料存放无序，运输通道不畅，制动器缺陷，吊物坠物等。

◎ 人机工效设计：工作台设计不合理，超负荷搬运，劳动强度过大，不良体位，采光和照明不良。

◎ 劳动组织和劳动者行为：劳动者配合不当，操作失误，个人防护用品穿戴不规范，违章作业，劳动组织不合理。

◎ 作业环境：地面缺陷，地面绊脚物，环境高温、高湿，地面积水、积液，防护栏缺损。

※ 小结：主要存在的职业性有害因素有高温、热辐射、噪声和淬火油雾等。

职业危害控制策略：

√ 安装通风、排毒和净化装置；

√ 配置设备设施防护装置；

√ 采取防暑降温措施，如安装降温风扇或室内空调装置，设置空调休息室，减少高温持续接触时间，提供清凉饮料等；

√ 正确的个人防护；

√ 设置应急冲洗装置；

√ 设置泄险区；

√ 设置应急救援箱；

√ 制定安全操作规程和作业指导书；

√ 实施职业性有害因素监测与评价、职业健康监护和职业卫生培训；

√ 发放有毒有害作业岗位津贴。

主要职业性有害因素的职业接触限值：

◎ 噪声、高温和热辐射：见GBZ 2.2。

工作场所出入管理：

√ 实施准入制度进入工作区域；

√ 进入现场要穿戴安全帽、工作服、防砸耐热鞋、防护手套、耳塞或耳罩；

√ 工作区设置防烫伤、防砸、防高温及热辐射、防噪声和防滑等警示标识。

工艺和设备要求：

√ 物料传送应尽可能使用自动装置并密闭隔离；

√ 设备应设置良好隔热装置；

√ 使用淬火压床时，指示灯/标识清晰显示；

√ 应设置局部通风系统排出淬火油烟；

√ 排气通风系统应易于控制；通风管道力求简短，避免使用长的软管；

√ 用简便方法检查通风系统是否正常工作，如气压计、压力表或指示器；

√ 排出的空气应排放至远离门、窗和进风口的安全处；

√ 确保向车间导入新鲜空气替代排出的空气。

岗位操作规程：

√ 工作前按规定穿戴好个人防护用品，防止烫伤，女工发辫应挽在帽子内；

√ 操作者应熟悉淬火压床的一般性能、结构，不得违章使用；

√ 开机前检查信号台指示是否正常，各限位、滑块是否在原位，加油润滑，检查油标质量；

√ 设备运行时保持通风良好；

√ 淬火压床运行中禁止擦洗和触摸机床，不准打开安全防护装置清理铁屑、更不准在转动部位和送料机构上清理铁屑等杂物；

√ 加工过程中，应将所有设备防护装置安装好，淬火压床上的保险及防护装置不得任意损坏拆卸，必须齐全完整；

√ 零件淬火完毕，应沥干表面淬火油，汇集回收利用；

√ 经过热处理的工件，禁止用手触摸；

√ 加注液压油时，不得洒落地上；加注淬火油时也要适量；
√ 废油排放按要求定点收集，统一由化工车间再生；
√ 设备出现“跑冒滴漏”时，马上向管理人员反映，以便尽快维修；
√ 设备维修及加油时，做好设备的清洁工作。

设备日常维护：

√ 按设备供应商和安装者的要求，维护设备，使其有效运行。

设备检查和测试：

√ 从生产商那里索取通风设备的设计性能信息，将这些资料存档，以便与将来测试结果比较；
√ 肉眼检查设备损坏的迹象，每周至少巡视一次；
√ 根据设备的性能测试标准，每12个月至少检查和测试一次通风设备；
√ 检查和测试结果至少保存5年。

作业场所清洁和整理：

√ 划出定置区域、对现场物料进行定置管理，对定置区域进行标识；
√ 每天清洁作业设备和工作区，每周定期清扫其他设备和车间一次；
√ 应立即处理泄漏物，安全处置泄漏物，避免地面积液，无油污；
√ 容器应存放在安全处，安全处置空的容器；
√ 容器使用后应立即加盖。

个人防护用品：

√ 根据现场存在的职业性有害因素的种类和浓度（强度），供应商提供的个人防护用品性能参数，选择适宜的个人防护用品；
√ 穿戴合适的个人防护用品：防热辐射工作服、防砸耐油耐热鞋、安全帽、护袖、手套以及耳塞或耳罩等；
√ 常规作业不需要呼吸防护用品；某些清洁和维修作业可能需要呼吸防护用品，如处理泄漏物；
√ 作业前必须按规定穿戴好个人防护用品；
√ 保持个人防护用品干净清洁，按规定的间隔时间定期更换。

职业卫生培训：

◎ 劳动者培训内容：

A. 职业病防治的相关法律法规知识；
B. 高温、热辐射和噪声等职业性有害因素的特性及其可能造成的健康影响与预防控制措施；
C. 岗位操作规程和岗位作业条件；
D. 个人防护用品的使用知识；
E. 简单故障的识别与处置及事故的报告方法；
F. 设备操作系统的检查和使用方法；
G. 皮肤和衣物污染的清洁处理方法；
H. 中暑、烫伤、撞击伤等的自救和互救知识；
I. 急救箱的使用方法。

◎ 培训类型：上岗前、定期、换（转）岗培训。

◎ 培训方式：培训班、班组会、宣传栏、典型事故分析会、合同告知、网络、报纸、电视和广播宣传等。

职业卫生检查：

◎ 企业职业卫生管理部门检查：

A. 通风、隔热和降噪装置是否完好；
B. 物料管理是否规范；
C. 作业场所高温、有毒物质和噪声等职业性有害因素是否超标；
D. 车间地面是否平整防滑，易于行走；
E. 作业场所的警示标识是否完善；
F. 劳动者是否按照作业指导书进行操作；
G. 劳动组织是否合理；
H. 车间有无“跑冒滴漏”现象；
I. 现场清理、清洁、整顿和整理等检查；
J. 劳动者个人防护用品使用是否规范；
K. 建议检查周期：一月一次。

◎ 工会监督检查：

A. 车间是否有职业卫生监督员；
B. 工时和劳动组织是否合理；
C. 个人防护用品是否按照标准发放；
D. 保健津贴是否按时足额发放；
E. 更衣室、洗浴间和休息室等卫生设施是否齐备；
F. 防暑降温措施是否落实；
G. 职业禁忌证人员是否得到妥善安置；
H. 收集并分析劳动者对职业卫生的抱怨等；
I. 建议检查周期：一季度一次。

劳动者职业安全卫生检查表：

◎ 检查设备仪表是否显示正常；
◎ 注意查找设备泄漏、磨损或损坏的迹象，如发现任何问题，请告诉管理人员，如果你认为有问题，请勿继续工作；
◎ 进餐、喝水前或如厕前后要洗手去除污染物；
◎ 勿用有机溶剂清洁皮肤；
◎ 应立即处理泄漏物，使用颗粒物或湿拖布清洁，安全处置泄漏物；
◎ 按提供的说明使用、维护和保存任何个人防护用品；
◎ 确保通风系统开启并正常运行。

应急救援：

◎ 可能发生的事故：主要为烧灼伤、烫伤、撞击伤和火灾事故。

◎ 应急预案及设施：制定职业卫生应急救援预案、工伤事故应急预案及消防事故应急预案，并定期演练。

◎ 紧急处理及事故报告程序：按照应急预案要求的程序进行。

更多信息：

◎ 参见 GBZ 1、GBZ 2.1、GBZ 2.2、GBZ 158、GBZ 188。

8. 震底炉加工

文件编号：××××××

文件名称：震底炉加工工序职业危害识别与预防控制指南。

文件状态：有效。

岗位名称：震底炉加工工序。

上岗所要求的条件：设备操作证、岗位操作证、职业健康检查合格和职业卫生安全培训合格。

工作任务：完成零件加热淬火。

上工序：/

下工序：/

主要设备：震底炉和淬火油槽。

主要原、辅材料：工件。

作业方式和体位：

◎ 作业方式：半自动。

◎ 体位：70% 时间站位，30% 坐位。

负重量、方式及时间：双手负重，负重量依工作任务而定。

职业危害源点的识别与评价：

◎ 设备：加热时产生高温、热辐射、电磁辐射和噪声；淬火时产生淬火油雾。其他危险源：易燃、易爆物质，淬火油槽着火，安全防护装置缺损，通风设备缺损，设备接地（零）缺损，电器绝缘损坏，防护栏缺损，上料机构损坏，急停开关损坏，炽热物体，坠落物体或迸出物等。

◎ 物料储存和运输：物料存放无序，储油罐泄漏，运输通道不畅，制动器缺陷，吊物坠物等。

◎ 人机工效设计：工作台设计不合理，劳动负荷过大，劳动强度过大，不良体位，采光和照明不良。

◎ 劳动组织和劳动者行为：劳动者配合不当，操作失误，个人防护用品穿戴不规范，违章作业，劳动组织不合理。

◎ 作业环境：地面缺陷，地面绊脚物，环境高温、高湿，防护栏缺损。

※ 小结：主要存在的职业性有害因素有高温、热辐射、电磁辐射、淬火油雾和噪声等。

职业危害控制策略：

√ 安装通风、排毒和净化装置；

√ 震底炉应密闭隔热；

√ 配置设备设施防护装置；

√ 采取防暑降温措施，安装降温风扇，设置空调休息室，减少高温持续接触时间，提供清凉饮料等；

√ 正确的个人防护；

√ 设置应急冲洗装置；

√ 设置应急救援箱；

√ 制定安全操作规程和作业指导书；

√ 实施职业性有害因素监测与评价、职业健康监护和职业卫生培训；

√ 发放有毒有害作业岗位津贴。

主要职业性有害因素的职业接触限值：

◎ 噪声、高温和电磁辐射：见 GBZ 2.2；

◎ 毒物：见 GBZ 2.1。

工作场所出入管理：

√ 实施准入制度进入工作区域；

√ 进入现场要穿戴安全帽、工作服、防砸耐热鞋和防护手套；

√ 工作区设置防烫伤、防砸、防高温及热辐射、防噪声和防滑等警示标识。

工艺和设备要求：

√ 震底炉应密闭、隔热，屏蔽电磁辐射；

√ 采用密闭式炉门；

√ 工作区和密闭系统的设计应易于维护，尽可能使用便于维修的设备；

√ 使用热处理设备时，指示灯/标识清晰显示；

√ 避免过载；

√ 淬火油槽应设置通风排毒装置；

√ 排气通风系统应易于控制；通风管道力求简短，避免使用长的软管；

√ 用简便方法检查通风系统是否正常工作，如气压计、压力表或指示器；

√ 排出的空气应排放至远离门、窗和进风口的安全处；

√ 含有害蒸气的空气不能循环使用；

√ 工作区应尽可能避开门、窗、过道等处，以避免穿堂风（横向气流）干扰排风系统，防止污染扩散；

√ 工作区保持良好通风，补充新鲜空气。

岗位操作规程：

√ 工作前按规定穿戴好个人防护用品，防止烫伤，女工发辫应挽在帽子内；

√ 操作者应熟悉淬火压床的一般性能、结构，不得违章使用；

√ 开机前检查信号台指示是否正常，各限位、滑块是否在原位，加油润滑，检查油标质量；

√ 设备运行时保持通风良好；

√ 按工艺规定，配置好淬火油，加注淬火油时要适量；

√ 设备运行中禁止擦洗和触摸设备，不准打开安全防护装置清理铁屑、更不准在转动部位和送料机构上清理铁屑等杂物；
√ 零件淬火完毕，应沥干表面淬火油，汇集回收利用；
√ 经过热处理的工件，禁止用手触摸；
√ 设备淬火油排放按要求定点收集，严禁与其他废水混排；
√ 设备出现“跑冒滴漏”时要及时向管理人员反映，以便及时组织维修；
√ 设备维修及清洗换油时，做好设备的清洁工作。

设备日常维护：

√ 按设备供应商和安装者的要求，维护设备，使其有效运行。

设备检查和测试：

√ 从生产商那里索取通风设备的设计性能信息，将这些资料存档，以便与将来测试结果比较；
√ 肉眼检查设备损坏的迹象，每周至少巡视一次；
√ 根据设备的性能测试标准，每 12 个月至少检查和测试一次通风设备；
√ 检查和测试结果至少保存 5 年。

作业场所清洁和整理：

√ 划出定置区域、对现场物料进行定置管理，对定置区域进行标识；
√ 每天清洁作业设备和工作区，每周定期清扫其他设备和车间一次；
√ 应立即处理泄漏物，安全处置泄漏物；避免地面积液，无油污；
√ 容器应存放在安全处，安全处置空的容器；
√ 容器使用后应立即加盖。

个人防护用品：

√ 根据现场存在的职业性有害因素的种类和浓度（强度），供应商提供的个人防护用品性能参数，选择适宜的个人防护用品；
√ 穿戴合适的个人防护用品：防热辐射工作服、防砸耐油耐热鞋、安全帽、护袖、手套以及耳塞或耳罩等；
√ 常规作业不需要呼吸防护用品；某些清洁和维修作业可能需要呼吸防护用品，如处理泄漏物；
√ 作业前必须按规定穿戴好个人防护用品；
√ 保持个人防护用品干净清洁，按规定的间隔时间定期更换。

职业卫生培训：

◎ 劳动者培训内容：
A. 职业病防治的相关法律法规知识；
B. 高温、热辐射、噪声、电磁辐射和淬火油烟等职业性有害因素的特性及其可能造成的健康影响与预防控制措施；
C. 岗位操作规程和岗位作业条件；
D. 个人防护用品的使用知识；
E. 简单故障的识别与处置及事故的报告方法；
F. 设备操作系统的检查和使用方法；
G. 皮肤和衣物污染的清洁处理方法；
H. 中暑、烫伤、撞击伤害的自救和互救知识；
I. 急救箱的使用方法。
◎ 培训类型：上岗前、定期、换（转）岗培训。
◎ 培训方式：培训班、班组会、宣传栏、典型事故分析会、合同告知、网络、报纸、电视和广播宣传等。

职业卫生检查：

◎ 企业职业卫生管理部门检查：
A. 通风、排毒、隔热和降噪装置是否完好；
B. 物料管理是否规范；
C. 作业场所高温、有毒物质和噪声等职业性有害因素是否超标；
D. 车间地面是否平整防滑，易于行走；
E. 作业场所的警示标识是否完善；
F. 劳动者是否按照作业指导书进行操作；
G. 劳动组织是否合理；
H. 车间有无“跑冒滴漏”现象；
I. 现场清理、清洁、整顿和整理等检查；
J. 劳动者个人防护用品使用是否规范；
K. 建议检查周期：一月一次。
◎ 工会监督检查：
A. 车间是否有职业卫生监督员；
B. 工时和劳动组织是否合理；
C. 个人防护用品是否按照标准发放；
D. 保健津贴是否按时足额发放；
E. 更衣室、洗浴间和休息室等卫生设施是否齐备；
F. 防暑降温措施是否落实；
G. 职业禁忌证人员是否得到妥善安置；
H. 收集并分析劳动者对职业卫生的抱怨等；
I. 建议检查周期：一季度一次。

劳动者职业安全卫生检查表：

◎ 检查设备仪表是否显示正常；
◎ 注意查找设备泄漏、磨损或损坏的迹象，如发现任何问题，请告诉管理人员，如果你认为有问题，请勿继续工作；
◎ 进餐、喝水前或如厕前后要洗手去除污染物；
◎ 勿用有机溶剂清洁皮肤；
◎ 应立即处理泄漏物，使用颗粒物或湿拖布清洁，安全处置泄漏物；

◎ 按提供的说明使用、维护和保存任何个人防护用品；

◎ 确保通风系统开启并正常运行。

应急救援：

◎ 可能发生的事故：主要为烧灼伤、烫伤、砸伤、机械挤压伤害和火灾事故。

◎ 应急预案及设施：制定职业卫生应急救援预案、工伤事故应急预案及消防事故应急预案，并定期演练。

◎ 紧急处理及事故报告程序：按照应急预案要求的程序进行。

更多信息：

◎ 参见 GBZ 1、GBZ 2.1、GBZ 2.2、GBZ 158、GBZ 188。

9. 清洗回火线加工

文件编号： ××××××

文件名称： 清洗回火线加工工序职业危害识别与预防控制指南。

文件状态： 有效。

岗位名称： 清洗回火线加工工序。

上岗所要求的条件： 岗位操作证、设备操作证、职业健康检查合格和职业卫生安全培训合格。

工作任务： 完成零件清洗回火。

上工序： 淬火。

下工序： 喷丸。

主要设备： 清洗机、回火炉、送料机和出料机。

主要原、辅材料： 清洗剂和工件。

作业方式和体位：

◎ 作业方式：半自动。

◎ 体位：70%时间站位，30%坐位。

负重量、方式及时间： 基本不负重。

职业危害与危险源点的识别：

◎ 设备：清洗时产生高气湿，接触清洗剂；加热时产生高温、热辐射、高气湿和电磁辐射。其他危险源：安全防护装置缺损，通风设备缺损，设备接地（零）缺损，电器绝缘损坏，防护栏缺损，上料及出料机构损坏，急停开关损坏，炽热物体，坠落物体或迸出物，清洗剂泄漏。

◎ 物料储存和运输：物料存放无序，运输通道不畅，制动器缺陷，吊物坠物等。

◎ 人机工效设计：工作台设计不合理，不良体位，采光和照明不良。

◎ 劳动组织和劳动者行为：劳动者配合不当，操作失误，个人防护用品穿戴不规范，违章作业，持续接触高温作业时间过长，劳动组织不合理。

◎ 作业环境：地面缺陷，地面绊脚物，环境高温、高湿，防护栏缺损。

※ 小结：主要存在的职业性有害因素有高温、热辐射、高气湿、电磁辐射和清洗剂等。

职业危害控制策略：

√ 安装通风、排毒和净化装置；

√ 配置设备设施防护装置；

√ 采取防暑降温措施，如安装降温风扇，设置空调休息室，减少高温持续接触时间，提供清凉饮料等；

√ 正确的个人防护；

√ 设置应急冲洗装置；

√ 制定安全操作规程和作业指导书；

√ 实施职业性有害因素监测与评价、职业健康监护和职业卫生培训；

√ 发放有毒有害作业岗位津贴。

主要职业性有害因素的职业接触限值：

◎ 高温、高气湿和电磁辐射等：见 GBZ 2.2；

◎ 毒物：见 GBZ 2.1。

工作场所出入管理：

√ 实施准入制度进入工作区域；

√ 进入现场要穿戴安全帽、工作服、防砸耐热鞋和防护手套；

√ 工作区设置防烫伤、防砸、防高温及热辐射以及防滑等警示标识。

工艺和设备要求：

√ 加热炉应密闭、隔热，屏蔽电磁辐射；

√ 清洗机应密闭隔离，防止泄漏；

√ 设置通风排气系统，及时排出高温、高湿气体，排气系统应易于控制；

√ 用简便方法检查通风系统是否正常工作，如气压计、压力表或指示器；

√ 回火线在使用时，指示灯/标志清晰显示；

√ 物料传送应使用自动装置；

√ 工作区保持良好通风，补充新鲜空气；

√ 工作区和密闭系统的设计应易于维护，尽可能使用便于维修的设备。

岗位操作规程：

√ 工作前按规定穿戴好个人防护用品，防止烫伤；女工发辫应挽在帽子内；

√ 开机前检查信号台指示是否正常，各限位、滑块是否在原位，加油润滑，检查油标质量；

√ 开机前要发出预报，多人操作必须指派一人指挥开动；

√ 按工艺规定，配置好清洗溶液，清洗机添加清洗剂时，必须戴好手套，清洗剂不得洒落地上，控制好清洗液温度；

√ 经过热处理的工件，禁止用手触摸；

√ 设备出现“跑冒滴漏”时，马上向当班的炉长、维修人员、值班长反映，以便尽快维修；

√ 废油排放按要求定点收集，排出的废弃物集满及时清理，统一再生处理；

√ 设备维修及加油时，做好设备的清洁工作；

√ 操作者应熟悉自动线一般性能、结构，不得违章使用；

√ 避免超载。

设备日常维护：

√ 按设备供应商和安装者的要求，维护设备，使其有效运行。

设备检查和测试：

√ 从生产商那里索取通风设备的设计性能信息。将这些资料存档，以便与将来测试结果比较；

√ 肉眼检查设备损坏的迹象，每周至少巡视一次；

√ 根据设备的性能测试标准，每 12 个月至少检查和测试一次通风设备；

√ 检查和测试结果至少保存 5 年；

√ 定期对操作人员的作业岗进行职业性有害因素检测。

作业场所清洁和整理：

√ 划出定置区域、对现场物料进行定置管理，对定置区域进行标识；

√ 每天清洁作业设备和工作区，每周定期清扫其他设备和车间一次；

√ 应立即处理泄漏物，安全处置泄漏物；避免地面积液，无油污；

√ 包装/容器应存放在安全处，安全处置空的包装/容器。

个人防护用品：

√ 根据现场存在的职业性有害因素的种类和浓度（强度），供应商提供的个人防护用品性能参数，选择适宜的个人防护用品；

√ 穿戴合适的个人防护用品：防热辐射工作服、防砸耐热鞋、安全帽、护袖以及手套等；

√ 常规作业不需要呼吸防护用品；某些清洁和维修作业可能需要呼吸防护用品，如处理泄漏物；

√ 作业前必须按规定穿戴好个人防护用品；

√ 保持个人防护用品干净清洁，按规定的间隔时间定期更换。

职业卫生培训：

◎ 劳动者培训内容：

A. 职业病防治的相关法律法规知识；

B. 高温、高气湿、热辐射、电磁辐射和清洗剂等职业性有害因素的特性及其可能造成的健康影响与预防控制措施；

C. 岗位操作规程和岗位作业条件；

D. 个人防护用品的使用知识；

E. 简单故障的识别与处置及事故的报告方法；

F. 设备操作系统的检查和使用方法；

G. 皮肤和衣物污染的清洁处理方法；

H. 中暑、烫伤、工伤的自救和互救知识；

I. 急救箱的使用方法。

◎ 培训类型：上岗前、定期、换（转）岗培训。

◎ 培训方式：培训班、班组会、宣传栏、典型事故分析会、合同告知、网络、报纸、电视和广播宣传等。

职业卫生检查：

◎ 企业职业卫生管理部门检查：

A. 通风、隔热装置是否完好；

B. 物料管理是否规范；

C. 作业场所高温、有毒物质等职业性有害因素是否超标；

D. 车间地面是否平整防滑，易于行走；

E. 作业场所的警示标识是否完善；

F. 劳动者是否按照作业指导书进行操作；

G. 劳动组织是否合理；

H. 车间有无“跑冒滴漏”现象；

I. 现场清理、清洁、整顿和整理等检查；

J. 劳动者个人防护用品使用是否规范；

K. 建议检查周期：一月一次。

◎ 工会监督检查：

A. 车间是否有职业卫生监督员；

B. 工时和劳动组织是否合理；

C. 个人防护用品是否按照标准发放；

D. 保健津贴是否按时足额发放；

E. 更衣室、洗浴间和休息室等卫生设施是否齐备；

F. 防暑降温措施是否落实；

G. 职业禁忌证人员是否得到妥善安置；

H. 收集并分析劳动者对职业卫生的抱怨等；

I. 建议检查周期：一季度一次。

劳动者职业安全卫生检查表：

◎ 检查设备仪表是否显示正常；

◎ 注意查找设备泄漏、磨损或损坏的迹象，如发现任何问题，请告诉管理人员，如果你认为有问题，请勿继续工作；

◎ 进餐、喝水前或如厕前后要洗手去除污染物；

◎ 勿用有机溶剂清洁皮肤；

◎ 应立即处理泄漏物，使用颗粒物或湿拖布清洁，安全处置泄漏物；

◎ 按提供的说明使用、维护和保存任何个人防护用品；

◎ 确保通风系统开启并正常运行。

应急救援：

◎ 可能发生的事故：主要为烧灼伤、烫伤、砸伤、机械挤压伤害和火灾事故。

◎ 应急预案及设施：制定职业卫生应急救援预案、工伤事故应急预案及消防事故应急预案，并定期演练。

◎ 紧急处理及事故报告程序：按照应急预案要求的程序进行。

更多信息：

◎ 参见 GBZ 1、GBZ 2.1、GBZ 2.2、GBZ 158、GBZ 188。

10. 校直加工

文件编号：××××××

文件名称：校直加工工序职业危害识别与预防控制指南。

文件状态：有效。

岗位名称：校直加工工序。

上岗所要求的条件：设备操作证、岗位操作证、职业健康检查合格和职业卫生安全培训合格。

工作任务：完成工件校直。

上工序：/

下工序：/

主要设备：校直机。

主要原、辅材料：工件。

作业方式和体位：

◎ 作业方式：半自动。

◎ 体位：70%时间坐位，30%站位。

负重量、方式及时间：双手负重，负重量依工作任务而定。

职业危害源点的识别与评价：

◎ 设备：热校直时接触高温、热辐射和噪声。其他危险源：安全防护装置缺损，通风设备缺损，设备接地（零）缺损，电器绝缘损坏，上料机构损坏，急停开关损坏，炽热物体，坠落物体，工件棱角外露，高压液体等。

◎ 物料储存和运输：物料存放无序，运输通道不畅，制动器缺陷，吊物坠物等。

◎ 人机工效设计：工作台设计不合理，劳动负荷过大，劳动强度过大，不良体位，采光和照明不良。

◎ 劳动组织和劳动者行为：劳动者配合不当，个人防护用品穿戴不规范，违章作业，劳动组织不合理。

◎ 作业环境：地面缺陷，地面绊脚物，环境高温、高湿，防护栏缺损。

※ 小结：主要存在的职业性有害因素有高温、热辐射和噪声等。

职业危害控制策略：

√ 安装通风、隔热装置；

√ 配置设备设施防护装置；

√ 采取防暑降温措施，安装降温风扇，设置空调休息室，减少高温持续接触时间，提供清凉饮料等；

√ 正确的个人防护；

√ 制定安全操作规程和作业指导书；

√ 实施职业性有害因素监测与评价、职业健康监护和职业卫生培训；

√ 发放有毒有害作业岗位津贴。

主要职业性有害因素的职业接触限值：

◎ 噪声、高温、热辐射等、体力劳动强度分级：见GBZ 2.2。

工作场所出入管理：

√ 实施准入制度进入工作区域；

√ 进入现场要穿戴安全帽、工作服、防砸耐热鞋、防护手套以及耳塞或耳罩等；

√ 工作区设置防烫伤、防砸、防高温及热辐射、防噪声以及防滑等警示标识。

工艺和设备要求：

√ 设备应设置良好隔热，防止热辐射；

√ 工作场所设置通风或空调装置；

√ 上料或下料尽量采用助力装置，降低劳动强度；

√ 提供良好照明。

岗位操作规程：

√ 工作前按规定穿戴好个人防护用品，防止烫伤，女工发辫应挽在帽子内；

√ 操作者应熟悉校直机的一般性能、结构，不得违章使用；

√ 开机前检查机床各部是否完好，紧固部分是否可靠，油管接头有无渗漏，运动部分是否灵活；

√ 校直用垫铁、V形铁严禁用铸铁或高硬度、脆性大的材料制作，以免工作时崩裂飞出伤人；

√ 用压力机加压时，工件应垫稳，加压要平稳，不允许冲击；

√ 为了防止工件断裂伤人，工件纵向两端不准站人，必要时要用挡板拦护；

√ 工作中精力要集中，不准把手和工具伸进挤压区域内；

√ 两人同时工作，要指定专人开机，相互协调配合；

√ 工作时，如发现工件不正，必须停机；

√ 调整模具、测量工件、检查清理设备均应停机进行；

√ 设备出现不正常现象或“跑冒滴漏”时，要及时向管理人员反映，以便及时组织维修；

√ 操作者离开机床时，要停机。

设备日常维护：

√ 按设备供应商和安装者的要求，维护设备，使其有效运行。

设备检查和测试：

√ 从生产商那里索取通风设备的设计性能信息，将这些资料存档，以便与将来测试结果比较；

√ 肉眼检查设备损坏的迹象，每周至少巡视一次；

√ 根据设备的性能测试标准，每12个月至少检查和测试一次通风设备；

√ 检查和测试结果存档，至少保存5年；

√ 定期对操作人员的作业岗进行职业性有害因素检测。

清洁和整理：

√ 划出定置区域、对现场物料进行定置管理，对定置区域进行标识；

√ 每天清洁作业设备和工作区，每周定期清扫其他设备和车间一次；

√ 应立即处理泄漏物，安全处置泄漏物；避免地面积液，无油污。

个人防护用品：

√ 根据现场存在的职业性有害因素的种类和浓度（强度），供应商提供的个人防护用品性能参数，选择适宜的个人防护用品；

√ 常规作业不需要呼吸防护用品，某些清洁和维修作业可能需要呼吸防护用品，如处理泄漏物；

√ 作业前必须按规定穿戴好个人防护用品；

√ 保持个人防护用品干净清洁，按规定的间隔时间定期更换。

职业卫生培训：

◎ 劳动者培训内容：

A. 职业病防治的相关法律法规知识；

B. 高温、热辐射和噪声等职业性有害因素的特性及其可能造成的健康影响与预防控制措施；

C. 岗位操作规程和岗位作业条件；

D. 个人防护用品的使用知识；

E. 简单故障的识别与处置及事故的报告方法；

F. 设备操作系统的检查和使用方法；

G. 中暑、烫伤的自救和互救知识；

H. 急救箱的使用方法。

◎ 培训类型：上岗前、定期、换（转）岗培训。

◎ 培训方式：培训班、班组会、宣传栏、典型事故分析会、合同告知、网络、报纸、电视和广播宣传等。

职业卫生检查：

◎ 企业职业卫生管理部门检查：

A. 通风、隔热和降噪装置是否完好；

B. 物料管理是否规范；

C. 作业场所高温、噪声等职业性有害因素是否超标；

D. 车间地面是否平整防滑，易于行走；

E. 作业场所的警示标识是否完善；

F. 劳动者是否按照作业指导书进行操作；

G. 劳动组织是否合理；

H. 车间有无“跑冒滴漏”现象；

I. 现场清理、清洁、整顿和整理等检查；

J. 劳动者个人防护用品使用是否规范；

K. 建议检查周期：一月一次。

◎ 工会监督检查：

A. 车间是否有职业卫生监督员；

B. 工时和劳动组织是否合理；

C. 个人防护用品是否按照标准发放；

D. 保健津贴是否按时足额发放；

E. 更衣室、洗浴间和休息室等卫生设施是否齐备；

F. 防暑降温措施是否落实；

G. 职业禁忌证人员是否得到妥善安置；

H. 收集并分析劳动者对职业卫生的抱怨等；

I. 建议检查周期：一季度一次。

劳动者职业安全卫生检查表：

◎ 检查设备仪表是否显示正常；

◎ 注意查找设备泄漏、磨损或损坏的迹象，如发现任何问题，请告诉管理人员，如果你认为有问题，请勿继续工作；

◎ 进餐、喝水前或如厕前后要洗手去除污染物；

◎ 勿用有机溶剂清洁皮肤；

◎ 应立即处理泄漏物，使用颗粒物或湿拖布清洁，安全处置泄漏物；

◎ 按提供的说明使用、维护和保存任何个人防护用品；

◎ 确保通风系统开启并正常运行。

应急救援：

◎ 可能发生的事故：主要为烧灼伤、烫伤、砸伤和机械挤压伤害。

◎ 应急预案及设施：制定职业卫生应急救援预案、工伤事故应急预案及消防事故应急预案，并定期演练。

◎ 紧急处理及事故报告程序：按照应急预案要求的程序进行。

更多信息：

◎ 参见 GBZ 1、GBZ 2. 1、GBZ 2. 2、GBZ 158、GBZ 188。

11. 金相检验

文件编号：××××××

文件名称：金相检验工序职业危害识别与预防控制指南。

文件状态：有效。

岗位名称：金相检验。

上岗所要求的条件：岗位操作证、职业健康检查合格、职业卫生安全培训合格。

工作任务：完成零件金相检验。

上工序：/

下工序：/

主要设备：切割机、抛光机、预磨机、硬度计、金相显微镜、显微硬度计、加热炉和端淬机。

主要原、辅材料：工件，砂纸、酒精、砂轮片、硝酸和抛光粉。

作业方式和体位：

◎ 手工作业，工作体位主要为站位、坐位和弯腰。

负重量、方式及时间：单手或双手负重。

职业危害与危险源点的识别：

◎ 设备：切割、打磨抛光零件时产生噪声和粉尘，零件表面腐蚀时接触乙醇和硝酸等有毒物质，使用加热炉时接触高温和热辐射。其他危险源：易燃、易爆物质，安全防护装置缺损，通风设备缺损，设备接地（零）缺损，电器绝缘损坏，急停开关损坏，炽热物体或迸出物，砂轮伤人，钢砂飞溅等。

◎ 物料储存和运输：物料存放无序，化学试剂保存不当等。

◎ 人机工效设计：工作台设计不合理，不良体位，采光和照明不良。

◎ 劳动组织和劳动者行为：劳动者配合不当，操作失误，个人防护用品穿戴不规范，违章作业，劳动组织不合理。

◎ 作业环境：地面缺陷，地面绊脚物。

※ 小结：主要存在的职业性有害因素有高温、热辐射、噪声、乙醇、硝酸和粉尘等。

职业危害控制策略：

√ 安装局部通风、除尘、排毒和净化装置；

√ 配置设备设施防护装置；

√ 正确的个人防护；

√ 设置冲眼、冲淋设施；

√ 制定安全操作规程和作业指导书；

√ 实施职业性有害因素监测与评价、职业健康监护和职业卫生培训；

√ 发放有毒有害作业岗位津贴。

主要职业性有害因素的职业接触限值：

◎ 噪声，高温：见 GBZ 2.2；

◎ 粉尘：见 GBZ 2.1。

工作场所出入管理：

√ 实施准入制度进入工作区域；

√ 进入现场要穿戴安全帽、工作服、耐酸碱鞋和防护手套；

√ 工作区设置防尘、防毒、防高温及热辐射、防噪声、防灼伤、防砸和防滑等警示标识。

工艺和设备要求：

√ 砂轮切割机、抛光机应设置局部通风除尘及安全防护装置；

√ 使用有毒溶剂应尽量在通风柜内操作；

√ 排出空气应排放至远离门、窗和进风口的安全处；

√ 加热炉应密闭隔热；

√ 提供良好照明。

岗位操作规程：

√ 保持工作环境的清洁、整齐、室内空气新鲜；

√ 工作前按规定穿戴好个人防护用品，严格遵守金相设备的操作规程；

√ 操作者应熟悉各种金相检验设备的一般性能、结构，不得违章使用；

√ 所有设备上的保险及防护装置不得任意损坏拆卸，必须齐全完整；

√ 配制发热量大的试剂，如盐酸、硫酸，均在耐热器皿中进行，配制要特别注意，将酸往水里注入，不得违章操作，防止迸溅引起烧伤和烫伤；

√ 酸碱溶液不得直接倒入下水道内，经稀释后倒入污水桶里，然后倒入排放井里；

√ 各种金相检验设备发生故障、产生不正常现象时，应立即停机，排除故障；

√ 坚持执行清理、清洁、整顿、整理、素养活动，严格执行周末一次大清扫的规定，认真填写交接班记录。

设备日常维护：

√ 按设备供应商和安装者的要求，维护设备，使其有效运行。

设备检查和测试：

√ 从生产商那里索取通风设备的设计性能信息，将这些资料存档，以便与将来测试结果比较；

√ 肉眼检查设备损坏的迹象，每周至少巡视一次；

√ 根据设备的性能测试标准，每 12 个月至少检查和测试一次通风设备；

√ 检查和测试结果至少保存 5 年。

清洁和整理：

√ 划出定置区域、对现场物料进行定置管理，对定置区域进行标识；

√ 每天清洁作业设备和工作区，每周定期清扫其他设备和车间一次；

√ 应立即处理泄漏物，安全处置泄漏物；避免地面积液，油污污染；

√ 包装/容器存放在安全处，容器使用后应立即加盖；

√ 安全处理空的包装/容器。

个人防护用品：

√ 根据现场存在的职业性有害因素的种类和浓度（强度），供应商提供的个人防护用品性能参数，选择适宜的个人防护用品；

√ 常规作业不需要呼吸防护用品，某些清洁和维修作业可能需要呼吸防护用品，如处理泄漏物；

√ 作业前必须按规定穿戴好个人防护用品，防护用品包括工作服、耐酸碱鞋、防护手套以及耳塞或耳罩等。

√ 保持个人防护用品干净清洁，按规定的间隔时间定期更换。

职业卫生培训：

◎ 劳动者培训内容：

A. 职业病防治的相关法律法规知识；

B. 高温、热辐射、噪声、有毒化学物质和粉尘等职业性有害因素的特性及其可能造成的健康影响与预防控制措施；

C. 岗位操作规程和岗位作业条件；

D. 个人防护用品的使用知识；

E. 简单故障的识别与处置及事故的报告方法；

F. 设备操作系统的检查和使用方法；

G. 皮肤和衣物污染的清洁处理方法；

H. 中暑、烫伤的自救和互救知识；

I. 急救箱的使用方法。

◎ 培训类型：上岗前、定期、换（转）岗培训。

◎ 培训方式：培训班、班组会、宣传栏、典型事故分析会、合同告知、网络、报纸、电视和广播宣传等。

职业卫生检查：

◎ 企业职业卫生管理部门检查：

A. 通风、隔热和降噪装置是否完好；

B. 物料管理是否规范；

C. 作业场所高温、有毒物质和噪声等职业性有害因素是否超标；

D. 车间地面是否平整防滑，易于行走；

E. 作业场所的警示标识是否完善；

F. 劳动者是否按照作业指导书进行操作；

G. 劳动组织是否合理；

H. 车间有无“跑冒滴漏”现象；

I. 现场清理、清洁、整顿和整理等检查；

J. 劳动者个人防护用品使用是否规范；

K. 建议检查周期：一月一次。

◎ 工会监督检查：

A. 车间是否有职业卫生监督员；

B. 工时和劳动组织是否合理；

C. 个人防护用品是否按照标准发放；

D. 保健津贴是否按时足额发放；

E. 更衣室、洗浴间和休息室等卫生设施是否齐备；

F. 防暑降温措施是否落实；

G. 职业禁忌证人员是否得到妥善安置；

H. 收集并分析劳动者对职业卫生的抱怨等；

I. 建议检查周期：一季度一次。

劳动者职业安全卫生检查表：

◎ 检查设备仪表是否显示正常；

◎ 注意查找设备泄漏、磨损或损坏的迹象，如发现任何问题，请告诉管理人员，如果你认为有问题，请勿继续工作；

◎ 进餐、喝水前或如厕前后要洗手去除污染物；

◎ 勿用有机溶剂清洁皮肤；

◎ 应立即处理泄漏物，使用颗粒物或湿拖布清洁，安全处置泄漏物；

◎ 按提供的说明使用、维护和保存个人防护用品；

◎ 确保通风系统开启并正常运行。

应急救援：

◎ 可能发生的事故：主要为烧灼伤、烫伤、砸伤、机械挤压伤害和火灾事故。

◎ 应急预案及设施：制定职业卫生应急救援预案、工伤事故应急预案及消防事故应急预案，并定期演练。

◎ 紧急处理及事故报告程序：按照应急预案要求的程序进行。

更多信息：

◎ 参见 GBZ 1、GBZ 2. 1、GBZ 2. 2、GBZ 158、GBZ 188。

第 5 部分

冲压作业职业危害识别、分析与控制

一、冲压作业职业危害识别与分析

（一）工艺技术、材料和设备

1. 工艺过程及分类

冲压是指通过安装在压力机上的模具对薄金属板材施加外力，使之产生塑性变形或分离，从而获得一定形状、尺寸和性能零件的加工方法，一般分为冲压和辊压两种。

常见的冲压工艺流程为：

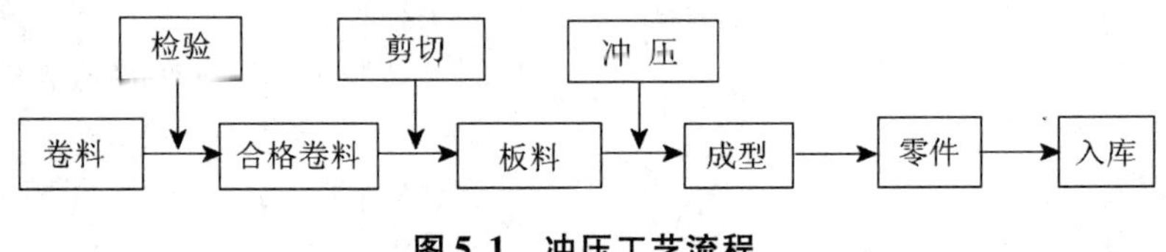

图 5.1　冲压工艺流程

常见的辊压工艺流程为：

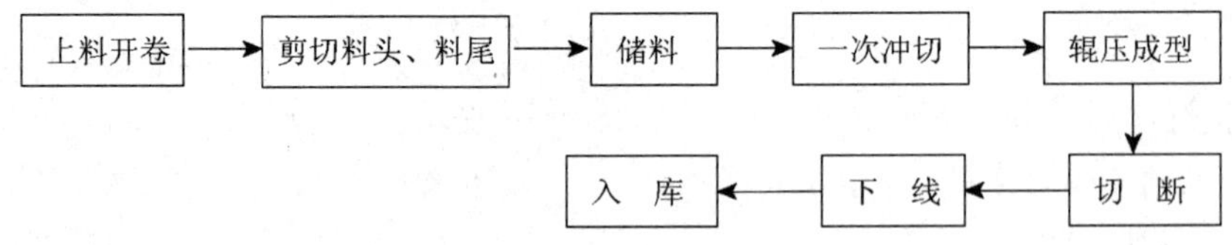

图 5.2　辊压工艺流程

2. 工艺描述

（1）分离工序

冲裁：包括落料和冲孔。落料：用冲模沿封闭轮廓曲线冲切，冲下部分是零件，用于制造各种形状的平板零件；

冲孔：用冲模按封闭轮廓曲线冲切，冲下部分是废料。

切断：用剪刀或冲模沿不封闭曲线切断，多用于加工形状简单的平板零件。

切边：将成形零件的边缘修切整齐或切成一定形状。

剖切：将冲压的半成品切开成两个或数个零件，多用于不对称的成双或成组冲压件成型之后。

（2）成型工序

弯曲：把板材沿直线弯成各种形状，可以加工形状极为复杂的零件。

卷圆：把板材断部卷成封闭的圆头，用以加工类似铰链的零件。

扭曲：把冲裁后的半成品扭转成一定角度。

拉深：把板材毛坯成形制成各种空心的零件。

变薄拉深：用减小直径与壁厚，增加工件高度的方法来改变空心件的尺寸，而获得底厚、壁薄的工件。

翻边：包括孔的翻边（将板料或工件上有孔的边缘翻成竖立边缘）和外边翻边（将工件的外缘翻起成圆弧或曲线状的竖立边缘）。

缩口：将空心件的口部缩小。

扩口：将空心件的口部扩大，常用于管子。

起伏：在板材或工件上压出筋条、花纹或文字，在起伏处的整个厚度上部又变薄。

卷边：将空心件的边缘卷成一定的形状。

膨形：将空心件（或管材）的一部分沿径向扩张，呈凸肚形。

旋压：利用赶棒或滚轮将板材毛坯赶压成一定形状（变薄与不变薄）。

整形：把形状不太准的工件校正成形。

校平：将毛坯或工件不平的面或弯曲予以压平。

压印：改变工件厚度，在表面上压出文字或花纹。

挤压：分为正挤压、反挤压和复合挤压。正挤压：凹膜腔内的金属毛坯在凸模压力的作用下，处于塑性变形状态，使其从凹模孔挤出，金属流动的方向与凸模运动方向相同；反挤压：金属挤压过程中，沿凸模与凹模的间隙塑流，其流动方向与凸模运动方向相反；复合挤压：正挤压与反挤压的结合。

3. 冲压设备

冲压设备根据所加工产品特征不同主要分两大类：机械压力机和剪切机。机械压力机主要用于弯形、拉深、缩口、压印、起伏、翻孔、翻边、扩口、胀形和整形等（对应的压力机可称为弯形设备、拉深设备和缩口设备等）；剪切机主要用于落料、冲孔和切断等（对应的设备可称为落料设备和冲孔设备等）。

汽车工业中常用的较先进的自动化设备包括以下几种：

（1）多工位压力机

随着汽车工业的迅速发展，冲压设备的自动化程度不断提高，冲压生产也由简单的手工生产发展到自动化连线，再发展到全自动化的多工位压力机。多工位压力机是全自动地完成坯料至零件的加工和运输的设备，完成零件多道工序的连续生产。使用该压力机可提高劳动生产率、改善产品质量、减轻劳动强度。

压力机的组成：拆垛系统──→清洗喷油──→坯料对中──→多功能压力机各工位──→零件输送系统。

（2）大型压力机生产线

普通机械压力机按滑块个数可分为单动压力机和双动压力机。按压力机操作空间可分为开式压力机和闭式压力机。按压力机压力点可分为单点压力机、双点压力机和多点压力机。

一般压力机生产线由一台双动压力机和若干单动压力机（多为 4 ~ 6 台）组成。随着液压拉深垫技术的发展，压力机生产线更多采用由一台带有液压拉深垫的单动压力机和若干单动压力机组成。

为了提高压力机冲压线工作效率，提高产品质量，减轻工人劳动强度，在压力机冲压线每台压力机上配置上、下料机械手或机器人，称为压力机自动化生产线。

（3）开卷生产线

开卷设备进行薄钢板的剪切具有效率高、质量好和成本低的优点，汽车生产厂家越来越多地采用开卷剪切线生产取代单台剪床进行的手工剪切生产。

4. 作业岗位工种分布

所调查的冲压车间共有生产工人483人，以冲压工为主，占59.2%，其次为剪刀工和铆工，详见表5.1。

表5.1 某冲压车间主要工种人员分布情况

工种	人数	构成比（%）
冲压	286	59.2
剪切工	67	13.9
铆工	63	13.0
空压机运行	34	7.0
其他	33	6.8
合计	483	100.0

（二）主要职业性有害因素检测结果与分析

1. 噪声源

冲压生产过程中可产生电磁性噪声、空气动力性噪声和机械噪声三种噪声。如压力机驱动电机启动和运行过程中伴随的电磁性噪声，摩擦离合器和制动器电磁阀的排气噪声，各种传动部件摩擦、冲击和动力不平衡所产生的噪声，刚性离合器（转件或滑销）结合时的冲击声，以及加工件受冲击振动和机械摩擦所辐射的噪声，工件与废料落地或落入料箱相碰撞的噪声等等，都是冲压生产过程中常见的机械噪声。

压力机运行时噪声的大小，除与其传动系统的结构有关外，还与压力机吨位、滑块速度以及使用的模具类型，冲压工序性质和冲压材料厚度等因素有关。

压力机吨位越大，噪声也越大，负载越小，噪声也越小。压力机行程次数越高，噪声越大。连续性生产比间歇性生产噪声大。液压传动比机械传动的相当吨位的压力机噪声级要低8～10dB(A)。采用压力机摩擦离合器比刚性离合器的压力机噪声级要低5dB(A)。压力机飞轮及其传动系统加防护罩后能降低噪声级5～8dB(A)。在同一压力机上进行冲裁工序比弯曲、拉深和翻边等变形工序的噪声级要高8～10dB(A)。斜刃冲裁比平刃冲裁的噪声级要低8dB(A)。裁厚料、硬料比冲裁薄料、软料所产生的噪声大。

2. 冲压车间噪声检测结果分析

噪声源检测结果见表5.2。

表5.2 部分冲压设备噪声强度

序号	设备名称	噪声强度［dB（A）］
1	开式压力机	95～102
2	闭式单点、双点压力机	102～105
3	摩擦压力机	102～115
4	液压机	90～96
5	金属积压压力机	98～100

续表

序号	设备名称	噪声强度［dB（A）］
6	精压机	>100
7	自动冷镦机	110 ~ 125
8	剪板机	98 ~ 100
9	小型清理滚筒	101

主要冲压工种（位）噪声检测结果见表 5.3。

表 5.3　A 公司冲压车间噪声检测结果

岗位	均值（n）	范围［dB（A）］
冲压[a]	91.3（39）	67.6 ~ 99.1
剪切[a]	91.6（7）	88.8 ~ 95.4
模修[a]	81.6（14）	77.8 ~ 86.6
冲压[b]	100.7（35）	–
合计	92.5（85）	–

注：a 检测结果为 8h 等效声级；b 检测结果为作业场所检测结果。

（三）职业健康监护结果与分析

1. 职业性有害因素接触情况

某汽车厂两个冲压车间 337 名生产工人，包括冲压工、剪切工及其他辅助工种。主要从事车身、车厢以及车架等汽车零部件的生产冲压件，工人平均每天工作 8h，每周工作 5d，车间噪声声级平均在 100dB（A）以上，多为非稳态噪声。

2. 噪声聋发生情况

所调查的冲压厂，截至 2002 年，先后有 10 人被诊断为噪声聋。2002 年该冲压厂又对部分噪声作业人员进行体检，发现工人听力损失比较严重，尤以冲压、剪切工为甚，详见表 5.4。

表 5.4　2002 年度某汽车厂噪声作业人员听力损伤检出情况

工种（位）	应体检人数	体检人数（%）	听力损失人数（%）
冲压工	286	64（22.4）	31（48.4）
剪切工	67	15（22.4）	8（53.3）
铆工	63	6（9.5）	2（33.3）
空压运行	34	34（100）	3（8.8）
其他	33	19（57.6）	4（21.1）
合计	483	138（28.6）	48（34.8）

从表 5.4 不难看出，冲压作业对工人听力的损伤是非常严重的。

(四) 职业危害关键控制点的确定

通过对冲压工艺、接触工种人数调查、职业性有害因素现场监测及健康检查资料分析，确定以下几个工种（位）为冲压作业职业危害关键控制点：冲压（噪声）、剪切（噪声）和铆工（噪声）。

小结

（1）冲压的主要工艺过程是分离和成型。

（2）主要的冲压设备是多工位压力机、大型压力机生产线和开卷生产线。

（3）冲压的主要职业危害是噪声。

（4）冲压生产过程中产生电磁性噪声、空气动力性噪声和机械噪声三种噪声。

（5）冲压噪声的特点是：压力机吨位越大，噪声也越大，而负载越小，噪声也越小。压力机行程次数越高，噪声越大。连续性生产比间歇性生产噪声大。液压传动比机械传动的相当吨位的压力机噪声级要低 8 ~ 10dB(A)。压力机摩擦离合器比刚性离合器的噪声级要低 5dB(A)。压力机飞轮及其传动系统加防护罩后能降低噪声级 5 ~ 8dB(A)。在同一压力机上进行冲裁工序比弯曲、拉深和翻边等变形工序的噪声级要高 8 ~ 10dB(A)。斜刃冲裁比平刃冲裁的噪声级要低 8dB(A)。裁厚料、硬料比冲裁薄料、软料所产生的噪声大。

（6）冲压设备机械噪声的范围约为 95 ~ 125dB(A)。

（7）冲压作业主要的工种是压床、冲床、剪切下料和冲模修理等。现场检测噪声强度多数超标。

（8）冲压作业对工人听力的损伤是非常严重的，所调查的冲压厂，先后有 10 人被诊断为噪声聋。2002 年对 138 名冲压工人进行体检，听力损失人数达到 48 人，检出率为 34.78%，其中剪切工、冲压工和铆工的听力损失检出率分别为 53.33%、48.44% 和 33.33%。

（9）冲压作业职业危害的关键控制点为：冲压（噪声）、剪切（噪声）和铆工（噪声）。

二、冲压作业职业危害关键点控制技术

(一) 冲压作业职业卫生标准

工作场所操作人员每天连续接触噪声 8h，噪声声级职业接触限值为 85dB(A)。对于操作人员每天接触噪声不足 8h 的场合，可根据实际接触噪声的时间，按接触时间减半，噪声声级卫生限值增加 3dB(A) 的原则，确定其噪声声级限值（见表 5.5）。但最高限值不得超过 115dB(A)。

表 5.5　工作地点噪声声级卫生限值[A]

每日持续接触时间	声级［dB (A)[B]］
24h	80
16h	82
8h	85
4h	88
2h	91
1h	94
30min	97

续表

每日持续接触时间	声级［dB（A）[B]］
15min	100
7. 50[C]min	103
3. 75[C]min	106
1. 88[C]min	109
0. 94[C]min	112
28. 12s	115
14. 06s	118
7. 03s[C]	121
3. 52s[C]	124
1. 76s[C]	127
0. 88s[C]	130
0. 44s[C]	133
0. 22s[C]	136
0. 11s[C]	139

注：A 连续的、间断的或脉冲噪声的接触都不能超过 C 计权 140dB 的峰值水平。

B 用声级计测量声级的分贝数，符合美国国家标准学会（1983）S2A 型声级计规范 S1. 4 的最低要求，而且要调整到 A 计权模式的慢档位。

C 控制噪声源，不是通过管理措施控制。当噪声水平大于 120dB 时，也建议使用噪声剂量计或积分声级计（integrating sound level meter）。

（二）消减噪声源

1. 控制设备噪声

（1）齿轮改进

齿轮是压力机运转噪声的主要噪声源之一。在减少噪声方面，直齿轮、斜齿轮和人字齿轮的平行轴传动比直角和交叉轴传动好。

斜齿轮的重叠系数大，比直齿轮的冲击小，啮合时油容易排出，用斜齿轮代替直齿轮可使噪声降低 12dB（A）。人字齿轮转动平稳，而且能平衡侧向分力，近年来国外生产的闭式压力机，特别是双点和四点压力机，多数已采用偏心人字齿轮，使噪声显著降低。

采用大变位齿，提高齿轮的重叠系数或齿顶修缘等方法以减少齿轮啮合中的撞击噪声。

在可能情况下，采用尼龙、夹布胶木、粉末冶金材料或铸铁代替钢来制造齿轮，可以增大阻尼，减少噪声。例如波兰曾在 2500kN 压力机上采用胶木齿轮，噪声从 85dB(A) 降低到 65dB(A)。

在齿轮侧面开槽放置阻尼环或充填阻尼材料，可消耗齿轮振动的能量，达到降噪效果。

（2）离合器改进

刚性离合器有强烈的冲击噪声，很难消除。摩擦离合器结合过程较平稳，比刚性离合器降低噪声 10dB(A)以上。而湿式摩擦离合器的结合噪声比干式摩擦离合器更低，因此在压力机上的应用日益广泛。

气动摩擦离合器空气管路中分配阀的排气声高达 100dB(A) 以上，在分配阀的排气口装上消声器，可把噪声降到 80dB(A) 以下。

（3）模具改进

大力发展无噪声、小噪声的冲压设备。例如，为了降低凸模与板材的接触速度，冲裁压力机可采用肘杆机构，使滑块在下死点约10mm的冲裁区内，速度降低到普通压力机的2/3，可以降低噪声4dB(A)。采用变型肘杆机构，则滑块速度可降低到普通压力机的1/3，噪声降低12dB(A)。虽然工作行程的速度降低了，但可通过提高空程和回程速度来补偿，使压力机的行程次数仍然不变。

厚料或大型冲裁件尽可能采用斜刃冲裁模。如在单副冲裁模中，采用双斜刃凸模，斜角 $\alpha=10°$，冲裁时，凸模受力对称，其刃口逐渐与板材接触，可以降低噪声4~6dB(A)。压力机上同时有几副模具进行冲裁时，可以采用阶梯安装凸模，一般取每一阶梯的高度差为0.3~0.5倍的板厚。采用阶梯安装凸模可降低噪声5dB(A)。

（4）床身抗振性能改进

提高床身抗振性能。高速压力机一般都采用减振性能好的铸铁床身或钢板和铸铁拼合床身。

一般大、中型压力机普遍采用焊接车身，为了提高焊接床身的抗振性能，可以加焊筋板，也可以在床身的空腔内填入砂子。填充混凝土也是近年出现的有效方法，其抗振性能甚至超过铸铁床身。

其他方法如在压力机和混凝土之间放上胶皮、弹簧或防振装置，在轴承和轴承座之间加弹性衬套等。

（5）设备润滑

加强冲压过程中设备、模具和材料的润滑，以消减因摩擦而产生的噪声。做好飞轮等回转体的动力平衡。安装具有与滑块同样性能效果的平衡装置以消除滑块的惯性力。

（6）缓冲

采用缓冲装置，可以降低冲裁噪声5~10dB(A)。缓冲器可以显著延长压力机卸载阶段的时间，避免突然卸载，减轻了噪声的产生。车身的振动缓冲装置的结构型式有多种，应用较多的是液压缓冲器，其他缓冲装置还有弹簧缓冲器和聚氨酯橡胶缓冲器。

2. 上、下料过程噪声控制

工件或废料应避免直接落地，应沿斜坡面滑下，且滑坡采用低噪声材料做护面。对其他可能产生撞击噪声的支承料架和料斗等，均应采用发声低的衬垫材料作护面。堆放工件的料箱宜用木板或塑料制成，或用金属丝编织。

输送工件的送料装置噪声也很高，夹钳送料是刚性定位，噪声较难降低。辊式送料装置中，送料辊覆盖塑料或橡胶，可降低噪声。

用压缩空气喷嘴吹件会产生强烈的高频噪声，因此，最好改用磁力吸盘、抓取装置等噪声较低的机械。如果必须使用吹件装置时，可以采用降低气流速度、采用小直径喷嘴等措施。如把单孔喷嘴改成多孔吹嘴，可降低噪声10dB(A)，而吹力并不减弱。改变喷嘴形状，能诱导更多的二次气流，可以加大混合后的气流量，而降低其流速。这种消声喷嘴可以降低噪声10~15dB(A)，另外，喷嘴尽可能装在模具里，以降低气流速度。喷嘴与工件之间的距离应小于20mm。

（三）控制噪声的传播

车间设计时，应按设备的噪声高低分区布置，并在分区边界上悬挂吸声幕或隔声屏。

冲压车间可使用良好的吸声材料，地板用吸声能力强的木砖以代替混凝土，屋顶悬吊吸声板或吸声幕，如车间屋顶挂上100mm厚的吸声泡沫塑料后，可使整个车间噪声降低5~10dB(A)。

在压力机床身的敞开处装上隔声门，将整个模具空间封闭起来，门上安装玻璃窗，以观察生产过程，门能方便地启闭，开启时压力机自动停车，以保证安全，装上噪声隔声门后噪声可降低4~5dB(A)。

用隔声罩将传动系统和曲柄连杆机构全部封闭起来。采用多层板式隔声罩可降低噪声5~15dB(A)，而用铅灌注夹层的封闭隔声罩，可使操作位置的噪声减小21dB(A)。

对于高速自动压力机等噪声大的设备，应采用全封闭的隔声室把整个压力机罩起来，这样能降低 20 ~ 25dB(A)。

将清理滚筒、振动光饰机等噪声大的设备隔开，安装在密闭房间里。

(四) 职业健康监护

定期对噪声作业工人进行健康体检。包括上岗前、在岗期间、离岗时和应急的健康体检。冲压工的体检项目有内科常规检查，包括血压测定，心、肺、腹部检查，甲状腺、咽喉检查以及耳鼻检查，血、尿常规，心电图，纯音听力测试。不同工种职业健康监护项目详见表 5. 6。

表 5. 6　冲压作业工人职业健康监护项目表

工种	职业性有害因素	上岗前	在岗期间	职业禁忌证
冲压、剪切	噪声、粉尘	(1) 症状询问 (2) 体格检查 a. 内科常规检查 b. 耳科检查 (3) 实验室和其他检查：血常规、尿常规、血糖、血清 ALT、心电图、后前位 X 射线高千伏胸片、肺功能、纯音听阈测试、声导抗*、耳声发射*	(1) 症状询问 (2) 体格检查 a. 内科常规检查 b. 耳科检查 (3) 实验室和其他检查：心电图、后前位 X 射线高千伏胸片、肺功能、纯音听阈测试、血常规*、尿常规*、血清 ALT*、声导抗*、耳声发射*	粉尘： (1) 活动性肺结核病 (2) 慢性阻塞性肺病 (3) 慢性间质性肺病 (4) 伴肺功能损害的疾病 噪声： (1) 各种原因引起永久性感音神经性听力损失（500Hz、1000Hz 和 2000Hz 中任一频率的纯音气导听阈 > 25dBHL） (2) 中度以上传导性耳聋 (3) 双耳高频（3000Hz、4000Hz、6000Hz）平均听阈≥40dB (4) Ⅱ期和Ⅲ期高血压 (5) 器质性心脏病 (6) 噪声易感者（噪声环境下工作一年，双耳 3000Hz、4000Hz、6000Hz 中任意频率听力损失≥65dBHL）
成型	噪声	(1) 症状询问 (2) 体格检查 a. 内科常规检查 b. 耳科检查 (3) 实验室和其他检查：纯音听阈测试、心电图、血常规、尿常规、血清 ALT、声导抗*、耳声发射*	(1) 症状询问 (2) 体格检查 (3) 实验室和其他检查：纯音听阈测试、心电图、血常规*、尿常规*、声导抗*（鼓室导抗图，500Hz、1000Hz 同侧和对侧镫骨肌反射阈）、耳声发射*（畸变产物耳声发射，或瞬态诱发耳声发射）	详见冲压

注：* 者为选检项目，其他为必检项目；应急、离岗时、离岗后医学随访的职业健康检查详见 GBZ188（有效版本）。

(五) 个人防护用品

冲压作业劳动者应穿戴合适的个人防护用品，包括耳塞或耳罩、工作服、防滑防砸鞋、安全帽、护袖和手套等。

三、冲压作业主要岗位职业危害识别与预防控制指南

1. 冲压

文件编号：××××××

文件名称：冲压岗位职业危害识别与预防控制指南。

文件状态：有效。

岗位名称：冲压。

上岗所要求的条件：特种作业操作证、设备操作证、职业健康检查合格和职业安全卫生培训合格。

工作任务：利用压力机将薄钢板冲压成所需要形状的零件。

上工序：开卷。

下工序：焊接和装配。

主要设备：压力机和模具。

主要原、辅材料：薄钢板。

作业方式和体位：

◎ 作业方式：手工和半自动。

◎ 体位：大型冲压以站位为主，小型冲压以坐位为主。

负重量、方式及时间：双手负重，每次≤20kg（大型压力机）。

职业危害与危险源点的识别：

◎ 设备：上、下料、冲压过程中产生噪声和振动。其他危险源：滑块异常下行、材料倾倒、模具部件飞出、安全防护装置缺损、电器绝缘损坏、电器接地（零）不良等问题产生的电气安全问题。

◎ 物料储存和运输：物料存放无序，运输通道不畅，制动器缺陷和吊物坠物等。

◎ 人机工效设计：工作台、工作椅设计不合理，超重搬运，劳动强度过大，不良体位，采光和照明不良。

◎ 劳动组织和劳动者行为：劳动者配合不当，操作失误，个人防护用品穿戴不规范，违章作业，手入模具二次正料，劳动组织不合理。

◎ 作业环境：地面缺陷，环境高温和环境低温，地面绊脚物。

※ 小结：主要存在的职业性有害因素有噪声和振动。

职业危害控制策略：

√ 尽量采用自动化运行设备或选择低噪声的冲压设备；

√ 冲压设备采取减振、降噪措施；

√ 配置安全防护装置；

√ 合理利用自然重力转运物料；

√ 改善工效条件并加强物料管理；

√ 为坐位的劳动者提供靠背椅，为站位的劳动者提供凳子用于偶尔坐下休息；

√ 为劳动者提供适宜的垫脚台；

√ 制定安全操作规程和作业指导书；

√ 实施职业性有害因素监测与评价、职业健康监护和职业卫生培训；

√ 尽量减少人工负重；

√ 发放有毒有害作业岗位津贴；

√ 正确的个人防护。

主要职业性有害因素的职业接触限值：

◎ 噪声、振动：见 GBZ 2.2。

工作场所出入管理：

√ 实施准入制度进入工作区域；

√ 进入现场要穿戴安全帽、耳塞或耳罩、工作服和防砸鞋；

√ 工作区设置防噪声、防振动、防砸、防滑和防挤压等警示标识。

工艺和设备要求：

√ 压力机应符合国家标准、应配有安全防护装置；

√ 应使用符合规定的模具；

√ 机座和床身应有减振措施；

√ 冲压设备宜采用操作机械化，运行自动化，并宜采用密闭隔声措施或远距离监控操作；

√ 物料输送宜采用低噪声的输送方式，并应避免在运输中出现大落差或直接撞击；

√ 物料转运应尽量采用自动化，进料、出料采用柔性设计，以减少工件相互碰撞产生的噪声；

√ 工作台设计考虑工效学要求；

√ 工厂应使操作者舒适地坐或立，或坐立交替在压力机旁进行操作；

A. 坐着工作时，一般应符合下列要求：

a. 工作座椅应是三条腿的，结构必须牢固，坐下时双脚能着地，座椅的高度为 400～430mm，高度可调并具有止动装置，座椅应有靠背，靠背的高度也应可调；

b. 压力机工作台下面应有放脚空间，其高度不小于600mm，深度不小于 400mm，宽度不小于500mm；

c. 压力机的操纵按钮离地高度应为 700～1100mm，如操作者位置工作台边缘只有300mm 时，按钮高度可为 500mm；

d. 工作面的高度应为 700～750mm，当工作面高度超过这一数值而又不可调时，应垫以脚踏板；

e. 脚踏板应能调整高度。其宽度不应小于 300mm，长度不应小于400mm，表面应能防滑，前缘应有

高 10mm 的挡板。

B. 站立工作时，应符合下列要求：

a. 压力机的操纵按钮离地高度为 800～1500mm，距离操作者的位置最远为 600mm；

b. 为便于操作者尽可能靠近工作台，压力机下部应有一个深度不小于 150mm，高度为 150mm，宽度不小于 530mm 的放脚空间；

c. 工作面的高度应为 930～980mm。

√ 车间工作地面必须防滑，压力机基础或地坑的盖板，必须是花纹钢板，或在平板上焊以防滑筋；

√ 应使用封闭罩或消声器降低噪声强度；

√ 如必须使用不安全模具应使用专用工具或机械手，并作相应颜色标识；

√ 提供良好照明。

岗位操作规程：

√ 冲压操作工上岗前应培训合格；

√ 工作前按规定穿戴好个人防护用品；

√ 工作前检查地线接地是否良好、电缆线是否裸露、电缆线接头是否松动或脱落，若正常，打开电源检查指示灯是否正常，检查设备工况是否正常；

√ 工作前打开阀门检查是否漏水、漏气、漏油，若有异常请及时与维修部门联系，冲压操作工切勿自行处理；

√ 作业前点检设备和设施，并空车试运行 2～3 次；

√ 在滑块未停止运动时，手及肢体不能进入模腔等危险区；

√ 不得冲压双料；

√ 擦拭模具时，应使用安全栓，并按下紧急停止按钮，并在操作面板处悬挂“禁止启动”标识牌；

√ 应经常检查上下模具螺钉紧固情况；

√ 光电保护器高度及与模口距离应调整适当，保持足够的安全距离；

√ 滑块制动力距离超过规定时应停机待修；

√ 天车吊料时应远离起吊物；

√ 总成存放应整齐，总成存放高度应低于料框；

√ 冲压过程中若发现冲床、工装设备、工具等出现异常情况请及时与维修部门联系，冲压操作工切勿自行处理；

√ 冲压过程中不得用力拖拽电缆线和管线，以免电缆线和管线接头松动或脱落；

√ 发生危险，万一电缆线和管线接头松动或脱落请及时与维修部门联系，冲压工切勿自行处理；

√ 修理和更换部件时，应将电源、气源关闭；

√ 将产生的废金属收集到废料箱中，废料箱满后按要求送到废金属堆放场；

√ 工作后关闭各种电源和气源，清扫地面上的飞溅物和垃圾并分类处理；

√ 离开时，请关闭照明电源。

设备日常维护：

√ 按设备供应商和安装者的要求，维护设备使其有效运行；

√ 应按使用维修说明书由维修人员维护。

设备检查和测试：

√ 每天作业前点检；

√ 肉眼检查设备损坏的迹象，每周至少巡视一次；

√ 每季度由技术人员全面检查，并张贴相应标识；

√ 检查和测试结果至少保存 5 年。

作业场所清洁和整理：

√ 每天清洁作业设备和工作区，每周定期清扫其他设备和车间一次；

√ 应立即处理泄漏物，安全处置泄漏物；

√ 废金属料分类处理。

个人防护用品：

√ 根据现场存在的职业性有害因素的种类和浓度（强度），供应商提供的个人防护用品性能参数，选择适宜的个人防护用品；

√ 穿戴合适的个人防护用品：耳塞或耳罩、工作服、防滑防砸鞋、安全帽、护袖和手套等；

√ 作业前必须按规定穿戴好个人防护用品；

√ 保持个人防护用品干净清洁，按规定的间隔时间定期更换。

职业卫生培训：

◎ 劳动者培训内容：

A. 职业病防治的相关法律法规知识；

B. 噪声、振动等职业性有害因素的特性及其可能造成的健康影响与预防控制措施；

C. 岗位操作规程和岗位作业条件；

D. 个人防护用品的使用知识；

E. 简单故障的识别与处置及事故的报告方法；

F. 设备操作系统的检查和使用方法；

G. 砸伤、挤压伤、打击伤等工伤的自救和互救知识；

H. 急救箱的使用方法。

◎ 培训类型：上岗前、定期、换（转）岗培训。

◎ 培训方式：培训班、班组会、宣传栏、典型事故分析会、合同告知、网络、报纸、电视和广播宣传等。

职业卫生检查：

◎ 企业职业卫生管理部门检查：

A. 安全防护装置是否完好；

B. 减振和降噪装置是否完好；

C. 作业场所噪声和振动等职业性有害因素是否超标；

D. 物料管理是否规范；
E. 车间地面应平整防滑，易于行走；
F. 作业场所的警示标识是否完善；
G. 劳动者是否按照作业指导书进行操作；
H. 劳动组织是否合理；
I. 车间有无“跑冒滴漏”现象；
J. 现场清理、清洁、整顿和整理等检查；
K. 劳动者个人防护用品使用是否规范；
L. 建议检查周期：一月一次。

◎ 工会监督检查：
A. 车间是否有职业卫生监督员；
B. 工时和劳动组织是否合理；
C. 个人防护用品是否按照标准发放；
D. 保健津贴是否按时足额发放；
E. 更衣室、洗浴间和休息室等卫生设施是否齐备；
F. 职业禁忌证人员是否得到妥善安置；
G. 收集并分析劳动者对职业卫生的抱怨等；
H. 建议检查周期：一季度一次。

劳动者职业安全卫生检查表：

◎ 确保安全防护装置开启并正常运行；
◎ 确保设备正常开启并安全运行；
◎ 注意查找设备泄漏、磨损或损坏的迹象，如发现任何问题，请告诉管理人员，如果你认为有问题，请勿继续工作；
◎ 进餐、喝水前或如厕前后要洗手去除污染物；
◎ 勿用有机溶剂清洁皮肤；
◎ 应立即处理泄漏物，使用吸尘器或湿拖布清洁，安全处置泄漏物；
◎ 按提供的说明使用、维护和保存个人防护用品。

应急救援：

◎ 可能发生的事故：主要为机械挤压伤害、刮擦伤、砸伤、滑倒伤和打击伤等工伤事故。
◎ 应急预案及设施：制定职业卫生应急救援预案、工伤事故应急预案及消防事故应急预案，并定期演练。
◎ 紧急处理及事故报告程序：按照应急预案要求的程序进行。

更多信息：

◎ 参见 GBZ 1、GBZ 2.1、GBZ 2.2、GBZ 158、GBZ 188。

2. 起重工

文件编号： ××××××

文件名称： 起重工职业危害识别与预防控制指南。

文件状态： 有效。

岗位名称： 起重工。

上岗所要求的条件： 特种作业操作证、设备操作证、职业健康检查合格和职业安全卫生培训合格。

工作任务： 起吊物挂钩、起吊、运输和就位。

上工序： /

下工序： /

主要设备： 起重机和钢丝绳（取物装置）。

主要原、辅材料： 料斗和起吊物。

作业方式和体位：

◎ 作业方式：半自动。

◎ 体位：约 90% 时间站位，10% 时间弯腰。

负重量、方式及时间： 基本不负重。

职业危害与危险源点的识别：

◎ 设备：起吊、运输和就位过程中产生噪声。其他危险源：钢丝绳缺陷、制动器缺陷、控制器缺陷、防护装置缺损、限位装置缺陷、信号装置缺损、轨道缺陷、电器绝缘损坏、电器接地（零）不良等。

◎ 物料储存和运输：物料存放无序，运输通道不畅，制动器缺陷，吊物坠物等。

◎ 人机工效设计：不良体位，采光和照明不良。

◎ 劳动组织和劳动者行为：劳动者配合不当，操作失误，个人防护用品穿戴不规范，违章作业，劳动组织不合理。

◎ 作业环境：车间内环境噪声，地面缺陷，环境高温和环境低温，地面绊脚物。

※ 小结：主要存在的职业性有害因素为噪声。

职业危害控制策略：

√ 起吊和就位操作尽量平稳；

√ 配置安全防护装置；

√ 改善工效条件并加强物料管理；

√ 制定安全操作规程和作业指导书；

√ 实施职业性有害因素监测与评价、职业健康监护和职业卫生培训；

√ 尽量减少人工负重；

√ 发放有毒有害作业岗位津贴；

√ 正确的个人防护。

主要职业性有害因素的职业接触限值：

◎ 噪声：见 GBZ 2.2。

工作场所出入管理：

√ 实施准入制度进入工作区域；

√ 进入现场要穿戴安全帽、耳塞或耳罩、工作服和防滑防砸鞋；

√ 工作区设置防噪声、防砸、防滑和防挤压等警示标识。

工艺和设备要求：

√ 采取措施防止装载过满，如使用荷载电感器；

√ 采取有效方法减缓或控制装载速度；

√ 提供良好照明。

岗位操作规程：

√ 起重工应经过专门训练，考试合格，持操作证者方能参加起重操作；

√ 工作前按规定穿戴好个人防护用品；

√ 工作前严格检查各种设备、工具、索具，确保完好可靠；

√ 现场动力设备必须接地可靠，绝缘良好，移动灯具要用 36V 以下安全电压；

√ 多人操作要有专人指挥，统一信号，交代清楚，严格按指挥命令或信号工作，如操作者指挥手势时，应设中转助手，准确传递信号；

√ 起吊物件，应先检查捆绑是否牢固，绳索经过有棱角处应设垫衬物，然后试吊离地面 0.1m，经检查确认稳妥可靠后方能起吊；使用起重扒杆定位要正确，封底要牢靠，不允许在受力后产生扭、曲、沉、斜现象；

√ 卷扬机必须听从指挥，看清信号，正确操作，严格做到信号不明、钢丝跑偏、超负荷、刹车不灵不开车；用卷扬机作牵引时，中间不经过滑轮不准作业；

√ 用千斤顶底基要坚实，安放要平稳，顶盖与重物间应垫木块，慢速顶升，随顶随垫，多台顶升时，动作要一致；

√ 用缆风绳不能少于 3 根，固定位置要牢靠，不准系在电线杆、机电设备和管道支架等处，应固定在现场建筑物构件上，缆风绳拉紧后与地面夹角不能大于 45°；

√ 起重区域周围应设置警戒线，严禁非工作人员通行；

√ 在起重物就位固定前，操作工不得离开工作岗位；不准在索具受力或吊物悬空的情况下离开进行其他工作；

√ 吊物悬空时，禁止在吊物或吊臂下停留或通行，在卷扬机、滑轮及引索钢丝绳边不准站人；

√ 各种设备、工具、索具不准超负荷使用；

√ 高空作业或使用其他机电设备时，应遵守有关安全操作规程；

√ 禁止起吊易燃易爆物品；

√ 工作后清理工作现场；

√ 工作后各种设备、工具、索具检查保养后放到指定的位置。

设备日常维护：

√ 按设备供应商和安装者的要求，维护设备使其有效运行；

√ 维修工作应实施“工作许可证”制度，应按使用维修说明书由维修人员维护。

设备检查和测试：

√ 每天作业前点检，重点对所使用钢丝绳进行检查；

√ 肉眼检查设备损坏的迹象，每周至少巡视一次；

√ 每季度由技术人员全面检查，并张贴相应标识；

√ 检查和测试结果至少保存5年。

作业场所清洁和整理：

√ 每天清洁作业设备和工作区，每周定期清扫其他设备和车间一次；

√ 应立即处理泄漏物，安全处置泄漏物；

√ 废水、废油、废金属料分类处理。

个人防护用品：

√ 根据现场存在的职业性有害因素的种类和浓度（强度），供应商提供的个人防护用品性能参数，选择适宜的个人防护用品；

√ 穿戴合适的个人防护用品：耳塞或耳罩、工作服、防滑防砸鞋、安全帽和手套等；

√ 作业前必须按规定穿戴好个人防护用品；

√ 保持个人防护用品干净清洁，按规定的间隔时间定期更换。

职业卫生培训：

◎ 劳动者培训内容：

A. 职业病防治的相关法律法规知识；

B. 噪声等职业性有害因素的特性及其可能造成的健康影响与预防控制措施；

C. 岗位操作规程和岗位作业条件；

D. 个人防护用品的使用知识；

E. 简单故障的识别与处置及事故的报告方法；

F. 设备操作系统的检查和使用方法；

G. 砸伤、挤压伤、打击伤等工伤的自救和互救知识；

H. 急救箱的使用方法。

◎ 培训类型：上岗前、定期、换（转）岗培训。

◎ 培训方式：培训班、班组会、宣传栏、典型事故分析会、合同告知、网络、报纸、电视和广播宣传等。

职业卫生检查：

◎ 企业职业卫生管理部门检查：

A. 安全防护装置是否完好；

B. 作业场所噪声等职业性有害因素是否超标；

C. 物料管理是否规范；

D. 车间地面是否平整防滑，易于行走；

E. 作业场所的警示标识是否完善；

F. 劳动者是否按照作业指导书进行操作；

G. 劳动组织是否合理；

H. 车间有无“跑冒滴漏”现象；

I. 现场清理、清洁、整顿和整理等检查；

J. 劳动者个人防护用品使用是否规范；

K. 建议检查周期：一月一次。

◎ 工会监督检查：

A. 车间是否有职业卫生监督员；

B. 工时和劳动组织是否合理；

C. 个人防护用品是否按照标准发放；

D. 保健津贴是否按时足额发放；

E. 更衣室、洗浴间和休息室等卫生设施是否齐备；

F. 职业禁忌证人员是否得到妥善安置；

G. 收集并分析劳动者对职业卫生的抱怨等；

H. 建议检查周期：一季度一次。

劳动者职业安全卫生检查表：

◎ 确保安全防护装置开启并正常运行；

◎ 确保设备正常开启并安全运行；

◎ 注意查找设备泄漏、磨损或损坏的迹象，如发现任何问题，请告诉管理人员，如果你认为有问题，请勿继续工作；

◎ 进餐、喝水前或如厕前后要洗手去除污染物；

◎ 勿用有机溶剂清洁皮肤；

◎ 应立即处理泄漏物，安全处置泄漏物；

◎ 按提供的说明使用、维护和保存任何个人防护用品。

应急救援：

◎ 可能发生的事故：主要为机械挤压伤害、刮擦伤、砸伤、滑倒伤和打击伤等工伤事故。

◎ 应急预案及设施：制定职业卫生应急救援预案、工伤事故应急预案及消防事故应急预案，并定期演练。

◎ 紧急处理及事故报告程序：按照应急预案要求的程序进行。

更多信息：

◎ 参见GBZ 1、GBZ 2.1、GBZ 2.2、GBZ 158、GBZ 188。

3. 天车操作

文件编号：××××××

文件名称：天车工岗位职业危害识别与预防控制指南。

文件状态：有效。

岗位名称：天车操作。

上岗所要求的条件：特种作业操作证、设备操作证、职业健康检查合格和职业安全卫生培训合格。

工作任务：起吊物挂钩、起吊、运输和就位。

上工序：/

下工序：/

主要设备：天车和钢丝绳（取物装置）。

主要原、辅材料：料斗和起吊物。

作业方式和体位：

◎ 作业方式：半自动。

◎ 体位：坐位。

负重量、方式及时间：不负重。

职业危害与危险源点的识别：

◎ 设备：起吊、运输和就位过程中产生噪声。其他危险源：钢丝绳缺陷、制动器缺陷、控制器缺陷、防护装置缺损、限位装置缺陷、登高梯台缺损、信号装置缺损、轨道缺陷、电器绝缘损坏、电器接地（零）不良等。

◎ 物料储存和运输：物料存放无序，运输通道不畅，制动器缺陷，吊物坠物，超负荷起吊，视线不良和登高梯台油污等。

◎ 人机工效设计：工作台、工作椅设计不合理，不良体位，采光和照明不良。

◎ 劳动组织和劳动者行为：劳动者配合不当，操作失误，个人防护用品穿戴不规范，违章作业，劳动组织不合理。

◎ 作业环境：车间内环境噪声，环境高温和环境低温。

※ 小结：主要存在的职业性有害因素为噪声。

职业危害控制策略：

√ 起吊和就位操作尽量平稳；

√ 配置安全防护装置；

√ 天车驾驶室应配备通风设施，采取隔声降噪措施：

√ 改善工效条件，工作台设计符合工效学原理；

√ 加强物料管理，避免无组织存放；

√ 制定安全操作规程和作业指导书；

√ 实施职业性有害因素监测与评价、职业健康监护和职业卫生培训；

√ 发放有害作业岗位津贴。

主要职业性有害因素的职业接触限值：

◎ 噪声：见GBZ 2.2。

工作场所出入管理：

√ 实施准入制度进入工作区域；

√ 进入现场要穿戴安全帽、工作服和防滑鞋；

√ 工作区设置防噪声、防砸、防滑和当心吊物等警示标识。

工艺和设备要求：

√ 采取措施防止装载过满，如使用荷载电感器；

√ 采取有效方法减缓和/或控制装载速度；

√ 天车驾驶室应配备通风设施；

√ 天车驾驶室采取隔声降噪措施；

√ 天车驾驶室工作台设计符合工效学原理；

√ 通信指挥系统完善；

√ 提供良好照明。

岗位操作规程：

√ 工作前驾驶人员需经审验合格，发给操作证方能独立操作指定机型；

√ 工作前按规定穿戴好个人防护用品；

√ 工作前向交班人或参阅交接班记录了解设备状况，并对天车进行以下几项安全检查：

A. 吊钩钩头、滑轮是否有缺陷；

B. 钢丝绳是否需要更换，在卷筒上是否牢固、是否有脱槽现象；

C. 大、小车及起升机构制动器是否安全可靠；

D. 各安全开关是否灵敏可靠；

E. 各传动机构是否可靠；

F. 起升限位和大、小车限位是否正常；

G. 天车运行时是否有异常声音。

√ 工作前若发现有缺陷或不正常现象，必须停车进行调整或维修，不得迁就使用；

√ 天车的作业地点要有足够的照明设施和通畅的吊运通道；

√ 开车前将所有控制手柄扳至零位，并将舱口及门开关合上，鸣铃示警方可使用；

√ 起车要平稳，逐档加速，对于起升机构每挡的转换时间在1~2s；对于运行机构每挡转换时间应不小于3s；对于大起重量的桥式起重机各挡的转换时间应在6~8s，严禁高挡启动；

√ 每班第一次起吊货物时，应先将货物吊离地面（或车辆底板0.5m），然后放下，在下放货物过程中试验制动器是否可靠，然后再进行正式作业；

√ 天车工应做到“十不吊”（①超过额定负荷，歪拉斜挂不吊；②指挥信号不明，重量不清，光线暗淡不吊；③吊索和附件捆缚不牢，不符合安全要求不吊；④吊挂重物直接进行加工不吊；⑤起重机械的安全防护装置失灵时不吊；⑥工件上站人或工件上有浮动物不吊；⑦氧气瓶、乙炔发生器等具有爆炸性的物品不吊；⑧带有棱角快口未焊好的不吊；⑨埋在地下的物品不吊；⑩容器内有水，未打固定卡子不吊）；

√ 吊运物品三不过：不从人头上过、不从汽车头上过、不从设备上越过；
√ 任何人发出的停车信号应立即停车；
√ 不允许同时操作大车、小车、卷扬三个设备；
√ 不得悬吊重物时离开；
√ 对于估计不清或接近额定载荷的货物可用二挡试吊，如果二挡还不能起吊，说明货物重量超过起重机额定负荷，不得用高速挡直接起吊；
√ 天车在正常运行过程中禁止使用紧停开关、限位开关、打反车等手段来停车；
√ 天车工在作业过程中，应按规定发出信号（响铃）；
√ 工作完毕后应把天车开到指定的位置，小车开到驾驶室一段，吊钩升起，把所有的控制器扳到零位，切断主开关；
√ 工作后根据一天工作使用的情况写好交接班记录；
√ 做好日常清扫，搞好设备清洁保养、润滑工作。

设备日常维护：

√ 按设备供应商和安装者的要求，维护所有设备使其有效运行；
√ 定期加油；
√ 由具备资质的单位进行维修；
√ 在开启或进入该系统前，例如净化和清洗，应遵循各种专门的操作规定。

设备检查和测试：

√ 每天作业前点检；
√ 每月至少全面检查一次；
√ 每两年安全定期检验一次；
√ 检查和测试结果至少保存5年。

作业场所清洁和整理：

√ 每天清洁作业设备和工作区，每周定期清扫其他设备和车间一次。

个人防护用品：

√ 根据现场存在的职业性有害因素的种类和浓度（强度），供应商提供的个人防护用品性能参数，选择适宜的个人防护用品；
√ 穿戴合适的个人防护用品：安全帽、工作服、防滑鞋、手套以及耳塞或耳罩等；
√ 作业前必须按规定穿戴好个人防护用品；
√ 保持个人防护用品干净清洁，按规定的间隔时间定期更换。

职业卫生培训：

◎ 劳动者培训内容：

A. 职业病防治的相关法律法规知识；
B. 噪声等职业性有害因素的特性及其可能造成的健康影响与预防控制措施；
C. 岗位操作规程和岗位作业条件；
D. 个人防护用品的使用知识；
E. 简单故障的识别与处置及事故的报告方法；
F. 设备操作系统的检查和使用方法；
G. 摔伤、打击伤等工伤的自救和互救知识；
H. 急救箱的使用方法。

◎ 培训类型：上岗前、定期、换（转）岗培训。
◎ 培训方式：培训班、班组会、宣传栏、典型事故分析会、合同告知、网络、报纸、电视和广播宣传等。

职业卫生检查：

◎ 企业职业卫生管理部门检查：

A. 安全防护装置是否完好；
B. 作业场所噪声等职业性有害因素是否超标；
C. 物料管理是否规范；
D. 作业场所的警示标识是否完善；
E. 劳动者是否按照作业指导书进行操作；
F. 劳动组织是否合理；
G. 车间有无“跑冒滴漏”现象；
H. 现场清理、清洁、整顿和整理等检查；
I. 劳动者个人防护用品使用是否规范；
J. 建议检查周期：一月一次。

◎ 工会监督检查：

A. 车间是否有职业卫生监督员；
B. 工时和劳动组织是否合理；
C. 个人防护用品是否按照标准发放；
D. 保健津贴是否按时足额发放；
E. 更衣室、洗浴间和休息室等卫生设施是否齐备；
F. 职业禁忌证人员是否得到妥善安置；
G. 收集并分析劳动者对职业卫生的抱怨等；
H. 建议检查周期：一季度一次。

劳动者职业安全卫生检查表：

◎ 确保安全防护装置开启并正常运行；
◎ 确保设备正常开启并安全运行；
◎ 注意查找设备泄漏、磨损或损坏的迹象，如发现任何问题，请告诉管理人员，如果你认为有问题，请勿继续工作；
◎ 进餐、喝水前或如厕前后要洗手去除污染物；
◎ 勿用有机溶剂清洁皮肤；
◎ 应立即处理泄漏物，安全处置泄漏物；

◎ 按提供的说明使用、维护和保存任何个人防护用品。

应急救援：

◎ 可能发生的事故：主要为摔伤和砸伤等工伤事故。

◎ 应急预案及设施：制定职业卫生应急救援预案、工伤事故应急预案及消防事故应急预案，并定期演练。

◎ 紧急处理及事故报告程序：按照应急预案要求的程序进行。

更多信息：

◎ 参见 GBZ 1、GBZ 2.1、GBZ 2.2、GBZ 158、GBZ 188。

第 6 部分

电镀作业职业危害识别、分析与控制

一、电镀作业职业危害识别与分析

（一）工艺技术、材料和设备

电镀是指在含有欲镀金属的盐类溶液中，在直流电的作用下，以被镀基体金属为阴极，以欲镀金属或其他惰性导体为阳极，通过电解作用，在基体表面上获得结合牢固的金属膜的表面工程技术，其工序分为镀前处理、电镀以及镀后处理。

1. 工艺、技术

（1）镀前处理

镀前处理包括表面整理、除油及浸蚀，表面整理一般分为磨光、滚光、刷光及喷砂处理等。

磨光：提高零件表面平整度和去除、划痕、毛刺、焊缝、砂眼及气泡等。

滚光：适用于大批量小零件的处理，全部或部分替代镀前磨光、抛光及刷光工序。

刷光：用金属丝轮或金属丝刷在刷光机上或用手工进行刷光的一种表面整理过程，它可全部或部分替代滚光处理。

喷砂：去除零件表面的毛刺、氧化皮及铸件表面的熔渣及焊渣等。

除油：可用机械、溶剂、化学及电解等方法去除零件表面的油污，以保证镀层与基体的附着强度。

机械除油一般采用滚筒除油和擦拭除油。滚筒除油适用于小件大批量除油，擦拭除油适用于大型复杂件的除油。

溶剂除油是将零件浸入有机溶剂（或蒸气）中，使油污溶于溶剂中。常用的有机溶剂有煤油、汽油、苯类、酮类、某些氯化烷烃及烯烃等。溶剂除油适用于所有金属零件的除油，特别适用于粉末冶金零件如轴瓦等。

化学除油是利用碱液的皂化作用和表面活性剂的乳化作用除去零件表面油污的过程，适用于所有零件。化学除油的效果取决于除油液的碱度和表面活性剂的乳化性能。

电化学除油是将零件挂在碱性电解液的阴极或阳极上，利用电化学极化作用及电极表面析出气体对油膜的撕裂作用和气泡的机械搅拌作用除去零件表面油污的过程。电化学除油的效果超过化学除油，是电镀前的最后除油工序，电化学除油适用于所有零件的除油。

浸蚀：包括弱浸蚀和强浸蚀，其目的是为了提高零件的表面活性。强浸蚀是为了除去零件表面的氧化皮，一般采用高浓度的强酸溶液处理。弱浸蚀是为了活化零件表面，保证镀层与基体的结合强度，一般采用低浓度的酸溶液，处理时间较短。

（2）电镀

电镀方法有镀锌、镀铬、镀铜等。此外，为提高金属表面与涂层的结合力和防锈力等，通常不采用磷化处理。

镀锌：上零件→除油→清洗→酸洗→清洗→镀锌→清洗→钝化→清洗→烘干→卸零件。

镀铬：有机溶剂除油→化学除油、除锈→上挂具→清洗→镀铬→清洗→卸挂具。

镀铜：装零件→除油→清洗→浸蚀→清洗→镀铜→清洗→吹干→卸零件。

磷化：除油→清洗→浸蚀→清洗→磷化→清洗→吹干→卸零件。

（3）镀后处理

包括钝化和浸膜。

钝化：在新镀层表面人为地形成一层致密的氧化物膜，使镀层金属与空气隔绝，以提高镀层的防护性和装饰性。

浸膜：在镀后零件表面浸涂一层有机或无机高分子膜，以提高镀层的防护性和装饰性。

2. 设备和材料

（1）设备

电镀设备包括镀槽、搬运设备、夹具或滚筒、辅助及环保设备等。按生产方式分为固定槽手工生产和微处理机控制的自动生产线。表 6.1 列出不同类型的电镀设备与特点。

（2）所使用的有毒有害材料

酸类物质包括盐酸、硫酸和硝酸等，碱类物质主要是氢氧化钠，有毒镀液如含氰化物镀液，待镀金属及其化合物如钡及其化合物、三氧化铬及其重铬酸盐等，其他如苯、汽油及乙醇。

表 6.1　电镀设备的类型及特点

生产方式	设备类型	特　点
手工	固定槽	手工或单轨电葫芦操作，适合于小批量、形状复杂的零件的生产，如散热器膨胀箱等
自动	直线型	单轨或双轨行车操作，微处理机控制，变频调速，工艺可灵活更改。适合于大批量滚镀和挂镀零件的生产，如汽车标准件、汽车底盘零件等
	环　型	步进式、液压传动、微机控制。产量比直线型大，工艺难以更改。适合于大批量滚镀和挂镀零件的生产，如汽车标准件、汽车底盘零件等

某电镀车间常用的有害物质名称及年使用量见表 6.2 所示。

电镀生产过程主要在酸洗槽和电镀槽使用有害物质，用于对镀件进行脱脂和除油。电镀槽内的镀液常含有铬酐和氰化物等。不同的电镀方法所产生的危害不同，但主要是酸、碱及其雾。表 6.3 列举了不同的电镀工艺特点和主要有毒物质。

3. 岗位及工种分布与描述

（1）岗位

岗位有镀前处理岗、电镀岗及镀后处理岗三种；按工位可分为工件上线、脱脂除油、酸洗除锈、工件磷化、工件电镀、工件钝化或封闭、镀件干燥、电镀液校正及工件发蓝（氧化）。

（2）工种描述

工件上线：电镀设备按工件挂装方式有挂镀和滚镀之分，尺寸较大、外型复杂的工件一般采用挂镀方式，须人工将工件一个一个挂在挂具上；尺寸较小，外型简单的工件，通常采用滚镀，这种方式可依靠自动上料。

表 6.2　某汽车厂电镀车间主要有毒有害原材料及年使用量　　（单位：kg）

材料名称	2002 年用量	材料名称	2002 年用量
硝酸	207	丙酮	36 瓶
硫酸	4311	添加剂	1550
盐酸	32019	清洗剂	6670
磷酸	350	光亮剂	6570
烧碱	8000	铬酐	500
磷酸三钠	6100	铜盐	4000
氯化钾	300	镀铜光亮剂	200
氯化钠	24710		

表 6.3　电镀的工艺特性及危害

工　艺	职业性有害因素及其来源	生产工艺简述
前处理（酸洗）	除油槽：氢氧化钠及碱雾	方形铁槽，上部敞口，带保温层，槽壁布有电加热器，内装浓氢氧化钠等溶液，装有零件的铁篮吊入浸泡
	酸洗槽：盐酸、硫酸及酸雾	方形槽，上部敞口，槽壁布有电加热器，槽内装浓盐酸、硫酸混合酸溶液，装有零件的铁篮吊入浸泡
前处理（磷化）	浸蚀槽：盐酸及酸雾	方形玻璃钢槽，上部敞口，槽内装浓盐酸溶液，装有零件的挂具吊入浸泡
	磷化槽：磷化渣、酸雾、热、含酸蒸气	方形铁槽，上部敞口，带保温层，槽壁布有电加热器，内装酸性溶液煮沸，装有零件的挂具吊入浸泡
镀锌	除油槽：氢氧化钠及碱雾	方形铁槽，上部敞口，带保温层，槽壁布有电加热器，内装浓氢氧化钠等溶液，装有零件的挂具吊入浸泡
	酸洗槽：盐酸及酸雾	方形玻璃钢槽，上部敞口，槽内装浓 HCl 溶液，装有零件的挂具吊入浸泡
	镀锌槽：氢氧化钠及添加剂	方形塑料衬铁槽，上部敞口，槽底布有蒸气加热管，槽内为浓氢氧化钠及添加剂等溶液，装有零件的挂具吊入浸泡
	钝化槽：三氧化铬	方形玻璃钢槽，上部敞口，槽内装三氧化铬等混合溶液，装有零件的挂具吊入浸泡
镀铬	除油槽：氢氧化钠及碱雾	方形铁槽，上部敞口，带保温层，槽壁布有电加热器，内装浓氢氧化钠等溶液，装有零件的挂具吊入浸泡
	镀铬槽：三氧化铬	方形铅内衬铁槽，上部敞口，槽内装有三氧化铬等溶液，装有零件的挂具吊入浸泡
镀铜	除油槽：氢氧化钠及碱雾	方形铁槽，上部敞口，带保温层，槽壁布有电加热器，槽内装浓氢氧化钠等溶液，装有零件的挂具吊入浸泡
	浸蚀槽：盐酸及酸雾	方形玻璃钢槽，上部敞口，槽内装浓盐酸等溶液，装有零件的挂具吊入浸泡
	镀铜槽：2 价铜离子	方形玻璃钢槽，上部敞口，槽壁布有电加热器，内装以铜盐为主浓溶液，装有零件的挂具吊入浸泡

脱脂除油：是用脱脂剂（水基或油基）、有机溶剂、碱液等在常温或加热的情况下，将工件表面黏附的油污去净。脱脂方式有浸入式和喷淋式。

酸洗除锈：通常在脱完脂后进行，用酸液（硫酸、盐酸及磷酸等几种混合在一起）将工件表面的浮锈或经热处理后产生的氧化皮去除。

工件磷化：在常温或加温状态下，在金属基体上生成一层以磷酸盐为主要成分的复杂化合物膜层，用以防腐、润滑及油漆打底等。

工件电镀：是电镀工艺的核心工序，将工件作为阴极，在通电的情况下，使镀液中作为阳极的金属离子沉积在工件上，形成均匀致密的镀层。

工件钝化或封闭：钝化是用氧化性混合酸将活性较强的单金属镀层转化为活性较低的镀层金属氧化物，用来加强镀层的耐蚀性；封闭是在有微孔的镀层或其他化学膜层（如磷化膜、发蓝膜）上涂一层封闭剂、防锈油、浮化剂来封闭微孔，增强耐蚀性能。

镀件干燥：工件在镀好之后必须进行干燥，使镀层硬化，避免镀层生锈、划伤。

电镀液校正：对车间所有工位的工艺参数定期进行校正，包括加酸、加碱、清槽及配槽等。

工件发蓝（氧化）：在高温高碱状态下，在金属基体上生成以四氧化三铁为主要成分的复杂氧化物膜层，主要用于防腐。

（3）所调查的某厂电镀车间生产工人的工种构成如图 6.1 所示。

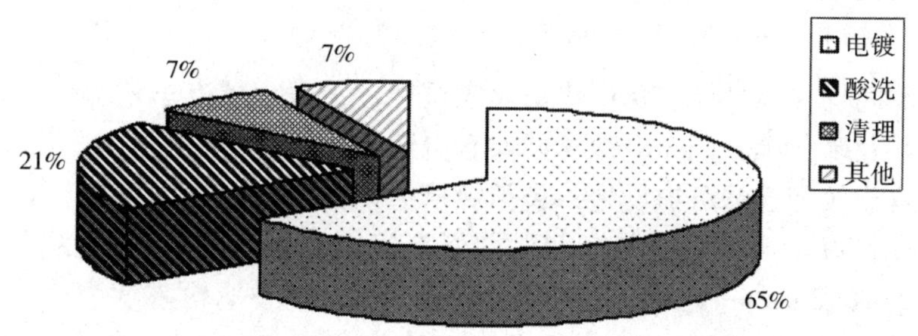

图 6.1 某厂电镀车间不同工种作业工人人数分布

（二）主要职业性有害因素检测结果与分析

1. 主要的职业性有害因素

电镀车间的主要职业性有害因素是电镀过程中所使用的酸、碱和铬酐对人体的危害，也包括镀前处理阶段抛丸或滚筒所产生的粉尘、电镀车间噪声等。

常见的有毒物质包括酸性物质、碱类物质和有机溶剂等。

酸性物质（盐酸、硫酸等）：用酸进行酸洗除锈时会产生酸雾。碱类物质（氢氧化钠等）：用碱脱脂除油时会产生碱雾。有机溶剂：废金属电镀时，其镀件表面常附有脱模剂和各种污垢，为了保证电镀层的质量，必须经过适当的脱脂处理。主要使用有机溶剂或碱性脱脂溶液，常用的有丙酮、二甲苯、三氯乙烯、乙醇、甲醇及汽油等。在镀铬时常有大量的铬酸雾逸出。

噪声存在于电镀生产全过程，以镀前处理阶段使用抛丸机、滚筒及砂轮机等部位噪声重。

在电镀过程中，使用抛光膏、磨光膏或砂轮对工件进行机械处理时产生金属粉尘或氧化铁皮粉尘。

2. 某电镀车间职业性有害因素检测结果分析

某汽车厂电镀车间职业性有害因素检测结果及评价见表 6.4。

表 6.4　某电镀车间职业性有害因素检测结果及评价

工位	职业性有害因素	均　值	点次（n）	范　围	达标率（%）
电镀槽	三氧化铬	0.04	11	0.005～0.17	81.8
酸洗槽	盐酸酸雾	7.61	23	1.1～33.3	91.3
	硫酸酸雾	1.77	19	0.20～6.20	73.7
砂轮机	粉尘	4.01	11	1.5～6.8	100.0
	噪声	90	4	85.0～98.0	0.0
滚　筒	粉尘	6.48	10	4.8～8.4	100.0
	噪声	92	3	89.0～95.0	0.0
抛光机	粉尘	6.24	10	4.10～8.40	100.0
	噪声	92	4	87.6～96.0	0.0
生产线	噪声	91	5	82.3～107.9	20.0
车间环境	噪声	82.15	4	77.1～87.2	75.0

注：三氧化铬、盐酸酸雾、硫酸酸雾、粉尘浓度单位为 mg/m^3；噪声单位为 dB（A）。

所调查的两个电镀车间均在 20 世纪 70 年代初建成投产，主要承担汽车零部件的表面处理。常用的电镀方法有镀锌、镀铬、镀铜及磷化等。两个电镀车间共有电镀工人 97 人，其中电镀工 70 人，酸洗工 20 人，喷砂和砂轮工 7 人。车间有比较完善的防护设施，包括镀槽边设抽风罩及通风系统、有害气体净化系统等。工人使用个人防护用品情况良好。通过对历年车间职业性有害因素检测结果，可以看出，硫酸的平均浓度为 $1.77mg/m^3$，范围在 $0.2 \sim 6.2mg/m^3$ 之间，达标率为 73.7%；盐酸平均浓度为 $7.61mg/m^3$，范围在 $1.1 \sim 33.3mg/m^3$ 之间，达标率为 91.30%；三氧化铬平均浓度为 $0.04mg/m^3$，范围在 $0.005 \sim 0.17mg/m^3$ 之间，达标率为 81.8%。电镀车间环境的噪声水平并不太高，但部分工位的噪声强度很高，如酸洗下料时，噪声强度可高达 107.9dB（A）。用滚筒等方法对镀件进行表面处理时，其噪声强度常超过 90dB(A)。电镀生产过程所产生的粉尘浓度不高，常在正常值范围内，详见表 6.4。

（三）职业健康监护结果与分析

1. 对健康的影响

强酸、强碱及有机溶剂可能腐蚀或灼伤皮肤，对眼和呼吸道黏膜引起强烈的刺激作用，还可引起过敏反应，溅入眼内还可导致眼灼伤；长期较高浓度接触可引起慢性支气管炎、胃肠功能障碍及牙酸蚀症等。在加热有机溶剂（如氯代烃类）清除工件油污时，可能吸入有机溶剂蒸气造成急、慢性中毒。铬酸雾对鼻黏膜长期慢性刺激，可造成鼻黏膜糜烂、溃疡和穿孔。因电镀车间要大量使用强酸、强碱等化学品，极易发生意外事故。

2. 体检情况

所调查企业对电镀工人每 1～2 年组织一次体检，体检项目包括内科、五官科、皮肤科、血液、心电图及 B 超等检查。从体检结果可以看出，长期从事电镀作业的工人鼻黏膜可出现充血、糜烂，甚至鼻中隔穿孔。强酸、强碱对工人皮肤灼伤或腐蚀也极为常见。

3. 职业病诊断

查阅该厂历年的职业卫生档案，以上两个电镀车间共确诊 1 例铬鼻病病人，尚未发现其他职业病诊断病例。

（四）职业危害关键控制点的确定

通过对电镀工艺、接触工种调查、职业性有害因素现场检测及健康监护资料分析，确定以下几个工种（位）为电镀作业职业危害关键控制点：电镀、酸洗及镀前处理（抛丸、滚筒）。

小结

（1）电镀设备包括镀槽、搬运设备、夹具或滚筒、辅助及环保设备等。

（2）使用的有毒有害材料主要是：酸类物质如盐酸、硫酸和硝酸等。碱类物质主要是氢氧化钠。有毒镀液：如含氰化物镀液；待镀金属及其化合物如钡及其化合物、三氧化铬及其重铬酸盐等；其他如苯、汽油及乙醇。

（3）电镀的主要工种分镀前处理岗、电镀岗及镀后处理岗三种；按工位可分为以下几个部分：工件上线、脱脂除油、酸洗除锈、工件磷化、工件电镀、工件钝化或封闭、镀件干燥、电镀液校正及工件发蓝（氧化）。

（4）电镀生产过程主要在酸洗、磷化和电镀等槽中对镀件进行除油、磷化和电镀等。电镀槽内的镀液常含有铬酐和氰化物等。

（5）所调查的两个电镀车间建于 20 世纪 70 年代初，共有电镀工人 97 人，体检结果发现长期从事电镀作业的工人鼻黏膜可出现充血、糜烂，甚至鼻中隔穿孔。强酸、强碱对工人皮肤灼伤或腐蚀也极为常见。

（6）通过对电镀工艺、接触工种调查、职业性有害因素现场检测及健康监护资料分析，确定以下几个工种（位）为电镀作业职业危害关键控制点：电镀、酸洗及镀前处理（抛丸和滚筒）。

二、电镀作业职业危害关键点控制技术

（一）生产工艺和装备的革新

（1）用无毒或低毒的合金镀层代替有毒的单金属镀层，如利用锌与铁族元素形成的合金镀层代替镀铬层，已在汽车生产中得到广泛应用。

（2）采用无排放或低排放合金镀层代替单金属镀层，如利用镍－钨等合金镀层取代镀铬；利用 Sn－Co、Sn－Ni、Sn－Ni－Cu 的装饰防护代替装饰镀铬。

（3）采用无毒或低毒易处理的工艺材料取代剧毒的工艺材料，如无氰电镀工艺、无铬化合物钝化处理等。

（4）先进的生产装备替代落后生产装备

应用实例：新型滚钟镀锌线（新线）替代老式钟形镀锌线（老线）。

老线由于运行时间长，导电、温控效果不佳，再加上带水严重、烘干桶设计不合理等设备固有问题，使得各项工艺参数很难得到严格保证，导致产品质量不高。另外，由于沥水问题无法解决，造成电镀主要污染物酪酐和盐酸用量过大，对工作环境和污水处理造成很大压力。新线采用柔性控制，电流、温度、时间等各项工艺参数全部实现自动控制，并且可以根据不同的产品要求方便地进行必要的调整，保证了设备稳定运行，进而保证了产品质量的高品质和稳定性。由于新线采用柔性控制，可以通过调整设备，在不影响产品质量的前提下，减少了酪酐和盐酸的用量，而且新线配有酸雾净化塔装置，从而减少了对作业场所和环境的污染。

（二）防尘防毒

常见的控制措施包括通风排毒系统和空气净化系统。通风排毒系统包括排风罩、管道和抽风机等。空气净化系统由抽风机、吸风罩和酸雾净化塔组成。

电镀工艺常见的粉尘主要来自用石英砂进行镀件表面处理产生的矽尘和金属氧化物粉尘等，在粉尘源处直接设置吸尘设施。

（三）职业健康监护

电镀作业包括有毒气体、粉尘和噪声等职业性有害因素，不同工种职业健康监护要求详见表6.5。

表6.5　电镀作业工人职业健康监护项目表

工种	职业性有害因素	上岗前	在岗期间	职业禁忌证
酸洗	碱雾和酸雾	（1）症状询问 （2）体格检查 a. 内科常规检查 b. 口腔科检查 （3）实验室和其他检查：血常规、尿常规、心电图、血清 ALT、胸部X射线检查、牙齿X射线摄片*	（1）症状询问 （2）体格检查 a. 内科常规检查 b. 口腔科检查 （3）实验室和其他检查：胸部X射线摄片、肺功能、牙齿冷热刺激试验或电活力测验、牙齿X射线摄片*	（1）牙本质过敏 （2）因反流性食道炎和胃、十二指肠溃疡等非职业性因素致牙酸蚀病 （3）慢性阻塞性肺病 （4）支气管哮喘
电镀（镀铬）	铬及其无机化合物、酸雾等	（1）症状询问 （2）体格检查 a. 内科常规检查 b. 鼻及咽部常规检查 c. 皮肤科常规检查； d. 口腔检查 （3）实验室和其他检查：血常规、尿常规、血清 ALT、心电图、胸部X射线检查、肺功能*、牙齿X射线摄片*	（1）症状询问 （2）体格检查 a. 内科常规检查 b. 鼻及咽部常规检查 c. 皮肤科常规检查； d. 口腔检查 （3）实验室和其他检查：血常规、尿常规、血清 ALT、尿 β_2－微球蛋白、胸部X射线摄片、肺功能、牙齿冷热刺激试验或电活力测验、心电图*、抗原特异性 IgE 抗体*、变应原皮肤斑贴试验*、尿铬*、牙齿X射线摄片*	铬： （1）慢性皮炎 （2）慢性肾炎 （3）慢性鼻炎 （4）慢性阻塞性肺病 （5）慢性间质性肺病 酸雾详见渗氮

续表

工种	职业性有害因素	上岗前	在岗期间	职业禁忌证
清理	粉尘、噪声	(1) 症状询问 (2) 体格检查 a. 内科常规检查 b. 耳科检查 (3) 实验室和其他检查：血常规、尿常规、血糖、血清 ALT、心电图、后前位 X 射线高千伏胸片、肺功能、纯音听阈测试、声导抗*、耳声发射*	(1) 症状询问 (2) 体格检查 a. 内科常规检查 b. 耳科检查 (3) 实验室和其他检查：心电图、后前位 X 射线高千伏胸片、肺功能、纯音听阈测试、血常规*、尿常规*、血清 ALT*、声导抗*、耳声发射*	粉尘： (1) 活动性肺结核病 (2) 慢性阻塞性肺病 (3) 慢性间质性肺病 (4) 伴肺功能损害的疾病 噪声： (1) 各种原因引起永久性感音神经性听力损失 (500Hz、1000Hz 和 2000Hz 中任一频率的纯音气导听阈 > 25dBHL) (2) 中度以上传导性耳聋 (3) 双耳高频 (3000Hz、4000Hz、6000Hz) 平均听阈≥40dB (4) Ⅱ期和Ⅲ期高血压 (5) 器质性心脏病 (6) 噪声易感者 (噪声环境下工作一年，双耳 3000Hz、4000Hz、6000Hz 中任意频率听力损失≥65dBHL)

注：* 者为选检项目，其他为必检项目；应急、离岗时、离岗后医学随访的职业健康检查详见 GBZ188（有效版本）。

（四）个人防护用品

使用个人防护用品可有效地减少职业性有害因素对健康的损害。当采取任何其他控制措施不能阻止或减少职业性有害因素的接触时，必须向工人提供个人防护用品。表 6.6 列举了电镀车间常见化学性职业性有害因素的识别与防护技术，包括工程防护设施和适宜的个人防护用品。

表 6.6　电镀车间职业性有害因素和防护措施一览表

工种（位）	职业性有害因素	防护措施
上零件	酸碱溶液	槽边抽风罩和酸雾净化塔。防毒口罩、胶皮手套、耐酸碱鞋和耐酸碱围裙
除油	氢氧化钠及碱雾	槽边抽风罩和酸雾净化塔。防毒口罩、胶皮手套、耐酸碱鞋和耐酸碱围裙
酸洗	盐酸及酸雾	槽边抽风罩和酸雾净化塔。防毒口罩、胶皮手套、耐酸碱鞋和耐酸碱围裙
镀锌	氢氧化钠及添加剂	槽边抽风罩和酸雾净化塔。防毒口罩、胶皮手套、耐酸碱鞋和耐酸碱围裙
镀铬	铬酸雾	抽风机、吸风罩和铬酸雾回收箱。防毒口罩、胶皮手套、耐酸碱鞋和耐酸碱围裙
清洗阳极	三氧化铬	抽风机、吸风罩和铬酸雾回收箱。戴口罩、胶皮手套、耐酸碱鞋和耐酸碱围裙
浸蚀	盐酸及酸雾	抽风机、吸风罩和 CNA 型无泵酸雾净化塔。戴口罩、胶皮手套、耐酸碱鞋和耐酸碱围裙
磷化	磷化渣、热和含酸蒸气	戴胶皮手套、耐酸碱鞋和耐酸碱围裙
清理槽渣	磷化渣	戴口罩、胶皮手套、防水靴和耐酸碱围裙

续表

工种（位）	职业性有害因素	防护措施
钝化	三氧化二铬	槽边抽风罩和酸雾净化塔。防毒口罩、胶皮手套、耐酸碱鞋和耐酸碱围裙
卸零件	含铬废水	槽边抽风罩和酸雾净化塔。防毒口罩、胶皮手套、耐酸碱鞋和耐酸碱围裙
溶液化验	氢氧化钠和盐酸	局部抽风系统。防毒口罩、耐酸碱鞋和耐酸碱围裙
调整溶液	氢氧化钠、盐酸、铬酐、硝酸和硫酸	戴口罩、胶皮手套、防护眼镜、胶皮围裙、耐酸碱鞋和耐酸碱围裙

三、电镀作业主要岗位职业危害识别与预防控制指南

1. 前处理生产线

文件编号： ××××××

文件名称： 前处理生产线职业危害识别与预防控制指南。

文件状态： 有效。

岗位名称： 前处理生产线。

上岗所要求的条件： 特种作业操作证、设备操作证、职业健康检查合格、职业安全卫生培训合格和职业技能培训获得独立操作资格。

工作任务： 按作业指导书要求对零件进行脱脂和除锈。

上工序： 热处理和冷成型等。

下工序： 镀锌、镀铜、镀铬等电镀和磷化。

主要设备： 碱洗槽、酸洗槽、中和槽、水洗槽和脱脂槽等。

主要原、辅材料： 盐酸、硫酸、硝酸、磷酸、氢氧化钠、碳酸钠、磷酸三钠、焦磷酸钠和脱脂剂等。

作业方式和体位：

◎ 作业方式：半自动；

◎ 体位：90%站立及行走，10%弯腰。

负重量、方式及时间： 双手辅助负重，每次 20～25kg。

职业危害与危险源点的识别：

◎ 设备：酸洗过程中存在盐酸、硫酸、硝酸、二氧化氮和磷酸，碱洗及中和过程存在氢氧化钠、碳酸钠、磷酸三钠和焦磷酸钠；脱脂过程中存在脱脂剂，可能包括表面活性剂、皂化剂和有机溶剂。其他危险源：酸、碱外溅、无防止液体化学品泄漏和溢出的槽、池，安全防护装置缺损，加热管破损，通风设备缺损，酸、碱槽防护栏缺损，登高梯台缺损，上料机构损坏，急停开关损坏，电器绝缘损坏，电器接地（零）不良等，所产生的电气安全问题。

◎ 物料储存和运输：现场化学品超量储存，储罐泄漏，物料存放无序，无泄漏处理装置，无喷淋或冲洗设施，运输通道不畅，吊钩、吊具、制动器、限位装置等吊装设备缺陷或操作失误，吊物坠物等。

◎ 人机工效设计：长期站位，采光和照明不良。

◎ 劳动组织和劳动者行为：劳动者配合不当，操作失误，个人防护用品穿戴不规范，违章作业，劳动组织不合理，在作业现场进食、喝水，酸碱泄漏和随意倾倒，向槽内倾倒有毒物品时操作者站在下风向，搬运或向槽中倾注酸、碱液时未使用专用工具，站在酸、碱槽沿上面工作，水倒入酸中或将酸倒入热水中，危险化学品没有物质安全数据说明书（MSDS），岗位没有应急预案。

◎ 作业环境：地面缺陷，地面积水、积液，地面绊脚物，环境高温、高湿，酸雾排放。

※ 小结：主要存在的职业性有害因素有盐酸、硫酸、硝酸、二氧化氮、磷酸、氢氧化钠、碳酸钠、磷酸三钠、焦磷酸钠和脱脂剂。

职业危害控制策略：

√ 安装槽边通风、排毒和净化系统；

√ 采取全面通风；

√ 配置安全防护装置；

√ 用低毒化学品代替高毒化学品；

√ 采取措施防暑降温，防控高气湿的危害；

√ 减少工作场所化学品过量存放；

√ 改善工效条件、加强物料的转运与管理；

√ 制定安全操作规程和作业指导书；

√ 实施职业性有害因素监测与评价、职业健康监护和职业卫生培训；

√ 发放有毒有害作业岗位津贴；

√ 正确的个人防护。

主要职业性有害因素的职业接触限值：

◎ 毒物：见 GBZ 2.1；

◎ 高温：见 GBZ 2.2。

工作场所出入管理：

√ 实施准入制度进入工作区域；

√ 进入现场要穿戴安全帽、耐酸碱工作服和耐酸碱防护手套；

√ 工作区设置防腐蚀、防毒、通风、防滑和防高温等警示标识。

工艺和设备要求：

√ 确保补充置换的空气均匀流经浸洗槽；

√ 槽边排风控制风速依据溶液性质、浓度、温度等因素而定；

√ 不相容性废气应通过不同管道分别排放；

√ 考虑使用塑料球/珠、泡沫抑制剂或薄片，减少浸洗槽表面形成蒸气和雾气；

√ 工作区应尽可能避开门、窗、过道等处，以避免穿堂风（横向气流）干扰排风系统，防止污染扩散；

√ 排出的空气应排放至远离门、窗和进风口的安全处；

√ 通风管道应简、短，尽量减少弯曲；

√ 槽边排风罩和管道应耐腐蚀；

√ 应设置泄漏溶液收集系统，如回收管道和器具、围堵坑和围堰等；

√ 应有冲洗地面、墙壁的设施；

√ 车间地面应平整、防滑、耐腐蚀、易于清扫，并设有坡向排水，其废水应纳入工业废水处理系统；

√ 设置泄险区及应急喷淋、冲洗装置。

岗位操作规程：

√ 上岗前开启相应的通风、排毒系统；

√ 工作前按规定穿戴好个人防护用品；

√ 启动设备前，做好设备点检，槽体、阀门、管路、电气系统、机械机构及防护装置有损坏或“跑冒滴漏”时及时报修；

√ 吊装设备操作者必须持证操作，操作中遵循“十不吊”（①超负荷不吊；②歪拉斜吊不吊；③指挥信号不明不吊；④安全装置失灵不吊；⑤重物起过人头不吊；⑥光线阴暗看不清不吊；⑦埋在地下的物件不吊；⑧吊物上站人不吊；⑨捆绑不牢不稳不吊；⑩重物边缘锋利无防护措施不吊）；

√ 酸碱的添加应按电镀工艺控制规程的有关规定执行；

√ 酸碱废水排放至中和池，严禁与其他废水混排；

√ 槽体出现“跑冒滴漏”时，应马上向维修和管理人员反映，以便尽快维修；

√ 禁止赤手接触化学药品；

√ 配制溶液时，应将酸缓缓加入冷水中（尤其是配制硫酸），顺序切勿颠倒，以免灼伤；

√ 配制混合酸时，先加1/3体积冷水，再加硫酸，最后加盐酸；

√ 出现烧伤时应立即用清水冲洗，严重灼伤者冲洗后立即送医务部门；

√ 在生产中，若出现故障或不正常现象，应立即停机检查处理，若发生事故，必须保持现场，防止事故扩大；

√ 进行清理、清洁、整顿、整理等检查，认真填写交接班记录；

√ 作业完毕切断电源，关闭阀门。

设备日常维护：

√ 按设备供应商和安装者的要求，维护设备，使其有效运行。

设备检查和测试：

√ 从生产商那里索取通风设备的设计性能信息，将这些资料存档，以便与将来测试结果比较；

√ 每季度由技术人员全面检查，并张贴相应设备状态标识；

√ 肉眼检查设备损坏的迹象，每周至少巡视一次；

√ 根据设备的性能测试标准，每12个月至少检查和测试一次通风设备；

√ 检查和测试结果至少保存5年。

作业场所的清洁和整理：

√ 划出定置区域、对现场物料进行定置管理，对定置区域进行标识；

√ 每天清洁作业设备和工作区，每周定期清扫其他设备和车间一次；

√ 应立即处理泄漏物，安全处置泄漏物；避免地面积水、积液；

√ 容器应存放在安全处，安全处置空的容器；

√ 容器使用后应立即加盖。

个人防护用品：

√ 根据现场存在的职业性有害因素的种类和浓度（强度），供应商提供的个人防护用品性能参数，选择适宜的个人防护用品；

√ 穿戴合适的个人防护用品：耐酸碱工作服、防砸耐酸碱工作鞋、耐酸碱防护手套、工作帽、防异物眼护具和防毒护具等个人防护用品；

√ 班组应配备应急防毒面具等防护用品；

√ 作业前必须按规定穿戴好个人防护用品；

√ 保持个人防护用品干净清洁，按规定的间隔时间定期更换。

职业卫生培训：

◎ 劳动者培训内容：

A. 职业病防治的相关法律法规知识；

B. 提供盐酸、硝酸、硫酸和氢氧化钠等职业性有害因素的特性及其可能造成的健康影响与预防控制措施；

C. 岗位操作规程和岗位作业条件；

D. 个人防护用品的使用知识；

E. 简单故障的识别与处置及事故的报告方法；

F. 设备操作系统的检查和使用方法；

G. 安全处理化学品；

H. 职业性急性刺激性气体中毒、酸碱烧灼伤的自救和互救知识；

I. 急救箱的使用方法。

◎ 培训类型：上岗前、定期、换（转）岗培训。

◎ 培训方式：培训班、班组会、宣传栏、典型事故分析会、合同告知、网络、报纸、电视和广播宣传等。

职业卫生检查：

◎ 企业职业卫生管理部门检查：

A. 通风排毒设施是否完好；

B. 物料管理是否规范；

C. 作业场所毒物等职业性有害因素是否超标；

D. 应急冲洗等救援设备是否完善或完好；

E. 作业场所的警示标识是否完善；

F. 劳动者是否按照作业指导书进行操作；

G. 劳动组织是否合理；

H. 车间有无“跑冒滴漏”现象；

I. 现场清理、清洁、整顿、整理、素养等检查；

J. 劳动者个人防护用品使用是否规范；

K. 建议检查周期：一月一次。

◎ 工会监督检查：

A. 车间是否有职业卫生监督员；

B. 工时和劳动组织是否合理；

C. 个人防护用品是否按照标准发放；

D. 保健津贴是否按时足额发放；

E. 更衣室、洗浴间和休息室等卫生设施是否齐备；

F. 防暑降温措施是否落实；

G. 职业禁忌证人员是否得到妥善安置；

H. 收集并分析劳动者对职业卫生的抱怨等；

I. 建议检查周期：一季度一次。

劳动者职业安全卫生检查表：

◎ 确保通风、排毒系统开启并正常运行；

◎ 注意查找设备泄漏、磨损或损坏的迹象，如发现任何问题，请告诉管理人员，如果你认为有问题，请勿继续工作；

◎ 浸洗槽无泄漏，发现泄漏立即报告修复；浸洗槽不使用时尽量加盖；

◎ 添加溶液的工具和器皿完好，无泄漏；

◎ 现场不能堆放过量的化学品；

◎ 自动线紧急制动装置必须完好，应急信号灯也必须完好；

◎ 进餐、喝水前或如厕前后要洗手去除污染物；

◎ 勿用有机溶剂清洁皮肤；

◎ 立即安全处理泄漏物；

◎ 按提供的说明使用、维护和保存个人防护用品。

应急救援：

◎ 可能发生的事故：急性刺激性气体中毒、化学性（眼、皮肤）烧灼伤、坠落和电击伤等。

◎ 应急预案及设施：制定职业卫生应急救援预案、工伤事故应急预案及消防事故应急预案，并定期演练。

◎ 紧急处理及事故报告程序：按照应急预案要求的程序进行。

更多信息：

◎ 参见 GBZ 1、GBZ 2.1、GBZ 2.2、GBZ 158、GBZ 188。

2. 镀锌

文件编号：××××××

文件名称：镀锌作业职业危害识别与预防控制指南。

文件状态：有效。

岗位名称：镀锌作业。

上岗所要求的条件：特种作业操作证、设备操作证、职业健康检查合格、职业安全卫生培训合格和职业技能培训获得独立操作资格。

工作任务：镀锌作业（包括零件挂装、上料、下料、脱脂、水洗、电镀溶液配制、浓度的调整和烘干等）。

上工序：预处理线的零件预处理。

下工序：运输和入库。

主要设备：镀锌线。

主要原、辅材料：氢氧化钠、碳酸钠、三乙醇胺、光亮剂、络合剂、盐酸、硫酸和脱脂剂等（锌酸盐镀锌法）。

作业方式和体位：

◎ 作业方式：半自动；

◎ 体位：90%站立及行走，10%弯腰。

负重量、方式及时间：双手负重、负重量：20～30kg/次，每日<1h。

职业危害与危险源点的识别：

◎ 设备：镀锌过程中存在氢氧化钠、碳酸钠、三乙醇胺、光亮剂、络合剂、盐酸、硫酸和脱脂剂等有害化学物质，设备运行过程中产生噪声、高温和高湿等危害。其他危险源：酸、碱外溅，无防止液体化学品泄漏和溢出的槽、池，安全防护装置缺损，加热管破损、蒸气泄漏，通风设备缺损，酸、碱槽防护栏缺损，登高梯台缺损，上料机构损坏，急停开关损坏，电器绝缘损坏、电器接地（零）不良等问题产生的电气安全问题。

◎ 物料储存和运输：现场化学品超量储存，储罐泄漏，危险化学品没有物质安全数据说明书（MSDS）、物料存放无序，无泄漏处理装置，无喷淋或冲洗设施，运输通道不畅，吊钩、吊具、制动器、限位装置等吊装设备缺陷或操作失误，吊物坠物等。

◎ 人机工效设计：长期站位，采光和照明不良。

◎ 劳动组织和劳动者行为：劳动者配合不当，操作失误，个人防护用品穿戴不规范，违章作业，劳动组织不合理，在作业现场进食、喝水，酸碱泄漏和随意倾倒，向槽内倾倒有毒物品时操作者站在下风向，搬运或向槽中倾注酸、碱液时未使用专用工具，站在酸、碱槽沿上面工作，水倒入酸中或将酸倒入热水中，岗位没有应急预案。

◎ 作业环境：地面缺陷，地面积水、积液、绊脚物，零件未定置，物品占道，环境高湿，酸雾排放。

※ 小结：主要存在的职业性有害因素有氢氧化钠、碳酸钠、三乙醇胺、光亮剂、络合剂、盐酸、硫酸、脱脂剂、噪声、高温和高湿等。

职业危害控制策略：

√ 良好地全面通风；

√ 电镀槽安装槽边通风、排毒、净化装置；

√ 配置设备设施防护装置；

√ 用低毒化学品代替高毒化学品；

√ 采取措施防暑降温，防控高气湿的危害；

√ 向供应商索取化学品的物质安全数据说明书（MSDS）；

√ 对于成分不明的化学品应明确标识为“未知化学品X”，并追踪其成分；

√ 化学品容器包装应有中文警示说明，保持容器外部的清洁，警示标识应清晰；

√ 改善工效条件、加强物料的转运与管理；

√ 减少工作场所化学品过量存放；

√ 正确的个人防护；

√ 设置应急喷淋、冲洗装置，设置泄险区；

√ 设置应急救援箱；

√ 制定安全操作规程和作业指导书；

√ 实施职业性有害因素监测与评价、职业健康监护和职业卫生培训；

√ 发放有毒有害作业岗位津贴。

主要职业性有害因素的职业接触限值：

◎ 噪声、高温：见GBZ 2.2。

◎ 毒物：见GBZ 2.1。

工作场所出入管理：

√ 实施准入制度进入工作区域；

√ 作业场所标明应急疏散通道和出口；标明出入口限制高度；

√ 作业场所标明外来人员须知；

√ 进入现场要穿戴安全帽、耐酸碱工作鞋、耐酸碱工作服和耐酸碱防护手套等；

√ 工作区设置防中毒、防腐蚀、防化学灼伤、防高温、防滑、防砸、通风和注意个人防护等警示标识。

工艺和设备要求：

√ 确保补充置换的空气均匀流经浸洗槽；

√ 槽边排风控制风速依据溶液性质、浓度、温度等因素而定，一般不超过0.5m/s；

√ 不相容性废气应通过不同管道分别排放；

√ 考虑使用塑料球/珠、泡沫抑制剂或薄片，减少浸洗槽表面形成蒸气和雾气；

√ 工作区应尽可能避开门、窗、过道等处，以避免穿堂风

（横向气流）干扰排风系统，防止污染扩散；
√ 排出的空气应排放至远离门、窗和进风口的安全处；
√ 通风管道应简、短，尽量减少弯曲；
√ 槽边排风罩和管道应耐腐蚀；
√ 应设置泄漏溶液收集系统，如回收管道和器具、围堵坑和围堰等；
√ 应有冲洗地面、墙壁的设施；
√ 车间地面应平整、防滑、耐腐蚀、易于清扫，并设有坡向排水，其废水应纳入工业废水处理系统；
√ 设置泄险区；
√ 设置应急喷淋、冲洗装置，并应尽量邻近作业岗位；
√ 含有害蒸气的空气不能循环使用；
√ 酸碱液采用管道输送添加。

岗位操作规程：

√ 上岗前开启相应的通风系统；
√ 工作前按规定穿戴好个人防护用品；
√ 启动设备前，做好设备点检，槽体、阀门、管路、电气系统、机械机构及防护装置有损坏或“跑冒滴漏”时及时报修；
√ 电动葫芦操作者必须持证操作，操作中遵循“十不吊”（①超负荷不吊；②歪拉斜吊不吊；③指挥信号不明不吊；④安全装置失灵不吊；⑤重物起过人头不吊；⑥光线阴暗看不清不吊；⑦埋在地下的物件不吊；⑧吊物上站人不吊；⑨捆绑不牢不稳不吊；⑩重物边缘锋利无防护措施不吊）；
√ 酸、碱、电镀液的添加应按电镀工艺控制规程的有关规定操作；
√ 零件清洗应在相应清洗槽中进行，酸碱废水排放至中和池；严禁与其他废水混排；
√ 含铬废水排至铬污水处理均衡池；严禁与其他废水混排；
√ 废渣的清理按规定进行，电镀废渣倾倒至工业废渣存放点；
√ 槽体出现“跑冒滴漏”时，应马上向维修和管理人员反映，以便尽快维修；
√ 禁止赤手接触化学药品；
√ 配制酸碱溶液时，应两人以上共同操作；
√ 配酸时，应先加水，再将浓酸缓缓加入冷水中，次序切勿颠倒，以免浓酸飞溅伤人；
√ 如有酸碱溅到皮肤或眼睛上时，应立即用大量清水冲洗，对严重灼伤者冲洗后应立即送医务部门；
√ 工作结束，关闭水、电、气阀门。

设备日常维护：

√ 按设备供应商和安装者的要求，维护设备，使其有效运行。

设备检查和测试：

√ 从生产商那里索取通风设备的设计性能信息，将这些资料存档，以便与将来测试结果比较；
√ 操作工检查巡视 30min 一次；班组长日常巡视，每天不少于两次；
√ 肉眼检查设备损坏的迹象，每周至少巡视一次；
√ 每季度由技术人员全面检查，并张贴相应设备状态标识；
√ 根据设备的性能测试标准，每 12 个月至少检查和测试一次通风设备；
√ 检查和测试结果至少保存 5 年。

作业场所清洁和整理：

√ 划出定置区域、对现场物料进行定置管理，对定置区域进行标识；
√ 每天清洁作业设备和工作区，每周定期清扫其他设备和车间一次；
√ 应立即处理泄漏物，安全处置泄漏物，避免地面积水、积液；
√ 容器应存放在安全处，安全处置空的容器；
√ 容器使用后应立即加盖。

个人防护用品：

√ 根据现场存在的职业性有害因素的种类和浓度（强度），供应商提供的个人防护用品性能参数，选择适宜的个人防护用品；
√ 穿戴合适的个人防护用品：耐酸碱工作服、防砸耐酸碱工作鞋、耐酸碱防护手套、工作帽、防异物眼护具、防毒护具以及耳塞或耳罩等个人防护用品；
√ 班组应配备应急防毒面具等防护用品；
√ 作业前必须按规定穿戴好个人防护用品；
√ 保持个人防护用品干净清洁；
√ 制定个人防护用品发放标准、劣化标准，对损坏的防护用品根据劣化标准判定及时更换。

职业卫生培训：

◎ 劳动者培训内容：

A. 职业病防治的相关法律法规知识；
B. 提供氢氧化钠、碳酸钠、三乙醇胺、盐酸和硫酸等有害物质及噪声、高温和高湿等物理性职业性有害因素的特性及其可能造成的健康影响与预防控制措施；
C. 岗位操作规程和岗位作业条件；
D. 个人防护用品的使用知识；
E. 简单故障的识别与处置及事故的报告方法；
F. 设备操作系统的检查和使用方法；
G. 安全处理化学品；

H. 职业性急性刺激性气体中毒、酸碱烧灼伤的自救和互救知识；

I. 急救箱的使用方法。

◎ 培训类型：上岗前、定期、换（转）岗培训。

◎ 培训方式：培训班、班组会、宣传栏、典型事故分析会、合同告知、网络、报纸、电视和广播宣传等。

职业卫生检查：

◎ 企业职业卫生管理部门检查：

A. 通风排毒设施是否完好；

B. 物料管理是否规范；

C. 作业场所毒物等职业性有害因素是否超标；

D. 应急冲洗等救援设备是否完善或完好；

E. 作业场所的警示标识是否完善；

F. 劳动者是否按照作业指导书进行操作；

G. 劳动组织是否合理；

H. 车间有无“跑冒滴漏”现象；

I. 现场清理、清洁、整顿、整理、素养等检查；

J. 劳动者个人防护用品使用是否规范；

K. 建议检查周期：一月一次。

◎ 工会监督检查：

A. 车间是否有职业卫生监督员；

B. 工时和劳动组织是否合理；

C. 个人防护用品是否按照标准发放；

D. 保健津贴是否按时足额发放；

E. 更衣室、洗浴间和休息室等卫生设施是否齐备；

F. 防暑降温措施是否落实；

G. 职业禁忌证人员是否得到妥善安置；

H. 收集并分析劳动者对职业卫生的抱怨等；

I. 建议检查周期：一季度一次。

劳动者职业安全卫生检查表：

◎ 确保通风、排毒系统开启并正常运行；

◎ 注意查找设备泄漏、磨损或损坏的迹象，如发现任何问题，请告诉管理人员，如果你认为有问题，请勿继续工作；

◎ 浸洗槽无泄漏，发现泄漏立即报告修复；浸洗槽不使用时尽量加盖；

◎ 添加溶液的工具和器皿完好，无泄漏；

◎ 现场不能堆放过量的化学品；

◎ 自动线紧急制动装置必须完好，应急信号灯也必须完好；

◎ 进餐、喝水前或如厕前后要洗手去除污染物；

◎ 勿用有机溶剂清洁皮肤；

◎ 立即安全处理泄漏物；

◎ 按提供的说明使用、维护和保存个人防护用品。

应急救援：

◎ 可能发生的事故：急性刺激性气体中毒、化学性（眼、皮肤）烧灼伤、坠落和电击伤等。

◎ 应急预案及设施：制定职业卫生应急救援预案、工伤事故应急预案及消防事故应急预案，并定期演练。

◎ 紧急处理及事故报告程序：按照应急预案要求的程序进行。

更多信息：

◎ 参见 GBZ 1、GBZ 2. 1、GBZ 2. 2、GBZ 158、GBZ 188。

3. 镀铬生产线操作

文件编号： ××××××

文件名称： 镀铬生产线操作职业危害识别与预防控制指南。

文件状态： 有效。

岗位名称： 镀铬生产线操作。

上岗所要求的条件： 特种作业操作证、设备操作证、职业健康检查合格、职业安全卫生培训合格和职业技能培训获得独立操作资格。

工作任务： 镀铬作业（包括零件挂装、上料、下料、电镀溶液配制、浓度的调整和零件冲洗）。

上工序： 零件预处理。

下工序： 清洗、运输和入库。

主要设备： 镀铬生产线（包含镀槽系统、喷淋水洗槽、闭路回收系统、抽风除雾系统、高性能直流电源、纯水机、槽顶导电装置、直流输出系统以及控制系统等）。

主要原、辅材料： 铬酸酐、硫酸、氟硅酸、硼酸、氧化镁、氟化钠和柠檬酸钠等。

作业方式和体位：

◎ 作业方式：半自动。

◎ 体位：站位及行走 90%，弯腰 10%。

负重量、方式及时间： 双手负重、负重量：20～30kg/次，每日 <1h。

职业危害与危险源点的识别：

◎ 设备：镀铬过程中存在铬酸及重铬酸盐、铬酸雾、硫酸和氟化物等有害化学物质，设备运行时产生噪声、高温和高湿等危害。其他危险源：酸、碱外溅，无防止液体化学品泄漏和溢出的槽、池，安全防护装置缺损，加热管破损、蒸气泄漏，通风设备缺损，酸、碱槽防护栏缺损，登高梯台缺损，上料机构损坏，急停开关损坏，电器绝缘损坏、电器接地（零）不良等问题产生的电气安全问题。

◎ 物料储存和运输：现场化学品超量储存，储罐泄漏，危险化学品没有物质安全数据说明书（MSDS），物料存放无序，无泄漏处理装置，无喷淋或冲洗设施，运输通道不畅，吊钩、吊具、制动器、限位装置等吊装设备缺陷或操作失误，吊物坠物等。

◎ 人机工效设计：长期站位，采光和照明不良。

◎ 劳动组织和劳动者行为：劳动者配合不当、操作失误，个人防护用品穿戴不规范，违章作业，劳动组织不合理，在作业现场进食、喝水，酸碱泄漏和随意倾倒，向槽内倾倒有毒物品时操作者站在下风向，搬运或向槽中倾注酸、碱液时未使用专用工具，站在酸、碱槽沿上面工作，将水倒入酸中或将酸倒入热水中，岗位没有应急预案。

◎ 作业环境：地面缺陷，地面积水、积液、绊脚物，零件未定置、物品占道，环境高湿。

※ 小结：主要存在的职业性有害因素有铬酸及重铬酸盐、铬酸雾、硫酸、氟化物、噪声、高温和高湿等。

职业危害控制策略：

√ 良好的全面通风；

√ 电镀槽安装槽边通风、排毒、净化装置；

√ 配置设备设施防护装置；

√ 用低毒化学品代替高毒化学品；

√ 采取措施防暑降温，防控高气湿的危害；

√ 向供应商索取化学品的物质安全数据说明书（MSDS）；

√ 对于成分不明的化学品应明确标识为“未知化学品 X”，并追踪其成分；

√ 化学品容器包装应有中文警示说明，保持容器外部的清洁，警示标识应清晰；

√ 改善工效条件、加强物料的转运与管理；

√ 减少工作场所化学品过量存放；

√ 正确的个人防护；

√ 设置应急喷淋、冲洗装置，设置泄险区；

√ 设置应急救援箱；

√ 制定安全操作规程和作业指导书；

√ 实施职业性有害因素监测与评价、职业健康监护和职业卫生培训；

√ 发放有毒有害作业岗位津贴。

主要职业性有害因素的职业接触限值：

◎ 噪声和高温：见 GBZ 2.2；

◎ 毒物：见 GBZ 2.1。

工作场所出入管理：

√ 实施准入制度进入工作区域；

√ 作业场所标明应急疏散通道和出口；标明出入口限制高度；

√ 作业场所标明外来人员须知；

√ 进入现场要穿戴安全帽、耐酸碱工作鞋、耐酸碱工作服和耐酸碱防护手套等；

√ 工作区设置防中毒、防腐蚀、防化学灼伤、防高温、防滑、防砸、通风和注意个人防护等警示标识。

工艺和设备要求：

√ 确保补充置换的空气均匀流经浸洗槽；

√ 槽边排风控制风速依据溶液性质、浓度、温度等因素而定，一般不超过 0.5m/s；

√ 确保不相容性废气应通过不同管道分别排放；

√ 考虑使用塑料球/珠、泡沫抑制剂或薄片，减少浸洗槽表面形成蒸气和雾气；
√ 工作区应尽可能避开门、窗、过道等处，以避免穿堂风（横向气流）干扰排风系统，防止污染扩散；
√ 排出的空气应排放至远离门、窗和进风口的安全处；
√ 通风管道应简、短，尽量减少弯曲；
√ 槽边排风罩和管道应耐腐蚀；
√ 应设置泄漏溶液收集系统，如回收管道和器具、围堵坑和围堰等；
√ 应有冲洗地面、墙壁的设施；
√ 车间地面应平整、防滑、耐腐蚀、易于清扫，并设有坡向排水，其废水应纳入工业废水处理系统；
√ 设置泄险区；
√ 设置应急喷淋、冲洗装置，并应尽量邻近作业岗位；
√ 含有害蒸气的空气不能循环使用；
√ 酸碱液采用管道输送添加。

岗位操作规程：

√ 只有受过专门训练的人员，才允许独立进行各种工种的操作；
√ 上岗前开启镀铬线通风系统；
√ 工作前按规定穿戴好个人防护用品；
√ 启动设备前，做好设备点检，槽体、阀门、管路、电气系统、机械机构及防护装置有损坏或跑冒滴漏时及时报修；
√ 工作中使用的吊车、干燥箱、通风机、电机等主要设备应有专人负责管理，禁止无关人员乱动；
√ 电镀用的槽液和毒品，不准带出车间使用，盛装剧毒槽液的容器必须加盖加锁；
√ 铬酐的添加应按电镀工艺控制规程的有关规定操作，其间应防止铬酐泄漏；
√ 含铬废水排放至铬废水处理均衡池；严禁与其他废水混排；
√ 操作时应注意避免“跑冒滴漏”。槽体出现“跑冒滴漏”时，应马上向维修和管理人员反映，以便尽快维修；
√ 掉入槽底的零件如系铁质的应用磁铁捞出，禁止赤手伸到槽底捞取零件；
√ 工作时禁止站在、坐在或弯身在槽子上操作，以防掉入槽内；
√ 禁止赤手接触化学品；
√ 配制酸碱溶液时，应两人以上共同操作；
√ 往槽内添加化学药品，特别是加酸、碱和倒槽时，必须检查好设备、工具并穿戴好个人防护用品；
√ 零件进出槽时，必须轻拿轻放，防止槽液飞溅伤人，出槽时，尽可能不要将槽液洒在槽外；
√ 较大零件出槽时，应先将电闸拉下，防止阴阳极短路，同时应戴好手套，以免烫伤；
√ 在搅拌槽液和添加铬酐、硫酸等药品时，必须穿戴好规定的防护用品，以免槽液飞出伤人；槽液加水时，水温应符合工艺要求；槽液过滤时，应在温度降至室温时进行；
√ 干燥箱应有可靠的接地线，并不得超温使用；送取零件时应停电进行；
√ 如有酸碱溅到皮肤或眼睛上时，应立即用大量清水冲洗，对严重灼伤者冲洗后应立即送医务部门；
√ 电动葫芦操作者必须持证操作，操作中遵循“十不吊”（①超负荷不吊；②歪拉斜吊不吊；③指挥信号不明不吊；④安全装置失灵不吊；⑤重物起过人头不吊；⑥光线阴暗看不清不吊；⑦埋在地下的物件不吊；⑧吊物上站人不吊；⑨捆绑不牢不稳不吊；⑩重物边缘锋利无防护措施不吊）；
√ 作业完毕应关闭水、电、气，并整理好设备、工具和工作场地；
√ 工作服应专柜存放，严禁操作者穿工作服回家。

设备日常维护：

√ 按设备供应商和安装者的要求，维护设备使其有效运行；
√ 按规定进行周保养、月定检，确保设备的有效运行。

设备检查和测试：

√ 从生产商那里索取通风设备的设计性能信息，将这些资料存档，以便与将来测试结果比较；
√ 操作工的检查巡视，30min 一次，班组长日常巡视，每天不少于两次；
√ 肉眼检查设备坏损的迹象，每周至少巡视一次；
√ 每季度由技术人员全面检查，并张贴相应设备状态标识；
√ 根据设备的性能测试标准，每 12 个月至少检查和测试一次通风设备；
√ 检查和测试结果至少保存 5 年。

作业场所清洁和整理：

√ 划出定置区域、对现场物料进行定置管理，对定置区域进行标识；
√ 每天清洁作业设备和工作区，每周定期清扫其他设备和车间一次；
√ 应立即处理泄漏物，安全处置泄漏物；避免地面积水、积液；
√ 容器应存放在安全处，安全处置空的容器；
√ 容器使用后应立即加盖；
√ 对化学品进行定置管理、存放地点要有危险化学品技术说明书。

个人防护用品：

√ 根据现场存在的职业性有害因素的种类和浓度（强度），供应商提供的个人防护用品性能参数，选择适宜的个人防护用品；

√ 穿戴合适的个人防护用品：耐酸碱工作服、防砸耐酸碱工作鞋、耐酸碱防护手套、工作帽、防异物眼护具、防毒口罩以及耳塞或耳罩等个人防护用品；

√ 班组应配备应急防毒面具等防护用品；

√ 作业前必须按规定穿戴好个人防护用品；

√ 保持个人防护用品干净清洁；

√ 制定个人防护用品发放标准、劣化标准，对损坏的防护用品根据劣化标准判定及时更换。

职业卫生培训：

◎ 劳动者培训内容：

A. 职业病防治的相关法律法规知识；

B. 提供铬酸及重铬酸盐、铬酸雾、硫酸和氟化物等有害物质及噪声、高温和高湿等物理性职业有害因素的特性及其可能造成的健康影响与预防控制措施；

C. 岗位操作规程和岗位作业条件；

D. 个人防护用品的使用知识；

E. 简单故障的识别与处置及事故的报告方法；

F. 设备操作系统的检查和使用方法；

G. 安全处理化学品；

H. 职业性急性刺激性气体中毒、酸碱烧灼伤的自救和互救知识；

I. 急救箱的使用方法。

◎ 培训类型：上岗前、定期、换（转）岗培训。

◎ 培训方式：培训班、班组会、宣传栏、典型事故分析会、合同告知、网络、报纸、电视和广播宣传等。

职业卫生检查：

◎ 企业职业卫生管理部门检查：

A. 通风排毒设施是否完好；

B. 物料管理是否规范；

C. 作业场所毒物等职业性有害因素是否超标；

D. 应急冲洗等救援设备是否完善或完好；

E. 作业场所的警示标识是否完善；

F. 劳动者是否按照作业指导书进行操作；

G. 劳动组织是否合理；

H. 车间有无“跑冒滴漏”现象；

I. 现场清理、清洁、整顿、整理、素养等检查；

J. 劳动者个人防护用品使用是否规范；

K. 建议检查周期：一月一次。

◎ 工会监督检查：

A. 车间是否有职业卫生监督员；

B. 工时和劳动组织是否合理；

C. 个人防护用品是否按照标准发放；

D. 保健津贴是否按时足额发放；

E. 更衣室、洗浴间和休息室等卫生设施是否齐备；

F. 防暑降温措施是否落实；

G. 职业禁忌证人员是否得到妥善安置；

H. 收集并分析劳动者对职业卫生的抱怨等；

I. 建议检查周期：一季度一次。

劳动者职业安全卫生检查表：

◎ 职业安全卫生标识完善，无损坏；

◎ 确保通风、排毒系统开启并正常运行；

◎ 注意查找设备泄漏、磨损或损坏的迹象，如发现任何问题，请告诉管理人员，如果你认为有问题，请勿继续工作；

◎ 浸洗槽无泄漏，发现泄漏立即报告修复；浸洗槽不使用时尽量加盖；

◎ 废水排放管道无泄漏，发现泄漏立即报告修复；

◎ 添加溶液的工具和器皿完好，无泄漏；

◎ 现场不能堆放过量的化学品；

◎ 自动线紧急制动装置必须完好，应急信号灯也必须完好；

◎ 进餐、喝水前或如厕前后要洗手去除污染物；

◎ 勿用有机溶剂清洁皮肤；

◎ 立即安全处理泄漏物；

◎ 按提供的说明使用、维护和保存个人防护用品。

应急救援：

◎ 可能发生的事故：急性刺激性气体中毒、化学性（眼、皮肤）烧灼伤、坠落、物体打击和电击伤等。

◎ 应急预案及设施：制定职业卫生应急救援预案、工伤事故应急预案及消防事故应急预案，并定期演练。

◎ 紧急处理及事故报告程序：按照应急预案要求的程序进行。

更多信息：

◎ 参见 GBZ 1、GBZ 2.1、GBZ 2.2、GBZ 158、GBZ 188。

4. 磷化生产线

文件编号：××××××

文件名称：磷化生产线职业危害识别与预防控制指南。

文件状态：有效。

岗位名称：磷化生产线。

上岗所要求的条件：特种作业操作证、设备操作证，职业健康检查合格，职业安全卫生培训合格和职业技能培训获得独立操作资格。

工作任务：零件表面磷化处理。

上工序：零件的预处理。

下工序：入库。

主要设备：磷化自动线。

主要原、辅材料：氢氧化钠、碳酸钠、脱脂剂、盐酸、硫酸、磷化液（磷酸锰铁等，锰系磷化液）和防锈油等。

作业方式和体位：

◎ 作业方式：全自动。

◎ 体位：站位90%，弯腰10%。

负重量、方式及时间：双手负重、负重量：20～30kg/次，每日<1h。

职业危害与危险源点的识别：

◎ 设备：磷化过程中存在氢氧化钠、碳酸钠、磷酸、脱脂剂、盐酸、硫酸、锰及其无机化合物等有害化学物质，设备运行时产生噪声、高温和高湿等危害。其他危险源：酸、碱泄漏、外溅，无防止液体化学品泄漏和溢出的槽、池，安全防护装置缺损和加热管破损、蒸气泄漏，通风设备缺损，酸、碱槽防护栏缺损，登高梯台缺损，上料机构损坏，急停开关损坏，电器绝缘损坏、电器接地（零）不良等问题产生的电气安全问题。

◎ 物料储存和运输：现场化学品超量储存，储罐泄漏，危险化学品没有物质安全数据说明书（MSDS），物料存放无序，无泄漏处理装置，无喷淋或冲洗设施，运输通道不畅，吊钩、吊具、制动器、限位装置等吊装设备缺陷或操作失误，吊物坠物等。

◎ 人机工效设计：长期站位，采光和照明不良。

◎ 劳动组织和劳动者行为：劳动者配合不当、操作失误，个人防护用品穿戴不规范，违章作业，劳动组织不合理，在作业现场进食、喝水，酸碱泄漏和随意倾倒，向槽内倾倒有毒物品时操作者站在下风向，搬运或向槽中倾注酸、碱液时未使用专用工具，站在酸、碱槽沿上面工作，将水倒入酸中或将酸倒入热水中，岗位没有应急预案。

◎ 作业环境：地面缺陷，地面积水，积液，绊脚物，零件未定置，物品占道，环境高湿。

※ 小结：主要存在的职业性有害因素有氢氧化钠、碳酸钠、磷酸、脱脂剂、盐酸、硫酸、噪声、高温和高湿等。

职业危害控制策略：

√ 良好地全面通风；

√ 磷化槽安装槽边通风、排毒、净化装置；

√ 配备设备设施防护装置；

√ 用低毒化学品代替高毒化学品；

√ 采取措施防暑降温，防控高气湿的危害；

√ 向供应商索取化学品的物质安全数据说明书（MSDS）；

√ 对于成分不明的化学品应明确标识为“未知化学品X”，并追踪其成分；

√ 化学品容器包装应有中文警示说明，保持容器外部的清洁，警示标识应清晰；

√ 改善工效条件、加强物料的转运与管理；

√ 减少工作场所化学品过量存放；

√ 正确的个人防护；

√ 设置应急喷淋、冲洗装置，设置泄险区；

√ 设置应急救援箱；

√ 制定安全操作规程和作业指导书；

√ 实施职业性有害因素监测与评价、职业健康监护和职业卫生培训；

√ 发放有毒有害作业岗位津贴。

主要职业性有害因素的职业接触限值：

◎ 噪声和高温：见GBZ 2.2；

◎ 毒物：见GBZ 2.1。

工作场所出入管理：

√ 实施准入制度进入工作区域；

√ 作业场所标明应急疏散通道和出口；标明出入口限制高度；

√ 作业场所标明外来人员须知；

√ 进入现场要穿戴安全帽、耐酸碱工作鞋、耐酸碱工作服和耐酸碱防护手套等；

√ 工作区设置防中毒、防腐蚀、防化学灼伤、防高温、防滑、防砸、通风和注意个人防护等警示标识。

工艺和设备要求：

√ 确保补充置换的空气均匀流经浸洗槽；

√ 槽边排风控制风速依据溶液性质、浓度、温度等因素而定，一般不超过0.5m/s；

√ 不相容性废气应通过不同管道分别排放；

√ 考虑使用塑料球/珠、泡沫抑制剂或薄片，减少浸洗槽表面形成蒸气和雾气；

√ 工作区应尽可能避开门、窗、过道等处，以避免穿堂风（横向气流）干扰排风系统，防止污染扩散；

√ 排出的空气应排放至远离门、窗和进风口的安全处；
√ 通风管道应简、短，尽量减少弯曲；
√ 槽边排风罩和管道应耐腐蚀；
√ 应设置泄漏溶液收集系统，如回收管道和器具、围堵坑和围堰等；
√ 应有冲洗地面、墙壁的设施；
√ 车间地面应平整、防滑、耐腐蚀、易于清扫，并设有坡向排水，其废水应纳入工业废水处理系统；
√ 设置泄险区；
√ 设置应急喷淋、冲洗装置，并应尽量邻近作业岗位；
√ 含有害蒸气的空气不能循环使用；
√ 酸碱液采用管道输送添加。

岗位操作规程：

√ 只有受过专门训练的人员，才允许独立进行各种工种的操作；
√ 工作前按规定穿戴好个人防护用品；
√ 上岗前开启磷化线通风系统；
√ 启动设备前，做好设备点检，槽体、阀门、管路、电气系统、机械机构及防护装置有损坏或跑冒滴漏时及时报修；
√ 操作中注意避免槽内高温溶液溅出烫伤皮肤；
√ 酸碱废水排放、磷化废水排放排放至中和池；严禁与其他废水混排；
√ 磷化槽废电镀渣每两周清理一次，倾倒至工业垃圾箱；
√ 槽体出现“跑冒滴漏”时，应马上向维修和管理人员反映，以便尽快维修；
√ 禁止赤手接触化学品；
√ 配制酸溶液时，应两人以上共同操作；
√ 配制各种溶液时，按规定的先后次序缓慢加入；
√ 配酸时，应先加水，再将浓酸缓缓加入冷水中，次序切勿颠倒，以免浓酸溅出伤人；
√ 工件入槽时应操纵起吊设备或工具慢速下降，工件应缓慢进入液面，防止化学溶液飞溅；酸、碱液沾上皮肤时，要立即用清水洗净；使用吊车应遵守电动葫芦工安全操作规程；
√ 对化学物品、易燃品，要在指定地点保存，并有专人负责；
√ 工作场地内严禁饮食；有易燃物的地方禁止吸烟和使用电炉；
√ 如有酸碱溅到皮肤或眼睛上时，应立即用大量清水冲洗，对严重灼伤者冲洗后应立即送医务部门；
√ 电葫芦必须持证操作，操作中遵循“十不吊”的规定（①超负荷不吊；②歪拉斜吊不吊；③指挥信号不明不吊；④安全装置失灵不吊；⑤重物起过人头不吊；⑥光线阴暗看不清不吊；⑦埋在地下的物件不吊；⑧吊物上站人不吊；⑨捆绑不牢不稳不吊；⑩重物边缘锋利无防护措施不吊）；
√ 工作结束，关闭水、电、气阀门。

设备日常维护：

√ 按设备供应商和安装者的要求，维护设备使其有效运行；
√ 按规定进行周保养、月定检，确保设备的有效运行。

设备检查和测试：

√ 从生产商那里索取通风设备的设计性能信息，将这些资料存档，以便与将来测试结果比较；
√ 操作工的检查巡视，30min 一次；班组长日常巡视，每天不少于两次；
√ 肉眼检查设备损坏的迹象，每周至少巡视一次；
√ 每季度由技术人员全面检查，并张贴相应设备状态标识；
√ 根据设备的性能测试标准，每 12 个月至少检查和测试一次通风设备；
√ 检查和测试结果至少保存 5 年。

作业场所清洁和整理：

√ 划出定置区域、对现场物料进行定置管理，对定置区域进行标识；
√ 每天清洁作业设备和工作区，每周定期清扫其他设备和车间一次；
√ 应立即处理泄漏物，安全处置泄漏物；避免地面积水、积液；
√ 容器应存放在安全处，安全处置空的容器；
√ 容器使用后应立即加盖。

个人防护用品：

√ 根据现场存在的职业性有害因素的种类和浓度（强度），供应商提供的个人防护用品性能参数，选择适宜的个人防护用品；
√ 穿戴合适的个人防护用品：耐酸碱工作服、防砸耐酸碱工作鞋、耐酸碱防护手套、工作帽、防异物眼护具、防毒口罩以及耳塞或耳罩等个人防护用品；
√ 班组应配备应急防毒面具等防护用品；
√ 作业前必须按规定穿戴好个人防护用品；
√ 保持个人防护用品干净清洁；
√ 制定个人防护用品发放标准、劣化标准，对损坏的防护用品根据劣化标准判定及时更换。

职业卫生培训：

◎ 劳动者培训内容：

A. 职业病防治的相关法律法规知识；

B. 提供氢氧化钠、碳酸钠、磷酸、脱脂剂、盐酸、硫酸、噪声、高温和高湿等职业性有害因素的特性及其可能造成的健康影响与预防控制措施；

C. 岗位操作规程和岗位作业条件；

D. 个人防护用品的使用知识；

E. 简单故障的识别与处置及事故的报告方法；

F. 设备操作系统的检查和使用方法；

G. 安全处理化学品；

H. 职业性急性刺激性气体中毒、酸碱烧灼伤的自救和互救知识；

I. 急救箱的使用方法。

◎ 培训类型：上岗前、定期、换（转）岗培训。

◎ 培训方式：培训班、班组会、宣传栏、典型事故分析会、合同告知、网络、报纸、电视和广播宣传等。

职业卫生检查：

◎ 企业职业卫生管理部门检查：

A. 通风排毒设施是否完好；

B. 物料管理是否规范；

C. 作业场所毒物等职业性有害因素是否超标；

D. 应急冲洗等救援设备是否完善或完好；

E. 作业场所的警示标识是否完善；

F. 劳动者是否按照作业指导书进行操作；

G. 劳动组织是否合理；

H. 车间有无“跑冒滴漏”现象；

I. 现场清理、清洁、整顿、整理、素养等检查；

J. 劳动者个人防护用品使用是否规范；

K. 建议检查周期：一月一次。

◎ 工会监督检查：

A. 车间是否有职业卫生监督员；

B. 工时和劳动组织是否合理；

C. 个人防护用品是否按照标准发放；

D. 保健津贴是否按时足额发放；

E. 更衣室、洗浴间和休息室等卫生设施是否齐备；

F. 防暑降温措施是否落实；

G. 职业禁忌证人员是否得到妥善安置；

H. 收集并分析劳动者对职业卫生的抱怨等；

I. 建议检查周期：一季度一次。

劳动者职业安全卫生检查表：

◎ 确保通风、排毒系统开启并正常运行；

◎ 职业安全卫生标识完善，无损坏；

◎ 注意查找设备泄漏、磨损或损坏的迹象，如发现任何问题，请告诉管理人员，如果你认为有问题，请勿继续工作；

◎ 浸洗槽无泄漏，发现泄漏立即报告修复；浸洗槽不使用时尽量加盖；

◎ 添加溶液的工具和器皿完好，无泄漏；

◎ 废水排放管道无泄漏，发现泄漏立即报告修复；

◎ 现场不能堆放过量的化学品；有毒有害化学品现场保管必须上锁；

◎ 自动线紧急制动装置必须完好，应急信号灯也必须完好；

◎ 现场不允许放置水杯、餐具；

◎ 进餐、喝水前或如厕前后要洗手去除污染物；

◎ 勿用有机溶剂清洁皮肤；

◎ 立即安全处理泄漏物；

◎ 按提供的说明使用、维护和保存个人防护用品。

应急救援：

◎ 可能发生的事故：急性刺激性气体中毒、化学性（眼、皮肤）烧灼伤、坠落和电击伤等。

◎ 应急预案及设施：制定职业卫生应急救援预案、工伤事故应急预案及消防事故应急预案，并定期演练。

◎ 紧急处理及事故报告程序：按照应急预案要求的程序进行。

更多信息：

◎ 参见 GBZ 1、GBZ 2.1、GBZ 2.2、GBZ 158、GBZ 188。

5. 镀铜生产线

文件编号： ××××××

文件名称： 镀铜生产线职业危害识别与预防控制指南。

文件状态： 有效。

岗位名称： 镀铜生产线。

上岗所要求的条件： 特种作业操作证、设备操作证、职业健康检查合格、职业安全卫生培训合格和职业技能培训获得独立操作资格。

工作任务： 零件表面镀铜（含钝化）。

上工序： 预处理。

下工序： 运输和入库。

主要设备： 镀铜手工生产线。

主要原、辅材料： 焦磷酸铜、焦磷酸钾、硫酸、盐酸、铜板、硫酸铜和铬酸。

作业方式和体位：

◎ 作业方式：半自动；

◎ 体位：站位及行走 90%，弯腰 10%。

负重量、方式及时间： 双手负重、负重量：20～30kg/次，每日 <1h。

职业危害与危险源点的识别：

◎ 设备：镀铜过程中存在硫酸、盐酸、硫酸铜、铬酸及重铬酸盐和焦磷酸盐等有害化学物质，设备运行时产生噪声、高温和高湿等危害。其他危险源：酸、碱外溅，无防止液体化学品泄漏和溢出的槽、池，安全防护装置缺损，加热管破损、蒸气泄漏，通风设备缺损，酸、碱槽防护栏缺损，登高梯台缺损，上料机构损坏，急停开关损坏，电器绝缘损坏、电器接地（零）不良等问题产生的电气安全问题。

◎ 物料储存和运输：现场化学品超量储存，储罐泄漏，危险化学品没有物质安全数据说明书（MSDS），物料存放无序，无泄漏处理装置，无喷淋或冲洗设施，运输通道不畅，吊钩、吊具、制动器、限位装置等吊装设备缺陷或操作失误，吊物坠物等。

◎ 人机工效设计：长期站位，不良体位，采光和照明不良。

◎ 劳动组织和劳动者行为：劳动者配合不当，操作失误，个人防护用品穿戴不规范，违章作业，劳动组织不合理，在作业现场进食、喝水，酸碱泄漏和随意倾倒，向槽内倾倒有毒物品时操作者站在下风向，搬运或向槽中倾注酸、碱液时未使用专用工具，站在酸、碱槽沿上面工作，将水倒入酸中或将酸倒入热水中，岗位没有应急预案。

◎ 作业环境：地面缺陷，地面积水、积液，绊脚物，零件未定置，物品占道，环境高湿。

※ 小结：主要存在的职业性有害因素有硫酸、盐酸、硫酸铜、铬酸及重铬酸盐、焦磷酸盐、噪声、高温和高湿等。

职业危害控制策略：

√ 良好的全面通风；

√ 电镀槽安装槽边通风、排毒、净化装置；

√ 配备设备设施防护装置；

√ 用低毒化学品代替高毒化学品；

√ 采取措施防暑降温，防控高气湿的危害；

√ 向供应商索取化学品的物质安全数据说明书（MSDS）；

√ 对于成分不明的化学品应明确标识为"未知化学品 X"，并追踪其成分；

√ 化学品容器包装应有中文警示说明，保持容器外部的清洁，警示标识应清晰；

√ 改善工效条件并加强物料的转运与管理；

√ 减少工作场所化学品过量存放；

√ 正确的个人防护；

√ 设置应急喷淋、冲洗装置，设置泄险区；

√ 设置应急救援箱；

√ 制定安全操作规程和作业指导书；

√ 实施职业性有害因素监测与评价、职业健康监护和职业卫生培训；

√ 发放有毒有害作业岗位津贴。

主要职业性有害因素的职业接触限值：

◎ 噪声和高温：见 GBZ 2.2；

◎ 毒物：见 GBZ 2.1。

工作场所出入管理：

√ 实施准入制度进入工作区域；

√ 作业场所标明应急疏散通道和出口；标明出入口限制高度；

√ 作业场所标明外来人员须知；

√ 进入现场要穿戴安全帽、耐酸碱工作鞋、耐酸碱工作服以及耐酸碱防护手套等；

√ 工作区设置防中毒、防腐蚀、防化学灼伤、防高温、防滑、防砸、通风以及注意个人防护等警示标识。

工艺和设备要求：

√ 确保补充置换的空气均匀流经浸洗槽；

√ 槽边排风控制风速依据溶液性质、浓度、温度等因素而定；

√ 确保不相容性废气应通过不同管道分别排放；

√ 考虑使用塑料球/珠、泡沫抑制剂或薄片，减少浸洗槽表面形成蒸气和雾气；

√ 工作区应尽可能避开门、窗、过道等处，以避免穿堂风

（横向气流）干扰排风系统，防止污染扩散；

√ 排出的空气应排放至远离门、窗和进风口的安全处；

√ 通风管道应简、短，尽量减少弯曲；

√ 槽边排风罩和管道应耐腐蚀；

√ 应设置泄漏溶液收集系统，如回收管道和器具、围堵坑和围堰等；

√ 应有冲洗地面、墙壁的设施；

√ 车间地面应平整、防滑、耐腐蚀、易于清扫，并设有坡向排水，其废水应纳入工业废水处理系统；

√ 设置泄险区；

√ 设置应急喷淋、冲洗装置，并应尽量邻近作业岗位；

√ 含有害蒸气的空气不能循环使用；

√ 酸碱液采用管道输送添加。

岗位操作规程：

√ 只有受过专门训练的人员，才允许独立进行各种工种的操作；

√ 工作前按规定穿戴好个人防护用品；

√ 上岗前开启通风系统；

√ 酸碱的添加应按电镀工艺控制规程的有关规定操作；

√ 酸碱废水排放按公司规定进行定点收集；严禁与其他废水混排；

√ 配制酸碱溶液时，应两人以上共同操作；

√ 配酸时，应先加水，再将浓酸缓缓加入冷水中，次序切勿颠倒，以免浓酸溅出伤人；

√ 酸碱溅到皮肤或眼睛上时，应立即就近用大量清水冲洗，对严重灼伤者冲洗后立即送医务部门；

√ 启动设备前，做好设备点检，槽体、阀门、管路、电气系统、机械机构及防护装置有损坏或跑冒滴漏时及时报修；

√ 工作中使用的吊车、干燥箱、通风机、电机等主要设备应有专人负责管理，禁止无关人员乱动；

√ 电镀用的槽液和毒品，不准带出车间使用，盛装剧毒槽液的容器必须加盖加锁；

√ 铬酐的添加应按电镀工艺控制规程的有关规定操作，其间应防止铬酐泄漏，满足《产品与工艺环境管理制度》的要求；

√ 含铬废水排放按重点污染源控制管理制度等规定进行废水排放至铬废水处理均衡池；严禁与其他废水混排；

√ 槽体出现“跑冒滴漏”时，应马上向维修和管理人员反映，以便尽快维修；

√ 电葫芦必须持证操作，操作中遵循十不吊的规定（①超负荷不吊；②歪拉斜吊不吊；③指挥信号不明不吊；④安全装置失灵不吊；⑤重物起过人头不吊；⑥光线阴暗看不清不吊；⑦埋在地下的物件不吊；⑧吊物上站人不吊；⑨捆绑不牢不稳不吊；⑩重物边缘锋利无防护措施不吊）；

√ 禁止赤手接触化学品；

√ 工作结束，关闭水、电、气阀门。

设备日常维护：

√ 按设备供应商和安装者的要求，维护设备使其有效运行；

√ 按规定进行周保养、月定检，确保设备的有效运行。

设备检查和测试：

√ 从生产商那里索取通风设备的设计性能信息，将这些资料存档，以便与将来测试结果比较；

√ 操作工的检查巡视，30min一次，班组长日常巡视，每天不少于两次；

√ 肉眼检查设备损坏的迹象，每周至少巡视一次；

√ 每季度由技术人员全面检查，并张贴相应设备状态标识；

√ 根据设备的性能测试标准，每12个月至少检查和测试一次通风设备；

√ 检查和测试结果至少保存5年。

作业场所清洁和整理：

√ 划出定置区域、对现场物料进行定置管理，对定置区域进行标识；

√ 每天清洁作业设备和工作区，每周定期清扫其他设备和车间一次；

√ 应立即处理泄漏物，安全处置泄漏物；避免地面积水、积液；

√ 容器应存放在安全处，安全处置空的容器；

√ 容器使用后应立即加盖；

√ 对化学品进行定置管理、存放地点要有危险化学品物质安全数据说明书（MSDS）。

个人防护用品：

√ 根据现场存在的职业性有害因素的种类和浓度（强度），供应商提供的个人防护用品性能参数，选择适宜的个人防护用品；

√ 穿戴合适的个人防护用品：耐酸碱工作服、防砸耐酸碱工作鞋、耐酸碱防护手套、工作帽、防异物眼护具、防毒口罩以及耳塞或耳罩等个人防护用品；

√ 班组应配备应急防毒面具等防护用品；

√ 作业前必须按规定穿戴好个人防护用品；

√ 保持个人防护用品干净清洁；

√ 制定个人防护用品发放标准、劣化标准，对损坏的防护用品根据劣化标准判定及时更换。

职业卫生培训：

◎ 劳动者培训内容：

A. 职业病防治的相关法律法规知识；
B. 提供铬酸及重铬酸盐、铬酸雾、硫酸、盐酸和焦磷酸盐等有害物质及噪声、高温和高湿等物理性职业有害因素的特性及其可能造成的健康影响与预防控制措施；
C. 岗位操作规程和岗位作业条件；
D. 个人防护用品的使用知识；
E. 简单故障的识别与处置及事故的报告方法；
F. 设备操作系统的检查和使用方法；
G. 安全处理化学品；
H. 职业性急性刺激性气体中毒、酸碱烧灼伤的自救和互救知识；
I. 急救箱的使用方法。

◎ 培训类型：上岗前、定期、换（转）岗培训。
◎ 培训方式：培训班、班组会、宣传栏、典型事故分析会、合同告知、网络、报纸、电视和广播宣传等。

职业卫生检查：

◎ 企业职业卫生管理部门检查：
A. 通风排毒设施是否完好；
B. 物料管理是否规范；
C. 作业场所毒物等职业性有害因素是否超标；
D. 应急冲洗等救援设备是否完善或完好；
E. 作业场所的警示标识是否完善；
F. 劳动者是否按照作业指导书进行操作；
G. 劳动组织是否合理；
H. 车间有无“跑冒滴漏”现象；
I. 现场清理、清洁、整顿、整理、素养等检查；
J. 劳动者个人防护用品使用是否规范；
K. 建议检查周期：一月一次。

◎ 工会监督检查：
A. 车间是否有职业卫生监督员；
B. 工时和劳动组织是否合理；
C. 个人防护用品是否按照标准发放；
D. 保健津贴是否按时足额发放；
E. 更衣室、洗浴间和休息室等卫生设施是否齐备；
F. 防暑降温措施是否落实；
G. 职业禁忌证人员是否得到妥善安置；
H. 收集并分析劳动者对职业卫生的抱怨等；
I. 建议检查周期：一季度一次。

劳动者职业安全卫生检查表：

◎ 确保通风、除尘系统开启并正常运行；
◎ 职业安全卫生标识完善，无损坏；
◎ 注意查找设备泄漏、磨损或损坏的迹象，如发现任何问题，请告诉管理人员，如果你认为有问题，请勿继续工作；
◎ 废水排放管道无泄漏，发现泄漏立即报告修复；
◎ 添加溶液的工具和器皿完好，无泄漏；
◎ 现场不能堆放过量的化学品，有毒有害化学品现场保管必须上锁；
◎ 确保防止纸袋和其他废弃物吸入通风管道；
◎ 确保浸洗槽不使用时应加盖；
◎ 自动线急停装置必须完好；应急信号灯也必须完好；
◎ 现场不允许放置水杯、餐具；
◎ 进餐、喝水前或如厕前后要洗手去除污染物；
◎ 勿用有机溶剂清洁皮肤；
◎ 应立即处理泄漏物，使用颗粒物或抹布清洁液体，安全处置泄漏物；
◎ 按提供的说明使用、维护和保存任何个人防护用品。

应急救援：

◎ 可能发生的事故：急性刺激性气体中毒、化学性（眼、皮肤）烧灼伤、坠落和电击伤等。
◎ 应急预案及设施：制定职业卫生应急救援预案、工伤事故应急预案及消防事故应急预案，并定期演练。
◎ 紧急处理及事故报告程序：按照应急预案要求的程序进行。

更多信息：

◎ 参见 GBZ 1、GBZ 2. 1、GBZ 2. 2、GBZ 158、GBZ 188。

6. 电镀化验室化验

文件编号： ××××××

文件名称： 电镀化验室化验职业危害识别与预防控制指南。

文件状态： 有效。

岗位名称： 电镀化验室化验。

上岗所要求的条件： 岗位培训合格证、计量设备操作证和职业健康检查合格。

工作任务： 电镀槽液分析和清洗液防锈液的化验和磷化膜的测验。

上工序： 取样和标准溶液的配制。

下工序： 把废液倒入指定管道处理。

主要设备： 分析天平。

主要原、辅材料： 硫酸、盐酸、氢氧化钠、草酸、重铬酸钾、乙二酸二乙酸四钠和乙二酸二乙酸二钠等原料。

作业方式和体位：

◎ 作业方式：手工。

◎ 体位：站位30%、坐位70%。

负重量、方式及时间： 基本不负重。

职业危害与危险源点的识别：

◎ 设备：化验时接触硫酸、盐酸、氢氧化钠、草酸、重铬酸钾、乙二酸二乙酸四钠和乙二酸二乙酸二钠等有毒物质。其他危险源：试剂泄漏、易燃、易爆物质、加热装置爆炸、安全防护装置缺损、通风设备缺损、电器绝缘损坏、炽热物体、酸液飞溅。

◎ 物料储存和运输：物料存放无序，化学试剂保存不当，剧毒化学品没有上锁，易燃易爆物品储存超量，危险化学品没有物质安全数据说明书（MSDS）等。

◎ 人机工效设计：工作台设计不合理，不良体位，采光和照明不良。

◎ 劳动组织和劳动者行为：劳动者配合不当，操作失误，个人防护用品穿戴不规范，违章作业，劳动组织不合理。

◎ 作业环境：地面缺陷，地面绊脚物。

※ 小结：主要存在的职业性有害因素有硫酸、盐酸、氢氧化钠、草酸、重铬酸钾、乙二酸二乙酸四钠和乙二酸二乙酸二钠等。

职业危害控制策略：

√ 安装通风、除尘和净化装置；设置通风柜；

√ 配置设备、设施和防护装置、室内空调装置；

√ 正确的个人防护；

√ 设置应急冲洗装置；

√ 设置应急救援箱；

√ 制定安全操作规程和作业指导书；

√ 实施职业性有害因素监测与评价、职业健康监护和职业卫生培训；

√ 发放有毒有害作业岗位津贴。

主要职业性有害因素的职业接触限值：

◎ 噪声：见GBZ 2.2。

◎ 毒物：见GBZ 2.1。

工作场所出入管理：

√ 实施准入制度进入工作区域；

√ 进入现场要穿戴安全帽、工作服、防砸耐热鞋和防护手套；

√ 工作区设置防毒、防灼伤、防火和防滑等警示标识。

工艺和设备要求：

√ 将新鲜空气导入试验室替代排出的空气；

√ 使用有毒溶剂应尽量在通风柜内操作；

√ 通风管道应简短，避免使用弯曲的长管；

√ 用简便方法检查通风柜是否正常工作，如气压计、压力表或指示器；

√ 排出空气应排放至远离门、窗和进风口的安全处；

√ 提供良好照明。

岗位操作规程：

√ 保持工作环境的清洁、整齐、室内空气新鲜；

√ 工作前按规定穿戴好个人防护用品，开启通风设备；

√ 使用设备前先检查设备状态及安全防护装置，做好工作前的各项准备；

√ 化学分析时应严格遵守相关的操作规程，严禁私自更改操作规程；

√ 配制发热量大的试剂，如盐酸、硫酸，均在耐热器皿中进行，配制要特别注意，应将酸往水里注入，不得违章操作，防止迸溅引起烧伤和烫伤；

√ 酸碱溶液不得直接倒入下水道内，经稀释后倒入污水桶里，然后倒入排放井里；

√ 化验时使用的滤纸等杂物应放在专用垃圾桶内，由专业回收机构处理；

√ 化验室所用的各类药品分类存放在药品柜中，专人保管；

√ 配制药品在通风情况下进行，应注明配置时间等有效参数；

√ 监测室承担各项日常运行监测和各类临时性监测任务，按照规定的监测频次作好数据的填写、保管；

√ 化验时产生的废水、清洗废水通过排水管道排放到污水处理站；

√ 从生产线各槽取的样液，用后应将剩余样液倒回相应的槽中；

√ 化验时产生的废液应分类集中后倒入相应各类排放管道，由污水处理站集中处理；

√ 禁止赤手接触化学品；

√ 凡酸性及有毒的溶液必须用橡皮球抽液；
√ 强酸与氨水，锌粉与浓硫酸、盐酸应分开存放；
√ 工作完毕，及时作好原始记录，关闭水、电、气。

设备日常维护：

√ 按设备供应商和安装者的要求，维护设备，使其有效运行。

设备检查和测试：

√ 从生产商那里索取通风设备的设计性能信息，将这些资料存档，以便与将来测试结果比较；
√ 肉眼检查设备损坏的迹象，每周至少巡视一次；
√ 根据设备的性能测试标准，每 12 个月至少检查和测试一次通风设备；
√ 检查和测试结果至少保存 5 年。

清洁和整理：

√ 划出定置区域、对现场物料进行定置管理，对定置区域进行标识；
√ 每天清洁作业设备和工作区，每周定期清扫其他设备和车间一次；
√ 应立即处理泄漏物；避免地面积液，油污污染；
√ 包装/容器存放在安全处，容器使用后立即加盖；
√ 安全处理空的包装/容器。

个人防护用品：

√ 根据现场存在的职业性有害因素的种类和浓度（强度），供应商提供的个人防护用品性能参数，选择适宜的个人防护用品；
√ 穿戴合适的个人防护用品：耐酸碱工作服、耐酸碱工作鞋、耐酸碱防护手套和防毒口罩等个人防护用品；
√ 作业前必须按规定穿戴好个人防护用品；
√ 保持个人防护用品干净清洁，按规定的间隔时间定期更换。

职业卫生培训：

◎ 劳动者培训内容：
  A. 职业病防治的相关法律法规知识；
  B. 各职业性有害因素的特性及其可能造成的健康影响与预防控制措施；
  C. 岗位操作规程和岗位作业条件；
  D. 个人防护用品的使用知识；
  E. 简单故障的识别与处置及事故的报告方法；
  F. 设备操作系统的检查和使用方法；
  G. 皮肤和衣物污染的清洁处理方法；
  H. 中暑、烫伤的自救和互救知识；
  I. 急救箱的使用方法。
◎ 培训类型：上岗前、定期、换（转）岗培训。
◎ 培训方式：培训班、班组会、宣传栏、典型事故分析会、合同告知、网络、报纸、电视和广播宣传等。

职业卫生检查：

◎ 企业职业卫生管理部门检查：
  A. 通风、排毒装置是否完好；
  B. 物料管理是否规范；
  C. 作业场所有毒物质等职业性有害因素是否超标；
  D. 车间地面是否平整防滑，易于行走；
  E. 作业场所的警示标识是否完善；
  F. 劳动者是否按照作业指导书进行操作；
  G. 劳动组织是否合理；
  H. 车间有无“跑冒滴漏”现象；
  I. 现场清理、清洁、整顿和整理等检查；
  J. 劳动者个人防护用品使用是否规范；
  K. 建议检查周期：一月一次。
◎ 工会监督检查：
  A. 车间是否有职业卫生监督员；
  B. 工时和劳动组织是否合理；
  C. 个人防护用品是否按照标准发放；
  D. 保健津贴是否按时足额发放；
  E. 更衣室、洗浴间和休息室等卫生设施是否齐备；
  F. 防暑降温措施是否落实；
  G. 职业禁忌证人员是否得到妥善安置；
  H. 收集并分析劳动者对职业卫生的抱怨等；
  I. 建议检查周期：一季度一次。

劳动者职业安全卫生检查表：

◎ 确保通风系统开启并正常运行；
◎ 注意查找设备泄漏、磨损或损坏的迹象，如发现任何问题，请告诉管理人员，如果你认为有问题，请勿继续工作；
◎ 检查设备仪表是否显示正常；
◎ 进餐、喝水前或如厕前后要洗手去除污染物；
◎ 勿用有机溶剂清洁皮肤；
◎ 应立即处理泄漏物，使用颗粒物或湿拖布清洁，安全处置泄漏物；
◎ 按提供的说明使用、维护和保存任何个人防护用品。

应急救援：

◎ 可能发生的事故：主要为烧灼伤、烫伤、砸伤、机械挤压伤和火灾事故。
◎ 应急预案及设施：制定职业卫生应急救援预案、工伤事故应急预案及消防事故应急预案，并定期演练。
◎ 紧急处理及事故报告程序：按照应急预案要求的程序进行。

更多信息：

◎ 参见 GBZ 1、GBZ 2. 1、GBZ 2. 2、GBZ 158、GBZ 188。

7. 电镀废水处理

文件编号： ××××××

文件名称： 电镀废水处理职业危害识别与预防控制指南。

文件状态： 有效。

岗位名称： 电镀废水处理。

上岗所要求的条件： 污水处理岗位操作证、设备操作证、职业健康检查合格和职业安全卫生培训合格。

工作任务： 处理含铬、含铜和含重金属废水，以达标排放。

上工序： /

下工序： 排放。

主要设备： 调节池、氧化还原反应池、中和反应池、沉淀池、污泥浓缩池和板框压滤机。

主要原、辅材料： 氢氧化钠、硫酸亚铁、聚合铝和盐酸等。

作业方式和体位：

◎ 作业方式：手工、半自动；

◎ 体位：站位30%，坐位50%，蹲位、弯腰20%。

负重量、方式及时间： 不负重。

职业危害与危险源点的识别：

◎ 设备：废水处理过程中存在氢氧化钠、盐酸、硫酸亚铁和铬酸盐等有害物质，水泵运行时产生噪声。其他危险源：酸、碱外溅，无防止液体化学品泄漏和溢出的槽、池，安全防护装置缺损，酸、碱槽防护栏缺损，盖板缺损，登高梯台缺损等。

◎ 物料储存和运输：现场化学品超量储存，储罐泄漏，管道泄漏，无泄漏处理装置；无喷淋或冲洗设施；危险化学品没有物质安全数据说明书（MSDS），岗位没有应急预案，液体化学品无防溢流槽、池。

◎ 人机工效设计：不良体位，采光和照明不良。

◎ 劳动组织和劳动者行为：劳动者配合不当，操作失误，个人防护用品穿戴不规范，违章作业，劳动组织不合理，在作业现场进食、喝水，酸碱泄漏和随意倾倒，向槽内倾倒有毒物品时操作者站在下风向，搬运或向槽中倾注酸、碱液时未使用专用工具，站在酸、碱槽沿上面工作，将水倒入酸中或将酸倒入热水中，岗位没有应急预案。

◎ 作业环境：地面缺陷，地面积水、积液、绊脚物，物品占道、环境高湿。

※ 小结：主要存在的职业性有害因素有氢氧化钠、盐酸、硫酸亚铁、铬酸盐、噪声和高湿等。

职业危害控制策略：

√ 配料和加料地点安装局部通风、排毒和净化装置；

√ 配备设备设施防护装置；

√ 用低毒化学品代替高毒化学品；

√ 向供应商索取化学品的物质安全数据说明书（MSDS）；

√ 对于成分不明的化学品应明确标识为“未知化学品X”，并追踪其成分；

√ 化学品容器包装应有中文警示说明，保持容器外部的清洁，警示标识应清晰；

√ 改善工效条件、加强物料的转运与管理；

√ 减少工作场所化学品过量存放；

√ 正确的个人防护；

√ 设置应急喷淋和冲洗装置，设置泄险区；

√ 设置应急救援箱；

√ 制定安全操作规程和作业指导书；

√ 实施职业性有害因素监测与评价、职业健康监护和职业卫生培训；

√ 发放有毒有害作业岗位津贴。

主要职业性有害因素的职业接触限值：

◎ 噪声：见GBZ 2.2。

◎ 毒物：见GBZ 2.1。

工作场所出入管理：

√ 实施准入制度进入工作区域；

√ 作业场所标明应急疏散通道和出口；标明出入口限制高度；

√ 作业场所标明外来人员须知；

√ 进入现场要穿戴耐酸碱工作鞋、耐酸碱工作服和耐酸碱防护手套等；

√ 工作区设置防中毒、防腐蚀、防化学灼伤、防滑、防溺水、通风和注意个人防护等警示标识。

工艺和设备要求：

√ 尽量采用管道自动加料，减少手工加料；

√ 配料和加料地点安装局部通风、排毒、净化装置；

√ 通风管道应简短，避免使用弯曲的长管；

√ 用简便方法检查通风系统是否正常工作，如气压计、压力表或指示器；

√ 反应池可采用露天敞开设计；

√ 应设置泄漏溶液收集系统，如回收管道和器具、围堵坑和围堰等；

√ 应有冲洗地面、墙壁的设施；

√ 地面应平整、防滑、耐腐蚀、易于清扫，并设有坡向排水，其废水应纳入工业废水处理系统；

√ 设置泄险区；

√ 设置应急喷淋、冲洗装置，并应尽量邻近作业岗位。

岗位操作规程：

√ 经过专门培训并取得岗位操作证，才能上岗作业；

√ 工作前按规定穿戴好个人防护用品；

√ 检查电器设备及各种阀门、泵是否完好，有无损坏和泄漏现象；

√ 检查投药箱内药量情况，如药量过少应及时开泵补充药液；

√ 启动污水泵前，要选择好所需挡位，在启动水泵和运行过程中，如发现问题，应立即停泵，请维修工修理；

√ 启动污水泵，打开加药槽阀门，调节废酸及碱的投放量；

√ 要经常测定反应池内水的 pH 值变化情况及六价铬的浓度，及时调整投药量，以保证六价铬被完全还原（要求半小时测定一次，并做好记录）；

√ 观察沉淀池水的沉淀情况，如发现出水色度超标时，应减少水量或暂时关泵，沉淀一段时间再开；

√ 要求沉淀池每天排泥一次（在中班下班前半小时排泥）；并及时打入浓缩池内，再按要求打入压滤机；

√ 按比例配制好下一班所需的药剂，并做好记录；

√ 严格执行各项工艺操作规程、设备维护保养制度，发现异常现象及时向站长汇报，严禁在设备处于异常状态下使用；

√ 电镀废水经处理合格后排至厂综合废水处理池；严禁与其他废物混排、混堆；

√ 设备出现故障时，应及时报告维修和管理人员，工作结束，关闭水、电、气阀门；

√ 铬污泥 6 个月清理一次，倾倒至指定垃圾场掩埋。

设备日常维护：

√ 按设备供应商和安装者的要求，维护设备使其有效运行；

√ 按规定进行周保养、月定检，确保设备的有效运行。

设备检查和测试：

√ 从生产商那里索取通风设备的设计性能信息，将这些资料存档，以便与将来测试结果比较；

√ 操作工的检查巡视，30min 一次；班组长日常巡视，每天不少于两次；

√ 肉眼检查设备损坏的迹象，每周至少巡视一次；

√ 每季度由技术人员全面检查，并张贴相应设备状态标识；

√ 根据设备的性能测试标准，每 12 个月至少检查和测试一次通风设备；

√ 检查和测试结果至少保存 5 年。

作业场所清洁和整理：

√ 划出定置区域、对现场物料进行定置管理，对定置区域进行标识；

√ 每天清洁作业设备和工作区，每周定期清扫其他设备和车间一次；

√ 应立即处理泄漏物，安全处置泄漏物；避免地面积水、积液；

√ 容器应存放在安全处，安全处置空的容器；

√ 容器使用后应立即加盖。

个人防护用品：

√ 根据现场存在的职业性有害因素的种类和浓度（强度），供应商提供的个人防护用品性能参数，选择适宜的个人防护用品；

√ 穿戴合适的个人防护用品：耐酸碱工作服、耐酸碱工作鞋、耐酸碱防护手套、工作帽、防毒口罩以及耳塞或耳罩等个人防护用品；

√ 班组应配备应急防毒面具等防护用品；

√ 作业前必须按规定穿戴好个人防护用品；

√ 保持个人防护用品干净清洁；

√ 制定个人防护用品发放标准、劣化标准，对损坏的防护用品根据劣化标准判定及时更换。

职业卫生培训：

◎ 劳动者培训内容：

A. 职业病防治的相关法律法规知识；

B. 提供氢氧化钠、盐酸、硫酸亚铁、铬酸盐和噪声等职业性有害因素的特性及其可能造成的健康影响与预防控制措施；

C. 岗位操作规程和岗位作业条件；

D. 个人防护用品的使用知识；

E. 简单故障的识别与处置及事故的报告方法；

F. 设备操作系统的检查和使用方法；

G. 安全处理化学品；

H. 泄漏物处理方法；

I. 职业性急性刺激性气体中毒、酸碱烧灼伤的自救和互救知识；

J. 急救箱的使用方法。

◎ 培训类型：上岗前、定期、换（转）岗培训。

◎ 培训方式：培训班、班组会、宣传栏、典型事故分析会、合同告知、网络、报纸、电视和广播宣传等。

职业卫生检查：

◎ 企业职业卫生管理部门检查：

A. 通风排毒设施是否完好；

B. 物料管理是否规范；

C. 作业场所毒物等职业性有害因素是否超标；

D. 应急冲洗等救援设备是否完善或完好；

E. 作业场所的警示标识是否完善；

F. 劳动者是否按照作业指导书进行操作；

G. 劳动组织是否合理；

H. 车间有无“跑冒滴漏”现象；

I. 现场清理、清洁、整顿、整理、素养等检查；

J. 劳动者个人防护用品使用是否规范；

K. 建议检查周期：一月一次。

◎ 工会监督检查：

A. 车间是否有卫生监督员；

B. 工时和劳动组织是否合理；

C. 个人防护用品是否按照标准发放；

D. 保健津贴是否按时足额发放；

E. 更衣室、洗浴间和休息室等卫生设施是否齐备；

F. 职业禁忌证人员是否得到妥善安置；

G. 收集并分析劳动者对职业卫生的抱怨等；

H. 建议检查周期：一季度一次。

劳动者职业安全卫生检查表：

◎ 确保通风、排毒系统开启并正常运行；

◎ 职业安全卫生标识完善，无损坏；

◎ 注意查找设备泄漏、磨损或损坏的迹象，如发现任何问题，请告诉管理人员，如果你认为有问题，请勿继续工作；

◎ 反应池无泄漏，发现泄漏立即报告修复；反应池不使用时应加盖；

◎ 添加溶液的工具和器皿完好，无泄漏；

◎ 废水排放管道无泄漏，发现泄漏立即报告修复；

◎ 现场不能堆放过量的化学品；有毒有害化学品现场保管必须上锁；

◎ 现场不允许放置水杯、餐具；

◎ 进餐、喝水前或如厕前后要洗手去除污染物；

◎ 勿用有机溶剂清洁皮肤；

◎ 立即安全处理泄漏物；

◎ 按提供的说明使用、维护和保存个人防护用品。

应急救援：

◎ 可能发生的事故：急性刺激性气体中毒、化学性（眼、皮肤）烧灼伤、溺水和电击伤等。

◎ 应急预案及设施：制定职业卫生应急救援预案、工伤事故应急预案及消防事故应急预案，并定期演练。

◎ 紧急处理及事故报告程序：按照应急预案要求的程序进行。

更多信息：

◎ 参见 GBZ 1、GBZ 2.1、GBZ 2.2、GBZ 158、GBZ 188。

8. 综合废水处理

文件编号： ××××××

文件名称： 综合废水处理职业危害识别与预防控制指南。

文件状态： 有效。

岗位名称： 综合废水处理。

上岗所要求的条件： 岗位操作证、特种作业岗位操作证、设备操作证、职业健康检查合格和职业安全卫生培训合格。

工作任务： 将废水经过隔油、调节 pH 值，混凝、气浮、沉淀和过滤等工序处理后，达标排放。

上工序： /

下工序： 达标排放。

主要设备： 隔油池、调节池、旋流反应池、气浮池、沉淀池、污泥浓缩池和板框压滤机。

主要原、辅材料： 氢氧化钠、废酸和聚合氯化铝。

作业方式和体位：

◎ 作业方式：手工和半自动。

◎ 体位：站位 30%，坐位 50%，蹲位、弯腰 20%。

负重量、方式及时间： 不负重。

职业危害与危险源点的识别：

◎ 设备：废水处理过程中存在氢氧化钠、盐酸和氧化铝等有害物质，水泵运行时产生噪声。其他危险源：酸、碱外溅，无防止液体化学品泄漏和溢出的槽、池，安全防护装置缺损，酸、碱槽防护栏缺损，盖板缺损，登高梯台缺损等。

◎ 物料储存和运输：现场化学品超量储存，储罐泄漏，管道泄漏，无泄漏处理装置，无喷淋或冲洗设施，危险化学品没有物质安全数据说明书（MSDS），岗位没有应急预案，液体化学品无防溢流槽、池。

◎ 人机工效设计：不良体位，采光和照明不良。

◎ 劳动组织和劳动者行为：劳动者配合不当，操作失误，个人防护用品穿戴不规范，违章作业，劳动组织不合理，在作业现场进食、喝水，酸碱泄漏和随意倾倒，向槽内倾倒有毒物品时操作者站在下风向，搬运或向槽中倾注酸、碱液时未使用专用工具，越过栏杆站在处理池沿上面取样测水，站在酸、碱槽沿上面工作，水倒入酸中或将酸倒入热水中，岗位没有应急预案。

◎ 作业环境：地面缺陷，地面积水、积液、绊脚物，物品占道、环境高湿。

※ 小结：主要存在的职业性有害因素有氢氧化钠、盐酸、硫酸亚铁、铬酸盐、噪声和高湿等。

职业危害控制策略：

√ 配料和加料地点安装局部通风、排毒和净化装置；

√ 配备设备设施防护装置；

√ 用低毒化学品代替高毒化学品；

√ 向供应商索取化学品的物质安全数据说明书（MSDS）；

√ 对于成分不明的化学品应明确标识为“未知化学品 X”，并追踪其成分；

√ 化学品容器包装应有中文警示说明，保持容器外部的清洁，警示标识应清晰；

√ 改善工效条件并加强物料的转运与管理；

√ 减少工作场所化学品过量存放；

√ 正确的个人防护；

√ 设置应急喷淋、冲洗装置，设置泄险区；

√ 设置应急救援箱；

√ 制定安全操作规程和作业指导书；

√ 实施职业性有害因素监测与评价、职业健康监护和职业卫生培训；

√ 发放有毒有害作业岗位津贴。

主要职业性有害因素的职业接触限值：

◎ 噪声：见 GBZ 2.2。

◎ 毒物：见 GBZ 2.1。

工作场所出入管理：

√ 实施准入制度进入工作区域；

√ 作业场所标明应急疏散通道和出口，标明出入口限制高度；

√ 作业场所标明外来人员须知；

√ 进入现场要穿戴耐酸碱工作鞋、耐酸碱工作服和耐酸碱防护手套等；

√ 工作区设置防中毒、防腐蚀、防化学灼伤、防滑、防溺水、通风和注意个人防护等警示标识。

工艺和设备要求：

√ 尽量采用管道自动加料，减少手工加料；

√ 配料和加料地点安装局部通风、排毒、净化装置；

√ 通风管道应简短，避免使用弯曲的长管；

√ 用简便方法检查通风系统是否正常工作，如气压计、压力表或指示器；

√ 反应池可采用露天敞开设计；

√ 应设置泄漏溶液收集系统，如回收管道和器具、围堵坑和围堰等；

√ 应有冲洗地面、墙壁的设施；

√ 地面应平整、防滑、耐腐蚀、易于清扫，并设有坡向排水，其废水应纳入工业废水处理系统；

√ 设置泄险区；

√ 设置应急喷淋、冲洗装置，并应尽量邻近作业岗位。

岗位操作规程：

√ 经过专门培训并取得岗位操作证，才能上岗作业；

√ 工作前按规定穿戴好个人防护用品；
√ 检查电器设备及各种阀门、泵是否完好，有无损坏和泄漏现象；
√ 检查投药箱内药量情况，如药量过少应及时开泵补充药液；
√ 启动污水泵前，要选择好所需挡位，在启动水泵和运行过程中，如发现问题，应立即停泵，请维修工修理；
√ 启动污水泵，打开加药槽阀门，调节废酸和聚铝的投放量；
√ 要经常测定反应池内水的 pH 值变化情况，及时调整投药量（要求半小时测定一次，并做好记录）；
√ 观察气浮池水的情况，确保刮渣机正常工作；
√ 要求定期清理气浮池，并及时将浮渣，污泥打入浓缩池内，再按要求打入压滤机；
√ 按比例配制好下一班所需的药剂，并做好记录；
√ 严格执行各项工艺操作规程、设备维护保养制度，发现异常现象及时向维修和管理人员汇报，严禁在设备处于异常状态下使用；
√ 设备出现故障时，应及时报告管理部门；
√ 工作结束，关闭水、电、气阀门。

设备日常维护：

√ 按设备供应商和安装者的要求，维护设备使其有效运行；
√ 按规定进行周保养、月定检，确保设备的有效运行。

设备检查和测试：

√ 从生产商那里索取通风设备的设计性能信息，将这些资料存档，以便与将来测试结果比较；
√ 操作工的检查巡视，30min 一次；班组长日常巡视，每天不少于两次；
√ 肉眼检查设备损坏的迹象，每周至少巡视一次；
√ 每季度由技术人员全面检查，并张贴相应设备状态标识；
√ 根据设备的性能测试标准，每 12 个月至少检查和测试一次通风设备；
√ 检查和测试结果至少保存 5 年。

作业场所清洁和整理：

√ 划出定置区域、对现场物料进行定置管理，对定置区域进行标识；
√ 每天清洁作业设备和工作区，每周定期清扫其他设备和车间一次；
√ 应立即处理泄漏物，安全处置泄漏物；避免地面积水、积液；
√ 容器应存放在安全处，安全处置空的容器；
√ 容器使用后应立即加盖。

个人防护用品：

√ 根据现场存在的职业性有害因素的种类和浓度（强度），供应商提供的个人防护用品性能参数，选择适宜的个人防护用品；
√ 穿戴合适的个人防护用品：耐酸碱工作服、耐酸碱工作鞋、耐酸碱防护手套、防毒口罩以及耳塞或耳罩等个人防护用品；
√ 班组应配备应急防毒面具等防护用品；
√ 作业前必须按规定穿戴好个人防护用品；
√ 保持个人防护用品干净清洁；
√ 制定个人防护用品发放标准、劣化标准，对损坏的防护用品根据劣化标准判定及时更换。

职业卫生培训：

◎ 劳动者培训内容：
A. 职业病防治的相关法律法规知识；
B. 提供氢氧化钠、盐酸、硫酸亚铁、铬酸盐、噪声和高湿等职业性有害因素的特性及其可能造成的健康影响与预防控制措施；
C. 岗位操作规程和岗位作业条件；
D. 个人防护用品的使用知识；
E. 简单故障的识别与处置及事故的报告方法；
F. 设备操作系统的检查和使用方法；
G. 安全处理化学品；
H. 职业性急性刺激性气体中毒、酸碱烧灼伤的自救和互救知识；
I. 急救箱的使用方法。
◎ 培训类型：上岗前、定期、换（转）岗培训。
◎ 培训方式：培训班、班组会、宣传栏、典型事故分析会、合同告知、网络、报纸、电视和广播宣传等。

职业卫生检查：

◎ 企业职业卫生管理部门检查：
A. 通风排毒设施是否完好；
B. 物料管理是否规范；
C. 作业场所毒物等职业性有害因素是否超标；
D. 应急冲洗等救援设备是否完善或完好；
E. 作业场所的警示标识是否完善；
F. 劳动者是否按照作业指导书进行操作；
G. 劳动组织是否合理；
H. 车间有无“跑冒滴漏”现象；
I. 现场清理、清洁、整顿、整理、素养等检查；
J. 劳动者个人防护用品使用是否规范；
K. 建议检查周期：一月一次。
◎ 工会监督检查：
A. 车间是否有职业卫生监督员；

B. 工时和劳动组织是否合理；

C. 个人防护用品是否按照标准发放；

D. 保健津贴是否按时足额发放；

E. 更衣室、洗浴间和休息室等卫生设施是否齐备；

F. 职业禁忌证人员是否得到妥善安置；

G. 收集并分析劳动者对职业卫生的抱怨等；

H. 建议检查周期：一季度一次。

劳动者职业安全卫生检查表：

◎ 确保通风、排毒系统开启并正常运行；

◎ 职业安全卫生标识完善，无损坏；

◎ 注意查找设备泄漏、磨损或损坏的迹象，如发现任何问题，请告诉管理人员，如果你认为有问题，请勿继续工作；

◎ 反应池无泄漏，发现泄漏立即报告修复；反应池不使用时应加盖；

◎ 添加溶液的工具和器皿完好，无泄漏；

◎ 废水排放管道无泄漏，发现泄漏立即报告修复；

◎ 现场不能堆放过量的化学品；有毒有害化学品现场保管必须上锁；

◎ 现场不允许放置水杯、餐具；

◎ 进餐、喝水前或如厕前后要洗手去除污染物；

◎ 勿用有机溶剂清洁皮肤；

◎ 立即安全处理泄漏物；

◎ 按提供的说明使用、维护和保存个人防护用品。

应急救援：

◎ 可能发生的事故：急性刺激性气体中毒、化学性（眼、皮肤）烧灼伤、溺水和电击伤等。

◎ 应急预案及设施：制定职业卫生应急救援预案、工伤事故应急预案及消防事故应急预案，并定期演练。

◎ 紧急处理及事故报告程序：按照应急预案要求的程序进行。

更多信息：

◎ 参见 GBZ 1、GBZ 2.1、GBZ 2.2、GBZ 158、GBZ 188。

第 7 部分

焊接作业职业危害识别、分析与控制

一、焊接作业职业危害识别与分析

（一）工艺技术、材料与设备

1. 车身焊接工艺

汽车制造工艺中车身焊接的工艺流程如图 7.1 所示：

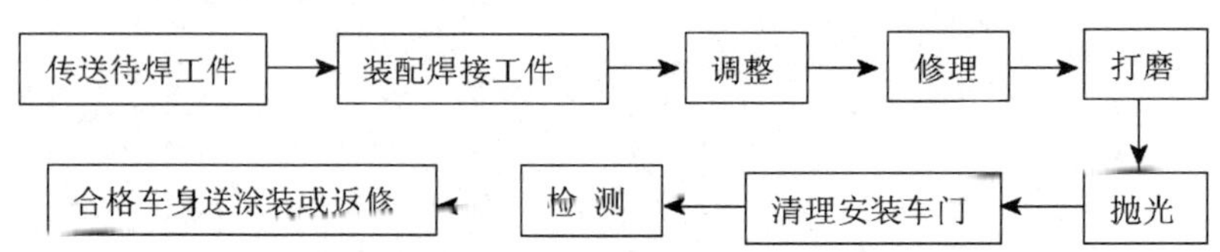

图 7.1　汽车制造工艺车身焊接工艺流程图

2. 焊接的分类

根据不同的材料和性能要求，可将焊接方法基本归纳为熔化极焊、压力焊和钎焊三大类，如表 7.1。本文只对汽车制造业常见的几种焊接方法进行研究分析。

表 7.1　焊接的专业分类

<table>
<tr><td rowspan="4">熔化极焊</td><td rowspan="2">电弧焊</td><td>熔化极焊</td><td>焊条电弧焊；埋弧焊；氩弧焊；二氧化碳电弧焊</td></tr>
<tr><td>非熔化极焊</td><td>钨极电弧焊；原子氢焊；等离子弧焊</td></tr>
<tr><td>气焊</td><td colspan="2">氧－氢；氧－乙炔；氧丙烷</td></tr>
<tr><td colspan="3">铝热焊；电渣焊；电子束焊；激光焊</td></tr>
<tr><td>压力焊</td><td colspan="3">电阻点，缝焊；电阻对焊；冷压焊；超声波焊；爆炸焊；锻焊；扩散焊；摩擦焊；接触焊；高频焊</td></tr>
<tr><td rowspan="2">钎焊</td><td>软钎焊</td><td colspan="2">浸沾钎焊；烙铁钎焊；超声波钎焊</td></tr>
<tr><td>硬钎焊</td><td colspan="2">火焰钎焊；炉钎焊；高频钎焊；电阻钎焊；亚弧钎焊；真空电子束钎焊；等离子电弧焊</td></tr>
</table>

3. 工艺简要说明

（1）点焊

点焊是将工件装配成搭接接头，置于两电极间压紧、通电，利用电阻热能熔化母材，形成焊核，是热—机械（力）联合作用的焊接过程。点焊是汽车焊接生产中应用最广的工艺方法，在驾驶室和轿车车身等广泛应用。

汽车用点焊机按照用途要求分为固定式点焊机、悬挂式点焊机、多点焊机、次级整流焊机和单相工频交流点焊机等几种。

（2）凸焊

凸焊是点焊的一种演变形式，其焊点形成机理与点焊基本相似，但形成过程却有明显的区别。凸焊时，焊件的连接按凸点所限定的接触面积进行。汽车生产中，凸焊工艺方法的应用越来越广。

（3）手工电弧焊

手工电弧焊是用手工操纵焊条进行焊接的一种电弧焊，它具有操作灵活，对生产环境及焊接位置的适应性强、对焊接接头装配要求低和可焊的金属材料广等特点。但由于手工电弧焊的熔敷速度低，焊接质量不稳定以及焊后焊渣的清理比较烦琐，在汽车生产中已较少应用。

（4）熔化极气体保护焊

该方法应用十分广泛，其焊接热量来自焊丝与工件间的电弧。实心光焊丝被连续送进焊接区，焊丝金属熔化后进入熔池成为填充金属。焊丝端头、电弧及熔池在焊接过程中有气体予以保护，以避免大气侵入。熔化极气体保护焊按保护气体种类分为二氧化碳气体保护焊、惰性气体保护焊和混合气体保护焊。所用的焊丝有实心焊丝和药芯焊丝。汽车生产中大部分的电弧焊焊缝是采用熔化极气体保护焊完成的，如车身、底盘类零件的焊接等。汽车生产中的许多专用焊机、自动焊机及弧焊机器人的焊接系统均采用熔化极气体保护焊，而气体保护焊中最常用的是二氧化碳气体保护焊。

（5）钎焊

钎焊是利用熔点比母材低的钎料和母材一起加热，在母材不熔化的前提下，钎料熔化并润湿及填充两母材连接处的间隙，形成钎缝。多用于车身接缝处的焊接和管子、水箱、油箱及冷凝器等的焊接。

（6）气焊与气割

气焊是借助可燃气体与助燃气体混合后产生的火焰将接头部位母材金属和焊丝熔化达到连接的目的，是一种由化学能转化为热能的熔化极焊。气割是利用气体火焰将金属加热到燃点，并在高压氧气流下剧烈氧化、燃烧，生成的熔渣被高压氧气流吹掉。气焊在汽车生产线上少用，多用来修复焊接缺陷、设备维修等，气割主要用于钢结构制造和工装模具制造等。

（7）激光焊接与切割

激光是利用辐射激发光放大原理而产生的一种单色、方向性强及光亮度大的光束，经透射或反射镜聚焦后可获得直径小于0.01mm、功率密度高达$10^5 \sim 10^7 W \cdot cm^{-2}$的光束用来作为焊接、切割和热处理的热源。

4. 焊接岗位、工种及职业性有害因素分布情况

焊接工艺主要分布于车身、车架、车厢以及底盘类零件的焊接等，以电焊工种为主。

焊接使用的有毒材料主要为焊条，焊条的成分有铁、铜和锰等。

电弧焊职业性有害因素主要有电焊烟尘、紫外线、一氧化碳、氮氧化物、金属烟尘（氧化锰、铁、铜和锌）、噪声及高温。

点焊、凸焊职业性有害因素主要有噪声、金属烟尘及油烟。

5. 几种焊接方法产生的职业性有害因素分析

常见各种焊接方法产生的职业性有害因素见表7.2。

表 7.2　各种焊接方法产生的职业性有害因素

焊接方法		职业性有害因素						
		紫外辐射	高频电场	电焊烟尘	有害气体	金属飞溅	X射线	噪声
手工电弧焊	酸性焊条	Ⅰ	—	Ⅱ	Ⅰ	Ⅰ	—	—
	低氢型焊条	Ⅰ	—	Ⅲ	Ⅰ	Ⅱ	—	—
	高效铁粉焊条	Ⅰ	—	Ⅳ	Ⅰ	Ⅰ	—	—
埋弧焊	—	—	—	Ⅱ	Ⅰ	—	—	—
二氧化碳气体保护焊	细丝	Ⅰ	—	Ⅰ	Ⅰ	Ⅰ	—	—
	粗丝	Ⅱ	—	Ⅱ	Ⅰ	Ⅱ	—	—
	管状焊丝	Ⅱ	—	Ⅲ	Ⅰ	Ⅰ	—	—
钨极氩弧焊		Ⅱ	Ⅱ	Ⅰ	Ⅱ	Ⅰ	Ⅰ	—
熔化极氩弧焊	焊铝及铝合金	Ⅲ	—	Ⅱ	Ⅲ	Ⅰ	—	—
	焊不锈钢	Ⅱ	—	Ⅰ	Ⅱ	Ⅰ	—	—
	焊黄铜	Ⅱ	—	Ⅲ	Ⅱ	Ⅰ	—	—
等离子弧焊	微束	Ⅰ	Ⅰ	—	Ⅰ	—	Ⅰ	—
	大电流	Ⅱ	Ⅰ	—	Ⅰ	—	Ⅰ	—
等离子切割	铝材	Ⅲ	Ⅰ	Ⅱ	Ⅲ	Ⅱ	Ⅰ	Ⅱ
	钢材	Ⅲ	Ⅰ	Ⅲ	Ⅴ	—	—	—
	不锈钢	Ⅲ	Ⅰ	Ⅱ	Ⅱ	Ⅰ	Ⅰ	Ⅱ
气焊（焊黄铜、铝）		—	—	Ⅰ	Ⅰ	—	—	—
钎焊	火焰钎焊	—	—	—	Ⅰ	—	—	—
	盐浴钎焊	—	—	—	Ⅴ	—	—	—

注：Ⅰ：轻微；Ⅱ：中等；Ⅲ：强烈；Ⅳ：极强烈；Ⅴ：最强烈。

（二）主要职业性有害因素检测结果与分析

1. 调查企业概况

基本情况见表 7.3 和表 7.4。

表 7.3　企业基本情况 1

企业名称	建厂时间（年）	产品	年产量（辆）	经营性质
A 公司车身厂	1969	长头、平头、轻型车驾驶室	长头车 46479、平头车 107760、轻型车 18052	国资
A 公司专用汽车公司	1969	专用汽车	53248	国资
B 公司一厂	1985	小轿车	—	中德合资
B 公司二厂	1997	小轿车	10 万	中美独资
B 公司三厂	2000	大客车、商务车	客车 2100、商务车 500	中瑞合资
C 公司	1999	轻型客车	3 万	港、澳、台地区合资

表 7.4　企业基本情况 2

企业名称	职工总数	接触人数	焊工人数	备　注
A 公司车身厂	3921	1873	—	
B 公司专用汽车公司	1914	729	—	
B 公司一厂	10317	802	364	
B 公司二厂	1650	694	147	各车间作业工人轮岗制
B 公司三厂	1112	343	130	
C 公司	2177	177	—	

2. 生产性粉尘（粉尘及电焊烟尘）

生产性粉尘主要来源于砂轮磨尘和电焊烟尘。焊接所产生的烟尘成分很复杂。不同焊接工艺的烟尘成分及其主要职业性有害因素有所不同。表 7.5 所示某汽车公司车身焊接生产线空气中粉尘和二氧化碳保护焊等电焊烟尘检测结果分析。

表 7.5　汽车公司车身焊接车间粉尘检测结果　（单位：mg/m^3）

单位	岗位	职业性有害因素	均值（n）	范围
A 公司	二氧化碳保护焊	电焊烟尘	0.7（37）	0.3 ~ 1.3
	手工电弧焊	电焊烟尘	0.6（11）	0.5 ~ 1.2
	手工打磨	砂轮磨尘	3.7（6）	0.3 ~ 8.5
B 公司一厂	二氧化碳保护焊	电焊烟尘	1.5（312）	0.3 ~ 5.5
B 公司二厂	二氧化碳保护焊	电焊烟尘	4.0（66）	1.9 ~ 5.8
B 公司三厂	二氧化碳保护焊	电焊烟尘	3.0（42）	2.1 ~ 3.8
C 公司	二氧化碳保护焊	电焊烟尘	2.0（16）	1.5 ~ 2.8
	手工电弧焊	电焊烟尘	1.4（36）	0.5 ~ 2.7
	手工打磨	砂轮磨尘	1.13（108）	0.4 ~ 2.3

注：检测结果为短时间接触浓度（C_{STE}）。

3. 有毒物质

（1）锰及其无机化合物

主要是二氧化锰，所调查的汽车制造企业二氧化锰浓度测定结果如表 7.6 所示。

表 7.6　汽车公司车身焊接车间锰及其无机化合物（以二氧化锰计）浓度测定结果　（单位：mg/m^3）

单位	岗位	范围（n）	达标率（%）
A 公司	二氧化碳保护焊	0.00 ~ 0.47（41）	30
	手工电弧焊	0.007 ~ 0.18（7）	
B 公司	二氧化碳保护焊	0.03 ~ 0.26（68）	100
	手工电弧焊	0.01 ~ 0.02（36）	
C 公司	二氧化碳保护焊	<0.05（54）	100

注：检测结果为短时间接触浓度（C_{STE}）。

（2）一氧化碳

一氧化碳来源于二氧化碳气体在电弧高温作用下发生分解，形成一氧化碳、氧气和氧原子。本次调查对部分焊接工位的一氧化碳等有毒物质浓度进行了检测，并对其以往检测数据进行合并统计分析，结果如表7.7所示。

表7.7　B公司车间化学性职业有害因素检测结果　（单位：mg/m^3）

单位	岗位	职业性有害因素	均值（n）	范围
车身生产车间	二氧化碳保护焊	一氧化碳	2.02（234）	1.00～5.80
		氧化锌	0.016（30）*	未检出～0.046
	手工电弧焊	氮氧化物	0.24（156）	0.05～0.84
		氮氧化物	0.03（36）	0.04～0.07
车身焊接车间	二氧化碳保护焊	氧化锌	0.62（104）	0.03～9.31
		氧化锌	0.06（6）	0.02～0.29
		氧化铜	0.11（40）	0.003～0.81
		甲醛	0.03（8）	0.03～0.03
		臭氧	0.05（36）	0.04～0.10

注：* 指检测结果为时间加权平均浓度（C_{TWA}），其他检测结果为短时间接触浓度（C_{STE}）。

（3）氮氧化物

氮氧化物是由于电弧高温作用引起空气中氮、氧分子离解，重新结合而形成的，其种类很多，主要为氧化亚氮（N_2O）、一氧化氮（NO）、二氧化氮（NO_2）、三氧化二氮（N_2O_3）等。

（4）其他

在焊接过程中，还可产生臭氧、金属氧化物、甲醛和氟化氢等有害有毒物质。

4. 物理性职业有害因素

（1）紫外辐射（电焊弧光）（见表7.8）

表7.8　B公司焊接作业紫外线检测结果分析　（单位：$\mu W/cm^2$）

车间	检测地点	UVA	UVB	UVC	E_{eff}
车身	电弧焊（面罩外）	281	74	160	127.39
冲压	机修（面罩外）	594	216	230	253.30
冲压	模修（面罩外）	613	215	238	256.67
冲压	模修（面罩内）	23	3.2	4.7	4.40

（2）噪声（见表7.9）

表7.9　C公司焊接岗位噪声检测结果　［单位：dB（A）[1]］

检测地点	平均	范围
C08焊装操作位	91.0	80.6～96.8
补焊4#站	96.1	82.7～107.4
侧结构一次作业处	96.9	81.6～108.5
A02站作业处	98.5	75.8～106.4

注：[1]8h等效声级。

（3）高温

汽车行业在焊接过程中产生的高温容易扩散，一般不会超标。

根据以上检测数据分析，超标的职业性有害因素主要为二氧化锰，需要重点控制的岗位为车身焊接。

其次超标的职业性有害因素为噪声，由于噪声的标准与接触时间有关，超标的判断需要结合实际作业时间，因此仅以噪声 8h 等效声级强度大于 85dB（A）作为控制点分析。

（三）职业健康监护结果与分析

对 B 公司一、二、三厂电焊工进行职业性体检的结果如表 7.10 所示，未检出职业病和职业禁忌证，但其他疾病的检出率为 21.2% ~47.0%。

表 7.10　电焊工职业性体检结果职业病检出率

企业	总体检人数	电焊工体检人数	职业病（%）	职业禁忌证（%）	其他疾病（%）
一厂	1265	364	0	0	21.2
二厂	343	130	0	0	51.5
三厂	694	147	0	0	47.0

（四）职业危害关键控制点的确定

焊接作业多采用自动焊或半自动焊，多为单机单人作业，无辅助工，一般均为全班制作业。汽车焊接作业点即为关键控制点。通过上述检测数据分析，焊接车间主要的职业性有害因素为二氧化锰和噪声。

小结

（1）焊接工艺主要分布在车身、车架、车厢及底盘类零件的焊接等，以电焊工种为主。

（2）焊接使用的有毒材料主要为焊条，焊条的成分有铁、铜及锰等。

（3）电弧焊职业性有害因素主要有：电焊烟尘、紫外线、一氧化碳、氮氧化物、金属烟尘（氧化锰、铁、铜和锌）、噪声和高温。

（4）点焊、凸焊职业性有害因素主要有噪声、金属烟尘和油烟。

（5）焊接作业多为单机作业，多为自动焊或半自动焊，为单人作业，无辅助工，一般均为全班制作业。汽车焊接作业点即为关键控制点。通过上述检测数据分析，焊接车间主要的职业性有害因素为二氧化锰及噪声。

（6）车身焊接的二氧化锰超标率较高，需要重点控制。

二、焊接作业职业危害关键点控制技术

（一）生产工艺、材料革新

可以通过用安全无害的工艺或原材料来替代有害的工艺和原材料来加以控制。如从焊接材料方面采取措施，采用无毒或毒性小的焊接材料代替毒性大的焊接材料，控制焊条的发尘量，特别是锰、氟含量；从焊接工艺方面考虑，如用埋弧自动焊代替手工焊、半自动焊，以窄间隙坡口代替普通坡口，以单面焊双面成型代替双面焊等。

焊接工艺实现机械化、自动化，不仅降低了劳动强度，并且可大大减少焊工接触生产性毒物的机会，是

消除焊接职业性有害因素的根本措施。

（二）防尘防毒

通风技术措施包括全面通风、局部送风和局部排风。

局部通风的装置分为固定式排烟罩、可移动式排烟罩、多吸头排烟罩、随机式排烟罩、强力小风机、气力引射器、低电压风机排烟罩、手执式排烟罩及排烟焊枪等。

工程控制措施举例：

（1）在焊接部位设置局部通风除尘装置，使空气中粉尘及有害物浓度达到 GBZ 2 所规定的标准。

（2）应安装回收和排气系统来收集空气中的污染物并排放到大气中，这种设施吸收的空气不能通过工人的呼吸带，并应随时补充新鲜空气。如上面所提到的某汽车厂焊接车间装焊作业区，在纵梁工位安装电弧焊烟尘局部抽风设施后，锰及其无机化合物浓度迅速下降到国家标准之下。

适宜的工艺和技术（含防护设施）参见表 7.11。

表 7.11　14 种主要作业场合下推荐采用的防护措施

工艺	排烟罩						排烟	强力小风机	气力引射器	通风焊帽	防尘防毒口罩		
	固定式			移动式	随机式						送风	静电	氯纶布
	上抽	侧抽	下抽		近弧	隐弧							
固定工位切割、气刨	—	2	1	—	—	—	—	—	—	—	—	—	—
不固定工位切割、气刨	—	—	—	—	—	—	—	1	—	—	—	2	3
固定工位手工焊接	2	1	—	3	—	—	—	—	—	—	—	4	5
不固定工位手工焊接	—	—	—	1	—	—	—	2	—	—	—	3	4
固定工位半自动焊接	—	2	—	—	—	—	1	3	—	—	—	(3)	—
不固定工位半自动焊接	—	—	—	2	—	—	1	3	—	—	—	4	5
固定工位埋弧自动焊	—	2	—	—	1	—	—	—	—	—	—	—	—
固定工位氩弧自动焊	—	—	—	—	3	1	2	4	—	—	—	(4)	(5)
固定工位二氧化碳保护自动焊	—	—	—	—	3	2	1	4	—	—	—	—	—
小车式埋弧自动焊	—	—	—	2	1	—	—	—	—	—	—	—	—
小车式氩弧自动焊	—	—	—	4	3	1	2	5	—	—	—	(5)	—
小车式二氧化碳保护自动焊	—	—	—	4	3	1	2	5	—	—	—	(5)	6
密闭空间、舱室手工焊	—	—	—	—	—	—	—	1、2	3	1	2	(3)	—
密闭空间、舱室半自动焊	—	—	—	—	—	—	1	1、2、3	4	2	3	(4)	—

注：表中数字表示优先采用的顺序，如两栏内有相同数字，表示需同时采用，括号表示可考虑采用。

（三）职业健康监护

焊接技术的发展使得焊接工艺和设备不断更新，所产生职业性有害因素的特点也不同。表 7.12 是汽车制造业常用焊接方法及其作业人员职业健康监护的要求。

表 7.12　焊接作业工人职业健康监护项目表

工种	职业性有害因素	上岗前	在岗期间	职业禁忌证
点焊、凸焊	噪声和金属烟尘等	（1）症状询问 （2）体格检查 a. 内科常规检查 b. 耳科检查 （3）实验室和其他检查：血常规、尿常规、血糖、血清 ALT、心电图、后前位 X 射线高千伏胸片、肺功能、纯音听阈测试、声导抗*、耳声发射*	（1）症状询问 （2）体格检查 a. 内科常规检查 b. 耳科检查 （3）实验室和其他检查：心电图、后前位 X 射线高千伏胸片、肺功能、纯音听阈测试、血常规*、尿常规*、血清 ALT*、声导抗*、耳声发射*	金属烟尘： （1）活动性肺结核病 （2）慢性阻塞性肺病 （3）慢性间质性肺病 （4）伴肺功能损害的疾病 噪声： （1）各种原因引起永久性感音神经性听力损失（500Hz、1000Hz 和 2000Hz 中任一频率的纯音气导听阈 > 25dBHL） （2）中度以上传导性耳聋 （3）双耳高频（3000Hz、4000Hz、6000Hz）平均听阈≥0dB （4）Ⅱ期和Ⅲ期高血压 （5）器质性心脏病 （6）噪声易感者（噪声环境下工作一年，双耳 3000Hz、4000Hz、6000Hz 中任意频率听力损失≥65dBHL） 高温： （1）Ⅱ期及Ⅲ期高血压 （2）活动性消化性溃疡 （3）慢性肾炎 （4）未控制的甲亢 （5）糖尿病 （6）大面积皮肤疤痕 振动： （1）周围神经系统器质性疾病 （2）雷诺病
手工电弧焊	电焊烟尘、紫外线和噪声等	（1）症状询问 （2）体格检查 a. 内科常规检查 b. 眼科检查 （3）实验室和其他检查：血常规、尿常规、血清 ALT、心电图、后前位 X 射线高千伏胸片、肺功能	（1）症状询问 （2）体格检查 a. 内科常规检查 b. 眼科检查 c. 皮肤科常规检查 （3）实验室和其他检查：血常规、尿常规、血清 ALT、心电图、后前位 X 射线高千伏胸片、肺功能	金属烟尘、噪声见点焊、凸焊； 紫外线： （1）活动性角膜疾病 （2）白内障 （3）面、手背和前臂等接触部位严重的皮肤病 （4）白化病

续表

工种	职业性有害因素	上岗前	在岗期间	职业禁忌证
熔化极气体保护焊	电焊烟尘、紫外线、噪声和高温等	电焊烟尘、紫外线、噪声见手工电弧焊； 高温： (1) 症状询问 (2) 体格检查：内科常规检查 (3) 实验室和其他检查：血常规、尿常规、血清ALT、心电图、血糖、血清游离甲状腺素* (FT_4)、血清游离三碘甲腺原氨酸* (FT_3)、促甲状腺激素* (TSH)	电焊烟尘、紫外线、噪声见手工电弧焊； 高温同上岗前	电焊烟尘、紫外线、噪声见手工电弧焊； 高温： (1) Ⅱ期及Ⅲ期高血压 (2) 活动性消化性溃疡 (3) 慢性肾炎 (4) 未控制的甲亢 (5) 糖尿病 (6) 大面积皮肤疤痕
火焰钎焊	金属烟尘(铜)和高温等	见熔化极气体保护焊	见熔化极气体保护焊	见熔化极气体保护焊
气焊与气割	金属烟尘、紫外线、噪声和高温等	见熔化极气体保护焊	见熔化极气体保护焊	见熔化极气体保护焊
激光焊接与切割	金属烟尘和高温等	见熔化极气体保护焊	见熔化极气体保护焊	见熔化极气体保护焊

注：*者为选检项目，其他为必检项目；应急、离岗时、离岗后医学随访的职业健康检查详见GBZ188（有效版本）。

(四) 个人防护用品

焊工操作时应穿戴好必要的个人防护用品，如工作服、帽、手套及绝缘鞋等。在锅炉、容器内焊接时，或用钨极氩弧焊接有色金属时，最好头戴通风焊帽（联通净化的压缩空气）。不能采用氧气通风，以免发生燃烧事故。

电焊工应配备阻燃工作服、阻燃工作帽、防砸工作鞋、焊接护目镜和防毒护具，焊接常见的个人防护用品如表7.13所示。

表 7.13　焊接、切割用个人防护用品

措施	品　种	说　明	用　途
眼镜	镀膜眼镜和墨镜 普通无色镜片眼镜	镜片镜架造型应能挡住正射、侧射和低射光。镜片材料可用无机或有机合成材料	气焊工、电焊工和辅助工
焊工头盔面罩	滤片玻璃片： （1）反射片（4 色号） （2）吸收式（14 色号）	头盔面罩材料：玻璃钢或钢纸。发射式玻璃片滤波范围（2000 ~ 4500）× 10^{-10}m	电焊、等离子切割和碳弧光刨
口罩	送风口罩和静电口罩 氯纶布口罩	静电滤料是带负电过氯乙烯纤维无纺薄膜，氯纶布阻尘率 90% 以上，阻力 2.6mm 水柱	防尘防毒用，如氩弧焊和铅焊
护耳器	低熔点蜡处理的棉花 超细玻璃棉（防声棉） 软聚氯乙烯、耳塞和硅橡胶耳塞、耳罩	降低噪声 29 ~ 30dB（A）	等离子喷镀和风铲清焊根
工作服	白帆布棉工作服	用于臭氧轻微的场合	一般电焊工
	白帆布工作服	用于臭氧强烈的场合	氩弧焊和等离子切割
通风焊帽	肩托式和头盔式	带活动翻窗，头披、胸围和送风系统	密闭空间和舱室内焊接作业
手套	棉和革	—	通用
绝缘鞋	普通胶鞋、棉胶鞋和皮靴	—	通用
鞋盖	—	—	飞溅强烈的场合

三、焊接作业主要岗位职业危害识别与预防控制指南

1. 手工电弧焊

文件编号： ××××××

文件名称： 手工电弧焊职业危害与控制指南。

文件状态： 有效。

岗位名称： 手工电弧焊。

作业人员上岗条件： 特种作业岗位操作证、设备操作证、职业健康检查合格和职业安全卫生培训合格。

工作任务： 按作业指导书要求焊接工件。

上工序： /

下工序： /

主要设备： 弧焊机和通风除尘系统。

主要原、辅材料： 焊条和零件。

作业方式和体位：

◎ 作业方式：手工。

◎ 体位：站位、坐位、蹲位和弯腰。

负重量、方式及时间： 双手负重。

职业危害与危险源点的识别：

◎ 设备：弧焊机操作时产生电焊烟尘、锰及其无机化合物、弧光（紫外线）、臭氧、一氧化碳、氮氧化物、噪声、高温和工频电磁场；风机运行时产生噪声。其他危险源：安全防护装置缺损，火星、熔珠、熔渣飞溅，通风装置故障，接地（零）缺损，电器绝缘损坏，进线端、输出端护罩缺损，制动器缺陷，吊物坠物等。

◎ 物料储存和运输：物料存放无序，运输通道不畅，工件棱角外露。

◎ 人机工效设计：工作台、工作椅设计不合理，不良体位，负重过大，采光和照明不良。

◎ 劳动组织和劳动者行为：劳动者配合不当，操作失误，个人防护用品穿戴不规范，违章作业。

◎ 作业环境：地面缺陷，环境高温和环境低温，地面绊脚物，废金属、工业废渣清理。

※ 小结：主要存在的职业性有害因素有粉尘（电焊烟尘）、锰及其无机化合物、弧光（紫外线）、臭氧、一氧化碳、氮氧化物、噪声和工频电磁场等。

职业危害控制策略：

√ 安装局部通风、除尘和排毒装置；

√ 设备设施安装安全防护装置、防弧光装置；

√ 配备安全消防工具和器材；

√ 改善工效条件并加强物料管理；

√ 制定安全操作规程和作业指导书；

√ 实施职业性有害因素监测与评价、职业健康监护和职业卫生培训；

√ 发放有毒有害作业岗位津贴；

√ 正确的个人防护。

主要职业性有害因素的职业接触限值：

◎ 噪声、高温和弧光（紫外线）：见 GBZ 2.2；

◎ 毒物和粉尘：见 GBZ 2.1。

工作场所出入管理：

√ 实施准入制度进入工作区域；

√ 进入现场要穿戴安全帽、工作服、耳塞或耳罩、防尘毒口罩、防护眼镜和普通工作鞋；

√ 工作区设置防尘、防毒、防弧光（紫外线）、防噪声、防火、防爆和防滑等警示标识。

工艺和设备要求：

√ 焊接装置的设置要避开易燃易爆源；

√ 局部通风、排毒、除尘系统设置满足卫生工程学要求；

√ 排气罩应尽量接近待焊接部位；

√ 必要时，可在排气管上安装活动接头，以便移动排气罩；

√ 排气罩控制风速应不低于 0.5～1m/s；

√ 通风管道力求简短，避免使用长的软管；

√ 工作地点（操作台）应尽量避开门、窗、过道等空气对流区，以防止横向气流干扰排风系统，粉尘和废气的逸散；

√ 提供简单的方法检查通风设施的工作状况，如测压计、压力表或显示器；

√ 通风系统的设计应易于维护和清洁；

√ 排出空气应排放至远离门、窗和进风口的安全处；

√ 物料转运畅通，尽量采用自动化，送料、转运过程采用柔性设计，以减少工件相互碰撞产生的噪声；

√ 提供良好采光和照明；

√ 确保设备正常接地。

岗位操作规程：

√ 工作前焊接操作工上岗前必须经过培训合格；

√ 工作前按规定穿戴好个人防护用品；

√ 工作前检查焊接电缆、焊钳绝缘是否完好；

√ 工作前由电工检查所接电源开关是否符合设备容量要求并接线，焊接设备要接地；

√ 焊接周围尽可能使用防护板，避免弧光（紫外线）伤人；

√ 严禁在压力容器上带压焊接；

√ 严禁在存放易燃、易爆物品处焊接；

√ 补焊油箱，要先排尽油并碱洗干净、打开封口方可焊接；

√ 焊接场地必须通风良好，容器内焊接需配吸风装置；

√ 按焊接规程及工艺规范进行焊接操作；

√ 在工作过程中产生的固体废弃物如废金属、废擦布等，应统一收集，然后分类投到废金属料箱及垃圾箱内；
√ 工作结束后，应及时清理现场，保持环境整洁；
√ 如在高空、密闭空间等特殊环境中作业，工作前要办理相关作业手续，并遵循相应作业指导。

设备日常维护：

√ 按设备供应商和安装者的要求，维护设备，使其有效运行。

设备检查和测试：

√ 从生产商那里索取通风设备的设计性能信息，将这些资料存档，以便与将来测试结果比较；
√ 肉眼检查设备损坏的迹象，每周至少巡视一次；
√ 根据设备的性能测试标准，每 12 个月至少检查和测试一次通风设备；
√ 检查和测试结果至少保存 5 年。

作业场所清洁和整理：

√ 现场物品定置摆放，做到无杂物、无积灰、无积水；
√ 坚持地面湿式清扫或负压清扫，禁止用压缩空气清扫卫生；
√ 生产现场废物按一般类可回收固体废物和一般类不可回收固体废物进行分类收集，存放的粉状固体废物必须低于料斗顶端 10cm。

个人防护用品：

√ 根据现场存在的职业性有害因素的种类和浓度（强度），供应商提供的个人防护用品性能参数，选择适宜的个人防护用品；
√ 穿戴合适的个人防护用品：阻燃的白帆布工作服、焊接眼护具、安全帽、绝缘防护手套、耳塞或耳罩、绝缘防砸鞋、防护围裙和腿罩；
√ 作业前必须按规定穿戴好个人防护用品；
√ 保持个人防护用品干净清洁，按规定的间隔时间定期更换。

职业卫生培训：

◎ 劳动者培训内容：
  A. 职业病防治的相关法律法规知识；
  B. 粉尘（电焊烟尘）、锰及其无机化合物、弧光（紫外线）、一氧化碳、氮氧化物、噪声和工频电磁场等职业性有害因素的特性及其可能造成的健康影响与预防控制措施；
  C. 岗位操作规程和岗位作业条件；
  D. 个人防护用品的使用知识；
  E. 简单故障的识别与处置及事故的报告方法；
  F. 设备操作系统的检查和使用方法；
  G. 急救箱的使用方法。
◎ 培训类型：上岗前、定期、换（转）岗培训。
◎ 培训方式：培训班、班组会、宣传栏、典型事故分析会、合同告知、网络、报纸、电视和广播宣传等。

职业卫生检查：

◎ 企业职业卫生管理部门检查：
  A. 通风、除尘、减振和降噪装置是否完好；
  B. 物料管理是否规范；
  C. 作业场所电焊烟尘、有毒物质、弧光（紫外线）和噪声等职业性有害因素是否超标；
  D. 车间地面是否平整防滑，易于行走；
  E. 作业场所的警示标识是否完善；
  F. 劳动者是否按照作业指导书进行操作；
  G. 劳动组织是否合理；
  H. 现场清理、清洁、整顿和整理等检查；
  I. 劳动者个人防护用品使用是否规范；
  J. 建议检查周期：一月一次。
◎ 工会监督检查：
  A. 车间是否有职业卫生监督员；
  B. 工时和劳动组织是否合理；
  C. 个人防护用品是否按照标准发放；
  D. 保健津贴是否按时足额发放；
  E. 更衣室、洗浴间和休息室等卫生设施是否齐备；
  F. 预防控制措施是否落实；
  G. 职业禁忌证人员是否得到妥善安置；
  H. 收集并分析劳动者对职业卫生的抱怨等；
  I. 建议检查周期：一季度一次。

劳动者职业安全卫生检查表：

◎ 确保通风、除尘、排毒系统开启并正常运行；
◎ 检查安全消防工具和灭火器材；
◎ 防止纸袋和其他废弃物吸入通风管道；
◎ 注意查找设备泄漏、磨损或损坏的迹象，如发现任何问题，请告诉管理人员，如果你认为有问题，请勿继续工作；
◎ 进餐、喝水前或如厕前后要洗手去除污染物；
◎ 立即安全地处理废弃物，使用吸尘器或湿拖布清洁固体；
◎ 按提供的说明使用、维护和保存任何个人防护用品。

应急救援：

◎ 可能发生的事故：电光性眼炎、金属烟雾热、紫外皮肤灼伤、火灾和烫伤。
◎ 应急预案及设施：制定职业卫生应急救援预案、工伤事故应急预案及消防事故应急预案，并定期演练。
◎ 紧急处理及事故报告程序：按照应急预案要求的程序进行。

更多信息：

◎ 参见 GBZ 1、GBZ 2.1、GBZ 2.2、GBZ 158、GBZ 188、GBZ/T 189。

2. 气割（焊）

文件编号： ××××××

文件名称： 气割（焊）职业危害识别与预防控制指南。

文件状态： 有效。

岗位名称： 气割（焊）。

上岗所要求的条件： 特种作业岗位操作证、设备操作证、职业健康检查合格和职业安全卫生培训合格。

工作任务： 将工件用高温气体焊接、连接和割开。

上工序： /

下工序： /

主要设备： /

主要原、辅材料： 氧气瓶、乙炔瓶、焊（割）具和工件。

作业方式和体位：

◎ 作业方式：手工。

◎ 体位：站位、坐位、蹲位和弯腰。

负重量、方式及时间： 双手负重；负重量和时间不定。

职业危害与危险源点的识别：

◎ 设备：气割（焊）时产生高温、弧光（紫外线）、噪声、烟尘、臭氧、一氧化碳、二氧化碳和氮氧化物等；通风风机运行时产生噪声。其他危险源：安全防护装置缺损，火星、熔珠、熔渣飞溅，通风装置故障，气瓶受外力冲击，氧气瓶口有油脂，气瓶曝晒，安全附件缺损，气体泄漏，回火装置缺损，输气管老化，密闭容器置换，清洗缺陷等。

◎ 物料储存和运输：物料存放无序，运输通道不畅，工件棱角外露，接触炽热工件等。

◎ 人机工效设计：工作台、工作椅设计不合理，不良体位，负重过大，采光和照明不良。

◎ 劳动组织和劳动者行为：劳动者配合不当，操作失误，个人防护用品穿戴不规范，违章作业。

◎ 作业环境：地面缺陷，环境高温和环境低温，地面绊脚物，废金属、工业废渣排放。

※ 小结：主要存在的职业性有害因素有粉尘、噪声、高温、弧光（紫外线）、臭氧、一氧化碳、二氧化碳和氮氧化物等。

职业危害控制策略：

√ 安装局部通风、除尘和排毒装置；

√ 采取防暑降温措施；

√ 设备设施安装安全防护装置、防弧光（紫外线）装置；

√ 配备安全消防工具和器材；

√ 改善工效条件并加强物料管理；

√ 制定安全操作规程和作业指导书；

√ 实施职业性有害因素监测与评价、职业健康监护和职业卫生培训；

√ 发放有毒有害作业岗位津贴；

√ 正确的个人防护。

主要职业性有害因素的职业接触限值：

◎ 噪声、高温和弧光（紫外线）：见 GBZ 2.2；

◎ 粉尘和毒物：见 GBZ 2.1。

工作场所出入管理：

√ 实施准入制度进入工作区域；

√ 进入现场要穿戴安全帽、工作服、耳塞或耳罩、防尘毒口罩、防护眼镜和普通工作鞋；

√ 工作区设置防尘、防毒、防弧光（紫外线）、防火、防爆、防噪声和防滑等警示标识。

工艺和设备要求：

√ 局部通风、排毒和除尘系统设置满足卫生工程学要求；

√ 排气罩应接近并覆盖待焊（割）工件，必要时，可在排气管上安装活动接头；

√ 通风管道力求简短，避免使用长的软管；

√ 排气罩出口气流速应不低于 0.5 ~ 1m/s；

√ 确保采取安全措施将其他危害减到最小，例如与热表面接触；

√ 提供良好照明，照明设施应适合所用化学品和工作任务，如防尘或耐火；

√ 工作地点（操作台）应尽量避开门、窗、过道等空气对流区，以防止横向气流干扰排风系统，粉尘和废气的逸散；

√ 确保向车间导入新鲜空气以替代排出的空气；

√ 提供简单的方法检查通风设施的工作状况，如测压计、压力表或显示器；

√ 通风系统的设计应易于维护和清洁；

√ 排出的空气应排放至远离门、窗和进风口的安全处；

√ 含尘空气经清洁、过滤后可循环使用；

√ 物料转运畅通，尽量采用自动化，送料、转运过程采用柔性设计，以减少工件相互碰撞产生的噪声。

岗位操作规程：

√ 特殊环境作业要办理相关作业手续；

√ 工作前按规定穿戴好个人防护用品；

√ 工作前检查气瓶防回火装置是否完好；

√ 工作前检查气管、焊（割）炬是否完好，气管颜色必须符合标准；

√ 在特殊环境作业，准备好灭火实施并有专人监护；

√ 气瓶口严禁有油脂，搬运时避免撞击和激烈震动，并将保护帽装好；

√ 夏季露天作业时，气瓶必须放在阴凉处；

√ 冬季氧气瓶结冻时严禁用火烤，应用蒸气或热水解冻；

√ 乙炔瓶工作时应直立放置；
√ 气瓶的气体不得使用完，余压大于 0.1MPa；
√ 工作中发生回火，要及时查出原因并排除；
√ 每只氧气减压阀和乙炔减压阀只能接一把焊具或割具；
√ 高空作业要系安全带，同时防止液态金属飞溅伤人或割掉的物料坠落伤人；
√ 严禁在压力容器上带压焊（割）操作；
√ 严禁在存放易燃、易爆物品处焊（割）操作；
√ 焊（割）油箱，要先排尽油并碱洗干净、打开封口方可焊（割）操作；
√ 焊（割）场地必须通风良好，大型容器内焊（割）操作时应有人监护，作业未完时要取出焊具或割具；
√ 按焊（割）规程及工艺规范进行焊（割）操作；
√ 在工作过程中产生的固体废弃物如废金属、废擦布等，应统一收集，然后分类投到废金属料箱及垃圾箱内；
√ 工作过程产生的废油、废有机溶剂不得随意排放，应集中回收。

设备日常维护：

√ 按设备供应商和安装者的要求，维护设备，使其有效运行。

设备检查和测试：

√ 从生产商那里索取通风设备的设计性能信息，将这些资料存档，以便与将来测试结果比较；
√ 肉眼检查设备损坏的迹象，每周至少巡视一次；
√ 根据设备的性能测试标准，每 12 个月至少检查和测试一次通风设备；
√ 检查和测试结果至少保存 5 年。

作业场所清洁和整理：

√ 现场物品定置摆放，做到无杂物、无积灰、无积水；
√ 坚持地面湿式清扫或负压清扫，禁止用压缩空气清扫卫生；
√ 生产现场废物按一般类可回收固体废物和一般类不可回收固体废物进行分类收集，存放的粉状固体废物必须低于料斗顶端 10cm。

个人防护用品：

√ 根据现场存在的职业性有害因素的种类和浓度（强度），供应商提供的个人防护用品性能参数，选择适宜的个人防护用品；
√ 作业前必须按规定穿戴好个人防护用品；
√ 穿戴合适的个人防护用品：阻燃的白帆布工作服、焊接眼护具、安全帽、防护手套、耳塞或耳罩、防砸防滑鞋、防护围裙、袖套和腿罩；
√ 保持个人防护用品干净清洁，按规定的间隔时间定期更换。

职业卫生培训：

◎ 劳动者培训内容：
A. 职业病防治的相关法律法规知识；
B. 粉尘、一氧化碳、二氧化碳、氮氧化物、噪声、高温和弧光（紫外线）等职业性有害因素的特性及其可能造成的健康影响与预防控制措施；
C. 岗位操作规程和岗位作业条件；
D. 个人防护用品的使用知识；
E. 简单故障的识别与处置及事故的报告方法；
F. 设备操作系统的检查和使用方法；
G. 烫伤等自救与互救知识；
H. 急救箱的使用方法。
◎ 培训类型：上岗前、定期、换（转）岗培训。
◎ 培训方式：培训班、班组会、宣传栏、典型事故分析会、合同告知、网络、报纸、电视和广播宣传等。

职业卫生检查：

◎ 企业职业卫生管理部门检查：
A. 通风、除尘和降噪装置是否完好；
B. 防暑降温措施是否落实；
C. 物料管理是否规范；
D. 作业场所粉尘、有毒物质、弧光（紫外线）、噪声、高温等职业性有害因素是否超标；
E. 车间地面是否平整防滑，易于行走；
F. 作业场所的警示标识是否完善；
G. 劳动者是否按照作业指导书进行操作；
H. 劳动组织是否合理；
I. 现场清理、清洁、整顿和整理等检查；
J. 劳动者个人防护用品使用是否规范；
K. 建议检查周期：一月一次。
◎ 工会监督检查：
A. 车间是否有职业卫生监督员；
B. 工时和劳动组织是否合理；
C. 个人防护用品是否按照标准发放；
D. 保健津贴是否按时足额发放；
E. 更衣室、洗浴间和休息室等卫生设施是否齐备；
F. 预防控制措施是否落实；
G. 职业禁忌证人员是否得到妥善安置；
H. 收集并分析劳动者对职业卫生的抱怨等；
I. 建议检查周期：一季度一次。

劳动者职业安全卫生检查表：

◎ 确保通风、除尘、排毒系统开启并正常运行；
◎ 检查安全消防工具和灭火器材；
◎ 防止纸袋和其他废弃物吸入通风管道；
◎ 注意查找设备泄漏、磨损或损坏的迹象，如发现任何问题，请告诉管理人员，如果你认为有问题，请勿继续工作；

◎ 进餐、喝水前或如厕前后要洗手去除污染物；

◎ 及时安全地处理废弃物，使用吸尘器或湿拖布清洁固体；

◎ 按提供的说明使用、维护和保存任何个人防护用品。

应急救援：

◎ 可能发生的事故：烫伤、刮擦伤、挤压伤、电光性眼炎、金属烟雾热和火灾。

◎ 应急预案及设施：制定职业卫生应急救援预案、工伤事故应急预案及消防事故应急预案，并定期演练。

◎ 紧急处理及事故报告程序：按照应急预案要求的程序进行。

更多信息：

◎ 参见 GBZ 1、GBZ 2.1、GBZ 2.2、GBZ 158、GBZ 188、GBZ/T 189。

3. 二氧化碳弧焊

文件编号： ××××××

文件名称： 二氧化碳弧焊职业危害识别与预防控制指南。

文件状态： 有效。

岗位名称： 二氧化碳弧焊。

上岗所要求的条件： 特种作业岗位操作证、设备操作证、职业健康检查合格和职业安全卫生培训合格。

工作任务： 使用二氧化碳作为保护气体焊接工件。

上工序： /

下工序： /

主要设备： /

主要原、辅材料： 二氧化碳气瓶、送气系统、气体保护焊机、焊丝和工件。

作业方式和体位：

◎ 作业方式：手工、半自动和全自动；

◎ 体位：站位、坐位、蹲位和弯腰等。

负重量、方式及时间： 双手负重。

职业危害与危险源点的识别：

◎ 设备：二氧化碳弧焊机操作时产生电焊烟尘、锰及其无机化合物、弧光（紫外线）、臭氧、一氧化碳、二氧化碳、氮氧化物、噪声、高温和工频电磁场；风机运行时产生噪声。其他危险源：安全防护装置缺损，气瓶受外力撞击，火星、熔珠、熔渣飞溅，通风装置故障，接地（零）缺损，电器绝缘损坏，进线端、输出端护罩缺损，制动器缺陷，吊物坠物等。

◎ 物料储存和运输：物料存放无序，运输通道不畅，工件棱角外露。

◎ 人机工效设计：工作台、工作椅设计不合理，不良体位，负重过大，采光和照明不良。

◎ 劳动组织和劳动者行为：劳动者配合不当，操作失误，个人防护用品穿戴不规范，违章作业。

◎ 作业环境：地面缺陷，环境高温和环境低温，地面绊脚物，废金属、工业废渣排放。

※ 小结：主要存在的职业性有害因素有粉尘（电焊烟尘）、锰及其无机化合物、弧光（紫外线）、臭氧、一氧化碳、二氧化碳、氮氧化物、噪声、高温和工频电磁场等。

职业危害控制策略：

√ 安装局部通风、除尘和排毒装置；

√ 设备设施安装安全防护装置、防弧光装置；

√ 配备安全消防工具和器材；

√ 改善工效条件并加强物料管理；

√ 制定安全操作规程和作业指导书；

√ 实施职业性有害因素监测与评价、职业健康监护和职业卫生培训；

√ 发放有毒有害作业岗位津贴；

√ 正确的个人防护。

主要职业性有害因素的职业接触限值：

◎ 噪声、高温和弧光（紫外线）：见 GBZ 2.2；

◎ 粉尘和毒物：见 GBZ 2.1。

工作场所出入管理：

√ 实施准入制度进入工作区域；

√ 进入现场要穿戴安全帽、工作服、耳塞或耳罩、防尘毒口罩、防护眼镜和普通工作鞋；

√ 工作区设置防尘、防毒、防高温、防噪声、防弧光（紫外线）、防火、防爆和防滑等警示标识。

工艺和设备要求：

√ 焊接装置的设置要避开易燃易爆源；

√ 局部通风、排毒和除尘系统设置满足卫生工程学要求；

√ 排气罩应尽量接近待焊接部位；

√ 必要时，可在排气管上安装活动接头，以便移动排气罩；

√ 排气罩控制风速应不低于 0.5～1m/s；

√ 通风管道力求简短，避免使用长的软管；

√ 通风系统的设计应易于维护和清洁；

√ 工作地点（操作台）应尽量避开门、窗、过道等空气对流区，以防止横向气流干扰排风系统，导致粉尘和废气的逸散；

√ 确保向作业岗位导入新鲜空气以替代排出的空气；

√ 提供简单的方法检查通风设施的工作状况，如测压计、压力表或显示器；

√ 排出的空气应排放至远离门、窗和进风口的安全处；

√ 含尘空气经清洁、过滤后可循环使用；

√ 确保采取安全措施将其他危害减到最小，例如与热表面接触；

√ 物料转运畅通，尽量采用自动化，送料、转运过程采用柔性设计，以减少工件相互碰撞产生的噪声；

√ 提供良好采光和照明；

√ 确保设备正常接地。

岗位操作规程：

√ 工作前焊接操作工上岗前必须经过培训合格；

√ 工作前按规定穿戴好个人防护用品；

√ 工作前打开抽风机抽风；检查各种地线接地是否良好、各种电缆线是否裸露、电缆线接头是否松动或脱落，若正常，打开电源检查指示灯是否正常，检查各种设备工况是否正常；打开压缩空气阀门检查工装是否漏气，工装各部位动作是否正常；打开二氧化碳气瓶阀门，检查是否漏气；

√ 焊接过程中不得用力拖拽电缆线和管线，以免电缆线和管线接头松动或脱落发生危险；
√ 若发现焊机、工装设备、工具等出现异常情况请及时与维修部门联系，焊接操作工切勿自行处理；
√ 送丝装置与焊接电源之间应用绝缘橡胶皮隔开；
√ 手臂不得伸入工装设备压紧装置与工件接触面之间；
√ 总成存放应整齐，总成存放高度应低于料框；
√ 不得撞击二氧化碳气瓶；
√ 大型工件翻转时，焊接操作工、焊枪等应远离工件翻转区。

设备日常维护：

√ 按设备供应商和安装者的要求，维护设备，使其有效运行。

设备检查和测试：

√ 从生产商那里索取通风设备的设计性能信息，将这些资料存档，以便与将来测试结果比较；
√ 肉眼检查设备损坏的迹象，每周至少巡视一次；
√ 根据设备的性能测试标准，每 12 个月至少检查和测试一次通风设备；
√ 检查和测试结果至少保存 5 年。

作业场所清洁和整理：

√ 现场物品定置摆放，做到无杂物、无积灰、无积水；立即处置泄漏物；
√ 每天清洁作业设备和工作区，每周定期清扫其他设备和车间一次；
√ 坚持地面湿式清扫或负压清扫，禁止用压缩空气清扫卫生；
√ 工作后关闭各种电源和气源，挂好焊枪，清扫地面上的飞溅物和垃圾并把其倒入垃圾箱中；
√ 生产现场废物按一般类可回收固体废物和一般类不可回收固体废物进行分类收集，存放的粉状固体废物必须低于料斗顶端 10cm。

个人防护用品：

√ 根据现场存在的职业性有害因素的种类和浓度（强度），供应商提供的个人防护用品性能参数，选择适宜的个人防护用品；
√ 作业前必须按规定穿戴好个人防护用品；
√ 穿戴合适的个人防护用品：阻燃的白帆布工作服、焊接眼护具、安全帽、绝缘防护手套、耳塞或耳罩、绝缘防砸鞋、防护围裙和腿罩；
√ 保持个人防护用品干净清洁，按规定的间隔时间定期更换。

职业卫生培训：

◎ 劳动者培训内容：

A. 职业病防治的相关法律法规知识；
B. 电焊烟尘、锰及其无机化合物、弧光（紫外线）、一氧化碳、二氧化碳、氮氧化物、噪声、高温和工频电磁场等职业性有害因素的特性及其可能造成的健康影响与预防控制措施；
C. 岗位操作规程和岗位作业条件；
D. 个人防护用品的使用知识；
E. 简单故障的识别与处置及事故的报告方法；
F. 设备操作系统的检查和使用方法；
G. 急救箱的使用方法。

◎ 培训类型：上岗前、定期、换（转）岗培训。
◎ 培训方式：培训班、班组会、宣传栏、典型事故分析会、合同告知、网络、报纸、电视和广播宣传等。

职业卫生检查：

◎ 企业职业卫生管理部门检查：

A. 通风、除尘和降噪装置是否完好；
B. 物料管理是否规范；
C. 作业场所电焊烟尘、有毒物质、弧光（紫外线）和噪声等职业性有害因素是否超标；
D. 车间地面是否平整防滑，易于行走；
E. 作业场所的警示标识是否完善；
F. 劳动者是否按照作业指导书进行操作；
G. 劳动组织是否合理；
H. 现场清理、清洁、整顿和整理等检查；
I. 劳动者个人防护用品使用是否规范；
J. 建议检查周期：一月一次。

◎ 工会监督检查：

A. 车间是否有职业卫生监督员；
B. 工时和劳动组织是否合理；
C. 个人防护用品是否按照标准发放；
D. 保健津贴是否按时足额发放；
E. 更衣室、洗浴间和休息室等卫生设施是否齐备；
F. 预防控制措施是否落实；
G. 职业禁忌证人员是否得到妥善安置；
H. 收集并分析劳动者对职业卫生的抱怨等；
I. 建议检查周期：一季度一次。

劳动者职业安全卫生检查表：

◎ 确保通风、除尘和排毒系统开启并正常运行；
◎ 检查安全消防工具和灭火器材；
◎ 防止纸袋和其他废弃物吸入通风管道；
◎ 注意查找设备泄漏、磨损或损坏的迹象，如发现任何问题，请告诉管理人员，如果你认为有问题，请勿继续工作；
◎ 进餐、喝水前或如厕前后要洗手去除污染物；

◎ 立即安全地处理废弃物，使用吸尘器或湿拖布清洁固体；

◎ 按提供的说明使用、维护和保存任何个人防护用品。

应急救援：

◎ 可能发生的事故：电光性眼炎、金属烟雾热、紫外皮肤灼伤、火灾、烫伤和电击伤。

◎ 应急预案及设施：制定职业卫生应急救援预案、工伤事故应急预案及消防事故应急预案，并定期演练。

◎ 紧急处理及事故报告程序：按照应急预案要求的程序进行。

更多信息：

◎ 参见 GBZ 1、GBZ 2. 1、GBZ 2. 2、GBZ 158、GBZ 188、GBZ/T 189。

4. 电动葫芦操作

文件编号：××××××

文件名称：电动葫芦操作职业危害识别与预防控制指南。

文件状态：有效。

岗位名称：电动葫芦操作。

上岗所要求的条件：特种作业岗位操作证、设备操作证、职业健康检查合格和职业安全卫生培训合格。

工作任务：物品吊运。

上工序：/

下工序：/

主要设备：电动葫芦和吊具。

主要原、辅材料：被吊物品。

作业方式和体位：

◎ 作业方式：半自动。

◎ 体位：站位100%。

负重量、方式及时间：基本不负重。

职业危害与危险源点的识别：

◎ 设备：起吊、运输和就位过程中产生噪声。其他危险源：钢丝绳缺陷，吊具、吊钩缺陷，制动器缺陷，控制器缺陷，防护装置缺损，限位装置缺陷，信号装置缺损，轨道缺陷，电器绝缘损坏，电器接地（零）不良等。

◎ 物料储存和运输：物料存放无序，运输通道不畅，制动器缺陷，吊物坠物等。

◎ 人机工效设计：不良体位，采光和照明不良。

◎ 劳动组织和劳动者行为：劳动者配合不当，操作失误，个人防护用品穿戴不规范，违章作业，劳动组织不合理。

◎ 作业环境：车间内环境噪声，地面缺陷，环境高温和环境低温，地面绊脚物。

※ 小结：主要存在的职业性有害因素为噪声。

职业危害控制策略：

√ 起吊和就位操作尽量平稳；

√ 配置安全防护装置；

√ 改善工效条件并加强物料管理；

√ 制定安全操作规程和作业指导书；

√ 实施职业性有害因素监测与评价、职业健康监护和职业卫生培训；

√ 尽量减少人工负重；

√ 发放有毒有害作业岗位津贴；

√ 正确的个人防护。

主要职业性有害因素的职业接触限值：

◎ 噪声：见GBZ 2.2。

工作场所出入管理：

√ 实施准入制度进入工作区域；

√ 进入现场要穿戴安全帽、耳塞或耳罩、工作服、防滑和防砸鞋；

√ 工作区设置防噪声、防砸、防滑和防挤压等警示标识。

工艺和设备要求：

√ 确保设计和建造适合所承运的物料；

√ 注意防止超载，如使用荷载传感器；

√ 采取有效方法减缓和/或控制装载速度；

√ 物料转运畅通，转运过程采用柔性设计，以减少工件相互碰撞产生的噪声；

√ 提供良好照明。

岗位操作规程：

√ 电动葫芦操作工应经过专门训练，考试合格，持操作证者方能操作；

√ 工作前按规定穿戴好个人防护用品；

√ 工作前应认真检查机械、电器、钢丝绳、钓钩、滑轮、限位器、大、小车及起升机构制动器等是否齐备完好，安全可靠；观察车上有无易落物，紧固件有否松动，并进行空车试运转，若发现有缺陷或不正常现象，必须停车进行调整或维修，不得迁就使用；

√ 禁止超负荷起吊，起吊时手不准握在绳索与物件之间，吊物上升严防撞顶；

√ 吊物操作要平稳，掌握重心，不得歪拉斜吊，不准摆晃，齿轮转动停止后，方准反向开车；

√ 电动葫芦在轨道转弯处或接近尽头时，必须减速运行；

√ 电动葫芦起吊后或吊运中垂直下方禁止站人；

√ 工作完毕后应把电动葫芦开到指定的位置，操作按钮盒放在安全位置，严禁乱放，并切断电源；

√ 禁止吊运易燃易爆物品。

设备日常维护：

√ 按设备供应商和安装者的要求，维护设备使其有效运行；

√ 维修工作应实施“工作许可证”制度，应按使用维修说明书由维修人员维护。

设备检查和测试：

√ 每天作业前点检；重点对所使用钢丝绳进行检查；

√ 肉眼检查设备损坏的迹象，每周至少巡视一次；

√ 每季度由技术人员全面检查，并张贴相应标识；

√ 检查和测试结果至少保存5年。

作业场所清洁和整理：

√ 每天清洁作业设备和工作区，每周定期清扫其他设备和车间一次；

√ 应立即处理泄漏物。

个人防护用品：

√ 根据现场存在的职业性有害因素的种类和浓度（强度），供应商提供的个人防护用品性能参数，选择适宜的个人防护用品；

√ 穿戴合适的个人防护用品：耳塞或耳罩、工作服、防滑防砸鞋、安全帽和手套等；

√ 作业前必须按规定穿戴好个人防护用品；

√ 保持个人防护用品干净清洁，按规定的间隔时间定期更换。

职业卫生培训：

◎ 劳动者培训内容：

A. 职业病防治的相关法律法规知识；

B. 噪声等职业性有害因素的特性及其可能造成的健康影响与预防控制措施；

C. 岗位操作规程和岗位作业条件；

D. 个人防护用品使用知识；

E. 简单故障的识别与处置及事故的报告方法；

F. 设备操作系统的检查和使用方法；

G. 砸伤、挤压伤、打击伤等工伤的自救和互救知识；

H. 急救箱的使用方法。

◎ 培训类型：上岗前、定期、换（转）岗培训。

◎ 培训方式：培训班、班组会、宣传栏、典型事故分析会、合同告知、网络、报纸、电视和广播宣传等。

职业卫生检查：

◎ 企业职业卫生管理部门检查：

A. 安全防护装置是否完好；

B. 作业场所噪声等职业性有害因素是否超标；

C. 物料管理是否规范；

D. 车间地面是否平整防滑，易于行走；

E. 作业场所的警示标识是否完善；

F. 劳动者是否按照作业指导书进行操作；

G. 劳动组织是否合理；

H. 车间有无“跑冒滴漏”现象；

I. 现场清理、清洁、整顿和整理等检查；

J. 劳动者个人防护用品使用是否规范；

K. 建议检查周期：一月一次。

◎ 工会监督检查：

A. 车间是否有职业卫生监督员；

B. 工时和劳动组织是否合理；

C. 个人防护用品是否按照标准发放；

D. 保健津贴是否按时足额发放；

E. 更衣室、洗浴间和休息室等卫生设施是否齐备；

F. 职业禁忌证人员是否得到妥善安置；

G. 收集并分析劳动者对职业卫生的抱怨等；

H. 建议检查周期：一季度一次。

劳动者职业安全卫生检查表：

◎ 确保安全防护装置开启并正常运行；

◎ 确保设备正常开启并安全运行；

◎ 注意查找设备泄漏、磨损或损坏的迹象，如发现任何问题，请告诉管理人员，如果你认为有问题，请勿继续工作；

◎ 进餐、喝水前或如厕前后要洗手去除污染物；

◎ 勿用有机溶剂清洁皮肤；

◎ 应立即处理泄漏物，安全处置泄漏物；

◎ 按提供的说明使用、维护和保存任何个人防护用品。

应急救援：

◎ 可能发生的事故：主要为机械挤压伤、刮擦伤、砸伤、滑倒伤和打击伤等工伤事故。

◎ 应急预案及设施：制定职业卫生应急救援预案、工伤事故应急预案及消防事故应急预案，并定期演练。

◎ 紧急处理及事故报告程序：按照应急预案要求的程序进行。

更多信息：

◎ 参见 GBZ 1、GBZ 2. 1、GBZ 2. 2、GBZ 158、GBZ 188。

5. 点焊

文件编号：××××××

文件名称：点焊职业危害识别与预防控制指南。

文件状态：有效。

岗位名称：点焊。

上岗所要求的条件：特种作业岗位操作证、设备操作证、职业健康检查合格和职业卫生安全培训合格。

工作任务：将工件用点焊机进行焊接连接。

上工序：冲压。

下工序：装配。

主要设备：固定点焊机和悬挂点焊机。

主要原、辅材料：工件。

作业方式和体位：

◎ 作业方式：半自动。

◎ 体位：悬挂点焊机以站位为主和固定点焊机可为站位或坐位。

负重量、方式及时间：双手负重≤10kg。

职业危害与危险源点的识别：

◎ 设备：点焊机操作时产生烟尘、弧光（紫外线）、噪声、振动和工频电磁场等危害，风机运行时产生噪声。其他危险源：安全防护装置缺损，阀门损坏，火星、熔珠、熔渣飞溅，通风装置故障，接地（零）缺损，电器绝缘损坏，进线端、输出端护罩缺损，制动器缺陷，平衡器脱落、坠落，变压器坠落等。

◎ 物料储存和运输：物料存放无序，运输通道不畅，工件棱角外露，工件倾倒滑落。

◎ 人机工效设计：工作台、工作椅设计不合理，不良体位，负重过大，采光和照明不良。

◎ 劳动组织和劳动者行为：劳动者配合不当，操作失误，个人防护用品穿戴不规范，违章作业。

◎ 作业环境：地面缺陷，环境高温和环境低温，地面绊脚物，废金属、工业废渣排放。

※ 小结：主要存在的职业性有害因素有粉尘（电焊烟尘）、弧光（紫外线）、噪声、振动和工频电磁场等。

职业危害控制策略：

√ 安装局部通风和除尘装置；

√ 采取减振和降噪措施；

√ 设备设施安装安全防护装置、防弧光（紫外线）装置，防止火星和熔渣飞溅；

√ 配备安全消防工具和器材；

√ 改善工效条件并加强物料管理；

√ 制定安全操作规程和作业指导书；

√ 实施职业性有害因素监测与评价、职业健康监护和职业卫生培训；

√ 发放有毒有害作业岗位津贴；

√ 正确的个人防护。

主要职业性有害因素的职业接触限值：

◎ 噪声、振动和工频电场：见 GBZ 2.2；

◎ 粉尘：见 GBZ 2.1。

工作场所出入管理：

√ 实施准入制度进入工作区域；

√ 进入现场要穿戴安全帽、工作服、耳塞或耳罩、防尘口罩、防护眼镜和普通工作鞋；

√ 工作区设置防尘、防噪声、防弧光（紫外线）、防火、防触电、防滑和防挤压等警示标识。

工艺和设备要求：

√ 工作地点（操作台）应尽量避开门、窗、过道等空气对流区，以防止横向气流干扰排风系统，导致粉尘和废气的逸散；

√ 确保向车间导入新鲜空气以替代排出的空气；

√ 排出的空气应排放至远离门、窗和进风口的安全处；

√ 含尘空气经清洁、过滤后可循环使用；

√ 物料转运畅通，尽量采用自动化，送料、转运过程采用柔性设计，以减少工件相互碰撞产生的噪声；

√ 提供良好采光照明；

√ 工作台设计考虑工效学要求，为作业人员提供合适的垫脚台；

√ 确保设备正常接地。

岗位操作规程：

√ 点焊操作工上岗前应经过培训合格；

√ 工作前按规定穿戴好个人防护用品，开启通风系统；

√ 工作前检查各种地线接地是否良好、各种电缆线是否裸露、电缆线接头是否松动或脱落，若正常，打开电源检查指示灯是否正常，检查各种设备工况是否正常；

√ 点焊过程中若发现焊机、工装设备、工具等出现异常情况请及时与维修部门联系，焊接操作工切勿自行处理；

√ 焊接过程中不得用力拖拽电缆线和管线，以免电缆线和管线接头松动或脱落切勿自行处理；

√ 修理和更换电极时，应将电源、气源关闭；

√ 焊接过程中应将焊机的门和控制器的门关好；

√ 手臂不得伸入电极之间；

√ 工件存放应整齐，存放高度应低于料箱（框）；

√ 工作后将本岗位产生的废金属收集到废料箱中，料箱满后送到废金属堆放场；

√ 工作后关闭各种电源和气源，挂好焊枪，清扫地面上的飞溅物和垃圾并把其倒入垃圾箱中；

√ 离开时，关闭电源和阀门。

设备日常维护：

√ 按设备供应商和安装者的要求，维护设备使其有效运行；

√ 应按使用维修说明书由维修人员维护。

设备检查和测试：

√ 每天作业前点检；

√ 肉眼检查设备损坏的迹象，每周至少巡视一次；

√ 每季度由技术人员全面检查，并张贴相应标识；

√ 检查和测试结果至少保存 5 年。

作业场所清洁和整理：

√ 现场物品定置摆放，做到无杂物、无积灰、无积水；

√ 每天清洁作业设备和工作区，每周定期清扫其他设备和车间一次；

√ 坚持地面湿式清扫或负压清扫，禁止用压缩空气清扫卫生；

√ 工作后关闭各种电源和气源，挂好焊枪，清扫地面上的飞溅物和垃圾并把其倒入垃圾箱中；

√ 生产现场废物分类收集，存放的粉状固体废物必须低于料斗顶端 10cm。

个人防护用品：

√ 根据现场存在的职业性有害因素的种类和浓度（强度），供应商提供的个人防护用品性能参数，选择适宜的个人防护用品；

√ 穿戴合适的个人防护用品：阻燃的白帆布工作服、防弧光（紫外线）护目镜、安全帽、绝缘防护手套、耳塞或耳罩、防滑防砸鞋和防护围裙；

√ 常规作业不需要呼吸防护用品，某些清洁和维修作业可能需要呼吸防护用品，如处理泄漏物；

√ 作业前应按规定穿戴好个人防护用品；

√ 保持个人防护用品干净清洁，按规定的间隔时间定期更换。

职业卫生培训：

◎ 劳动者培训内容：

A. 职业病防治的相关法律法规知识；

B. 粉尘、弧光（紫外线）、噪声、振动和工频电磁场等职业性有害因素的特性及其可能造成的健康影响与预防控制措施；

C. 岗位操作规程和岗位作业条件；

D. 个人防护用品的使用知识；

E. 简单故障的识别与处置及事故的报告方法；

F. 设备操作系统的检查和使用方法；

G. 急救箱的使用方法。

◎ 培训类型：上岗前、定期、换（转）岗培训。

◎ 培训方式：培训班、班组会、宣传栏、典型事故分析会、合同告知、网络、报纸、电视和广播宣传等。

职业卫生检查：

◎ 企业职业卫生管理部门检查：

A. 通风、除尘、减振和降噪装置是否完好；

B. 物料管理是否规范；

C. 作业场所粉尘、噪声、振动和工频电场等职业性有害因素是否超标；

D. 车间地面是否平整防滑，易于行走；

E. 作业场所的警示标识是否完善；

F. 劳动者是否按照作业指导书进行操作；

G. 劳动组织是否合理；

H. 现场清理、清洁、整顿和整理等检查；

I. 劳动者个人防护用品使用是否规范；

J. 建议检查周期：一月一次。

◎ 工会监督检查：

A. 车间是否有职业卫生监督员；

B. 工时和劳动组织是否合理；

C. 个人防护用品是否按照标准发放；

D. 保健津贴是否按时足额发放；

E. 更衣室、洗浴间和休息室等卫生设施是否齐备；

F. 预防控制措施是否落实；

G. 职业禁忌证人员是否得到妥善安置；

H. 收集并分析劳动者对职业卫生的抱怨等；

I. 建议检查周期：一季度一次。

劳动者职业安全卫生检查表：

◎ 确保通风、除尘系统开启并正常运行；

◎ 防止纸袋和其他废弃物吸入通风管道；

◎ 注意查找设备泄漏、磨损或损坏的迹象，如发现任何问题，请告诉管理人员，如果你认为有问题，请勿继续工作；

◎ 检查安全消防工具和灭火器材；

◎ 进餐、喝水前或如厕前后要洗手去除污染物；

◎ 及时安全地处理废弃物，使用吸尘器或湿拖布清洁固体；

◎ 按提供的说明使用、维护和保存任何个人防护用品。

应急救援：

◎ 可能发生的事故：电光性眼炎、金属烟雾热、火灾、烫伤和电击伤。

◎ 应急预案及设施：制定职业卫生应急救援预案、工伤事故应急预案及消防事故应急预案，并定期演练。

◎ 紧急处理及事故报告程序：按照应急预案要求的程序进行。

更多信息：

◎ 参见 GBZ 1、GBZ 2.1、GBZ 2.2、GBZ 158、GBZ 188、GBZ/T 189。

第 8 部分

涂装作业职业危害识别、分析与控制

一、涂装作业职业危害识别与分析

（一）工艺技术、材料和设备

1. 涂装的主要工艺

涂装的目的是保护被涂物，并对被涂物起装饰作用，提高产品使用寿命和美化外观。典型的轿车车身涂装工艺主要包括电泳、底漆、中涂、面漆 3C3B 体系等。在电泳底漆与中涂之间可能有焊缝密封和底板防护涂层的喷涂步骤，其作用是保证车身的密封、降噪和防锈，面漆后可能有涂内腔防锈蜡步骤。高级轿车车身的涂装有时还采用多涂层体系。载货汽车驾驶室和车厢一般采用二涂层体系，其他汽车零部件的涂装一般为单涂层体系。典型的轿车车身涂装工艺如图 8.1 所示。

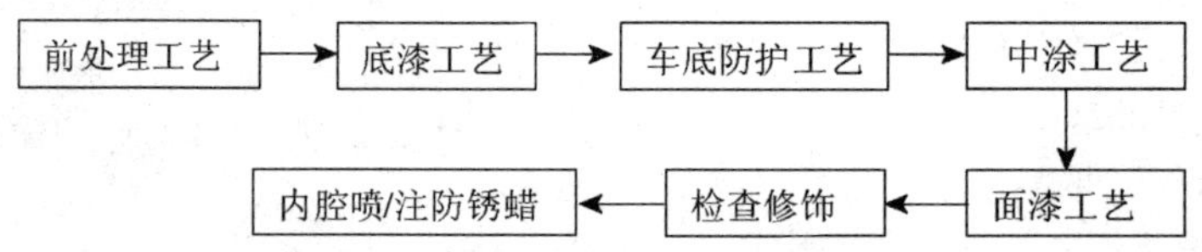

图 8.1　汽车涂装之工艺流程框图

表 8.1 列举了某汽车厂涂装车间有毒有害原材料名称及年使用量。

表 8.1　某厂涂装车间主要有毒有害原材料名称及年使用量

名称	年使用量（t）	名称	年使用量（t）
各色氨基汽车面漆	769.8	各色醇酸漆	20.0
二甲苯	28.5	丙酮	58 瓶
香蕉水	0.3	胶类系列	246.8
乙二醇乙醚	30.7	化学乙醇	104 瓶
甲酸	11.9	阳极电泳漆	301.2
盐酸	7.8	阴极电泳漆	187.0

续表

名称	年使用量（t）	名称	年使用量（t）
磷酸	2.0	其他溶剂	175.0
碳酸钠	68.4	调和漆系列	19.5
片碱	4.7	乙炔	700 瓶
磷化液和专用溶剂系列	1127.9	工业氧气	1000 瓶
聚丙烯酰胺	3.8	氨水	56 瓶
硫酸	16 瓶		

2. 涂装的主要设备

喷漆室、涂料供给装置、烘干室及自动涂装机。

3. 涂装的主要工种

涂装作业各工种描述见表 8.2。

表 8.2 涂装作业主要工种描述

调漆	将原漆开桶后倒入调漆罐→用手摇油泵从溶剂桶中抽取合适量的稀释剂注入调漆罐→用搅拌工具搅拌→测定黏度→黏度合格后用小推车送到喷漆工位。每天调 10 桶左右，每桶有 40kg，送现场 4 次
喷漆	工件表面预处理，将涂料喷涂到工件上。喷漆工每天加漆 4 桶，每桶 40kg，喷枪 5kg，每天工作 6h
电泳	根据产量或化验结果向前处理各室加料，保证各槽液参数，日常监控电泳槽液的搅拌情况，工件运行时监控工件在设备内的运行情况及烘干室的温度状况，定期清理前处理设备、电泳槽、后冲洗设备、烘干室。每天负重有 200kg
摘挂	将地面上的工件用天车挂在悬链上或将悬链上的工件用天车摘卸后放到地面上
清理	用水或溶剂汽油清理不合格部位，然后用干擦布擦净
打磨	对涂膜缺陷进行打磨，用砂纸磨平不合格的部位，对脏点等凸起小缺陷处磨出底涂层
抛光	在磨平处涂上抛光膏，再用抛光机抛光后擦净
修补	对涂膜缺陷部位用喷枪或手工修补

（二）主要职业性有害因素检测结果与分析

1. 涂装的主要职业性有害因素

（1）化学因素

主要为苯系物如苯、甲苯和二甲苯，也夹杂脂肪烃和其他芳香烃类化合物以及有机卤化合物；另外有含汽油溶剂油漆中的正己烷、含甲醛油漆中的甲醛、环氧油漆中的环氧树脂；有些油漆含有异氰酸酯、氯代亚甲基类化合物，如三聚氰（酰）胺、二异氰酸甲苯酯和亚甲二异氰酸酯等；油漆中的颜料等固体组分，一般含有滑石粉，但有些含有铅或其他金属组分及石棉。

（2）物理因素

噪声主要来自喷枪或喷丸清理设备。高温和热辐射主要来自油漆干燥设备。

2. 车间空气中有毒物质检测结果

表 8.3　A 公司涂装车间苯系物检测结果　　（单位：mg/m^3）

岗位	苯		甲苯		二甲苯	
	均值（*n*）	范围	均值（*n*）	范围	均值（*n*）	范围
调漆	3.3（9）	0.1～7.6	3.0（9）	0.1～6.6	4.7（9）	0.1～17.4
底漆	0.3（3）	0.2～0.4	0.5（3）	0.4～0.7	0.4（3）	0.3～0.4
面漆	2.6（13）	0.1～7.0	3.2（13）	0.3～10.5	26.1（13）	0.3～113.1
补漆	2.6（6）	0.3～6.9	2.3（6）	0.3～5.7	2.8（6）	0.1～11.8
合计	2.6（31）	0.1～7.6	2.7（31）	0.1～10.5	12.9（31）	0.1～113.1

注：检测结果为短时间接触浓度（C_{STE}）。

C 公司涂装作业场所空气中苯含量小于检测限 1.3mg/m^3，甲苯小于检测限 2.8mg/m^3，二甲苯除在调漆间工作台和调漆间调漆桶区空气中浓度在 3.6mg/m^3，其他作业场所空气中二甲苯含量均在检测限 3.6mg/m^3 以下。

表 8.4　作业场所其他化学性职业有害因素检测结果　　（单位：mg/m^3）

单位	检测地点	职业性有害因素	均值（*n*）	范围	达标率（%）
A 公司磷化车间	磷化酸洗岗位	磷酸	0.03（1）	—	100
B 公司三厂油漆车间	前处理 107L	氢氟酸（以氟计）	未检出（6）	—	100
	油漆	甲醇	未检出（1）	—	100
	调漆间 1C	甲醛	0.110（6）	0.030～0.16	
	色漆手工喷漆 604L		0.042（6）	0.006～0.054	
	色漆手工喷漆 604R		0.024（6）	0.020～0.033	
	清漆手工喷漆 611L		0.038（6）	0.013～0.057	100
	清漆手工喷漆 611R		0.089（6）	0.041～0.16	
	中途手工喷漆 405R/L		0.085（6）	0.044～0.12	
	中途手工喷漆 406R/L		0.041（6）	0.006～0.061	

注：检测结果为短时间接触浓度（C_{STE}）。

C 公司涂装作业场所空气中其他毒物浓度基本在检测限以下，如丙酮在 2.5 mg/m^3 以下，丁酮在 2.0mg/m^3 以下，醋酸乙酯在 3.4mg/m^3 以下，醋酸丁酯除中途与上涂间走道、中涂喷房、调漆间工作台和调漆间调漆桶区在检测限 4.2mg/m^3 左右，其他测定地点均小于检测限 4.2mg/m^3。

3. 粉尘

表 8.5　B 公司三厂油漆车间其他粉尘检测结果　（单位：mg/m^3）

检测地点	均值（n）	范围	达标率（%）
抛光打磨 702L	0.80（6）	0.6~1.0	100
抛光打磨 702R	0.80（6）	0.6~1.0	
电泳打磨 201L	0.73（6）	0.6~1.0	
电泳打磨 202L	0.77（6）	0.6~1.0	

注：检测结果为短时间接触浓度（C_{STE}）。

4. 噪声

表 8.6　作业场所噪声检测结果　［单位：dB（A）］

单位	检测地点	均值（n）	范围	达标率（%）
B 公司三厂油漆车间[b]	调漆间 1C 环境	83（3）	—	66.7
	中涂手工喷漆 405R	82（3）	—	
	中涂手工喷漆 406R	85（3）	—	
C 公司涂装车间[a]	金油喷涂外钣喷涂处	88.2	80.3~92.0	—
	中涂喷房作业处	90.0	82.6~96.9	

注：[a]检测结果为 8h 等效声级；[b]检测结果为作业场所检测结果。

（三）职业健康监护结果与分析

对所调查企业涂装作业工人职业健康体检结果见表 8.7。

表 8.7　涂装作业工人职业性体检复查结果

所属单位	体检人数	职业病患者（%）	职业禁忌证（%）	其他疾病（%）	复查人数（%）
B 公司一厂	102	0（0）	1（1.0）	59（57.8）	1（1.0）
B 公司二厂	723	0（0）	13（1.8）	177（24.5）	38（5.3）
B 公司三厂	198	0（0）	0（0）	120（60.6）	14（7.1）
C 公司	51	0（0）	4（7.8）	22（43.1）	12（23.5）

所调查的三家企业中只有建厂较早、条件相对较差的 A 公司确诊了慢性轻度苯中毒 8 人。而另外两家企业，相对建厂较晚，劳动条件较好，因此目前尚未发现职业病人。

（四）不同类型涂装车间的适用性评价

1. 敞开式的普通涂装车间

（1）车间内配备 1~2 间大件喷漆房与 1~2 间小件喷漆房。大件喷漆房大多为密闭式，内设上送下排的全室通风系统及底部流水漆雾吸附净化系统，小件喷漆房大多为敞开式，上送下排的侧壁通风及侧壁水幕漆雾吸附净化系统。

（2）生产工艺中基本没有自动化设备。

（3）喷漆房的技术含量低及职业病防护措施均比较落后，采用人工喷漆，喷涂时的空间内漆雾浓度很高，职业性有害因素浓度超标严重。

2. 大型、密闭、净化标准级涂装车间

（1）生产流水线是全密闭净化环境，采用上送风、下排风、底部流水吸附漆雾的净化设施。

（2）汽车涂装工艺的自动化程度比较高，表面喷涂前的工艺流程基本为全自动化、全密闭及无人操作，人工作业仅对自动喷漆开展补充喷漆作业。

（3）由于作业量小，使用的喷漆量少，作业环境中所产生的职业性有害因素浓度低，加以全面的送风与吸风，汽车涂装工艺生产场所有关职业性有害因素的浓度基本能达到国家职业卫生标准。

（五）职业危害关键控制点的确定

通过对涂装工艺、接触工种人数调查、职业性有害因素现场检测及健康监护资料分析，确定以下几个工种（位）为涂装作业职业危害关键控制点：手工喷漆（补漆）、调漆和电泳。

小结

（1）涂装的主要工艺有前处理、底漆、车底防护、中涂、面漆、检查修饰及内腔喷/注防锈蜡。

（2）涂装作业的主要设备有喷漆室、涂料供给装置、烘干室、自动涂装机及自动擦净机。

（3）涂装作业主要的原材料有各色氨基汽车面漆、二甲苯、乙二醇乙醚、甲酸、盐酸、磷酸、碳酸钠、片碱、磷化液和专用溶剂系列、聚丙烯酰胺及硫酸。

（4）涂装的主要职业性有害因素有化学性因素和物理性因素。化学性因素主要为苯系物，如苯、甲苯和二甲苯，也夹杂脂肪烃和其他芳香烃类化合物以及有机卤化合物；另外有含汽油溶剂油漆中的正己烷、含甲醛油漆中的甲醛、环氧油漆中的环氧树脂；有些油漆含有二异氰酸、氯代亚甲基类化合物，如三聚氰（酰）胺、二异氰酸甲苯酯和亚甲二异氰酸酯等。物理性因素主要有噪声、高温和热辐射。噪声主要来自喷枪或喷丸清理设备，高温和热辐射主要来自油漆干燥设备。

（5）采用敞开式的普通涂装车间，由于生产工艺中基本没有自动化设备，采用人工喷漆，职业危害防护措施比较落后，喷涂时的空间内漆雾浓度很高，职业危害严重。

（6）大型、密闭、净化标准级涂装车间：生产流水线是全密闭净化环境，采用上送风、下排风、底部流水吸附漆雾的净化设施。汽车涂装工艺的自动化程度比较高，表面喷涂前的工艺流程基本为全自动化、全密闭及无人操作，人工作业仅为少量补漆作业，作业量小，使用的喷漆量少，作业环境中有害因素浓度低，加以全面的送风与吸风，汽车涂装工艺生产场所有关职业性有害因素的检测浓度基本合格。

（7）通过对涂装工艺、接触工种人数调查、职业性有害因素现场检测及健康监护资料分析，确定以下几个工种（位）为涂装作业职业危害关键控制点：手工喷漆（补漆）、调漆及电泳。

二、涂装作业职业危害关键点控制技术

（一）改善工艺和原材料

（1）蜡加温后利用热蜡低黏度浸透性好的特点进行空腔注蜡，可提高涂蜡质量，并取消注蜡后的烘干，减少有机挥发物的排放。

（2）面漆保护膜替代面漆保护蜡，可减少环境污染，提高面漆质量。

（3）使用无镍、无亚硝酸盐、无铬钝化（或不用钝化）、低处理温度及生物可降解脱脂剂，减少毒物

排放。

（4）全封闭后冲洗，采用反渗透技术对 UF 液进行处理，可将排放的 UF 液体积减少 80% ~90%，同时回收 80% ~90% 的水及溶剂混合液替代去离子水，最大限度减少废水排放量和减少去离子水量。

（5）采用新工艺，如二次电泳、溶剂性底色向水性底色转变、一体化涂装以及逆过程工艺等。

（6）废漆处理及涂料回收，涂装材料实现水性化或无溶剂化后，解决了有机挥发物排放的处理问题，但仍有喷漆室的废漆处理及粉末回收问题。

（二）遵循喷漆室的卫生要求和设计要求

为保证涂料喷涂作业的环境温度和湿度，同时将未附着到涂漆工件表面的雾化涂料迅速排除，以防止附着到其他被涂物上和污染作业环境。

1. 喷漆室应具备下列功能

（1）能将喷涂产生的分散漆雾和溶剂蒸气迅速排除，并能最大限度地捕集喷雾，使排风机和排风管不积漆。

（2）有定向的风速，确保喷漆工的操作工位处在新鲜的流动空气中。风速不应小于溶剂蒸气的扩散速度 0. 2m/s，喷漆室内的风速应定向均匀，无死角。风速一般为：手工喷涂区段 0. 45 ~0. 5m/s；自动静电喷涂区 0. 25 ~0. 3m/s；擦净间、晾干间 0. 2 ~0. 3m/s。

（3）应有良好照明，确保喷漆工有良好的视野。

（4）应装备空调供风系统，确保喷漆室内空气的温度、湿度和清洁度。

（5）应装备有消防设施。室内的电器应防爆，室体应良好接地。

2. 喷漆室的构成

喷漆室由空调供风系统、室体、排风和漆雾捕集系统及废漆清除装置等几部分构成。

（1）空调供风系统是向喷漆室提供经调温、调湿、除尘的洁净空气的装置，它由进风口预滤段、预加热段（或冷却段）、喷洗及加湿段、后加热段、风机、后过滤段及消音段等组成。

（2）喷漆室室体由动压室、净压室、喷涂操作室和格栅底板组成。空调风首先进入动压室，在动压室内设有一定数量的导流板，使气流和气压分布均匀，再经动压室下部的多元调节阀和袋式过滤器进入净压室。在净压室与喷涂操作室之间有整体镀锌的钢丝网支持框架，上面铺有无纺织布过滤层，空调风经过这一过滤层均匀流向操作间，避免紊流现象的产生。室内的两侧一般用钢化玻璃和壁板封闭，上部和下部的外侧安装日光灯照明灯箱，灯光通过密封的玻璃窗为室内照明。

（3）排风和漆雾捕集系统由油漆的捕集装置、排风风机及风管等组成。有干式和湿式两种，干式漆雾捕集装置是喷漆室抽风口设折流板或过滤网，其结构简单，需经常清理和更换滤网，仅适用于小批量生产。湿式喷雾捕集装置是用循环水来洗涤带漆雾的空气，它的工作原理是使喷漆室的废气与水充分混合，利用不同风速、挡水板和风向的多次转换，使水和漆雾与空气分离，水中加有凝聚剂，使落入水中的漆雾凝聚，送风下抽风喷漆室。

（三）遵循涂料供给装置的卫生要求和设计要求

涂料供给装置就是通过压力泵将涂料从调漆室经密封管道循环压送到生产线的多个操作工位，它包括调漆、输漆和控温等部分。采用集中涂料供给系统对涂料的黏度、颜色和温度的均一性能进行较好的控制，对改善现场环境、安全生产和减少车间内运输等有益，可避免脏物污染涂料。调漆间应具有良好的通风条件，一般换气次数为 15 次/h，送风系统应确保清洁度。为避免静电导致火灾和爆炸等隐患，调漆间地面要充分考虑防静电措施，如布置导电铜、铺导电地砖或涂导电地面涂料等。输漆循环系统有盲端式、两线式和三线式等三种方式，其中以三线式为最佳。

(四) 遵循烘干室的卫生要求和设计要求

按烘干室的形状和通过方式可分为箱式和通过式，通过式又有直通式、桥式和“π”型等三种。按加热方式可分为辐射式、对流式和辐射对流结合式。箱式烘干式适用于小批量间歇式生产，大批量流水生产都采用通过式，桥式和“π”型与直通式相比有较多优点。烘干式热源可根据资料条件选择气体燃料、燃油、电等。由于汽车外观的高装饰性要求，烘干过程中不能有导致漆膜缺陷的污染，所以烘干室应有热空气过滤器，室体内表面要设计成光滑、不积灰、易清理的结构，采用燃料作热源时要通过换热器间接加热。为防止烘干中的挥发物在进出口处凝结，从烘干室顶部滴落影响质量，可在桥式烘干室的进出口上方设置加热板。为防止电泳漆烘干的二次流挂产生，电泳烘干室可设置预热段（100℃，4min）。车身烘干室一般热效率较低，大部分热能为无效损失，最新的结构烘干室循环空气耗电可节省45%，总能源消耗可下降25%。

(五) 遵循自动涂装机的卫生要求和设计要求

自动喷涂推动了车身外板涂装自动化，其方式有往复式（喷枪往复移动）和固定式（喷枪固定）。空气雾化静电喷涂机是采用往复式，旋转雾化静电喷涂机是采用往复式和固定式两种。装涂机一般由侧喷机和顶喷机构成。侧喷机主要喷涂车身的两个垂直侧面，可有1～3个自由度，顶喷机可喷涂车身前后端面和水平面，可有5个自由面。以前涂装机整体都安装在喷漆室内部，现在多为外置式，只有雾化器及支持部分在喷漆室内，为实现高度仿形的工作要求和体现经济安全性，各自由度由伺服电机驱动，高压发生器和换色阀多装在雾化器内。自动涂装机不但在喷涂方面实现自动化，包括车型识别、换色等也能自动完成。

(六) 遵循自动擦净机的卫生要求和设计要求

采用自动鸵鸟毛擦净机可显著提高喷涂前车身表面的清洁度，提高喷涂质量。它安装在喷漆室的入口处，10μm以下的尘粒可被擦除，大大减少喷涂前的准备工作量。

擦净滚采用鸵鸟毛，对灰尘的吸附能力很强，对车身外表面擦净效果很好，羽毛以很小的接触力低速擦过车身表面，吸附车体上的灰尘，并传送至吸风罩处，在此离子风吹拂羽毛，将灰尘除掉。擦净机的动作及控制同自动装涂机，可自动识别车型，完成擦净及二次离子化处理，消除车身外表面的摩擦静电。

(七) 采用先进的涂装方法

汽车涂装常用的方法有刷涂、喷涂及浸涂等，随着工业技术的进步，已经采用各种高效的自动涂装方法。除喷涂外，还有电泳涂装、自动静电涂装及粉末静电涂装等，其中，电泳涂装法只适用于涂底漆。

1. 空气喷涂

空气喷涂是靠压缩空气的气流使涂料雾化，在气流带动下，涂敷到被涂物表面。基于它几乎适用于各种涂料和各种被涂物，效率高，作业性好，且能得到均匀美观的涂膜，所以至今还是中小批量汽车涂装和汽车修补涂装的主要涂装方法之一。空气喷涂法涂料的涂着效率低，漆雾飞散多，致使操作环境变差。

常用的喷枪由喷头、调节部件和枪体三部分组成。喷头由空气帽、喷嘴、针阀等组成，它是改变涂料的雾化、喷流图样等决定喷枪性能的关键部件。调节部件是调节涂料喷出量和空气流的装置。涂料从涂料喷嘴中喷出，因喷嘴易被涂料磨损，一般用合金钢制作，并经热处理，其口径随用途而异，有0.5mm、0.7mm、1.0mm、1.2mm、1.5mm、2.0mm、3.0mm、4.0mm、5.0mm等多种规格，常用的是1～2.5mm。0.5～

0.7mm 的适用于着色剂、虫胶等易雾化的低黏度涂料；1.0～1.5mm 的适用于硝基漆、合成树脂漆等；2.0～2.5mm 的适用于雾化粒子稍粗和稍黏的底漆和中涂涂料；3～5mm 的适用于塑料溶胶、车底防护涂料等黏稠的涂料。根据用途不同还有各种改形喷枪，如供喷涂管子和窄腔内壁用的长头喷腔；供往复机和机械手自动喷涂用的自动喷枪，与一般喷枪不同的是靠压缩空气驱动控制喷头上的针阀；供喷涂高黏度用的大口径喷枪等。

2. 空气雾化静电喷枪

空气雾化静电喷枪和空气喷枪大体相同，其不同点是前端有针状电极，接以负高电压，被涂物接地作为阳极，在两极之间形成高压静电场，阴极产生电晕放电，使雾化的涂料微粒子带电荷，在静电力与空气力共同作用下，使涂料均匀地附着于被涂物表面上。空气静电涂装比空气喷涂涂装效率高。

3. 旋杯式静电雾化器

旋杯式静电雾化器（喷杯）的旋杯的转速在空载时最高可达 60000r/min，工作状态可达 30000r/min 左右，一般喷杯不仅分散和雾化涂料，还使漆滴荷电。在强的离心力和静电作用下，可使涂料雾化得很细，漆滴直径可达到 50～100μm（喷涂时雾化的漆滴直径小于 375μm 时，就能形成良好的涂膜）。由于喷杯高速旋转，即使使用高固体分涂料，或施工黏度稍高都不会对质量有很大影响，一次喷涂膜厚可达 35～40μm，所以特别适用于大量流水生产的车身涂装线。

4. 粉末静电涂装法

工业应用的粉末涂装法有流动床法、熔射法、粉末静电喷涂法、静电流动床法及粉末静电振荡涂装法等。在汽车涂装领域最常用的是粉末静电喷涂法，它是靠高电压使粉末带负电，借助于静电引力吸附在被涂物上，加热熔融（固化）后成膜的一种涂装方法。粉末涂料粒子带电方法有两种，一种是在静电场中由电晕放电空气离子化产生的电荷相碰而带电；另一种是粉末粒子间或与器壁等的摩擦而带电。粉末静电喷涂设备主要包括喷粉室、供粉装置、粉末回收装置、静电发生器、静电喷涂机（或喷涂机械人）等组成。喷涂车身的粉末喷涂室与喷漆室相似，只是下部的结构有区别，它相对简单，以粉末回收系统替代循环水系统。

（八）职业健康监护

涂装作业主要接触的是油漆的溶剂，根据油漆种类，溶剂成分很多，常见成分及其作业人员应体检项目具体见表 8.8。

表 8.8　涂装作业工人职业健康监护项目表

工种	职业性有害因素	上岗前	在岗期间	职业禁忌证
涂装	苯（甲苯和二甲苯）	（1）症状询问 （2）体格检查：内科常规检查 （3）实验室和其他检查：血常规、尿常规、血清 ALT、心电图、溶血试验*、肝脾 B 超*	（1）症状询问 （2）体格检查：内科常规检查 （3）实验室和其他检查：血常规（注意细胞形态及分类）、尿常规、血清 ALT、心电图、肝脾 B 超、尿反－反粘糠酸测定*、尿酚*、骨髓穿刺*、溶血试验*	（1）血常规检出有如下异常者： 白细胞计数低于 4.5×10^9/L； 血小板计数低于 8×10^{10}/L； 红细胞计数男性低于 4×10^{12}/L，女性低于 3.5×10^{12}/L 或血红蛋白定量男性低于 120g/L，女性低于 110g/L （2）造血系统疾病如各种类型的贫血、白细胞减少症和粒细胞缺乏症、血红蛋白病、血液肿瘤以及凝血障碍疾病等 （3）脾功能亢进

续表

工种	职业性有害因素	上岗前	在岗期间	职业禁忌证
涂装	汽油	(1) 症状询问 (2) 体格检查 a. 内科常规检查 b. 皮肤科检查 c. 神经系统常规检查 (3) 实验室和其他检查：血常规、尿常规、血清 ALT、心电图、神经－肌电图*	(1) 症状询问 (2) 体格检查 a. 内科常规检查 b. 皮肤科常规检查 c. 神经系统常规检查 (3) 实验室和其他检查：血常规、尿常规、血清 ALT、心电图、神经－肌电图*	(1) 过敏性皮肤疾病 (2) 神经系统器质性疾病
	正己烷	(1) 症状询问 (2) 体格检查 a. 内科常规检查 b. 神经系统检查常规检查及四肢肌力 (3) 实验室和其他检查：血常规、血糖、尿常规、心电图、血清 ALT、神经－肌电图*	(1) 症状询问 (2) 体格检查　同上岗前 (3) 实验室和其他检查：血常规、尿常规、血糖、尿糖、心电图、神经－肌电图*	(1) 多发性周围神经病 (2) 糖尿病
	甲醛	(1) 症状询问 (2) 体格检查：内科常规检查，重点检查呼吸系统 (3) 实验室和其他检查：血常规、尿常规、心电图、血清 ALT、肺功能、胸部 X 射线检查*、肺弥散功能*、血清免疫球蛋白 IgE*	—	(1) 慢性阻塞性肺病 (2) 支气管哮喘 (3) 慢性间质性肺病 (4) 支气管扩张
	甲醇	(1) 症状询问 (2) 体格检查 a. 内科常规检查 b. 神经系统常规检查 c. 眼科检查：常规检查及视野、眼底 (3) 实验室和其他检查：血常规、尿常规、心电图、血清 ALT	同上岗前	视网膜及视神经病
	甲苯二异氰酸酯	(1) 症状询问 (2) 体格检查 a. 内科常规检查：重点检查呼吸系统、心血管系统 b. 鼻科常规检查：重点检查有无过敏性鼻炎	(1) 症状询问 (2) 体格检查 a. 内科常规检查：重点检查呼吸系统、心血管系统 b. 鼻科常规检查：重点检查有无过敏性鼻炎	(1) 致喘物过敏和支气管哮喘 (2) 伴肺功能损害的心血管及呼吸系统疾病

续表

工种	职业性有害因素	上岗前	在岗期间	职业禁忌证
涂装	甲苯二异氰酸酯	（3）实验室和其他检查：血常规及血嗜酸细胞计数、尿常规、心电图、血清 ALT、肺功能、胸部 X 射线检查，有过敏史或可疑有过敏体质的受检者可选择下列项目：变应原皮肤试验*（皮内、点刺或划痕法）、非特异性气管激发试验*（气道高反应性激发试验）	（3）实验室和其他检查：血常规及血嗜酸细胞计数、肺功能、心电图、胸部 X 射线摄片、变应原皮肤试验*（皮内、点刺或划痕法）、抗原特异性 IgE 抗体*、实验室变应原支气管激发试验*	

注：* 者为选检项目，其他为必检项目；应急、离岗时、离岗后医学随访的职业健康检查详见 GBZ188（有效版本）。

（九）个人防护用品

各工种主要职业危害和防护措施见表 8.9。

表 8.9　涂装作业各工种职业性有害因素及防护控制措施

工种	职业性有害因素	个人防护用品
调漆	苯、甲苯、二甲苯、溶剂汽油、乙酸乙酯、丙酮和噪声	防静电工作服、防毒口罩、耳塞或耳罩、工作帽、防化学品手套、防静电防滑鞋和防护围裙
油漆线前处理	噪声、毒物（如盐酸、磷酸、草酸、碳酸钠、氢氧化钠、焦磷酸和硅酸钠等）	工作服、防毒口罩、防护眼镜、工作帽、防化学品手套、防滑防化学品鞋（靴）和防护围裙
电泳底漆运行	噪声、毒物（如丙烯酸、丙烯酸甲酯、甲基丙烯酸甲酯和二异氰酸甲苯酯等）	工作服、安全帽、防毒口罩、耳塞或耳罩、耐酸碱手套、防滑鞋和防护围裙
手工喷漆	噪声、毒物（如苯、甲苯、二甲苯、溶剂汽油、乙酸乙酯和丙酮等）	防静电工作服、防毒面具、防腐蚀液护目镜、耳塞或耳罩、工作帽、防化学品手套和防静电防滑鞋
油漆线烘干室	高温、噪声、毒物（如苯、甲苯、二甲苯、溶剂汽油、乙酸乙酯和丙酮）	工作服、安全帽、防毒口罩、耳塞或耳罩、焊接手套（主要用于防高温）和防滑鞋
补漆	噪声、粉尘和毒物（如苯、甲苯、二甲苯、溶剂汽油、乙酸乙酯和丙酮）	防静电工作服、防毒口罩、耳塞或耳罩、工作帽、防化学品手套、防静电防滑鞋和防护围裙
天车	所在生产车间环境中存在的职业性有害因素	个人防护用品
酸洗	盐酸、硫酸、硝酸和氮氧化物	防酸碱服、防化学品鞋（靴）、耐酸碱手套、工作帽、防腐蚀液护目镜和防毒护具

三、涂装作业主要岗位职业危害识别与预防控制指南

1. 调漆

文件编号：××××××

文件名称：调漆职业危害识别与预防控制指南。

文件状态：有效。

岗位名称：调漆。

上岗所要求的条件：密闭空间作业许可证、设备操作证、职业健康检查合格和职业安全卫生培训合格。

工作任务：油漆调制。

上工序：保管。

下工序：喷漆和补漆。

主要设备：调漆搅拌罐。

主要原、辅材料：油漆和溶剂。

作业方式和体位：

◎ 作业方式：半自动。

◎ 体位：20%时间站位、弯腰，80%坐位。

负重量、方式及时间：双手负重；负重量<10kg，时间约1h/工作班。

职业危害与危险源点的识别：

◎ 设备：加料、搅拌和抽检操作时接触有机溶剂，常用的有机溶剂有苯、甲苯、二甲苯、溶剂汽油、乙酸乙酯和丙酮等；调漆搅拌罐、通风风机运行时产生噪声。其他危险源：管道接口密封不严，安全防护装置缺损，电气防爆装置缺损，静电防护装置缺损、接地（零）缺损，电器绝缘损坏，槽罐泄漏、火灾、爆炸，通风装置故障等。

◎ 物料储存和运输：物料存放无序，运输通道不畅，消防器材缺损，容器密封不严，漆桶坠落、倾倒，溶剂与油漆泄漏、外溢，送料小推车损坏，调漆间梯台破损，废料容器处置不当。

◎ 人机工效设计：加料工作台设计不合理，物料提举方式不当，负重过大，操作工具使用不当，采光和照明不良。

◎ 劳动组织和劳动者行为：劳动者配合不当，操作失误，违章作业，火种带入，个人防护用品穿戴不规范。

◎ 作业环境：地面缺陷，地面湿滑，地面绊脚物，人员通道不畅。

※ 小结：主要存在的职业性有害因素有苯、甲苯、二甲苯、溶剂汽油、乙酸乙酯、丙酮和噪声等。

职业危害控制策略：

√ 调漆间与值班室隔离；

√ 调漆间安装通风和排毒装置；

√ 调漆间设置安全防护装置、电气防爆装置和静电防护装置；

√ 配备消防安全工具和器材；

√ 向供应商索取化学品的物质安全数据说明书（MSDS）；

√ 对于成分不明的化学品应明确标识为“未知化学品X”，并追踪其成分；

√ 化学品容器包装应有中文警示说明，保持容器外部的清洁，警示标识应清晰；

√ 调漆间应设置“当心中毒，当心火灾”等中文警示标识；

√ 改善工效条件，如操作高度不适可增加垫脚台；

√ 加强物料管理，不用的容器应及时加盖；

√ 制定安全操作规程和作业指导书；

√ 实施职业性有害因素监测与评价、职业健康监护和职业卫生培训；

√ 发放有毒有害作业岗位津贴；

√ 正确的个人防护。

主要职业性有害因素的职业接触限值：

◎ 毒物：见GBZ 2.1；

◎ 噪声：见GBZ 2.2。

工作场所出入管理：

√ 实施准入制度进入工作区域；

√ 进入现场要穿戴防静电工作服，防毒口罩，耳塞或耳罩和防静电防滑鞋；

√ 工作区设置防毒、防噪声、防火、防爆和防滑等警示标识。

工艺和设备要求：

√ 调漆搅拌罐应密闭；

√ 调漆间与值班室应隔离；

√ 调漆间应安装通风、排毒装置；

√ 加料尽量采用管道抽吸，减少人工倾倒；

√ 调漆搅拌罐的密封罩开口应尽可能小，有足够空间进行安全操作；

√ 提供良好照明，照明设施应满足所使用的化学品和工作任务，如防毒或防爆；

√ 确保物流畅通，没有大型物件堵塞工作出入口；

√ 作业场所设置冲洗、盥洗装置；

√ 工作区应尽可能避开门、窗、过道等处，以避免穿堂风（横向气流）干扰排风系统，防止污染扩散；

√ 调漆间的地面防滑、防油、易于清扫；

√ 墙壁、顶棚、地面设计防锈、防吸附毒物；

√ 工作区保持良好通风，补充新鲜空气；

√ 排出的空气应排放至远离门、窗和进风口的安全处；

√ 含有害蒸气的空气不能循环使用。

岗位操作规程：

√ 工作前按规定穿戴好个人防护用品；

√ 禁止携带火种或引火源进入调漆间，如打火机、火柴、手机等；

√ 进入调漆间作业前，先打开风机抽风并去除身体及携带物品的静电；

√ 进入调漆间作业时，应与调漆间外的作业人员实时联系；

√ 应使用防爆启桶器打开油漆桶盖时，不得使用其他工具；

√ 特殊颜色少量用漆在调漆间调好后送到现场使用；

√ 调漆间油漆贮存量不得超过当班用量；

√ 现场当天用剩的油漆应置于调漆间保存，调漆间用剩的油漆不得敞口存放；

√ 作业结束后，应及时回收现场剩余的油漆、溶剂、空桶，并清除调漆现场的杂物，装卸时须轻拿轻放，防止撞击、拖拉、泄漏，对于泄漏的油化品应及时清理干净；

√ 进行清理、清洁、整顿、整理、素养等检查，认真填写交接班记录；

√ 工作完毕后，依次关闭搅拌系统、照明系统、抽风系统、总电源开关，并锁好调漆间大门；

√ 注意保管现场配备的消防器材，操作工应会使用本岗位的消防器材。

设备日常维护：

√ 按设备供应商和安装者的要求，维护设备，使其有效运行。

设备检查和测试：

√ 从生产商那里索取通风设备的设计性能信息，将这些资料存档，以便与将来测试结果比较；

√ 肉眼检查设备损坏的迹象，每周至少巡视一次；

√ 根据设备的性能测试标准，每12个月至少检查和测试一次通风设备；

√ 检查和测试结果至少保存5年。

作业场所清洁和整理：

√ 现场物品定置摆放，做到无杂物、无积灰、无积液、无油污；

√ 每天清洁作业设备和工作区，每周定期清扫其他设备和车间一次；

√ 应立即处理泄漏物，安全处置泄漏物；

√ 物料容器应存放在安全处，安全处置空容器；

√ 物料容器使用后应立即加盖。

个人防护用品：

√ 根据现场存在的职业性有害因素的种类和浓度（强度），供应商提供的个人防护用品性能参数，选择适宜的个人防护用品；

√ 穿戴合适的个人防护用品：防静电工作服、防毒口罩、耳塞或耳罩、工作帽、防化学品手套、防静电防滑鞋和防护围裙；

√ 作业前必须按规定穿戴好个人防护用品；

√ 保持个人防护用品干净清洁，按规定的间隔时间定期更换。

职业卫生培训：

◎ 劳动者培训内容：

A. 职业病防治的相关法律法规知识；

B. 有机溶剂（苯、甲苯、二甲苯、溶剂汽油、乙酸乙酯和丙酮等）和噪声等职业性有害因素的特性及其可能造成的健康影响与预防控制措施；

C. 皮肤、衣物污染清洗方法；

D. 岗位操作规程和岗位作业条件；

E. 个人防护用品的使用知识；

F. 简单故障的识别与处置及事故的报告方法；

G. 设备操作系统的检查和使用方法；

H. 急性有机溶剂中毒的自救和互救知识；

I. 急救箱的使用方法。

◎ 培训类型：上岗前、定期、换（转）岗培训。

◎ 培训方式：培训班、班组会、宣传栏、典型事故分析会、合同告知、网络、报纸、电视和广播宣传等。

职业卫生检查：

◎ 企业职业卫生管理部门检查：

A. 通风和排毒装置是否完好；

B. 物料管理是否规范；

C. 车间地面是否平整防滑，易于行走；

D. 作业场所的警示标识是否完善；

E. 劳动组织是否合理；

F. 劳动者是否按照作业指导书进行操作；

G. 现场清理、清洁、整顿和整理等检查；

H. 作业场所有毒物质、噪声等职业性有害因素是否超标；

I. 劳动者个人防护用品使用是否规范；

J. 建议检查周期：一月一次。

◎ 工会监督检查：

A. 车间是否有职业卫生监督员；

B. 工时和劳动组织是否合理；

C. 个人防护用品是否按照标准发放；

D. 保健津贴是否按时足额发放；

E. 更衣室、洗浴间和休息室等卫生设施是否齐备；

F. 预防控制措施是否落实；

G. 职业禁忌证人员是否得到妥善安置；

H. 收集并分析劳动者对职业卫生的抱怨等；

I. 建议检查周期：一季度一次。

劳动者职业安全卫生检查表：

◎ 确保通风、排毒系统开启并正常运行；

◎ 检查安全消防工具和灭火器材；

◎ 防止纸袋和其他废弃物吸入通风管道；

◎ 注意查找设备泄漏、磨损或损坏的迹象，如发现任何问题，请告诉管理人员，如果你认为有问题，请勿继续工作；

◎ 勿用有机溶剂清洁皮肤；

◎ 进餐、喝水前或如厕前后要洗手去除污染物；

◎ 应立即处理泄漏物，使用颗粒物或抹布清洁液体，安全处置泄漏物；

◎ 按提供的说明使用、维护和保存任何个人防护用品。

应急救援：

◎ 可能发生的事故：急性苯中毒及其他有机溶剂中毒、火灾和爆炸。

◎ 应急预案及设施：制定职业卫生应急救援预案、工伤事故应急预案及消防事故应急预案，并定期演练。

◎ 紧急处理及事故报告程序：按照应急预案要求的程序进行。

更多信息：

◎ 参见 GBZ 1、GBZ 2.1、GBZ 2.2、GBZ 158、GBZ 188、GBZ/T 189。

2. 油漆线前处理

文件编号： ××××××

文件名称： 油漆线前处理职业危害识别与预防控制指南。

文件状态： 有效。

岗位名称： 油漆线前处理。

上岗所要求的条件： 设备操作证、职业健康检查合格和职业安全卫生培训合格。

工作任务： 脱脂、水洗、表调和磷化。

上工序： /

下工序： 底漆。

主要设备： 油漆前处理线。

主要原、辅材料： 除油剂、表调液和磷化液。

作业方式和体位：

◎ 作业方式：自动运行。

◎ 体位：站位巡检。

负重量、方式及时间： 不负重。

职业危害与危险源点的识别：

◎ 设备：加料、抽检和检修操作时接触有害化学物质，常见的有盐酸、磷酸、草酸、碳酸钠、氢氧化钠、焦磷酸和硅酸钠，前处理线运行、通风风机运行时产生噪声，前处理线密闭不严时有害化学物质泄漏。其他危险源：设备密闭不严，检修门关闭不严，管道接口密封不严，安全防护装置缺损，梯台缺损，制动器缺陷，悬链损坏，设备盖板缺损，电气防爆装置缺损，静电防护装置缺损，接地（零）缺损，电器绝缘损坏，槽罐泄漏，槽液泄漏，废液泄漏，废渣泄漏，通风装置故障，火灾和爆炸事故等。

◎ 物料储存和运输：物料存放无序，运输通道不畅，消防器材缺损，容器密封不严，化学物泄漏、外溢，悬链下方站立，吊物坠物，废料容器处置不当。

◎ 人机工效设计：加料工作台设计不合理，物料提举方式不当，负重过大，操作工具使用不当，采光和照明不良。

◎ 劳动组织和劳动者行为：劳动者配合不当，操作失误，违章作业，火种带入，个人防护用品穿戴不规范。

◎ 作业环境：地面缺陷，地沟盖板不严，地面湿滑，地面绊脚物，人员通道不畅，高温、高湿作业环境。

※ 小结：主要存在的职业性有害因素有噪声和毒物（如盐酸、磷酸、草酸、碳酸钠、氢氧化钠、焦磷酸和硅酸钠等）。

职业危害控制策略：

√ 前处理线应密闭和隔离；

√ 加料应尽量采用管道输送或自动加料；

√ 安装通风、排毒装置；

√ 值班室应设置通风，供应新鲜空气；

√ 进入密闭空间应加强通风，供应新鲜空气；

√ 配备安全防护装置、消防安全工具和器材；

√ 向供应商索取化学品的物质安全数据说明书（MSDS）；

√ 对于成分不明的化学品应明确标识为“未知化学品 X”，并追踪其成分；

√ 化学品容器包装应有中文警示说明，保持容器外部的清洁，警示标识应清晰；

√ 前处理线应设置“当心中毒，当心火灾”等中文警示标识；

√ 加强物料管理，不用的容器应及时加盖；

√ 制定安全操作规程和作业指导书；

√ 实施职业性有害因素监测与评价、职业健康监护和职业卫生培训；

√ 发放有毒有害作业岗位津贴；

√ 正确的个人防护。

主要职业性有害因素的职业接触限值：

◎ 噪声：见 GBZ 2.2；

◎ 毒物：见 GBZ 2.1。

工作场所出入管理：

√ 实施准入制度进入工作区域；

√ 进入现场要穿戴工作服、防毒口罩、耳塞或耳罩、防滑鞋和防腐蚀液护目镜；

√ 工作区设置防毒、防噪声、防火、防爆、防滑和防坠物等警示标识。

工艺和设备要求：

√ 前处理线应密闭，检修门或入口应密闭；

√ 前处理线与值班室应隔离；

√ 前处理线应安装通风和排毒装置；

√ 密闭空间设计要求；

√ 通风装置使用过滤器，避免废渣沉积在电动机、风扇叶片和通风管道上；

√ 用简便方法检查通风系统是否正常工作，如气压计、压力表或指示器；

√ 加料尽量采用管道加料，减少人工倾倒；

√ 加料或抽检开口应尽可能小，确保阀门功能完好，减少泄漏；

√ 提供良好照明，照明设施应适合所使用的化学品和工作任务，如防毒或耐火；

√ 确保物流畅通，出入口无障碍；

√ 作业场所设置冲洗、盥洗装置；

√ 前处理线的地面防滑、防油、易于清扫；

√ 工作区保持良好通风，补充新鲜空气；

√ 排出的空气应排放至远离门、窗和进风口的安全处；
√ 含有害蒸气的空气不能循环使用。

岗位操作规程：

√ 工作前按规定穿戴好个人防护用品；
√ 设备运行前检查信号指示是否正常，槽罐管道阀门等有无泄漏；
√ 操作者应熟悉设备一般性能和结构，不得违章使用；
√ 作业前5min开启通风设备，作业完毕后5min关闭通风设备；
√ 设备运行时，严格按操作规程进行作业，防止事故发生；
√ 配料时应按照规定的先后顺序缓慢加入；
√ 工作前按工艺要求加温和加料；
√ 生产时注意控制溢流量，避免产生过量废水；
√ 设备出现“跑冒滴漏”时，立即向维修人员反映，尽快维修，必要时，可停止生产，待设备修复后再恢复生产；
√ 脱脂槽、清洗槽、表调槽、磷化槽等应定期排放清理；
√ 酸碱液沾上皮肤应立即用清水冲洗；
√ 磷化槽清理前先将磷化液转移到贮槽，清理完成后，再将磷化液转移到磷化槽，磷化液不得排放，清理出的磷化渣送危险废物堆放场；
√ 工作完成后本岗位中所有备用泵的进口阀、出口阀必须关闭。

设备日常维护：

√ 按设备供应商和安装者的要求，维护设备，使其有效运行。

检查和测试：

√ 从生产商那里索取通风设备的设计性能信息，将这些资料存档，以便与将来测试结果比较；
√ 肉眼检查设备损坏的迹象，每周至少巡视一次；
√ 定期检查悬链、夹具、起重设备、通风管道受腐蚀情况，及时维修；
√ 根据设备的性能测试标准，每12个月至少检查和测试一次通风设备；
√ 检查和测试结果至少保存5年。

作业场所清洁和整理：

√ 现场物品定置摆放，做到无杂物、无积灰、无积液、无油污；
√ 化学品、易燃品应指定地点存放并有专人负责；
√ 每天清洁作业设备和工作区，每周定期清扫其他设备和车间一次；
√ 应立即处理泄漏物，安全处置泄漏物；
√ 容器应存放在安全处，安全处置空的容器；
√ 容器使用后应立即加盖。

个人防护用品：

√ 根据现场存在的职业性有害因素的种类和浓度（强度），供应商提供的个人防护用品性能参数，选择适宜的个人防护用品；
√ 穿戴合适的个人防护用品：工作服、防毒口罩、防护眼镜、工作帽、防化学品手套、防滑防化学品鞋（靴）和防护围裙；
√ 作业前必须按规定穿戴好个人防护用品；
√ 保持个人防护用品干净清洁，按规定的间隔时间定期更换。

职业卫生培训：

◎ 劳动者培训内容：
  A. 职业病防治的相关法律法规知识；
  B. 有害化学物质、噪声等职业性有害因素的特性及其可能造成的健康影响与预防控制措施；
  C. 皮肤、衣物污染清洗方法；
  D. 岗位操作规程和岗位作业条件；
  E. 个人防护用品的使用知识；
  F. 简单故障的识别与处置及事故的报告方法；
  G. 设备操作系统的检查和使用方法；
  H. 急性中毒的自救和互救知识；
  I. 急救箱的使用方法。
◎ 培训类型：上岗前、定期、换（转）岗培训。
◎ 培训方式：培训班、班组会、宣传栏、典型事故分析会、合同告知、网络、报纸、电视和广播宣传等。

职业卫生检查：

◎ 企业职业卫生管理部门检查：
  A. 通风、排毒装置是否完好；
  B. 物料管理是否规范；
  C. 作业场所有毒物质、噪声等职业性有害因素是否超标；
  D. 车间地面是否平整防滑，易于行走；
  E. 作业场所的警示标识是否完善；
  F. 劳动者是否按照作业指导书进行操作；
  G. 劳动组织是否合理；
  H. 现场清理、清洁、整顿和整理等检查；
  I. 劳动者个人防护用品使用是否规范；
  J. 建议检查周期：一月一次。
◎ 工会监督检查：
  A. 车间是否有职业卫生监督员；
  B. 工时和劳动组织是否合理；
  C. 个人防护用品是否按照标准发放；
  D. 保健津贴是否按时足额发放；

E. 更衣室、洗浴间和休息室等卫生设施是否齐备；

F. 预防控制措施是否落实；

G. 职业禁忌证人员是否得到妥善安置；

H. 收集并分析劳动者对职业卫生的抱怨等；

I. 建议检查周期：一季度一次。

劳动者职业安全卫生检查表：

◎ 确保通风系统开启并正常运行；

◎ 防止纸袋和其他废弃物吸入通风管道；

◎ 注意查找设备泄漏、磨损或损坏的迹象，如发现任何问题，请告诉管理人员，如果你认为有问题，请勿继续工作；

◎ 进餐、喝水前或如厕前后要洗手去除污染物；

◎ 勿用有机溶剂清洁皮肤；

◎ 应立即处理泄漏物，使用颗粒物或抹布清洁液体，安全处置泄漏物；

◎ 按提供的说明使用、维护和保存任何个人防护用品。

应急救援：

◎ 可能发生的事故：急性中毒、化学灼伤、淹溺和摔伤等。

◎ 应急预案及设施：制定职业卫生应急救援预案、工伤事故应急预案及消防事故应急预案，并定期演练。

◎ 紧急处理及事故报告程序：按照应急预案要求的程序进行。

更多信息：

◎ 参见 GBZ 1、GBZ 2.1、GBZ 2.2、GBZ 158、GBZ 188、GBZ/T 189。

3. 电泳底漆运行

文件编号：××××××

文件名称：电泳底漆运行职业危害识别与预防控制指南。

文件状态：有效。

岗位名称：电泳底漆运行。

上岗所要求的条件：设备操作证、职业健康检查合格和职业安全卫生培训合格。

工作任务：电泳底漆运行。

上工序：磷化。

下工序：烘干。

主要设备：/

主要原、辅材料：底漆、悬链、工件（驾驶室等）和电泳槽。

作业方式和体位：

◎ 作业方式：自动。

◎ 体位：站位。

负重量、方式及时间：基本不负重。

职业危害与危险源点的识别：

◎ 设备：加料和抽检操作时接触有机溶剂，常用的有机溶剂有苯、甲苯、二甲苯、丙烯酸、丙烯酸甲酯、甲基丙烯酸甲酯和二异氰酸甲苯酯等；底漆线运行、通风风机运行时产生噪声。其他危险源：管道接口密封不严，安全防护装置缺损，制动器缺陷，悬链损坏，设备盖板缺损，地坑盖板缺损，电气防爆装置缺损，静电防护装置缺损，接地（零）缺损，电器绝缘损坏，槽罐泄漏，火灾、爆炸，通风装置故障等。

◎ 物料储存和运输：物料存放无序，运输通道不畅，消防器材缺损，容器密封不严，溶剂与油漆泄漏、外溢，登高梯台破损，悬链下方站立，吊物坠物，废料容器处置不当。

◎ 人机工效设计：加料工作台设计不合理，物料提举方式不当，负重过大，操作工具使用不当，采光和照明不良。

◎ 劳动组织和劳动者行为：劳动者配合不当，操作失误，违章作业，火种带入，个人防护用品穿戴不规范。

◎ 作业环境：地面缺陷，地面湿滑，地面绊脚物，人员通道不畅。

※ 小结：主要存在的职业性有害因素有噪声和毒物（如丙烯酸、丙烯酸甲酯、甲基丙烯酸甲酯和二异氰酸甲苯酯等）。

职业危害控制策略：

√ 电泳底漆线应密闭和隔离；

√ 安装通风和排毒装置；

√ 值班室应设置通风，供应新鲜空气；

√ 配备安全防护装置、消防安全工具和器材；

√ 向供应商索取化学品的物质安全数据说明书（MSDS）；

√ 对于成分不明的化学品应明确标识为“未知化学品X”，并追踪其成分；

√ 化学品容器包装应有中文警示说明，保持容器外部的清洁，警示标识应清晰；

√ 底漆线应设置“当心中毒，当心火灾”等中文警示标识；

√ 加强物料管理，不用的容器应及时加盖；

√ 制定安全操作规程和作业指导书；

√ 实施职业性有害因素监测与评价、职业健康监护和职业卫生培训；

√ 发放有毒有害作业岗位津贴；

√ 正确的个人防护。

主要职业性有害因素的职业接触限值：

◎ 噪声：见GBZ 2.2；

◎ 毒物：见GBZ 2.1。

工作场所出入管理：

√ 实施准入制度进入工作区域；

√ 进入现场要穿戴工作服、防毒口罩、耳塞或耳罩和防滑鞋；

√ 工作区设置防毒、防噪声、防火、防爆和防滑等警示标识。

工艺和设备要求：

√ 电泳底漆线应密闭；

√ 底漆线与值班室应隔离；

√ 底漆线应安装通风和排毒装置；

√ 通风装置使用过滤器，避免油漆沉积在电动机、风扇叶片和通风管道上；

√ 用简便方法检查通风系统是否正常工作，如气压计、压力表或指示器；

√ 加料尽量采用管道加料，减少人工倾倒；

√ 加料或抽检开口应尽可能小，减少泄漏；

√ 提供良好照明，照明设施应适合所使用的化学品和工作任务，如防毒或耐火；

√ 确保物流畅通，出入口无障碍；

√ 作业场所设置冲洗、盥洗装置；

√ 底漆线的地面防滑、防油、易于清扫；

√ 工作区保持良好通风，补充新鲜空气；

√ 排出的空气应排放至远离门、窗和进风口的安全处；

√ 含有害蒸气的空气不能循环使用。

岗位操作规程：

√ 工作前按规定穿戴好个人防护用品；

√ 工作前关好电泳槽外罩门后给电泳槽送电，按工艺要求设定电压；
√ 设备出现“跑冒滴漏”时，立即向维修部门反映，尽快维修，必要时，可停止生产，待设备修复后再恢复生产；
√ 需要调整电压时，电压最高不得超过工艺要求；
√ 不得随意进入电泳室；有异常情况确需进入电泳室，必须先关掉电源；
√ 需要在电泳槽上部进行作业时，必须系好安全带，关掉电源；
√ 工作后本岗位中所有备用泵的进口阀、出口阀必须关闭；
√ 更换槽上冲洗喷嘴时，先检查电泳室体上的爬梯是否完好，并有人看护；
√ 发现渗漏跑漆应立即停止搅拌作业，通知安全、维修等部门到现场处理，如事态严重可直接拨打电话通知消防保卫部门实施抢险堵漏。

设备日常维护：

√ 按设备供应商和安装者的要求，维护设备，使其有效运行。

设备检查和测试：

√ 从生产商那里索取通风设备的设计性能信息，将这些资料存档，以便与将来测试结果比较；
√ 肉眼检查设备损坏的迹象，每周至少巡视一次；
√ 根据设备的性能测试标准，每 12 个月至少检查和测试一次通风设备；
√ 检查和测试结果至少保存 5 年。

作业场所清洁和整理：

√ 现场物品定置摆放，做到无杂物、无积灰、无积液、无油污；
√ 每天清洁工作区，定期清扫车间，每周一次；
√ 应立即处理泄漏物，安全处置泄漏物；
√ 物料容器应存放在安全处，安全处置空容器；
√ 物料容器使用后应立即加盖。

个人防护用品：

√ 根据现场存在的职业性有害因素的种类和浓度（强度），供应商提供的个人防护用品性能参数，选择适宜的个人防护用品；
√ 穿戴合适的个人防护用品：工作服、安全帽、防毒口罩、耳塞或耳罩、耐酸碱手套、防滑鞋和防护围裙；
√ 作业前必须按规定穿戴好个人防护用品；
√ 保持个人防护用品干净清洁，按规定的间隔时间定期更换。

职业卫生培训：

◎ 劳动者培训内容：
A. 职业病防治的相关法律法规知识；
B. 有机溶剂（苯、甲苯、二甲苯、溶剂汽油、乙酸乙酯和丙酮等）和噪声等职业性有害因素的特性及其可能造成的健康影响与预防控制措施；
C. 皮肤、衣物污染清洗方法；
D. 岗位操作规程和岗位作业条件；
E. 个人防护用品的使用知识；
F. 简单故障的识别与处置及事故的报告方法；
G. 设备操作系统的检查和使用方法；
H. 急性有机溶剂中毒的自救和互救知识；
I. 急救箱的使用方法。
◎ 培训类型：上岗前、定期、换（转）岗培训。
◎ 培训方式：培训班、班组会、宣传栏、典型事故分析会、合同告知、网络、报纸、电视和广播宣传等。

职业卫生检查：

◎ 企业职业卫生管理部门检查：
A. 通风和排毒装置是否完好；
B. 物料管理是否规范；
C. 作业场所有毒物质、噪声等职业性有害因素是否超标；
D. 车间地面是否平整防滑，易于行走；
E. 作业场所的警示标识是否完善；
F. 劳动者是否按照作业指导书进行操作；
G. 劳动组织是否合理；
H. 现场清理、清洁、整顿和整理等检查；
I. 劳动者个人防护用品使用是否规范；
J. 建议检查周期：一月一次。
◎ 工会监督检查：
A. 车间是否有职业卫生监督员；
B. 工时和劳动组织是否合理；
C. 个人防护用品是否按照标准发放；
D. 保健津贴是否按时足额发放；
E. 更衣室、洗浴间和休息室等卫生设施是否齐备；
F. 预防控制措施是否落实；
G. 职业禁忌证人员是否得到妥善安置；
H. 收集并分析劳动者对职业卫生的抱怨等；
I. 建议检查周期：一季度一次。

劳动者职业安全卫生检查表：

◎ 确保通风系统开启并正常运行；
◎ 防止纸袋和其他废弃物吸入通风管道；
◎ 注意查找设备泄漏、磨损或损坏的迹象，如发现任何问题，请告诉管理人员，如果你认为有问题，请勿继续工作；

◎ 进餐、喝水前或如厕前后要洗手去除污染物；
◎ 勿用有机溶剂清洁皮肤；
◎ 应立即处理泄漏物，使用颗粒物或抹布清洁液体，安全处置泄漏物；
◎ 按提供的说明使用、维护和保存任何个人防护用品。

应急救援：

◎ 可能发生的事故：化学灼伤、急性有机溶剂中毒、淹溺和其他伤害（摔伤和刮伤等）。
◎ 应急预案及设施：制定职业卫生应急救援预案、工伤事故应急预案及消防事故应急预案，并定期演练。
◎ 紧急处理及事故报告程序：按照应急预案要求的程序进行。

更多信息：

◎ 参见 GBZ 1、GBZ 2.1、GBZ 2.2、GBZ 158、GBZ 188、GBZ/T 189。

4. 手工喷漆

文件编号： ××××××

文件名称： 手工喷漆职业危害识别与预防控制指南。

文件状态： 有效。

岗位名称： 手工喷漆。

上岗所要求的条件： 密闭空间作业许可证、设备操作证、职业健康检查合格、职业安全卫生培训合格和消防安全培训合格证。

工作任务： 工件表面喷漆。

上工序： /

下工序： 烘干。

主要设备： 喷漆室和喷枪。

主要原、辅材料： 油漆。

作业方式和体位：

◎ 作业方式：手工。

◎ 体位：站位。

负重量、方式及时间： 单手负重；负重量＜5kg，时间约 6h/工作班。

职业危害与危险源点的识别：

◎ 设备：喷漆时接触有机溶剂，常用的有机溶剂有苯、甲苯、二甲苯、溶剂汽油、乙酸乙酯和丙酮等；喷漆时及通风风机运行时产生噪声。其他危险源：管道接口密封不严，安全防护装置缺损，电气防爆装置缺损，静电防护装置缺损，制动器缺陷，吊物坠物，储罐泄漏，溶剂泄漏，火灾、爆炸，喷漆室格栅缺损，通风装置故障等。

◎ 物料储存和运输：物料存放无序，运输通道不畅，消防器材缺损，容器密封不严，漆桶坠落、倾倒，溶剂与油漆泄漏、外溢，废料容器处置不当。

◎ 人机工效设计：加料工作台设计不合理，物料提举方式不当，操作工具使用不当，采光和照明不良，劳动负荷过重。

◎ 劳动组织和劳动者行为：劳动者配合不当，操作失误，违章作业，火种带入，悬链下方站立，个人防护用品穿戴不规范。

◎ 作业环境：地面缺陷，地沟盖板松动，地面湿滑，地面绊脚物，人员通道不畅。

※ 小结：主要存在的职业性有害因素有噪声和毒物（如苯、甲苯、二甲苯、溶剂汽油、乙酸乙酯和丙酮等）。

职业危害控制策略：

√ 喷漆间与值班室隔离；

√ 喷漆间安装通风和排毒装置；

√ 喷漆间设置安全防护装置、电气防爆装置和静电防护装置；

√ 配备消防安全工具和器材；

√ 向供应商索取化学品的物质安全数据说明书（MSDS）；

√ 对于成分不明的化学品应明确标识为“未知化学品 X”，并追踪其成分；

√ 化学品容器包装应有中文警示说明，保持容器外部的清洁，警示标识应清晰；

√ 喷漆间应设置“当心中毒，当心火灾”等中文警示标识；

√ 改善工效条件，如操作高度不适可增加垫脚台；

√ 加强物料管理，不用的容器应及时加盖，各种残留物及其污染垃圾及时清理放入带盖金属桶内；

√ 制定安全操作规程和作业指导书；

√ 实施职业性有害因素监测与评价、职业健康监护和职业卫生培训；

√ 发放有毒有害作业岗位津贴；

√ 正确的个人防护。

主要职业性有害因素的职业接触限值：

◎ 噪声：见 GBZ 2.2；

◎ 毒物：见 GBZ 2.1。

工作场所出入管理：

√ 实施准入制度进入工作区域；

√ 进入现场要穿戴防静电工作服、防毒面具、防腐蚀液护目镜、防静电和防滑防化学品鞋；

√ 工作区设置防毒、防噪声、防火、防爆和防滑等警示标识。

工艺和设备要求：

√ 大型喷漆室应为完全密闭的围护结构体，作业人员在室体内操作，同时设置机械送排风系统，中小型喷漆室可为半封闭的围护结构体，作业人员面对敞开面在室体外操作，应设置排风系统；

√ 大型喷漆室送风系统采用静压室控制气流分布时，静压室应有足够的强度、刚度，同时其维护、清理应方便；

√ 喷漆室内部为涂漆区，必须设置通风系统，其控制风速应满足要求；

√ 喷漆室的排风管道不得与其他工艺用通风管道连接；

√ 大型喷漆室除必须配置排风系统外，还应配置送风系统，冬季送风温度不得低于 12℃；

√ 用简便方法检查通风柜是否正常工作，如气压计、压力表或指示器；

√ 喷漆室在正常运行条件下，作业人员呼吸空气中有害物质浓度必须符合国家职业卫生标准的要求；

√ 喷漆室排出的空气不宜进入喷漆室再循环使用，当喷漆室内无人操作时，允许部分排出的空气循环使用；

√ 喷漆室与值班室应隔离；
√ 添加油漆尽量采用管道抽吸，减少人工倾倒；
√ 提供良好照明；
√ 喷漆室内应采用固定灯具照明，并用透光板将固定灯具与外界隔开，透光板应采用难燃材料制备；
√ 喷漆室内严禁使用行灯；
√ 确保物流畅通，没有大型物件堵塞工作出入口；
√ 作业场所设置冲洗、盥洗装置；
√ 工作区保持良好通风，补充新鲜空气；
√ 排出的空气应排放至远离门、窗和进风口的安全处；
√ 使用过滤器，避免油漆沉积在电动机、风扇叶片和通风管道上。

岗位操作规程：

√ 工作前按规定穿戴好个人防护用品；
√ 工作前清除随身携带的火种，如打火机、火柴等违禁品；
√ 工作前检查消防器材是否完好，消防设施是否正常；
√ 工作前放总贮气罐内的水，检查压力应大于 0.5MPa；
√ 工作前检查喷漆室内是否有人或障碍物；
√ 工作前检查悬链通过的路线是否畅通；
√ 工作前开启所有照明开关；
√ 工作前逐台启动抽风机，待一台抽风机的启动电流下降后，再启动下一台抽风机，不允许同时启动两台抽风机；
√ 工作前逐台启动送风机，启动方法与抽风机相同，风机启动后，观察风机是否正常工作，喷漆室通风是否良好，禁止喷漆室内出现正压（即向外鼓风），先抽风后送风，夏季气温高时开冷却系统，冬季气温低时开蒸气加热系统；
√ 待系统正常灯亮，无紧停信号出现后，启动悬链进行喷漆；
√ 工作中如发现悬链停止运转，要查明悬链停止运转的工位及原因，待紧停或系统异常灯灭后，再重新启动悬链，非紧急情况下不得停悬链；
√ 喷漆时，尽量避免产生不合格品，造成不必要的漆雾产生和原材料浪费；
√ 生产中发现水循环变差，应立即停止喷漆，并通知相关部门检修，待恢复正常后才可喷漆；
√ 工作中要注意监测系统是否工作正常，发现异常情况及时报告维修工处理，如是紧急情况，停机处理；
√ 待工作结束后，先停送风机，后停抽风机和水泵；
√ 待工件在喷漆室内走完后，再停悬链，工作结束后，不允许在喷漆室内停留工件；
√ 工作后关闭所有照明灯；
√ 工作后做好当班的检查和工作记录，包括生产台数、停歇原因和处理结果等，班长签字后交至下一班继续记录；
√ 现场用不完的油漆和溶剂要送回调漆间，现场不能存放油漆和溶剂；
√ 现场备有灭火器材，注意保管，不能作其他用。本岗位操作工必须会使用本岗位上配备的消防器材；
√ 面漆喷漆室内正对喷漆工位的格栅每周脱漆一次，其余格栅每两个月脱漆一次；
√ 喷漆室内灯箱玻璃罩上的可剥塑料视污染程度两周内全部更换一次；
√ 喷漆室送风系统的过滤网布每月清理一次，污染严重的应及时更换；
√ 抽风系统每半年清理一次，清理出的漆渣由生产部送公司危险类固体废弃物处置场。

设备日常维护：

√ 按设备供应商和安装者的要求，维护设备，使其有效运行。

设备检查和测试：

√ 从生产商那里索取通风设备的设计性能信息，将这些资料存档，以便与将来测试结果比较；
√ 肉眼检查设备损坏的迹象，每周至少巡视一次；
√ 根据设备的性能测试标准，每 12 个月至少检查和测试一次通风设备；
√ 检查和测试结果至少保存 5 年。

作业场所清洁和整理：

√ 每天清洁作业设备和工作区，每周定期清扫其他设备和车间一次；
√ 应立即处理泄漏物，安全处置泄漏物；
√ 容器应存放在安全处，安全处置空容器；
√ 容器使用后应立即加盖。

个人防护用品：

√ 根据现场存在的职业性有害因素的种类和浓度（强度），供应商提供的个人防护用品性能参数，选择适宜的个人防护用品；
√ 穿戴合适的个人防护用品：防静电工作服、防毒面具、防腐蚀液护目镜、耳塞或耳罩、工作帽、防化学品手套和防静电防滑鞋；
√ 作业前必须按规定穿戴好个人防护用品；
√ 保持个人防护用品干净清洁，按规定的间隔时间定期更换。

职业卫生培训：

◎ 劳动者培训内容：

A. 职业病防治的相关法律法规知识；

B. 有机溶剂（苯、甲苯、二甲苯、溶剂汽油、乙酸乙酯和丙酮等）和噪声等职业性有害因素的特性及其可能造成的健康影响与预防控制措施；
C. 皮肤和衣物污染清洗方法；
D. 岗位操作规程和岗位作业条件；
E. 个人防护用品的使用知识；
F. 简单故障的识别与处置及事故的报告方法；
G. 设备操作系统的检查和使用方法；
H. 急性有机溶剂中毒的自救和互救知识；
I. 急救箱的使用方法。

◎ 培训类型：上岗前、定期、换（转）岗培训。
◎ 培训方式：培训班、班组会、宣传栏、典型事故分析会、合同告知、网络、报纸、电视和广播宣传等。

职业卫生检查：

◎ 企业职业卫生管理部门检查：
A. 通风、排毒装置是否完好；
B. 物料管理是否规范；
C. 作业场所有毒物质、噪声等职业性有害因素是否超标；
D. 车间地面是否平整防滑，易于行走；
E. 作业场所的警示标识是否完善；
F. 劳动者是否按照作业指导书进行操作；
G. 劳动组织是否合理；
H. 现场清理、清洁、整顿和整理等检查；
I. 劳动者个人防护用品使用是否规范；
J. 建议检查周期：一月一次。

◎ 工会监督检查：
A. 车间是否有职业卫生监督员；
B. 工时和劳动组织是否合理；
C. 个人防护用品是否按照标准发放；
D. 保健津贴是否按时足额发放；
E. 更衣室、洗浴间和休息室等卫生设施是否齐备；
F. 预防控制措施是否落实；
G. 职业禁忌证人员是否得到妥善安置；
H. 收集并分析劳动者对职业卫生的抱怨等；
I. 建议检查周期：一季度一次。

劳动者职业安全卫生检查表：

◎ 确保通风系统开启并正常运行；
◎ 防止纸袋和其他废弃物吸入通风管道；
◎ 注意查找设备泄漏、磨损或损坏的迹象，如发现任何问题，请告诉管理人员，如果你认为有问题，请勿继续工作；
◎ 进餐、喝水前或如厕前后要洗手去除污染物；
◎ 勿用有机溶剂清洁皮肤；
◎ 应立即处理泄漏物，使用颗粒物或抹布清洁液体，安全处置泄漏物；
◎ 按提供的说明使用、维护和保存任何个人防护用品。

应急救援：

◎ 可能发生的事故：急性苯中毒及其他有机溶剂中毒、火灾和爆炸。
◎ 应急预案及设施：制定职业卫生应急救援预案、工伤事故应急预案及消防事故应急预案，并定期演练。
◎ 紧急处理及事故报告程序：按照应急预案要求的程序进行。

更多信息：

◎ 参见 GBZ 1、GBZ 2.1、GBZ 2.2、GBZ 158、GBZ 188、GBZ/T 189。

5. 油漆线烘干室作业

文件编号：××××××

文件名称：油漆线烘干室作业职业危害识别与预防控制指南。

文件状态：有效。

岗位名称：油漆线烘干室作业。

上岗所要求的条件：设备操作证、职业健康检查合格和职业安全卫生培训合格。

工作任务：油漆烘干。

上工序：面漆。

下工序：晾置。

主要设备：烘干炉。

主要原、辅材料：工件。

作业方式和体位：

◎ 作业方式：全自动。

◎ 体位：站位。

负重量、方式及时间：不负重。

职业危害与危险源点的识别：

◎ 设备：烘干时产生高温、油烟、有机溶剂蒸气（常用的有机溶剂有苯、甲苯、二甲苯、溶剂汽油、乙酸乙酯和丙酮等）；通风风机运行时产生噪声。其他危险源：管道接口密封不严，安全防护装置缺损，电气防爆装置缺损，接地（零）缺损，电器绝缘损坏，火灾、爆炸，通风装置故障等。

◎ 物料储存和运输：物料存放无序，运输通道不畅，消防通道不畅，消防器材缺损，悬链故障，制动器缺陷，吊物坠物。

◎ 人机工效设计：长时间站位，采光和照明不良。

◎ 劳动组织和劳动者行为：劳动者配合不当，操作失误，违章作业，悬链下方站立，火种带入，个人防护用品穿戴不规范。

◎ 作业环境：地面缺陷，地面湿滑，地面绊脚物，人员通道不畅。

※ 小结：主要存在的职业性有害因素有高温、噪声和毒物（如苯、甲苯、二甲苯、溶剂汽油、乙酸乙酯和丙酮等）。

职业危害控制策略：

√ 烘干室应尽可能密闭隔离；

√ 烘干室安装通风和排毒装置；

√ 烘干室设置安全防护装置、电气防爆装置、配备消防安全工具和器材；

√ 烘干室应设置“当心中毒，当心火灾，注意高温”警示标识；

√ 加强物料管理；

√ 制定安全操作规程和作业指导书；

√ 实施职业性有害因素监测与评价、职业健康监护和职业卫生培训；

√ 发放有毒有害作业岗位津贴；

√ 正确的个人防护。

主要职业性有害因素的职业接触限值：

◎ 毒物：见 GBZ 2.1；

◎ 高温和噪声：见 GBZ 2.2。

工作场所出入管理：

√ 实施准入制度进入工作区域；

√ 进入现场要穿戴工作服、安全帽、耳塞或耳罩和防滑鞋；

√ 工作区设置防毒、防噪声、防高温、防火和防爆等警示标识。

工艺和设备要求：

√ 烘干室应尽量密闭并设置通风装置；

√ 工作区应尽可能避开门、窗、过道等处，以避免穿堂风（横向气流）干扰排风系统，防止污染扩散；

√ 工作区保持良好通风，补充新鲜空气；

√ 用简便方法检查通风系统是否正常工作，如气压计、压力表或指示器；

√ 排出的空气应排放至远离门、窗和进风口的安全处；

√ 含有害蒸气的空气不能循环使用。

岗位操作规程：

√ 人员培训及上岗要求；

√ 工作前按规定穿戴好个人防护用品；

√ 烘干室在开动前，必须详细检查烘干室内部有无障碍物，如有则清除障碍物，室体的各个保温门必须关严；

√ 提前30min按工艺要求设定好烘干室各区温度，再开动烘干室，操作顺序为先启动风机再开加热器；

√ 在工作时不得任意进入烘干室内进行修理、调整等活动，必须在停止工作后，待温度降至45℃以下时方可进入，否则，极易造成安全事故；

√ 不得赤手接触烘干后的灼热工件；

√ 设备发生故障时，必须先停止悬链运转，然后停止电加热，最后关闭风机；

√ 在结束工作时，应在关闭电加热器20min后，才能关闭风机；

√ 现场备有灭火器材，注意保管，不能作其他用；

√ 本岗位操作工必须会使用岗位上配备的消防器材。

设备日常维护：

√ 按设备供应商和安装者的要求，维护设备，使其有效运行。

设备检查和测试：

√ 从生产商那里索取通风设备的设计性能信息，将这些资料存档，以便与将来测试结果比较；

√ 肉眼检查设备损坏的迹象，每周至少巡视一次；

√ 根据设备的性能测试标准，每 12 个月至少检查和测试一次通风设备；

√ 检查和测试结果至少保存 5 年。

作业场所清洁和整理：

√ 每天清洁作业区，定期清扫车间，每周一次；

√ 定期全面清理炉膛内的灰渣，每月一次；

√ 清洁时勿用压缩空气。

个人防护用品：

√ 根据现场存在的职业性有害因素的种类和浓度（强度），供应商提供的个人防护用品性能参数，选择适宜的个人防护用品；

√ 穿戴合适的个人防护用品：工作服、安全帽、防毒口罩、耳塞或耳罩、焊接手套（主要用于防高温）和防滑鞋；

√ 常规作业不需要呼吸防护用品，某些清洁和维修作业可能需要呼吸防护用品，如处理泄漏物；

√ 作业前必须按规定穿戴好个人防护用品；

√ 保持个人防护用品干净清洁，按规定的间隔时间定期更换。

职业卫生培训：

◎ 劳动者培训内容：

A. 职业病防治的相关法律法规知识；

B. 有机溶剂、高温和噪声等职业性有害因素的特性及其可能造成的健康影响与预防控制措施；

C. 岗位操作规程和岗位作业条件；

D. 个人防护用品的使用知识；

E. 简单故障的识别与处置及事故的报告方法；

F. 设备操作系统的检查和使用方法；

G. 工伤的自救和互救知识；

H. 急救箱的使用方法。

◎ 培训类型：上岗前、定期、换（转）岗培训。

◎ 培训方式：培训班、班组会、宣传栏、典型事故分析会、合同告知、网络、报纸、电视和广播宣传等。

职业卫生检查：

◎ 企业职业卫生管理部门检查：

A. 通风和排毒装置是否完好；

B. 物料管理是否规范；

C. 作业场所高温、有毒物质和噪声等职业性有害因素是否超标；

D. 车间地面是否平整防滑，易于行走；

E. 作业场所的警示标识是否完善；

F. 劳动者是否按照作业指导书进行操作；

G. 劳动组织是否合理；

H. 现场清理、清洁、整顿和整理等检查；

I. 劳动者个人防护用品使用是否规范；

J. 建议检查周期：一月一次。

◎ 工会监督检查：

A. 车间是否有职业卫生监督员；

B. 工时和劳动组织是否合理；

C. 个人防护用品是否按照标准发放；

D. 保健津贴是否按时足额发放；

E. 更衣室、洗浴间和休息室等卫生设施是否齐备；

F. 预防控制措施是否落实；

G. 职业禁忌证人员是否得到妥善安置；

H. 收集并分析劳动者对职业卫生的抱怨等；

I. 建议检查周期：一季度一次。

劳动者职业安全卫生检查表：

◎ 确保通风系统开启并正常运行；

◎ 防止纸袋和其他废弃物吸入通风管道；

◎ 注意查找设备泄漏、磨损或损坏的迹象，如发现任何问题，请告诉管理人员，如果你认为有问题，请勿继续工作；

◎ 进餐、喝水前或如厕前后要洗手去除污染物；

◎ 勿用有机溶剂清洁皮肤；

◎ 按提供的说明使用、维护和保存任何个人防护用品。

应急救援：

◎ 可能发生的事故：烫伤、急性中毒、其他伤害（摔伤、刮伤等）、火灾和电击伤等。

◎ 应急预案及设施：制定职业卫生应急救援预案、工伤事故应急预案及消防事故应急预案，并定期演练。

◎ 紧急处理及事故报告程序：按照应急预案要求的程序进行。

更多信息：

◎ 参见 GBZ 1、GBZ 2.1、GBZ 2.2、GBZ 158、GBZ 188、GBZ/T 189。

6. 补漆

文件编号： ××××××

文件名称： 补漆职业危害识别与预防控制指南。

文件状态： 有效。

岗位名称： 补漆。

上岗所要求的条件： 设备操作证、职业健康检查合格和职业安全卫生培训合格。

工作任务： 对面漆破损部位进行补漆修复。

上工序： 储存。

下工序： 发交。

主要设备： 喷枪、打磨砂轮和电热油汀。

主要原、辅材料： 油漆（面漆）和腻子粉。

作业方式和体位：

◎ 作业方式：手工。

◎ 体位：20%站位，80%蹲位。

负重量、方式及时间： 单手负重；负重量<5kg，时间约3h/工作班。

职业危害与危险源点的识别：

◎ 设备：打磨时产生粉尘和噪声；补漆操作时接触有机溶剂，常用的有机溶剂有苯、甲苯、二甲苯、溶剂汽油、乙酸乙酯和丙酮等；通风风机运行时产生噪声。其他危险源：容器密封不严，安全防护装置缺损，电气防爆装置缺损，静电防护装置缺损，接地（零）缺损，电器绝缘损坏，火灾、爆炸，通风装置故障等。

◎ 物料储存和运输：物料存放无序，运输通道不畅，制动器缺陷，吊物坠物，消防器材缺损，容器密封不严，漆桶坠落、倾倒，溶剂与油漆泄漏、外溢，废料容器处置不当。

◎ 人机工效设计：工作台设计不合理，物料提举方式不当，负重过大，操作工具使用不当，采光和照明不良。

◎ 劳动组织和劳动者行为：劳动者配合不当，操作失误，违章作业，火种带入，个人防护用品穿戴不规范。

◎ 作业环境：地面缺陷，地面湿滑，地面绊脚物，人员通道不畅。

※ 小结：主要存在的职业性有害因素有噪声、粉尘和毒物（如苯、甲苯、二甲苯、溶剂汽油、乙酸乙酯和丙酮等）。

职业危害控制策略：

√ 补漆间安装通风和排毒装置；

√ 补漆间设置安全防护装置、消防安全工具和器材；

√ 向供应商索取化学品的物质安全数据说明书（MSDS）；

√ 对于成分不明的化学品应明确标识为“未知化学品X”，并追踪其成分；

√ 化学品容器包装应有中文警示说明，保持容器外部的清洁，警示标识应清晰；

√ 补漆间应设置“当心中毒，当心火灾”等中文警示标识；

√ 改善工效条件，如操作高度不适可增加垫脚台；

√ 加强物料管理，不用的容器应及时加盖；

√ 制定安全操作规程和作业指导书；

√ 实施职业性有害因素监测与评价、职业健康监护和职业卫生培训；

√ 发放有毒有害作业岗位津贴；

√ 正确的个人防护。

主要职业性有害因素的职业接触限值：

◎ 噪声：见GBZ 2.2；

◎ 粉尘和毒物：见GBZ 2.1。

工作场所出入管理：

√ 实施准入制度进入工作区域；

√ 进入现场要穿戴防静电工作服、防毒口罩、耳塞或耳罩和防静电防滑鞋；

√ 工作区设置防毒、防噪声、防火、防爆和防滑等警示标识。

工艺和设备要求：

√ 补漆间应安装通风和排毒装置；

√ 使用过滤器，避免油漆沉积在电动机、风扇叶片和通风管道上；

√ 补漆后的物件干燥处应隔离或设置通风装置；

√ 用简便方法检查通风系统是否正常工作，如气压计、压力表或指示器；

√ 加料尽量采用管道抽吸，减少人工倾倒；

√ 提供良好照明，照明设施应适合所使用的化学品和工作任务，如防毒或耐火；

√ 确保物流畅通，工作出入口无障碍；

√ 作业场所设置冲洗和盥洗装置；

√ 工作区应尽可能避开门、窗、过道等处，以避免穿堂风（横向气流）干扰排风系统，防止污染扩散；

√ 补漆间的地面防滑、防油、易于清扫；

√ 工作区保持良好通风，补充新鲜空气；

√ 排出的空气应排放至远离门、窗和进风口的安全处；

√ 含有害蒸气的空气不能循环使用。

岗位操作规程：

√ 操作工培训上岗要求；

√ 工作前按规定穿戴好个人防护用品；

√ 工作前清除随身携带的火种，如打火机、火柴等违禁品；

√ 检查消防器材是否完好，消防设施是否正常；

√ 工作前开启所有照明开关；
√ 工作前启动抽风机；
√ 补漆时，要有针对性，避免不必要的补漆，造成漆雾产生和原材料浪费；
√ 工作时若风机运转异常、风量异常或水泵异常，不得生产，应立即通知有关部门维修，待修复正常后才可生产；
√ 现场用不完的油漆和溶剂要送回调漆间，现场不能存放油漆和溶剂；
√ 工作完毕后，依次关闭抽风系统、照明系统、总电源开关。

设备日常维护：

√ 按设备供应商和安装者的要求，维护设备，使其有效运行。

设备检查和测试：

√ 从生产商那里索取通风设备的设计性能信息，将这些资料存档，以便与将来测试结果比较；
√ 肉眼检查设备损坏的迹象，每周至少巡视一次；
√ 根据设备的性能测试标准，每 12 个月至少检查和测试一次通风设备；
√ 检查和测试结果至少保存 5 年。

作业场所清洁和整理：

√ 现场物品定置摆放，做到无杂物、无积灰、无积液、无油污；
√ 每天清洁作业设备和工作区，定期清扫车间，每周一次；
√ 应立即处理泄漏物，安全处置泄漏物；
√ 物料容器应存放在安全处，安全处置空容器；
√ 物料容器使用后应立即加盖。

个人防护用品：

√ 根据现场存在的职业性有害因素的种类和浓度（强度），供应商提供的个人防护用品性能参数，选择适宜的个人防护用品；
√ 穿戴合适的个人防护用品：防静电工作服、防毒口罩、耳塞或耳罩、工作帽、防化学品手套、防静电防滑鞋和防护围裙；
√ 作业前必须按规定穿戴好个人防护用品；
√ 保持个人防护用品干净清洁，按规定的间隔时间定期更换。

职业卫生培训：

◎ 劳动者培训内容：
A. 职业病防治的相关法律法规知识；
B. 有机溶剂（苯、甲苯、二甲苯、溶剂汽油、乙酸乙酯和丙酮等）、粉尘和噪声等职业性有害因素的特性及其可能造成的健康影响与预防控制措施；
C. 皮肤、衣物污染清洗方法；
D. 岗位操作规程和岗位作业条件；
E. 个人防护用品的使用知识；
F. 简单故障的识别与处置及事故的报告方法；
G. 设备操作系统的检查和使用方法；
H. 急性有机溶剂中毒的自救和互救知识；
I. 急救箱的使用方法。
◎ 培训类型：上岗前、定期、换（转）岗培训。
◎ 培训方式：培训班、班组会、宣传栏、典型事故分析会、合同告知、网络、报纸、电视和广播宣传等。

职业卫生检查：

◎ 企业职业卫生管理部门检查：
A. 通风、排毒装置是否完好；
B. 物料管理是否规范；
C. 作业场所有毒物质和噪声等职业性有害因素是否超标；
D. 车间地面是否平整防滑，易于行走；
E. 作业场所的警示标识是否完善；
F. 劳动者是否按照作业指导书进行操作；
G. 劳动组织是否合理；
H. 现场清理、清洁、整顿和整理等检查；
I. 劳动者个人防护用品使用是否规范；
J. 建议检查周期：一月一次。
◎ 工会监督检查：
A. 车间是否有职业卫生监督员；
B. 工时和劳动组织是否合理；
C. 个人防护用品是否按照标准发放；
D. 保健津贴是否按时足额发放；
E. 更衣室、洗浴间和休息室等卫生设施是否齐备；
F. 预防控制措施是否落实；
G. 职业禁忌证人员是否得到妥善安置；
H. 收集并分析劳动者对职业卫生的抱怨等；
I. 建议检查周期：一季度一次。

劳动者职业安全卫生检查表：

◎ 确保通风系统开启并正常运行；
◎ 防止纸袋和其他废弃物吸入通风管道；
◎ 注意查找设备泄漏、磨损或损坏的迹象，如发现任何问题，请告诉管理人员，如果你认为有问题，请勿继续工作；
◎ 进餐、喝水前或如厕前后要洗手去除污染物；
◎ 勿用有机溶剂清洁皮肤；
◎ 应立即处理泄漏物，使用颗粒物或抹布清洁液体，安全处置泄漏物；

◎ 按提供的说明使用、维护和保存任何个人防护用品。

应急救援：

◎ 可能发生的事故：急性苯中毒及其他有机溶剂中毒、火灾和爆炸。

◎ 应急预案及设施：制定职业卫生应急救援预案、工伤事故应急预案及消防事故应急预案，并定期演练。

◎ 紧急处理及事故报告程序：按照应急预案要求的程序进行。

更多信息：

◎ 参见 GBZ 1、GBZ 2.1、GBZ 2.2、GBZ 158、GBZ 188、GBZ/T 189。

7. 天车驾驶

文件编号：××××××

文件名称：天车驾驶职业危害识别与预防控制指南。

文件状态：有效。

岗位名称：天车驾驶。

上岗所要求的条件：特种作业许可证、设备操作证、职业健康检查合格和职业安全卫生培训合格。

工作任务：吊运工件。

上工序：/

下工序：/

主要设备：天车。

主要原、辅材料：/

作业方式和体位：

◎ 作业方式：半自动。

◎ 体位：坐位。

负重量、方式及时间：不负重。

职业危害与危险源点的识别：

◎ 设备：生产过程中产生的有毒化学物质、粉尘、噪声和高温危害等。其他危险源：登高梯台缺损，安全防护装置缺损，紧固件缺损，控制器故障，制动器故障，金属结构缺损，吊钩缺陷，钢丝绳缺陷，吊物坠物，信号装置缺损，通风装置故障等。

◎ 物料储存和运输：物料存放无序，吊运通道不畅。

◎ 人机工效设计：工作台设计不合理，视界不良，采光和照明不良。

◎ 劳动组织和劳动者行为：劳动者配合不当，操作失误，点检不及时、违章作业，个人防护用品穿戴不规范。

◎ 作业环境：环境高温，环境低温，通风不良。

※ 小结：所接触有害因素主要为所在生产车间环境中存在的职业性有害因素。

职业危害控制策略：

√ 天车驾驶室应保证有新鲜清洁空气；

√ 高温作业车间天车应安装空调；

√ 改善工效条件，工作台、座椅和控制器手柄等符合工效要求；

√ 制定安全操作规程和作业指导书；

√ 实施职业性有害因素监测与评价、职业健康监护和职业卫生培训；

√ 发放有毒有害作业岗位津贴；

√ 正确的个人防护。

主要职业性有害因素的职业接触限值：/

工作场所出入管理：

√ 实施准入制度进入工作区域；

√ 无关人员禁止进入天车驾驶室；

√ 根据现场作业要求穿戴个人防护用品；

√ 工作区设置防坠物、防砸和防滑等警示标识。

工艺和设备要求：

√ 确保设计和建造适合所承运的物料；

√ 注意防止超载，如使用荷载传感器；

√ 设置防护栏和警示标识；

√ 如果运载易燃固体，考虑采取防爆泄压措施，确保设备适当接地；

√ 通风管道应简短，避免使用弯曲的长管。

岗位操作规程：

√ 驾驶人员需经审验合格，发给操作证方能独立操作指定机型；

√ 工作前按规定穿戴好个人防护用品；

√ 向交班人或参阅交接班记录了解设备状况，并对天车进行以下几项安全检查，若发现有缺陷或不正常现象，必须停车进行调整或维修，不得迁就使用：

A. 吊钩钩头、滑轮是否有缺陷；

B. 钢丝绳是否需要更换，在卷筒上是否牢固、是否有脱槽现象；

C. 大、小车及起升机构制动器是否安全可靠；

D. 各安全开关是否灵敏可靠；

E. 各传动机构是否可靠；

F. 起升限位和大、小车限位是否正常；

G. 天车运行时是否有异常声音。

√ 起重机的作业地点要有足够的照明设施和通畅的吊运通道；

√ 开车前将所有控制手柄扳至零位，并将舱口及门开关合上，鸣铃示警方可使用；

√ 起车要平稳，逐档加速，对于起升机构每档的转换时间在 1～2s；对于运行机构每档转换时间应不小于 3s；对于大起重量的桥式起重机各档的转换时间应在 6～8s，严禁高档启动；

√ 每班第一次起吊货物时，应先将货物吊离地面（或车辆底板 0.5 m），然后放下，在下放货物过程中试验制动器是否可靠，然后再进行正式作业；

√ 天车工应做到“十不吊”（①超过额定负荷，歪拉斜挂不吊；②指挥信号不明，重量不清，光线暗淡不吊；③吊索和附件捆缚不牢，不符合安全要求不吊；④吊挂重物直接进行加工不吊；⑤起重机械的安全防护装置失灵时不吊；⑥工件上站人或工件上有浮动物不吊；⑦氧气瓶、乙炔发生器等具有爆炸性的物品不吊；⑧带有棱角缺口未焊好的不吊；⑨埋在地下的物品不吊；⑩容器内有水，未打固定卡子不吊）；

√ 对于估计不清或接近额定载荷的货物可用二档试吊，如果二档还不能起吊，说明货物重量超过起重机额定负荷，不得用高速档直接起吊；

√ 禁止起重机共同起吊一重物，在特殊情况下，需要两台起重机（只限于吨位相同的起重机械）共同起吊同一重物时，应采取可靠的安全措施，总工程师要在现场指挥，方可起吊；

√ 起重机在正常运行过程中禁止使用紧停开关、限位开关、打反车等手段来停车；

√ 司机在作业过程中，应按规定发出信号（响铃）；

√ 工作完毕后应把起重机开到指定的位置，小车开到驾驶室一端，吊钩升起，把所有的控制器扳到零位，切断主开关；

√ 根据一天工作使用的情况写好交接班记录。

设备日常维护：

√ 按设备供应商和安装者的要求，维护设备，使其有效运行。

设备检查和测试：

√ 肉眼检查设备坏损的迹象，每周至少巡视一次。

作业场所清洁和整理：

√ 做好日常清扫、搞好设备清洁保养、润滑工作。

个人防护用品：

√ 根据现场存在的职业性有害因素的种类和浓度（强度），供应商提供的个人防护用品性能参数，选择适宜的个人防护用品，

√ 作业前必须按规定穿戴好个人防护用品；

√ 保持个人防护用品干净清洁，按规定的间隔时间定期更换。

职业卫生培训：

◎ 劳动者培训内容：

A. 职业病防治的相关法律法规知识；

B. 职业性有害因素的特性及其可能造成的健康影响与预防控制措施；

C. 登高作业安全防护要求；

D. 岗位操作规程和岗位作业条件；

E. 个人防护用品的使用知识；

F. 简单故障的识别与处置及事故的报告方法；

G. 设备操作系统的检查和使用方法；

H. 急救箱的使用方法。

◎ 培训类型：上岗前、定期、换（转）岗培训。

◎ 培训方式：培训班、班组会、宣传栏、典型事故分析会、合同告知、网络、报纸、电视和广播宣传等。

职业卫生检查：

◎ 企业职业卫生管理部门检查：

A. 作业场所高温、有毒物质、噪声、粉尘等职业性有害因素是否超标；

B. 登高梯台是否完好；

C. 作业场所的警示标识是否完善；

D. 劳动者是否按照作业指导书进行操作；

E. 劳动组织是否合理；

F. 现场清理、清洁、整顿和整理等检查；

G. 劳动者个人防护用品使用是否规范；

H. 建议检查周期：一月一次。

◎ 工会监督检查：

A. 车间是否有职业卫生监督员；

B. 工时和劳动组织是否合理；

C. 个人防护用品是否按照标准发放；

D. 保健津贴是否按时足额发放；

E. 更衣室、洗浴间和休息室等卫生设施是否齐备；

F. 预防控制措施是否落实；

G. 职业禁忌证人员是否得到妥善安置；

H. 收集并分析劳动者对职业卫生的抱怨等；

I. 建议检查周期：一季度一次。

劳动者职业安全卫生检查表：

◎ 按要求点检设备，

◎ 注意查找设备泄漏、磨损或损坏的迹象，如发现任何问题，请告诉管理人员，如果你认为有问题，请勿继续工作；

◎ 进餐、喝水前或如厕前后要洗手去除污染物；

◎ 勿用有机溶剂清洁皮肤；

◎ 应立即处理泄漏物，使用吸尘器或湿拖布清洁，安全处置泄漏物；

◎ 按提供的说明使用、维护和保存任何个人防护用品。

应急救援：

◎ 可能发生的事故：电击伤和高处坠落。

◎ 应急预案及设施：制定职业卫生应急救援预案、工伤事故应急预案及消防事故应急预案，并定期演练。

◎ 紧急处理及事故报告程序：按照应急预案要求的程序进行。

更多信息：

◎ 参见 GBZ 1、GBZ 2.1、GBZ 2.2、GBZ 158、GBZ 188、GBZ/T 189。

8. 酸洗

文件编号：××××××

文件名称：酸洗职业危害识别与预防控制指南。

文件状态：有效。

岗位名称：酸洗。

上岗所要求的条件：特种作业操作证、设备操作证、职业健康检查合格、职业安全卫生培训合格和职业技能培训获得独立操作资格。

工作任务：按作业指导书要求对零件进行酸洗和除锈。

上工序：/

下工序：/

主要设备：酸洗槽。

主要原、辅材料：盐酸、硫酸、硝酸和工件。

作业方式和体位：

◎ 作业方式：半自动。

◎ 体位：80%站立及行走，10%坐位，10%弯腰。

负重量、方式及时间：双手辅助负重，每次20～25kg。

职业危害与危险源点的识别：

◎ 设备：酸洗过程中存在盐酸、硫酸、硝酸和磷酸。其他危险源：安全防护装置缺损，酸槽防护栏缺损，登高梯台缺损，阀门损坏，盖板缺损，酸外溅，无防止酸液泄漏和溢出的槽、池，无喷淋或冲洗设施，无泄漏处理装置，加热管破损，通风设备缺损，上料机构损坏，急停开关损坏，电器绝缘损坏，电器接地（零）不良等问题产生的电气安全问题。

◎ 物料储存和运输：现场化学品超量储存，储罐泄漏，物料存放无序，运输通道不畅，吊钩、吊具、制动器、限位装置等吊装设备缺陷或操作失误，吊物坠物，危险化学品没有物质安全数据说明书（MSDS）。

◎ 人机工效设计：长期站位，不良体位，采光和照明不良。

◎ 劳动组织和劳动者行为：劳动者配合不当、操作失误，个人防护用品穿戴不规范、违章作业，劳动组织不合理，在作业现场进食、喝水，酸碱泄漏和随意倾倒，向槽内倾倒有毒物品时操作者站在下风向，搬运或向槽中倾注酸、碱液时未使用专用工具，站在酸、碱槽沿上面工作，将水倒入酸中或将酸倒入热水中。

◎ 作业环境：地面缺陷，地面积水、积液、绊脚物，环境高温、高湿，通风不良，布局不合理。

※ 小结：主要存在的职业性有害因素有盐酸、硫酸、硝酸和氮氧化物。

职业危害控制策略：

√ 安装槽边通风、排毒和净化系统；

√ 采取全面通风；

√ 配置安全防护装置；

√ 制定应急救援预案，设置泄险区和喷淋装置；

√ 采取措施防暑降温，防控高气湿的危害；

√ 减少工作场所化学品过量存放；

√ 改善工效条件并加强物料的转运与管理；

√ 制定安全操作规程和作业指导书；

√ 实施职业性有害因素监测与评价、职业健康监护和职业卫生培训；

√ 发放有毒有害作业岗位津贴；

√ 正确的个人防护。

主要职业性有害因素的职业接触限值：

◎ 毒物：见 GBZ 2.1。

工作场所出入管理：

√ 实施准入制度进入工作区域；

√ 进入现场要穿戴安全帽、防腐蚀液护目镜、耐酸碱工作服和耐酸碱手套；

√ 工作区设置防腐蚀、防毒、通风、防滑和防砸等警示标识。

工艺和设备要求：

√ 设置防护栏和警示标识；

√ 确保补充置换的空气均匀流经浸洗槽；

√ 槽边排风控制风速依据溶液性质、浓度、温度等因素而定，一般不超过0.5m/s；

√ 确保不相容性废气应通过不同管道分别排放；

√ 考虑使用塑料球/珠、泡沫抑制剂或薄片，减少浸洗槽表面形成蒸气和雾气；

√ 工作区应尽可能避开门、窗、过道等处，以避免穿堂风（横向气流）干扰排风系统，防止污染扩散；

√ 排出的空气应排放至远离门、窗和进风口的安全处；

√ 通风管道应简短，尽量减少弯曲；

√ 槽边排风罩和管道应耐腐蚀；

√ 应设置泄漏溶液收集系统，如回收管道和器具、围堵坑和围堰等；

√ 应有冲洗地面、墙壁的设施；

√ 车间地面是否平整、防滑、耐腐蚀、易于清扫，并设有坡向排水，其废水应纳入工业废水处理系统；

√ 设置泄险区及应急喷淋和冲洗装置。

岗位操作规程：

√ 上岗前开启相应的通风和排毒系统；

√ 工作前按规定穿戴好个人防护用品；

√ 启动设备前，做好设备点检，槽体、阀门、管路、电气系统、机械机构及防护装置有损坏或“跑冒滴漏”时及时报修；

√ 检查酸洗槽护栏是否完好，翻转机转动部位、连接部位有无松动、破损，保证翻转机正常使用，检查料架有无脱焊、破损，检查吊链有无脱焊、裂纹，料架、吊链如有上述缺损不得使用，吊具钢丝绳编结符合要求，达报废标准不得再使用；
√ 启动风机前检查风机是否正常，如有损坏，必须修好后方可启动；启动两台风机时，必须间隔10s以上，雨雪天登梯检查酸雾净化塔时要注意防滑；
√ 按工艺要求给槽液加温；
√ 准备垫木时要拿牢拿稳；
√ 吊装设备操作者必须持证操作，操作中遵循“十不吊”（①超负荷不吊；②歪拉斜吊不吊；③指挥信号不明不吊；④安全装置失灵不吊；⑤重物起过人头不吊；⑥光线阴暗看不清不吊；⑦埋在地下的物件不吊；⑧吊物上站人不吊；⑨捆绑不牢不稳不吊；⑩重物边缘锋利无防护措施不吊）；
√ 酸液的配制及添加应按工艺控制规程的有关规定执行；
√ 酸废水排放至中和池，严禁与其他废水混排；
√ 槽体出现“跑冒滴漏”时，应马上向管理人员反映，以便尽快维修；
√ 禁止赤手接触化学药品；
√ 配制溶液时，应将酸缓缓加入冷水中（尤其是配制硫酸），次序切勿颠倒，以免灼伤；
√ 配制混合酸时，先加1/3体积冷水，再加硫酸，最后加盐酸；
√ 出现灼伤时应立即用清水冲洗，严重灼伤者冲洗后立即送医务部门；
√ 在生产中，若出故障或不正常现象时，应立即停机检查处理，若发生事故，必须保持现场，防止事故扩大；
√ 进行清理、清洁、整顿、整理、素养等检查，认真填写交接班记录；
√ 作业完毕切断电源，关闭阀门。

设备日常维护：

√ 按设备供应商和安装者的要求，维护设备，使其有效运行。

设备检查和测试：

√ 从生产商那里索取通风设备的设计性能信息，将这些资料存档，以便与将来测试结果比较；
√ 每季度由技术人员全面检查，并张贴相应设备状态标识；
√ 肉眼检查设备损坏的迹象，每周至少巡视一次；
√ 根据设备的性能测试标准，每12个月至少检查和测试一次通风设备；
√ 检查和测试结果至少保存5年。

作业场所清洁和整理：

√ 划出定置区域、对现场物料进行定置管理，对定置区域进行标识；
√ 每天清洁作业设备和工作区，每周定期清扫其他设备和车间一次；
√ 应立即处理泄漏物；避免地面积水、积液；
√ 容器应存放在安全处，安全处置空容器；
√ 容器使用后应立即加盖。

个人防护用品：

√ 根据现场存在的职业性有害因素的种类和浓度（强度），供应商提供的个人防护用品性能参数，选择适宜的个人防护用品；
√ 穿戴合适的个人防护用品：防酸碱服、防化学品鞋（靴）、耐酸碱手套、工作帽、防腐蚀液护目镜和防毒护具等个人防护用品；
√ 班组应配备应急防毒面具等防护用品；
√ 作业前必须按规定穿戴好个人防护用品；
√ 保持个人防护用品干净清洁，按规定的间隔时间定期更换。

职业卫生培训：

◎ 劳动者培训内容：
A. 职业病防治的相关法律法规知识；
B. 提供盐酸、硝酸和硫酸等职业性有害因素的特性及其可能造成的健康影响与预防控制措施；
C. 岗位操作规程和岗位作业条件；
D. 个人防护用品的使用知识；
E. 简单故障的识别与处置及事故的报告方法；
F. 设备操作系统的检查和使用方法；
G. 安全处理化学品；
H. 职业性急性刺激性气体中毒、酸烧灼伤的自救和互救知识；
I. 急救箱的使用方法。
◎ 培训类型：上岗前、定期、换（转）岗培训。
◎ 培训方式：培训班、班组会、宣传栏、典型事故分析会、合同告知、网络、报纸、电视和广播宣传等。

职业卫生检查：

◎ 企业职业卫生管理部门检查：
A. 通风排毒设施是否完好；
B. 物料管理是否规范；
C. 作业场所毒物等职业性有害因素是否超标；
D. 应急冲洗等救援设备是否完善或完好；
E. 作业场所的警示标识是否完善；
F. 劳动者是否按照作业指导书进行操作；
G. 劳动组织是否合理；

H. 车间有无“跑冒滴漏”现象；
I. 现场清理、清洁、整顿、整理、素养等检查；
J. 劳动者个人防护用品使用是否规范；
K. 建议检查周期：一月一次。

◎ 工会监督检查：
A. 车间是否有职业卫生监督员；
B. 工时和劳动组织是否合理；
C. 个人防护用品是否按照标准发放；
D. 保健津贴是否按时足额发放；
E. 更衣室、洗浴间和休息室等卫生设施是否齐备；
F. 职业禁忌证人员是否得到妥善安置；
G. 收集并分析劳动者对职业卫生的抱怨等；
H. 建议检查周期：一季度一次。

劳动者职业安全卫生检查表：

◎ 确保通风、排毒系统开启并正常运行；
◎ 注意查找设备泄漏、磨损或损坏的迹象，如发现任何问题，请告诉管理人员，如果你认为有问题，请勿继续工作；
◎ 酸洗槽应无泄漏，发现泄漏立即报告修复；酸洗槽不使用时尽量加盖；
◎ 添加溶液的工具和器皿完好，无泄漏；
◎ 现场不能堆放过量的化学品；
◎ 自动线紧急制动装置必须完好，应急信号灯也必须完好；
◎ 进餐、喝水前或如厕前后要洗手去除污染物；
◎ 勿用有机溶剂清洁皮肤；
◎ 立即安全处理泄漏物，安全处置泄漏物；
◎ 按提供的说明使用、维护和保存个人防护用品。

应急救援：

◎ 可能发生的事故：急性刺激性气体中毒、化学性（眼、皮肤）烧灼伤、坠落和电击伤等。
◎ 应急预案及设施：制定职业卫生应急救援预案、工伤事故应急预案及消防事故应急预案，并定期演练。
◎ 紧急处理及事故报告程序：按照应急预案要求的程序进行。

更多信息：

◎ 参见 GBZ 1、GBZ 2.1、GBZ 2.2、GBZ 158、GBZ 188。

第 9 部分

无损检测作业职业危害识别、分析与控制

一、无损检测作业职业危害识别与分析

无损检测是在不损坏材料或试件等检查对象的前提下，检测材料或试件的特性及其所存在缺陷的技术。

无损检测包括无损探伤和材质检测。无损探伤方法有磁粉探伤、渗透探伤、涡流探伤、超声波探伤、射线探伤、声发射探伤、红外成像探伤及激光全息探伤等检测方法。材质检测是利用材料或试件的声、电、磁、热及光等物理特性来无损检测其物理性能，如硬度、铁素体含量、球化率等级、渗碳体含量、晶粒度等级、硬化层深度、金属材料或试件的厚度及其表面的非金属覆盖膜层的厚度或其表面残余应力等。

（一）工艺技术、材料和设备

1. 无损探伤

（1）磁粉探伤

铁磁性材料或试件磁化后，由于表面和近表面的缺陷处磁力线变形而形成可检测的漏磁场。该漏磁场可吸附磁粉粒子，从而显示出缺陷的位置、形状及大小。磁粉探伤工艺流程如图 9.1 所示：

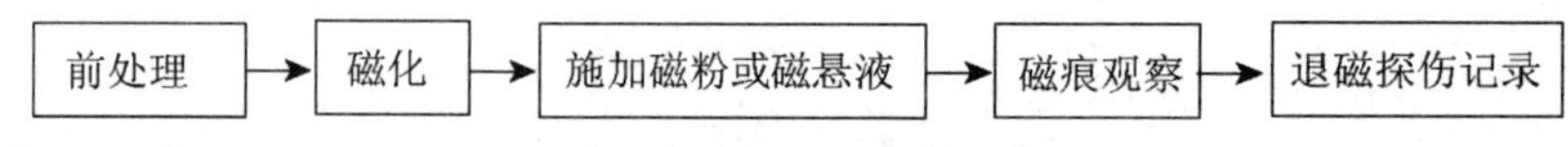

图 9.1　磁粉探伤工艺流程图

（2）渗透探伤

利用渗透剂在各种材料表面缺陷中的毛细管作用检测其表面开口缺陷。按渗透剂种类可分为荧光探伤法和着色渗透探伤法。按渗透剂的清洗性可分为后乳化型、水洗型和溶剂去除型等法。渗透探伤工艺流程如图 9.2 所示。

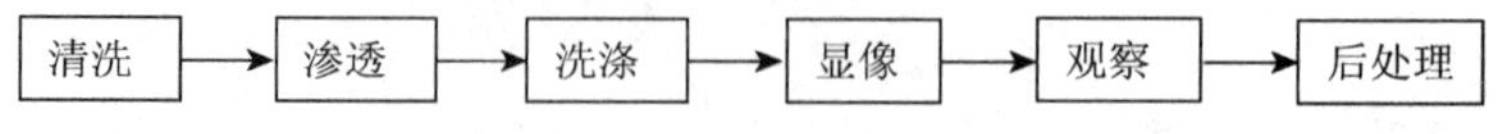

图 9.2　渗透探伤工艺流程

（3）涡流探伤

涡流探伤是以电磁感应原理为基础的。给激励线圈通以交变电流就会在其周围产生一个交变磁场（初级

磁场）。线圈靠近被检测导电材料或试件时，在交变磁场的作用下，试件中会感生出交变的电流涡流。而这个涡流在试件中及其周围产生一个附加的交变磁场（次级磁场）并和初级磁场的方向相反。当试件的表面或近表面存在缺陷，必然使涡流流动发生变化。涡流场发生畸变，从而引起次级磁场发生变化。通过检测这些变化来判断试件有无缺陷。

涡流探伤工艺流程如图 9. 3 所示：

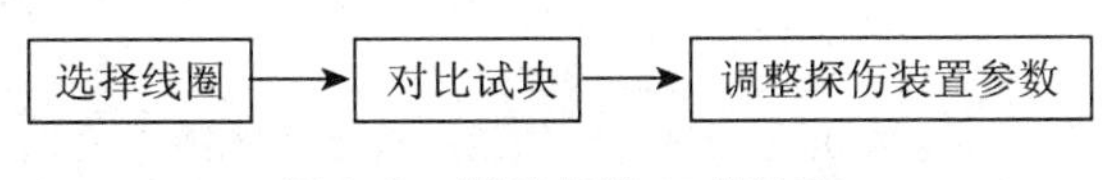

图 9. 3　涡流探伤工艺流程

（4）超声波探伤

振动频率超过 20000Hz 的声波称为超声波。超声波波长较短，有指向性，遇到界面产生反射和折射，适于材料或试件内部缺陷检验。超声波探伤使用频率范围为 500kHz ~ 10MHz。根据声介质振动形式的不同，超声波有纵波、横波、表面波和板波。

超声波的产生和接收均由压电晶片通过压电效应完成。按波传播方式分为直探头、斜探头及聚焦探头。汽车零部件形状较复杂，多采用聚焦探头水浸探伤。设备多用多通道式，多个探头同时探伤。

操作步骤：选择探伤方法（根据试件的检测要求，选择探伤方法），选择探伤的设备（根据试件检测的生产节拍选择设备的自动化程度），用标准试块及对比试块（调试检测设备的各项技术参数及探伤灵敏度），调试夹持装置，自动上、下料装置及喷液系统等。

（5）射线探伤

工业探伤采用的射线有 X 射线、γ 射线和中子射线。汽车零件探伤多用 X 射线和 γ 射线。射线探伤除传统的照相法外，还有实时成像及工业 CT。其原理与照相法基本相同，汽车零件在放射线探伤多采用实时成像法。

探伤操作步骤：射线源的选择根据试件厚度及灵敏度要求，选择 X 射线源的焦点尺寸及曝光量，采用适当的管电压。如果采用射线照射法，应按 GB 5677 或 GB 3323 标准选择胶片。灵敏度采用 GB 5618 标准规定的像质计，采用的组别及放置方法均应按规定执行，对缺陷等级进行分类。由于射线有碍人体健康，从事射线工作，应执行国家放射卫生标准制定的放射防护规定。

2. 材质检测

其基本原理和无损探伤相同，主要包括电磁检测、超声波检测和 X 射线应力检测。

（1）电磁检测

广泛应用矫顽力（或剩磁）、磁导率来检测钢铁材料及工件的各项物理性能，如硬度、硬化层深度、含碳量、铁素体含量、球化率等级及残余应力等。

（2）超声波检测

主要用于晶粒度检测和球化率分选等。

（3）X 射线应力检测

X 射线应力测定，各项技术参数选择如测定方法、X 射线源、入射角、滤光片、光栏、衍射峰值的位置及计算方法、X 射线弹性常数和应力常数及应力值计算方法等应按有关国家标准执行。

汽车零件及材料常用的无损检测方法的比较见表 9. 1。

表 9.1　常用无损检测方法比较

	检测方法	方法原理	检测项目	适用材质	主要检测对象
电磁检测	磁粉探伤	磁力作用	表面及近表面的缺陷	铁磁性材料	锻钢件、压延件、铸钢件、焊缝、管材、棒材、型材和机加工件
	涡流探伤	电磁感应	表面及近表面的缺陷	导电材料	管材、线材、棒材及金属工件
	电磁分选	电磁感应	材质分选及应力检测	铁磁性材料	铁磁性材料的零件
声波检测	超声探伤	超声波的反射与吸收	内部缺陷检测	超声介质	铸件、锻件、焊缝及机加工零件
	超声检测	超声波的传播	晶粒度、球化率等检测	超声介质	球铁铸件及其他铸件、热处理零件
射线检测	射线探伤	射线与物质的作用	内部缺陷检测	金属及非金属材料	铸件、锻件、焊缝及机加工零件
	射线检测	射线的衍射分析	残余应力及板材厚度检测	金属材料	热处理及表面强化处理后的工件。失效分析工件，各种板材
渗透检测	渗透探伤	毛细作用	表面开口缺陷	任何非多孔材料	表面有开口缺陷且不适合用磁粉或涡流探伤的工件
	渗透检测	毛细作用	渗漏检测	任何非多孔材料	各种壳体、容器等

（二）主要职业性有害因素检测结果与分析

电离辐射包括 X 射线、高能 X 射线、γ 射线以及中子射线。

非电离辐射包括超声波、高频电磁场。

前处理时，使用溶剂、洗洁剂等化学品，对生锈零部件处理可产生粉尘或金属烟尘等。

职业性有害因素接触情况分析

某汽车公司无损探伤设备主要分布于铸造厂、锻造厂及制造工程部等单位，多为 X 线探伤机，也有少部分磁粉探伤机，其职业性有害因素检测结果如表 9.2 所示。

表 9.2　某汽车厂无损探伤设备 X 射线检测结果

设备型号	均值（n）	范围（$Ugy \cdot h^{-1}$）
MG161/320	1.05（2）	0.5～1.6
MU17F	0.2（2）	0.2
XX－2505X	4.33（7）	0.8～6.4
XX－1505	15.0（1）	－
MU15	0.15（2）	0.1～0.2
FH225	0.69（9）	0.2～1.2

注：X 射线探伤的工作场所的剂量率无具体标准，现按 GBZ/T 150－2002《工业 X 射线探伤卫生防护监测规范》，以 $40Ugy \cdot h^{-1}$ 以上的区域划为控制区，控制区边界外 $4\ Ugy \cdot h^{-1}$ 以上的区域划为管理区；－ 表示仅检测一次。

(三) 职业健康监护结果与分析

对从事 X 射线探伤作业的 27 名人员（其中男性 18 人）体检结果显示，白细胞偏低 2 人，红细胞偏低 1 人，血小板偏低 4 人，其他异常 8 人。

查阅从事 X 射线探伤人员职业卫生档案，尚未发现职业病（放射病）诊断病例。

(四) 职业危害关键控制点的确定

通过对发动机试验工艺、接触工种人数调查、职业性有害因素现场检测及健康检查资料分析，确定 X 线探伤工为无损检测职业危害关键控制点。

小结

（1）无损检测是在不损坏材料或试件等检查对象的前提下，检测材料或试件的特性及存在缺陷的技术。

（2）职业性有害因素有电离辐射（X 射线、高能 X 射线、γ 射线、中子射线）和非电离辐射（超声波和高频电磁场）等。

（3）对某厂从事 X 射线探伤作业的 27 名人员的体检结果显示，白细胞偏低 2 人，红细胞偏低 1 人，血小板偏低 4 人，其他异常 8 人，尚未发现职业病（放射病）诊断病例。

二、无损检测作业职业危害关键点控制技术

(一) 电离辐射防护

1. 应遵循的基本原则

（1）电离辐射实践的正当化：指某种辐射实践的利大于害。

（2）电离辐射防护的最优化：在由于防护付出的代价与所得的净利益之间进行权衡，以求得用最小的代价获取最大的净利益。最优化不能脱离“正当化”和“个人剂量限值”而单独存在。

（3）个人剂量限值：在实践正当化和最优化两项原则的前提下，要同时保证个人所接受的剂量不应当超过国家规定的相应限值。

2. 时间防护

外照射的受照剂量与受照时间成正比，受照时间越长，所受剂量越大。因此在不影响工作的原则下，应尽量减少工作人员的受照时间。

3. 距离防护

X 射线探伤机放射源在周围空间所产生的照射量，与距离的平方成反比，所以增加与放射源的距离可大幅度降低受照剂量。因此在不影响工作的前提下，应尽量远离放射源。

4. 屏蔽措施

这是外照射防护最常用的方法。屏蔽防护是根据物质可以吸收和减弱辐射的原理，在放射源和人之间设置屏蔽物以减少射线照射。防 X 射线可选择铅、铁、水泥等。

(二) 超声波的防护

避免超声发射器与身体的直接接触。

工业用超声波发生器的设置点，与工作人员应有一定的间隔距离。应封闭超声波泄漏的洞孔，或在发生器周围安装防护罩、防护帘。防护材料可用金属薄片（如铝合金）与橡胶片交织模压。

（三）职业健康监护

根据使用的无损检测方法的不同，操作工人体检内容也有所不同，详见表 9.3。

表 9.3　无损检测作业工人职业健康监护项目表

工种	职业性有害因素	上岗前	在岗期间	职业禁忌证
X 线	X 射线	（1）症状询问 （2）体格检查 a. 内科常规检查 b. 皮肤科检查 c. 眼科检查 （3）实验室和其他检查： 裂隙灯检查、眼底检查、血常规、尿常规、肝功能、肾功能、外周血淋巴细胞染色体畸变分析、胸部 X 线检查、心电图、腹部 B 超、耳鼻喉科*、甲状腺功能*	（1）症状询问 （2）体格检查 a. 内科常规检查 b. 皮肤科检查 c. 眼科检查 （3）实验室和其他检查： 裂隙灯检查、眼底检查、血常规、尿常规、肝功能、肾功能、外周血淋巴细胞染色体畸变分析、胸部 X 线检查、心电图*、腹部 B 超*、耳鼻喉科*、甲状腺功能*、血清睾酮*	—
超声波	超声波**	—	—	—
电磁	电磁场**	—	—	—

注：*者为选检项目，其他为必检项目；**者尚未制定职业健康检查规范；应急、离岗时、离岗后医学随访的职业健康检查详见 GBZ188（有效版本）。

（四）个人防护用品

当采取任何其他控制措施都不能阻止或减少射线的接触时，必须向所有接触工人提供个人防护用品，包括射线防护服、防护眼镜以及个人射线剂量仪等。

若操作点混杂有高频噪声，工人应佩戴防噪声护耳器。必要时使用隔绝超声传递的手套和手柄。

三、荧光磁粉探伤作业职业危害识别与预防控制指南

荧光磁粉探伤

文件编号： ××××××

文件名称： 荧光磁粉探伤职业危害识别与预防控制指南。

文件状态： 有效。

岗位名称： 荧光磁粉探伤。

上岗所要求的条件： 特种作业操作证、设备操作证、职业健康检查合格和职业安全卫生培训合格。

工作任务： 检查汽车金属零件（如曲轴、凸轮轴、齿轮和车桥零部件等）的表面是否存在裂纹。

上工序： /

下工序： /

主要设备： 荧光磁粉探伤机。

主要原、辅材料： 煤油、磁粉和汽车金属零件。

作业方式和体位：

◎ 作业方式：半自动。

◎ 体位：站位。

负重量、方式及时间： 电动葫芦上、卸料，基本不负重。

职业危害与危险源点的识别：

◎ 设备：荧光磁粉探伤作业产生紫外线，接触煤油引起皮肤损伤；其他危险源：安全防护装置缺损，紫外线灯泡的炸裂和磁悬液外溅，紫外灯性能不良、辐照度不符合标准要求，电器绝缘损坏、电器接地（零）不良等问题产生的用电安全问题。

◎ 物料储存和运输：物料存放无序，运输通道不畅，制动器缺陷，吊物坠物等。

◎ 人机工效设计：工作台设计不合理，工作椅设计不合理，不良体位，视觉疲劳。

◎ 劳动组织和劳动者行为：劳动者配合不当，操作失误，个人防护用品穿戴不规范，违章作业，劳动组织不合理，零件刮/擦伤害。

◎ 作业环境：地面缺陷，地面绊脚物。

※ 小结：主要存在的职业性有害因素有紫外线、煤油、室内采光照明不良和不良体位。

职业危害控制策略：

√ 在满足工件表面检测要求的条件下，控制紫外线强度；

√ 确保室内通风、排毒良好；

√ 采取措施减少接触时间，注意眼部和皮肤防护；

√ 改善工效条件并加强物料管理；

√ 制定安全操作规程和作业指导书；

√ 实施职业性有害因素监测与评价、职业健康监护和职业卫生培训；

√ 发放有毒有害作业岗位津贴；

√ 正确的个人防护。

主要职业性有害因素的职业接触限值：

◎ 紫外线：见 GBZ 2.2。

工作场所出入管理：

√ 实施准入制度进入工作区域；

√ 进入现场要佩戴防紫外线护目镜；

√ 工作区设置防紫外线、防砸和防火等警示标识。

工艺和设备要求：

√ 工作台的设计符合工效学要求，能固定把持零件；

√ 物流畅通，易于运输；

√ 营造减少视觉疲劳的工作环境；

√ 紫外灯的设计保证紫外线强度、线束方向、防爆性满足检测要求；

√ 工作系统的设计应考虑悬浮液的有效回收，避免渗漏，并应易于维护；

√ 确保设备绝缘、接地。

岗位操作规程：

√ 工作前按规定穿戴好个人防护用品；

√ 操作者应经过培训合格后，持证上岗；

√ 操作者应熟悉设备性能和操作程序，严禁超性能使用设备；

√ 操作前，认真检查电气设备、元件以及电源导线的接触和绝缘等，确认完好后，才能操作；

√ 室内应保持干燥清洁，连接电线和导电板的螺栓应牢固可靠；

√ 在电极头之间夹持或拿下零件时应停电，应固紧零件；

√ 充电、充磁时，电源不准超过允许负荷，在进行上述工作或启闭总电源开关时，操作者应站在绝缘垫上；

√ 检测荧光时应戴紫外线护目镜、长臂乳胶手套；

√ 在开始操作之前，应洗净试件表面油脂、金属屑、氧化皮、粘砂以及其他能粘住磁粉的物质，同时要保证两端头有足够良好的接触面；

√ 停机时关闭机床空气开关、电控柜总开关和电控总柜开关，清洁机床，导轨面抹涂润滑油，关闭气源闸阀。

设备日常维护：

√ 按设备供应商和安装者的要求，维护设备，使其有效运行。

设备检查和测试：

√ 从生产商那里索取通风设备的设计性能信息，将这些资料存档，以便与将来测试结果比较；

√ 每日开机前点检；

√ 每月定期检查；

√ 根据设备的性能测试标准，每12个月至少检查和测试一次通风设备；
√ 检查和测试结果至少保存5年。

作业场所清洁和整理：

√ 每天清洁作业设备和工作区，每周定期清扫其他设备和车间一次；
√ 应立即处理泄漏物，安全处置泄漏物；
√ 容器应存放在安全处，安全处置空的容器。

个人防护用品：

√ 根据现场存在的职业性有害因素的种类和浓度（强度），供应商提供的个人防护用品性能参数，选择适宜的个人防护用品；
√ 穿戴合适的个人防护用品：防紫外护目镜、长臂乳胶手套、工作服、防砸耐油鞋和安全帽；
√ 常规作业不需要呼吸防护用品；某些清洁和维修作业可能需要呼吸防护用品，如处理泄漏物；
√ 作业前必须按规定穿戴好个人防护用品；
√ 保持个人防护用品干净清洁，按规定的间隔时间定期更换。

职业卫生培训：

◎ 劳动者培训内容：

A. 职业病防治的相关法律法规知识；
B. 紫外线、有机溶剂等职业性有害因素的特性及其可能造成的健康影响与预防控制措施；
C. 岗位操作规程和岗位作业条件；
D. 个人防护用品的使用知识；
E. 简单故障的识别与处置及事故的报告方法；
F. 设备操作系统的检查和使用方法；
G. 急救箱的使用方法。

◎ 培训类型：上岗前、定期、换（转）岗培训。
◎ 培训方式：培训班、班组会、宣传栏、典型事故分析会、合同告知、网络、报纸、电视和广播宣传等。

职业卫生检查：

◎ 企业职业卫生管理部门检查：

A. 通风设施是否完好；
B. 物料管理是否规范；
C. 作业场所紫外线等职业性有害因素是否超标；
D. 车间地面是否平整防滑，易于行走；
E. 作业场所的警示标识是否完善；
F. 劳动者是否按照作业指导书进行操作；
G. 劳动组织是否合理；
H. 车间有无“跑冒滴漏”现象；
I. 现场清理、清洁、整顿和整理等检查；
J. 劳动者个人防护用品使用是否规范；
K. 建议检查周期：一月一次。

◎ 工会监督检查：

A. 车间是否有职业卫生监督员；
B. 工时和劳动组织是否合理；
C. 个人防护用品是否按照标准发放；
D. 保健津贴是否按时足额发放；
E. 防暑降温措施是否落实；
F. 职业禁忌证人员是否得到妥善安置；
G. 收集并分析劳动者对职业卫生的抱怨等；
H. 建议检查周期：一季度一次。

劳动者职业安全卫生检查表：

◎ 注意查找设备泄漏、磨损或损坏的迹象，如发现任何问题，请告诉管理人员，如果你认为有问题，请勿继续工作；
◎ 进餐、喝水前或如厕前后要洗手去除污染物；
◎ 勿用有机溶剂清洁皮肤；
◎ 使用吸尘器或湿拖布即时安全清洁地处理泄漏物；
◎ 按提供的说明使用、维护和保存任何个人防护用品；
◎ 确保送风系统正常运行。

应急救援：

◎ 可能发生的事故：电光性眼炎、煤油中毒和火灾。
◎ 应急预案及设施：制定职业卫生应急救援预案、工伤事故应急预案及消防事故应急预案，并定期演练。
◎ 紧急处理及事故报告程序：按照应急预案要求的程序进行。

更多信息：

◎ 参见GBZ 1、GBZ 2.1、GBZ 2.2、GBZ 158、GBZ 188。

第 10 部 分

发动机试验作业职业危害识别、分析与控制

一、发动机试验作业职业危害识别与分析

(一) 工艺技术、材料和设备

发动机是一个能独立产生机械功率和扭矩，并可带动汽车车轮转动的动力综合体的总称。汽车发动机通过燃料的燃烧过程做功并经机械传动系统将机械力转变为扭矩使车轮转动。

依据汽车发动机试验规范，一辆新研制的或新设计的汽车，在上路考核之前，应进行两项综合性试验：第一，装车前的发动机（总成）台架试验；第二，装车后的整车台架试验。汽车发动机（总成）进行台架试验的目的是全面测试发动机特性及各项性能，以评估和预测发动机装车后，其整车动力性及各项指标是否达到设计要求。这是研制汽车过程中不可缺少的极为重要的一环。

1. 试验内容

对发动机整机性能试验。其目的是要全面了解发动机的各种性能参数、指标。对装配完成的发动机进行一定的初期磨合和三漏异响的检查试验，确定出厂的发动机处于合格水平。具体内容包括功率试验、调整试验、噪声试验、道路负荷试验、燃料经济性试验、可靠性试验、耐久性试验等。发动机是由众多零部件组成，这些零部件的生产加工和装配未必能完全合乎产品的设计要求，因此发动机的出厂检验还有检查这些零部件的加工装配质量作用。

两个调查对象所进行的发动机（总成）台架试验，通过两种方式实现，第一，在一个大厂房内并排50多台发动机同时进行试验，试验工人也在其中；第二，单台机在隔离间进行试验，操纵间（控制间）与试验间（隔离间）分开，试验人员定期进入隔离间进行装卸和调试。

2. 工艺流程

发动机试验流程如下所示：送发动机进试验间──→与试验台架对接──→启动发动机──→试验测试──→下台架至储存区──→补漆──→入库。

3. 岗位、工种描述

（1）发动机试验站（大厂房，老的发动机试验室）发动机试验工：主要从事发动机出厂试验。用天车起吊发动机并将其固定在试验台架上，连接管路，做好试验准备；启动发动机并调试在不同转速下的运行情况并记录。试验完成送至储存区。

（2）发试二车间（隔离间，新建的发动机试验室）发动机试验工：操作步骤和试验站发动机试验工相似，但其操纵间和试验间隔离，使用计算机控制系统来检测发动机各项性能，并通过玻璃窗观察试验间的发动机运行情况。某发动机厂有20余间这样的试验室。表10.1是两个发动机试验车间工种分布情况。

（3）补漆工：发动机试验完毕后，对发动机进行补漆，其作业方式是手工喷漆。

表10.1　两个发动机试验车间工种分布情况

车间	发动机试验工人数		补漆工人数		总人数（%）
	男（%）	女（%）	男（%）	女（%）	
试验站	48（87.3）	0（0）	4（7.3）	3（5.4）	55（100）
发试二车间	36（83.7）	2（4.7）	5（11.6）	0（0）	43（100）
合　计	84（85.7）	2（2.0）	9（9.2）	3（3.1）	98（100）

（二）主要职业性有害因素检测结果与分析

主要职业性有害因素：发动机运转时产生噪声，强度在95dB（A）以上。发动机尾气包括：一氧化碳、二氧化碳、多环芳烃、氮氧化合物、二氧化硫、汽油、苯系物、铅烟及高温。

多台发动机同时试验时，会产生大量的有害气体、噪声及高温等职业性有害因素，职业危害更为严重。

1. 噪声

发动机试验过程中在不同转速下可产生不同程度噪声危害，噪声强度常在95dB（A）以上。某厂发动机试验室的噪声强度，在未改造前，控制间的噪声最高可达87.5dB（A），相对应的试验室的噪声最高达97 dB（A）。目前，发动机试验多采用封闭试验室，使用吸声及隔声材料和设施。操作工人在控制室内操作时，接噪水平已大大降低。表10.2是某汽车发动机厂汽油发动机试验室噪声的检测结果。

表10.2　某厂发动机试验工噪声接触检测结果

部位	均值*（n）	范围［dB（A）］	达标率（%）
发动机试验站	94.1（10）	84～101	10.0
发试二车间试验间	91.0（12）	83～98	16.7
发试二车间控制室	72.0（6）	67～81	100.0

*注：均值是指历年等效噪声声级的均值

从表10.2可以看出，发动机试验站和发试二车间试验间噪声声级水平平均在90dB（A）以上，但发试二车间控制室只有72.0dB（A），说明隔离间可有效地控制发动机试验噪声。

2. 发动机尾气

因为燃油中硫化物、芳烃和烯烃含量较高，容易使发动机产生积碳和胶状杂质，当发动机燃油燃烧不完全时，容易导致尾气污染生产现场和大气环境。另外，发动机总成台架试验尾气的排放与车型、燃料及试验条件有关。在怠速条件下，由于燃烧不完全，可排出黑烟。在加速条件下，则燃烧完全。尾气的基本成分可分为两类：一类是燃油完全燃烧的产物，主要是二氧化碳、水蒸气、过量的氧及残存的氮等；另一类是燃油不完全燃烧的产物及有害的氧化物，主要是一氧化碳、氮氧化合物、二氧化硫及铅烟。表10.3是某发动机试验室有害气体的检测结果。

表 10.3　A 公司发动机试验室空气中部分有毒气体检测结果

部位	有害因素	均值（n）	范围（mg/m^3）	达标率（%）
试验站[a]	铅烟	0.016（5）	0.005～0.032	60
发试二车间[a]	铅烟	0.002（4）	0.001～0.005	100
试验站	一氧化碳	160.68（2）	107.12～214.24	0
发试二车间	一氧化碳	10.88（2）	8.36～13.39	100
发试二车间	氮氧化物	0.62（4）	0.56～0.66	100
发试二车间	二氧化硫	2.125（4）	1.40～3.00	100
手工补漆室	苯	33.86（10）	0.25～247.00	80
手工补漆室	二甲苯	72.47（18）	1.00～281.00	78

注：[a] 使用含铅汽油。

从表 10.3 可以看出，两个发动机试验车间存在着多种有害气体，包括铅烟、一氧化碳、氮氧化物及苯系物等，其中在发动机试验站铅烟和一氧化碳等存在不同程度超标现象，而在发试二车间情况较好。

3. 高温

因为发动机运行产生的热量积聚在发动机试验间，可致环境温度升高。经检测，发动机试验站温度可达 45℃，室内外温差可达 13℃。

（三）职业健康监护结果与分析

1. 职业性有害因素接触情况

所调查的发动机试验车间共有工人 98 人，其中男 93 人，女 5 人。发动机试验工 86 人，喷漆工 12 人，车间环境中存在噪声及有毒气体等职业性有害因素，详见表 10.1～表 10.3。

2. 职业健康检查情况

组织 61 名发动机试验工的体检结果发现，31 人体检结果存在不同程度异常，占体检人数的 50.8%。与职业有关的主要是工人的听力损失，在 61 名发动机试验工人中，有 23 人发现有听力损失，占 37.70%，详见表 10.4。

表 10.4　A 公司某厂发动机试验车间工人体检结果

车间	体检人数	异常人数（%）	听力损伤人数（%）	确诊职业病人数（%）
试验站	35	20（57.1）	16（45.7）	2（5.7）*
试验室	26	11（42.3）	7（26.9）	0（0.0）
合　计	61	31（50.8）	23（37.7）	2（3.3）

注：* 噪声聋。

查阅该厂历年的职业卫生档案，曾有 2 人被诊断为噪声聋，分别从事发动机试验工作 18 年和 19 年。

（四）职业危害关键控制点的确定

通过对发动机试验工艺、接触工种人数调查、职业性有害因素现场监测及健康监护资料分析，确定以下 2 个工种（位）为发动机试验职业危害关键控制点：发动机试验（试验站）和补漆。

小结

（1）发动机试验包括两个方面：对发动机整机性能试验，其目的是要全面了解发动机的各种性能参数、指标；对装配完成的发动机进行一定的初期磨合和三漏异响的检查试验，确定出厂的发动机处于合格水平。具体内容包括功率试验、调整试验、噪声试验、道路负荷试验、燃料经济性试验、可靠性试验及耐久性试验等。

（2）发动机试验的工艺流程：送发动机进试验间──→与试验台架对接──→启动发动机──→试验测试──→下台架至储存区──→补漆──→入库。

（3）发动机试验的主要职业性有害因素：发动机运转时产生噪声，强度在95dB（A）以上。发动机尾气包括：碳氢化合物、氮氧化合物、二氧化硫、汽油、苯系物、铅烟和高温。多台发动机同时试验时，会产生大量的有害气体、噪声及高温等职业性有害因素，职业危害更为严重。

（4）对61名发动机试验工进行的体检发现，有23人发现有听力损失（37.70%）。查阅该厂历年的职业卫生档案，有2人被诊断为噪声聋，分别从事发动机试验工作18年和19年。

二、发动机试验作业职业危害关键点控制技术

（一）噪声控制

发动机试验站建于20世纪70年代初期，同时进行多台发动机试验，产生较强噪声，因无法采取工程防护措施，只能采取个人防护措施。针对上述情况，有企业在新建发动机试验二车间时，采用建隔离间单台试验，将操作人员与发动机试验间隔开的方案，噪声得到有效的控制，保护了工人的健康。具体措施有：在发动机排气管上安装消声器；在试验间墙上、风管上填充矿棉隔声、吸声材料等；制作隔声门、隔声窗；为操作人员建控制室与待试发动机分开，定时进入试验间巡视，以减少接触时间等。经过实施这些措施后，控制室与试验间噪声强度可降低20dB（A）左右。使用耳塞或耳罩等防护用品。

（二）发动机尾气控制

加强通风，使试验时产生的尾气不滞留在试验间，减少对职工的危害，通过排气管将尾气抽入废气净化塔净化处理。溶入废气净化塔水中的尾气呈酸性，加碳酸氢钠中和后，水可循环使用。对于尾气的有效处理，保护了环境，降低了对周围居民的危害。

（三）喷漆室有害气体

对于补漆过程中产生的苯类挥发物，首先应采取工程防护措施，采用设计合理有效的机械通风、水雾除漆或活性炭吸附等通风净化方式，改善作业环境。

（四）职业健康监护

发动机试验工人在工作环境中接触到噪声、发动机尾气等职业性有害因素，因此在进行健康检查时应重点对一些项目作检查，详见表10.5。

表 10.5　发动机试验作业工人职业健康监护项目表

工种	职业性有害因素	上岗前	在岗期间	职业禁忌证
试验工	噪声、汽油和一氧化碳等	（1）症状询问 （2）体格检查 a. 内科常规检查 b. 皮肤科检查 c. 神经系统常规检查 d. 耳科检查 （3）实验室和其他检查：血常规、尿常规、血清 ALT、心电图、纯音听阈测试、神经－肌电图＊、声导抗＊、耳声发射＊	（1）症状询问 （2）体格检查 a. 内科常规检查 b. 皮肤科检查 c. 神经系统常规检查 d. 耳科检查 （3）实验室和其他检查：血常规、尿常规、血清 ALT、心电图、纯音听阈测试、神经－肌电图＊、声导抗＊、耳声发射＊	汽油： （1）过敏性皮肤疾病 （2）神经系统器质性疾病 噪声： （1）各种原因引起永久性感音神经性听力损失（500Hz、1000Hz 和 2000Hz 中任一频率的纯音气导听阈＞25dBHL） （2）中度以上传导性耳聋 （3）双耳高频（3000Hz、4000Hz、6000Hz）平均听阈≥40dB （4）Ⅱ期和Ⅲ期高血压 （5）器质性心脏病 （6）噪声易感者（噪声环境下工作一年，双耳 3000Hz、4000Hz、6000Hz 中任意频率听力损失≥65dBHL） CO： （1）中枢神经系统器质性疾病 （2）心肌病
补漆工	苯、二甲苯和乙酸丁酯＊＊等	（1）症状询问 （2）体格检查：内科常规检查 （3）实验室和其他检查：血常规、尿常规、血清 ALT、心电图、溶血试验＊、肝脾 B 超＊	（1）症状询问 （2）体格检查：内科常规检查 （3）实验室和其他检查：血常规（注意细胞形态及分类）、尿常规、血清 ALT、心电图、溶血试验、肝脾 B 超、尿反－反粘糠酸测定＊、尿酚＊、骨髓穿刺＊ （4）受检人员血液指标异常者，应 1～2 周复查一次，连续 3 次	（1）血常规检出有如下异常者：白细胞计数低于 4.5×10^9/L；血小板计数低于 8×10^{10}/L；红细胞计数男性低于 4×10^{12}/L，女性低于 3.5×10^{12}/L 或血红蛋白定量男性低于 120g/L，女性低于 110g/L （2）造血系统疾病如各种类型的贫血、白细胞减少症和粒细胞缺乏症、血红蛋白病、血液肿瘤以及凝血障碍疾病等 （3）脾功能亢进

注：＊者为选检项目，其他为必检项目；＊＊者尚未制定职业健康检查规范；应急、离岗时、离岗后医学随访的职业健康检查详见 GBZ188（有效版本）。

详见 GBZ/T 225。

（五）个人防护用品

发动机试验工和发动机试验检修工配备耳塞或耳罩、安全帽、工作服、防砸防油鞋和手套。发动机喷漆工配备防静电工作服、防毒口罩、耳塞或耳罩、工作帽、防化学品手套、防静电防滑鞋和防护围裙。

三、发动机试验作业主要岗位职业危害识别与预防控制指南

1. 发动机试验

文件编号： ××××××

文件名称： 发动机试验职业危害识别与预防控制指南。

文件状态： 有效。

岗位名称： 发动机试验。

上岗所要求的条件： 特种作业操作证、设备操作证、职业健康检查合格和职业安全卫生培训合格。

工作任务： 发动机性能测试，检查发动机是否符合出厂要求。

上工序： 发动机装配。

下工序： 发动机入库。

主要设备： 发动机试验台架和发动机总成。

主要原、辅材料： 柴油（或汽油）、机油和冷却液。

作业方式和体位：

◎ 作业方式：半自动。

◎ 体位：站位30%（发动机上下台架）；弯腰10%（发动机与台架连接装机及修理）；坐位60%（发动机性能测试）。

负重量、方式及时间： 无负重。

职业危害与危险源点的识别：

◎ 设备：发动机试验过程中产生噪声、高温、一氧化碳、二氧化碳、二氧化硫和氮氧化物。其他危险源：台架控制失灵、连接装置脱落、燃油泄漏、管道尾气泄漏、火灾、爆炸和烫伤。

◎ 物料储存和运输：物料存放无序，运输通道不畅，吊物坠落，零件坠落。

◎ 人机工效设计：工作台设计不合理，工作椅设计不合理，视屏作业，试验间和控制室间的观察窗设计不合理，不良体位，采光和照明不良。

◎ 劳动组织和劳动者行为：劳动者配合不当，操作失误，个人防护用品穿戴不规范，违章作业，劳动组织不合理。

◎ 作业环境：地面缺陷，环境高温，地面绊脚物，试验间隔离效果不良。

※ 小结：主要存在的职业性有害因素有噪声、高温、一氧化碳、二氧化碳、二氧化硫和氮氧化物。

职业危害控制策略：

√ 试验间与观察间隔离；

√ 密闭尾气排放管道，收集并保证尾气排入废气处理系统；

√ 试验间设置通风和排毒系统；

√ 在进、排气处及轴流风机上安装消声器，在试验间墙上安装吸声材料，在试验间设置隔声门窗；

√ 发动机试验台架安装减振装置；

√ 改善工效条件并加强物料管理；

√ 制定安全操作规程和作业指导书；

√ 实施职业性有害因素监测与评价、职业健康监护和职业卫生培训；

√ 劳动者进入试验间应佩戴耳塞或耳罩；

√ 发放有毒有害作业岗位津贴；

√ 正确的个人防护。

主要职业性有害因素的职业接触限值：

◎ 噪声和高温：见GBZ 2.2；

◎ 二氧化硫、氮氧化物、一氧化碳和二氧化碳：见GBZ 2.1。

工作场所出入管理：

√ 实施准入制度进入工作区域；

√ 进入现场要穿戴安全帽、耳塞或耳罩和工作服；

√ 工作区设置注意防噪声、防高温、防中毒以及注意通风排毒等警示标识。

工艺和设备要求：

√ 发动机试验台架应稳固、减振，并符合工效学要求；

√ 发动机试验台架设置防护栏和警示标识；

√ 试验间和观察间应隔离；

√ 尾气排放管道接通风管道，接口应密闭；

√ 确保天车设计和建造适合所承运的物料，并保证物料转运畅通；

√ 试验间设置隔声门窗，墙面设置吸声、隔声材料，地面防滑、防油、易于清扫；

√ 确保电源、水、油、气管道标识清晰，连接处不泄漏；

√ 试验间安装通风排毒装置，管道应简短，尽量减少弯曲。

岗位操作规程：

√ 操作者应经过培训合格后，持证上岗；

√ 工作前按规定穿戴好个人防护用品；

√ 操作者应熟悉设备一般性能和结构，不得违章使用；

√ 设备运行前检查信号指示是否正常；

√ 天车吊发动机运行时手扶发动机，天车运行路线不得有人；

√ 试验过程中确保试验间门窗关闭；

√ 试验发动机过程时，注意防止烫伤、机械传动部分的伤害、地面油水滑倒摔跤；

√ 在发动机调整中，使用开口扳手拧紧零件时，注意防止手臂被碰伤；

√ 试验完毕拆卸发动机时，油、水对准接盘，排入规定管道；
√ 试验间内职业卫生防护设施、防火等安全防护设施应齐全，有损坏及时报告，及时修理或更换；
√ 发生事故保护现场，上报车间；
√ 生产终止，天车停放规定位置，切断电源，关闭水、油、气阀门；
√ 操作者有权制止他人违章作业和拒绝违章指挥；
√ 检查设备周围有无异常情况；
√ 做好交接班记录。

设备日常维护：

√ 按设备供应商和安装者的要求，维护设备，使其有效运行。

设备检查和测试：

√ 工作前对设备加油，按规定对设备进行点检并记录；
√ 起动设备前，首先检查机械、动力、工艺装备的安全防护装置、指示信号等是否处于正常状态，如有问题，及时解决；
√ 检查工位周围的环境是否良好，如：地面、工作台边缘盖板及生产辅助用具等；
√ 检查设备一切正常后方可生产；
√ 打开天车电源，检查天车电器、限位器、钢丝绳、电钮盒是否完好；
√ 打开气、水、柴油、汽油、机油阀门，检查是否正常；
√ 检查吊具是否有损伤，气动扳手是否正常，试验台是否有机械电器故障；
√ 吊发动机时，检查吊钩是否挂牢，起吊站在物体的一侧；
√ 根据设备的性能测试标准，每 12 个月至少检查和测试一次通风设备；
√ 肉眼检查设备损坏的迹象，每周至少巡视一次；
√ 检查和测试结果至少保存 5 年。

作业场所清洁和整理：

√ 清理、清扫好设备、工具及在制品和生产场地周围的杂物；
√ 每天清洁作业设备和工作区，每周定期清扫其他设备和车间一次；
√ 应立即处理泄漏物，安全处置泄漏物；
√ 袋或桶应存放在安全处，安全处置空袋或桶。

个人防护用品：

√ 根据现场存在的职业性有害因素的种类和浓度（强度），供应商提供的个人防护用品性能参数，选择适宜的个人防护用品；
√ 穿戴合适的个人防护用品：耳塞或耳罩、安全帽、工作服、防砸耐油鞋和手套；
√ 常规作业不需要呼吸防护用品；某些清洁和维修作业可能需要呼吸防护用品；
√ 作业前必须按规定穿戴好个人防护用品；
√ 保持个人防护用品干净清洁，按规定的间隔时间定期更换。

职业卫生培训：

◎ 劳动者培训内容：

A. 职业病防治的相关法律法规知识；
B. 提供噪声、振动、高温、汽油、柴油和发动机尾气等职业性有害因素的特性及其可能造成的健康影响与预防控制措施；
C. 岗位操作规程和岗位作业条件；
D. 个人防护用品的使用知识；
E. 简单故障的识别与处置及事故的报告方法；
F. 设备操作系统的检查和使用方法；
G. 急救箱的使用方法。

◎ 培训类型：上岗前、定期、换（转）岗培训。

◎ 培训方式：培训班、班组会、宣传栏、典型事故分析会、合同告知、网络、报纸、电视和广播宣传等。

职业卫生检查：

◎ 企业职业卫生管理部门检查：

A. 通风设施是否完好；
B. 物料管理是否规范；
C. 作业场所噪声、毒物等职业性有害因素是否超标；
D. 车间地面是否平整防滑，易于行走；
E. 作业场所的警示标识是否完善；
F. 劳动者是否按照作业指导书进行操作；
G. 劳动组织是否合理；
H. 车间有无“跑冒滴漏”现象；
I. 现场清理、清洁、整顿和整理等检查；
J. 劳动者个人防护用品使用是否规范；
K. 建议检查周期：一月一次。

◎ 工会监督检查：

A. 车间是否有职业卫生监督员；
B. 工时和劳动组织是否合理；
C. 个人防护用品是否按照标准发放；
D. 保健津贴是否按时足额发放；
E. 防暑降温措施是否落实；
F. 职业禁忌证人员是否得到妥善安置；
G. 收集并分析劳动者对职业卫生的抱怨等；
H. 建议检查周期：一季度一次。

劳动者职业安全卫生检查表：

◎ 确保通风、排毒系统开启并正常运行；

◎ 注意查找设备泄漏、磨损或损坏的迹象，如发现任何问题，请告诉管理人员，如果你认为有问题，请勿继续工作；

◎ 进餐、喝水前或如厕前后要洗手去除污染物；

◎ 勿用有机溶剂清洁皮肤；

◎ 应立即处理泄漏物，安全处置泄漏物；

◎ 按提供的说明使用、维护和保存任何个人防护用品。

应急救援：

◎ 可能发生的事故：火灾、烫伤、电击伤、零件飞逸、机械卷入伤害和一氧化碳中毒等。

◎ 应急预案及设施：制定职业卫生应急救援预案、工伤事故应急预案及消防事故应急预案，并定期演练。

◎ 紧急处理及事故报告程序：按照应急预案要求的程序进行。

更多信息：

◎ 参见 GBZ 1、GBZ 2.1、GBZ 2.2、GBZ 158、GBZ 188。

2. 发动机试验检查维修

文件编号： ××××××

文件名称： 发动机试验检查维修职业危害识别与预防控制指南。

文件状态： 有效。

岗位名称： 发动机试验检查维修。

上岗所要求的条件： 特种作业操作证、设备操作证、职业健康检查合格和职业安全卫生培训合格。

工作任务： 发动机试验检查和维修调试。

上工序： /

下工序： 发动机入库。

主要设备： 发动机试验台架，发动机总成和修理工具。

主要原、辅材料： 柴油（或汽油）、机油和冷却液。

作业方式和体位：

◎ 作业方式：半自动。

◎ 体位：站位 60%（发动机上下台架，发动机运行测试）；弯腰 40%（发动机与台架连接装机及修理）。

负重量、方式及时间： 基本无负重。

职业危害与危险源点的识别：

◎ 设备：发动机运行过程中产生噪声、高温、振动、一氧化碳、二氧化碳、二氧化硫和氮氧化物。其他危险源：台架控制失灵、连接装置脱落、机械卷入、燃油泄漏、管道尾气泄漏、火灾、爆炸和烫伤。

◎ 物料储存和运输：物料存放无序，运输通道不畅，吊物坠落，零件坠落。

◎ 人机工效设计：工作台设计不合理，工作椅设计不合理，工具设计不合理，不良体位，采光和照明不良。

◎ 劳动组织和劳动者行为：劳动者配合不当，操作失误，个人防护用品穿戴不规范，违章作业，劳动组织不合理。

◎ 作业环境：地面缺陷，环境高温，地面绊脚物。

※ 小结：主要存在的职业性有害因素有噪声、高温、振动、一氧化碳、二氧化碳、二氧化硫和氮氧化物。

职业危害控制策略：

√ 密闭尾气排放管道，收集并保证尾气排入废气处理系统；

√ 维修区设置通风和排毒系统；

√ 发动机试验台架安装减振装置；

√ 改善工效条件并加强物料管理；

√ 制定安全操作规程和作业指导书；

√ 实施职业性有害因素监测与评价、职业健康监护和职业卫生培训；

√ 发动机运行时应佩戴耳塞或耳罩；

√ 发放有毒有害作业岗位津贴；

√ 正确的个人防护。

主要职业性有害因素的职业接触限值：

◎ 噪声、高温和振动：见 GBZ 2.2；

◎ 二氧化硫、氮氧化物、一氧化碳和二氧化碳等：见 GBZ 2.1。

工作场所出入管理：

√ 实施准入制度进入工作区域；

√ 进入现场要穿戴安全帽、耳塞或耳罩和工作服；

√ 工作区设置防噪声、防高温、防中毒以及注意通风排毒等警示标识。

工艺和设备要求：

√ 发动机试验台架应稳固和减振，并符合工效学要求；

√ 发动机试验台架设置防护栏和警示标识；

√ 尾气排放管道接通风管道，接口应密闭；

√ 确保天车设计和建造适合所承运的物料，并保证物料转运畅通；

√ 维修区地面防滑、防油、易于清扫；

√ 确保电源、水、油、气管道标识清晰，连接处不泄漏；

√ 维修区安装通风排毒装置，管道应简短，尽量减少弯曲。

岗位操作规程：

√ 操作者应经过培训合格后，持证上岗；

√ 工作前按规定穿戴好个人防护用品；

√ 操作者应熟悉设备一般性能和结构，不得违章使用；

√ 在到达各自工位及作业区途中必须走安全通道，不得跨越障碍物；

√ 发动机运行时，应佩戴个人防护用品；

√ 天车吊发动机运行时手扶发动机，天车运行路线不得有人；

√ 试验过程中确保试验间门窗关闭；

√ 试验发动机过程时，注意防止烫伤、机械传动部分的伤害、地面油水滑倒摔跤；

√ 在发动机调整中，使用开口扳手拧紧零件时，注意防止手臂被碰伤；

√ 试验完毕拆卸发动机时，油、水对准接盘，排入规定管道；

√ 维修区内职业卫生防护设施、防火等安全防护设施应齐全，有损坏及时报告，及时修理或更换；

√ 发生事故保护现场，上报车间；

√ 生产终止，设备回位，天车停放规定位置，切断电源，关闭水、油、气阀门；

√ 操作者有权制止他人违章作业和拒绝违章指挥；

√ 检查设备周围有无异常情况；
√ 做好交接班记录。

设备日常维护：

√ 按设备供应商和安装者的要求，维护设备，使其有效运行。

设备检查和测试：

√ 工作前对设备加油，按规定对设备进行点检并记录；
√ 启动设备前，首先检查机械、动力、工艺装备的安全防护装置、指示信号等是否处于正常状态，如有问题，及时解决；
√ 检查工位周围的环境是否良好，如地面、工作台边缘盖板及生产辅助用具等；
√ 检查设备一切正常后方可生产；
√ 打开天车电源，检查天车电器、限位器、钢丝绳和电钮盒是否完好；
√ 打开气、水、柴油、汽油、机油阀门，检查是否正常；
√ 检查吊具是否有损伤，气动扳手是否正常，试验台是否有机械电器故障；
√ 吊发动机时，检查吊钩是否挂牢，起吊站在物体的一侧；
√ 根据设备的性能测试标准，每 12 个月至少检查和测试一次通风设备；
√ 肉眼检查设备损坏的迹象，每周至少巡视一次；
√ 检查和测试结果至少保存 5 年。

作业场所清洁和整理：

√ 清理、清扫好设备、工具及在制品和生产场地周围的杂物；
√ 每天清洁作业设备和工作区，每周定期清扫其他设备和车间一次；
√ 应立即处理泄漏物，安全处置泄漏物；
√ 袋或桶应存放在安全处，安全处置空袋或桶。

个人防护用品：

√ 根据现场存在的职业性有害因素的种类和浓度（强度），供应商提供的个人防护用品性能参数，选择适宜的个人防护用品；
√ 穿戴合适的个人防护用品：耳塞或耳罩、安全帽、工作服、防砸耐油鞋和手套；
√ 常规作业不需要呼吸防护用品；某些清洁和维修作业可能需要呼吸防护用品；
√ 作业前必须按规定穿戴好个人防护用品；
√ 保持个人防护用品干净清洁，按规定的间隔时间定期更换。

职业卫生培训：

◎ 劳动者培训内容：

A. 职业病防治的相关法律法规知识；
B. 提供噪声、振动、高温、汽油、柴油和发动机尾气等职业性有害因素的特性及其可能造成的健康影响与预防控制措施；
C. 岗位操作规程和岗位作业条件；
D. 个人防护用品的使用知识；
E. 简单故障的识别与处置及事故的报告方法；
F. 设备操作系统的检查和使用方法；
G. 急救箱的使用方法。

◎ 培训类型：上岗前、定期、换（转）岗培训。
◎ 培训方式：培训班、班组会、宣传栏、典型事故分析会、合同告知、网络、报纸、电视和广播宣传等。

职业卫生检查：

◎ 企业职业卫生管理部门检查：

A. 通风设施是否完好；
B. 物料管理是否规范；
C. 作业场所噪声、毒物和高温等职业性有害因素是否超标；
D. 车间地面是否平整防滑，易于行走；
E. 作业场所的警示标识是否完善；
F. 劳动者是否按照作业指导书进行操作；
G. 劳动组织是否合理；
H. 车间有无“跑冒滴漏”现象；
I. 现场清理、清洁、整顿和整理等检查；
J. 劳动者个人防护用品使用是否规范；
K. 建议检查周期：一月一次。

◎ 工会监督检查：

A. 车间是否有职业卫生监督员；
B. 工时和劳动组织是否合理；
C. 个人防护用品是否按照标准发放；
D. 保健津贴是否按时足额发放；
E. 防暑降温措施是否落实；
F. 职业禁忌证人员是否得到妥善安置；
G. 收集并分析劳动者对职业卫生的抱怨等；
H. 建议检查周期：一季度一次。

劳动者职业安全卫生检查表：

◎ 确保通风和排毒系统开启并正常运行；
◎ 注意查找设备泄漏、磨损或损坏的迹象，如发现任何问题，请告诉管理人员，如果你认为有问题，请勿继续工作；
◎ 进餐、喝水前或如厕前后要洗手去除污染物；
◎ 勿用有机溶剂清洁皮肤；
◎ 应立即处理泄漏物；
◎ 按提供的说明使用、维护和保存任何个人防护用品。

应急救援：

◎ 可能发生的事故：火灾、烫伤、电击伤、零件飞逸、机械卷入伤害和一氧化碳中毒等。

◎ 应急预案及设施：制定职业卫生应急救援预案、工伤事故应急预案及消防事故应急预案，并定期演练。

◎ 紧急处理及事故报告程序：按照应急预案要求的程序进行。

更多信息：

◎ 参见 GBZ 1、GBZ 2.1、GBZ 2.2、GBZ 158、GBZ 188。

3. 发动机喷漆

文件编号：××××××

文件名称：发动机喷漆职业危害识别与预防控制指南。

文件状态：有效。

岗位名称：发动机喷漆。

上岗所要求的条件：密闭空间作业许可证、设备操作证、职业健康检查合格、职业安全卫生培训合格和消防安全培训合格证。

工作任务：发动机表面涂装。

上工序：发动机内部装配。

下工序：发动机外部装配。

主要设备：喷漆线和烘干室。

主要原、辅材料：发动机部件、油漆和稀释剂。

作业方式和体位：

◎ 作业方式：手工100%。

◎ 体位：站位50%，蹲位50%。

负重量、方式及时间：单手负重，负重量约2.5kg，时间约6h/d。

职业危害与危险源点的识别：

◎ 设备：喷漆操作时接触有机溶剂，常用的有机溶剂有苯、甲苯、二甲苯、溶剂汽油、乙酸乙酯和丙酮等；通风机运行时产生噪声。其他危险源：溶剂、涂料泄漏，防护装置缺损，通风设备缺损，设备接地（零）缺损，电器绝缘损坏，上料机构损坏，急停开关损坏，制动器缺陷，吊物坠物，高压气体，电气防爆装置缺损，消防器材缺损，火灾、爆炸隐患，通风装置故障等。

◎ 物料储存和运输：物料存放无序，运输通道不畅，容器密封不严，漆桶坠落、倾倒，溶剂与油漆泄漏、外溢，废料容器处置不当。

◎ 人机工效设计：工作台设计不合理，物料提举方式不当，负重过大，操作工具使用不当，采光和照明不良。

◎ 劳动组织和劳动者行为：劳动者配合不当，操作失误，违章作业，火种带入，个人防护用品穿戴不规范。

◎ 作业环境：地面缺陷，地面湿滑，地面绊脚物，人员通道不畅。

※ 小结：主要存在的职业性有害因素有噪声和毒物（如苯、甲苯、二甲苯、溶剂汽油、乙酸乙酯和丙酮等）。

职业危害控制策略：

√ 喷漆间安装通风和排毒装置；

√ 喷漆间设置安全防护装置、消防安全工具和器材；

√ 向供应商索取化学品的物质安全数据说明书（MSDS）；

√ 对于成分不明的化学品应明确标识为“未知化学品X”，并追踪其成分；

√ 化学品容器包装应有中文警示说明，保持容器外部的清洁，警示标识应清晰；

√ 喷漆间应设置“当心中毒，当心火灾”等中文警示标识；

√ 改善工效条件，如操作高度不适可增加垫脚台；

√ 加强物料管理，不用的容器应及时加盖；

√ 设置应急冲洗装置；

√ 制定安全操作规程和作业指导书；

√ 实施职业性有害因素监测与评价、职业健康监护和职业卫生培训；

√ 发放有毒有害作业岗位津贴；

√ 正确的个人防护。

主要职业性有害因素的职业接触限值：

◎ 噪声：见GBZ 2.2；

◎ 毒物：见GBZ 2.1。

工作场所出入管理：

√ 实施准入制度进入工作区域；

√ 进入现场要穿戴防静电工作服、防毒口罩、耳塞或耳罩和防静电防滑鞋；

√ 工作区设置防毒、防噪声、防火、防爆和防滑等警示标识。

工艺和设备要求：

√ 喷漆作业应在有排风的喷漆室内或喷漆台上进行；

√ 排风应作净化处理；

√ 物料输送宜采用低噪声的运输方式；

√ 采用消声器，降低高压、高速排气放空噪声；

√ 设置转台使所有表面都能较容易地被覆盖；

√ 提供良好照明，照明应适合所使用的化学品和工作任务，如防爆或耐火；

√ 使用过滤器，避免油漆沉积在电动机、风扇叶片和通风管道上；

√ 确保没有大型物件堵塞工作出入口；

√ 应考虑为喷漆后的物件设置干燥处，可能也需要通风；

√ 工作区应尽可能避开门、窗、过道等处，以避免穿堂风（横向气流）干扰排风系统，防止污染扩散；

√ 工作区保持良好通风，补充新鲜空气；

√ 用简便方法检查通风系统是否正常工作，如气压计、压力表或指示器；

√ 排出的空气应排放至远离门、窗和进风口的安全处；

√ 含有害蒸气的空气不能循环使用。

岗位操作规程：

√ 工作前按规定穿戴好个人防护用品；

√ 操作者应熟悉设备一般性能和结构，不得违章使用；

√ 设备运行前检查信号指示是否正常；

√ 工作前清除随身携带的火种，如打火机、火柴等违禁品；
√ 检查消防器材是否完好，消防设施是否正常；
√ 工作前开启所有照明开关，并启动排风机和送风机；
√ 喷漆要有针对性，避免不必要的漆雾产生和原材料浪费；
√ 工作时若风机运转异常、风量异常或水泵异常，不得生产，应立即通知有关部门维修，待修复正常后才可生产。

设备日常维护：

√ 按设备供应商和安装者的要求，维护设备，使其有效运行。

设备检查和测试：

√ 从生产商那里索取通风设备的设计性能信息，将这些资料存档，以便与将来测试结果比较；
√ 肉眼检查设备损坏的迹象，每周至少巡视一次；
√ 根据设备的性能测试标准，每 12 个月至少检查和测试一次通风设备；
√ 检查和测试结果至少保存 5 年；
√ 定期对操作人员的作业岗进行职业性有害因素检测。

作业场所清洁和整理：

√ 现场物品定置摆放，做到无杂物、无积灰、无积液、无油污；
√ 每天清洁作业设备和工作区，定期清扫车间，每周一次；
√ 应立即处理泄漏物，安全处置泄漏物；
√ 物料容器应存放在安全处，安全处置空容器；
√ 物料容器使用后应立即加盖。

个人防护用品：

√ 根据现场存在的职业性有害因素的种类和浓度（强度），供应商提供的个人防护用品性能参数，选择适宜的个人防护用品；
√ 穿戴合适的个人防护用品：防静电工作服、防毒口罩、耳塞或耳罩、工作帽、防化学品手套、防静电防滑鞋和防护围裙；
√ 作业前必须按规定穿戴好个人防护用品；
√ 保持个人防护用品干净清洁，按规定的间隔时间定期更换。

职业卫生培训：

◎ 劳动者培训内容：
  A. 职业病防治的相关法律法规知识；
  B. 有机溶剂（苯、甲苯、二甲苯、溶剂汽油、乙酸乙酯和丙酮等）和噪声等职业性有害因素的特性及其可能造成的健康影响与预防控制措施；
  C. 皮肤、衣物污染清洗方法；
  D. 岗位操作规程和岗位作业条件；
  E. 个人防护用品的使用知识；
  F. 简单故障的识别与处置及事故的报告方法；
  G. 设备操作系统的检查和使用方法；
  H. 急性有机溶剂中毒的自救和互救知识；
  I. 急救箱的使用方法。
◎ 培训类型：上岗前、定期、换（转）岗培训。
◎ 培训方式：培训班、班组会、宣传栏、典型事故分析会、合同告知、网络、报纸、电视和广播宣传等。

职业卫生检查：

◎ 企业职业卫生管理部门检查：
  A. 通风和排毒装置是否完好；
  B. 物料管理是否规范；
  C. 作业场所有毒物质和噪声等职业性有害因素是否超标；
  D. 车间地面是否平整防滑，易于行走；
  E. 作业场所的警示标识是否完善；
  F. 劳动者是否按照作业指导书进行操作；
  G. 劳动组织是否合理；
  H. 现场清理、清洁、整顿和整理等检查；
  I. 劳动者个人防护用品使用是否规范；
  J. 建议检查周期：一月一次。
◎ 工会监督检查：
  A. 车间是否有职业卫生监督员；
  B. 工时和劳动组织是否合理；
  C. 个人防护用品是否按照标准发放；
  D. 保健津贴是否按时足额发放；
  E. 更衣室、洗浴间和休息室等卫生设施是否齐备；
  F. 预防控制措施是否落实；
  G. 职业禁忌证人员是否得到妥善安置；
  H. 收集并分析劳动者对职业卫生的抱怨等；
  I. 建议检查周期：一季度一次。

劳动者职业安全卫生检查表：

◎ 确保通风系统开启并正常运行；
◎ 防止纸袋和其他废弃物吸入通风管道；
◎ 注意查找设备泄漏、磨损或损坏的迹象，如发现任何问题，请告诉管理人员，如果你认为有问题，请勿继续工作；
◎ 进餐、喝水前或如厕前后要洗手去除污染物；
◎ 勿用有机溶剂清洁皮肤；
◎ 应立即处理泄漏物，使用颗粒物或抹布清洁液体，安全处置泄漏物；
◎ 按提供的说明使用、维护和保存任何个人防护用品。

应急救援：

◎ 可能发生的事故：急性苯中毒及其他有机溶剂中毒、火灾和爆炸；

◎ 应急预案及设施：制定职业卫生应急救援预案、工伤事故应急预案及消防事故应急预案，并定期演练。

◎ 紧急处理及事故报告程序：按照应急预案要求的程序进行。

更多信息：

◎ 参见 GBZ 1、GBZ 2.1、GBZ 2.2、GBZ 158、GBZ 188、GBZ/T 189。

第 11 部分

装配作业职业危害识别、分析与控制

1. 装、卸钉操作

文件编号：××××××

文件名称：装、卸钉操作职业危害识别与预防控制指南。

文件状态：有效。

岗位名称：装、卸钉操作。

上岗所要求的条件：岗位操作证、职业健康检查合格和职业卫生安全培训合格。

工作任务：完成零件装配。

上工序：/

下工序：/

主要设备：气动扳手或电动扳手和工作台。

主要原、辅材料：螺栓。

作业方式和体位：

◎ 作业方式：半自动。

◎ 体位：站位60%，弯腰及下蹲40%。

负重量、方式及时间：双手负重 <25kg/次。

职业危害与危险源点的识别：

◎ 设备：装、卸螺栓过程中产生噪声和振动。其他危险源：安全防护装置缺损，夹具缺损，固定不牢，制动器缺陷，吊物坠物，高压气体，螺栓飞出等。

◎ 物料储存和运输：物料存放无序，运输通道不畅，吊物坠落，零件坠落。

◎ 人机工效设计：工作台设计不合理，工作椅设计不合理，超负荷劳动，不良体位，采光和照明不良。

◎ 劳动组织和劳动者行为：劳动者配合不当，操作失误，个人防护用品穿戴不规范，违章作业，劳动组织不合理。

◎ 作业环境：地面缺陷，环境高温，地面积液、积尘，地面绊脚物。

※ 小结：主要存在的职业性有害因素有噪声和振动。

职业危害控制策略：

√ 配置设备设施防护装置；

√ 压缩空气管道上安装消声器；

√ 工作台架安装减振装置；

√ 改善工效条件并降低劳动负荷；

√ 尽量减少人工负重；

√ 合理利用自然重力转运物料；

√ 加强物料管理；

√ 为劳动者提供适宜的垫脚台；

√ 制定安全操作规程和作业指导书；

√ 实施职业性有害因素监测与评价、职业健康监护和职业卫生培训；

√ 发放有毒有害作业岗位津贴；

√ 正确的个人防护。

主要职业性有害因素的职业接触限值：

◎ 噪声和振动：见 GBZ 2.2。

工作场所出入管理：

√ 实施准入制度进入工作区域；

√ 进入现场要穿戴安全帽、耳塞或耳罩和工作服；

√ 工作区设置防噪声、防振动、防砸以及防挤压等警示标识。

工艺和设备要求：

√ 工作台架应稳固和减振，并符合工效学要求；

√ 采用低噪声的装配工具；

√ 风动工具安装消声器；

√ 工作台架安装减振装置；

√ 物料转运畅通，尽量采用自动化，送料、转运过程采用柔性设计，以减少工件相互碰撞产生的噪声；

√ 工作区地面防滑、防油、易于清扫；

√ 工作区和设备应设置醒目标识；

√ 提供良好照明。

岗位操作规程：

√ 工作前按规定穿戴好个人防护用品；

√ 开机前检查设备是否正常；

√ 严格按工艺、设备操作规程作业，安全生产，杜绝人身伤害等事故；

√ 装、卸钉设备发生故障、产生不正常现象时，应立即停机，马上向维修人员、值班长反映，以便尽快维修，排除故障；

√ 设备维修时，做好设备的清洁工作；

√ 操作者应熟悉装、卸钉设备的一般性能、结构，不得违章使用；

√ 加工过程中，装、卸钉设备上的保险及防护装置不得任意损坏拆卸，必须齐全完整；

√ 在工作中要掌握各零件的使用夹具及其装夹位置；

√ 在工作中要及时点、巡检装、卸钉设备的运行状况，避免发生重大的设备损坏、人身伤害等事故；

√ 装、卸钉设备停止工作时，必须将电源开关关闭；

√ 装、卸钉设备及其周围应保持清洁；

√ 做好交接班记录。

设备日常维护：

√ 按设备供应商和安装者的要求，维护设备，使其有效运行。

设备检查和测试：

√ 工作前对设备加油，按规定对设备进行点检并记录；

√ 肉眼检查设备坏损的迹象，每周至少巡视一次。

作业场所清洁和整理：

√ 现场物品定置摆放，做到无杂物、无积灰、无积水；

√ 每天清洁作业设备和工作地点，定期打扫其他设备和车间，每周一次；

√ 应立即处理泄漏物，安全处置泄漏物。

个人防护用品：

√ 根据现场存在的职业性有害因素的种类和浓度（强度），供应商提供的个人防护用品性能参数，选择适宜的个人防护用品；

√ 穿戴合适的个人防护用品：安全帽、工作服、防护手套、耳塞或耳罩和防砸鞋等；

√ 作业前必须按规定穿戴好个人防护用品；

√ 保持个人防护用品干净清洁，按规定的间隔时间定期更换。

职业卫生培训：

◎ 劳动者培训内容：

A. 职业病防治的相关法律法规知识；

B. 噪声、振动等职业性有害因素的特性及其可能造成的健康影响与预防控制措施；

C. 岗位操作规程和岗位作业条件；

D. 个人防护用品的使用知识；

E. 简单故障的识别与处置及事故的报告方法；

F. 设备操作系统的检查和使用方法；

G. 皮肤和衣物污染的清洁处理方法；

H. 工伤的自救和互救知识；

I. 急救箱的使用方法。

◎ 培训类型：上岗前、定期、换（转）岗培训。

◎ 培训方式：培训班、班组会、宣传栏、典型事故分析会、合同告知、网络、报纸、电视和广播宣传等。

职业卫生检查：

◎ 企业职业卫生管理部门检查：

A. 减振和降噪装置是否完好；

B. 物料管理是否规范；

C. 作业场所噪声和振动等职业性有害因素是否超标；

D. 车间地面是否平整防滑，易于行走；

E. 作业场所的警示标识是否完善；

F. 劳动者是否按照作业指导书进行操作；

G. 劳动组织是否合理；

H. 车间有无“跑冒滴漏”现象；

I. 现场清理、清洁、整顿和整理等检查；

J. 劳动者个人防护用品使用是否规范；

K. 建议检查周期：一月一次。

◎ 工会监督检查：

A. 车间是否有职业卫生监督员；

B. 工时和劳动组织是否合理；

C. 个人防护用品是否按照标准发放；

D. 保健津贴是否按时足额发放；

E. 更衣室、洗浴间和休息室等卫生设施是否齐备；

F. 防暑降温措施是否落实；

G. 职业禁忌证人员是否得到妥善安置；

H. 收集并分析劳动者对职业卫生的抱怨等；

I. 建议检查周期：一季度一次。

劳动者职业安全卫生检查表：

◎ 检查设备仪表是否显示正常；

◎ 注意查找设备泄漏、磨损或损坏的迹象，如发现任何问题，请告诉管理人员，如果你认为有问题，请勿继续工作；

◎ 进餐、喝水前或如厕前后要洗手去除污染物；

◎ 勿用有机溶剂清洁皮肤；

◎ 应立即处理泄漏物，使用颗粒物或湿拖布清洁，安全处置泄漏物；

◎ 按提供的说明使用、维护和保存任何个人防护用品；

◎ 确保通风系统开启并正常运行。

应急救援：

◎ 可能发生的事故：主要为砸伤和机械挤压伤事故。

◎ 应急预案及设施：制定职业卫生应急救援预案、工伤事故应急预案及消防事故应急预案，并定期演练。

◎ 紧急处理及事故报告程序：按照应急预案要求的程序进行。

更多信息：

◎ 参见 GBZ 1、GBZ 2. 1、GBZ 2. 2、GBZ 158、GBZ 188。

2. 铆钉机操作

文件编号：××××××

文件名称：铆钉机操作职业危害识别与预防控制指南。

文件状态：有效。

岗位名称：铆钉机操作。

上岗所要求的条件：特种作业岗位操作证、设备操作证、职业健康检查合格和职业安全卫生培训合格。

工作任务：铆接工件。

上工序：/

下工序：/

主要设备：铆钉机。

主要原、辅材料：铆钉。

作业方式和体位：

◎ 作业方式：半自动。

◎ 体位：站位和弯腰。

负重量、方式及时间：双手负重。

职业危害与危险源点的识别：

◎ 设备：工件定位、移动过程中以及铆接过程中产生噪声和振动。其他危险源：安全防护装置缺损，工件坠落，工件棱角毛刺外露，电器绝缘损坏，电器接地（零）不良等问题产生的电气安全问题。

◎ 物料储存和运输：物料存放无序，运输通道不畅，制动器缺陷，吊物坠物等。

◎ 人机工效设计：工作台设计不合理，工作椅设计不合理，超负荷劳动，劳动强度过大，不良体位，采光和照明不良。

◎ 劳动组织和劳动者行为：铆工送料配合不当，铆工作业触摸点不当，操作失误，个人防护用品穿戴不规范，违章作业，劳动组织不合理。

◎ 作业环境：地面缺陷，环境高温和环境低温，地面绊脚物。

※ 小结：主要存在的职业性有害因素有噪声和振动。

职业危害控制策略：

√ 尽量选择低噪声的设备；

√ 设备采取减振和降噪措施；

√ 配置安全防护装置；

√ 改善工效条件并加强物料管理；

√ 合理利用自然重力转运物料，尽量减少人工负重；

√ 为劳动者提供适宜的垫脚台；

√ 制定安全操作规程和作业指导书；

√ 实施职业性有害因素监测与评价、职业健康监护和职业卫生培训；

√ 发放有毒有害作业岗位津贴；

√ 正确的个人防护。

主要职业性有害因素的职业接触限值：

◎ 噪声和振动：见 GBZ 2.2。

工作场所出入管理：

√ 实施准入制度进入工作区域；

√ 进入现场要穿戴安全帽、耳塞或耳罩、工作服和防滑、防砸鞋；

√ 工作区设置防噪声、防振动、防砸、防滑和防挤压等警示标识。

工艺和设备要求：

√ 铆钉机应符合国家标准并配有安全防护装置；

√ 应采取减少振动的措施；

√ 物料转运应尽量采用自动化，送料、转运过程采用柔性设计，以减少工件相互碰撞产生的噪声；

√ 工作台设计考虑工效学要求；

√ 工作区地面防滑、防油、易于清扫；

√ 工作区和设备应设置醒目标识；

√ 提供良好照明。

岗位操作规程：

√ 铆接操作工上岗前应培训合格；

√ 工作前按规定穿戴好个人防护用品；

√ 操作者应熟悉设备的一般结构及性能，严禁超性能使用设备；

√ 开动前应检查设备的润滑系统、机械系统，安全防护装置是否齐备、完好，机床各紧固件是否牢靠，各运转部件及滑动面有无障碍物；

√ 开机前，应检查机床接地，无接地严禁使用；

√ 工作前，应检查各开关位置是否正常，必须锁紧工作台；

√ 工作前先作空行程试运转，检查各按钮、开关、阀门、限位装置等是否灵活可靠；

√ 调整铆头与工件的高度时，应把转换开关置在手动位置，且主轴不得转动；调整后应锁紧工作台，并锁紧螺母；

√ 工作时将所需铆合之料件放置于心模的浮心位置，孔位置对准后，再放上所加工料件进行铆合动作；

√ 在工作时不允许将手伸进铆头与工件之间，不得在工作台面上放置无关的工件或其他物品；

√ 操作中发生异常情形应立即停机检查；

√ 工作完毕后，把转换开关置于手动位置，关掉电源及开关。

设备日常维护：

√ 按设备供应商和安装者的要求，维护设备使其有效运行；

√ 应按使用维修说明书由维修人员维护。

设备检查和测试：

√ 每天作业前点检；

√ 肉眼检查设备损坏的迹象，每周至少巡视一次；

√ 每季度由技术人员全面检查，并张贴相应标识；

√ 检查和测试结果至少保存 5 年。

作业场所清洁和整理：

√ 每天清洁作业设备和工作区，每周定期清扫其他设备和车间一次。

个人防护用品：

√ 根据现场存在的职业性有害因素的种类和浓度（强度），供应商提供的个人防护用品性能参数，选择适宜的个人防护用品；

√ 穿戴合适的个人防护用品：耳塞或耳罩、工作服、防滑防砸鞋、安全帽、护袖和手套等；

√ 作业前必须按规定穿戴好个人防护用品；

√ 保持个人防护用品干净清洁，按规定的间隔时间定期更换。

职业卫生培训：

◎ 劳动者培训内容：

A. 职业病防治的相关法律法规知识；

B. 噪声和振动等职业性有害因素的特性及其可能造成的健康影响与预防控制措施；

C. 岗位操作规程和岗位作业条件；

D. 个人防护用品的使用知识；

E. 简单故障的识别与处置及事故的报告方法；

F. 设备操作系统的检查和使用方法；

G. 砸伤、挤压伤、打击伤等工伤的自救和互救知识；

H. 急救箱的使用方法。

◎ 培训类型：上岗前、定期、换（转）岗培训。

◎ 培训方式：培训班、班组会、宣传栏、典型事故分析会、合同告知、网络、报纸、电视和广播宣传等。

职业卫生检查：

◎ 企业职业卫生管理部门检查：

A. 安全防护装置是否完好；

B. 减振和降噪装置是否完好；

C. 作业场所噪声和振动等职业性有害因素是否超标；

D. 物料管理是否规范；

E. 车间地面应平整防滑，易于行走；

F. 作业场所的警示标识是否完善；

G. 劳动者是否按照作业指导书进行操作；

H. 劳动组织是否合理；

I. 车间有无“跑冒滴漏”现象；

J. 现场清理、清洁、整顿和整理等检查；

K. 劳动者个人防护用品使用是否规范；

L. 建议检查周期：一月一次。

◎ 工会监督检查：

A. 车间是否有职业卫生监督员；

B. 工时和劳动组织是否合理；

C. 个人防护用品是否按照标准发放；

D. 保健津贴是否按时足额发放；

E. 更衣室、洗浴间和休息室等卫生设施是否齐备；

F. 职业禁忌证人员是否得到妥善安置；

G. 收集并分析劳动者对职业卫生的抱怨等；

H. 建议检查周期：一季度一次。

劳动者职业安全卫生检查表：

◎ 确保安全防护装置开启并正常运行；

◎ 确保设备正常开启并安全运行；

◎ 注意查找设备泄漏、磨损或损坏的迹象，如发现任何问题，请告诉管理人员，如果你认为有问题，请勿继续工作；

◎ 进餐、喝水前或如厕前后要洗手去除污染物；

◎ 勿用有机溶剂清洁皮肤；

◎ 应立即处理泄漏物，使用吸尘器或湿拖布清洁，安全处置泄漏物；

◎ 按提供的说明使用、维护和保存任何个人防护用品。

应急救援：

◎ 可能发生的事故：主要为机械挤压伤、砸伤和打击伤等工伤事故。

◎ 应急预案及设施：制定职业卫生应急救援预案、工伤事故应急预案及消防事故应急预案，并定期演练。

◎ 紧急处理及事故报告程序：按照应急预案要求的程序进行。

更多信息：

◎ 参见 GBZ 1、GBZ 2.1、GBZ 2.2、GBZ 158、GBZ 188。

3. 装配作业

文件编号：××××××

文件名称：装配作业职业危害识别与预防控制指南。

文件状态：有效。

岗位名称：装配。

上岗所要求的条件：设备操作证、职业健康检查合格和职业安全卫生培训合格。

工作任务：零件装配。

上工序：/

下工序：/

主要设备：手持风动/电动工具和工作台。

主要原、辅材料：零件和紧固件。

作业方式和体位：

◎ 作业方式：半自动。

◎ 体位：站位、弯腰或坐位。

负重量、方式及时间：单手负重。

职业危害与危险源点的识别：

◎ 设备：装配过程中产生噪声和振动。其他危险源：工件坠落，安全防护装置缺损，制动器缺陷，吊物坠物，棱角外露，工具零件敲击飞逸，工作平台损坏，风动工具漏气振动，开关损坏，零部件坠落、倾倒，电器绝缘损坏，电器接地（零）不良等问题产生的电气安全问题。

◎ 物料储存和运输：物料存放无序，运输通道不畅，制动器缺陷，吊物坠物等。

◎ 人机工效设计：工作台设计不合理，工作椅设计不合理，超负荷劳动，劳动强度过大，不良体位，采光和照明不良。

◎ 劳动组织和劳动者行为：配合不当，操作失误，个人防护用品穿戴不规范，违章作业，接触旋转部位、跨越输送运输机，劳动组织不合理。

◎ 作业环境：地面缺陷，地面积液，环境高温和环境低温，地面绊脚物。

※ 小结：主要存在的职业性有害因素有噪声和振动。

职业危害控制策略：

√ 尽量选择低噪声的设备；

√ 设备采取减振和降噪措施；

√ 配置安全防护装置；

√ 合理利用自然重力转运物料；

√ 尽量减少人工负重；

√ 改善工效条件并加强物料管理；

√ 为劳动者提供适宜的垫脚台；

√ 制定安全操作规程和作业指导书；

√ 实施职业性有害因素监测与评价、职业健康监护和职业卫生培训；

√ 发放有毒有害作业岗位津贴；

√ 正确的个人防护。

主要职业性有害因素的职业接触限值：

◎ 噪声和振动：见 GBZ 2.2。

工作场所出入管理：

√ 实施准入制度进入工作区域；

√ 进入现场要穿戴安全帽、耳塞或耳罩、工作服和防滑、防砸鞋；

√ 工作区设置防噪声、防振动、防砸、防滑和防挤压等警示标识。

工艺和设备要求：

√ 装配工具应符合国家标准，应配有安全防护装置；

√ 尽量采用低噪声装配工具；

√ 设定扭矩行程；

√ 所使用的风动工具的气源两端内径一定要与风嘴外径相匹配，应使用气水分离器，以免混油空气进入，磨损机件；

√ 应采取减少振动的措施；

√ 工件应有良好固定；

√ 物料转运应尽量采用自动化，送料、转运过程采用柔性设计，以减少工件相互碰撞产生的噪声；

√ 工作台设计考虑工效学要求；

√ 工作区地面防滑、防油、易于清扫；

√ 工作区和设备应设置醒目标识；

√ 提供良好照明。

岗位操作规程：

√ 装配操作工上岗前必须经过培训合格；

√ 工作前按规定穿戴好个人防护用品；

√ 工作前检查各种地线接地是否良好，各种电缆线是否有破损、裸露，电缆线接头是否松动或脱落，检查各种设备、工具工况是否正常；打开压缩空气阀门检查工装是否漏气，工装各部位动作是否正常；若有异常请及时与装备部联系，装配操作工切勿自行处理；

√ 工作前检查吊具质量是否良好；

√ 工作前检查输送带运转状态是否正常；

√ 工作前使用风动扳手等工具时应把套筒、钻头夹紧，点动开关空运转，检查工具完好后再使用；电动工具的电源线应无破损、不缺项，使用时，严禁戴手套操作，并使用漏电保护器；工具有问题要及时更换；

√ 供气的金属管和软管进行吹洗时，不得对人；与套口连接应牢固；风管不得变成锐角，遭受挤压或受到损坏时，应立即停止使用；

√ 使用的风动工具必须完好，连接牢固无破损，如有破损现象应及时更换；

√ 安装风动工具时，必须先连接好气源管与风嘴后，并连接牢固，才能打开气源；

√ 风动工具使用过程中，沿风管方向不得站人以防风管脱口伤人；更换工具或工具附件时，要关闭压缩空气，须待气体全部排出，方可进行；

√ 风动工具气阀开关完好，无漏气现象，气管不能有泄漏、老化、腐蚀现象；

√ 使用风动工具时要拿牢抓稳，以防滑落砸脚；

√ 工作结束时，应先关闭压缩空气，排尽管内的余气后拆卸风管和工具；

√ 装配过程中若发现工装、设备、工具等出现异常情况请及时与装备部联系，装配操作工切勿自行处理；

√ 手臂不得伸入工装设备压紧装置与工件接触面之间，也不得伸入装配间隙处；

√ 板装配、总装装配要遵守：

A. 输送带在开动前，应仔细检查链条、齿轮、小车以及连接部位是否有异常情况，发现问题应及时处理；

B. 生产过程中，不能跨越输送带，应主动避让吊物；

C. 板机在运行中，不许清除坑内杂物；

D. 必须有专人负责操作，相互之间要协调配合好；

E. 底板上输送带时，每次只能吊 1 个底板；

F. 输送带进行保养，确保滑动和传动部位运转正常；

G. 底板靠好，吊挂工摘除吊具后，方可装配垫木；

H. 总成存放应整齐，存放高度应低于料框；

I. 身体不得靠近靠具靠背和零部件之间；

J. 吊挂的底板、前板、后板未进入工位落地，装配之前一号工位不能坐人。

√ 箱装配要遵守：

A. 每班生产前检查吊索具是否完好、安全可靠，有问题要及时找相关人员处理；汽车停稳、熄火后再进行落箱；

B. 车厢吊入装配工位时，要配合天车工挟好车箱，在车箱定位之前两边的人要避开，以免天车故障或天车工操作失误，车厢掉落伤人；

C. 装配完毕，由专人使用信号装置，发出行车信号；

D. 汽车停稳、熄火后才可以进行胶皮装配，装配完毕，由专人发出行车信号；

E. 汽车停稳、熄火后才可以进行挡泥板装配，装配完毕，由专人发出行车信号或使用信号装置，发出行车信号。

√ 离开时，请关闭照明电源。

设备日常维护：

√ 按设备供应商和安装者的要求，维护设备使其有效运行；

√ 应按使用维修说明书由维修人员维护。

设备检查和测试：

√ 每天作业前点检；

√ 肉眼检查设备损坏的迹象，每周至少巡视一次；

√ 每季度由技术人员全面检查，并张贴相应标识；

√ 检查和测试结果至少保存 5 年。

作业场所清洁和整理：

√ 每天清洁作业设备和工作区，每周定期清扫其他设备和车间一次。

个人防护用品：

√ 根据现场存在的职业性有害因素的种类和强度，供应商提供的个人防护用品性能参数，选择适宜的个人防护用品；

√ 穿戴合适的个人防护用品：耳塞或耳罩、工作服、防滑防砸鞋、安全帽、护袖和手套等；

√ 作业前必须按规定穿戴好个人防护用品；

√ 保持个人防护用品干净清洁，按规定的间隔时间定期更换。

职业卫生培训：

◎ 劳动者培训内容：

A. 职业病防治的相关法律法规知识；

B. 噪声和振动等职业性有害因素的特性及其可能造成的健康影响与预防控制措施；

C. 岗位操作规程和岗位作业条件；

D. 个人防护用品的使用知识；

E. 简单故障的识别与处置及事故的报告方法；

F. 设备操作系统的检查和使用方法；

G. 砸伤、挤压伤、打击伤等工伤的自救和互救知识；

H. 急救箱的使用方法。

◎ 培训类型：上岗前、定期、换（转）岗培训。

◎ 培训方式：培训班、班组会、宣传栏、典型事故分析会、合同告知、网络、报纸、电视和广播宣传等。

职业卫生检查：

◎ 企业职业卫生管理部门检查：

A. 安全防护装置是否完好；

B. 减振和降噪装置是否完好；

C. 作业场所噪声和振动等职业性有害因素是否超标；

D. 物料管理是否规范；

E. 车间地面是否平整防滑，易于行走；

F. 作业场所的警示标识是否完善；

G. 劳动者是否按照作业指导书进行操作；

H. 劳动组织是否合理；

I. 车间有无“跑冒滴漏”现象；

J. 现场清理、清洁、整顿和整理等检查；
K. 劳动者个人防护用品使用是否规范；
L. 建议检查周期：一月一次。

◎ 工会监督检查：
A. 车间是否有职业卫生监督员；
B. 工时和劳动组织是否合理；
C. 个人防护用品是否按照标准发放；
D. 保健津贴是否按时足额发放；
E. 更衣室、洗浴间和休息室等卫生设施是否齐备；
F. 职业禁忌证人员是否得到妥善安置；
G. 收集并分析劳动者对职业卫生的抱怨等；
H. 建议检查周期：一季度一次。

劳动者职业安全卫生检查表：

◎ 确保安全防护装置开启并正常运行；
◎ 确保设备正常开启并安全运行；
◎ 注意查找设备泄漏、磨损或损坏的迹象，如发现任何问题，请告诉管理人员，如果你认为有问题，请勿继续工作；
◎ 进餐、喝水前或如厕前后要洗手去除污染物；
◎ 勿用有机溶剂清洁皮肤；
◎ 应立即处理泄漏物，使用吸尘器或湿拖布清洁，安全处置泄漏物；
◎ 按提供的说明使用、维护和保存任何个人防护用品。

应急救援：

◎ 可能发生的事故：主要为机械挤压伤、刮擦伤、砸伤和打击伤等工伤事故。
◎ 应急预案及设施：制定职业卫生应急救援预案、工伤事故应急预案及消防事故应急预案，并定期演练。
◎ 紧急处理及事故报告程序：按照应急预案要求的程序进行。

更多信息：

◎ 参见 GBZ 1、GBZ 2. 1、GBZ 2. 2、GBZ 158、GBZ 188。

4. 砂轮切割操作

文件编号： ××××××

文件名称： 砂轮切割操作职业危害识别与预防控制指南。

文件状态： 有效。

岗位名称： 砂轮切割操作。

上岗所要求的条件： 设备操作证、职业健康检查合格和职业安全卫生培训合格。

工作任务： 砂轮切割下料。

上工序： 仓储。

下工序： /

主要设备： 砂轮切割机。

主要原、辅材料： 零件。

作业方式和体位：

◎ 作业方式：手工。

◎ 体位：站位、坐位或蹲位。

负重量、方式及时间： 单手负重；负重量 <10kg。

职业危害与危险源点的识别：

◎ 设备：砂轮切割时产生粉尘、噪声和振动；除尘设备故障和清理时导致粉尘逸散。其他危险源：电器绝缘损坏、电器接地（零）不良等所产生的用电安全问题，安全装置缺陷，紧停开关缺损，紧停开关失效，紧固件缺损，制动器缺陷，罩壳脱落，零件坠落，零件棱角毛刺外露，铁屑飞溅、火星飞溅、工件飞出，砂轮片安装不当，砂轮片破碎飞出，吊索具缺陷，斜拉歪吊、卷入伤害，通风设备故障，设备标识不清、设备运行异常等所引起的其他安全问题。

◎ 物料储存和运输：物料存放无序，运输通道不畅，工件堆放过高。

◎ 人机工效设计：工作台设计不合理，超负荷劳动，不良体位，采光和照明不良。

◎ 劳动组织和劳动者行为：劳动者配合不当，操作失误，个人防护用品穿戴不规范，违章作业。

◎ 作业环境：地面缺陷，地面积尘、积砂，地面绊脚物，环境高温和环境低温。

※ 小结：主要存在的职业性有害因素有粉尘、噪声和振动等。

职业危害控制策略：

√ 配置安全保护装置；

√ 配置通风、除尘、减振和降噪装置；

√ 尽可能采取湿式作业；

√ 改善工效条件、降低劳动强度并合理安排工间休息；

√ 加强物料管理、防止扬尘；

√ 制定安全操作规程和作业指导书；

√ 实施职业性有害因素监测与评价、职业健康监护和职业卫生培训；

√ 发放有毒有害作业岗位津贴；

√ 正确的个人防护。

主要职业性有害因素的职业接触限值：

◎ 噪声和振动：见 GBZ 2.2；

◎ 粉尘：见 GBZ 2.1。

工作场所出入管理：

√ 实施准入制度进入工作区域；

√ 进入现场要穿戴安全帽、防尘口罩、防护眼镜、工作服、防滑防砸鞋和手套等防护用品；

√ 作业场所设置防尘、防噪声、防砸、防坠物和防滑等警示标识。

工艺和设备要求：

√ 应设置局部通风除尘装置，罩口气流速不低于 1.0m/s；

√ 排风罩的设计应满足除尘要求；

√ 通风管道应简短，避免使用弯曲的长管；

√ 用简便方法检查通风系统是否正常工作，如气压计、压力表或指示器；

√ 工作区保持良好通风，补充新鲜空气；

√ 排出的空气应排放至远离门、窗和进风口的安全处；

√ 提供良好照明；

√ 砂轮与罩壳之间需要有足够的间隙，防护罩需有足够的强度。

岗位操作规程：

√ 工作前穿戴好个人防护用品；

√ 检查砂轮，如果有裂纹，破损、脱落等现象，要立即更换；检查防护罩，要完好、紧固，如有问题不应使用；

√ 使用前检查电源线、插头、插座、开关、接地线等是否完好，有破损、裸露等现象要及时找维修人员处理，确认砂轮机及砂轮片的完好及正确安装；

√ 砂轮开动后，必须等转速正常后方可切割，工作时思想要集中，工件夹紧要牢固，以防切割时造成伤害；

√ 切割时应站在砂轮切割机侧面，不准正对砂轮，用力要均匀，不能用力过猛，不许用砂轮侧面磨工件、刀具等；

√ 砂轮使用的最高工作速度不准超过在砂轮上标明的速度；

√ 砂轮磨损后，允许调节砂轮主轴转速以保持砂轮的工作速度，但不准超过该砂轮上标明的速度；

√ 砂轮直径磨损的极限尺寸应符合附表的规定，砂轮最小直径小于该尺寸不准使用；

√ 砂轮切割片的更换要遵守砂轮安装安全操作规程；

√ 工作场地污染要及时清理，保持环境卫生；

√ 切割所产生的废铁屑、废损零件等应集中存放在废料箱内，料箱满后送到废金属堆放场。

设备日常维护：

√ 按设备供应商和安装者的要求，维护设备使其有效运行；
√ 在通风除尘设备运行检查时发现异常，立即向管理人员反映，并通知维修人员进行维修；
√ 定期对通风除尘设备进行全面维护保养。

设备检查和测试：

√ 从生产商那里索取通风设备的设计性能信息，将这些资料存档，以便与将来测试结果比较；
√ 肉眼检查设备损坏的迹象，每周至少巡视一次；
√ 根据设备的性能测试标准，每12个月至少检查和测试一次通风设备；
√ 检查和测试结果至少保存5年。

作业场所清洁和整理：

√ 现场物品定置摆放，做到无杂物、无积灰、无积水；
√ 每天清洁作业设备和工作区，每周定期清扫其他设备和车间一次；
√ 及时处理地面砂尘；
√ 坚持地面湿式清扫或负压清扫，禁止用压缩空气清扫卫生；
√ 作业现场废物按一般类可回收固体废物和一般类不可回收固体废物进行分类收集，存放的粉状固体废物必须低于料斗顶端10cm。

个人防护用品：

√ 根据现场存在的职业性有害因素的种类和浓度（强度），供应商提供的个人防护用品性能参数，选择适宜的个人防护用品；
√ 穿戴合适的个人防护用品：安全帽、防尘口罩、防护眼镜、耳塞或耳罩、工作服、防护围裙、防滑防砸鞋以及手套等；
√ 作业前必须按规定穿戴好个人防护用品；
√ 保持个人防护用品干净清洁，按规定的间隔时间定期更换。

职业卫生培训：

◎ 劳动者培训内容：
A. 职业病防治的相关法律法规知识；
B. 粉尘、噪声和振动等职业性有害因素的特性及其可能造成的健康影响与预防控制措施；
C. 岗位操作规程和岗位作业条件；
D. 个人防护用品的使用知识；
E. 简单故障的识别与处置及事故的报告方法；
F. 设备操作系统的检查和使用方法；
G. 砸伤、挤压伤和划伤等工伤的自救和互救知识；
H. 急救箱的使用方法。

◎ 培训类型：上岗前、定期、换（转）岗培训。

◎ 培训方式：培训班、班组会、宣传栏、典型事故分析会、合同告知、网络、报纸、电视和广播宣传等。

职业卫生检查：

◎ 企业职业卫生管理部门检查：
A. 通风、除尘、减振和降噪装置是否完好；
B. 物料管理是否规范；
C. 作业场所粉尘和噪声是否超标；
D. 车间地面是否平整防滑，易于行走；
E. 作业场所的警示标识是否完善；
F. 劳动者是否按照作业指导书进行操作；
G. 车间有无“跑冒滴漏”现象；
H. 现场清理、清洁、整顿和整理等检查；
I. 劳动者个人防护用品使用是否规范；
J. 建议检查周期：一月一次。

◎ 工会监督检查：
A. 车间是否有职业卫生监督员；
B. 工时和劳动组织是否合理；
C. 个人防护用品是否按照标准发放；
D. 保健津贴是否按时足额发放；
E. 更衣室、洗浴间和休息室等卫生设施是否齐备；
F. 预防控制措施是否落实；
G. 职业禁忌证人员是否得到妥善安置；
H. 收集并分析劳动者对职业卫生的抱怨等；
I. 建议检查周期：一季度一次。

劳动者职业安全卫生检查表：

◎ 确保通风、除尘系统开启并正常运行；
◎ 防止纸袋和其他废弃物吸入通风管道；
◎ 注意查找设备泄漏、磨损或损坏的迹象，如发现任何问题，请告诉管理人员，如果你认为有问题，请勿继续工作；
◎ 进餐、喝水前或如厕前后要洗手去除污染物；
◎ 勿用有机溶剂清洁皮肤；
◎ 应立即处理泄漏物，使用颗粒物或抹布清洁液体，使用吸尘器或湿拖布清洁固体，安全处置泄漏物；
◎ 按提供的说明使用、维护和保存任何个人防护用品。

应急救援：

◎ 可能发生的事故：主要为切割伤、滑倒伤、砸伤、机械卷入损伤和电击伤等。
◎ 应急预案及设施：制定职业卫生应急救援预案、工伤事故应急预案及消防事故应急预案，并定期演练。
◎ 紧急处理及事故报告程序：按照应急预案要求的程序进行。

更多信息：

◎ 参见GBZ 1、GBZ 2.1 、GBZ 2.2、GBZ 158、GBZ 188。

第 12 部分

汽车制造业有毒有害原材料

汽车制造生产过程中使用的原材料多达千余种，其中对人体健康可造成危害的有数十种。主要是橡胶、塑料、涂料、纤维、粘接密封材料以及型砂等。这些原材料所产生的职业危害以及应采取的控制措施，已在有关章节做了描述，本章不再重点阐述。本章主要对汽车用有毒有害原材料的成分及主要用途作一阐述。

一、橡胶

汽车橡胶零件约有数百种，常用胶种达十余种，橡胶制品分布于汽车发动机及其附件、传动、转向、悬架、制动、电器仪表及车身等系统内，广泛用作密封、减震、胶管、传动带、隔膜与轮胎等。汽车工业常用橡胶材料代号、成分及主要用途如表 12.1 所示。

表 12.1　汽车制造行业常用的 20 种橡胶材料的成分及主要用途

代号	成分	主要用途
AA	天然、再生、丁苯、丁基、顺丁、乙丙和异戊橡胶	减震、缓冲、防尘、膜片、密封、衬垫以及制动液制品
AK	聚硫橡胶	耐油酸碱制品和腻子
BA	丁苯、丁基和乙丙橡胶	耐酸碱、制动液、水蒸气制品、护罩以及膜片
BC	氯丁和氯化聚乙烯橡胶	耐大气环境、耐油、酸碱制品，与织物金属粘着制品
BE	氯丁和氯化聚乙烯橡胶	同上，密封制品
BF	丁腈橡胶	耐油和乳化液制品，密封制品、防尘罩、圈
BG	聚氨酯和丁腈橡胶	耐油、耐磨、密封制品和涂层
BK	聚硫和丁腈橡胶	耐油、密封制品和腻子
CA	乙丙橡胶	板、条、管、密封制品和耐制动液制品
CE	氯磺化聚乙烯和氯化聚乙烯橡胶	衬垫、护套、板、涂层、管、带、密封制品和浅色制品
CH	氯醇和丁腈橡胶	耐油、密封制品、膜片、轴、阀、垫和管
DA	乙丙橡胶	密封制品、板、管、制动液和水蒸气制品
DE	氯化聚乙烯和氯磺化聚乙烯橡胶	衬垫、护套、板、涂层、管、带和密封制品
DF	聚丙烯酸酯橡胶	耐油、耐热、密封、板、囊和护套制品

续表

代号	成分	主要用途
DH	聚丙烯酸酯橡胶	同上
FC	苯基硅橡胶	耐高温、低温、绝缘、衬垫、板和管
FE	甲基硅橡胶	同上。耐润滑脂和醇类制品
FK	氟硅橡胶	耐高低温、油、膜片、腻子和密封制品
GE	乙烯基硅橡胶	基本同上。耐酯和醇类制品
HK	氟橡胶	耐高温、耐油、耐腐蚀、真空制品、板、管和密封制品

二、塑料

塑料是以树脂为基本原料，在一定的温度和压力下，可塑制成一定的形状，且在常温下保持形状不变的材料。塑料在汽车上的应用范围涉及汽车的内饰件、外装件和功能件，如保险杠、转向盘、散热器格栅、仪表盘以及燃油箱等。塑料种类很多，一般根据树脂受热特性，可分为热塑性塑料和热固性塑料两大类。根据塑料在工业上的用途不同分为通用塑料、工程塑料和功能塑料。表 12. 2 列举了汽车上常用的塑料种类、成分和用途。

表 12. 2　汽车制造行业常用塑料品种及在汽车上的应用

<table>
<tr><th colspan="2">分　类</th><th colspan="2">塑料品种</th><th>用　　途</th></tr>
<tr><td rowspan="13">热塑性塑料</td><td rowspan="5">通用塑料</td><td colspan="2">聚丙烯</td><td>柱类、汽车内饰件、仪表盘、仪表箱壳、保险杠和燃油箱容器</td></tr>
<tr><td colspan="2">聚氯乙烯</td><td>造革、表皮类、仪表板表皮和造型材料</td></tr>
<tr><td colspan="2">聚乙烯</td><td>各种副油箱、空气管道、隔断衬里、顶棚、门内垫和行李箱内衬</td></tr>
<tr><td colspan="2">丙烯腈 - 丁二烯 - 苯乙烯共聚物</td><td>散热器格栅、仪表盘、保险杠、立柱、散热孔类和灯盒</td></tr>
<tr><td colspan="2">聚甲基丙烯酸甲酯</td><td>灯盖件和仪表壳盖</td></tr>
<tr><td rowspan="8">工程塑料</td><td colspan="2">尼龙</td><td>车门外把手、座椅带机件、容器类、油箱类、齿轮、散热器件和油底壳</td></tr>
<tr><td colspan="2">聚碳酸酯</td><td>信号灯罩、风扇叶、缓冲件和门把手</td></tr>
<tr><td colspan="2">热塑性聚酯塑料</td><td>配电器零件、电插座件、雨刮件、后坐（仪表）板和前挡泥板</td></tr>
<tr><td colspan="2">聚甲醛</td><td>门把手、开关类、雨刮器、轴承制品和座垫</td></tr>
<tr><td colspan="2">聚苯醚</td><td>仪表罩、扬声器格栅和装饰件</td></tr>
<tr><td colspan="2">聚苯硫醚</td><td>点火系统件、汽油箱、电器端子、分电器零件和散热器零件</td></tr>
<tr><td colspan="2">聚砜</td><td>熔断器和信号灯壳盖</td></tr>
<tr><td colspan="2">聚芳酯</td><td>灯类制品</td></tr>
<tr><td colspan="2" rowspan="4">热固性塑　料</td><td colspan="2">酚醛树脂</td><td>发动机系统、电器系统、驱动系统、摩擦制动片和盘式衬片</td></tr>
<tr><td>不饱和聚酯</td><td>片状模塑料</td><td>前端板、保险杠、扰流板、灯罩、发动机罩和格栅</td></tr>
<tr><td rowspan="2">不饱和聚酯树脂</td><td>发泡体</td><td>遮阳板、车门内衬、座垫、悬臂架和保险杠</td></tr>
<tr><td>弹性体</td><td>保护罩和后缓冲橡胶</td></tr>
</table>

三、涂料

涂料是涂装的主要原料。涂装的目的一是保护，二是装饰。汽车涂料的组成包括：成膜物质（包括颜料）、溶剂和助剂。常见的成膜物有纤维素聚合物、氯化橡胶、乙烯树脂、丙烯酸酯类聚合物、油脂和油脂树脂、醇酸树脂、氨基树脂、热固性丙烯酸树脂、环氧树脂以及聚氨酯树脂等。

1. 颜料

颜料的品种很多，按其来源可分为天然颜料和合成颜料，按化学成分分为无机颜料和有机颜料，按其在涂料中所起的作用可分为着色颜料、体质颜料、防锈颜料、特种颜料和功能颜料等五类。

颜料的主要成分如表 12. 3 所示。

表 12. 3　汽车制造行业常用颜料的分类和品种及主要成分

分类	主要品种和成分
着色颜料	钛白（TiO_2）、锌白（ZnO）、锑白（Sb_2O_3）、炭黑、氧化铁黑、铬酸盐颜料、镉系颜料、铁系颜料、偶氮颜料、酞菁颜料、异吲哚啉颜料、还原颜料、氮甲型金属络合颜料、杂环颜料、铝粉、锌粉和铜粉等
体质颜料	碳酸钙、硫酸钡、二氧化硅和硅酸盐类（滑石粉、高岭土、硅石灰和云母粉）
防锈颜料	红丹（Pb_3O_4）、锌铬黄、磷酸锌、铬酸钙、铬酸锶和铬酸钡
特种颜料	珠光颜料（天然珍珠精、片状碱式碳酸铅、氧氯化铋和云母酞）、荧光颜料和示温颜料等
功能颜料	耐高温色彩复合颜料、含镍不锈钢片颜料、加工颜料和偏硼酸钡等

颜料的发展趋势是开发没有或少公害的有机颜料，扩大有机 - 无机复合颜料新品种，以无公害、无污染及性能优良的有机颜料和白颜料取代有毒的含铅、含铬和含镉等无机颜料。

2. 溶剂

很多化学品包括水、无机化合物和有机化合物都可用作涂料的溶剂组分。常用的有机溶剂成分包括萜烯化合物、脂肪烃、芳香烃、醇、酯、酮、醇醚、醚酯和取代烃等。

3. 助剂

助剂不能单独形成涂膜，它在涂料成膜后可作为涂膜中的一个组分而在涂膜中存在。根据助剂对涂料和涂膜所起的作用，可分为以下四个类型：

（1）对涂料生产过程发生作用的助剂，如消泡剂、润滑剂、分散剂及乳化剂等。

（2）对涂料储存过程发生作用的助剂，如防结皮剂及防沉淀剂等。

（3）对涂料加工成膜过程发生作用的助剂，如催干剂、固化剂、流平剂及防流挂剂等。

（4）对涂膜性能发生作用的助剂，如增塑剂、平光剂、防霉剂、阻燃剂、防静电剂及紫外线吸收剂等。

四、纤维

汽车生产用纤维主要有内饰用纤维和增强用纤维两大类。

1. 内饰用纤维

汽车内饰用纤维的主要部位有座椅蒙皮、顶盖表皮、地毯、遮阳板表皮、安全带和车门内护板表皮等。所用纤维种类主要有涤纶纤维、丙纶纤维、锦纶纤维、腈纶纤维以及羊毛类天然纤维等。

2. 增强用纤维

主要有玻璃纤维和碳纤维。

玻璃纤维：不同类型玻璃纤维的主要成分大多包括二氧化硅、三氧化二铝、氧化钙、氧化镁、氧化硼、氧化钠及氧化锆。

碳纤维：碳纤维由有机纤维高温下烧制而成。有机纤维包括人造丝、聚丙烯腈、沥青及木质素－聚乙烯醇等。

五、粘接密封材料

汽车生产工艺用粘接密封材料按照生产工艺过程分为汽车车身用胶黏剂、密封胶，汽车内饰用胶黏剂、密封胶，发动机底盘用胶黏剂、密封胶和汽车零部件用胶黏剂密封胶，见表 12.4。

表 12.4　汽车用胶黏剂、密封胶分类

<table>
<tr><th colspan="2">分类</th><th>用途</th><th>种类</th></tr>
<tr><td rowspan="7">车身用胶</td><td>点焊密封胶</td><td>用于车身焊缝处</td><td>合成橡胶类和合成树脂类</td></tr>
<tr><td>折边胶</td><td>汽车的车门、发动机罩盖和行车箱盖板等隔板部件的折边结构</td><td>环氧树脂、聚氯乙烯类金属胶黏剂和聚丙烯酸酯类胶黏剂</td></tr>
<tr><td>增强防振胶</td><td>车身覆盖件（如驾驶室顶盖、发动机罩、行李箱盖、车门和侧围等）的外板与加强梁之间的缝隙</td><td>膨胀型防振胶黏剂</td></tr>
<tr><td>指压密封胶</td><td>车身焊装后所形成的较大缝隙和工艺孔等</td><td>聚氯乙烯树脂</td></tr>
<tr><td>焊缝胶</td><td>车身焊缝后，涂在焊缝外表面的密封胶</td><td>聚氯乙烯型焊缝密封胶、橡胶型焊缝胶、聚氨酯焊缝密封胶</td></tr>
<tr><td>抗石击、隔热阻尼涂料</td><td>用于翼子板内侧、发动机罩内及车架、底板等部位</td><td>分为以沥青为主体材料的溶剂型隔热阻尼涂料，以合成树脂为主体材料的水基隔热涂料和　以聚氯乙烯树脂为主体的无溶剂型抗石击阻尼涂料</td></tr>
<tr><td>防振隔热阻尼胶板</td><td>在轿车、旅行车、载货汽车驾驶室底板、前围、轮罩、行李处均可放置隔热阻尼胶板，以减轻车身振动，阻止热量的传递、隔绝车外的噪声</td><td>合成橡胶、天然橡胶、再生橡胶、沥青、隔热无机填料等为主要原料制成的预成形片状材料</td></tr>
<tr><td rowspan="5">发动机底盘用胶</td><td>结合面用液态密封胶</td><td>提高密封效果</td><td>有多种，主要以丁基橡胶为主要原料，加少量聚异丁烯橡胶制成</td></tr>
<tr><td>管接头丝堵用密封胶</td><td>—</td><td>主要以丁基橡胶为主</td></tr>
<tr><td>螺纹件锁固密封胶</td><td>起到自锁固、自密封、自防锈的作用</td><td>主要为厌氧密封胶</td></tr>
<tr><td>工艺堵盖密封胶</td><td>—</td><td>多用单组分室温硫化硅酮密封胶主要以丁基橡胶为主</td></tr>
<tr><td>浸渗堵漏剂</td><td>用浸渗堵漏工艺弥补发动机缸体、变速器壳体、进气歧管、制动管接头等铸件</td><td>浸渗剂有无机硅酸盐型、厌氧性和聚氨酯类</td></tr>
</table>

续表

分类		用途	种类
内装饰用胶	顶棚胶黏剂	顶棚、后围等与顶盖等工件的粘接	氯丁橡胶、丁腈橡胶和水基丙烯酸酯胶黏剂
	风挡玻璃胶黏剂	风窗玻璃安装	单组分聚氨酯胶一般包括清洗剂、玻璃底胶、漆面底胶和胶黏剂
	风窗密封胶	将玻璃固定在窗框上	以丁基橡胶为主体材料，添加少量的聚异丁烯橡胶制成的
	地毯胶黏剂	汽车车内地板上部、前围、顶盖、仪表板下部等处，为了达到隔热、吸收振动噪声等目的，需要放置隔热毛毡	预涂压敏胶黏剂和热溶型压敏胶黏剂
	地板密封胶	减轻车身振动，阻止热量的传递、隔绝车外的噪声	以丁基橡胶为主体材料，添加少量的聚异丁烯橡胶制成的
零部件用胶	制动摩擦片用胶	制动蹄片、离合器片与机械固定	丁腈橡胶和酚醛树脂配制而成的J－04、YH－240等，另一类是改性环氧树脂
	灯具胶	塑料反射镜和聚碳酸酯等透明塑料制造灯栅，用胶黏剂	环氧树脂型、聚氨酯型、热溶型胶黏剂
	滤清器滤芯胶	汽车发动机用燃油滤清器、机油滤清器、空气滤清器的滤芯通常是由上、下端盖、芯筒、滤纸组成，滤纸与端盖之间必须通过胶黏剂来连接	以聚氯乙烯树脂为主体的单组分滤芯胶，双组分聚氨酯、环氧树脂胶黏剂
	油箱密封胶	燃油箱钢板冲压、折边结构	耐油密封胶

胶黏剂密封胶的基本组成：胶黏剂、密封胶由组成成分中的主体材料和辅助材料决定其物理化学性能。主体材料是具有流动性的液态化合物或能在溶剂、分散剂、热、压力作用下具有一定流动性的物质。如环氧树脂、酚醛树脂、丙烯酸酯树脂、不饱和聚酯树脂、有机硅树脂等；氯丁橡胶、丁腈橡胶、天然橡胶、丁苯橡胶、丁基橡胶、聚硫橡胶等。辅助材料主要有溶剂、固化剂、偶联剂、增塑剂、填料、引发剂、促进剂、防老剂、触变剂、稳定剂、乳化剂及增黏剂等。

六、型砂

在汽车铸造生产过程中，型砂是最基本的生产原料，原砂或再生砂＋胶黏剂＋其他附加物混制成的混合物，最常见的型砂为湿型砂，主要用于造型（芯）。

型砂是由原砂、黏土、附加物及水按一定配比制成。其中原砂是骨料，黏土是胶黏剂。铸造生产中使用量最大的原砂是以石英为主要成分的天然硅砂。原砂的矿物组成主要是石英，其次是长石及少量云母、铁的氧化物、碳酸盐、硫化物等。我国常用的型砂其直径常在0.056～1.6mm之间，其主要粒型常分为高球形砂、半球形砂、少球形砂等类型。因工人长期吸入硅砂，易患矽肺病，在铸造生产中已逐渐采用一些非石英质原砂来配制无机或有机化学胶黏剂型砂、芯砂或涂料。黏土是湿型砂的主要胶黏剂，主要成分是含水的铝硅酸盐。型砂除了含有原砂、黏土和水等材料以外，通常还特意加入一些材料如煤粉、渣油、淀粉等，有时还需加入硼酸、硫黄和氟化物作保护剂，目的是使型砂具有特定的性能，并改善铸件的表面质量。随着科学技术的发展，型砂用的胶黏剂也有较快的发展，常见的有无机化学胶黏剂如水玻璃、水泥和磷酸盐，有机化学胶黏剂按造型（芯）工艺或硬化温度可以分很多类，如酚醛尿烷－胺法及酚－脲醛－酸性盐法等。

附录

有关职业卫生安全法律法规目录

（一）法和法律

中华人民共和国宪法
中华人民共和国职业病防治法
中华人民共和国安全生产法
中华人民共和国劳动法
中华人民共和国工会法
中华人民共和国清洁生产促进法

（二）条例

中华人民共和国尘肺病防治条例
使用有毒物品作业场所劳动保护条例
突发公共卫生事件应急条例
工伤保险条例
危险品化学安全管理条例
放射性同位素与射线装置放射防护条例

（三）规章

职业病目录
职业病危害因素分类目录
职业病危害项目申报管理办法
建设项目职业病危害分类管理办法
职业健康监护管理办法
职业病诊断与鉴定管理办法
职业病危害事故调查处理办法
国家职业卫生标准管理办法
职业卫生技术服务机构管理办法
高毒物品目录（2003 年版）

（四）标准

GB/T 16180　劳动能力鉴定　职工工伤与职业病致残等级
GBZ 1　工业企业设计卫生标准
GBZ 2. 1　工作场所有害因素职业接触限值　第 1 部分：化学有害因素
GBZ 2. 2　工作场所有害因素职业接触限值　第 2 部分：物理因素
GBZ 117　工业 X 射线探伤放射卫生防护标准
GBZ 158　工作场所职业病危害警示标识
GBZ 188　职业健康监护技术规范
GBZ/T 189　工作场所物理因素测量
GBZ/T 203　高毒物品作业岗位职业病危害告知规范
GBZ/T 225　用人单位职业病防治指南
GBZ/T 229. 3　工作场所职业病危害作业分级　第 3 部分：高温
GB/T 3608　高处作业分级
GB 3323　钢焊缝射线照相及底片等级分类法
GB 5618　线型象质计
GB 5677　铸钢件射线照相检测
GB 16297　大气污染物综合排放标准
GB 18871　电离辐射防护与辐射源安全基本标准

参考文献

[1] 卫生部职业卫生标准专业委员会. GBZ/T 225 用人单位职业病防治指南 [S]. 北京：人民卫生出版社，2010.
[2] 张敏. 大型企业职业病防治理论体系的创建和防治模式研究 [J]. 中国卫生监督杂志，2009，16 (5)：416 - 421.
[3] 张敏，王丹，杜燮祎. 用人单位职业病防治指南 [J]. 中国卫生监督杂志，2009，16 (5)：422 - 438.
[4] 张敏，王丹，杜燮祎. 职业卫生管理档案指南 [J]. 中国卫生监督杂志，2009，16 (5)：439 - 444.
[5] 张敏，杜燮祎，王丹，等. 职业卫生示范企业创建实践中职业卫生投入分析 [J]. 中国卫生监督杂志，2009，16 (5)：445 - 453.
[6] 张敏，杜燮祎，王丹. 用人单位职业病防治工作评估指南 [J]. 中国卫生监督杂志，2010，17 (1)：23 - 27.
[7] 张敏，杜燮祎，王丹，等. 职业卫生示范企业创建实践中得失分情况分析 [J]. 中国卫生监督杂志，2010，17 (1)：27 - 41.
[8] 张敏，王焕强，杜燮祎，等. 职业卫生示范企业创建实践中劳动者问卷调查结果分析 [J]. 中国卫生监督杂志，2010，17 (1)：42 - 46.
[9] MIN ZHANG, et al. Silicosis in automobile foundry workers：a 29 - year cohort study [J]. Biomedical and Environmental Sciences, 2010, 23 (2)：121 - 129.
[10] 张敏，等. 铸造作业职业性有害因素及其特点的再分析 [J]. 中华劳动卫生与职业病杂志，2010，28 (4)：280 - 285.
[11] 张敏. 汽车铸造作业工人职业接触与健康损害研究 [D]. 北京：北京协和医学院，2010.
[12] 柳百成，黄天佑. 铸造成形手册 [上] [M]. 北京：化学工业出版社，2009.
[13] 柳百成，黄天佑. 铸造成形手册 [下] [M]. 北京：化学工业出版社，2009.
[14] 黄天佑. 铸造手册：第 4 卷 造型材料 [M]. 2 版. 北京：机械工业出版社，2002.
[15] 王文清. 铸造工艺学 [M]. 北京：机械工业出版社，1998.
[16] 魏华胜. 铸造工程基础 [M]. 北京：机械工业出版社，2002.
[17] 中国机械工程学会. 铸造手册：第 5 卷 铸造工艺 [M]. 2 版. 北京：机械工业出版社，2002.
[18] 中国机械工程学会. 铸造手册：第 1 卷 铸铁 [M]. 2 版. 北京：机械工业出版社，2002.
[19] 中国机械工程学会. 铸造手册：第 2 卷 铸钢 [M]. 2 版. 北京：机械工业出版社，2002.
[20] 李传栻. 铸造工程师手册 [M]. 2 版. 北京：机械工业出版社，2003.
[21] 中国机械工程学会无损检测分会. 射线检测 [M]. 北京：机械工业出版社，1997.
[22] 李家伟，陈积懋. 无损检测手册 [M]. 北京：机械工业出版社，2002.
[23] 卫生部卫生法制与监督司. 中华人民共和国职业卫生法规汇编 [M]. 北京：中国人口出版社，2002.
[24] 卞耀武，张怀西，殷大奎，等.《中华人民共和国职业病防治法》条文释义 [M]. 北京：人民卫生出版社，2002.
[25] 卫生部职业卫生标准专业委员会. GBZ1 - 2002 工业企业设计卫生标准 [S]. 北京：法律出版社，2002.
[26] 樊恩健. 职业健康安全专业基础 [M]. 北京：中国计量出版社，2003.
[27] 李涛，张敏. 化学品职业危害分类控制技术 [M]. 北京：化学工业出版社，2006.
[28] 张敏，李涛，等. 密闭空间的职业病危害与控制技术 [J]. 工业卫生与职业病，2005，31 (1)：5 - 8.
[29] 张敏，李涛，张云林. 防治职业病违法必究——谈职业病防治违法行为及其法律责任 [J]. 工业卫生与职业病，2003，29 (4)：198 - 200.
[30] 张敏，何凤生，李涛. 如何评估用人单位的职业卫生工作 [J]. 现代职业安全，2002，10：48 - 50.
[31] 李涛，苏志，张敏，等. 作业场所职业病危害警示标识实用指南 [M]. 北京：人民卫生出版社，2003.

[32] 张敏，李涛. 用人单位如何建立职业卫生管理档案 [J]. 劳动保护，2004，9：74－75.
[33] 卫生部职业卫生标准专业委员会. GBZ2－2002 工业场所有害因素职业接触限值 [S]. 北京：法律出版社，2002.
[34] 李涛，杨维中. 高毒物品作业职业病危害防护实用指南 [M]. 北京：化学工业出版社，2004.
[35] 李涛，苏志，张敏. 劳动者职业安全卫生读本 [M]. 北京：化学工业出版社，2005.
[36] 李立明. 最新实用危险化学品应急救援指南 [M]. 北京：中国协和医科大学出版社，2003.
[37] 夏元洵. 化学物质毒性全书 [M]. 上海：上海科学技术文献出版社，1991.
[38] JOYCE MILLER, MARTIN TISCHER CHRISTOF VOSSELER. Chemical management guide. Germany: 2002.
[39] Health & Safety Executive. COSHH essentials: Easy steps to control chemicals [M]. Germany: 1999.
[40] ILO. ILO Safework chemical control toolkit [EB/OL]. 2005. http: //www. ilo. org.
[41] NIOSH. NIOSH safety and health topic: Control Banding [EB/OL]. http: //www. cdc. gov/niosh/ topics/ctrlbanding/.
[42] ACGIH. 2nd International Control Banding workshop: Validation and effectiveness of Control Banding [C]. Cincinnati, Ohio, March 1－2, 2004.
[43] Association of the British Pharmaceutical Industry. Guidance on setting in－house occupational exposure limits for airborne therapeutic substances and their intermediates [M]. London, England: ABPI, 1995.
[44] HSE (United Kingdom Health and Safety Executive). COSHH essentials [M]. 2005.
[45] ILO. ILO chemical control toolkit: draft guidelines [M]. 2005. http: //www. ilo. org.
[46] ILO. Safework: chemical control banding [M]. 2005. http: //www. ilo. org.
[47] JONES RM, NICAS M. Evaluation of COSHH essentials for vapor degreasing and bag filling operations [J]. Annals of Occupational Hygiene , 2006, 50: 137－147.
[48] JONES RM, NICAS M. Margins of safety provided by COSHH essentials and the ILO chemical control toolkit [J]. Annals of Occupational Hygiene, 2006, 50 (2): 149－156.
[49] GERHARDSSON G, ENGMAN L, ANDERSSON A, et al. Silikosprojektets Slutrapport. Del 2, Malsattning, Omfattning och Resiltat (Final Report of the Silicosis Project. Sect. 2, Aim, Scope and Resuit) (Report of Investigation, AMT 103/74－2) [C], Stockholm, National Board of Occupational Safety & Health, 1974, 165－183.
[50] GERHARDSSON G. Dust prevention in Swendish foundries [J]. Staub－Reinhalt Luft, 1976, 36. 433－439.
[51] SILTANEN E, KOPONEN M, KOKKO A, et al. Dust exposure in Finnish foundries [J]. Scand J Work Environ Health, 1976, 2 (Suppl. 1): 19－31.
[52] MEYER P B. Dust measure in Dutch iron foundries (Ger.) [J]. Staub－Reinhaslt Luft, 1973, 33, 76－79.
[53] CAPODAGLIO E, POZZOLI L, MASSOLA A, et al. Environmental dust in foundries: Risk of silicosis based on dust measurements (Ital.) [J]. Med Lav, 1976, 67: 454－456.
[54] ZIMMERMAN R E, BARRY J M. Determining crystalline silica compliance using respirable mass [J]. Am Foundrymen's Soc Trans, 1976, 84: 15－20.
[55] BOH, BERANKE & NEWMAN INC. A consultation service in industrial hygiene and safey in the foundry industry (Report No. 3744) [R]. Wastington D. C.: US Occupational Safety & Health Administration, 1978.
[56] OUDIZ J, BROWN, J W, AYER H E, et al. A report on silica exposure levels in the United States foundrier [J]. Am Ind Hgy Assoc J, 1983, 44: 374－376.
[57] 史雁屏，李晓梅，马慧敏，等. 某厂铸造车间二十年铸工尘肺发病情况调查 [J]. 职业医学，1988，15 (4)：55－56.
[58] 张福明，史述映，等. 铸工呋喃树脂砂生产线防尘效果评价 [J]. 工业卫生与职业病，1993，19 (5)：304－305.
[59] 张敏，安红秋，万学文，等. 铸造厂粉尘治理前后浓度的比较观察 [J]. 职业医学，1998，25 (1)：53－55.
[60] STETTLER L E, GORSKI C H, PLATEK F, et al. Physical and chemical analysis of foundry sands [J]. Am Foundrymen's Soc Trans, 1981, 89: 141－156.
[61] GULLICKSON R, DONINGER J E. Industrial hygiene aspscts of olivin sand use in foundriwe [J]. Am Foundrymen's Soc Trans, 1980, 88: 623－630.
[62] BOOTHE G F, STEWARD－SMITH D, WAGSTAFF D, et al. The radiological of zircon sand use [J]. Health Phys, 1980, 38:

393 – 398.

[63] TOSSAVAINEN A. Metal fumes in foundries [J]. Scand J Work Enviorn Health, 1976, 2 (Suppl. 1): 42 – 49.

[64] MOSHER G E. Nickel and chromium exposure in foundrier melting/pouring alloys containing low or trace levels of nickel or chrome [J]. Am Foundrymen's Soc Trans, 1980, 88: 515 – 518.

[65] POMPEII C W. Lead problems in gray iron foundries [C] //American Industrial Hygiene Confererce. Philadephia, 1983: 180.

[66] KALLIOMAKI P L, KORHONEN O, MATTSSON T, et al. Lung contamination among foundry workers [J]. Int Arch Occup Environ Health, 1979, 43: 85 – 91.

[67] TUBICH G E. The foundry. It's real potential health hazards [C] // Proceedings of the symposium on occupational health hazard control technology in the foundry and secondary non – ferrous smelting industries (NIOSH Publication No. 81 – 114). Cincinnati, OH: National Institute for Occupational Safety and Health, 1981: 3 – 13.

[68] GWIN C H, SCTT W D, JAMES R H. A preliminary investigation of the organic chemical emissions from green sand pyrolysis [J]. Am Ind Hyg Assoc J, 1976, 37: 685 – 689.

[69] SCOTT W D, JAMES R H, BATES C E. Foundry air contaminants from green sand molds [J]. Am Ind Hyg Assoc J, 1976, 37: 335 – 344.

[70] VIRTAMO M, TOSSAVAINEN A. Carbon monoxide in foundry air [J]. Scand J Work Environ Health, 1976, 2 (Suppl. 1): 37 – 41.

[71] 马德春，崔康，刘振声. 呋喃树脂锆砂新工艺劳动卫生学评价 [J]. 中华劳动卫生职业病杂志，1990，8 (1): 28 – 29.

[72] 董智伟，陈学林，蔡震英. 上海地区铸造使用树脂砂的卫生学评价 [J]. 劳动医学，1992，9 (1): 1 – 4.

[73] TOENISKOETTER R H, SCHAFER R J. Industrial hygiene aspects of the use sand binders and additives [R] //The working environment in ironfoundries, Birmingham: British Cotton Industy Research Association, 1977: 19 – 1 – 19 – 28.

[74] TOENISKOETTER R H. Urethane foundry binders – an industrial hygiene appraisal [C] //Proceedings of the symposium on occupational health hazard control technology in the foundry and secondary non – ferrous smelting industries (NIOSH Publication No. 81 – 114). Cincinnati, OH: National Institute for Occupational Safety and Health, 1981: 142 – 152.

[75] ROSENBERG C, PFAFFLI P. A comparison of methods for the determination of diphenylmethane (MDI) in air samples [J]. Am Ind Hyg Assoc J, 1982, 43: 160 – 163.

[76] VIRTAMO M, TOSSAVAINEN A. Gases formed from furan binding agents [J]. Scand J Work Environ Health, 1976, 2 (Suppl. 1): 50 – 53.

[77] EFTAX D S P, MCKILLIP W J, BRECTHER M. Enviommental considerations in the usage of no – bake foundry binders [R] // The working environment in ironfoundries. Birmingham, British: Cotton Industry Research Association, 1977: 21 – 1 – 21 – 7.

[78] VIRTAMO M, TOSSAVAINEN A, RUISHALME J. Valimoaineet (Finn.) (Compounds in the Foundries) (Research Series 109) [R]. Helsinki: Institute of Occputional Health, 1975: 79 – 91.

[79] DRASCHE H. Specific hazardous compounds in the breathing zone of Croning foundries (Ger.) [J]. Mod Unfallverhut, 1976, 20: 23 – 27.

[80] 李维东，张敏，赵同强，等. 酚醛树脂及车间空气中毒物含量控制研究 [J]. 中华预防医学，1996，30 (6): 357 – 359.

[81] NOVELLI G, RINALDI A. Thermic decomposition procducts of green sand additives [C] //44th International Foundry Congress. 1977: 186 – 196.

[82] SCHIMBERG R W, TOIVONEN E, TOSSAVAINEN A. Polycyclic aromatic hydrocarbons and other hazardous agents in foundry moulding sand with various hydrocarbon carriers (Ger.) [J]. Staub – Reinhalt Luft, 1981, 41: 221 – 224.

[83] ZDRAZIL J, PICHA F. Cancerogenic substances – 3, 4 – benzpyrene in moulding sand mixtures and foundry dust (Czech.) [J]. Prac 1ek, 1963, 15: 207 – 211.

[84] ZDRAZIL J, PICHA P. Carcinogenic hydrocarbons – 3, 4 – benzpyrene in foundries (Czech.) [J]. Slevarenstvi, 1965, 13: 198 – 199.

[85] GIBSON E S, MARTIN R H, LOCKINGTON J N. Lung cancer mortality in a steel foundry [J]. J occup Med, 1977, 19: 807 – 812.

[86] VERMA D K, MUIR D C F, CUNLIFFE S, et al. Polycyclic aromatic hydrocarbons in Ontario foundry environments [J]. Ann Occup Hyg, 1982, 25: 17 -25.

[87] SCHIMBERG R W, TOIVONEN E, TOSSAVAINEN A. Polycyclic aromatic hydrocarbons in foundries [J]. J Toxicol environ Health, 1980, 6: 1187 -1194.

[88] 张敏，彭丽华，陈卫红．铸造作业生产过程中有害因素及其特点分析 [J]．工业卫生与职业病，2000，26 (3)：152 -156.

[89] MCLAUGHLIN A I G, HARDING H E. Pneumoconiosis and other causes of death in iron and steel foundry workers [J]. Arch Ind Health, 1956, 14: 350 -378.

[90] MCLAUGHLIN A I G. Pneumoconiosis in foundry workers [J]. Br J Tuberc Dis Chect, 1957, 51: 297 -309.

[91] MACBAIN G, COLE C W D, SHEPHERD R D. Pneumoconiosis in a group of large iron and light alloy foundries [J]. Trans Assoc Ind Med Off, 1962, 12: 17 -28.

[92] GREGORY J. A survey of pneumoconiosis at a Sheffield steel foundry [J]. Arch Environ Health, 1970, 20: 385 -339.

[93] HERNBERG J. The Finnish foundry project. Background and general methodology [J]. Scand J Work Environ Health, 1976, 2 (suppl. 1): 8 -12.

[94] HERNBERG S, KARAVA R, KOSKELA RS. Angina pectoris, ECG findings and blood pressure of foundry workers in relation to carbon monoxide exposure [J]. Scand J Work Environ Health, 1976, 2 (Suppl. 1): 54 -63.

[95] 张建中，陈冬州，袁玉华．85 例铸工尘肺临床分析 [J]．职业医学，1988，15 (3)：26 -29.

[96] 吕健．铸工尘肺的调查与观察 [J]．职业医学，1991，18 (6)：370 -371.

[97] 张敏，安红秋，何进凯，等．东风公司 1979 年 ~1996 年防尘效果评价 [J]．工业卫生与职业病，1998，24 (1)：63 -64.

[98] KUO HW, CHANG CL, LIANG WM, et al. Respiratory abnormalities among male foundry workers in central Taiwan [J]. Occup Med (Lond), 1999; 49 (8): 499 -505.

[99] KARAVA R, HERNBERG S, KOSKELA RS, et al. Prevalence of pneumoconiosis and chronic bronchitis in foundry workers [J]. Scand J Work Environ Health, 1976, 2 (Suppl. 1): 64 -72.

[100] 黄群颖，楼介治，郭晓芳，等．铸钢接尘与离尘工人肺功能及呼吸系统症状的配对研究 [J]．中国工业医学，1995，8 (3)：135 -137.

[101] COCKCROFT D W. Asthma caused by occupational exposure to a furan -based binder system [J]. J Q Allergy Clin Immunol, 1980, 66: 45 -463.

[102] MORGAN W K C, SEATON A. Occupational Lung Disease [M]. Philadephia, W. B: Saunders, 1975: 235 -239.

[103] DAHLQUIST L. Mortality patterns among workers in a gray iron foundry [J]. Am J Epidemiol, 1980, 109: 667 -675.

[104] 薛春霄，李士佐．某工厂铸膜沙工段职业性皮肤病调查 [J]．卫生研究，1991，20 (6)：46 -48.

[105] SJOGREN B. Occupational exposure to dust: inflammation and ischaemic heart disease [J]. Occup Environ Med, 1997, 54: 466 -469.

[106] MOULIN JJ, WILD P, MANTOUT B, et al. Mortality from lung cancer and cardiovascular diseases among stainless -steel producing workers [J]. Cancer -Causes -Control, 1993, 4 (2): 75 -81.

[107] KOSKELA RS. Cardiovascular diseases among foundry workers exposed to carbon monoxide [J]. Scand J Work Environ Health, 1994, 20 (4): 283 -293.

[108] STARZYИSKI Z, MAREK K, KUJAWSKA A, et al. Mortality among different occupational groups of workers with pneumoconiosis: results from a register -based cohort study [J]. Am J Ind Med, 1996, 30 (6): 718 -725.

[109] 张敏，吴琨，杨少杰．铸造作业工人工作有关疾病分析 [J]．工业卫生与职业病，2000，26 (4)：224 -227.

[110] KOSKELA RS, MUTANEN P, SORSA JA, et al. Factors predictive of ischemic heart disease mortality in foundry workers exposed to carbon monoxide [J]. Am J Epidemiol, 2000, 152 (7): 628 -632.

[111] Danish Work Environment Service Landskronagade 33, DK 2100 Copenhagen, Denmark. Manganese exposure in foundry furnacemen and scrap recycling workers [J]. Int Arch Occup Environ Health. 1999, 72 (8): 546 -550.

[112] KAISER C. Mutagenic material in air particles in a steel foundry [C] //Bjorseth A, Dennis A J, eds. Polycyclic aromatic hydrocarbons: chemistry and biology effects, 4th International Symposium. Columbus, OH: Battelle Press, 1980: 579 -588.

[113] KAISER C. Use of bacterial mutagenicity assay to probe steel foundry lung cancer hazard [C] //Cooke M A, Dennis A J, eds. Polycyclic aromatic hydrocarbons: chemistry and biological effects, 5th International Symposium. Columbus, OH: Battelle Press, 1980: 583 - 592.

[114] BRYANT D W, MCCALLA D R. Mutagenicity and lung cancer in a steel foundry environment [M] //Heddle J A, ed. Mutagenicity horizons in genetic toxicology, New York: Academic Press, 1982: 89 - 115.

[115] SKYTTA E. Mutagenic activity in foundry air [J]. Arch Toxicol, 1980, (Suppl. 4): 68 - 72.

[116] HUMFREY CD, LEVY LS, FAUX SP. Potential carcinogenicity of foundry fumes: a comparative in vivo - in vitro study [J]. Food Chem Toxicol, 1996, 34 (11 - 12): 1103 - 1111.

[117] GROTH D H. Silica, Silicosis and cancer [M]. Edited by David F. Goldsmith, P. H. D. Published by Praeger Publish. 1986: 243, 137, 147, 215, 225, 267, 281, 335, 351, 437.

[118] PALMER W G. Lung cancer in ferrous foundry workers view [J]. Am Ind Hyg Assoc J, 1981, 42: 329 - 341.

[119] TOLA S. Lung cancer mortality among iron foundry workers [J]. J Occup Med, 1979, 21: 753 - 760.

[120] FLETCHER A C. Lung cancer mortality in a population of English foundry workers (Abstract) [J]. Scand J Work Environ Health, 1983, 9: 62 - 63.

[121] FLETCHER A C. Lung cancer mortality in a cohort of English foundry workers (Abstract) [J]. Scand J Work Environ Health, 1984, 10: 7 - 16.

[122] BLOT W J. Lung cancer among long - term steel workers [J]. Am J Epeidemiol, 1983, 117: 706 - 716.

[123] SORAHAN T. Cancer mortality in a cohort of United Kingdom steel foundry workers: 1946 - 1985 [J]. Br J Ind Med 1989, 46: 74.

[124] International Agency for Research on Cancer. Monographs on the evaluation of carcinogenic risks to humans [M]. Lyon: IARC, 1987: 224 - 225.

[125] 王忠旭. 钢铁铸造作业与肺癌——国外研究概况 [J]. 工业卫生与职业病, 1994, 20 (3): 190 - 192.

[126] XU Z, PAN GW, LIU LM, et al. Cancer risks among iron and steel workers in Anshan, China, Part I: Proportional mortality ratio analysis [J]. Am J Ind Med, 1996, 30 (1): 1 - 6.

[127] AUSTIN H, DELZELL E, LALLY C, et al. A case - control study of lung cancer at a foundry and two engine plants [J]. Am J Ind Med. 1997, 31 (4): 414 - 421.

[128] HANSEN ES. A cohort mortality study of foundry workers [J]. Am J Ind Med. 1997, 32 (3): 223 - 233.

[129] FIRTH HM, ELWOOD JM, COX B, et al. Historical cohort study of a New Zealand foundry and heavy engineering plant [J]. Occup Environ Med, 1999, 56 (2): 134 - 138.

[130] RODRÍGUEZ V, TARDÓN A, KOGEVINAS M, et al. Lung cancer risk in iron and steel foundry workers: a nested case control study in Asturias, Spain [J]. Am J Ind Med. 2000, 38 (6): 644 - 650.

[131] 张敏, 陈静, 马常青, 等. 铸造作业工人死因分析 [J]. 工业卫生与职业病, 2000, 26 (3): 157 - 159.

[132] PARK R M. Mortality at an automotive engine foundry and machining complex [J]. Occup Environ Med. 2001, 43 (5): 483 - 493.

[133] GAERTNER R R, THÉRIAULT G P. Risk of bladder cancer in foundry workers: a meta - analysis [J]. Occup Environ Med, 2002, 59 (10): 655 - 663.

[134] ADZERSEN K H, BECKER N, STEINDORF K, et al. Cancer mortality in a cohort of male German iron foundry workers [J]. Am J Ind Med, 2003, 43 (3): 295 - 305.

[135] 徐旭东, 柳美兰, 侯强, 等. 5 年轮换制铸造工尘肺发病调查 [J]. 劳动医学, 2001, 18: 318 - 319.

[136] 沈航, 张欣, 董楠, 等. 某开发区铸造企业职业病危害调查 [J]. 职业与健康, 2008, 24: 419 - 420.

[137] 杨敏, 陈建雄, 闫雪华, 等. 某铝合金发动机铸造车间职业病危害及控制措施 [J]. 中国卫生工程学, 2009, 8: 11 - 13.

[138] 刘宏凯, 朱美芬, 樊海军, 等. 上海市某郊区铸造行业职业病危害现状调查 [J]. 职业卫生与应急救援, 2007, 25: 72 - 74.

[139] 张敏. 铸造作业工人职业接触与健康损害研究进展 [J]. 国外医学卫生学分册, 2009, 36: 355 - 361.

[140] VERMA D K, MUIR D C F, CUNLIFFE S, et al. Polycyclic aromatic hydrocarbons in Ontario foundry environments [J]. Ann Occup Hyg, 1982, 25: 17 -25.
[141] International Agency for Reasearch on Cancer (IARC). Overall Evaluations of Carcinogenicity to Humans, List of all agents, mixtures and exposures evaluated to date, Group 1: Carcinogenic to humans (108), Group 2A: Probably carcinogenic to humans (63), Group 2B: Possibly carcinogenic to humans (248), Group 3: Not classifiable as to its carcinogenicity to humans (515), Group 4: Probably not carcinogenic to humans (1). (Last updated: 16 January 2009) [EB/OL] http: //monographs. iarc. fr/ENG/Classification/crthall. php.
[142] American Conference of Governmental Industrial Hygienist (ACGIH). Documentation of the threshold limit values and biological exposure indices [M]. 7th ed. Cincinnati: ACGIH, 2005.
[143] ROSENMAN K D, RELLY M J, RICE C, et al. Silicosis among foundry workers, implication for the need to revise the OSHA standard [J]. Am J Epidemiol, 1996, 144: 890 -900.
[144] 玄春山，姜晓燕，金敬淑，等. 铸钢工人接尘量与硅肺发病关系的探讨 [J]. 职业卫生与病伤，1987, 2 (2): 6 -7.
[145] 陈英，陈相华，王明启. 铸工尘肺的分析 [J]. 职业卫生与病伤，1995, 10 (1): 57 -58.
[146] 卫生部职业卫生标准专业委员会. GBZ 2. 1 -2007. 工作场所有害因素职业接触限值. 第 1 部分：化学有害因素 [S]. 北京：人民卫生出版社，2008.
[147] 刘沛泽，袁中文，严苏丽，等. 钒对作业工人血清胆固醇的影响 [J]. 中华劳动卫生职业病，1990, 8 (1): 28 -29.
[148] 中华人民共和国卫生部. GBZ70 -2002 尘肺病诊断标准 [S]. 北京：法律出版社，2002.
[149] 卫生部职业病诊断标准专业委员会. GBZ 70 -2009 尘肺病诊断标准 [S]. 北京：人民卫生出版社，2009.
[150] 徐旭东，周永田，柳美兰，等. 铸造粉尘职业危害调查 [J]. 中国工业卫生杂志，2002, 15 (1): 37 -38.
[151] 那常筠，张玉学，赫丽莉，等. 铸造工人肺癌死亡队列研究 [J]. 工业卫生与职业病，1999, 25 (5): 229 -264.
[152] 甘传伟，杨俊芝. 铸工尘肺 83 例流行病学调查分析 [J]. 中国城乡企业卫生，1997, 4: 10 -12.
[153] MALMBERG P, HEDENSTROM H, SUNDBLAD B M. Changes in lung function of granite crushers exposed to moderately high silica concentrations: a 12 year follow up [J]. Br J Indust Med, 1993, 50: 726 -731.
[154] MUIR D C F, JULIAN J A, SHANNON H S, et al. Silica exposure and silicosis among Ontario hard rock miners: Ⅲ. Analysis and risk estimates [J]. Am J Indust Med, 1989, 16: 29 -43.
[155] HNIZDO E, SLUIS -CREMER G K. Risk of silicosis in a cohort of white South African gold miners [J]. Am J Indust Med, 1993, 24: 447 -457.
[156] STEENLAND K, BROWN D. Silicosis among gold miners: exposure -response analyses and risk assessment [J]. Am J Public Health, 1995, 85: 1372 -1377.
[157] JUAN SOMAVIA. Changing patterns in the world of work [R]. Geneva: International Labour Office, 2006.
[158] 罗志荣. 对 SA8000 的多重视角 [J/OL]. 重庆：《企业文明》杂志社. [2008 -01 -27]. http: //finance. sina. com. cn/jygl/20040326/ 1330689547. shtml.
[159] 浙江省经济贸易委员会外经处. SA8000 介绍 [EB/OL]. [2008 -01 -27]. http: //www. zjjmw. gov. cn/smlt/wjwm/wzxx/2003/10/14/32924. shtml.
[160] 关于印发《关于中央企业履行社会责任的指导意见》的通知. 国资发研究〔2008〕1 号. 国有资产管理委员会，2008.
[161] 中华人民共和国宪法 [EB/OL]. [2008 -01 -27]. http: //www. gov. cn/gongbao/content/2004/content_ 62714. htm.
[162] 中华人民共和国劳动法 [EB/OL]. [2008 -01 -27]. http://www. gov. cn/ziliao/flfg/2005 -08/05/content_ 20968. htm.
[163] 中华人民共和国职业病防治法 [EB/OL]. [2008 -01 -27]. http://www. moh. gov. cn/newshtml/2654. htm.
[164] 中华人民共和国安全生产法 [EB/OL]. [2008 -01 -27]. http://www. gov. cn/ziliao/flfg/2005 -08/05/content_ 20950. htm.
[165] 中华人民共和国工会法 [EB/OL]. [2008 -01 -27]. http://www. gov. cn/banshi/2005 -08/05/content_ 20697. htm.
[166] 中华人民共和国劳动合同法 [EB/OL]. [2008 -01 -27]. http://www. molss. gov. cn/gb/news/2007 -06/30/content_184630. htm.
[167] 中华人民共和国就业促进法 [EB/OL]. [2008 -01 -27]. http://www. molss. gov. cn/gb/zt/2007 -08/30/content_197492. htm.

[168] 中华人民共和国清洁生产促进法 [EB/OL]. [2008 - 01 - 27]. http://www.zhb.gov.cn/law/law/200206/t20020629_84834.htm.

[169] 李涛，张敏，杜燮祎，等. 如何创建职业卫生示范企业 [J]. 劳动保护，2006，7：14 - 17.

[170] 张敏，李涛，王丹，等. 国家职业卫生示范企业评选标准解读 [J]. 劳动保护，2006，7：18 - 21.

[171] 国际劳工组织. 职业安全健康管理体系导则 [M]. ILO - OSH 2001 国际劳工局，ISBN 92 - 2 - 111634 - 4（英）/（中）. 2001.

[172] 卫生部职业卫生标准专业委员会. GBZ 2.2 - 2007 工作场所有害因素职业接触限值 第 2 部分：物理因素 [S]. 北京：人民卫生出版社，2008.

[173] 卫生部职业卫生标准专业委员会. GBZ 158 - 2003 工作场所职业病危害警示标识 [S]. 北京：人民卫生出版社，2003.

[174] 卫生部职业卫生标准专业委员会. GBZ 188 - 2007 职业健康监护技术规范 [S]. 北京：人民卫生出版社，2007.

[175] 卫生部职业卫生标准专业委员会. GBZ/T 203 - 2007 高毒物品作业岗位职业病危害告知规范 [S]. 北京：人民卫生出版社，2008.

[176] 国家安全生产监督管理总局. GB/T 3608 - 2008 高处作业分级 [S]. 北京：中国标准出版社，2009.

[177] 中华人民共和国卫生部，国家环境保护总局，原中国核工业总公司. GB 18871 - 2002 电离辐射防护与辐射源安全基本标准 [S]. 北京：中国标准出版社，2003.

[178] ILO. P155 Protocol of 2002 to the Occupational Safety and Health Convention [EB/OL]. 1981. http://www.ilo.org/ilolex/cgi-lex/convde.pl? P155.

[179] ILO. C187 Promotional Framework for Occupational Safety and Health Convention [EB/OL]. 2006. http://www.ilo.org/ilolex/english/convdisp1.htm.

[180] ILO. R197 Promotional Framework for Occupational Safety and Health Recommendation [EB/OL]. 2006. http://www.ilo.org/ilolex/english/recdisp1.htm.

[181] ILO. C155 Occupational Safety and Health Convention [EB/OL]. 1981. http://www.ilo.org/ilolex/english/convdisp1.htm.

[182] ILO. R164 Occupational Safety and Health Recommendation [EB/OL]. 1981. http://www.ilo.org/ilolex/english/recdisp1.htm.

[183] ILO. C161 Occupational Health Services Convention [EB/OL]. 1985. http://www.ilo.org/ilolex/english/convdisp1.htm.

[184] ILO. R171 Occupational Health Services Recommendation [EB/OL]. 1985. http://www.ilo.org/ilolex/english/recdisp1.htm.

[185] 孙振球，徐勇勇. 医学统计学[M]. 2 版. 北京：人民卫生出版社，2006.

[186] 中华人民共和国卫生部. 1986 年全国尘肺流行病学调查研究资料集[M]. 北京：北京医科大学中国协和医科大学联合出版社，1992：50 - 325.

[187] 卢黎明，宋文质，马鸣岗，等. 山东某煤矿尘肺病经济损失的调查[J]. 中华劳动卫生职业病杂志，1994，12(3)：36.

[188] 黄力，刘桂苓，马宁环，等. 大连市尘肺病造成经济损失的调查[J]. 中国工业医学杂志，1998，11(6)：370.

[189] 王忠旭，于冬雪，王立波，等. 鞍钢工伤与职业病及其相关费用的分析[J]. 工业卫生与职业病，2005，31(3)：159 - 162.

[190] 孙长福. 乌鲁木齐矿务局六道弯煤矿尘肺病造成的经济损失调查[J]. 新疆卫生防疫，1995，13(特刊号)：132 - 133.

[191] 任在鸣，廖全礼，孙斌，等. 永川 20 年尘肺发病与经济损失评价[J]. 职业卫生与病伤，1996，10(2)：117 - 119.

[192] 凌瑞杰，李涛，张敏. 铸工职业暴露与心血管疾病的研究进展[J]. 工业卫生与职业病，2005，31(5)：340 - 343.

[193] 于石成，黄颖菊，杨兴华，等. 职业暴露与肺癌关系 logistic 回归分析[J]. 工业卫生与职业病，1999，25(4)：219 - 220.

[194] 张文彤. SPSS 11 统计分析教程（高级篇）[M]. 北京：希望电子出版社，2002：306.

[195] POPE CA Ⅲ，BURNETT RT，THURSTON GD，et al. Cardiovascular mortality and long - term exposure to particulate air pollution: epidemiological evidence of general pathophysiological pathways of disease [J]. Circulation，2004，109 (1)：71 - 77.

[196] BASARAN N，SHUBAIR M，UNDEGER U，et al. Kars Alterations in immune parameters in foundry and pottery workers [J]. Toxicology，2002，178 (2)：81 - 88.

[197] WEIJENBERG M P，FESKENS EJM，KROMHOUT D. White blood cell count and the risk of coronary heart disease and all - cause mortality in elderly men [J]. Arterioscler Thromb Vasc Biol，1996，16 (4)：499 - 503.

[198] STERN FB，HALPERIN WE，HORNUNG RW，et al. Heart disease mortality among bridge and tunnel officers exposed to carbon monoxide [J]. Am J Epidemiol，1988，128 (6)：1276 - 1288.

[199] KOSKELA RS. Cardiovascular diseases among foundry workers exposed to carbon monoxide [J]. Scand J Work Environ Health, 1994, 20: 286-293.

[200] ANDJELKOVICH DA, MATHEW RM, RICHARDSON RB. Mortality of foundry workers. Ⅰ. Overall findings[J]. J Occup Med, 1990, 32: 529-540.

[201] ANDJELKOVICH DA, MATHEW RM, YU RC. Mortality of iron foundry workers. Ⅱ. Analysis by work area[J]. J Occup Med, 1992, 34: 391-401.

[202] BECKER LC, HAA K ED. Augmentation of myocardial ischemia by low level carbon monoxide exposure in dogs [J]. Arch Environ Health, 1979, 34: 274-279.

[203] POMPEII CW. Lead problems in gray iron foundries[J]. Am Ind Hyg Conf Phila, 1983, 180-181.

[204] 张敏,陈荣安. 铸造作业职业危害研究进展[J]. 中华劳动卫生职业病杂志, 1999, 17(6): 382-383.

[205] 刘成全. 铸钢用锆砂涂膜剂中放射性测试与分析[J]. 工业卫生与职业病, 2000, 26(5):291-292.

[206] GUILLEMIN MP, et al. Urinary fibres in occupational exposure to asbestos [J]. Am Occup Hyg, 1989,31: 319.

[207] DODSON RF, et al. Analysis of ferruginous bodies in bronchoalveolar lavage from foundry workers [J]. Bri J Ind Med, 1993, 50: 1032.

[208] 卓新华, 刘玉环, 云宝山. 一汽铸钢工人尘肺发病情况的调查[J]. 中国工业医学杂志, 1996, 5(9): 304.

[209] 吕健. 铸工尘肺的调查与观察[J]. 职业医学, 1991,18(6): 371-372.

[210] 仲来福. IARC 专家工作组最近确认的对人致癌的物质[J]. 国外医学卫生学分册, 1989, 16(2): 2.

[211] 郭美玲. 铸造作业与肺癌[J]. 安全与健康, 2001,12: 148-149.

[212] SHERSON D. Cancer incidence among foundry workers in Denmark [J]. Arch Environ Health, 1991, 46(2):75.

[213] SILVERSTEIN M. Mortality among ferrous foundry workers [J]. Am J Ind Med, 1986, 10: 27.

[214] JOCKEL KH, AHRENS W, WICHMANN HE. Occupational and environmental hazards associated with lung cancer[J]. Int J Epidemiol, 1992, 21(2): 202-213.

[215] 那常筠,张玉学,赫丽莉,等. 铸造工人肺癌死亡队列研究[J]. 工业卫生与职业病,1999, 25(5): 261-263.

[216] COMES L, LLOY D O, NORMAN N. The health of the works in a rapidly developing country: effects of occupational exposure to noise and heat [J]. Occup Med(Lond), 2002, 52(3): 121-128.

[217] BASARAN N, SHUBAIR M, UNDEGER U. Monitoring of DNA damage in foundry and pottery workers exposed to silica by the alkaline comet assay [J]. Am J Ind Med, 2003, 43(6): 602-610.

[218] BROWN DA, DELZELL E. Motor Vehicle manufacturing and prostate cancer [J]. Am J Ind Med, 2000, 38(1):59-70.

[219] 金泰廙. 职业卫生与职业医学[M]. 北京: 人民卫生出版社, 2003, 75-77.

[220] SORAHAN T, FAUX AM, COOKE MA. Mortality among a cohort of United Kingdom steel foundry workers with special reference to cancers of the stomach and lung [J]. Occup Environ Med, 1994, 51: 316-322.

[221] ERNST A, ZIBRAK JD. Carbon monoxide poisoning [J]. New Engl J Med, 1998, 339: 1603-1609.

[222] TURNER DM. Carbon monoxide, tobacco smoking, and the pathogenesis of atherosclerosis [J]. Prev Med,1979, 8: 303-309.

[223] HINDERLITER AL, ADAMS KF JR, PROCE CJ, et al. Effects of low level carbon monoxide exposure on resting and exercise induced ventricular arrhythmias in patients with coronary artery disease and no baseline ectopy [J]. Arch Environ Health, 1989, 44: 89-93.

[224] DAHMS T E, YONIS LT, WIENS RD, et al. Effects of carbon monoxide exposure in patients with documented cardiac arrhythmias [J]. J Am Coll Cardial, 1993,21: 442-450.

[225] PENNEY DG, HOWLEY JW. Is there a connection between carbon monoxide exposure and hypertension? [J]. Environ Health Perspect, 1991, 95: 191-198.

[226] PENN A. Determination of the atherogenic potential of inhaled carbon monoxide [J]. Res Rep Health Eff Inst,1993, 57: 1-20.

[227] SMISTH CJ, STEICHEN TJ. The atherogenic potential of carbon monoxide [J]. Atherosclerosis, 1993, 99: 137-149.

[228] RONNEBERG A. Mortality and cancer morbidity in workers from an aluminium smelter with prebaked carbon anodes part Ⅲ: mortality from circulatory and respiratory diseases [J]. Occup Environ Med, 1995,52: 255-261.

[229] PALDA VA. Is foundry work a risk for cardiovascular disease? A systematic review [J] . Occup Med(Lond) ,2003, 53(3) : 179 - 190.

[230] STEENLAND K. Epidemiology of occupation and coronary heart disease: research agenda [J] . Am J Ind Med, 1996, 30(4) : 495 - 499.

[231] 赵一鸣. 近年来我国噪声危害与防治措施研究进展及今后研究方向和工作重点[J] . 工业卫生与职业病,1998, 24(3): 187 - 192.

[232] TAGE S KRISTENSEN. Cardiovascular disease and work environment. A critical review of the epidemiologic literature on nonchemical factors [J] . Scand J Work Environ Health, 1989, 15: 165 - 179.

[233] MILLAR JD. Summary of "Proposed national strategies for the prevention of leading work - related diseases and injuries, part 1" [J]. Am J Ind Med, 1998, 13: 223 - 240.

[234] HARLAN WR, SHARRET AR, WEILL H, et al. Impact of the environment and cardiovascular disease [J]. Circulation, 1981, 63: 243A - 246A.

[235] ROSENMAN KD. Cardiovascular disease and workplace exposures [J] . Arch Environ Health, 1984,39L: 218 - 224.

[236] BERNARD CK CHOI. A technique to re - assess epidemiologic evidence in light of the healthy worker effect: the case of firefighting and heart disease [J]. J Occup Environ Med, 2000, 42: 1021 - 1034.

[237] PERRY GF. Can one predict and prevent the occurrence of heat - related complaints in foundry workers? [J] . J Occup Med, 1994, 36: 703 - 705.

[238] KOKEN PJ, PIVER WT , YE F, et al. Temperature, air pollution, and hospitalization for cardiovascular diseases among elderly people in Denver [J] . Environ Health Perspect , 2003, 111(10) : 1312 - 1317.

[239] HEINONEN E, FARKKILA M, FORSSTROM J, et al. Autonomic neuropathy and vibration exposure in forestry workers [J]. Br J Ind Med , 1987, 44: 412 - 416.

[240] IDZIOR - WALUS B. Coronary risk factors in men occupationally exposed to vibration and noise [J]. Eur Heart J, 1987, 8: 1040 - 1046.

[241] PAMAIANLD, COCARLA A. Occupationally exposed to vibration and ischemic heart disease [J]. J Occup Health, 1998, 40: 73 - 76.

[242] HESAKI H. Urinary excretion of adrenaline and no adrenaline in lumberjacks with vibration syndrome[J]. Br J Ind M ed, 1988, 45: 570 - 571.

[243] JARVINEN P. Headache and blood pressure among triethylamine exposed foundry workers [J]. Occup Med(Lond) , 1998, 48: 113 - 117.

[244] NEMMAR A, NEMERY B, HOYLAERTS MF, et al. Air pollution and thrombosis: an experimental approach[J]. Pathophysiol Haemost Thromb. 2002, 32: 349 - 350.

[245] ROTIMI C, AUSTIN H, DELZELL E, et al. Retrospective follow - up study of foundry and engine plant workers[J]. Am J Ind Med, 1993, 24: 485 - 489.

[246] 陈镜琼. 职业流行病学[M]. 北京:人民卫生出版社,1993,141 - 142.

[247] EGAN B, WAXWEILER RJ, BLADE L, et al. A preliminary report of mortality patterns among foundry workers [J]. J Environ Pathol Toxicol, 1979, 2: 259 - 272.

[248] 凌瑞杰, 李涛, 张敏. 汽车铸造作业职业病危害因素与控制技术研究进展[J]. 工业卫生与职业病, 2005, 31(3): 180 - 183.

[249] 凌瑞杰, 李涛, 张敏. 铸工职业暴露与心血管疾病的研究进展[J]. 工业卫生与职业病, 2005, 31(5): 340 - 343.

[250] 于顺阳. 现代铸造设计与生产实用新工艺、新技术、新标准[M]. 北京:当代中国音像出版社, 2004.

[251]《表面处理工艺手册》编审委员会. 表面处理工艺手册[M]. 上海:上海科学技术出版社,1991.

[252] 许保玖, 龙腾锐. 当代给水与废水处理原理[M]. 2 版. 北京:高等教育出版社, 2000.

[253]《电镀手册》编写组. 电镀手册(上册)[M]. 北京:国防工业出版社, 1988.

[254]《电镀手册》编写组. 电镀手册(下册)[M]. 北京:国防工业出版社, 1988.

[255] 吴启瑞,苏文源,颜世雄,等. 电焊安全作业技术手册[M]. 中国台北:中国台湾省行政院劳工委员会劳工安全卫生研究所, 2000.
[256] 李金苑, 王汝宁. 最新锻造工艺技术质量检测与标准规范实务全书[M]. 北京:当代中国音像出版社,2006.
[257] 张志文. 锻造工艺学[M]. 北京:机械工业出版社,1983.
[258] 国际铬业发展协会. 铬的健康安全和环境指南[M/OL]. 法国:国际铬业发展协会, 2001. http//www. chromium - asoc. com.
[259] 于台珊,等. 劳工听力保护计划指引[M]. 3 版. 中国台北:中国台湾省行政院劳工委员会劳工安全卫生研究所, 2002.
[260] 李泉华. 热处理实用技术[M]. 北京:机械工业出版社, 2000.
[261] 魏华胜. 铸造工程基础[M]. 北京:机械工业出版社, 2002.
[262] 王锡春. 最新汽车涂装技术[M]. 北京:机械工业出版社, 1999.
[263] 王孝培. 冲压手册[M]. 2 版. 北京:机械工业出版社,1990.
[264] 吕炎. 锻造工艺学[M]. 北京:机械工业出版社,1995.
[265] 安运铮. 热处理工艺学[M]. 北京:机械工业出版社,1988.
[266] 中国机械工程学会焊接学会. 焊接手册:第 1 卷 焊接方法及设备[M]. 2 版. 北京:机械工业出版社,2001.
[267] 中国机械工程学会焊接学会. 焊接手册:第 2 卷 材料的焊接[M]. 2 版. 北京:机械工业出版社,2001.
[268] 中国机械工程学会焊接学会. 焊接手册:第 3 卷 焊接结构[M]. 2 版. 北京:机械工业出版社,2001.
[269] 孙一坚. 简明通风设计手册[M]. 北京:中国建筑工业出版社,1997.
[270]《砂型铸造工艺及工装设计》联合编写组. 砂型铸造工艺及工装设计[M]. 北京:北京出版社,1980.
[271] 郑德,李杰. 塑料助剂与配方设计技术[M]. 北京:化学工业出版社,2002.
[272] 张学敏. 涂装工艺学[M]. 北京:化学工业出版社,2002.
[273] 张海,赵素合. 橡胶及塑料加工工艺[M]. 北京:化学工业出版社,1997.
[274] 王志成. 汽车装配与调试[M]. 大连:大连理工大学出版社,2006.
[275] 胡朝龙. 汽车发动机试验[M]. 重庆:大连理工大学出版社,2007.

致　谢

本书的相关课题组成员有湖北省十堰市东风职业病防治中心李维东副主任技师、祁成副主任医师、赵同强副主任医师、吴琨副主任医师，东风汽车公司安技环保部胡国良工程师，华中科技大学陈卫红教授、北京市疾病预防控制中心吕琳研究员、上海市疾病预防控制中心朱彩菊主任医师以及北京大学郑迎东副教授等，他们的工作为本书提供了有力保障，做出了巨大贡献。

科研课题依托笔者的工作单位中国疾病预防控制中心职业卫生与中毒控制所。衷心感谢在多项课题实施过程中，笔者工作单位各级领导、同事和兄弟部门的大力配合与支持！东风汽车公司的各级领导和同仁提供了很好的工作现场和基础档案资料，尤其是十堰市卫生局东风分局罗启华局长、车波副局长、十堰市东风职业病防治中心姚道华所长、十堰市东风卫生监督所陈静主治医师、铸造一厂孟传三工程师、东风汽车公司社保部司文虎主任等，衷心感谢他们的支持和帮助！

中国疾病预防控制中心的金晔鑫硕士和汤小辉硕士，华中科技大学同济医学院翁少凡博士和郭雁飞硕士，来自东风汽车公司一线工厂的詹长青、彭玲、杜晓玲、胡国良、石飞跃、徐京津、张娥、彭进平、包华兵、许晶晶、杜晓玲、刘志萍等工程师以及严玲医生参加了现场调研工作，衷心感谢他们所付出的艰辛劳动！

在本书编写过程中，我们召开了三次外部专家和国家职业安全卫生政府主管部门领导参加的评审会（名单见附件），衷心感谢与会专家和领导提出的宝贵意见和建议！

中国疾病预防控制中心职业卫生与中毒控制所凌瑞杰硕士、杜燮祎副研究员、李文捷研究实习员、鲁洋硕士、王丹研究实习员在现场资料收集、数据库建立、数据统计分析、图表设计、文字处理以及出版校稿等阶段，连续数月同笔者一起夜以继日超大负荷工作，对他们为本指南的撰写和出版所做出了特殊贡献，笔者深表感激。

北京协和医学院乌正赉教授对本书做了全面的审稿，提出了许多宝贵修改意见，笔者表示衷心的感谢。

附件

《汽车行业职业危害分析与关键控制点技术》技术报告审定会参加人员（按姓氏笔画排序）
（第一次会议，2004 年 9 月，北京）

吕 琳	北京市疾病预防控制中心	副研究员
朱彩菊	上海市疾病预防控制中心	副主任医师
杜燮祎	中国疾病预防控制中心职业卫生与中毒控制所	研究实习员
李维东	东风汽车公司卫生防病中心	副主任技师
张 敏	中国疾病预防控制中心职业卫生与中毒控制所	研究员
陈卫红	华中科技大学同济医学院公共卫生学院	教授
陈曙旸	中国疾病预防控制中心职业卫生与中毒控制所	研究员
孟传三	东风汽车公司铸造一厂	工程师
胡国良	东风汽车公司安全技术与环境保护部	工程师
凌瑞杰	中国疾病预防控制中心职业卫生与中毒控制所	硕士研究生
詹长青	东风汽车公司铸造二厂	工程师
蔡世雄	中国疾病预防控制中心职业卫生与中毒控制所	研究员

《岗位职业危害识别与预防控制指南卡》框架结构及技术要求审定会参加人员（按姓氏笔画排序）
（第二次会议，2009 年 8 月，烟台）

吕 琳	北京市疾病预防控制中心	副研究员
刘 茁	辽宁省疾病预防控制中心	主任医师
刘富英	十堰市东风职业病防治所	副主任医师
祁 成	十堰市东风职业病防治所	副主任医师
杜燮祎	中国疾病预防控制中心职业卫生与中毒控制所	助理研究员
吴 琨	十堰市东风职业病防治所	副主任医师
吴维皑	中国疾病预防控制中心职业卫生与中毒控制所	研究员
张 宏	山东省职业卫生与职业病防治研究院	研究员
张 敏	中国疾病预防控制中心职业卫生与中毒控制所	研究员
陈青松	中国疾病预防控制中心职业卫生与中毒控制所	博士研究生
易继湖	山东省职业卫生与职业病防治研究院	研究员
郑迎东	北京大学医学部	副教授
赵同强	十堰市东风职业病防治所	副主任医师

《汽车行业职业危害分析与控制》书稿审定会参加人员（按姓氏笔画排序）
（第三次会议，2010 年 7 月，北京）

王俊治	中华全国总工会劳动保护部	高级工程师/部长
牛胜利	国际劳工组织日内瓦总部职业安全卫生司	职业卫生高级专家
乌正赉	北京协和医学院基础医学院	教授
朱常有	国际劳工组织北京局	项目官员
任树奎	国家安全生产监督管理总局职业安全健康监督管理司	教授级高工/司长
伊 烈	中国职业安全健康协会	教授级高工/副理事长兼秘书长
张 敏	中国疾病预防控制中心职业卫生与中毒控制所	研究员/室主任
周安寿	中国疾病预防控制中心职业卫生与中毒控制所	研究员/副所长
侯培森	中国疾病预防控制中心	研究员/副主任
段冬梅	卫生部监督局职业卫生处	处长
施卫祖	国家安全生产监督管理总局规划科技司	教授级高工/副司长
黄习兵	中国职业安全健康协会	副秘书长

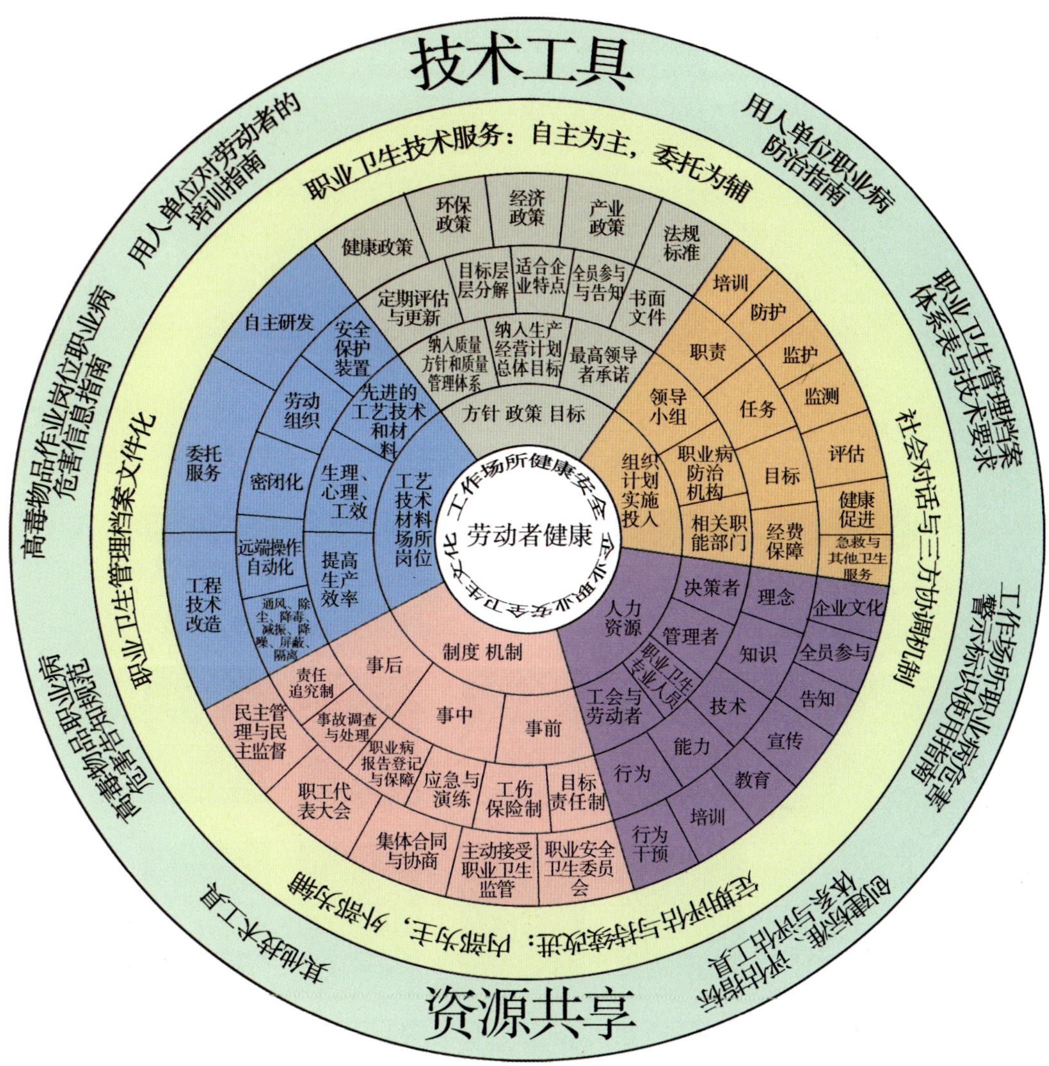

Corporative Initiatives on Systematic Prevention and Control of Occupational Diseases
（CISCOD model）

中国CDC 职业卫生所（NIOHP. China CDC）
张　敏　研究员

2009年7月　北京

图 1　大型企业职业病防治理论体系和防治模式图

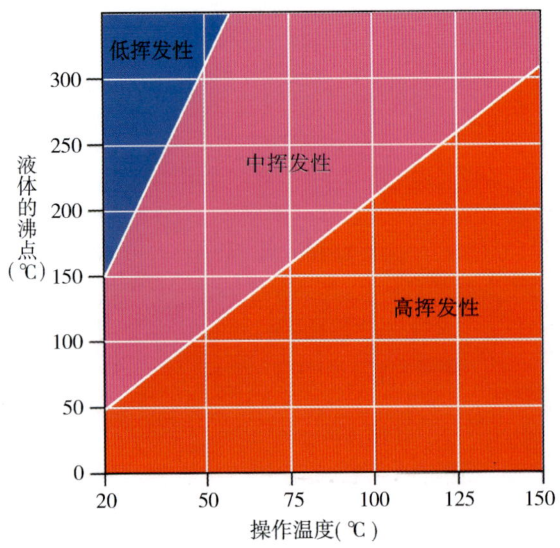

图 2　挥发性的判断

使用量	低扬尘性或低挥发性	中度扬尘性	中度挥发性	高扬尘性或高挥发性
A 类危害				
小	1	1	1	1
中	1	1	1	2
大	1	1	2	2
B 类危害				
小	1	1	1	1
中	1	2	2	2
大	1	2	3	3
C类危害				
小	1	2	1	2
中	2	3	3	3
大	2	4	4	4
D 类危害				
小	2	3	2	3
中	3	4	4	4
大	3	4	4	4
E类危害				
对所有归在E类危害的物质，应采用控制方法4				

图 3　所需控制方法确定图

表 1　风险的严重程度和优先处置顺序

风险等级		风险的优先顺序及必要行动	颜色编码
1	风险很低 对劳动者健康或安全没有危害	无须优先处理	绿色
2	低风险 轻度烦扰，没有明显的健康或伤害风险，无须卫生服务，无须离岗	需要考虑，但不紧急	黄色
3	中度风险 可能存在不良健康影响或伤害的风险，需要卫生服务，可能需要短期离岗	须采取行动，并设定改进期限	橘红色
4	高风险 严重健康影响或伤害，须立即进行卫生服务。长期或永久丧失劳动能力	立即采取纠错和管理行动	红色
5	极高风险 有丧失生命（致死）的风险，如急性中毒或死亡事故	不可容忍的风险。立即采取紧急行动；纠错行动完成前应暂停工作	黑色

表 2　危害严重程度分级表

风险严重程度分级		风险优先分级；需要采取的行动	颜色编码
1	风险很低 对劳动者的健康没有危害	无须优先处理	绿色
2	低风险 轻度烦扰，没有明显的健康风险，无须卫生服务。无须离岗	须考虑，但不紧急	黄色
3	中度风险 可能存在健康风险，需要卫生服务，可能需要短期离岗	须采取行动，并设定改进期限	紫色
4	高风险 严重健康影响，需要立即进行卫生服务。长期或永久丧失劳动能力	立即采取纠错和管理行动	红色
5	极高风险 有丧失生命（致死）的风险，如急性中毒	不可容忍的风险，应立即采取紧急行动；纠错行动完成前应暂停工作	黑色

表 3　风险严重性评估和预防管理行动优先顺序

<table>
<tr><td colspan="3">公司名称：
部门或小组：</td><td>日期：</td></tr>
<tr><td colspan="2">调查员：</td><td colspan="2">参与调查人员：</td></tr>
<tr><td colspan="2">严重性分级</td><td>需要采取行动的优先分级</td><td>颜色编码</td></tr>
<tr><td>1</td><td>风险很低
对人无害；对财产无害</td><td>无须优先处理</td><td>绿色</td></tr>
<tr><td>2</td><td>低风险
轻微损害，无须卫生服务，无须离岗；财产轻微损坏，无实质性经济损失</td><td>需要考虑，但不紧急</td><td>黄色</td></tr>
<tr><td>3</td><td>中度风险
需要卫生服务及短期离岗造成的时间损失；财产损坏导致实质性经济损失；需采取纠错或替换行动</td><td>须研究行动，并设定改进期限</td><td>橘红色</td></tr>
<tr><td>4</td><td>高风险
严重损伤，且长期或永久丧失劳动能力；严重和重大财产损失</td><td>立即采取纠错和管理行动</td><td>红色</td></tr>
<tr><td>5</td><td>极高风险
有丧失生命（致死）的风险；生产全面瘫痪，而且生产设备全部损坏</td><td>不可容忍的风险，立即采取紧急行动；纠错行动完成前应暂停工作</td><td>黑色</td></tr>
</table>